AtV

CHRISTOPH DIECKMANN, Jahrgang 1956, Filmvorführer, Studium der Theologie, Vikar, kirchlicher Medienreferent, Publizist, seit 1991 Reporter und Redakteur bei der ZEIT. 1992 Internationaler Publizistikpreis in Klagenfurt, 1993 Theodor-Wolff-Preis, 1994 Egon-Erwin-Kisch-Preis, 1996 Friedrich-Märker-Preis für Essayisten. Lebt in Berlin-Pankow.

Bücher: My Generation (1991), Oh! Great! Wonderful! Anfänger in Amerika (1992), Die Zeit stand still, die Lebensuhren liefen (1993), Time is on my side (1995), Das wahre Leben im falschen (1998), Volk bleibt Volk (2001).

»Was wir Denken nennen, ist Erinnerung«, schreibt Christoph Dieckmann und erzählt von seiner Kindheit im ostdeutschen Pfarrhaus, vom Glück und Desaster erster Lieben, kinoreifen Dramen im Filmvorführer-Internat und wie ihn die »Traumfähre« Rock 'n' Roll aus der DDR nach Woodstock trug. In diesen Texten, die zu Dieckmanns innigsten und literarischsten gehören und deren Dichte und Intimität die seiner preisgekrönten ZEIT-Reportagen noch übertrifft, spiegelt sich das Große im Kleinen, Biographie wird Zeitgeschichte. Dieckmann sieht sich als Ost-West-Vermittler, als Parlamentär in doppelter Mission: Den Westdeutschen erklärt er sein unbekanntes Land. Den Ostdeutschen verfaßt er eine ungeschönte Chronik ihrer Lebenswelt – komisch, melancholisch und bisweilen mit der Herzensgüte seines Alter ego Heinrich, der den einäugigen Parteisekretär bittet: »Genosse Schaller, könnte ich Sie mal unter drei Augen sprechen?«

»Dieckmann ist Landläufer und Bahnfahrer, Büdchensteher und Sympathieträger. Als ausgebildeter Lutheraner weiß er, daß man dem Volk aufs Maul schauen muß. Das ist harte Arbeit zwischen Tratsch und Tragik, Heimatsage und amüsiertem Voyeurismus. Das Schlimme nennen und das Gute finden.«

Badische Zeitung

Christoph Dieckmann

Die Liebe in den Zeiten des Landfilms

Eigens erlebte Geschichten

Aufbau Taschenbuch Verlag

Mit 45 Abbildungen

ISBN 3-7466-1349-3

1. Auflage 2002
Aufbau Taschenbuch Verlag GmbH, Berlin 2002

Umschlaggestaltung Preuße & Hülpüsch Grafik Design
unter Verwendung eines Fotos von Christoph Dieckmann
Druck Ebner & Spiegel, Ulm
Printed in Germany

www.aufbau-taschenbuch.de

Inhalt

Die Liebe in den Zeiten des Landfilms

Vergangenheit und Erinnerung sind mein Land und meine Heimat. (...) Die Zukunft ist immer ein Fluchtweg für Narren.

Andrzej Stasiuk: »Erinnerung«

When I was faster I was always behind.

Neil Young: »Slowpoke«

1

Das sah ich, vor neunundzwanzig Jahren: Ein Wagen fuhr über Land. Am Steuer saß lächelnd ein Mann. Leicht war ihm. Er hatte sich's überlegt, sich umbesonnen und den Abschiedsbrief, den er in der Jackentasche trug, nun doch nicht abgesandt. Statt dessen fuhr er zu ihr. Ja, ihm war leicht. Ein Fahrzeug kam entgegen, plötzlich ein zweites, das überholte wie blind. Der Mann riß das Steuer nach rechts. Der Wagen schoß von der Chaussee, überschlug sich vielfach, landete kopfunter im Acker. Ein Rad kollerte auf dem Asphalt. Dann Stille.

Der Mann war noch am Leben, als Hilfe kam. Der Krankenwagen raste in die Stadt. Aber seltsam, alle Eile schwand. Es war dem Mann, als bremse die Zeit, als gleite das Land in ein namenloses Meer, als wolle er sinken. Doch da waren die Frauen, beide; er hatte sich noch immer nicht entschieden, aber mußte er's noch? Und dann versank er.

Der Arzt im Hospital konstatierte Exitus. Man benachrichtigte die Ehefrau. Sie kam und trat ans Bett. Sie fand in der Jacke den Brief, der nicht an sie adressiert war und nicht zugeklebt. Sie las, sie atmete sehr. Im Tode kehrte der Mann zu ihr zurück. Sie erhob sich, ging zum Fenster, öffnete es. Eilige Schritte hallten herauf. Sie sah die Geliebte ihres Mannes durch den Hof laufen. Die Frau, nach kurzem Zögern, zerriß den Brief. Sie gewährte der Rivalin die Gnade einer Lebenslüge, die doch, wie sie niemals wissen würde, ihre eigene war.

Den Namen der Ehefrau habe ich vergessen. Die Geliebte hieß Romy Schneider, der Mann Michel Piccoli, der Film »Die Dinge des Lebens«. Vielleicht war er nicht einmal besonders gut, wie alle Romy-Schneider-Filme. Dafür hatte er Schwermutscharme, ein Moll-Talent zum Kummerglück, das den meisten Deutschen fremd ist; falls sie es kennen, lieben sie es nicht. Wir sind ein entschiedenes Volk, und ich gehöre ihm an. Der Junge, der inmitten dieses Buches Heinrich heißt, wurde protestantisch erzogen: zu Ja oder Nein. Ihn irritierte die Ambivalenz der »Dinge des Lebens«. Fakten sind richtig, Friede ist wahr, das sah ich vor neunundzwanzig Jahren.

2

Heinrich liebte Gerda – mit allem Unglück. Aber niemals hätte er geschwankt wie jener Piccoli. Er wäre treu. Wenn solcher Eiertanz Liebe heißen sollte, dann Gute Nacht! Das Licht ging an. Die Kinolehrlinge strebten aus dem Saal. Nicht des Filmes wegen waren sie gekommen, sondern um Technik zu bestaunen: die konkave Bildwand, die famose Tonanlage, den Rundbau – damals ein Spektakelstück Architektur an Dresdens Prager Straße. Sie liefen zum Bahnhof und reisten zurück ins Gebirge. Sie stiegen aus in der verschneiten Silberstadt, fuhren noch eine Weile Bus und fanden sich zurück im Internat, wieder gottverlassen zwischen Bahndamm, Feld und Wald.

Spät war es geworden. Die Küchenfrauen, längst auf Feierabend unten im Dorf, hatten das Abendbrot ins Klassenzimmer gestellt. Die Lehrlinge trugen es hinüber in den Speiseraum und gruppierten sich um Vierertische: eine Sitzordnung der Liebe. Also saß Gunar neben Angelika, Marina neben Lothar, Moni noch bei Jarmuskewicz, Elke schon beim kleinen Bangemann, Heinrich fern von Gerda, der Tragödie halber. Sie schnitten ja einander. Hinten links am Fenster sehen wir Mücke und Fee, die Vergebenen. Beide haben im Sommer Kinoschul-Absolventen geheiratet und fahren allwochenendlich nach Berlin, in die Hafenstadt des Eheglücks. Im Glück wohnt auch Jagger, der Hengst des Internats. Hat was Festes daheim in Thüringen, macht trotzdem hier die Stuten wild. Heinrich darf an seinem Tische sitzen und Jaggers mannbaren Sprüchen lauschen: *Jedes Stücke Butter hilft dir uff de Mutter.* Und: *Auf! sprach die Stute zum Hengst, die andern fleddern längst.* Wenig später schrumpfte Jaggers Glück. Ein Kinomeister-Lehrgang tagte im Internat. Aus Jaggers Heimatstadt war ein Platzhirsch angereist, mit Fallbeil-Koteletten und süffisantem Mund, der renommierte beim Bier im Gartenheim, daß er daheim Jaggers Schatz *beschäle.* Jagger ahne nichts. Der Biertisch lachte. Man gönnte dem Großtuer die Schmach. Heinrich lachte mit, doch ihn grauste vor der Relativität der Liebe.

Eine Hoffnung hatte er: daß die Zeit verginge. Da er Gerda nicht gewinnen konnte, wünschte er möglichst bald ins zweite Lehrjahr aufzurücken. Die jetzige Oberstufe träte ab, Jagger und andere Zeugen seiner Sensibilität würden verschwinden. Er wäre dann reif. *Frischfleisch* – Jaggers Jargon – würde angelandet, jagdbare Weiber, die sollten ihn spüren.

Dann kam September und der große Tag der Weibsbeschau. Ideal und Wirklichkeit klafften doch etwas auseinander. Heinrich wählte aber unverzüglich eine Jaqueline und bot ihr noch in selbiger Woche ein Schaschlikessen im »Gartenheim«. Jaqueline nippte am Bier. Männlich trank ihr Heinrich vor und redete Großes. Aller Augen ruhten auf dem Paar. Heinrich, der Provinzler, hegte stille Sorge, Jaquelines mondäne Herkunft (Berlin-Pankow!) hätte ihr einen Vorlauf in *Erfahrung* eingetragen. Dem war nicht so. Heinrich gestand Jaqueline sein zügelloses Wesen und referierte erhebliche Teile seiner rockmusikalischen Bewanderung. Jaqueline gestand mehrere heftige Feten im Partykeller ihrer Eltern. Zum Ende habe man am Boden gekniet und wildrhythmisch den Kopf hin und her geworfen. Und die Titten, dachte Heinrich, forsch wie ein Rocker, denn Jaqueline war wohlbetan. Da lief dann wahrscheinlich die Hymne, sagte Heinrich, »In A Gadda Da Vida«, Iron Butterfly.

Die Roten Gitarren, sagte Jaqueline.

Ist doch Russenschrott, sagte Heinrich.

Polen, sagte Jaqueline. Ich find's toll. *Es brennt der Wald im Abendrot, es brennt der Wald, wenn Sonne loht.* – Sie sang leise, mit innig-ironischem Slawendeutsch-Akzent: *So brenn auch ich, mich kühlt kein Wind, ich suche dich, bis ich dich find.* – Schelmäugig beschaute sie Heinrich, bis er den Blick verschlug und, möglichst schroff, erklärte: Meine Männer sind Hendrix, Purple und Emerson. An Ostrock die frühen Electra und die harten Sachen von Renft. Aus Polen nur Breakout und The Clan, aber die kennst du nicht.

Ist doch egal, fand Jaqueline. Ich hör mir Musik einfach an, und wenn ich sie gut finde, freu ich mich.

Das ist unkritische Konsumhaltung, sagte Heinrich. Naja, du bist eine Frau, du willst genommen werden.

Was heißt das? fragte Jaqueline.

Frauen, sagte Heinrich, genießen das Weiche der Welt. Ich hab's da nicht so leicht. Wahrscheinlich hast du schon davon gehört.

Stimmt es, daß du nicht in der FDJ bist?

Wenn man sich das erzählt, wird's wohl stimmen.

Wie schief liegst du denn? fragte Jaqueline. Heinrich gewährte ihr Einblick in eine Seele aus Trotz, Entsagung und Potenz. Jaqueline schwieg vorbildlich. Endlich – Heinrich kam abermals vom Klo – sprach sie den schwer vergeßlichen Satz: Ich finde es eigentlich ganz gut, wenn man auch mal den Rat des Kollektivs annimmt, statt soviel Bier zu trinken.

Doch, der Heimweg geriet. Jaqueline küßte artgerecht, und Heinrich berührte sie, wie das Gesetz es befahl. Sie standen in der Septembernacht, auf dem Bahndamm, fernab von Dorf und Internat. Der Spätzug kam. Jaqueline wollte von den Schienen. Heinrich sagte: Keine Angst! Sie entstrebte, Heinrich hielt sie fest. Der Zug schlurfte heran. Lange bevor er die kritische Distanz unterschritt, entwand sich das Mädchen Heinrich und sprang vom Gleis. Er folgte ihr hinunter in die Böschung und suchte sie neuerlich zu umarmen. Betulich rumpelten oben die erleuchteten Waggons vorbei. Das war einfach bodenloser Leichtsinn, sagte vorwurfsvoll Jaqueline. Heinrich, im Ritterton: Niemals hätte ich geduldet, daß dir etwas zustößt.

Kurz nach zehn erreichten sie das Internat, auf der Freitreppe erwartet von Heimleiter Riediger. Ich bedaure, sprach er in seiner leidenden Art zu Jaqueline, daß Sie Ihre Lehre mit einer Ausgangsüberschreitung beginnen. Zu Heinrich sagte er: Ich hoffte, über den Sommer wären Sie etwas gereift. – Das bin ich, sagte Heinrich, aber dieses Mädchen ließ mich die Uhr vergessen. Jaqueline errötete reizend. Riediger, unfaßbar, lächelte. Ich bitte Sie, einen konstruktiven Einfluß auszuüben, sprach er gesalbt zu Jaqueline, und zu Heinrich: Nun aber hops ins Bett!

Es zeigte sich in der Folge, daß Jaqueline Heinrich vielleicht die Uhr hatte vergessen lassen, aber keineswegs Gerda. Stephen Stills hatte gesungen: *If you can't get the one you love / love the one you're with.* Zu derartigem Realismus fand sich Heinrich außerstande. Die oder keine, so war sein Herz. Er führte Jaqueline noch zweimal lustlos aus, dann ignorierte er sie. Sie litt, wie er wohlgefällig registrierte. Sie legte ihm ein Briefchen in sein Besteckfach: »Du hast mir dein Herz gezeigt. Ich war mit dir in Lebensgefahr. Ich dachte, wir gehen zusammen. Ich warte so!!!« – Heinrich retournierte ein Billett: »Warte, warte nur ein Weilchen. Ungeduld ist Pseudogefühl.« Sie schrieb: »Ich kann warten, aber sag mir einen Zeitpunkt.« Heinrich schrieb: »Wer so drängt, wird nie einen Mann gewinnen.« Jaqueline: »Bild dir man bloß keine Schwachheiten ein. Ich bleib schon nicht sitzen.« Heinrich beschied sie mit teilnahmsvollen Blicken im Speiseraum, aber tags darauf setzte sich an seinen Tisch Peter, ein handfester Leipziger mit Stärken im Fach Elektrotechnik. Er hielt Heinrich ein Briefchen Kondome unter die Nase und sagte: Ich bin fair. Du versorgst die Kleene, oder ich greif zu. – Heinrich, müde: Nimm sie.

So geschah's. Heinrich aber ging entsagend in den Wald und verfaßte für Jaqueline das Reimwerk »Die allzukleine Maus«, an dessen Ende es hieß: *Lieben und hassen / ernsten und spaßen / solln wir in unserm Tuen und Lassen / und vor dem Ruhen / die Elephanten / an ihre gewaltigen Klötzer fassen.*

So war die Liebe in den Zeiten des Landfilms. Natürlich gab es Varianten. Gunar liebte Angelika herzlich und exklusiv. Gerald, ein lattendürrer Märker, enterte in jeder Nacht den Mädchentrakt, um nach strenger Reihenfolge drei Unterstuflerinnen zu beglücken. Heinrich aber verbrachte viele dunkle Stunden im Klassenzimmer und notierte in eine Kladde Welträtsel und Lösungsvorschläge. Auch ein Hefter »Filmeindrücke« ist erhalten: hunderte Kurzrezensionen, beginnend mit A wie »Anna Karenina«: »Dramaturgisch nicht ganz straffes Bild einer konsequenten Frau: Ihre Liebe erliegt der Konvention, also beendet sie das für sie sinnentleerte Leben.« Unter Z firmiert etwa der tschechoslowakische Gegenwartsfilm »Zwei Dinge fürs Leben« von Jirí Hanibal: »«Arbeiterwohnheim einer Steinkohlegrube in Ostrava mit allen Problemen des Wohnens und Lebens. 1 junger Arbeiter kommt für 1 Jahr in dieses Gebiet, verliert zwar seine mittelmäßige Bozka, gewinnt aber dafür die kluge Aika. 2 Dinge braucht man fürs Leben: 1 gute Frau und 1 ordentlichen Beruf.« Späterer Nachtrag: »Nach dem 8. Ansehen denke ich etwas anders.«

Dies war Heinrichs Film-Hitparade: 1. »Blutige Erdbeeren« (Regie: Stuart Hagman), 2. »Krieg und Frieden« (Sergej Bondartschuk), 3. »Der Garten der Finzi Contini« (Vittorio de Sica), 4. »Die Spitzenklöpplerin« (Claude Goretta), 5. »Die Berührung« (Ingmar Bergman), 6. »Meuterei auf der Bounty« (Lewis Milestone), 7. »Die Katze« (Pierre Granier-Deferre), 8. »Anna und die Wölfe« (Carlos Saura), 9. »Andrej Rubljow« (Andrej Tarkowski), 10. »Die Legende von Paul und Paula« (Heiner Carow). Letztgenannter DEFA-Streifen war gegen viele Partei-Widerstände und auf Entscheidung des Jugendfreunds Honecker in die Kinos der DDR gelangt, was den Kulturpolitik-Lehrer Wolfgang Junge beglückte. Wären Sie etwas älter, sagte er leuchtend, dann wüßten Sie, was die Freigabe dieses Films bedeutet: Hoffnung, große Hoffnung. Kino, meine Damen und Herren, das ist mehr als Verstärker, Leinwand, Gong, das ist Wahrheitssuche, Arbeit mit Men-

Tarita und Marlon Brando in »Meuterei auf der Bounty« (1961)

schen. Die Brandschutzbestimmungen des Lichtspielwesens sind Ihnen bekannt. Eins aber *muß* brennen im Vorführraum: Sie! Brennen Sie für den kulturpolitisch wertvollen Film!

Einst selbst Filmvorführer, hatte Junge »Die Kraniche ziehen« im Programm. Ein einziger Gast erschien. Junge bat ihn, anderntags wiederzukommen. Traurig sagte der Mann: Da bin ich längst wieder in meinem Dorf. Da habe ich, sprach Junge, den Film für diesen einen Menschen gezeigt. Ökonomische Erwägungen durften hier keine Rolle spielen. Nach Schluß der Vorstellung gaben wir einander die Hand. Man findet im Leben nicht nur seinesgleichen, um so wichtiger ist es, wach zu bleiben.

Was »Paul und Paula« betraf, wußte Junge, vielen Dogmatikern (das Wort fiel nie) verstoße dieses Hohelied der klassenlosen Liebe gegen die sozialistische Moral. Jedoch seien echte Gefühle niemals unsozialistisch. Der Sozialismus

»Krieg und Frieden« (1965)

ende, wo die Heuchelei beginnt, der Kitsch, die absichtsvoll verdrehte Emotion. So sprach Junge, sonst an der Filmschule keiner. Heinrich schwor sich, ein brennender Mensch zu sein, und rubrizierte die Welt in große, in gemütliche und in schäbige Gefühle; die Welt, das waren Filme. Er konnte sich nicht sattsehen. Ihm war, als betreibe er Vorschau auf künftige Lebensabenteuer. Selbst an seinem arbeitsfreien Montag eilte er ins Sangerhäuser »Central-Theater« und beschaute bulgarische Liebesdramen und kirgisische Hirtenballaden. Falls er an Schrott geriet, freute ihn seine Überlegenheit. Manchmal staken Perlen in mäßigem Futteral – Francis Lays betörende Musik im Charles-Bronson-Krimi »Der aus dem Regen kam« oder das nazideutsche Gartenkneipen-Singen in Bob Fosses Schmonzette »Cabaret«. Mitunter brachte *eine* Szene Heinrichs Welt zum Beben.

»Liebe am Nachmittag«: Ein Pariser, Ende Dreißig, Mittelständler, kultiviert, zufrieden in Ehe und Beruf, lernt – das ist nicht seine Art – ein Mädchen kennen. Er geht mit ihr in ein Hotel. Sie entkleidet sich. Er streift seine Schuhe ab, die Uhr. Er löst den Gürtel. Er zieht sich den Pulli über den Kopf – halb nur, da hält er inne, zerrt den Pulli zurück und zieht sich wieder an. Das Mädchen schaut stumm. Am Abend, daheim, schildert der Mann seiner Frau die Ereignislosigkeit des Tages. Plötzlich schaut er sie voll an und sagt: Fast hätte ich heute mit einem Mädchen geschlafen. Sie blickt so entgeistert wie gefaßt. Sie setzt sich. Er kniet vor ihr, seinen Kopf in ihren Armen, an ihrer Brust. So endete »Liebe am Nachmittag« – ganz anders als »Die Dinge des Lebens«.

3

Auch das geschah in Paris, am 27. November 1999, auf dem Montmatre, nahe Sacre Cœur. Sie sprachen kaum. Sie saßen vis à vis in der Ecke des kleinen Bistros, hielten sich bei den Händen und schauten einander an. Schauten, lächelten, schwiegen. Unversehens wurde sie ernst. Da reckte er den Arm hinüber und legte ihr die Hand an Wange und Ohr. Sie schmiegte sich hinein, schloß die Augen, lächelte wieder. Die Wirtin trat an den Tisch und fragte, ob ein weiterer *ballon* vom neuen Beaujolais gewünscht werde. Der Mann nickte und schaute nicht auf.

Ein ungleiches Paar. Er war erheblich älter, ergraut und angeknittert wie ein Nachtpoet. Nicht viele junge Frauen mochten sich in ihn verlieben. Diese hatte es heftig getan. Dreißig mochte sie sein, ungeschminkt, aschblonder Zopf: der patente Typ. Sie trug einen Ring, er keinen. Ich trat an den Tisch und fragte die Versunkenen, ob ich sie photographieren dürfe. Erstaunlicherweise waren sie erfreut und baten um die Bilder. Die junge Frau notierte ihre Anschrift. Sie hieß Jaqueline.

Ich schickte die Bilder. »Ich weiß jetzt, wer du bist«, schrieb Jaqueline. »Ich habe dich erkannt. Du gehst durch die

Welt, um das Schöne zu finden. Du bist der Engel aus dem Wim-Wenders-Film ›Der Himmel über Berlin‹.« Nichts Schöneres wurde mir je gesagt. Den Film hatte ich nie gesehen. Meine Kinotage waren längst vorbei.

Wie kam mir das Kino abhanden? Ganz allmählich, keinesfalls sofort mit dem Wechsel vom Lichtspielwesen zum Leipziger Studium der Theologie. Dort avancierte ich zum Beiträger des Arbeitskreises Filmkritik der Inneren Mission, der für die Kirchenzeitung »Gedanken zu einem Film« verfaßte. Bedeutende Werke entrangen sich mir, jeweils dreißig Zeilen, vergütet mit dem noch bedeutenderen Honorar von fünfzehn Mark der DDR (vor Steuerabzug). Zwar monierten manche Leser Frömmigkeitsmängel, doch sah ich mich außerstande, Filme wie »Amadeus« und »Ein pikantes Geschenk« von Jesus handeln zu lassen.

Filmvorführer blieb ich noch ein Weilchen, im Studiokino des Leipziger »Capitol«. Zwecks Zubrot zum kärglichen Stipendium *spielte* ich am Wochenende, jeweils drei Streifen, zum Tageslohn von 23,55 M. Das puppige Etablissement faßte 54 Cineasten, brennende Freunde des kulturpolitisch wertvollen Films, in denen Wolfgang Junge seinesgleichen erkannt hätte. Unvergeßlich: eine Vorstellung mit Bergmans »Szenen einer Ehe«. Die Lichtklappe des Projektors fiel mir herunter. Der Film lief weiter, aber ohne Bild und Ton. Schlanke zehn Minuten saß das Publikum im Dustern und muckste sich nicht. Dann bemerkte ich die Panne. Nach drei Stunden Bergmanscher Seelenmassaker stand im Kassenraum ein naßgeschwitzter Mensch und konnte noch nicht gehen. Bergman, sprach er aufgewühlt. Ein Koloß, ein Titan. Er fordert mich. Ich will mich ja bewähren. »Die Berührung« hab ich noch ertragen, doch das heute, diese endlose Dunkelszene, da ging's an meine Grenzen. Aber ich weiß, daß mich der Meister prüft.

Den Kassendienst versah Kollege Paul, ein melancholischer Weißrußland-Deutscher. Meine Kommilitonen ließ er grundsätzlich gratis ein. Manchmal beehrten uns Sowjet-Offiziere, die spendeten russischen Tee. Kollege Paul brühte ihn köst-

Liebe am Vormittag, Paris, Montmartre, 27. November 1999

lich, illuminierte sein Pfeifchen und trat in geschlechtliche Erörterungen ein; wie manche Kinomänner war er leicht erotoman. Chrrriestoph, schnarrte er mit seinem harten Akzent, Chrrriestoph, was meinst du, wieviel Kilometer Schwanz jede Nacht in Leipzig weggesteckt werden? – In einer Karsamstagsvorstellung des Franzosenthrillers »Flic Story« brüllte ein Gangster den unschönen Satz: Ich reiß dir die Eier ab! – Und das zu Ostern, sagte Kollege Paul.

Deutlich sank mein Filminteresse mit der Wende. Ich war damals 33, so daß schwer zu sagen ist, ob es am Alter lag oder am Wandel der Welt. Fest steht: Im Kino schlafe ich heute unweigerlich ein. Ich langweile mich. Mich ekelt der magere Fraß, die ewige Hollywood-Pampe aus Tötung und Balz, herumgepappt um die immergleichen Larven Douglas, Costner, Roberts, De Niro, Nicholson ... Das ist nicht ganz gerecht. Natürlich findet, wer sucht, Kino mit Seele und Kunst, zumal in Berlin. Aber selbst gepriesene Nonkonformisten öden mich an. Robert Altman: eitle Arrangements des bösen

Blicks. Die Dogma-Filme des Lars von Trier: Manierismus und Realsatire. Der hundertste Woody Allen: Gähn! – Nein, das ist nicht gerecht. Doch mir kam Liebe abhanden.

Der Ossi in mir akzeptiert Film nicht als Ware. Der Kino-Veteran glaubt nichts mehr zu erfahren. Ich halte alles für gesehen und gedreht. Kino ist was für junge Leute. Es zeigt größeres Schicksal, wilderes Herz und weitere Welt. Es bebildert Träume und greift in Zukunft aus. Dieses Begehren läßt nach, je älter ich werde. Ich borge nicht länger Leben, denn ich lebe selbst. Ich suche im Kino kein verbotenes Land, denn ich kann ja nun reisen. Jede Reise erfüllt Wünsche, deren Angeld früher Filme waren. Das Wirkliche ist soviel reicher als kalkulierte Fiktion.

Erträglich sind Dokumentationen, sofern sie auf Story, Gag und Ideologie verzichten. Volker Koepps »Die Wismut«, »Winter ade« von Helke Misselwitz, »Die Kinder von Golzow« des Ehepaars Junge bleiben mir Grale der Wahrheit zum zeitlichen Wesen Mensch. Noch zehn Jahre, dann bin ich reif für den guten Tierfilm. Zu meinen aktuellen Lieblingsfilmen zählt das Video vom 50-Kilometer-Langlauf der Olympischen Winterspiele Nagano 1998: drei Stunden Kontemplation über die Wiederkehr des Gleichen im verschneiten japanischen Tann. Noch besser: das Skispringen von der Großschanze, abgebrochen wegen Schneesturms und, zusamt eisgekühlten Bieren, an heißen Sommerabenden ein perfektes Exempel der Gegenwelt. Kunst ist Versenkung, nicht Tat. Ich liebe es, dem Leben zuzusehen, wie es lebte. Statt Zukunft heißt nun meine Traum- und Gegenwelt Vergangenheit. Mich fesselt, was ich war und was vergehen könnte, falls ich die Erinnerung verliere.

Lange hielt ich mein Gedächtnis für mir untertan. Es ist treu, aber es sortiert nach eigenem Gesetz, mit der Logik des Sentiments. Das Vollbrachte schreint es zuverlässig ein. Ab 1990, für die unvollendete Vergangenheit, leistet es sich Lücken. Manches, das ich festgehalten wünsche, wirft es hinter meinem Rücken weg. Das regt mich auf. 1994 geschah es, in Prag. Ich stand auf der Karlsbrücke und lauschte dem

Zitherspieler. In einer Pause, während der er, statt zu zithern, rauchte, erzählte er mir, daß er eigentlich Professor sei, aber sein schmachtendes Gezupf brachte ihm mehr ein. Abends in der Herberge hatte ich bereits vergessen, welche Wissenschaft die des Professors war – eine Flüchtigkeit und doch ein Schreck. Da begann ich Tagebuch zu führen – zwanglos, ohne Pflicht, ein Reservoir von Stimmungen und Fakten, eine Hütte auf halbem Wege zwischen Impression und Text. Schreib nicht alles auf. Notat gießt Erlebnis in Form. Wortloses kann sich noch wandeln. Das Gewesene ist voller Möglichkeiten.

Das Wichtigste merkt sich von allein. Ich werde immer wissen, wie ich 1988 auf dieser Brücke stand, etwas weiter hin zum Kleinseitner Ufer der Moldau. Von dort kam eine junge blonde Frau geschlendert, auffällig langsam und verspielt im Brückengewimmel. Von der Brüstung sprang ein Musikant, ein hübscher Gitarrist, der verstellte der Frau sanft den Weg und sprach heiter auf sie ein. Er gefiel ihr; ich sah es genau. Er langte in die Hintertasche seiner Jeans, zog Zettel und Stift hervor, notierte etwas, gab es ihr. Dann ging er. Die Frau schaute ihm nach. Jetzt drehte er sich um und winkte ihr; sie hob flüchtig die Hand. Sie las den Zettel, lächelte, verbarg ihn in ihrem Sommerkleid. Sie sah mich und kam auf mich zu. Damals war ich ihr Mann.

4

Wenn du nach Tarragona fährst, sagte sie, dann nimm mich mit. Ich möchte dich sehr gern begleiten. Du rufst an, versprochen? – Vielleicht fahre ich gar nicht. – Dann ruf trotzdem an, ich warte drauf.

Ich fuhr nicht nach Tarragona, sondern verbrachte auch den letzten Tag in Barcelona. Ich streunte am Strand und photographierte zwei Schwestern aus Sarajewo, junge laszive Dinger, die sich das Meer und die Männer zeigten. Ich besuchte das Aquarium, ich schwebte mit der Seilbahn hoch über Hafen und Bucht hinüber zum Montjuic und ging ins Museum für katalanisch-romanische Kunst. Als ich den Nationalpalast verließ, lag die Stadt im Regen. Der überwirkliche Novembersommer war vorbei.

Ich rief sie an. Wir trafen uns am Bouqueria-Markt. Wir liefen die Rambles hinunter. Wir grüßten Christoph Columbus auf seiner Säule, verlachten den Regen und setzten uns, naß und vergnügt, im Hafenviertel Barceloneta in eine Uferkneipe. Fisch briet, der Wein beschlug die Karaffe, sie war ein schönes Weib. Dies schien eine gute Art, den zehnten Jahrestag des Mauerfalls zu feiern. Ich fragte: Wer ist dein Mann? – Ach, sagte sie, ach, ach, ach.

Dieses 1999 war ein sonderbares Jahr. Noch nie, mein amerikanisches 1990 ausgenommen, war ich soviel gereist. Die bundesrepublikanische Gedenkblatt-Kultur gebot, sich der Wende zu entsinnen, und schickte mich weidlich herum. Diese Reisen waren Freude und Geschenk. Aber brauchte die Welt Ostdeutschlands Befindlichkeit? Ich muß fürchten, meine Erzählungen des deutschen Übergangs hätten den Besuchern des Goethe-Instituts Toronto weniger gegeben als mir die Eiswind-Wanderung am Ontario-See, die Niagara-Fälle und das Konzert von Steve Earle mit der Del McCoury Bluegrass Band. Auch wünschte ich, das Publikum im Goethe-Institut Thessaloniki wäre nicht mit dem innerdeutschen Streit behelligt worden, ob Friedrich Schorlemmer zur DDR-Zeit ein mutiger Mann war oder ein Opportunist, wie Kollege Matussek vom »Spiegel« meinte. Für die spanische Zeitung »ABC« wurde ich um einen Wendetext gebeten. Das Blatt, Sprachrohr der Rechten, verzichtete auf Abdruck und brachte statt dessen die Kalte-Kriegs-Prosa eines ehemaligen CIA-Direktors. In Atlanta, an der Emory University, ersuchte man mich, aus »Die Taten des treuen Heinrich« zu lesen; die Germanistik-Studenten seien mit ostdeutscher Geschichte wohlvertraut. Ich las. Ein Hörer nach dem anderen verließ so leise wie ratlos den Saal. Da sehnte ich mich sehr nach Jena, Leipzig, Halberstadt.

In Hannover fragte eine Hörerin: Sind Ihre Geschichten

Die Schwestern aus Sarajewo, Barcelona, 11. November 1999

völlig frei erfunden, oder verwenden Sie auch Motive aus der ostdeutschen Realität? Ich reagierte christlich, aber baff. Ich erfinde nicht, ich erlebe. Reportagen hatte ich gelesen: von der Erstechung des linken Saalfelder Kindes Jana Georgi am 26. März 1998, von den Umtrieben des Stasi-Bürgermeisters Tandel in dem höchst wirklichen Anhalt-Dorf Ostrau, und diese freundliche Niedersächsin hielt die Dramen des Ostens für Belletristik!

Die Hannoveranerin war ein altbundesdeutscher Einzelfall. Die meisten Westler, Interesse vorausgesetzt, haben durchaus einen Sensus für die Realität deutsch-deutscher Ungleichzeitigkeiten, wenngleich nur wenige den Osten als Teil ihrer Welt empfinden. Freilich macht gerade das die entscheidende Differenz. Westlern ist, was ich schreibe, Information, Ostlern eigenes Leben. Ich habe mich nie als journalisierendes

Neutrum verstanden. Ich schreibe nicht aus *Äquidistanz*, sondern von innen nach außen. Meine Reportagen sind Fragmente zu einer Autobiographie Ostdeutschlands: Hörspiele der *oral history*, Traktate unvollendeter Vergangenheit, Landfilme, die dort spielen, wo ich früher Filme hingetragen habe. Ich versuche, nicht mehr zu behaupten, als ich erfahren habe und verbürgen kann.

Je länger ich Reporter bin, desto mehr kommt mir das Interesse an Meinungen abhanden. Man soll darauf hören, was den Menschen widerfahren ist. Dessen sind sie gewiß und wollen es bleiben, und außerdem wünschen sie eine Instanz, die ihnen ihr Leben beglaubigt und denkt wie sie. Dieses Denken ist Erinnern, ein Brückenschlag ins Gewesene, aber die eine Seite der Brücke liegt immer in der Gegenwart. Jegliche Erinnerung ist ein heutiger Akt. Morgen erinnern wir uns anders. Gleich bleibt sich keiner. Wie gut! sagen wir gewöhnlich. Aber traurig ist es auch. Deshalb sichern wir uns in unserer Geschichte. Wir ertragen nicht, daß ein Fremder sie erzählt.

Barcelona-Blues, November 1999. In diesem Herbst, das war klar, würden die Ostdeutschen zum letzten Mal zur Erinnerung ermutigt: Wer jetzt nicht gesprochen hat, den hört keiner mehr. Die Neuen und Lauten würden übernehmen: jung, rotzig, unbedingt Berliner. Schon las beim Mauerfall-Gedenken im Goethe-Institut Tim Staffel aus seinem Roman »Terrordrom« blutgeile Prahlereien aus einem Berlin, das mit dem mir bekannten nur den Namen teilte. Über kurz, fürchtete ich, verkäme das Land meiner Herkunft zur Senioren-Residenz für Ostalgiker und DDR-Vernichter. Diese würden jene mit Sentimentalitäten traktieren, jene diese mit Stasi-Akten. Noch ein Weilchen, und wir hätten nie gelebt. Unerhört bleibt die Melancholie des Ostens, sein Schweigen, seine Sehnsucht nach eigenen Symbolen jenseits staatlicher Ideologie, nach Geschichten, die nicht nur am 11. September oder nach dem Massaker von Erfurt Gemeinerfahrung stiften. Heiner Carows »Paul und Paula«-Film ist bis heute ein Ost-Emblem meiner Generation, weil er Ort und Zeit hat, weil er

Balance hält zwischen Realitäten, Seele und Moral. So zu balancieren macht Arbeit. Das ist mein Ideal.

Deutschland, sagte Wim Wenders, sei fremdbebildert – amerikanisch natürlich. – Auf Ostdeutschland liegt obendrein westdeutsche Fremddefinition. Und nun genug geklagt. Ossi sein ist Adel, aber kein Beruf. Niemals war mein Osten ein versiegelter Erfahrungsraum. 1995 interviewte ich Emmylou Harris, die Muttergottes der Countrymusik, im Hamburger Marriott-Hotel. Sie war sehr freundlich, doch nicht ganz konzentriert. *Sorry*, sagte sie schließlich, *I have to call.* Sie rutschte von der Couch, lief hinüber zum Telephon, wählte, lauschte. Dann ein Schrei: *They won?!!* Strahlend kehrte sie wieder und entschuldigte sich: Die Atlanta Braves, ihr Baseball-Team, Endspiel der World Series, Sieg! Oh, sie wisse, wie anmaßend es sei, ein amerikanisches Finale Weltmeisterschaft zu nennen. Und auch Country sei natürlich amerikanische Musik, wie Jazz und Rock 'n' Roll.

Nein, meine. Denn *mich* hat das Rock-Radio erzogen. *Ich* fummelte (1974) am Kinoverstärker und zapfte mir die Filmmusik von »Blutige Erdbeeren« aufs Band: Thunderclaps Newman's »Something In The Air«, »The Circle Game« von Buffy Sainte-Marie, »Helpless« von Neil Young ... Das war nicht Fremdkultur, das war DDR. *Ich* saß (1975) in Budapest am Donau-Ufer und beäugte zärtlich die eben erwischte Crosby, Stills, Nash & Young-LP »So Far«, mit »Helpless« und »Woodstock« und »Find The Coast Of Freedom« ... Das war nicht Ostblock, sondern Welt. Und vierundzwanzig Jahre später erschien tatsächlich noch ein Alterswerk von Crosby, Stills, Nash & Young, das den Titel »Looking Forward« trug. Ich kaufte die Platte in Barcelona und spielte sie jede Nacht, denn mein Hotelzimmer hatte einen CD-Player, und mein Zimmer ging auf die Rambles, und bis früh um vier strudelten die Menschen, und ich trank mich wieder jung und ihnen zu. Links stieg nachtschwarz die Kathedrale aus dem Häusermeer, wasserwärts Santa Maria del Mar. Rechts oben blinkte vom Montjuic der Calatrava-Turm. Ich trank, träumte, löste die Leinen. Neil Young sang:

Looking forward all that I can see
Is good things happening to you and to me
I'm not waiting for times to change
I'm goin' to live like a free roamin' soul
On the highway of our love

Das war die Nacht vor dem Tag, an dem ich nicht nach Tarragona fuhr, an dem ich sie abends anrief, an dem wir in der Uferkneipe saßen. Es tut mir leid, sagte sie, daß »ABC« deinen Essay nicht gedruckt hat. – Ich erklärte tapfer, die Pointe mit dem CIA-Direktor sei besser als mein ganzer Text. Sie tadelte derlei Bescheidenheit. Sie bestellte anderen Wein und wünschte meinen Zopf zu lösen. Sie pellte mir Shrimps und schob sie mir in den Mund. Ich war nicht verliebt. Sie schien nicht mit mir hier, sondern gegen ihren Mann.

Nun gingen wir. Der Regen hatte aufgehört. Die Nacht war kalt, die Rambla del Mar lag verlassen. Wir redeten kaum noch, wir überlegten. Sie brachte mich zum Hotel, bis vor die Zimmertür; der Portier hatte absichtsvoll weggeschaut. *Bona nit*, sagte ich, es war sehr schön, und kommst du wirklich sicher heim? – Nicht gleich, sagte sie, ich bringe dich zu Bett, war's nicht so abgemacht? – Ich umarmte sie und sagte, es gebe solche Männer und solche; ich gehörte zur zweiten Kategorie. Dann trat ich ins Zimmer und schloß die Tür. Sie klopfte, und nochmals; dann war sie gegangen. In mir stritten Ritter und Narr. Tage später, zurück in Berlin, kam ein Fax: »Danke, daß du mich behütet hast. *Adéu*, Maria.« Meine Frau brachte es mir an den Schreibtisch und fragte: Was ist denn das?

5

Marktstrategische Erwägungen zur Ware Buch machen es unumgänglich, daß dieser Text, nach allerlei Zartheiten, mit einer handfesten Bettgeschichte endet. Sie spielt 1998 in Schottland, auf der Insel Skye. Jeder Mensch hat eine Sehnsuchtslandschaft. Skye kommt der meinen recht nahe: Buchten und schroffe Gestade, die umnebelten Black-Cuillins-Berge, weidende Schafe hart am Grund, Kilt Rock und Old Man of Storr und am Meer das Schloß Dunvegan mit der zwölfhundert Jahre alten Feenfahne (*»She wins battles!«*) sowie einer Locke von Bonnie Prince Charlies Haupt. Damit sind wir bei Flora MacDonald, der Heroine nationalbewußten Schottentums. Denkmal geworden, schaut sie über Inverness, doch es war Skye, wohin Flora 1746 mit Charles Edward Stuart floh.

Der Jakobitenführer, genannt Bonnie Prince Charlie, hatte für kurze Zeit die Unabhängigkeit des Hauses Stuart restituiert. Er sammelte eine Streitmacht gegen die Engländer, wurde aber vom Heer des Herzogs von Cumberland in der Schlacht bei Culloden vernichtend geschlagen. Bonnie Prince Charlie entkam, verkleidet als Flora MacDonalds Dienerin, gelangte nach Skye, verbarg sich dort und hielt hoffentlich auch ein wenig Händchen mit seiner Retterin. Ein französischer Freibeuter exportierte ihn mit nächtlichem Boot nach Frankreich, ins Exil. Zuvor jedoch zahlte Charles Flora die halbe Krone zurück, die sie ihm geliehen hatte, und sprach: Nach allem, was geschehen ist, hoffe ich, Madam, daß wir uns in St. James wiederbegegnen. – St. James war damals in London der königliche Palast. Flora hörte nie wieder vom Prinzen, schaffte es aber nach London: in den Tower, wo sie wegen Fluchthilfe einsaß. Freigelassen, kehrte sie nach Skye zurück und gebar einem biederen Kapitän sieben Kinder. 1790 starb sie, mit 68, zwei Jahre nach Bonnie Prince Charlie. In Kilmuir begrub man sie, im Laken des Mannes, dessen Leben sie nicht hatte teilen dürfen.

Leider war der Jakobiten-Aufstand gar keine Unabhängigkeitsromanze, sondern ein Bürgerkrieg, in dem die schottischen *lowlanders* zusammen mit den Engländern die *highlanders* bekämpften, um die Herrschaft der räuberischen Clans zu brechen. Die Hochland-Folklore als Inbegriff des Schottischen ist eine nachträgliche Verherrlichung der *beautiful loser*, die vor allem Walter Scott ins Werk gesetzt hat. Ich wünschte uns Ossi-Schotten ähnlichen Kitsch, doch Historie und Personal wollen sich vorerst nicht eignen. Statt der

Schlacht von Culloden haben wir die friedliche Revolution, im Exil sitzt Margot Honecker und im Tower Egon Krenz. Aber nicht wegen Fluchthilfe.

Am Sonntag ging ich zur Kirche. Skye ist ein Hort des Puritanismus. Schwarz gewandet, das Gebetbuch unterm Arm, so tritt man paarweis aus dem Hause und schreitet zur Free Church of Scotland im Inselhauptstädtchen Portree. Keine Glocke läutet, keine Orgel spielt. Kein Schmuck dekoriert den kargen Raum, in dem nichts wohnen darf als Gottes Wort. Nur Psalmen wurden gesungen, also Bibeltext, und dann predigte Reverend William MacLeod, der von Himmel und Hölle nicht nur wußte, sondern auch ergiebig darüber sprach. Die Dramatik seines Vortrags gab der Landschaft nichts nach. Flieh! donnerte der Gottesmann. Flieh zu den Bergen, von denen deiner Seele Hilfe kommt! *Flee with your soul to Jesus!* – Ich floh.

Am letzten Abend auf Skye war ich trinken. *Yes Boy*, sagte der Kneiper des Portree Pier Hotel, ein väterlicher Prolet im blauen Trikot der Glasgow Rangers, *yes boy, take it out, watch the stars*. Ich trank nicht mit den Einheimischen am Tresen, sondern wandelte draußen am Fischerhafen unterm Sternenzelt und bedachte die Dinge des Lebens. Das Leben schien fair. Es nahm Zeit, es gab Geschichten. Und da geschah es. Ein Spalt Licht lugte übers schwarze Dach der Black Cuillins, ein zarter Bogen Silbergold, der alsbald wie ein Diadem die Gipfel überkrönte. Ich hatte das noch nie erlebt, trotz Matthias Claudius und Hölderlin und meiner zweiundvierzig Jahre: daß er wirklich *aufgeht*, der Mond, *die Fremdlingin unter den Menschen*.

Ich holte ein neues Pint. *Yes boy, one follows the other*, sagte der Wirt. Der Mond stieg und fiel ins Hafenbecken, wo er sich inmitten der Boote wiegte. Ich dachte an Bergmans »Szenen einer Ehe« und jenes nächtliche Gespräch zwischen Johan und Marianne, das mein toter Freund Michael Möller so gern zitierte: Wir wissen alles über die Landwirtschaft in Rhodesien, die Zahl Pi und den Mond, hatte Johan, hatte Michael gesagt. Die Analyse ist total, nur über die menschliche Seele wissen wir nichts, da sind wir dumm. – Mir ging es umgekehrt. Ich wußte nichts über den Mond, aber sehr viel über die menschliche Seele, besonders nach drei weiteren Gläsern. Geht es dir gut da draußen? fragte der Wirt. – Der Mond, sagte ich, er steigt und steigt, er macht glücklich. – *No boy*, sagte der Wirt, *the moon is a lady of sorrow.*

Dann schloß das Pier Hotel. Ich schlingerte heim, Stormy Hill Road hinauf, bis vor unser Quartier. Ich brauchte keinen Schlüssel; man sperrte hier nachts nicht zu. Im Parterre war alles still. Unser Zimmer lag im ersten Stock. Im Bad wurde geduscht. Seltsam, dachte ich, Mei-Huey duscht um diese Zeit? Ich ging ins Zimmer und zog mich aus. Ich legte mich ins Bett und deckte mich zu, da kroch, schlaftrunken maunzend, etwas Warmes an mich heran. Es schien mir in meinem fortgeschrittenen Zustand keineswegs unmöglich, daß meine Frau gleichzeitig unter der Dusche und in unserem Bett weilen könnte. Allerdings schien sie in den wenigen Stunden unserer Trennung recht korpulent geworden. Dies ernüchterte mich, dazu der Umstand, daß jetzt im Bad der alte Highland-Song »Ye Jacobites By Name« gepfiffen wurde. Meine Frau – Chinesin – kennt den nicht.

Ich knipste die Nachttischlampe an. Neben mir lag ein gewaltiges Schottenweib. Nein, sie saß. Sie stand im Bett, wie man so sagt. Sie schrie. Nie, solange ich lebe, vergesse ich den Schrei der Highlanderin. Ich stürzte aus dem Bett, raste in meine Hosen, griff die Schuhe und sogar den Photoapparat und tobte die Treppe hinunter, aus dem Haus, in die Nacht. Die Highlands sind blutgetränkte Erde. Wäre der Prince Bonnie dieser Schottin ein Geringes früher aus der Dusche gekommen, man hätte wohl auch mich in seinem Laken begraben – nicht erst mit 68, sondern noch in dieser Nacht.

Mein Weg war kurz. Ich mußte nur ein Haus weiter. Meine Frau duschte nicht, sondern schlief. Ich rüttelte sie kichernd: Wach auf, ich muß dir was erzählen. – Ich schlafe, murmelte sie, laß mich schlafen. – Aber ich war im Bett von Flora MacDonald! – Warum, sagte sie schläfrig. Warum machst du das nur immer wieder?

Berlin-Pankow, April/Mai 2002

Paster
Eine Herkunft

Einen Stein aufklauben, hinrennen, den Schreier packen und ihm über den Schädel schlagen, daß er stürzt und Blut strömt, bis der jähe Zorn versiegt. Der ruft dich nicht mehr Paster! Der kennt künftig deinen Namen!

Nichts wirst du tun. Sie sind zu viele. Fast alle im Dorf rufen sie's, dann sogar Eberhard, der beste Freund. Im Streit fiel ihm deine wunde Stelle ein: »Du blöder Paster!« Halt an dich. Schlag ihn klüger. Der ist nicht du.

Du bist nicht die. *Die* kennen sich schon alle aus dem Kindergarten. *Die* lesen keine Bücher. *Die* haben Fernsehen. *Die* sind so praktisch, rasch und ... – heute weißt du's: weltgewandt. Du bist anders. Kein Triumph. Sehnsucht, zur Mehrheit zu gehören. Du hast nicht mitgehetzt, nicht mitgeprügelt, nicht Schmiere gestanden, als die bösen Buben der Klasse Peter Heerdt überfielen, weil Peter *doof* war und im Sport *eine Flasche* und *immer alles versaute*. Aber du kanntest den Plan und hießest ihn gut, aus Stolz, denn du warst eingeweiht, aus Glück, denn es traf einen anderen. Sie lauerten ihm auf zwischen Badergasse und Schmiede, auf dem Rückweg vom Sport. Sie droschen auf ihn ein, bis er bewußtlos liegenblieb. Ein Bauer fand ihn, sonst wäre er gestorben. Peter war schwer leberkrank.

Es ging auf Weihnachten. Fangfrage im Fach Heimatkunde: Warum feiern wir dieses Fest? Naaa, Christoph? Vorfreudiges Schweigen: Was macht der Paster jetzt? Dreiundzwanzig Kameraden, fünf aus christlichem Haus, gierten, ob Jesus oder Ulbricht siegte. »Weil wir stolz sind, daß wir im vergangenen Jahr soviel geschafft haben.« – »Richtig«, sprach die Lehrerin, ihres dummen Sieges nicht ganz froh. Ich schlich heim in Schande und Scham: Petrus nach der Judastat. *Und es trat zu ihm eine Magd und sprach: Und du warst auch mit dem Jesus von Nazareth. Er leugnete aber vor ihnen allen und sprach: Ich weiß nicht, was du sagst. Ich kenne den Menschen nicht. Und alsbald, da er noch redete, krähte der Hahn. Und der Herr wandte sich um und sah Petrus an. Und Petrus gedachte an des Herrn Wort, wie er zu ihm gesagt hatte: Ehe der Hahn heute kräht, wirst du mich dreimal verleugnen. Und Petrus ging hinaus und weinte bitterlich.*

Die Eltern taten ihr Mögliches, die Grenze zwischen uns und den *Weltkindern* offenzuhalten. Was zuviel war, war zuviel. Zur *Maidemonstration* ging man eben nicht. Die Lampion- und Fackelzüge am *Vorabend des Internationalen Kampftages der Arbeiterklasse* standen uns frei. Die *Pionierorganisation Ernst Thälmann* war tabu, obwohl ich heulte, als jeder das blaue Halstuch bekam, nur ich nicht. »Frösi«, das »Pioniermagazin für Jungen und Mädchen«, wurde abonniert, kindgemäß durchmischten Inhalts wegen, ebenso »Atze« und »Mosaik«, das einzige Comic-Heft der DDR. Vor den *Pioniernachmittagen* fragte Vater, was geboten werde. Gab's Schnitzeljagd, Sport oder Wandern, dann durfte ich hin. Partisanenfilme und Besuche bei den Grenzsoldaten fanden ohne mich statt.

»Christoph gehört nicht dem Pionierverband an«, vermerkt das Zeugnis der dritten Klasse. »Er fügte sich immer dem Kollektiv und stand nie abseits, wenn es ging, gemeinsam zu schaffen.« Ich danke meinen Eltern wie den meisten Lehrern, daß sie den Kampf der Ideologien nicht über ein Kind austrugen. Der Christenlehre-Unterricht war selbstredend streng getrennt vom staatlichen Schulsystem. In den fünfziger Jahren hatte die evangelische Kirche im Streit um die Konfirmation die Machtprobe mit dem Staat gewagt und verloren, weil die große Mehrheit der DDR-Gewohnheitschristen die atheistische Jugendweihe als Initiations-Ritual akzeptierte. Die Kirche gab sich dem landesüblichen Opportunismus geschlagen. Entweder – oder, das war nicht durchzuhalten. Fortan konnten auch Jugendgeweihte kirchlichen Segen erlangen, nach einem zusätzlichen Jahr Konfirmandenunterricht.

Den erteilte Vater. Die Kirche, das war er. Kraft und Größe gingen von ihm aus, wenn ich sah, wie die ärgsten Rowdies von Dingelstedt folgsam in den Gemeinderaum trabten, seiner Weisung zu lauschen. Erst später, selbst in seinem Unterricht, merkte ich, wie schwer ihm der Umgang mit diesen ländlichen Lümmeln fiel. Er *brüllte* (»Hörstejetztendlichmalzu!«), er schmiß auch mal raus – ganz im Gegensatz zu Fräulein Helma Bosse, die als Katechetin die kleineren Engel das Fliegen lehrte. Von Jona (wir malten ihm zu Ehren einen Wal) über Jesu Einzug in Jerusalem (seither kann ich Esel zeichnen) bis hin zu Luthers heldischem Walten (Blitz und Donnerwolken über Stotternheim) verdanke ich Fräulein Bosse unverwüstliche Gemütswerte, immun gegen Agnostik und Relativität, und überdies die lichte Erfahrung christlicher Sanftmut.

Fräulein Bosse taugte einfach nicht zum Zorn, was mancher weidlich nutzte. Freund Lindemann verhielt sich nicht, während des Vaterunsers krachend zu furzen wie der Leibhaftige, und fragte nach dem Amen: »Fräulein Bosse, riechen Sie meine Marke?« Oh über ihn! »Eberhard!« rief Helma Bosse; in heiliger Erwallung erbebte ihr Dutt. »Wenn das noch einmal vorkommt, dann gebe ich dir eine Drei!« Dies war ihr Äußerstes. Ich hatte »Betragen Eins bis Zwei«. Mutter, die Fräulein Bosse kannte, befand, ich müsse mich wohl benommen haben wie die Axt im Walde.

Es nahte der jährliche Busausflug, den die Eltern mit der Kirchgemeinde unternahmen. Wir drei Jungs blieben zurück, Fräulein Bosses Obhut anvertraut. Michael, der älteste, war pflegeleicht, da ihn nur Bücher interessierten. Wolfgang, der jüngere, mußte parieren; die Katechetin war seine Patentante. Ich riß unverzüglich aus. Das Pfarrgrundstück war riesig, ein Kinderparadies: zwei Höfe, ein gewaltiger Garten mit reichlich Urwald. Teile des Geländes hatten wir in jahrelanger Wühlarbeit unterhöhlt, um Erdburgen zu bauen, wobei ich anfangs Sorge trug, eine U-Bahn-Linie anzustechen.

Es regnete in Strömen. Ich aber saß selig unter der Erde, trank Brause und las mit der Taschenlampe Rudolf Herzogs

Harzfahrt der Dingelstedter 5. Klasse, Rübeland 1967, C. D. hockend

»Nibelungen«. *Verzerrten Gesichtes starrte Königin Brunhild auf die Eifernde. »Und Ihr lügt dennoch!« kreischte sie. »Einen Stärkeren als Gunther trägt nicht die Erde, denn ich habe mit ihm um mein Bett gekämpft und furchtbar seine Manneskraft verspürt!«* – »Christoph!« rief es fern von oben irgendwo, »Chriiistoph!« Aha, sie suchte schon. Da konnte sie lange suchen, denn daß die Kinder Gottes sich in die Unterwelt begäben, lag jenseits von Fräulein Bosses Ahnen. Auch war die Erdburg gut getarnt. *»Siegfrieds Manneskraft habt Ihr verspürt!« jauchzte die Königin Kriemhild ihr ins Gesicht. »Siegfried warf Euch aufs Bette, bis Ihr demütig wurdet und um Gnade betteltet!« – »Lügnerin!« schrie die Königin Brunhild noch einmal.* »Christoph!« schrie Fräulein Bosse noch einmal, nun allerdings bedrohlich nahe. Also still! *Da reckte die Königin Kriemhild ihr die Hand unter die Augen, an der König Nibelungs Ring stak. »Kennt Ihr diesen Ring?« frohlockte sie.*

»Siegfried nahm ihn Euch, seinen Verlobungsreif holte er sich wieder in der Nacht, da er Euch gebändigt an König Gunther abtrat wie ein altes Gewand!« Da brach die Königin Kriemhild … Da brach Fräulein Bosse durchs Gebälk. Bretter, Steine, Erde stürzten herab. Ein Bein stieß durch die Decke, gefolgt von einem schaurigen Schrei. Nie zuvor und hernach nie wieder hat Helma Bosse so geschrien. »Jetztholstdumirerstmalsofortmeinenschuhdawiederrausunddannabmitdir!« Der Schuh stak wohlbehalten im Schlamm. Ein glücklicher Tag: Burg kaputt, Brille kaputt, mit frommen Traktaten verbannt ins Fremdenzimmer, und Fräulein Bosses Rapport an die Eltern tendierte gefährlich nach »Betragen Drei«.

Wir waren wild; mit Stolz sei es gestanden. Vetter Thomas, öfters zu Besuch aus Halberstadt, wurde auf der Heimfahrt von seiner Mutter stets ermahnt: So bitte nicht, wenn wir wieder zu Hause sind! Thomas, das Einzelkind, nickte und litt. Wie gern hätte auch er im Zimmer Fußball gespielt (zum Schaden der Lampen), die Apfelernte in Artillerie-Gefechten zu Mus gemacht, mit Lattenschwertern dreingehauen und chinesische Teeröschen abgeholzt, weil deren Stengel, mit einer Spitze aus Holunderzweig versehen, die besten Flitzbogen-Pfeile gaben. Krieg war immer. Die Gemeindeschwester empfing regelmäßig Notrufe aus dem Kampfgebiet. Vater: »Frau Eigenwillig, entschuldigen Sie bitte die späte Störung, aber wir brauchten mal wieder dringend ihre Hilfe.« Frau Eigenwillig wunderte sich: Sie habe mir doch erst vorgestern die Schläfe geklammert. »Hält der Verband nicht?« – »Nein, nein, diesmal ist es unser Wolfgang.« Eine Kuhglocke mit der Aufschrift »Gruß aus Kühlungsborn« hatte ich an einen Strick gebunden und um mich geschwungen, wobei Wolfgang in die Umlaufbahn geriet. Ohr und Wange nahmen kräftig Schaden. Frau Eigenwillig eilte herbei und versah auch Wolfgang mit einem Turban. Für's nächste ähnelten Pasters Söhne Kindern Mohammeds. Wolfgang war noch vital genug, zwei Tage später den Fußball durchs Doppelfenster in Vaters Arbeitszimmer zu bomben, wo leider justament eine alte Dame den Hinschied ihres Gatten anzeigte. Was folgte, war

Familie Dieckmann mit Nahverkehrsmitteln
(rechts C. D.), Dingelstedt 1960

unvermeidlich: Dresche. Die ihm unbegreiflichste Tracht Prügel empfing Wolfgang, als ausgerechnet er mich »Paster!« rief, in Notwehr: Ich hatte ihm beim Versteckspiel auf den Kopf gepinkelt.

Die Eltern waren streng. Mutters impulsive Zornausbrüche verrauchten rasch. Es paßte, daß bei der einzigen mir erinnerlichen Züchtigung ihr die hölzerne Kochkelle auf meinem Hintern zerbrach. Aber Vaters Wut, falls wir nicht *hörten*, schien böse und roh. Er zerrte den Delinquenten ins Hinterzimmer und schlug mit dem Gummischlauch. Falls noch möglich, flohen wir aufs Klo und riegelten uns ein, am besten mit einem Buch, denn bis Mutter Entwarnung gab, konnten Stunden vergehen. Die Schläge wurden nachgeholt, fielen aber milder aus.

Heute sehe ich diese Exekutionen mit etwas anderen Augen. Vater neigte nicht zur Gewalt. *Beschaulichkeit* ging ihm über alles: Harz-Wanderungen, Radausflüge, Kaffeestunden im Garten stillten seinen Durst nach Harmonie. Ich sehe ihn mit Strohhut und Harke, Samstagabend zum Glockengeläut. Er hält bei der Gartenarbeit inne, legt die Harke hin, die Zinken zur Erde. Er nimmt den Hut ab und faltet die Hände. Aber sein Jähzorn setzte ihm zu. Pfarr-Herr sollte er sein, ständige Autorität. »Der Vati wußte sich manchmal keinen Rat mehr mit euch«, sagte Mutter später. »Er war hinterher immer selbst ganz verzweifelt. Er hatte euch doch so lieb. Und denk mal, wie *wir* erzogen wurden.«

Pasters Kinder, Müllers Vieh ... Das seltsame Wesen vieler Pfarrerskinder ist ein Druckschaden, entstanden unter der Last, im Pfarrhaus jenes heile Leben vorzumachen, das *die Welt* nicht zustande bringt. Mutter war bereits »pfarrhausgeschädigt«, als Tochter eines Landpastors aus Stresow in Westpreußen (heute Strzeszów und polnisch), wo man sie übrigens »Preesters Anni!« rief, was beweist, daß »Paster!« kein Schmähruf des DDR-Atheismus gewesen ist. Bevor sie etwa bei Krämer Schumann ein Bonbon geschenkt bekam, war ein Gesang aufzuführen: *Anneliese Lietzau wollte sich was kaufen, hatte sich verlaufen, setzte sich ins grüne Gras, pinkelt sich die Hosen naß.*

Nach dem Kriege brachte es ihr Vater zum Superintendenten von Perleberg in der Prignitz, worauf er sich Großes zugute hielt. »Vox populi vox Rindvieh«, pflegte er zu sagen, »die Menschen sind Kühe.« Bruno Lietzau, erprobt als bekennender Hitler-Feind, war gewiß nicht ohne hagestolze Güte, aber eisern streng. Gnadenlos hieb er zu, als ihn mein Ballspiel im Mittagsschlaf störte. Warum fielen ihm die Eltern nicht in den Arm? Sie wagten es nicht. Mutter hatte, schon weit über Zwanzig, von ihm die ständige Drohung gehört: »Wenn du mir mit einem Kind nach Hause kommst, dann schmeiße ich dich raus!« Männliche Post prüfte er vor: »Du hast einen Brief von soundso, er schreibt dir dasunddas.« Ein harmloser Verehrer wurde heimlich abserviert, durch Einbehalt der Briefe.

Alle drei Lietzau-Töchter haben Pastoren geheiratet, wobei mein Vater, ein zaundünner Studiosus der Theologie, zunächst als ungenehm betrachtet wurde. Er machte nichts her. Seine Familie war *gewöhnlich*, ein schlimmes Verdikt, zumal auch die kirchliche Tönung des Hauses Dieckmann zu Halberstadt bedenkliche Flecken zeigte. Nicht bei Mutter Marie-Luise; die war Johanniterschwester gewesen und eine fromme Seele von Mensch. Aber Wilhelm Dieckmann, ihr Gatte, ging bestenfalls für *gottgläubig* durch. Als Flieger war er gegen Ende des Ersten Weltkriegs ganz in der Nähe des Cottbuser Krankenhauses abgestürzt, in dem Großmutter Dienst tat. Man trug den ramponierten Helden herein. Marie-Luise Nagel wußte sofort: Der oder keiner!

Sie hatte manchmal hart zu ringen mit dem nationalromantischen Mann, der im Garten Bunker und Burgruinen baute und sich bei häuslichem Krach mit der Klampfe in seine SA-Kneipe verzog. Sie hielt das Haus in Schuß, er besang deutsches Fühlen und Trachten: *In des Huywalds finstren Gründen / auf naturverschlungnem Pfad / hauste einst der Räuber Heising / der allhier grassieret hat.* Pietistisch wurde Vater also nicht erzogen. 1920 geboren, wollte er eigentlich Chemie studieren. Mit zwanzig mußte er in den Krieg, als Funker nach Frankreich und Italien. Vor der Ostfront bewahrte ihn ein alter Ohrenarzt, der, als die Vater eigentlich bestimmte Kompanie abrückte, ihm noch rasch die Mandeln herausnahm.

Der erste tote Mensch, den Vater sah, war Jahre nach dem Krieg in Stuttgart ein kleines Mädchen, das überfahren worden war. Abends, beim Ausziehen und Waschen, mußte Vater oft *vom Krieg* erzählen, von fernen, wundersamen Stätten, die Amboise und Verona hießen, Arcachon, Nevers an der Loire, Marostica, Genzano bei Rom. Krieg machte keine Angst. Vater war ja rein geblieben, unbefleckt von Blut, woran mir unendlich lag. Er selbst nannte sich behütet. Er zählt zu jener Nachkriegs-Theologengeneration Barthscher und Barmer

Hans-Joachim Dieckmann, 1940

Prägung, der sich im Christ-Sein ein Rettungsanker bot. Weit mehr als Akademiker waren sie Gläubige. Man findet Parallelen zur anderen großen Religion, die das Nazi-Reich im Martyrium überstand. In Bonn besuchte ich Hans Modrow, wo er ziemlich einsam, ziemlich bitter in seinem Abgeordneten-Büro saß, Bonn-Center, achter Stock; auf dem Dach kreiste der Mercedes-Stern. Modrows Geschichte vom jungen Wehrmachts-Soldaten, von Irrtum, Bewahrung und Heimkehr klang der meines Vaters sehr verwandt. Das fand auch Vater, als ich ihm das Band vorspielte. »Vor Hans Modrow habe ich Respekt«, sagte er, »der hat den friedlichen Übergang möglich gemacht.«

Anders als Modrow schwor er *den* Ideologien in toto und auf immer ab. Christlicher Glaube ist ja nach Barth das Gegenteil von Ideologie, sofern er sich nicht in menschliche Macht verkehrt. Daß Macht obszön sei, war vielen christlichen Oppositionellen in der DDR von Kindheit an vertraut. Das innere Nein zum weltlichen Regnum bewahrte die Seele – und stärkte *das System*? Die Kirche forderte nie. Sie bat. Der zeitig eingetrichterte Respekt vor staatlicher Obrigkeit blieb Vater erhalten. »Ich rede dein Zeugnis vor Königen und schäme mich nicht« – dieses Psalm- und Leitwort der Confessio Augustana taugte ihm nicht als Panier. Er war kein Luther in Worms, aber fest auf scheue Art. Er traute auf Gottes Führung durch Menschen guten Willens. Zu Sozialismus-Phrasen hätte er sich nie hergegeben. Im Dorf galt er als *scharf*, das heißt: staatskritisch.

Am Nachmittag des 6. April 1968, dem Tag des Referendums über die neue DDR-Verfassung, unterbrach Besuch das sonntägliche Kaffeetrinken unter der großen Eiche. Die *fliegende Wahlurne* segelte herbei, flankiert von zwei sichtlich verschüchterten Damen aus der Bürgermeisterei. Guten Tach, Herr Paster! Herr Paster bot Kaffee an, doch darum ging es nicht. Das ganze Dorf habe schon *vom Wahlrecht Gebrauch gemacht*, nur von Herrn und Frau Paster fehlten noch die Stimmen. Man wolle schließen; es sei doch schon halb vier. Auf stand Vater. »Sie haben bis achtzehn Uhr geöffnet«, sprach er, die Würde des Rechts, »so stand es in der *Volksstimme*.« Sie zogen ab. Zwei Stunden darauf begaben sich die Eltern ins *Wahllokal* und stimmten mit Nein, weil die neue Verfassung kirchliche Rechte beschnitt.

Vaters Ethos war sein Amt. Selbstredend wurde auch Mutter das Glück des Dienens auferlegt. Gewerbe-Lehrerin, wie studiert, konnte sie nicht bleiben. Sie fügte sich, nicht klaglos zwar, und hielt meinem Vater *den Rücken frei*; er lehnte sich öfters auf ihren. Sie machte und tat und wirbelte von früh bis spät durch das riesige Haus (im Winter ein Eispalast); sie kochte, putzte, wusch und weckte ein und hungerte nach etwas, das sie Anerkennung nannte. »Ich bin kaputt«, ihr stehender Satz am Abend, wenn sie beim Bügeln oder Strümpfestopfen wieder eingeschlafen war.

Wie viele Pfarrfrauen sind so ohne Lohn und Dank verschlissen worden. *Selbstverwirklichung*, diese hedonistische Tugend, war nicht das Gebaren der fünfziger, sechziger Jahre. Man sah, wie man zurande kam mit vier Kindern und dem bißchen Geld. Selbstverständlich wurden die paar hundert Westmark *Bruderhilfe*, die es seit etwa 1965 gab, für *was Praktisches* ausgegeben, Wolldecken beispielsweise. Welcher Stolz über das erste UKW-Radio, ein mächtiges hölzernes Trumm. Und dann begann das Raumfahrt-Zeitalter: Beim Eisenwarenhändler Eberhard Bröse erwarben die Eltern den Plattenspieler »Soletta«, Edelmarke im Koffer, grau-weinrot mit Kunstleder bespannt. Bröse gab noch gratis eine Platte drein: Udo Jürgens, »Siebzehn Jahr, blondes Haar«.

Fernsehen? Hatten wir nicht. Aber Tante Schiefler hatte. Unvergeßliches wie »Spiel ohne Grenzen« und »Rauchende Colts« erlebten wir bei der alten Dame, die oben im Pfarrhaus eine muffige Kemenate bewohnte. Schüsse peitschten durchs ganze Haus, wenn Matt Dillon zum Hüfteisen griff, denn Frieda Schiefler war so gut wie taub. Dank dieser Disposition ließ sich auch die Fußballweltmeisterschaft 1966 verfolgen: barfuß im Nachthemd vor Tante Schieflers Tür. Der Himmel weiß, was die alte Dame am Fußball fand, aber ich war neuerdings verrückt danach.

An einem Sonntag des Jahres 1965 – die Eltern hielten Mittagsschlaf – zerriß die dörfliche Stille ein außerirdisches Geschrei. Ich lief ihm nach, landete am Sportplatz und sah das erste Fußballspiel meines Lebens. Titanisch! Die Offenbarung! Traktor Dingelstedt spielte gegen Traktor Ausleben, von Hunderten Bauern nach vorn gebrüllt, weshalb ich instinktiv Partei für Ausleben ergriff, als stritten dort elf einsame Pastorensöhne wie ich gegen die böse Majorität. Ausleben gewann 2:1, was mir die Illusion eingab, Fußball sei eine Liebe, die glücklich macht. Ich rannte heim und gründete zur selbigen Stunde das Wochenblatt »Der Fußballer«, das es immerhin auf über siebzig Ausgaben brachte und auf elf Abonnenten, darunter Frieda Schiefler. Auch um ihre Augen stand es nicht zum besten.

Die Eltern waren vom Donner gerührt und hielten mich für aus der Art geschlagen, zumal ich unverzüglich selbst zu spielen begann, und zwar Torwart. Fortan waren Knie und Ellenbogen bandagiert mit großen, eiterdurchsuppten Pflastern, denn ich schmiß mich auf den Schlackeplatz, als gelte es das Leben. Fußball: der Schlüssel zur profanen Welt. Die Jungs des Dorfes kamen auf unseren Hof. Fortan war's vorbei mit Vaters Ruhe bei der Predigtmeditation. Wumm! Wumm! Wumm! krachte das Leder ans Scheunentor. Dann sollte der Traum sich erfüllen. Die Schülermannschaft wollte mich als Keeper. Vater sagte nein. »Wann spielen die? Sonntagvormittag? Da ist Kindergottesdienst.«

Scheiß-Kirche, das sagten wir nie. Aber oft schien uns, wir kämen zu kurz – auch, weil Pfarrhaus in der DDR stand für: wenig Geld. Manchmal tat das weh; Kinder vergleichen ja. »Die Kinder leider sehr undankbar und anspruchsvoll« schrieb Vater nach einer Weihnachtsbescherung in sein Tagebuch. Wir wurden eben anders entgolten als »die Kinder, die nicht zur Kirche gehören«, wie Mutter überlegen sagte. »Andere müssen sich am Sonntagnachmittag auf der Straße herumtreiben.« Da spielten die Eltern mit uns, wanderten und fuhren Rad. Abends im Bett wurden Geschichten erzählt, aus der Bibel, von »Peterchens Mondfahrt« oder – besonders beliebt – *von früher*, der minder behüteten Zeit. Gebet, Gesang und Gute Nacht. *Breit aus die Flügel beide, o Jesu, meine Freude, und nimm dein Küchlein ein. Will Satan mich verschlingen, so laß die Englein singen: Dies Kind soll unverletzet sein.* Vom Kirchturm schlug die Glocke neun.

Dann stürzte alles ein. Eines Abends im Frühsommer 1968, wir löffelten fröhlich Erdbeeren mit Milch, erklärten die Eltern, im Herbst zögen wir um. Waaas? Warum? Wohin? Was wird aus Muck, meinem Kater? »Der kommt natürlich mit.« Von Stund an war Abschied – von Haus und Hof, Akazie, Steinbank und Regenbassin, von allen Kameraden, von Plätzen, Wegen, Kirschplantagen, von Windmühlen und Leiterwagen, vom Friedhof, den ich oft durchstreifte, um das Alter der Toten zu errechnen, seit eine rätselhafte Selbstmordwelle durchs Dorf gegangen war. Ein Tod auch dies. Nie mehr zur Dingelstedter Schule, lautlosen Schritts im Neuschnee, und am Platz der Freundschaft glänzte der Weihnachtsbaum. Nie mehr die Klingel hören und wie die Flurtür ins Schloß fällt, die Kellertür, die Bodentür. Nur der Essensgong kam mit, ein transportabler Klang. Und Muck, der Streuner. Kurz bevor der Möbelwagen fuhr, tauchte er endlich auf. Ich griff ihn und sperrte ihn in die Kiste. Er fauchte, ich heulte vor Erleichterung.

Und vor Trauer, noch Monate nach der Vertreibung aus dem Paradies. Mutter war ganz fertig und sagte: »Hätten wir gewußt, daß es euch so mitnimmt ...« Heimat ist Selbstvergessenheit. Man kann sich an Fremde gewöhnen, erst schutzbefohlen wie auf See, dann unmerklich Land ergreifend. Doch der zweiten Liebe traut man keine erste zu.

Was mir als erstes auffiel in Sangerhausen: Die Stadtbengels waren wesentlich frühreifer als die der Dingelstedter Klasse 7, wo es noch als *memmenhaft* galt, sich mit Mädchen abzugeben. Nie hätte ich Angelika Reps mein zartes Träumen gestanden. Hier aber wurde beknuddelt, begrapscht und gezotet, daß man von einem Ohr aufs andere fiel. Und – täuschte das? – den Mädchen war's ein juchzendes Vergnügen. O Hannelore Gretzki, o Hanna Bützer, o Heidrun Wäldchen mit den Rundstrickhosen! Monika Reinsch tat ein Übriges und kriegte mit vierzehn ein Kind. Um die geliebten »Mosaik«-Hefte einzutauschen, galten Matchbox-Autos hier als keine Währung mehr. Beatgruppen-Photos mußten es sein oder, besser, Porno-Bilder.

Ich beschaffte sie. Als Mutter die außerordentlichen Motive erspähte, mitten auf dem Rauchtischchen neben der »Frohen Botschaft«, da blieb sie unerwartet zahm, empfahl allerdings zügigen Weiterhandel. Wie die meisten Pfarrhäuser brannte auch unseres nicht vor Eros. Undenkbar für die Eltern, mit den Kindern nackt zu baden. Immerhin, aufgeklärt wurden wir zeitig, nachdem Michael auf Klassenfahrt zum Weihnachtsmärchen in Halberstadt gewesen war. Er kam heim, weniger erglüht von Humperdincks »Hänsel und Gretel« als von einem Libretto, das er im Volkstheater auf dem Klo gelesen hatte: *Ficken, ficken, Geldverdienen, dann gibt's wieder Appelsinen.*

Appelsinen waren bekannt. »Was ist ficken?« fragte er beim Mittagessen. Oh! Vater, Mutter blickten stumm auf dem ganzen Tisch herum. Vater ergriff die Flucht nach vorn und schob uns ins Fremdenzimmer – erst Micha, dann Wolfgang und mich. Erstens: Hahn und Henne. Zweitens: Wenn ein Mann und eine Frau sich seeehr liebhaben. – Nie, wußte ich, tust du DAS!

Im Anfang war das Wort. Alles in Sprache zu verwandeln: ein Mysterium, das die Weltkinder nicht kannten, sowenig wie die Lebensangst dahinter. *In sexualibus* flog dieser Zauber auf. Jedenfalls war klar, daß man, bevor DAS passieren könnte, die elterliche Welt verlassen müßte.

Bis zum Ende der zehnten Klasse wuchs sich das Brodeln und Gären zu einem gewaltigen Haarschopf aus, dem längsten der Schule. »Mit solcher Mähne keine Abschlußprüfung«, diese Drohung war kein leerer Spruch in der DDR des Jahres 1972. Ich hielt durch, wie Black Sabath und Deep Purple; ich siegte, wie Crosby, Stills & Nash in »Almost Cut My Hair«. Seit zwei Jahren war ich Rockfan und hing mit dem

Recorder am West-Radio: ein bürgerlicher Freak mit *Hecke* und Benimm. Zeugnis neunte Klasse: »Lehrern und Erziehern gegenüber ist er höflich.« Mehr als die Mähne erschreckte die Eltern das Tosen der Gitarrengötter Johnny Winter, Jimi Hendrix, Leslie West. Leiser! rief Vater von nebenan. Leiser!! Nochleiserkannstenichtendlichmal!!! Brief an die PGH Elektronik Markranstädt: »Ich möchte sehr darum bitten, mir die beiliegenden Kopfhörer bald zu reparieren, da wir eine sechsköpfige Familie in einer kleinen Wohnung sind und aufeinander Rücksicht nehmen müssen.« Pubertäre Nöte wurden zu Melancholie gemacht, nicht zu Aggression.

Dann war die Schule aus. Ich wäre gern geblieben. Nichts drängte *ins Leben*. Die Oberschule, das Abitur kam nicht in Betracht, »aus Kapazitätsgründen«, wie die Kreisschulrätin Richter, passionierte Christenverfolgerin, *von oben* wissen ließ, obwohl ich *leistungsmäßig vorgeschlagen* war. Der Magdeburger Bischof Werner Krusche schickte einen Trostbrief: Es gehe jetzt vielen so um ihres Glaubens willen.

Ich wußte mir keinen Beruf – außer Sportreporter; das war außer Reiche. Auf der Berufsberatungsstelle liefen die Eltern Herrn Helbig in die Arme, dem Kinochef des Kreises Sangerhausen, der ihnen die Segnungen der Filmvorführerei ausmalte. »Und wenn der Junge sich macht, ist es nur ein Schritt zum Regisseur nach Potsdam-Babelsberg.«

Von wegen. Anfang September 1972 begann die Lehre im sächsischen Langenau. Das Nest lag am Ende der Welt und die Filmschule noch einen Kilometer weiter. Filmvorführer sind ein sehr, sehr sonderbares Volk, schlechtbezahlte Kino-Träumer, Egomanen, neurotisch hochbegabt, und hier kamen siebenunddreißig Knaben aus der ganzen DDR auf acht Mädchen. Filmwürdige Dramen spielten sich ab, Trunksucht, Intrige, tiefe schlimme Liebe. Einer schmiß sich ums Haar wegen einer Elke vor den Zug. Einen hinderte ich des Nachts im Waschraum, sich für eine Marika aufzuhängen. Hermann Hesse wäre unters Rad gekommen. Ich aber explodierte.

Die Chronik meiner beiden Lehrjahre nimmt mir jedes Bedenken, ich könnte ein jugendlicher Anpasser gewesen sein.

Hans-Joachim Dieckmann inmitten seiner Konfirmanden (rechts C. D.), Sangerhausen, 10. Mai 1970

Verweise sind in schöner Regelmäßigkeit dokumentiert – wegen Disziplinlosigkeit, mangelnder Arbeitsmoral, nächtlichen Eindringens ins Mädchenzimmer und ähnlicher Manifestationen frohen Jugendlebens. Nach einem *Strengen Verweis* drohte Direktor Hillmann zum letzten Mal. »Am 10. Mai 1973«, schrieb er den Eltern, »wurde mit dem Lehrling Christoph Dieckmann nochmals eine Aussprache geführt. Seine Antwort nach einer einstündigen Aussprache war: Meine ganze persönliche Einstellung zum Leben zwingt mich zu diesem Verhalten, ich kann nicht anders und fühle mich dabei auch nicht wohl.«

Ja! Ja! Gar nicht ungern war ich mißverstanden in dieser anti-musischen Welt praktischer Zwecke, darbte tagsüber zwischen Lötkolben und Verstärkern, las nachts Puschkin,

»Henri Quatre« und Goebbels' Tagebuch, war tragisch verliebt und – ganz Rock'n' Roll-Outlaw – zur Verzweiflung fest entschlossen. *Freedom is just another word for nothing left to lose.* Verbot tut not. Wie soll man schreien, wenn man darf?

Die Eltern kämpften für mich. »Christoph hat da seine eigenen Vorstellungen, die noch nicht mit den Erfordernissen eines Gemeinschaftslebens in Einklang zu bringen sind«, so schrieb mein Vater »hochachtungsvoll« und bat um gut Wetter. »Er hat uns allerdings beteuert, seine Einschätzung durch die Lehrkräfte, daß er vorsätzlich Schrott verursache oder die Apparaturen falsch bediene, sei nicht richtig. Wir als Eltern möchten ihm an diesem Punkte glauben. Auch meinte er uns gegenüber, wenn er den Kopf auf den Tisch lege im Unterricht, so täte er dies nicht aus Desinteresse und weil er schlafe, sondern er höre dabei genau zu.«

Zwei Wochen vor der Abschlußprüfung flog ich raus. Der Grund war der letzte Tropfen. Wortwörtlich. Um Heimleiter Ekkehard Cords die nächtlichen Kontrollbesuche zu versüßen, hatten wir gemeinschaftlich ein Kondom der Marke »Mondos« über die Türklinke unseres Sechserzimmers gezogen und es mit Flüssig-Bohnerwachs der Marke »Eg-Gü farblos« gefeuchtet. Cords griff hinein, schrie auf, überlebte trotz Angina pectoris, hob die Tür aus und ächzte sie zur Mitternacht ins Lehrerzimmer. Am nächsten Morgen Verhör und Skandal. Besonders der alte Kinotechniker Fritz Zinner, einst Filmvorführer in Rommels Afrika-Korps, konnte sich »nicht entsinnen, jemals eine solche Sauerei gesehen zu haben«. Nach Luft japsend, trat er ans Fenster, riß es auf und sah – mich. Unten auf der Straße marschierte ich auf und ab, im Schlepp ein großes rotes Plaste-Auto ohne Räder. »Was tun Sie dort?« brüllte Zinner.

»Fahren und denken.« Das war's. Diese Documenta '74 gab mir den Rest.

Direktor Hillmann sandte das Telegramm, wobei ihm der Zorn in die Grammatik fuhr. »werter herr dieckmann wegen ihrem sohn christoph wurde ein disziplinarverfahren eingeleitet die disziplinarverhandlung findet am 6. mai 1974 in

C. D. kürzt Schulfreund Rüdiger das Haar, aber nicht sich selbst, Sangerhausen, 1. September 1971

der zentralen betriebsschule des lichtspielwesens statt dazu laden wir sie ein christoph wird bis zu diesem zeitpunkt beurlaubt und tritt heute am 25. 4. 74 die heimreise an«. Vater, viel gefaßter als Mutter, fuhr am 6. Mai mit mir zurück nach Langenau. Das Urteil war schon vorgefaßt. Formal *lag genug vor*, aber die Torheit, die eifernde *Überzeugung*, mit der hier ein schwieriger, harmloser Junge *entfernt* wurde, empört mich noch heute, wie auch die schleimscheißende Kleinheit einiger Kameraden. FDJ-Sekretär Dreyer profilierte sich beim Tribunal als Kronzeuge meiner Asozialität: »Ich möchte anmerken, daß Christoph als Diskjockey oft Titel gespielt hat, nach denen man nicht tanzen konnte.«

Dann saß ich auf dem Bett im Internat und wollte nicht mit. »Bitte«, sagte Vater, »bitte komm mit.« – »Ich bleibe hier.« – »Hier kannst du nicht bleiben.« – »Mir egal.« Sein Blick fiel auf mein Wandbild, eine selbstgefertigte Collage aus

Farben, Blättern, einem aufgeklebten Stift, einem Pfennig, einem Fußabdruck und einer Scheibe Bierschinken, um deren grünliche Wölbung geschrieben stand: ALLES HAT SINN. »Ja, Junge«, sagte Vater, »da hast du recht, das wirst du noch erfahren.« Ich fuhr mit. Am nächsten Morgen war ich Kohlenschipper in der Kreisfilmstelle Sangerhausen.

Der Sturz war brutal. Theologie hatte ich ab Herbst studieren wollen, *mit Menschen arbeiten*, und den Platz am Theologischen Seminar Leipzig schon in der Tasche. Dazu brauchte es den Facharbeiterbrief. Ein Jahr lang reservierte mir Leipzig den Studienplatz. Der Lichtspielbetrieb machte ein Hintertürchen auf: *Erwachsenen-Qualifikation*. Kollege Fratzke aus der Bezirksfilmdirektion Halle ging Weltuntergänge gelassen an. »Täubchen«, sprach er, »da haste Mist gebaut.« Nachdem alle Kohlen geschippt waren, alle Müllhaufen verladen, alle Dachböden aufgeräumt, durfte ich Filme vorführen.

Meine Landfilm-Zeit mag ich nicht missen, so randvoll war sie mit brüllender Komik. Bauern wollten mich verprügeln, weil ich ihnen den Krimi kürzte, um den letzten Bus nicht zu verpassen. Zur *Stunde des sowjetischen Films* für die SED-Kreisleitung startete ich statt der grusinischen Romanze »Als die Mandelbäume blühten« das tschechoslowakische Lustspiel »Ein Affe am Familientisch« – leider rückwärts; der Film war nicht umgespult. »Bengel!« schrie Kreisfilmstellenleiter Helbig und tobte, Schlimmstes fürchtend, über die Feuertreppe in den Vorführraum. Es ging glimpflich ab. Die Genossen saßen in der Kinobar, tranken und amüsierten sich prächtig. Und dann der Sommernachts-Alptraum im Harzer Pionierlager Ludetal. Der Projektor ging kaputt, und auf der Freilichtbühne rasten tausend Pioniere nach dem sowjetischen Weltkriegs-Heuler »Der Kommandant des U-Bootes ›Glücklicher Hecht‹« ... Dies, spricht der Psalmist, sind die Tage, von denen wir sagen, sie gefallen uns nicht.

Nach einem Jahr bestand ich die Facharbeiterprüfung, wozu nebst den geschilderten Fertigkeiten auch ein dickes Epos vonnöten war: »Analyse filmpolitischer Sichtwerbungsmaßnahmen«. »Die Werbung ist ein Ausdrucksmittel der Ziele des Werbenden und soll ihm gleichzeitig bei der Verwirklichung seiner Ziele behilflich sein«, so erkannte ich, und: »Ein für alle Male ist der Gedanke zu verwerfen, der Film sei eine Ware, die unter allen Umständen verkauft werden muß.« Ich hätte es in der DDR also auch zum Wirtschaftler bringen können.

Im September 1975 zog ich endgültig hinaus. Leipzig war Freiheit. Alles, was nun käme, wäre mein. Anfangs fuhr ich öfters heim (mit schmutziger Wäsche), dann nur noch selten, aber nie, ohne mit jüngst erworbener Weisheit aufzutrumpfen. Rudolf Bultmann und die *liberale Theologie* schienen herrlich geeignet, den just erkorenen ideologischen Hauptfeind zu verschrecken: das pietistische Dumpfhirn. Dankenswerterweise entsetzte sich Mutter, was alles ich nicht mehr glauben wollte. Dabei war ich doch selbst ein Boot in Not auf dem enzyklopädischen Ozean.

Vater trat mir in der Sache bei und hielt auf Sinnverstehen statt wortwörtlicher Bibel, freilich mit der Mahnung, Intelligenz sei nicht das Wichtigste im Leben. *Wenn ich mit Menschen- und mit Engelszungen redete und hätte der Liebe nicht, so wäre ich ein tönend Erz oder eine klingende Schelle. Und wenn ich weissagen könnte und wüßte alle Geheimnisse und alle Erkenntnis und hätte allen Glauben, so daß ich Berge versetzte, und hätte ich der Liebe nicht, so wäre ich nichts.*

Intellektualität galt den Eltern nicht als Ideal. Daß ich studieren müßte, zumal Theologie, war unverlangt. Unser Bücherzimmer bewohnten betrachtende Geister. Musil, Kafka, Faulkner, Broch mußte man sich später anderswo entdecken. Aber Storm, Keller, Fontane, Ina Seidel und Gustav Schwab, die antike Lyra und der nordische Nornengesang betörten aufs beste an regnerischen Tagen im Schaukelstuhl. Verglichen mit der bildungsbürgerlichen Fuchtel war dies die freiere Schule. Mitgenommen habe ich aus dieser flanierenden Lektüre die Tugenden und Mängel des Autodidakten: Selbständigkeit wie den Hang, nur bis zu den Apfelbäumen zu schlendern – eine Art naschhafter Selbstzufriedenheit. Pures Denken drängt weiter, auch in die *badlands* von Abstraktion und Ideologie, aber ein Apfel ist ein Apfel.

Studium: verlängerte Heimkehr zu meinesgleichen. Pastorenkinder zuhauf, geboren mit einem altklugen Dünkel, dem Schutzbrief, den sie unverlierbar bei sich tragen und der ihnen verheißt, die Welt sei besser, als sie ist. Wir alle waren in Not. Der Kinderglaube galt nicht mehr. Das Studium sägte an unentbehrlichen Gewißheiten. Viele verschanzten sich im Pietismus. Ein Kommilitone lehnte Krankenversicherung ab: Das heiße Jesus versuchen und seinem Schutz mißtrauen. Solches Frömmeln zu verachten befriedigte innerhalb der festen Burg Seminar, aber wir sollten doch hinaus in die säkulare Welt, deren Zirkel zu quadrieren: Leit-Christ sein und trotzdem so sinnlich geübt, so praktisch entschlossen wie *die da* mit ihrem vulgären Materialismus, den *das Volk* ja teilte.

Das Theologische Seminar Leipzig war als kircheneigene Hochschule der Fuchtel des DDR-Bildungswesens entzogen. Der Staat hat es geduldet, nicht sanktioniert. Die Stasi, wie jeder wußte, schleuste Spitzel ein. Man dachte möglichst nicht daran, sonst hätte man nicht frei studiert, und das Seminar *war* ein Ort freier Rede, freier Arbeit – nicht nur in Theologie und den alten Sprachen, auch in Philosophie, Kunst, Geschichte und den Sozialwissenschaften. Wichtige Lehrer: Ernst Koch, Ulrich Kühn, Eberhard Fischer … Gottfried Steyer, das Sprachgenie, heimisch in siebzehn Idiomen. »Einigen Sie sich«, pflegte er zu sagen. »Wenn drei oder vier von Ihnen eine bestimmte Sprache erlernen möchten, dann lehre ich sie.« Diese furchtbare Kapazität umgriff zum Glück nicht alle Künste. Steyer besuchte den Studentenseelsorger. Bei dem an der Wand hing ein Druck des berühmten Fisches von Paul Klee. Steyer äugte interessiert: »Bruder Geilhufe, Sie malen?«

Unvergeßlich auch die Literatur-Dozentin Ursula Geiler, eine zarte, dichterisch erglühte Person mit empfindlichen Augen, gerötet vom nächtlichen Lesen. Ob Thornton Wilders Brückenkatastrophe von San Luis Rey Anlaß zum Widerstand gäbe oder zum Trost, darüber sannen und schrieben wir einen Sommer lang. Wer las, den liebte Frau Geiler. Die Schriftverächter traf der Bann. »Na, Herr Klotz«, bedachte sie schneidend einen Buchmuffel aus dem Erzgebirge, »Sie lassen auch die Sterne funkeln, was?« Klotz, rechtmäßiger Besitzer seines Namens, stierte und schwieg. Frau Geiler aber litt um jeden frommen Stiesel. Wie wollte einer Pfarrer werden ohne Kafka, Rilke und Camus? Wie von Erlösung wissen, ohne Verzweiflung zu kennen?

Albert Camus wurde uns heilig. Warum brach anno 1975 unter unschuldigen DDR-Kirchenkindern, nicht von Entfremdung oder Pest bedroht, ein kleiner französischer Nachkriegs-Existentialismus aus? Trotz, Koketterie, ein Ahnen, daß die persönliche Revolte irgendwann Politik werden könnte? Nur zögerlich schickte *die DDR* sich an, derlei bedenkliche Bücher zu drucken. Manches war nur in *widerlegter* Form zu haben, in den Heften »Zur Kritik der bürgerlichen Ideologie«, herausgegeben vom Akademie-Verlag, worin die kleinen richtigen Denker die großen falschen entlarvten.

Dank der Seminar-Bibliothek lasen wir auch die falschen: Heidegger, Nietzsche, Schopenhauer; allerdings entbehrten deren dunkle Schlünde der belletristischen Romantik. Hemingway, der nur romantisch war, entzog sich theologischem Recycling: ihm fehlte Moral (zu schweigen von Humor, doch den vermißten wir nicht). Aber Camus, der hatte alles, Herz, Hirn, die Posen der Jugend – ein trefflicher James Dean für Theologen. »Der Mythos von Sisyphos«: Wir deuteten die Welt, bevor wir sie erfuhren.

Heute verstehe ich, daß wir nach Atheismus suchten, nach Edlen unter den Feinden, um Gott in der Fremde zu finden und *das Wort* an den Wörtern zu erproben. Ernst Bloch war uns willkommen, auch Milan Machoveč mit seinem Versuch, atheistisch zu glauben. Zur historisch-kritischen Bibelauslegung sahen wir keine Alternative, und die von unten lehrende *natürliche Theologie* bot mehr Lebenshilfe als Karl Barths *Christologie von oben*, als wäre das erdgeborene Heil nicht anfälliger für ideologische Korruption als eine Theologie, die immerhin die Bekennende Kirche mit geistiger Wehr gegen Hitler ausgerüstet hat. Das war nicht unser Thema. Uns ermutigte Bultmanns Lehre, Christus sei, beseit aller leeren oder vollen Gräber, »in die Botschaft auferstanden«, in den »Anruf des lebendigen Augenblicks«. Noch war das Rhetorik; noch rief der Augenblick nicht an. Diesseits war noch jenseits. Die DDR hielt Ruhe: Honeckers Gründerjahre.

Die endeten rasch. Wolf Biermanns Ausbürgerung im Spätherbst 1976 brachte vielen von uns Provinzweltbürgern erstmals den ganzen Staat auf einen Nenner – keinen guten. Zwei Kommilitonen wurden verhaftet. Absurderweise glaubte man, dem einen *konterrevolutionäre Gruppenbildung* nachzuweisen: drei Jahre Gefängnis. Der andere fuhr ein, weil er vor dem Leipziger Hauptbahnhof per Bauchposter für Rudolf Bahro demonstriert hatte: sechs Wochen Haft, dann Entlassung als Gnadenerweis. Er hatte vier kleine Kinder.

Seit 1968 unter Protesten die Leipziger Universitätskirche gesprengt worden war, hatte der Staat das Seminar verpflichtet, seine Zöglinge einen Volkshochschulkurs Marxismus besuchen zu lassen. Den hielt der Genosse Fiechtner, auch Pfarrer Fiechtner genannt, und verabreichte die wahre Lehre mit einer Anschaulichkeit, die an »bobbulären Beispielen« nicht Mangel litt. »Hörnse druff! De Griminalidät im Gapdalismus spricht sozusaren Bände. Im Sozialismus, nich wahr, würds geem eingomm, wejen dreidausend Mark der Vergäuferin vom Centrum-Warenhaus de Omme einzubochn.« Gleich in der ersten Stunde bat Fiechtner, man möge ihn nicht mit sinnlosen Diskussionen nerven. »Sie ham Ihre Üwerzeujung und ich hab meene. Wennse immer schön druffhörn, nich wahr, erzähl ich Ihnen am Schluß der Stunde von meener Garrjäre.« Das lohnte immer. Fiechtner hatte »bildungsunwillige Schüler« zum Abschluß der sechsten Klasse geleitet und ihnen dabei Vaters Statt vertreten. »Die kamen immer an mit Paßfotos von ihren Disko-Miezen: Herr Fiechtner, welche solln mir nähm?« Salomo wich aus: »Es gommt uff de Sähle an, und hier seh'ch bloß den Gopp.«

Es gab am Seminar einen Weg, sich ins Unvermeidliche der DDR zu schicken und trotzdem fröhlich unterwegs zu sein: die *via aesthetica*, Theologie als selbstverliebte Lebensform. Früh erwachen, Brötchen holen, Kaffee mit Milch und Keith Jarrett. Fenster auf, der Sonne von Assisi einen Gruß und Dank für die prächtig blühende Azalee. Rasch ein paar Notate zum Schleiermacher-Seminar, möglichst wichtig, möglichst schachtelig verfaßt, mit Adornos nachklappenden Reflexiv-Pronomina oder im Stile Barths, dessen überfütterte Suada ernstlich für schön galt; der Große Meister hatte Mozart geliebt. *Es darf und wird also die theologische Ethik ihr eigentümliches Woher und Wohin nicht verharmlosen, um sich selbst einen Platz an der Sonne der allgemeinen ethischen Problematik zu sichern. Verharmlosen darf und soll sie den ihr da selbst begegnenden Widerspruch – daraufhin, daß er durch den Tod und die Auferstehung Jesu Christi längst verharmlost ist. Verharmlosen darf sie aber nicht sich selber, weil sie das gar nicht kann, ohne sich selbst wegzuwerfen. Indem sie schlechterdings offen ist für alles, was sie aus den allgemein menschlichen Fragen und Antworten lernen könnte – darum schlechterdings offen, weil sie dorther schlechterdings nichts zu fürchten hat –, muß sie wiederum schlechterdings entschlossen sein und bleiben, Farbe zu bekennen, an der Erfüllung ihrer eigenen Aufgabe sich nicht hindern zu lassen.*

»Scheiße«, sagte die Dürre, »ick wer nich schwanger. Ick kann machen, wat ick will. Ick ha' schon jeden Abend 'n annern Kerl rinhalten lassen. Wenn ick keen Kind kriejen kann, wollt ick wenichstens 'n Tier. Fische hatt ick. Die hat meen eener Partner ins Klo jekippt.« Dies war schon Berlin, wohin ich 1978 gewechselt hatte. Abendlich saßen wir in der »Erika«, Stammkneipe des Sprachenkonvikts, schlechterdings offen für alles, was aus den allgemein menschlichen Fragen und Antworten schlechterdings zu lernen sei: die menschliche Komödie. Hier das trunkene Schachgenie, da der schwule Senator des alten Rom, dort am Hintertisch die Zocker mit ihren Pfennigen auf der Platte, aber jeder Einsatz gilt mal hundert, und der alte versoffene Hundefeind spricht zur alten versoffenen Hundefreundin: »Na, macht's Spaß mit der Töle?« Da wird ihm die Schnauze poliert von einem späten Kavalier, und die Dame mit dem Hündchen sagt: »Die Männer sind ja Säue!« Gern doch, wie beliebt, und bitte mehr davon für die jungen Herren Voyeure. Gottfried Benn muß hier geschrieben haben. *Dreck, Hündinnen, Schakale / Geschlechtstrieb im Gesicht / und aasblau das Finale / der Bagno läßt uns nicht.* Doch, läßt er, denn wir zahlen. Zehn Bier, macht fünf Mark zehn, gib fuffzich, gib sechs, raus, rechts durch die Borsigstraße, mit Gesang, so wohlig angedüst, und halt! da sind wir schon an unsrer festen Klinkerburg, der gnädiglich bewahrten Stadt, die einen Engel vor der Pforte hat. *Eine Wirklichkeit ist nicht vonnöten / ja es gibt sie gar nicht, wenn ein Mann / aus dem Urmotiv der Flairs und Flöten / seine Existenz beweisen kann.*

Noch anders als das Leipziger Seminar war das Sprachenkonvikt eine Akademie, durchaus mit Standesdünkel. Hier dominierte der preußisch-protestantische Philosophismus. Die pietistischen Erzgebirgler fehlten fast völlig und damit der Ruf nach baldiger Bewährung des Glaubens in der Gemeinde. Das Sprachenkonvikt erzog zur geistigen Gebärde, als sei zu denken ein Brotberuf, was manchen später grausam enttäuschte. Im Landpfarramt werden nun mal mauernde und dachdeckende Pastoren mehr geschätzt als die Korrespondenten der »Zeitschrift für alttestamentliche Wissenschaft«.

Noch war es nicht soweit. Noch sproßte man im Gewächshaus unter den warmen Augen der Lehrer und tat verstohlen wie ihr künftiges Ebenbild. Die Studienbedingungen waren ideal. Jeder kannte jeden; die Studentenschaft zählte etwas über hundert. Seminare von mehr als zwanzig Teilnehmern wurden geteilt, wegen Überfüllung, und einmal im Semester lud jeder Professor seine Kanzelschwälbchen zu sich nach Hause ein, um sie mit Fleisch, Bowle und Gemeinsinn anzufüttern.

Die Lehrer: Wolfgang Ullmann, Richard Schröder, Günter Krusche, Jürgen Henkys, Christian Wolff … Wolf Krötke, Systematiker Barthscher Schule, war eine Art *rector communis* am Konvikt: Beichtvater, Rhetor und Pathetiker mit Herz, obwohl er sich aus Scheu als Kopfmensch gab, dazu ein veritabler Fußballspieler noch mit über Fünfzig. Richard »Latschenschröder« pflegte einen Vorlesungsstil, der, seinem Schuhwerk ähnlich, nach vielen Seiten offen war. Formal durchaus streng, tendierte dieser spielerische Bastler zur Spekulation und zu Orakeln aus Calau. »Die Philosophen haben die Welt nur verändert, es kömmt aber darauf an, sie zu interpretieren.« Klassischen Bildungsidealen am nächsten kam Wolfgang Ullmann, geistig sonstwo daheim als Kopf und Haupt seiner eigenen, weiseren Welt. Jeder studentischen Theateraufführung war vorab Erfolg garantiert durch Ullmanns Bedürfnis, sich auch über bescheidene Scherze schallend totzulachen. Wenig lustig fand er allerdings, was ihm jemand im Kirchengeschichts-Examen offerierte: den lückenlosen Vortrag sämtlicher Jahreszahlen seit Christi Geburt in der richtigen Reihenfolge: Eins, zwei, drei, vier …

Ullmann danke ich eine bleibende Bemerkung, die er so nebenher im Schlegel-Seminar machte und die ich damals nicht recht verstand: Die Hermeneutik sei eine Identitäts-Philosophie. In der zweiten Hälfte des Studiums, da man seine Schuhe nicht mehr sucht, sondern kräftig ausschreiten möchte, hatte ich mich der Hermeneutik, der Text-Deutungslehre, verschrieben und sie mir zur Welterkenntnis aufgeblasen. Alles, was mich bewegte, hing ich daran – Literaturgeschichte, Sprachtheorie von Wittgenstein bis Popper und natürlich die stetig kreisenden Fragen nach Sinn, Exklusivität und Verbindlichkeit biblischer Überlieferung: Wie kann Gott reden, wie sich als *Wort* offenbaren, wenn alle Sprache Menschenrede ist? Und: Was alles wäre *Wort*?

Faust, Studierstube. Lies, lies, lies Paulus, 2. Korintherbrief 3,6: *Der Buchstabe tötet, der Geist aber macht lebendig*. Lies Luther, aber bitte Urtext, Weimarana: *Scriptura sacra sui ipsius interpres*, die Heilige Schrift erklärt sich selbst, denn *geselle, wo du mir Gott hinsetzest, da mustu mir die menscheit mit hin setzen, Sie lassen sich nicht sondern und voneinander trennen, Es ist eine person worden, und scheidet die menscheit nicht so von sich, wie meister Hans seinen rock aus zeucht und von sich legt, wenn er schlaffen gehet.* Lies das Vademecum der altprotestantischen Orthodoxie: *Littera gesta docet / quid credas allegoria / moralis quid agas / quid speres anagogia.* Die Neuzeit, liest du, etablierte die Spannung zwischen Schriftauslegung und Dogmatik. Der *garstige Graben der Geschichte* klafft: drüben die Überlieferung, hüben die Vernunft, und Schleiermacher, kannst du lesen, erklärte letztere zum geschichtlichen Prozeß und das Gottbewußtsein zur dem Menschen eingewachsenen *Provinz im Gemüthe.* Weiter geht's, zu Wilhelm Dilthey. Das Verstehen wird zur *eigenen Nacherzeugung der lebendigen Gedankenverknüpfung,* weil *sich die Individualität des Auslegers und die seines Autors nicht mehr als zwei unvergleichliche Tatsachen gegenüberstehen.* Und nun mußt du durch dunklen Tann, durch düstere Heideggerei, immer dem *Geläut der Stille* hinterher, bis du die Lichtung mit dem Häuschen findest. *Haus des Seins ist die Sprache, weil sie als die Sage die Weise des Ereignisses ist ... Die Sprache west als der sich ereignende Unterschied für Welt und Dinge ... Welt und Dinge bestehen nicht nebeneinander. Sie durchgehen einander. Hierbei durchmessen die zwei eine Mitte. In dieser sind sie sich einig. Als so Einige sind sie innig ... Die Innigkeit von Welt und Ding ist keine Verschmelzung. Innigkeit waltet nur, wo das Innige, Welt und Ding, rein sich scheidet und geschieden bleibt. In der Mitte der Zwei, im Zwischen von Welt und Ding, in ihrem inter, in diesem Unter waltet der Schied.*

Heideggers Klang hat uns ergriffen wie Kinski seine Weiber. Wir gaben uns hin. Wir waren zu Willen – dem Griff, nicht dem Charakter. Brüderlicher nahte sich Heideggers Schüler Hans-Georg Gadamer: Alle Sprache – Text, Bild, Musik – sei immer schon die unsere. *Wir stehen ... ständig in Überlieferungen, und dieses Darinstehen ist kein vergegenständlichendes Verhalten, so daß das, was die Überlieferung sagt, als ein anderes, Fremdes gedacht wäre – es ist immer schon sein Eigenes, Vorbild und Abschreckung, ein Sichwiedererkennen, in dem für unser späteres historisches Nachurteil kaum noch Erkennen, sondern unbefangenste Anverwandlung der*

Überlieferung zu gewahren ist. Horizontverschmelzung nannte Gadamer das: in der Sache sich selbst verstehen, in sich selbst die Sache. Und was immer einer mitbringe an Vorverständnis, tauge zum *Vorgriff der Vollkommenheit.*

Das war nicht die Verheißung der Schlange: *Ihr werdet sein wie Gott.* Unendlich viel weniger wollte man: etwas Eigenes finden, bleibende Auskunft, eine Sicherheit, um darin zu nisten wie daheim. *Vorverständnis* war das Schlüsselwort. *Mutabor*, und die Tür ging auf. Man betrat den Tempel. Die Augen gewöhnten sich ans Dämmerlicht. Die Stimme sprach: Du hast mich bei deinem Namen gerufen, ich bin dein. Man öffnete den Schrein und erblickte den Gral: sich selbst. Sechs Jahre für einen Spiegelscherben.

Ullmann hatte recht: Die Hermeneutik ist eine Identitäts-Philosophie. Vermutlich meinte er das noch anders, als ich es begreife; das war bei ihm immer so. Identität – mehr konnte ich nicht wünschen mit fünfundzwanzig Jahren in der DDR. Wissenschaft heißt Entsagung: immer weiter wollen, in die Fremde denken, nüchtern schreiben ohne raschen Rausch. Ich aber lief rückwärts voran, die Augen beim Vertrauten – Sicherheit, ein kindlicher Reflex. Wie die ängstlichen Pietisten beurteilte ich alle Theologie nach ihrem Talent, heimwärts zu führen, nur daß ich nicht ins fromme Erzgebirge wollte, sondern zu den Apfelbäumen, ob sie Erkenntnis trugen oder nicht. *Road movie*-Theologie: Mein Studium war die Große Wanderung im Kreis, aber in Serpentinen, den Berg hinauf. Es hat sich ausgezahlt – nicht in Karriere oder kirchlicher Fertigkeit, doch ein anderer Blick stellte sich ein, ein vorlaufendes Wissen um Qualität, wie Robert M. Pirsig es beschrieben hat in »Zen und die Kunst, ein Motorrad zu warten«. Künftig stand die Feuersäule in den Wolken, bloß die Erde schien nicht mehr gut genug für Hans-guck-in-die-Luft. Was ihm vorschwebte, konnte er nicht erreichen.

Es ist bitter, daß die Epigonen-Phase nur beendet werden kann durch Abkehr von geliebten Leuchten. Der Schüler verläßt den Lehrer oder bleibt sein Mündel. Ich hätte ja so weiterschreiben können: *Eine Verkündigung hingegen, die durch*

Abbau von zeit- und existenzbezogener Kontextsensitivität an Gültigkeit zu gewinnen trachtete, täuschte sich ebenso bezüglich ihrer Möglichkeiten, wie sie umfassend der Chance, nachhaltig zu werden, sich begäbe. Also endete auf Seite 76 mein Opus magnum über »Sprache als Ort der Anwesenheit Gottes«, hingeorgelt nach Art der musikalischen Frühentwickler, die alles spielen können, bevor sie es begreifen. Ich wollte so gern schwierig sein. Wolf Krötke schrieb eine lange Kritik. »Der Vf. hat die wesentlichen Anliegen der Hermeneutik sehr schön dargestellt, auch wenn er selbst später alles Gesagte nicht mehr bereit zu halten weiß. Theologisches Denken bleibt so lange fruchtlos, wie es nur den Stellenwert des gelegentlichen Einfalls behält.«

Einfälle hatte ich genug – dringende, drängende, nur paßten sie recht mühsam ins theologische Geflecht und wurden dort gern als *salopp* enttarnt. Es fehlte ein väterlicher Freund, der gesagt hätte: Nun schreiben Sie erst mal alles, was Sie schreiben müssen. Erzählen Sie, und sei's von Ihrer Rockmusik. Das wird sich schon vertragen mit der Theologie, da Sie doch einer sind, der den Gedanken ans Gefühl heranträgt und nicht umgekehrt. Das Aus sprach Kommilitone Philipp. Wir becherten so schön in der »Erika«, ich heideggerte ihm einen, da sagte er: Als Theologen kann ich dich nicht ernst nehmen.

Das kam nicht von oben herab. Er hatte sich einfach die Seiltanznummern erspart. Das Artisten-Image reizte ihn nicht. Heute ist er Pfarrer bei Oranienburg (gern und ein guter), außerdem Gefängnisseelsorger. Seinesgleichen hat den Wechsel in die Praxis leichter vollzogen als wir Kreiselköpfe. Immerhin, die Kommilitonen Markus Meckel und Martin Gutzeit erklärten 1990, die ostdeutsche Sozialdemokratie hätten sie auf Weisung Hegels begründet: Das Vernünftige sei auch das Wirkliche.

Die politischen Karrieren von Richard Schröder und Wolfgang Ullmann sind bekannt. Viele Konviktler fanden zur kirchlichen DDR-Opposition, besonders in »Demokratie Jetzt«, später aufgegangen im »Bündnis 90«. Kurios war, wie sie nach der Wende glaubten, das Land, dessen Fluch sie nur in Maßen trugen, hätte auf ihren Segen gewartet. Immer noch erstaunt mich, wie wenig DDR ins Konvikt vordrang. Man verließ es nicht ideologisch disponiert – weder so, noch so. Man war immun gegen Ideologie. Ihre Dummheit lockte nicht und schreckte nicht. Man hatte anderes zu denken als dieses Nichts.

Das Leiden an der DDR wurde erst später ein Thema, am Predigerseminar in Brandenburg. Martin Uhle-Wettler leitete es, ein älterer Schorlemmer ohne Posen, mehr Mystiker und Literat als akademischer Mentor. Er nahm das Land in seinen Menschen ernst und bezog aus der allgemeinen Misere jenes Leidens-Pathos, das der ostdeutschen Kirche eigen war. Heute deprimiert ihn, wie rasch die Kirche, deren *Kraft in der Schwachheit mächtig* war, sich mit der Ost-West-Fusion dieser speziellen Stärke begeben hat. Geld regiert nicht nur die Welt. Eine Vereinigungsgeschichte.

Und noch eine: Das Sprachenkonvikt gibt es nicht mehr. Es hat sich verehelichen müssen mit der einst so verschmähten *roten* Sektion Theologie der Berliner Humboldt-Universität, als deren freies Gegenstück es früher galt. Wolf Krötke wurde Dekan. Seine lb. Frau erteilte mir Hausverbot, wegen eines wägenden »Zeit«-Artikels über Heinrich Fink. Günter Krusche, sozusagen die andere Fraktion, zieh mich der Menschenvernichtung, wegen eines wägenden »Zeit«-Artikels über ihn selbst und seine Stasi-Gespräche. Weiße Raben fliegen auch nicht besser als schwarze Schafe.

Es bleibt, was war. Die Julisonne brannte, aber der Konviktshof lag kühl und still. Den letzten Studien-Sommer verschlang die Arbeit zum Examen, ein Wälzer über die Königsweissagungen im Alten Testament. *Siehe, eine Jungfrau ist schwanger und wird einen Sohn gebären, den wird sie nennen Immanuel ..., und die Herrschaft ruht auf seiner Schulter; und er heißt Wunder-Rat, Gott-Held, Ewig-Vater, Friede-Fürst; auf daß seine Herrschaft groß werde und des Friedens kein Ende auf dem Thron Davids und in seinem Königreich, daß er's stärke und stütze durch Recht und Gerechtigkeit, von nun an bis Ewigkeit.* »Immanuel«, schrie es von unten, »komm her, du

Verbrecher!« Im Hof barg Jutta, die Nachbarin, an ihren mächtigen Brüsten Sohn Nr. 4 von Vater Nr. 4. Der Zweitjüngste machte Sperenzchen. »Immanuel, ick hau dir'n Arsch voll!« Vox populi, dachte ich gütig, nun ja, das Volk. Die knabenhafte Arroganz ist mir sehr mühsam vergangen.

Das Zimmer im Sprachenkonvikt war zu räumen. Den hohen Blick auf Invalidenstraße, Mauer und Wedding erbte ein anderer. Meine kommende Aussicht: Schwedter Straße im Prenzlauer Berg, ein Hof aus Beton, Müllcontainer, Teppichstange, dahinter ein bißchen Verkehr auf der Choriner. Die große Wand des einzigen Zimmers, darin Mann, Frau, Baby unterkommen mußten, war nicht als *Außenhaut* gebaut; den ursprünglich angrenzenden Teil des Hauses hatten Bomben weggeschlagen. Jetzt kroch die Nässe in die Wand und feuchtete die Luft und zierte die Tapete mit Schimmel und Salpeter. Das Kind hustete, Mann und Frau stritten, und auch die neue Kneipe, ohne Theologentisch, bot nicht das frühere Vergnügen. Die Gestalten von Zille und Benn, die ließ man nun nicht mehr hinter sich, die kamen jetzt mit – der schielende Schmidt beispielsweise, der erst im Suff der kleinen Verkrüppelten von nebenan den Leib gesegnet hatte, nun aber weder *das Balg* ertragen mochte noch *die Schlampe*. Oder Fränki, dessen bisheriges Leben als Haft mit Pausen abgelaufen war. Fränki sammelte deutsche Schlagerplatten. Die spielte er mit Heavy-Metal-Pegel, und zwar vorzüglich nachts. Wenn ich, sonst keiner, bei ihm klopfte und um Ruhe bat, zeigte er sich bestenfalls erbötig, mir aufs Maul zu kloppen. Ach Höflichkeit, du Sprache mit der Brille! Es gibt einen gewissen Berliner, den man anbrüllen muß; mühsam habe ich das gelernt.

Frau Liebeke, ein Stockwerk tiefer, verehrte Fränki. Er legte ihr Wunschmelodien auf, die sie durchs morsche Mauerwerk genoß. *Weiße Rosen für eine Liebe / die ab heut mir nicht mehr gehört / weiße Rosen für eine Lüge / die das Glück meines Lebens zerstört.* Frau Liebeke trank und wurde davon nachts aufs Außenklo getrieben. Gern fiel die Wohnungstür ins

»O Haus mein Sarg …« Blick zur Schwedter Straße, Berlin 1986

Schloß, gern lag der Schlüssel drinnen. Frau Liebeke klingelte, immer bei uns, stand da, ein trunkenes Gespenst, und murmelte: »Ick komm nich rin. Könnse nich ma?« Mit Draht und guten Worten ging die Türe auf, und es war nachts um zwei.

Winters heizte Frau Liebeke nicht, da, wie sie erklärte, ihr Kanarienvogel Jupiter eine Kälterasse sei und Ofenheizung nicht vertrage. Wegen ihrer Liebe zum volkstümlichen Vers besuchte ich sie mit dem Busch-Album und las ihr aus der Geschichte vom Knaben auf dem Eis: *Als Anno 12 das Holz so rar / und als der kalte Winter war / … da draußen, ja, man glaubt es kaum / fiel manche Krähe tot vom Baum*. Es half nichts. »Mein Jupiter is keene Krähe«, bemerkte sie spitz.

In Wahrheit hatte sie keine Kohlen bestellt. Aufwendig war sie bemüht, nicht als asozial zu gelten. Asozial war Frau Loth, mit der sie soff und über die sie tratschte. »Die Loth jeht nich ma uffs Klo«, verriet sie. Wir wußten es; wir dankten es; wir teilten dieselbe Außentoilette. Selten zeigte sich Frau Loth. Falls sie doch ihre Türe auftat, stank das Treppenhaus für Tage.

Eines Tages im Winter, ich kehrte zurück von zwei Wochen Reise, traf ich im Treppenhaus Fränki. Zum ersten Mal sprach er mich an: »Wat issn nu?« – »Was denn?« – »Na, wat wirdn nu?« – »Was soll denn werden?« – »Na, mit der Loth!« – »Was ist denn mit der Loth?« – »Na, dot isse!« Frau Loth war vor zehn Tagen gestorben und lag vor dem Herd in ihrer eisigen Küche. Frau Liebeke hatte den *Abschnittsbevollmächtigten* gerufen. Der Blockbulle kam, durchwühlte Müll und Gestank nach Geburtsurkunde und Personalausweis, fand nichts und zog hinter sich die Tür ins Schloß, als sei nichts geschehen: Der Ollen konnte es egal sein. Gleichmut ist nicht das Schlimmste am Berliner; es gibt auch Lust am fremden Debakel.

Ich traf den Mann auf seiner Streife und sagte: So geht das nicht. Er tat erstaunt – die Loth tot? – und versprach Abtransport. Frau Loth lag zwei weitere Tage. Dann rief ich das Überfallkommando: »Bei uns im Haus liegt eine Leiche!« Sie kamen zu viert und eskortierten Wilma Loth wie Sperrmüll hinaus. Verwandtschaft? Anscheinend keine, obwohl sich in dem Durcheinander alte Weihnachts- und Geburtstagskarten fanden, belanglos, freundlich und intakt. Und eine Karte, verwölbt und alt, kam aus der *Stadt der Reichsparteitage* und trug eine Hakenkreuz-Marke. »Meine liebste Wilma, ich denke immerzu an dich. Dein H.« Helmut, Herbert, Horst? Liebste, immerzu, Dein, damit war sie gemeint, dieser erbärmlichst geendete Mensch.

Nächte später weckte uns ein Rauschen und Brausen im Treppenhaus. Tauwetter hatte eingesetzt. In den vereisten Toiletten waren die Rohre geplatzt. Schäumend stürzte eine schmutzige Brühe treppabwärts vom vierten Stock bis in den Keller. Der Haupthahn war blockiert. Noch Tage darauf, endlich hatte ein Klempner der Kommunalen Wohnungsverwaltung die Rohre geflickt, glitschte ein schmieriger Film über die Stufen, und an der Wand, die wieder gefroren war, glitzerte Eis.

O Haus mein Sarg / Gemälde tristes du aus schwarz und Grau / du Ghetto meiner Seele Drahtverhau / an dem Geziefer knabbert Ausgespien / ist wer hier lebt vom Schicksal Jeder Tag / ist eine Seite aus Döblin ... Ein Fluchtraum blieb, ein Zimmer unterm Dach in der Schönhauser Allee, vierter Stock, kahl und kalt, aber es ließ sich beleben. Ich ging nur nachts dorthin, trank, schaute aus dem Dunkel ins Dunkel, und daß die Stadt schlief, versöhnte sie ihrem Wächter. Zwischen den Ohren toste der unvergängliche Lärm von Hendrix, Lynyrd Skynyrd, Little Feat, von Joni Mitchell und der Allman Brothers Band. Ein anderes Leben schwebte herein, auch nicht besser, nicht viel älter, aber von weither. *My name is Billy Austin / I'm twenty nine years old / I was born in Oklahoma / Quarter Cherokee I'm told / I don't remember Oklahoma / It's been so long since I left home / It's like I've always been in prison / Like I've always been alone*. So erhaben, fröstelnd und berauscht, hoch über der Halb- und Hauptstadt, verdiente ich mir die Musik, bevor ich sie beschrieb. Und so machten es viele, die nichts ändern – konnten? wollten? Aber einen Spiegel suchten wir, die Immergleichen. Uns Ostlern geschah ja nicht viel, und darüber dachten wir dann lange nach.

Wir. Wer ist wir? Unseresgleichen. Wo versammelt sich diese Gemeinschaft deiner Heiligen? Wer, Pastor *in spe*, sollte es teilen, dein Wir, da du so sehr das Eigene bedenkst? Der Berliner Studentengemeinde bist du ein mäßiger Vikar gewesen. Das zweite Vikariat in Berlin-Buch verläuft nicht besser. Mit einzelnen sprichst du gern, aber Pfarrer sein, der Gemeinde nicht nur zugehören, sondern ihr den Hirten machen und den *maître de plaisir*, das kannst du nicht. Du wägst zu sehr. Du setzt dich ab. Horror: ständig von Gott reden, als wäre Glaube nicht äußerst intim. Schon hörst du, wie deinesgleichen in den pastoralen Jargon verfällt, aus Selbstschutz: die präformierte Kirchensprache ist eine feile Tinte. Das Herzblut muß man hüten für die besten Worte: *das* Credo, *den* Fluch, *das* nie geschriebene Gedicht. Sie kommen nicht dazu. Sie hasten, sie eilen, sie haben zu tun: *vita activa*.

Vita contemplativa: »Der Handelnde ist immer gewissenlos«, heißt es bei Goethe. »Gewissen hat nur der Betrachtende.« Das kam zupaß, das mochtest du in deiner Schale. Anderen aus ihrer Kruste helfen, das hast du selten probiert. Fauler, willste ein Ei? – Ja, wenn's gepellt ist.

Gepredigt hast du dann doch ganz gern und beerdigt auch. Das war echt. Das war schön: friedlich entschlafene Greisinnen in warme sommerliche Erde betten, zu Orgel und Psalm. *Unser Leben währet siebzig Jahre, und wenn's hoch kommt, so sind's achtzig*. Felicitas W. war einundneunzig geworden. Gewiß hatte sie nicht vorgehabt, nach ihrem Heimgang in einem Hitchcock-Thriller mitzuwirken. Eine Dame verschwindet: Der Sarg verließ die Sakristei, fest in den Händen der schwankenden Kollegen Trinker & Träger. Ich folgte mit der Gemeinde nach dem Schlußchoral. Aber wo war der Sarg, wo hatten sie ihn hingetragen? Ich führte den irritierten Trauerzug kreuz und quer über den Friedhof, im wehenden Talar und panisch Ausschau haltend nach dem leeren Grab, bis wir zu einem Schuppen kamen, dessen Türe offenstand. Da, dort mußte sich die alte Dame verborgen haben! Sie hatte nicht. Der Schuppen war leer, bis auf eine Gummikarre. Ich machte dem Zug ein Zeichen – halt! –, bevor ein anderer in den Schuppen blicken konnte. Ich betete, schlug das Kreuz, materialiter über der Karre, doch im Geist bei Frau Felicitas. Dann verriegelte ich das Tor und begann zu kondolieren. Eine fremde Ruhe flog mir zu und blieb über mir, als es im Leichenzug zu tuscheln begann: »Was hat denn der Paster da gemacht bei dem Schuppen?« – »Pscht! Wird er schon wissen!« Leider nein. Keiner hatte mir gesagt, daß Frau Felicitas verbrannt zu werden wünschte. Der Sarg war unterwegs ins Krematorium.

Sonderbar, sprach anderntags der Friedhofsmeister: »Heute wollte ich die Gummikarre flicken, da ist sie auf einmal von selber wieder heil.«

Da kommt Post. Das Wehrkreiskommando Mitte lädt zur *Einberufungsüberprüfung*. Der Warschauer Pakt bedarf deiner Spatendienste, die höllischen Scharen der NATO in Schach zu halten. Einspruch verschlägt nichts. BÜRGER, SIE MARSCHIEREN!

Wer kann helfen? Einer, vielleicht. Stolpe ist jovial, keineswegs auf irgendeine Art erstaunt und entläßt seinen Gast wie so viele: Nun gehen Sie mal nach Hause, ich kümmere mich drum. Tage vor dem Gestellungstermin teilt Konsistorial-Mitarbeiter Stornowski mit, das Wehrkreiskommando habe angerufen. »Eine Einberufung erfolgt zur Zeit nicht.« Es fließen Rotz und Wasser zum Zeichen des Glücks. *Wie* Stolpe das machte, hat damals keiner gefragt.

Nach beiden Vikariaten, kurz vor Ende des halben Jahres im Predigerseminar fuhr ich nach Magdeburg und erklärte dem Ausbildungsreferenten meiner Landeskirche, Pfarrer könne ich nicht sein. Oberkonsistorialrat Zachhuber hörte sich das ruhig an, inclusive verschwommener Reden vom Schreiben und von kirchlicher Publizistik (Talentproben waren erschienen). Dann drehte er am Telefon: »Bruder Kobold, es wird doch nicht ganz dringend mit der Pfarrstelle für Bruder Dieckmann.« Er muß gespürt haben, daß da jemand vor ihm saß, dessen Distanz anders zu nutzen sei. In etlichen Landeskirchen hörten die Skeptiker rasch Adieu, falls ihnen *das Amt* nicht behagte. Manche hatten sowieso für Bildung studiert, nicht wegen des Berufs.

Zachhubers Vermittlung brachte mir zwei Jahre Assistenz in der Studienabteilung des Kirchenbundes. Unterm Dach der Ostberliner Auguststraße 80 entwarf dieser *think tank* der Kirchen in der DDR Papier zu allem, was Mitte der achtziger Jahre brodelte, bevor es aus dem Kirchenkessel schwappte: Abrüstung, sozialer Friedensdienst, christlich-marxistischer Dialog, Reproduktion von Religion im sozialistischen Staat, AIDS, Homosexualität in der Kirche, Macht und Sprache der Ideologien und – erstes und letztes Thema – Öffentlichkeit. Was drinnen los war, in der Kirche, wußte man. Daß die draußen ähnlich dächten, ließ sich ahnen.

Dann sprang ich endlich aus dem Kirchenfenster, zunächst nur feierabends. Tagsüber war ich seit Herbst 1986 Referent für Öffentlichkeitsarbeit beim Berliner Ökumenisch-Missionarischen Zentrum. Der »Sonntag«, das Wochenblatt des Kulturbundes, druckte meine Geschichten: Mini-Rock-Essays, fernwehmütige – Predigten? Reportagen? über ein Medium, das formal dem Staat als *Unterhaltungskunst* und unbedenklich galt, aber aufgeladen war mit – Subversivität? Was einmal wild gewesen ist, wirkt heute fromm, aber damals kroch man zwischen die Zeilen und schürfte verbotenes Erz. Und ich fand endlich ein WIR, Leser, mir verwandt, »My Generation«: DDR-Skeptiker und -Revisionisten um die Dreißig, deren guter Wille vagabundierte, weil sie ihr Land weder bauen durften noch zerstören wollten.

Die »Sonntag«-Redaktion ließ ihren Paster gewähren. Anfänglicher Argwohn verflog: Hier schrieb, bei aller Stichelei, kein DDR-Zerschmetterer. Könnse mal zu mir reinkommen, sprach Wilfried Geißler, der Chefredakteur. Ihr Text zu Heyms »Ahasver«, sehr schön, bringen wir, ist das nicht übrigens Biermann, was Sie da so unvermerkt zitieren? Na, muß ich ja nicht wissen, aber das ZK hat uns diese Schnüffelkommission auf den Hals geschickt, wegen Kants Beschwerde über den Artikel von Wolfgang Sabath. Er sei nicht jedermanns Pinkelrinne, hat Kant gesagt. Da machen wir jetzt mal zwei, drei Wochen eine brave Zeitung, und dann kommt Ihr Ahasver.

So geschah es, so war der mittlere Mut. *Von oben* hätte jederzeit Order folgen können, dieser Autor habe zu verstummen. Oder der ganze »Sonntag«, dies Ventil- und Feigenblatt der *Intelligenz* mit seiner künstlich limitierten Auflage von etwa 20000. Nichts passierte. Und so übte man weiter Glasnost-Glockenspiele, jeder Klang bereits ein Sieg, jedes frech gedruckte Wort eine Tat: *Es steht geschrieben*. Zensur macht gute Schreiber? Schöne Schreiber, das mag sein, wenn Ohnmacht sich als Verzicht besingt. Meine alten Texte schmecken sehr nach Regen und nach Mond, aber nicht jede tonale Vorliebe soll man politisch deuten. In einem waren wir einig, Schreiber, Leser und Zensoren: daß von Wörtern alles zu erwarten sei. Bloß was? Bloß wann?

Die Wende. Was seither geschah, ist noch zu jung, zu weich für die erzählende Gravur. Pastoren gab es jedenfalls genug im neuen Land, als wäre Politik nicht ein Verwaltungsberuf. Mit Staunen sah ich, wer da alles den Talar hinhing, um statt der eigenen Gemeinde ein Volk anzupredigen, das man fürs eigene hielt. Endlich wirken, endlich gelten! Bahne frei, hier siegt Moral! – Nein, kein Spott über aufrechte Einfalt, da doch die protestantische Revolution im Sieg über die Lüge ihren einzigen Triumph gefunden hat. Nur waren, was *die Macht* betraf, die deutschen demokratischen Revolutionäre ungleich naiver als etwa ihre polnischen Vorläufer. Einzelnen – dem sozialdemokratischen Gutzeit-Meckel-Kreis – wurde allerdings zeitig klar, daß dieses Land durch Revision nicht zu heilen wäre. Im Frühjahr 89 besuchte mich Martin Gutzeit und fühlte mir oppositionell auf den Zahn. Er zog wieder ab und hatte wohl mein Handicap gespürt: daß ich immer allzugern begreife, was ist, statt zu planen, was werden könnte.

Die raschen Helden jener Tage sind heute enttäuscht, manche eitel, rechthaberisch vergrämt, denn wieder kam ein Staat, der wendige technische Eliten fördert statt die Moralisten. Die meisten Freunde blieben aber, was sie waren. Von ihnen, auf dem Lande, in den kleinen trüben Städten, wird heute weniger hergemacht als zur Zeit des oppositionellen Christentums, da der staatliche Unsinn seine Verächter von selbst mit Sinn versah. Heute leben wir von eigener Substanz. Das ist gesünder, trotz aller Klagen über die *Beliebigkeit*.

Mit dem Fall der Mauer endete mein halb und halbes Leben, das einerseits ertrug, was es anderseits beklagte. Schreiben wurde Beruf. Davon leben wollen viele. Ich hatte Helfer, die mich dem World Press Institute empfahlen, die mich zum »Freitag« holten und dann zur »Zeit«. Ihnen danke ich. Ich weiß mir nichts Schöneres als Geschichten zu erzählen für Leute, die so ähnlich sind wie ich. Enthüllungsjournalismus gelingt anderen besser. Ich neige zur Predigt. Man darf mich Paster rufen.

Und reisen mußte ich. Ausrede verfing nicht mehr. Raus aus dem schönen Traum von unerfüllbaren Wünschen, weg von den Regenwörtern und Kerzen im Wind. Vierunddreißig: höchste Zeit! Ein halbes Jahr lang fuhr ich kreuz und quer durch Amerika. Dann flog ich nach Taiwan.

Ich landete, zurück in Ostberlin, an einem grauen Sonntagmorgen. Am Abend besuchte mich Vater, der zu einer Tagung nach Berlin gekommen war. Ich machte Stullen und öffnete Taiwan-Bier, ich zeigte Karten mit bunter Fremde und das Photo der jungen Frau und sprudelte fernöstliche Geschichten. Und dachte der fernen Abende, da wir Kinder ihn baten, nebenan am Schreibtisch noch ein wenig zu arbeiten. Wir schliefen dann besser ein. Durch den Türspalt sickerte Licht. Er hörte zu und lächelte, schüchtern. Alt war er geworden. Dann sagte er: »Junge, so wie du könnte ich nicht leben.« Nee, Vati, brauchst du nicht, das mache ich schon.

Frühjahr 1993

Kindheitsmuster oder Das wahre Leben im falschen

Diese kleine Geschichte wurde im September fünfundzwanzig Jahre alt. An ihrem Ende steht der Tod, was man gar nicht denken sollte von so einer kleinen Geschichte. Doch bis dahin sind's noch dreizehn Tage – eine Ewigkeit für Kinder und vielleicht die Rettung, da doch die Erinnerung nichts mit dem Tode beschließt. Wir sehen das Kind, den Jungen, wie er das backsteingelbe Schulhaus verläßt. Er läuft die Borngasse entlang, hält ungeduldig inne an der vielbefahrenen Hüttenstraße, überquert sie riskant. Am elterlichen Pfarrhaus stürzt er die Treppe hoch. Er klingelt wild. Die Mutter öffnet. Er wirft den Ranzen hin. Ein Mittwoch ist; die Erinnerung vermutet Suppentag, Linsen mit Knackern und Senf. Der Junge schlingt. Am Bahnhof steht er viel zu früh, denn er ist zu einer Freude unterwegs.

Stunden später sehen wir den Jungen wieder, in der großen Stadt. Im Zug hat er, und nicht zum ersten Mal, die »Neue Fußballwoche« mit der Vorschau auf das große Spiel gelesen. Sein feuerrotes Kassettentonbandgerät steckt in Vaters alter Ledertasche, aus der sich, am Kabel, ein erhebliches Mikrophon ziehen läßt. Denn heute abend wird der Junge ein Reporter sein. Jetzt sitzt er auf einer Parkbank vor dem Klinikum, ißt langsam einen Florentiner und studiert abermals die »Neue Fußballwoche«. Ein Mann erscheint. Mitte Zwanzig ist er vielleicht, und ganz gewiß quillt rechts an seinem Hals ein riesiges violettes Ei.

Na, Meiner? sagt der Mann. Stück mal 'n Rück! (Nimmt Platz.)

Guten Tag, sagt der Junge und schielt auf die Geschwulst.

Ich hab auch mal Fußball gespielt, sagt der Mann. Ich hab' so allerhand gemacht. Bis das da kam. (Zeigt auf den Hals.)

Der Junge weiß nichts zu sagen.

Meiner, ich sage dir, der liebe Gott hat keinen Plan. Sonst hätt er Ulbricht oder Sindermann den Tumor drangehext und nicht mir.

Sindermann ist der SED-Bezirksfürst, Ulbricht seit kurzem Pensionär. Der Junge fühlt sich nicht befugt, die Planlosigkeit Gottes unwidersprochen hinzunehmen. Das violette Ei gebietet freilich Takt.

Man kann sich ja auch für Fußball interessieren, wenn man selbst nicht spielt, sagt der Junge.

Mich interessiert nur noch das Wetter, Meiner. Wenn ich raus kann, kann ich rauchen. Drinne meckern die Schwestern.

Der Junge beendet den Florentiner schneller als geplant und sagt: Ich glaube, ich mach mich mal los.

Zweiunddreißigtausend Menschen füllen das Stadion mit den fiebrigen Geräuschen, die der Junge aus dem Radio kennt. Es dunkelt. Im Flutlicht gleißt der Rasen. Ein Schalmeienzug bläst schrill die Erregung auf, bis aus dem Tunnel die Spieler kommen – rot-weiß die Hallenser, weiß-grün Eindhoven, der hohe Favorit. Da, der lange Jan van Beveren, der Nationaltorwart. Da, auf Linksaußen der bullige Belgier Johan Devrindt. Pfiff: Hoekema und Mulders stoßen an …

Es wurde kein großes Spiel. Halle hatte Respekt, und die Holländer kontrollierten alles ganz zufrieden, so daß der Junge mit dem Mikrophon viel Raunen und Stöhnen aufnehmen konnte, aber nicht den Großen Schrei. Als es vorbei war und die Massen heimwärts schoben, drängte der Junge gegen den Strom hinab zum Innenraum und sprang über die Brüstung auf die Aschenbahn. Die Ordner, ältere Männer, ergriffen ihn. Er zeigte ihnen das Tonbandgerät. Sie lachten und schoben ihn in den Kabinengang. Halles Spieler kamen aus der Dusche: der bissige Riedl mit dem lädierten Bein, Meinert, der Schrank, der seriöse Kapitän Bransch. Dem großen Klaus Urbanczyk rutschte das Handtuch. Splitternackt schrieb er das Autogramm.

Auch die Holländer spendeten Autogramme, schwungvolle

»Denn heute würde der Junge ein Reporter sein«, Aufbruch zum Spiel Hallescher FC Chemie – FC Carl Zeiss Jena (2:0), Sangerhausen, 1. April 1972

Kringel, kaum zu entziffern. Anders als in der sozialistischen Sportbewegung wurden im Kapitalismus die Stars wohl nicht zur leserlichen Unterschrift erzogen. Endlich Jan van Beveren, Devrindt gleich dahinter. Mit fliegender Hand hob ihnen der Junge das Mikrophon vor die Nase.

Sind Sie zufrieden mit dem Unentschieden?

Wenn man als Torwart Nullen behalt, is gutt, sagte van Beveren.

Wie lautet Ihr Tip für das Rückspiel?

Wollen wir ja gewinnen, sagte Devrindt.

Jaja, sagte van Beveren.

Wie gefällt Ihnen Halle?

Wir haben noch nicht so viel gesehen, sagte Devrindt.

Ich glaub, is gutt hier, sagte van Beveren, worauf ein Herr im Anzug erschien und dem Jungen erklärte, *seine Spieler* müßten jetzt ins Hotel.

Wer sind Sie? fragte der Junge und hielt ihm die Autogrammkarte hin.

Ich bin der Manager vom PSV Eindhoven, sagte der Herr und unterschrieb ganz leserlich: Bernardus van Geldern.

Da wagte der Junge zu fragen: Haben Sie bitte ein Clubabzeichen für mich?

Bernardus van Geldern betrachtete den Pulk von Autogrammjägern, der die Szene gierig verfolgte, und sagte leise: Hier ist nicht so gut. Kommen Sie ins Hotel, da geb ich Ihnen eins.

Ins Hotel. In welches? Der holländische Bus war fort. Der Junge fragte einen Kerl nach Halles bester Bleibe, wo möglichst auch *ausländische Westsportler* wohnten. Interhotel, entschied der Befragte, roch nach Schnaps und zeigte sich erbötig zur Begleitung.

Der Suffke kannte die schrägsten Abkürzungen, die finstersten Gassen. Er plapperte trunkenen Stuß, er trug dem Jungen sogar die Tasche, er legte ihm die Pranke auf die Schulter und fuhr ihm seltsam freundlich durch das lange Haar. Dann sagte er: Das wär's.

Wo ist denn das Hotel?

Täubchen, du pennst bei mir. Du bist 'ne ganz Scharfe. Das wird unsere Nacht.

Ich muß ins Interhotel, sagte der Junge entsetzt. Ich bin doch ein Junge.

Der Kerl schwieg ins Dunkel. Dann brüllte er: Du bist 'ne Alte! Hose runter!

Der Junge entriß ihm die Tasche und raste davon. Schwitzend und hechelnd fand er das Interhotel, huschte durch das prächtige Foyer, folgte dem Wegweiser »Restaurant« und sah sich unverzüglich inmitten der Eindhovener Spieler. Sie lümmelten in Trainingsanzügen auf kostbaren Polstern. Sie alberten und aßen Trauben und Braten von silbernen Platten. Ein Livrierter erschien. Er packte den Jungen am Arm, musterte angewidert die Kutte und die Fransenjeans und kommandierte: Raus! Aber ganz plötzlich! – Ganz plötzlich war van Geldern da. Ich bin mit diesem jungen Mann verabredet, sagte er scharf. Wenn wir Probleme haben, rufen wir die Polizei. – Augenblicklich war der Ober Untertan und dienerte davon. Bernardus van Geldern zog eine Schatulle hervor und entnahm ihr ein Kleinod von Clubabzeichen, eine goldene Nadel mit schwerem ovalen Wappen. Der Junge stammelte Dank, schwebte zum Bahnhof und wartete in der Mitropa zwei Stunden auf seinen Zug in Richtung Harz.

Zum ersten Mal durchfuhr er die Nacht. Er war benommen vor Freude. Er tastete nach seinem Schatz und spielte sich leise das Raunen und Stöhnen des vergangenen Spiels vor. Der Zug hielt in einem Nest. Der Junge schaute hinaus und sah, wie ein großer Zeiger auf die Zwölf schwang; der kleine stand auf drei. Der Junge wußte, daß er immer wissen würde, daß er glücklich war. Aber das mußte er behalten und markieren, wie Taucher eine Boje setzen über einen Schatz im See. Es war der 16. September 1971, drei Uhr nachts, in Röblingen am See.

War der Osten wirklich so, wie Sie erzählen? fragen Westler manchmal, und Ostler: Wie kannst du dir bloß alles merken? – Alles nicht, nur manches. Viel mehr ging verloren – immer das Wichtige, ringsum Anerkannte, die Errungenschaften bildungsbürgerlicher Vernunft. Die alten Sprachen soffen ab, philosophische Terminologien stürzten ein, meine theologische Bewanderung reduzierte sich auf die Brühwürfelkunst gelegentlicher Aufgüsse. *In politicis* dasselbe. Und wovon handelte gleich noch »Der Ekel«, »Die Erziehung der Gefühle«, »Das Glasperlenspiel«? Sicher, alles wäre nachzuschlagen, doch was ist der Mensch *ohne* seine Apparate und die Bibliothek? Was fällt ihm im Traum ein? Aquarelle kindlicher Provinz, Trivialitäten, Ängste und Lust.

Nach manchen akademischen Gedächtnisexerzitien wider das Triviale habe ich mit meiner Erinnerung Frieden schließen müssen. Sie bleibt ein Magazin des Sentiments. Sie hütet Färbungen, Musiken, Liebes- und Fußballgeschichten. Wer ihre Auswahl achtet, dem dient die Erinnerung als getreue Archivarin höchsteigener Vergangenheit. Es kann der Mensch, was er nicht *ist*, erlernen, aber nicht behalten. Wir sind, was uns behält. Erinnerung ist weder praktisch noch komplett, nur wahr. Verallgemeinert, in Ämter gezerrt, aufgeputzt als Zeitgeist oder Theorie, verliert sie ihre Wahrheit: die Einzelexistenz des Menschen, seine Bindung an die ungewählte Zeit.

Wie fragmentarisch und egoman sich die Erinnerung beträgt, darüber hat Ingo Schulze seine »33 Augenblicke des Glücks« gedrechselt: eine russische Absurditäten-Matrjoschka über Glück im Unglück der anderen und die Unkonvertierbarkeit der Seele. Wieviel Ideologie war nicht ursprünglich individuelles Sentiment und wurde kollektiv entseelt, ausbetoniert mit Objektivität und Anspruch aufs Ganze. Und marschierte los, hochgerüstet mit Rassengesetz und Klassenmoral, Tochter ihrer Partei, Sohn seines Volkes, ehrenvoll soldatisch handelnd, auf daß keiner, der zu den Fahnen läuft, hören muß, was doch jeder hört aus der Erinnerung: Gedenke, du bist nur ein Mensch!

Daß sich viele Ostler ihrer Vorzeit schlecht erinnern können, liegt mittelbar an der gestrigen Ideologie. Dem Vergangenen fehlen die Kontraste. Allzu seßhaft lebte man in einem allzu kleinen Land mit allzu sicheren Grenzen und genormten Lebensplänen, die verläßlich garantierten, was nie geschehen würde und worauf man Anspruch hätte, falls man *unsere gesellschaftliche Wirklichkeit* akzeptierte und nicht fortging aus der größten DDR der Welt. Ja, man konnte sich das eingezäunte Gärtchen Erde weiten durch Grübelei, Lektüre, Liebe, Langsamkeit, in gemütlicher Kollaboration mit der Deutschen Reichsbahn, deren Tempo das Durchqueren der Republik zur kontinentalen Erfahrung machte.

Aber ich ging fort, beweist mir mein gutes Gedächtnis und gliedert mir die Zeit. Meine DDR-Jahre sacken nicht ineinander. Ich verließ ein Dorf, eine Kleinstadt, eine Kindschaft, noch ein Dorf, eine Großstadt, etliche Lehrer, etliche Lieben, oder sie verließen mich. – Nein, du bist geblieben, sagen mir mein alter Personalausweis und jene eingeborene Eifersucht, die sich immer meldet, wenn so ein zugereister, reingeschmeckter Broderbillermatussek sich publizistisch erkühnt, meinen Osten mit seiner Schnellfeder zu karikieren. Pfoten weg, spricht der Dörfler zum Städter, unsere Hühner treten wir selber.

Hanns-Joachim Friedrichs hinterließ bei seinem Tod den Imperativ, niemals dürfe sich der Journalist mit seinem Gegenstand verbinden, nicht einmal mit dem besten. Dieser ehrenwerte Unabhängigkeitstraum entstammt dem amerikanischen Positivismus, demzufolge die gesellschaftliche Vernunft erstens existiere, zweitens ein allgemeiner Konsens souveräner Fakten sei; die Fakten aber trügen ihre Deutung in sich selbst. Demnach wäre der gute Journalist zuerst ein Versammler von Daten, was der amerikanische ja ist. Er treibt Aufklärung, *enlightenment*. Immer mehr wissend, erhellt sich die gewußte Welt. Daß sie vergißt, vergißt sie.

Wir Deutschen neigen zu hohen und profanen Einwänden gegen den Faktenfrohsinn, vom anthropologischen Irrationalismus bis zum schlichten Fernsehverdruß. Die antiaufklärerische Mystik mag ich so wenig verstärken, wie ich Hajo Friedrichs' Testament befolgen kann. Ich bin nicht unabhängig. Ich schreibe aus Verbundenheit mit meinem Gegenstand, dem Osten Deutschlands. Mich bindet Herkunft. Mich treibt Erinnerung. Ich bin nicht befangen, ich bin gefangen. Nur vom Irrtum der Interessenlosigkeit weiß ich mich gänzlich frei: Ich will, daß meine Welt geschrieben stehe.

Nein, *der Osten* war nie, wie ich erzähle, nur der meine. *Der Osten* ist ein Konstrukt anhaltender Ideologie, die wie *zu Ostzeiten* verhindern möchte, daß ihre Beute in ganz verschiedene Erinnerungen und Milieus zerfällt. Was hätte denn der Eichsfelder Katholizismus mit Ostberlin zu tun? Was, außer der Arbeitslosigkeit, verbindet das abgewickelte Ingenieurproletariat von Zeiss Jena mit den Kohlepressern von Lauchhammer? Der 89er Zeitenbruch, die Erfahrung des Scheiterns. Aber worin einer scheitert, welche Lebenszeit ihm brach, das entzieht sich der Gattungsanalyse, das ist gänzlich individuell.

Darüber schweigt *der Osten*. Er weiß es ja. Sich selbst ist er bekannt. Mitteilung ins andere Deutschland unterbleibt, denn die nationalen Medien, die *Deutungshoheit* hat *der Westen*. Manchmal schickt *der Westen* einen Auslandskorrespondenten herüber, zur vertiefenden Verallgemeinerung des Bekannten: Arbeitslosigkeit, Stasi, Ausländerhaß. Mehr und mehr wird auch *mein* Osten ein mir westlich vermitteltes Summarium altbundesdeutscher Medien. Hin und wieder rufen Westredaktionen an und fragen besten Willens: Welcher ostdeutsche Autor könnte uns dieses oder jenes ostdeutsche Thema näherbringen? Mir fallen die paar Etablierten ein, die ich aus Westmedien kenne. Und ich weiß längst, daß die Imagekultur Bärbel Bohley nicht zu ökologischen Fragen vernehmen möchte, Sahra Wagenknecht ungern zum Jubiläum kirchlicher Mahnwachen und daß immer Friedrich Schorlemmer und Richard Schröder in die Talk-Shows müssen, Martin Uhle-Wettler und Wolf Krötke nie.

Da sitzen also die Üblichen, der Fuchs und der Wolf, der Weiß und die Roten, und reden und schreiben – das Ihre? Das Übliche, deswegen man sie rief. Und fallen sich selber nie in den Gedanken und ins Wort, immer nur einander. Ich ertrage nicht länger das Allgemeine. Ich bedaure die Ostalgiker und sozialistischen Errungenschaftler. Ich verstehe und bedaure deshalb noch mehr ihre Yin-Yang-Partner, die Generalisten des Unrechtsstaats. Man kann auch auf der richtigen Seite als Wachsfigur enden.

Allen Anhängern der DDR hat Kurt Hager ein Weihnachtsgeschenk gebastelt: 460 Seiten »Erinnerungen« vom SED-Chefideologen. Demokratieverächter genießen eine orthodoxe kommunistische Lebensgeschichte, inklusive Übungen in Selbstkritik. DDR-Dauertöter erfreut die berechtigte Entrüstung, die sich aus der unverbesserlichen Lektüre ziehen läßt. Das Buch ist gar nicht schlecht, nur bedrückt die Ärmlichkeit der persönlichen Erinnerung. Kein Zweifel bohrte zur Unzeit, keine Leidenschaft spleißte quer durch Hagers Hirn. Das Kapitelchen »Familiäres« beschreibt ein bißchen Urlaub. »Am 1. Dezember wurde unsere Tochter geboren.

Jetzt hatten wir einen Sohn und eine Tochter. Würden sie sich vertragen?« Wir erfahren es nicht. Erfuhr es Hager?

Hager hatte nicht, er *war* Ideologie. Das Individuelle galt als das Mindere. Das ist es, was ich für die *Oppositionellen* der DDR befürchte: daß sie Ideologen werden, weil sie Opfer bleiben wollen, historisch rückversichert und verbittert, weil niemand hinhört, wenn die Wahrheitsabonnenten rufen: *Es gab kein wahres Leben im falschen!* – Doch, das wird gehört. Dieser rigorose Dissidentensatz hat schon viel Erinnerung verschreckt und Verdrängung produziert. Das ist schlimm, denn wir durchreisen unser Leben anhand von frühen Analogien und ureigenen, stetig wiederholten Konstellationen, die kein *Systemwechsel* beenden kann. Niemand lasse sich seine Erinnerung bestreiten, aber eben das geschieht: die Denunziation sentimentalischer Prägungen durch das Verdikt, sie seien minderwertig, denn sie stammten aus der Diktatur.

Das Vergangene ist nicht tot; es ist nicht einmal vergangen, lautete vor zwanzig Jahren der erste Satz der »Kindheitsmuster« von Christa Wolf. Der zweite: *Wir trennen es von uns ab und stellen uns fremd.* Ist Individualerfahrung gegen die höhere, die allgemeine Wahrheit legitim? fragte das Buch, durchaus antifaschistisch besorgt. Darf man sich bei aller heutigen Kenntnis der Naziverbrechen seiner glücklichen Kindheit im »Dritten Reich« erinnern? – Es ist erlaubt und nötig und als Individualgeschichte vielfach wahr. Als Epochenbeschreibung ist es Lüge. Aber wer wäre Epoche? Wer sich heute noch erinnern darf, weiß mehr über Gnade als über Hitler. *Laß dir an meiner Gnade genügen, denn meine Kraft ist in den Schwachen mächtig*, zitiert der Exideologe Paulus, was Gott ihm offenbarte (2. Korinther 12,9). Das ist Ich-Erfahrung, kein Epochenwort; und der Gnade läuft kein Verdienst voran, aber das Glück hinterher. Wie sollte der Einzelmensch Ernst Jünger nicht als Erwählter lieben, was er so unbegreiflich lange überlebte? Und Victor Klemperer errettete die Zerstörung Dresdens.

»Von denen, die im Kriege waren, habe ich fast niemanden getroffen, der ihn geliebt hätte«, sagte der russische Filmregisseur Grigorij Tschuchraj (»Ballade vom Soldaten«). »Aber ich habe viele Menschen getroffen, die Sehnsucht nach dem Krieg zeigten. Das sind verschiedene Dinge. Eine Trauer um die eigene Jugend ist in dieser Sehnsucht verborgen. Die jungen Leute aber, die die romantischen Erinnerungen der Alten aus dem Krieg hören, verstehen die Rückseite dieser Erzählungen nicht. Sie möchten auch kämpfen. Das ist ein tragisches Mißverständnis.«

Für die DDR will gewiß kein Junger kämpfen, freilich auch nicht dagegen. In zehn, fünfzehn Jahren, dachte ich nach der Wende, wird das junge Ostvolk seinen Eltern ähnliche Fragen stellen wie die jungen Westdeutschen 1968. Ich glaube das nicht mehr. Diese Gesellschaft leidet nicht Mangel an aufklärerischen Fakten, sondern daran, daß jedwede Wahrheit spielerisch verbraten wird. Die DDR ist ein Witz. Oppositionelle sind ernst, also komisch.

Ja, endlich. Die DDR war kein Witz, Widerstand tat weh, die oppositionellen Analysen werden nicht bestritten, doch es ist vorbei. 1996 hat man ein Recht auf Entlassung aus dem SED-Regime. Die DDR wird relativ, Osten ihres Westens; und ich werde frei. Es scheint Verdrängung, wenn Erinnerung sich von der Diktatur befreit. Sie erfüllt aber nur ihr Wesen, die glücklichen Inseln aus dem Toten Meer zu heben. Das bringt die Fakten nicht um.

Und warten wir nicht auf Wenderomane. Viel später, wenn der Buchmarkt längst keine Galopperpreise für raschen Einlauf mehr vergibt, werden uns Erinnerungsbücher erreichen, wie Semprún, Canetti, Sperber sie geschrieben haben – Erzählungen von endlich einzelnen, die nicht mehr an Geschichte reklamieren, als ihnen selber widerfuhr. Das hat Zeit, solange wir leben. Günter de Bruyns spröde »Vierzig Jahre« sind nur ein Frühstart. Je später es wird, desto weniger bedarf Erinnerung der Fiktionen von der runden Welt.

Es gibt Glück im Unglück anderer, wahres Leben im falschen. Was, falls nicht Honeckers Sturz, wäre sonst *zu Ostzeiten* der Sinn von Widerständigkeit gewesen? Und wie könnte ich meine kindliche Nachtfahrt von vor fünfundzwanzig Jahren bis heute bewahren als Heimholung des Glücks? Denn am Ende der Geschichte, dreizehn Tage später, steht immer noch der Tod. Das Rückspiel zwischen Halle und Eindhoven fand nie statt. In der Nacht zum 28. September 1971 brach im Eindhovener Hotel »Silbernes Seepferd«, worin die halleschen Fußballer untergebracht waren, ein Brand aus. Viele Hotelgäste starben, darunter der einundzwanzigjährige Spieler Wolfgang Hoffmann. Ein Auswärtstod. Hoffmann stammte aus unserer kleinen Stadt, und dort wurde er begraben, auf dem Friedhof hinterm Sportplatz, wo nun auch mein Vater liegt.

Am Tage der Beerdigung verließ ich das backsteingelbe Schulhaus und lief die Borngasse entlang. Ich hielt ungeduldig inne an der vielbefahrenen Hüttenstraße und schlüpfte, als die Fahrzeugschlange zum Stehen kam, zwischen den Autos hindurch. Genau vor unserem Haus hielt eine schwere schwarze Westlimousine mit holländischem Kennzeichen. Im Heckfenster schaukelte sacht der Wimpel des PSV Eindhoven. Drinnen saßen zwei Männer, einer war Bernardus van Geldern. Ich überlegte aufgeregt, ob ich ans Fenster klopfen dürfte, da löste sich der Stau, und der schwarze Wagen rollte fort, dem Friedhof zu.

November 1996

Westen sammeln

Mein frühestes Gefühl gegenüber dem Westen ist Überlegenheit. Es datiert vom 3. August 1961. An diesem Tag machte unsere Familie einen Urlaubsausflug auf den Brocken. Auf dem Gipfel angelangt, kauften mir die Eltern einen Mecki. Ich war fünf, und ich weiß noch genau, wie Vater im furigen nassen Wind mit schwärmender Gebärde übers grüne Weltenrund des Harzes wies und uns die minderen Höhen ringsum bezeichnete. Das ist der Wurmberg, rief er, der liegt schon im Westen. – Westen? – Hinter der Grenze, da kann man nicht hin. – Ja, warum auch? Der Wurmberg maß 971 Meter. Der Brocken hatte 1143 Meter aufzubieten; so stand es auf dem kleinen runden Gipfelphoto, das Brocken-Mecki auf dem Oberschenkel klebte.

Drei Wochen später stürzte Brocken-Mecki von der Waschkommode und brach sich das linke Bein. Ich weinte sehr. Vater nahte mit dem Universalkleber Duosan rapid, seinem Allheilmittel für weltliche Schäden. Ich aber begehrte unverzüglich zum Brocken zu reisen, um dort einen neuen Mecki zu bekommen. Das geht nicht, sagte Vater, da ist jetzt die Grenze. – Mit dem Mauerbau am 13. August 1961 lag der Brocken im Sperrgebiet der DDR. Für mich war er nun Westen, und mich bestürzte, wie ein Land, das sich zuvor mit Wurmbergen abzufinden hatte, uns so mir nichts, dir nichts den Brocken stahl.

Dann kam der Westen zu mir. Er lächelte hold, er hob ein Pfötchen, das mit einem himmelblauen Wollknäuel spielte. Der Westen war Bild 8 der Köllnflocken-Sammelbilderserie »Gut Freund mit Tieren II«, Motiv »Gern spielt das Hauskätzchen mit dem Wollknäuel«, und hatte mit Tante Langhans' Paket aus Essen zu uns gefunden, ins Pfarrhaus von Dingelstedt bei Halberstadt am Huy.

Westverwandtschaft hatten wir so gut wie keine. Aber seit Mitte der sechziger Jahre kamen wir in den Genuß der sogenannten Bruderhilfe. Das war ein Spendenfonds westdeutscher Pfarrer für ihre dürftig bezahlten Kollegen in der DDR. Die Bruderhilfe betrug etwa 500 D-Mark pro Jahr. Der Ostpfarrer ließ die West-Kirchbehörde eine BRD-Kontaktadresse wissen, an die der Betrag überwiesen wurde. Aus der DDR empfing die Kontaktperson dann die Wünsche östlichen Bedarfs. Selbstredend investierten die Eltern ihre Bruderhilfe in was Praktisches, nicht in Halligalli und modischen Tand. Als erstes erbaten sie warme Decken; das uralte Dingelstedter Pfarrhaus war winters ein Eispalast. Im Hochsommer 1966 schob Frau Kappe, die Postbotin, ihre Gummikarre auf unseren Hof und enthob ihr zwei ungetüme Kartons. Der erste enthielt, in Mintgrün, die Decken für die elterliche Kemenate, der zweite die für uns Kinder. Sie wurden gleich verteilt und trotz exorbitanter Hitzegrade in der kommenden Nacht ausprobiert. Ich schwitzte in Hellgelb, Wolfgang in Azur. Michael, der Älteste, wickelte sich klaglos in Kackbraun.

Auch jenseits der Bruderhilfe erreichten uns des öfteren Westpakete irgendwie kirchlicher Herkunft. Ihr Inhalt entsprach dem väterlichen Ausdruck *Fressalien*. Den Nucleus des Freßpakets bildete stets das Pfund Bohnenkaffee. Um diese Sonne gruppierten sich mindere Gestirne wie der Becher Rama Butterfein, das gute Backfett Palmin, die gute Seife Lux, Atrix-Glycerincreme, Rosinen, Zitronat, Apfelsinen (falls zur Weihnacht), Kraft-Käsescheibletten mit ohne Geschmack, Sardellenpaste, Milchmädchen-Kaffeeweißer (fraß Vater aus der Tube), Nutella (äks!), Birkel-Eierspirelli, Tütensuppen von Knorr, die Kaltaufschlage-Creme Majala, Kaba der Plantagentrank und drei Tafeln Schokolade. Ja, und falls das Paket von der verwandtschaftlich undefinierbaren Tante Langhans aus Essen kam, so fand sich darin gewiß auch das Exponat meiner Träume: die Pfundtüte Haferflocken der Firma Kölln.

Muß ich erwähnen, daß nach jedem dieser Pakete innige Post westwärts reiste? Vater war ein Meister der untergegangenen Literaturgattung Dank-Korrespondenz. In warmer Prosa jenseits von Unterwerfung und Heuchelei lobte er jedwede Gabe, auf daß in Essen, Bremen, Stuttgart-Feuerbach spürbar werde, wie ohne Majala-Zitronencreme dem Sonntagsmahl die letzte Rundung fehlte, wie montags nach der großen Wäsche Mutters aufgerißne Hände der Heilung durch Atrix bedurften. Was Vater zu den Köllnflocken einfiel, übersteigt mein Ahnen, noch ist mir erinnerlich, daß uns Mutter jemals mit Haferflocken traktiert hätte. Vermutlich mischte sie die muffige Köstlichkeit zum Erntedankfest unter die Gaben am Altar, die dann ins Halberstädter Gehörlosenheim überführt wurden. Das dazugehörige Sammelbild hatte ich mir natürlich längst gekrallt.

Denn dies wurde mir zum Inbegriff des Westens: Man konnte ihn sammeln, seiner habhaft werden, ihn besitzend, sich vom Hiesigen unterscheiden. Westliches, da nicht alltäglich, hinterfing den Alltag mit Metaphysik. Ergriffen betrachtete ich mein Köllnflocken-Bild »Bauer und Pferd bei der Frühjahrsbestellung« (Serie »Gut Freund mit Tieren I«). Derlei war zwar kein seltener Anblick im Dorf. Aber hier, auf dem weitgereisten Bild, schien das Roß von edlerem Geblüt als die schweren Gäule unserer LPG »Ernst Thälmann«, und schritt nicht der Bauer wie ein Prinz durch die Furchen seines bronzenen Lands? Ich klebte das erstaunliche Motiv in mein selbstgebasteltes Album, das auch das Kätzchen barg und, aus der Blumenserie, die Königin der Nacht.

Laß es dir nicht zum Abgott werden! So lautete Vaters pastorale Mahnung wider zu emsiges Sammeln. Gern folgte der Tadel: Je mehr er hat, je mehr er will, nie stehen seine Wünsche still. Denn mit der Zeit verschob sich meine Sammelleidenschaft in Richtung Polygamie. Ich sammelte fast alles. Und nicht länger barg das Einzelstück ein volles Glück, sondern die Sammlung als ganze forderte und fraß. Schon nahte ich dem gefährlichen Punkt, da man sich weniger am Gehabten freut als ärgert über alles, was fehlt. Das Kind dorthin zu locken war des Westens schmutziges Kalkül. Der Birkel-Buchstabennudeltüte ein großes rotes Plaste-H zu entnehmen gewährte noch schlichtes Hochgefühl. Schon als ich ein J hinzubekam, zündelte der Wunsch, dermaleinst das gesamte Alphabet zu besitzen. Vollends dahin war meine Seelenruhe, als ich mich aufs Punktesammeln kaprizierte. Bei diesem perfiden West-Verfahren lag dem Paket die Freude nicht bei, sondern wurde lediglich versprochen: Für den Fall, daß man der Knorr-Zentrale acht Brühwürfelsammelpunkte übersende, gewinne man die kleine Knorri-Kuh. Ich bewegte Vater zu einer brühwarmen Dankbrief-Passage, die tatsächlich dazu führte, daß regelmäßig Knorr-Würfel eintrafen. Ich schaffte die acht Punkte. Vater schickte die Coupons an Tante Langhans nach Essen. Ein gewaltiges Warten begann.

Es kam kein Paket von Tante Langhans – nicht nach zwei und nicht nach vier Monaten. Endlich ein Brief: Sie habe lange im Krankenhaus gelegen. Es sei ihr dort (ich erinnere mich doch richtig?) der halbe Kopf abgenommen worden. Dies hindere sie derzeit, Pakete zu schicken. Auch sei sie nun 86. Sie habe aber ihre gute Freundin gebeten, diesen ihr so wichtigen Christendienst zu übernehmen. – Tatsächlich kam alsbald von der Freundin ein Paket, und darin befand sich wahrhaftig meine Knorri-Kuh. Ich war selig. Und obwohl ich in letzter Zeit nicht mehr so häufig mit der Knorri-Kuh spiele, bleibt mir der Tag unvergessen, an dem das liebe Tier durch Zoll und Todesstreifen zu mir fand.

Eine neue Gefahr tauchte auf: Wolfgang. Der jüngere Bruder hatte eine Neigung, meine Hobbys nachzuahmen. Was ich zu sammeln begann, begehrte zwei Stunden später auch er. Die Eltern negierten mein Erstgeburtsrecht und etablierten Regelungen falsch verstandener Demokratie. Ihr wechselt euch ab, hieß es, einmal kriegst du, und einmal kriegst du. – Und wer als erster? – Vater entschied: Da wird geknobelt, Stein-Papier-Schere. – Wenigstens hierbei war ich ungefährdet. Wolfgang machte immer Papier.

Folglich war ich der erste, der Kaba-Sammelpunkte horten durfte, die mir schließlich den Donald-Duck-Hampelmann eintrugen. Viel später kam auch Wolfgang zu seinem Klein Adlerauge, einer Aufblasfigur, deren Reiz alsbald verpuffte, weil Wolfgang mit ihr an die glühende Ofenklappe geriet. Ich bekam auch, gleichfalls nach Knobel-Duell, das Goofy-Kugelspiel aus dem Deckel von Onko's löslichem Kaffee. Es war die Hoch-Zeit meiner Disney-Euphorie. *Sachen von Micky Maus* galten mir als der Güter edelste. Vetter Thomas aus Halberstadt besaß gar einige Micky-Maus-Hefte, die ich bei jedem Besuch durchschwartete, bis Vater zur Heimfahrt rief. Ich bettelte die Eltern, die Übersendung eines solchen Hefts zu veranlassen – zwei! schrie Wolfgang. Vater sagte nein. Das sei viel zu gefährlich. West-Drucksachen dürfe man nicht schicken, und falls man's tue, gerate das ganze Paket in Gefahr, inklusive Bohnenkaffee. Aber Mutter instruierte Omi, die, da Rentnerin, nach Bonn fahren durfte. Omi wagte die rasende Tat. Sie band sich die Hefte ins Unterzeug, besuchte uns auf der Rückfahrt, entpellte sich, förderte ein Micky-Maus-Heft zutage, dann ein zweites: »Fix und Foxi«. Letzteres war Mist. Um das Micky-Maus-Heft entbrannte sofort ein Omi befremdender Streit zwischen Wolfgang und mir, bis Vater Ruhe gebot: Schluß jetzt! Es wird geknobelt! – Ich machte natürlich Schere. Heulend rannte Wolfgang aus dem Zimmer: Immer Pech! Mal muß es doch klappen mit Papier!

Ich schleppte das Heft mit zur Schule und zeigte es herum. Nach der Hofpause war es weg, aus meinem Ranzen verschwunden. Lautlos stürzte die Welt ein. Ich ging zu Musiklehrer Polke, bei dem wir die nächste Stunde hatten, und schilderte mein Leid. Polke, ein strenger Mensch von Anfang Dreißig, fixierte mich mit seinen wasserblauen Augen derart, daß sein nächster Satz nur lauten konnte: Imperialistische Druckerzeugnisse haben an einer polytechnischen Oberschule unserer Republik nichts zu suchen. Die Klingel schrillte. Polke sagte: Nun geh mal auf deinen Platz. Dann sprach er zur Klasse: Christoph sei etwas weggenommen worden; der Betreffende wisse, worum es sich handle. Er möge sich melden, und zwar sofort. Stumm stand die Klasse. Niemand rührte sich. Polke blickte kalt, aber ratlos in die schweigenden Gesichter. Endlich ließ er setzen. Geh mal in den Keller, sagte er zu mir. Schau mal in den Toiletten nach, vielleicht findest du dort, was du suchst.

Das Heft blieb verschwunden. Ich fluchte dem Dieb und der DDR, die es nicht zuließ, daß ich in einen Laden ging und mir für 90 Pfennig ein neues Micky-Maus-Heft kaufte. Nach dem Mauerfall hat Stefan Heym das Ost-Volk abgeurteilt mit dem Satz, es habe seine Revolution an den Grabbeltischen von Hertie verbuddelt. Aber Freiheit contra Materialismus, das geht so einfach nicht auf. Heyms Bitternis war zu Teilen auch die meine; dennoch braucht Freiheit auch die Toleranz zum individuellen *pursuit of happiness*. Jedermanns Glück soll gelten, auch wenn's einer im Kaufhaus sucht. Die rasche Währungsunion hat dem Osten den wirtschaftlichen Kahlschlag beschert. Trotzdem konnte sie nicht aufgeschoben werden, weil das Volk kein Höheres wußte als Freiheit im Kauf.

Zur Wende war ich Plattensammler – ein zutiefst westgeldbedürftiges Glück. Aber wir greifen vor. Es ist von einer gewaltigen Leidenschaft zu berichten, die mich mit zwölf Jahren faßte und deren Erfüllung kein Westpaket gewähren konnte. Diese Leidenschaft hieß »Mosaik« und betraf das einzige und beste Comic-Heft der DDR. Die monatlichen Abenteuer der Kobolde Dig, Dag und Digedag, allen Disney-Infantilitäten hoch überlegen, waren seit 1955 erschienen. Heft 99 (vom Februar 1965) war das erste, das ich selbst erwarb. Erst drei Jahre später, wir wohnten schon in Sangerhausen, durchzuckte mich das Begehren, auch all das Frühere zu kennen, von dem die Alten, die Fünfzehnjährigen raunten: die sagenhaften Abenteuer im antiken Rom, am Hofe des Sonnenkönigs, in James Watts England, im Rußland Katharina der Großen und auf dem Planeten Neos, wohin die Digedags entführt worden waren. »Mosaik«-Reprints, wie heute, gab es nicht. Selbst die aktuellen Hefte waren ja Bückware und im Nu vergriffen. Anderseits sorgte ihr Kultstatus dafür, daß »Mosaiks« selten weggeschmissen wurden. Die alten Hefte existierten also, hatten aber ihren Preis. Mit *Ost-Krempel* brauchte der »Mosaik«-Aficionado gar nicht erst zum Tausch anzutreten. Rarität verlangte Rarität, das Historische von hier was Neues von drüben.

Gold geb ich für Eisen, hieß ein Sammelslogan der antinapoleonischen Befreiungskriege. Ich gab den Westen für den Osten. Ich löste meine Matchboxauto-Sammlung auf. Ich trennte mich von den Micky-Maus-Heften, die Omi noch mehrfach als Nierenwickel heimgeschmuggelt hatte. Ich plünderte meine Briefmarken-Alben, wobei die Abteilung BRD kaum Schaden nahm. Westdeutsche Marken waren so ziemlich die popeligsten der Welt. Und solange ich »Mosaiks« sammelte, trug ich nach Westen wenig Begehr. Nach zweieinhalb Jahren auf der Pirsch fehlte mir nur noch Heft 10, »Der Kampf um den Korsarenschatz« (September 1957). Die Fahndung führte mich zu einem wüsten Menschen, Sitzenbleiber und Haudrauf der Hofpausen. Er faßte mich und mein schwitzendes Begehren arrogant ins Auge: Was zahlste? Ich bot mein letztes Matchboxauto, den Kleinbus mit dem Eisverkäufer, von Patenonkel Reinhold aus Stuttgart übersandt und ein Prachtstück, wenngleich ohne Federung. Der Unhold brüllte vor Hohn und forderte fünf Mark plus drei Pornobilder.

Das Geschäft kam zustande. Aber als ich nun auch das letzte »Mosaik« besaß, mischte sich in mein Glück alsbald eine unbekannte Trauer: die Lethargie der Erfüllung. Man kann ja nicht mehr wünschen, wenn man alles hat, so wie keine Westpakete kommen, wenn man selber Westen ist. Glücklicherweise nahte bald die nächste Liebe: Rockmusik. Sie lockte mich wieder nach jenseits unserer Republik.

Es gibt zwei Arten von Menschen: die Sammler und die Kinder des Augenblicks. Letztere standen mit der Kofferheule in der Sangerhäuser Göpenstraße, hörten volle Pulle »School's Out« und »Under My Thumb«, rauchten, pfiffen nach den Weibern und bezoteten Elke Baages *Ohren* sowie Heidrun Wäldchens wohlgeprallte Rundstrickhosen. Die anderen, wir Sammler, *nahmen auf.* Die Westpaket-Aufschrift »Geschenksendung« gewann eine ganz neue Bedeutung, wenn man, den Finger am roten Knopf, mit der Rock-Strahlung des Hessischen Rundfunks und der Europawelle Saar ORWO-Band magnetisierte. Noch besaß ich kein eigenes Bandgerät, aber Vater lieh bei Wohlverhalten das kircheneigene ZK 120, auf dem er sonst Gemeindekreisen Hörstücke wie »Kirche, Welt und junge Leute« und »Christen am Kilimandscharo« vorführte. Unnötig zu erwähnen, daß sogleich auch Wolfgang aufzunehmen wünschte, wobei es ihn zur leichteren Muse zog. Dennoch drang ich auf Abgrenzung, denn im Zeitalter der technischen Reproduzierbarkeit ringt der Kunstsammler mit Originalitätsproblemen. Es sind gegenseitige Verzichtserklärungen erhalten: »Ich, Christoph Heinrich Dieckmann, verpflichte mich, den Titel ›Oh wann kommst du‹ von Dahlia Lahwie weder aufzunehmen noch aufnehmen zu lassen.« – »Ich, Wolfgang Andreas Dieckmann, verpflichte mich, den Titel ›Black matschig woman‹ von San Tuner weder aufzunehmen noch aufnehmen zu lassen.« Folgen die Unterschriften, inklusive die der Eltern, als Schiedskommission. Ich höre noch Mutters Seufzer: Seid ihr noch bei Troste? Vater: Knobelt lieber!

Die Existenz als Rocker schuf Bekleidungssorgen. Die Haare wuchsen gratis, aber mit Manchesterhosen oder sogenannten Wilhelm-Pieck-Jeans, lappigen Beintüten sozialistischer Produktion, stand man vor Heidrun Wäldchen und Elke Baage nicht gut da. West-Jeans mußten her, möglichst echte Levi's. Zwar landeten in unserem Pfarrhaus seit Menschengedenken wuchtige Westpakete mit Altkleidung, wobei eine amtliche Bescheinigung bezeugte, daß die Antiquitäten chemisch gereinigt ihren schweren Weg nach Osten angetreten hatten. Gern hielten die Eltern diese Plünnen des Grauens für *noch sehr gut*; wir Kinder hätten Nacktheit vorgezogen. Nun via Bruderhilfe eine ganz spezielle, zudem teure Hose zu ordern, hielt Vater für kapriziös. Indes, die Jeans trafen ein, tatsächlich Levi's, doch an der Hüfte zu eng. Mutter trennte die Bundseiten auf und setzte schwarze Keile ein. Ich trug das exklusive Stück die ganze 10. Klasse über und fühlte mich als King der Thomas-Müntzer-Schule. Im September 1972 begann die Filmvorführer-Lehre in einem Internat im tiefsten Sachsen. Dort stürzte der King. Ein *Kunde* erklomm meinen Thron. Gunar Kristlieb hieß er und kannte die Welt, denn er kam aus Berlin-Pankow und war darob derart blasiert, daß er sich »von Kristlieb« nannte. Zwar trug er die Haare kürzer und einen leichten Überbiß, doch seine Jeans und seine Lederjacke saßen wie Siegfrieds gehörnte Haut. Columbus, sprach Gunar von Kristlieb und grinste maliziös, Columbus, in Pankow ist man mit Keiljeans nicht Kunde. Man fetzt nicht, man poppt nicht, man peitscht nicht, wenn man in Pankow Keiljeans trägt. In Pankow ist man mit Keiljeans ein Fall für die Lumpensammlung.

Ich war vernichtet. Doch im Verlauf des Lehrjahrs gelang es mir, durch internatstypische Schandtaten aller Art, Gunnar von Kristliebs Achtung zu erringen, nebst zwei Verweisen und einem strengen Verweis. Und zum Geburtstag saß mir das korrekte Stück Stoff am Hintern, diesmal aus dem Intershop, also nach Anprobe. Als das zweite Lehrjahr begann, befand sich unter den Neuen wieder jemand aus Berlin-Pankow. Jaqueline hieß sie und war süß und naiv, als wäre Pankow ein Dorf. Gern schriebe ich: Ich riß sie auf wie ein Westpaket.

Blieb Rockfans großer Kummer: Platten. Schlagerschrott gab's reichlich in Amiga-Land. Wenigstens modifizierten mit Honeckers Machtantritt die Kultur-Erlauber der DDR ihre apodiktische Ablehnung der Rockmusik. Unter Ulbricht hatte dieses »yeah, yeah, yeah, und wie das alles heißt« als dekadenter Schüttelkrampf des Spätkapitalismus gegolten. Westplatten durften nicht eingeführt werden, ausgenommen »Erzeugnisse des wirklich humanistischen Gegenwartsschaffens«. Ganz allmählich bewies in der Ära Honecker dieser Gummiparagraph seine Elastizität. Jugendsendungen des DDR-Rundfunks verbreiteten auch West-Rock, Amiga edierte – Sensation! – LPs von Jimi Hendrix, Deep Purple und *San Tuner*, der auf der Plattentasche des VEB Deutsche Schallplatten *Santana* hieß. Die Stones blieben noch tabu, aber Freunde berichteten von Freunden, die Westplatten geschickt bekommen hätten. Was erlaubt sei, lasse sich schwer sagen. Auf das Cover komme es an. Zur Musikbewertung sei der DDR-Zoll viel zu blöde. Dann erreichte meinen Freund Micha ein Paket mit Eric Claptons »Layla« (Doppelalbum!), mit King Crimsons »U. S. A.« und »Live At Topanga Corral« von Canned Heat. Mir tränten die Augen, doch auch Micha war betrübt, denn die DDR-Kontrollettis hatten einen Zettel beigelegt: 1 Stck. nichtsoz. Tonträger sei einbehalten worden wg. Verstoßes gegen die Zollbest. d. Deutschen Demokratischen Republik. Sind die bescheuert, sagte Micha, das war die »Nursery Crime« von Genesis, da ist ein viktorianisches Mädchen drauf, das mit Puppenköpfen Kricket spielt. Halten die vermutlich für Aufruf zum Völkermord. – Er schrieb eine Eingabe und erläuterte die zutiefst antiimperialistische Gesinnung des Labour-nahen Ensembles Genesis, aber »Nursery Crime« blieb ein Raub der Behörde.

Es ist an der Zeit, Onkel Reinhold zu preisen, meinen Stuttgarter Paten. Seit 1977 schickte er mir jedes Jahr zu Weihnachten und zum Geburtstag eine Wunschplatte; die erste war »Dansere« von Jan Garbarek. Mittlerweile Jazzfan, hatte ich mich in die verhangene Melancholie des Münchner Labels ECM (Editions of contemporary music) vernarrt, wie sie Garbarek, Ralph Towner, John Surman, Gary Burton zelebrierten. 1982 faßte ich mir ein Herz und schrieb einen Brief nach München. Ich bat ECM schlankweg um das Doppelalbum »Trio Music« von Chick Corea, Miroslav Vitous und Roy Haynes und bot artverwandte Musiken osteuropäischer Pressung zum Tausch. Nach drei Wochen hatte ich einen Päckchenzettel im Briefkasten. Ich rannte zur Post und bekam eine Schachtel im Plattenformat ausgehändigt: »Trio Music«. Beigelegt war ein Brief:

»Lieber Herr Dieckmann,

Ihr Brief hat uns gefreut, und gerne kommen wir Ihrem Wunsch entgegen. Im übrigen können Sie ganz beruhigt sein: solche Post bekommen wir eher selten. Wie Sie es mit dem vorgeschlagenen ›Kulturaustausch‹ halten, überlassen wir gerne Ihnen. Über die osteuropäische Jazz-Szene sind wir hierzulande nur wenig informiert; lediglich aus dem ›Jazz

Forum‹ läßt sich bisweilen herauslesen, daß auch bei Ihnen interessante Musiker agieren.

Mit freundlichen Grüßen,

Hans-Ulrich Klenner.«

Ich habe mit Herrn Klenner bis zur Wende Platten getauscht, wohl wissend, daß er nach den Scheiben von Amiga, Muza, Supraphon, Hungaroton, die ich aus der kargen Jazzproduktion des RGW zusammenkratzte, weit weniger Verlangen trug als ich nach seinen Wundergaben. Ich haute auch West-Jazzer, die in der DDR auftraten, um Platten an, von Willem Breuker bis Albert Mangelsdorff – meist mit Erfolg. Es kamen Päckchen von Peter Brötzmann aus Wuppertal, von Barbara Thompson aus Suttow in Surrey, von Andrew Cyrille aus Hackensack/New Jersey, von Lester Bowie aus Chicago ... Jede einzelne dieser Platten wurde mir ein dauerhaftes Glück. Und dennoch blieb es peinlich, daß ich, nun doch erwachsen, immerfort bitten mußte.

Inzwischen hatte ich Theologie studiert und war Vikar geworden. Ich stand also im kirchlichen Dienst und bekam selbst Bruderhilfe. Nie habe ich sie in was Praktisches investiert, immer nur in Platten, die ich gewissermaßen selber kaufte. Der 2001-Versand in Frankfurt am Main beschäftigte eine steinalte Dame namens Frau Susemihl, mit der er in seinem Katalog einen Kult betrieb (»Frau Susemihls Kolumne«). Der Katalog wurde eingeschmuggelt, ich wählte die Tonträger meines Herzens und schickte den Bestellschein quasi als Privatbrief an Frau Susemihl Zweitausendeins, Frankfurt a. Main ... Als Absender notierte ich meine Göttinger Freundin Ines, die das Devisenschätzchen verwaltete. Sie schickte die Platten dann in Schüben à drei Stück nach Osten.

Auch wenn's banal klingt: Die Chance zur Plattensammelei war mir eine Hilfe, in der DDR zu bleiben. Dazu gehört freilich auch eine Geschichte, die mir bis heute ein schlechtes Gewissen macht. Etwa 1985 erreichte mich ein Brief aus Riga. Ein mir unbekannter Sabirjan Kurmayew trug mir einen Plattentausch an. Er habe das Ganelin-Trio anzubieten, Chick

Coreas »Return to Forever« in Melodija-Lizenz und, und, und – eine Liste lag bei. Er wünsche dafür – Liste lag bei. Ich schickte, er schickte, aber so ab Päckchen drei verloren Sabirjan Kurmayews Offerten ihre Attraktivität. Das war nicht seine Schuld, sondern die der Sowjetunion. Kurzum – als aus Riga Dudelschrott eintraf, zusamt der Bitte (»I need ...«) nach weiteren Exemplaren von Platten, die ich bereits übersandt hatte, da fühlte ich mich weniger als Übersender von Geschenk- als von Handelsware und schickte nichts mehr. Kurmayew schrieb noch mehrfach (»... your friend Sabirjan«), aber ich blieb hart – gewiß mit Gründen, doch auch im Gefühl, ich wüßte vom Westen zu nehmen und nach Osten nicht zu geben.

Dann fiel die Mauer. Die Ost-West-Enttäuschungen füllen mittlerweile Bücher, und der »Zeit«-Redakteur hat es in vielen West-Briefen gelesen: Wie undankbar die Ossis seien. Wie oft und wie vieles man zur Mauerzeit nach drüben geschickt habe in der Hoffnung, Bindungen zu erhalten und den ärmeren Deutschen abzugeben. Dann, nach 1989, sei der persönliche Kontakt deprimierend gewesen, obwohl doch keine Grenze mehr trenne. Ich weiß den Schreibern wenig zu raten, das sie nicht mittlerweile selber wüßten: Daß Geschenke Beziehungen begleiten können, aber nicht begründen. Daß die Trennung der Deutschen vierzig Jahre Unterschiedsgeschichte produzierte. Daß die gegenwärtige Kühle zwischen Ost und West zumindest ehrlich ist. Wenn wir jetzt miteinander reden, dann garantiert nicht behufs Geschenkverkehrs.

Die letzten Platten tauschte ich mit Hans-Ulrich Klenner 1989. Die letzte Geburtstagsplatte von Onkel Reinhold kam 1990. Herrn Klenner habe ich 1996 kennengelernt. Ich mußte nach München, ich schickte ein Kärtchen, Klenners alte Adresse stimmte noch, es wurde ein richtig schöner Abend. Ost und West relativierten sich im *tertium comparationis* Musik. Was Onkel Reinhold betrifft, so sahen wir uns zuletzt 1958, als er Vater, seinen Kriegskameraden, in der DDR besuchte. Ein Photo ist erhalten, chamois mit Zackenrand. Es zeigt mich im Alter von zwei Jahren, seppelhosig, unverwandten Blicks, da neben mir ein Fremder mit einem Kricket-Hammer kauert. Onkel Reinhold schrieb auch nach dem Fall der Mauer seine getreulichen Weihnachts- und Geburtstagsbriefe. Gern legte er Photos von Rosenblüten bei, denn wie mein Vater, der 1993 gestorben ist, besitzt er die Stiftersche Empfindung der Natur. Zwei schöne Geschenke hat mir Onkel Reinhold noch gemacht: die erste Ausgabe der »Zeit«, deren Leser er war, längst bevor ich geboren wurde; und dann erreichte mich (in Pankow) ein Päckchen mit Briefen eines frischen jungen Mannes, wie ich ihn niemals kennenlernte: meines Vaters.

Im Mai 2000 verschlug's mich endlich ins Schwäbische, zu einer Lesung nach Winnenden. Ich zögerte zunächst, das Onkel Reinhold mitzuteilen. Er war doch fast achtzig, und irgendwie existierte er nur im Brief. Winnenden erwies sich als sehr klein. Der Berliner muß dort langsam spazieren, sonst saust er, kaum daß er durchs eine Stadttor getreten ist, schon wieder zum anderen hinaus. Ich setzte mich vor eine griechische Taverne gegenüber dem Haus, in dem am 24. Juni 1687 der schwäbische Pietist Johann Albrecht Bengel geboren worden war. Ich pichelte ein Viertelchen Rosé und schaute den Türkenkindern beim Fußball zu. Da nahte durch die Gasse ein kleiner alter Herr. Er hielt kurz inne, schaute, dann lenkte er seine Schritte behutsam, aber zügig an meinen Tisch und sagte: Na Chrischtoph, da bischte ja.

PS: Man weiß, daß die DDR-Kontrollorgane aus Westpaketen klauten. So warte ich immer noch auf mein CCR-Doppelalbum. Ebenso sei aber festgehalten: Als wir 1990 den Brokken zurückbekamen, da fehlte ein Meter. Er ist heute nur noch 1142 Meter hoch.

Juli 2000

Die Taten des treuen Heinrich
Eine Ermannung

Frühe Jugend muß hoffen, wo käme sie sonst hin. Auch ist für jede Gegenwart die Zukunft offen; sie muß es sein. Ob sie es ist, philosophisch gesehen, hängt von den Launen des Philosophen ab und hat für das Handeln keine Bedeutung.

Golo Mann

1

Du aber warst nicht tot. Du lagst nicht am Grunde des Atlantik, die Lungen geflutet, Fischfraß, Muscheln in den Augen und Quallen im Hirn. So moderte in seinem Wrack Sir Francis, Englands Schwein zur See. Im Herzen unterm Rotrock rosteten zwei Spannen Stahl, um die der Degen seines Töters fortan kürzer war.

Zehntausend Fuß über Sir Francis' Häupten segelte der Degen. Er stak an deiner Seite, wie du, die Hände auf dem Rücken, gefällig über Deck spaziertest. Die Brigg nahm gute Fahrt. Passatwinde hatten die Segel gebläht. Wir können's heute noch schaffen, Kapitän! rief der Steuermann herüber. Du hobst die Hand zu Gruß und Dank. Gischt spülte die Stiefel, salzte die Haut und netzte dir den roten roten Kopfverband. DuBoise, der Erste Offizier, nahm dich beim Arm: Robert, ich weiß, an wen du denkst. Du nicktest und wischtest dir verstohlen übers Aug', daß niemand sähe, wie die Pupille Robert Surcoufs, Korsar Seiner Majestät des Königs von Frankreich, eine Träne gebar. Da schrie's vom Ausguck: Land! Wahrhaftig, Cap Fréhel schimmerte im Abendlicht, die Bernsteinküste, Heimat, Marie-Catherine … Links glomm die Felsenburg des Kleinen Bé vorbei, vorn leuchteten die Mauern von Saint-Malo. Die Kathedrale ragte auf. Draußen aber, auf der Mole, tanzte alles Volk, jauchzte Willkommen und sang:

Robert Surcouf (1773–1827), Saint-Malo

Freund, reih dich ein,
daß vom Hunger wir die Stadt befrein!
Über Gräben, die des Krieges Hader schuf
springt der Ruf:
Surcouf! Surcouf!

Und sie entluden den »Höllenhund von Saint-Malo«, verteilten die Säcke mit Korn und Mehl und speisten die darbende Stadt, die, seit England sie blockierte, nur von Luft und Liebe hatte leben müssen. In leichten Fesseln, mit gesenktem Haupt trotteten die Briten von Bord, geschmäht vom Mob, doch du sahst zu, daß den Gefangenen kein Leids geschah. Schon trug dich die Masse brausend durch die Stadt, an deinem Denkmal, deinem Grab vorbei. Da sahst du Marie-Catherine am Wege stehn. Du hobst den Arm: Die Menge stand und schwieg. Du sankst ins Knie, zogst den Degen, legtest ihn zu Füßen und sprachst: Verzeih mir, wenn du kannst. Verzeih, Marie-Catherine. – Verzeihen? Was, Robert? so frug sie sanft und strich dir übers blutumwundne Haupt. Du wußtest selber nicht, was zu verzeihen wäre, doch Vergebung wollen ist ein köstlich Ding und braucht, sehr groß zu werden, Sünde. So sagtest du (denn Frauen lieben keineswegs den ungesündigten Mann): Frag nicht, Marie-Catherine. Ich rede später, vielleicht, falls eines fernen Tags ein Herz den Kopf mir von der Seele wälzen kann. Da hob Marie-Catherine dich auf, sank ihrerseits dir an die Brust und wisperte: Ich will dein treues Weib sein, hörst du wohl? Und rüttelte dir sanft die Schulter.

Ja Mutti, sagte der Korsar, erwachte und mußte zur Schule. Es war auch besser so, da er für Marie-Catherine, offen gesagt, jenseits nautischer Sehnsucht kaum Verwendung wußte. Bis zur Vergebungsszene aber lief es wunderbar. Er träumte sie alle Nächte, vielfach variiert bis hinein ins Nibelungenhafte. Der Vorlagenspender hieß Gérard Barray und prägte in den sechziger Jahren den sogenannten Mantel-Degen-Film wie heute Michael Douglas Hollywood. Nichts Filmisches ist jemals wieder auch nur in die Nähe jener französisch-italienischen Schöpfungen gelangt, die damals das DDR-Landkino dominierten. Pirat und Musketier zu werden, bedurfte es einer Barschaft von fünfzig Pfennigen – nicht immer vorhanden, aber selbst am Samstagnachmittag noch zu verdienen, falls in der Dorfkirche eine Hochzeit anstand. Der Bräutigam warf nach der Trauung Münzen. Die Jugend stürzte den Groschen und Pfennigen hinterher und balgte wie toll. In der Gosse liegend, kralltest du den Sechser, der zum Eintritt in das Kinoparadies noch fehlte. Der lange Endemann mit seinen Nagelschuhen trat dir auf die Hand. Du aber zerrtest die wunde Klaue samt Dreck und Sechser in die Tasche und hinktest eilends zum Dorfkrug, dessen Saal bereits verdunkelt war. Es gongte dumpf, der Projektor schnarrte an, Trompeten schmetterten, Shanty-Chöre männerten Ohé! Die

Leinwand flammte auf: GERARD BARRAY in DER TIGER DER SIEBEN MEERE!

Ach, er hatte eine Neue im zweiten Teil (»Donner über dem Indischen Ozean«). Margret hieß sie und war englisch und brünett. Sie vor ihrem nichtswürdigen Gatten zu schützen, hieß es für Surcouf wieder eine Tötung vornehmen – vermutlich auch, um bei der Wiederkehr nach Saint-Malo Marie-Catherine endlich mit Vergebungsgründen zu erfreuen. Was aber tat jene? Saß sie daheim, weinte sich die Augen aus und trug, wozu ja Marien neigen, unter ihrem Herzen unschuldsvoll ein Kind? Roberts Kind? Nichts dergleichen ward bekannt. »Donner über dem Indischen Ozean« hatte Marie-Catherine vergessen.

Ähnlich trieb's Gérard Barray als »Der Ritter von Pardaillan«, wo er den Surcouf zu Pferde gab. Im ersten Teil entriß er die blonde Violetta den Fährnissen der galanten Welt, in Teil II rupfte er einer braunen Metze am Mieder und lutschte ihr derart die Brüste, daß von Vergebung keinerlei Rede mehr sein konnte. Ging denn das nicht: ein Held *und* treu zu sein? Und jedwedes auffällige Verhalten erklärte der Ritter von Pardaillan mit mächtigem Gelächter, wobei er seinen Degen zog: Hoho, ich bin ein Gascogner, Sire! Ich durchbohre Sie!

Du warst kein Gascogner. Du warst der treue Heinrich.

2

Es war des treuen Heinrichs Lebensleistung (und gelang nicht vielen in der Bürokratischen Republik), bei größter Seßhaftigkeit ein noch größeres Heimweh auszuprägen. Hierzu nutzte Heinrich nicht nur die seltenen Entfernungen von daheim. Heimweh gelang ihm auch zu Hause, in dem kleinen Harzort, wo sein Vater das geistliche Amt versah. *Kreismissionspfarrer* durfte sich der Vater nennen und ermutigte in diesem Berufe die ansässige Bauernschaft zum Sammeln von Briefmarken und Stanniolpapier für die Weltmission. Es hieß, die Chinesen wären scharf auf Ulbrichtmarken.

Eines Abends kam die Weltmission zu Besuch. Auf der roten Couch, unter den wallebärtigen Aposteln Cranach des Älteren, saß Fräulein N'Dougoubougou, stammte aus Ghana oder Kamerun und war rabenschwarz, respektive perlweiß, da sie dauernd lachte. Sie nippte am Hordorfer Apfelsaft, ihr zu Ehren entkorkt (sonst gab es Hagebuttentee), strahlte und sprach: Iiiest ein biiießchen sauer! Heinrichs Mutter kochte eilends Hagebuttentee und bat Fräulein N'Dougoubougou, derweil Heinrichs Gute-Nacht-Zeremonie abzuhalten. Da saß sie ihm am Bett, lachte und duftete nach Zimt. Statt aber »O Haupt voll Blut und Wunden« anzustimmen oder »Ein Lämmlein geht und trägt die Schuld« (denn es war Passionszeit), raunte sie mit kehligem Alt:

Awunikunikau awuni,
awunikunikau awuni.
Aiaiai iki aika imis,
aiaiai iki aika imis.
Awu.
Awu.
Awunikitschi.

Und ehe sich's Heinrich versah, war Fräulein N'Dougoubougou über ihn gebeugt und drückte ihm auf die Stirne einen zimtenen Kuß. Ihre gelbe Batikbluse hing vor. Heinrichs Augen prallten auf ein paar Brüste, wie sie bislang ausschließlich dem Ritter von Pardaillan vorbehalten gewesen waren.

Anderntags beim Kochen fragte Mutter fast wie nebenbei: Wie fandest du sie denn? – Och, nett, sagte Heinrich, pilgerte auf den Trockenboden und sägte von zwei Wäschestützen die Spitzen ab. Die verdrahtete er zu einem Kreuz und nagelte es über Mutters Herd: Damit wir immer schön an den Herrn Jesus denken. – O du mein frommes Kind! rief Mutter und dachte: Meine schönen Stützen! Dann falteten sie die Hände und sangen, und der Kessel summte, und die Linsensuppe gluckste Heinrichs Lieblingslied:

Jesu, geh voran auf der Lebensbahn,
und wir wollen nicht verweilen,
dir getreulich nachzueilen,
führ uns an der Hand bis ins Vaterland.

Heimweh sagten wir dem treuen Heinrich nach und nannten dieses eine Lebensleistung. Er vollbrachte sie erstaunlich früh. Heimweh ist den Menschen aber allgemein und wird, je älter sie werden, immer allgemeiner. Denn sie können, was ihnen geschah, nicht ruhen lassen in seiner Einzigkeit. Sie müssen's, fern vom Ursprung, wiederholen, größer machen, typisieren, müssen *Motive* sammeln in Alben und falsche Singulare in Atlanten, auf denen *Heimat* steht, *Erinnerung*, *Ära*, *Generation* und was der nachträglichen Verschmelzungen mehr sind. Sogar von *Nation* und dem *Gefühl einer ganzen Epoche* sprechen sie – war je einer *Nation* und hat die *Epoche* gefühlt? *Patriot* wünschen sie zu sein oder daß *Deutschland* verrecke; dabei ist *Deutschland* ein milliardisches Pluraletantum, und was der einzelne hofft und haßt, weiß kaum einmal sein Nächster. Und könnte wer Gedanken lesen, wie's in der Bürokratischen Republik das Ministerium für Innereien sich unterfing, so würde er doch nichts begreifen. Das wirklich Einzelne hat nur sich selbst, so wußte Heinrich vor der Zeit. Es ist dem Vergleich entzogen; nur die Erinnerung verwandelt alles einander an und malt *Geschichte* und gründet *unsere Partei*. Einzeln bleiben und die Einzelheiten hüten, das war Heinrichs früher Beruf. In Gruppen fühlte und erfuhr er nichts. In seinem Heimweh wünschte er sich selbst zu finden als ein Zweites – was ein Paradoxon ist, aber Liebe würde es vollbringen. Er würde lieben und liebte bereits, denn Sehnsucht ist das Angeld der Liebe. Man muß es sparen, statt es zu verplempern in Gejammer.

Soll's uns hart ergehn, laß uns feste stehn
und auch in den schwersten Tagen
niemals über Lasten klagen;
denn durch Trübsal hier geht der Weg zu dir.

Ja, er würde lieben. Würde nichts vergessen und verschmelzen, sondern als der Eine seiner Einzigen alle Einzelheiten schenken: Dann wären sie *in summa*, und er hätte sich erlöst. Diese Einzige dachte er sich nach dem Bilde Jesu, hoffentlich aber weiblich und leiblich und von ganzer Kraft begabt zu hören, wie Fräulein N'Dougoubougou mich berührte und ich den kranken Hasen an der Chaussee nach Anderbeck. Und auch du würdest mir erzählen, wie dich der Vater schlug, oder tröstete die Mutter? Du siegtest immer, oder quälten dich die Kameraden auf der Schulfahrt zur Steinernen Renne, so daß du deine *Kindheit* anders *Heimat* nennen mußt als jene Überlegenen von damals und heute? Vorerst aber und solange man drinnen lebt, ist weder *Heimat* noch *Kindheit*, nur Stunde um Stunde. Die einen kommen, die andern kann keiner mehr nehmen.

Rühret eigner Schmerz irgend unser Herz,
kümmert uns ein fremdes Leiden,
o so gib Geduld zu beiden;
richte unsern Sinn auf das Ende hin.

Seltsam, wie die Werdenden wünschen, Gewordene zu sein. Meist lebt der Mensch banal. Er schläft, er raschelt mit Papier, er kritzelt am Steuerbescheid, er wühlt im Supermarkt in den Konserven, er wartet auf den Bus. Doch woran er denken muß, wovon er schweigt, ist Liebe oder sonst ein fernes Licht. Darum befinden sich fast alle, die wir treffen, keineswegs am Bus oder im Supermarkt, sondern ganz woanders. Die Kinder träumen sich voraus, die Alten saufen sich zurück, hastdunichtgesehen über Stock und Stein, durch Wände und Wenden, durch tausend Nächte wie durch einen Rausch, der *Epoche* nicht kennt und keine *Partei* – zurück in das türkise Klassenzimmer mit Aquarium und Stummer Karte und der weißen Parole auf dem roten Fahnentuch, die keiner je geglaubt hat und Heinrich niemals vergessen, denn Samstag war es, und der Ofen glühte. Von links fiel Winterlicht durchs Fenster und vergoldete Angelikas Zöpfe. Was sang sie rein, sein Brautkind unter den Menschen, die heute alle sangen: Heinrichs Geburtstagslied.

Die Heimat hat sich schön gemacht,
und Tau blitzt ihr im Haar.
Die Wellen spiegeln ihre Pracht
wie frohe Augen klar.
Die Lerche singt, die Tanne rauscht,
sie tun geheimnisvoll.
Frisch das Geheimnis abgelauscht,
das uns beglücken soll.

3

Allen psychotisierenden Lebensdeutern zur Freude sei erzählt, wie der treue Heinrich Kenntnis davon erhielt, daß er der treue Heinrich wäre. Dreieinhalb war er und nachts immer noch nicht zuverlässig trocken, als die Mutter dringend einer Erholung bedurfte. Drei Geburten in vier Jahren hatten sie *erschossen*, zumal das Pfarrhaus achtundzwanzig Zimmer maß; die waren täglich zu bohnern. Heinrich wurde mitsamt seinem jüngeren Bruder nach Wernigerode verbracht, ins evangelische Kinderheim Heinrichstift. Diese Stätte protestantischer Gastlichkeit unterstand der Diakonisse Roswitha, welche einem Frauentypus zugehörte, für den auch im kirchlichen Bereich die Bezeichnung Dragoner zulässig ist.

Der Morgen graute, da ritt sie in den Schlafsaal ein, riß die Rollos hoch, kommandierte: Herrlicher Tag, Kinder! und trat an Heinrichs Bett. Nun? fragte sie süßlich unter ihrem Schnurrbart, nun, sind wir heute trocken, mein Kind? Heinrich dachte abwärts, schloß die Augen und schwieg. Die Dragonerfaust riß ihm das Bettdeck fort. Aha! schnob Roswitha, na was haben wir denn da! Kinder, kommt mal her! Stellt euch alle um Heinrichs Bett und lacht ihn kräftig aus. Und nun rufen wir gemeinsam: So ein großer Junge, pfui pfui pfui!

Diese Verwendung des Jesuswortes *Lasset die Kindlein zu mir kommen* mißhagte Heinrich so sehr, daß er Speis und Trank verweigerte und Galle erbrach, weswegen er am nächsten Morgen trocken war. Das prämierte Schwester Roswitha mit einem kakaogefüllten Lutscher der Marke »Lolliball«. Am folgenden Morgen wurde Heinrich befunden wie ehedem. Weil du wieder DAMIT angefangen hast, grimmte das Weib, darfst du bis auf weiteres dein Brüderchen nicht sehen! Heinrich weinte nach Mutti. Roswitha triumphierte: Mutti ist nicht da!

Als Mutti wiederkam – nach Wochen? oder Jahren? – und erfuhr, was vorgefallen war, versprach sie Heinrich auf dessen Begehr, fortan niemals wieder ohne ihn zu sein. Es scheint, daß du mein treuer Heinrich bist, so neckte sie und hielt ihn auf dem Schoß. Ach Mutterwort! Gar nicht lange, und Heinrich wurde den Großeltern in P. zugeführt. Selbdritt spazierten sie am Ufer der Stepenitz – Heinrich, Omi und der Teddy Petz. Omi lobte den Frühling: Sieh, Heinrich, die Forsythien! – Horch, Omi, die Kreissäge! – Ist es nicht wundervoll am Fluß? sprach Omi und sog schwärmerisch Mailuft. Heinrich schmiß den Teddy in die Strömung, um, wenn nicht gar mit Petz zu sterben, so doch zur Mutter heimgeschickt zu werden, moribunder Einfälle wegen. Omi zeigte das Geschehnis Großvater Hugo an, dem Superintendenten von P. Der donnerte: Wo ist der Bär? – Weg, greinte Heinrich, untergegangen. – Soso, *aquis submersus*, orgelte der Gewaltige, Storm-Liebhaber auch in pädagogischer Bewährung. Heinrichs Mutter hatte er vor dreißig Jahren den verschmähten Suppenteller in die pommersche Dorfschule hinterhergetragen, so daß die Tochter im Angesicht der kichernden Klasse schluchzend Graupen mampfen mußte. Heinrich hörte nun, auch er solle *Mores!* lernen, spürte die Haselrute und verschwand ungeatzt im Bett, wo er sofort ein entzündliches Fieber entwickelte und ohne Unterlaß nach Mutti wimmerte. Sie lag im Kindbett, zweihundert Kilometer entfernt, aber Tante Inge kam und holte Heinrich nach Hause.

Es geschah hinter Stendal. Ein furchtbarer Schlag schmetterte von draußen ins Abteil. Das Fenster lag in Splittern und auf dem Boden ein mächtiges Stück rostigen Stahls, das hatte Heinrichs Schläfe gestreift. Tante Inge, starr: Junge, du hast einen Schutzengel! Heinrich nickte und sprach: Ich werde Mutti heiraten.

4

Von jeher hat der treue Heinrich darauf bestanden, seine Kindheit sei glücklich gewesen. Mit Eifer möchte der Mensch, dies zur Differenz hochbefähigte Wesen, seine Herkunft gröblich nach Glück oder Unglück scheiden und unterwirft sich somit dem Geschick. Gut läßt sich dies bemerken an den Memorierern der Bürokratischen Republik. Versuche doch mal ein Vermittler, im Sperrfeuer alternierender Ideologien sein unbehelmtes Haupt zu erheben! Dem Gewesenen und den Seinen kam das Mögliche abhanden: daß nämlich Zukunft wäre. Nur Deutung steht noch frei, umrungen von Untoten, die sich Grabinschriften dichten, weil sie das Dämmern und Erinnern mehr beheimelt als draußen der namenlos offene Tag. Aber *das Wertvollste, was der Mensch besitzt, ist das Leben*, lernte der treue Heinrich in der Schule aus einem kanonischen Buch der sozialistischen Literatur, *und er muß es nutzen, daß ihn am Ende seiner Tage nicht sinnlos vertane Zeit schmerzlich gereue*. Nikolai Ostrowski hatte dies geschrieben, ein jung gestorbner Rotarmist, den Totenvogel der Minerva schon im Zimmer. Heinrich las von großen roten Kämpfen gegen Weiß, von Liebesqual und beßrer Zeit, die ein gesetzmäßiger Ertrag der großen roten Kämpfe sei, und verdichtete sich all dies zum Abenteuer. Surcouf schwenkte den Degen, denn Ostrowskis beßre Zeit war jetzt, glückhaft und unwiderruflich entstanden durch Häufung einer komfortablen Summe von Jahren auf den letzten Krieg.

Noch Mutter *mußte fliehen*. Noch Vater *war Soldat*. Heinrich erschien Krieg als Torheit der Älteren. Nie wäre ihm eingefallen, seinesgleichen könnte später barmen, man habe selber in der falschen Zeit gelebt und also Menschenmögliches verpaßt. Heinrich wohnte in der besten aller Zeiten und in ihrer Fülle, dem rotweißen Glück der Seßhaftigkeit. Nichts trieb ihn fort. Das Leben war ein großes Haus am Wald, darin Heinrich noch für unendliche Kindheit zu bleiben gedachte. Die lebenden Alten standen als Schutzwall wider die flutende Zeit. Zwei Generationen hielten Wacht. Gerade erst hatte

Großmutter Heinrichs Frage, ob alte Leute geschlachtet würden, engagiert verneint.

Wenn Heinrich eins besorgte, dann war's die Lebensuhr des kleinen Muck, seines Katers, dessen Jahre mit siebenfachem Menschenmaß enteilten. Vordem hatte Heinrich das Huhn Braunhälschen geliebt, ein gleichmütiges Wesen vom Stamme Leghorn, das nie recht zu erkennen gab, ob das seltene Hühnerglück, an ein menschliches Herz gerührt zu haben, in seinem Bewußtsein eingetroffen war. Braunhälschen siechte, seit es sich eine rostige Reißzwecke in den rechten Huf getreten hatte. Eines frühen Morgens streifte Heinrichs Vater seinen grauen Kittel über, setzte die Baskenmütze auf, ging zum Hühnerstall, ergriff Braunhälschen, welches matt argumentierte, und führte es zum Richtblock. Am Verzehr des Geliebten nahm Heinrich nicht teil. Das Haupt wurde ihm zur Bestattung freigegeben. Halb waren die Lider geschlossen, die Pupillen trübe wie von Milch. Angstvoll berührte Heinrich den welken roten Kamm, umkränzte den Kopf mit Himmelschlüsselchen und begrub ihn unterm Haselstrauch in einem Schuhkarton der Weißenfelser Firma »Banner der Einheit«. Ein Backstein wurde aufgestellt und mit einem Kreuz beritzt, nebst den Jahreszahlen 1960–1963. Unter Tränen verfüllte Heinrich das Grab und sang:

Kleine Tropfen Wasser,
kleine Körner Sand
machen's große Weltmeer
und das weite Land.

Am Abend setzte der Vater sich an Heinrichs Bett und verhieß, *alle seufzende Kreatur*, auch Tiere also, könnten in den Himmel kommen und würden dort ewiger Heimat teilhaftig. Daß Braunhälschen geseufzt hatte, war durchaus wahrscheinlich. *Gott aber gibt einem jeglichen Samen seinen eigenen Leib*, las Vater vor. *Ein anderes Fleisch ist der Menschen, ein anderes des Viehs, ein anderes der Vögel, ein anderes der Fische. Und es gibt himmlische Körper und irdische Körper. Und wie wir getragen haben das Bild des irdischen, so werden wir auch tragen das*

Bild des himmlischen. Dann sangen sie (denn es war wieder Passionszeit):

O Haupt voll Blut und Wunden,
voll Schmerz und voller Hohn,
o Haupt, zum Spott gebunden
mit einer Dornenkron,
o Haupt, sonst schön gezieret
mit höchster Ehr und Zier,
jetzt aber hoch schimpfieret:
gegrüßet seist du mir!

Heinrich dachte an das Haupt im Schuhkarton.

Dann wurde als Ersatzhuhn Muck, der Kater, angeschafft – per Zivilisationskonsens nicht zum Verzehr bestimmt, aber ein Streuner. Daß ihn Wollust außer Hauses trieb, erfuhr Heinrich spät. Er ahnte nicht, was in der sinnenfrommen Ehe seiner Eltern kaum zu fürchten war: daß erwachsener Friede umschlichen wird vom Partisanenkrieg der Geschlechter; daß in der Lust *Heimat* Verzicht bedeutet. Es balzt die Welt; nur Gott, ihr Aberbild, ist in sich selber treu, also daß ER sein Paradies verschließen mußte; und die Geschichte begann; und zeugte Kain, den Meuchler SEines Friedens, der unstet, flüchtig, heimatsüchtig draußen jagen soll und drinnen einen guten Gatten geben. *Das* also beichtete Heinrich Surcouf Marie-Catherine kniefällig unter der Mauer von Saint-Malo. Und hatte ein Wissen um Sünde, längst ehe er Geschlecht schien und Neil Youngs Lamento kannte: *We all have to sin someday*. Vorerst suchte er wieder mal den Kater. Fand ihn schließlich hinterm Regenbassin auf dem Rücken einer Kätzin. Rief: Mieze, Mieze! Rief aus Leibeskräften, wie er immer tat. Und der Kater, zitternd, gehorchte und stieg ab. Heinrich umfing ihn fremd. Der Kater kratzte, aber zart. Wahrlich, es ist nicht solche Liebe unter den Menschen, nur solche Eifersucht.

Auf dem Hofe wucherte Dickicht und verbarg ein altes Mauerwerk. Eines Tages gewahrte Heinrich Schurren und Schaben hinter einer tiefen Ziegelspalte. Er stakte seinen Stock hinein: panisches Getschiepe! Heinrich grauste. Er floh. Er kam am nächsten Tag, als ob er müßte, wieder zum Gemäuer. Stieß wieder den Stock hinein. Hörte die fiepende, flatternde Angst, die auch die seine war. Tat es wieder, und wieder, und wieder, und wollte ein Ende. Dann blieb es in der Mauer stumm. Heinrich war ein Mörder.

5

Es kam die Zeit, da er nicht länger im Hause der Eltern bleiben konnte. Die Schule war vorüber. Die Abschlußfeier hatte in ein Besäufnis gemündet, wobei Heinrich erstmals nennenswerte Mengen Bier verzehrte: zehn Gläser zu je einem Viertelliter. Nicht für die Schule habe man gelernt, sondern für das Leben, sprach eingangs der Feier der Direktor Rüdiger; fürderhin sei es *an Ihnen, das erworbene Wissen tagtäglich in revolutionäre Praxis umzusetzen*. Mächtig rockte die Band des Klassen-Hippies Horst, der einmal im Staatsbürgerkunde-Unterricht des Genossen Rüdiger geäußert hatte, Rauschgift kräftige die Erektion, doch eine Langspielplatte der amerikanischen Formation Creedence Clearwater Revival sei ihm lieber als *jeder Orgasmus*. Heinrichs Erschütterung entsprach der des Genossen Rüdiger. Was trieb Horst, und wie, und wo? Was geschah im Häuschen hinterm Kohlenhandel? Auch Heinrich war längstens behaart; auch er hatte vom Westradio etliche CCR-Songs aufgenommen. Lieber als die orgiastischen Grölgesänge des Tom Fogerty waren ihm jedoch die symphonischen Rockgespinste der Gruppen King Crimson und Yes, welche eher an den Morgenglanz der Ewigkeit gemahnten denn an Leiberei. *Jeder Orgasmus!* Sogar der Milchbart Heiko gab ja an, er sei schon mal bei einer Bergmannswitwe *voll eingeritten*, bei welchem Ausdruck er die Lippen leckte. Seit etlicher Zeit taxierten Heinrichs Kameraden sämtliche *Weiber* nur nach *Arsch* und *Titten*. Heinrich bemühte sich, auf den Charakter zu achten. Er galt als ritterlich. Das war ihm nicht ganz lieb.

Nach dem siebten Bier tanzte er mit Monika Wässrich, der

Letzter Klassenausflug, Jutta auf dem Stausee Kelbra, 6. Juni 1972

Schärfsten der Klasse. Sie federte und flog, er hottete eckig durch das flackernde Getöse und fühlte sich verloren. Nichts, worin er führte – reden, denken, dichten –, ließ sich gebrauchen in dieser Hölle der Verrenkung. Horst brüllte »Hey tonight« ins Mikrophon, dann »I Put A Spell On You«; das war langsam. Monika packte Heinrich, drückte ihn an ihre Festigkeit, lachte, schwitzte köstlich, roch verworfen, und Heinrich wußte, was Horst ihm unlängst geflüstert hatte: Moni *tut es* jeden Tag.

Die Lichter verloschen. Die Band packte ein. Moni entwich. Auf dem Heimweg schwankte Heinrich in einem Pulk Bezechter. Plötzlich holte Elternbeirat Wässrich ein Messer aus der Tasche, schnäppte es auf, stach's in Heinrichs jäh gestreckte Hand und brüllte: Du bist auch bloß 'n Ficker, du Ficker! Dann schluchzte Wässrich auf und rannte ins Dunkel.

Es war nur ein Ritzer, aber Heinrich leckte Blut. Moni hätte er in dieser Nacht *genommen* als ein Krieger, statt kinderkeusch ins Knie zu sinken wie vor Marie-Catherine. Nicht länger träumte er Heimkehr. Er mußte hinaus.

Auch in diesem Sommer besuchten die Eltern das lutherische Erholungsheim in der Märkischen Schweiz. Heinrich machte dort die Bekanntschaft eines Frauenvertilgers. Dieser Steffen – sechzehn war er und aus Dresden – bekundete beim Bier, welches Heinrich immer noch sehr in Maßen genoß, *Käthen* seien nur zu einem gut: zum *Uffbocken*. Weder teilte Ritter Heinrich diese Ansicht, noch war er sattelfest im Gegenstand, weshalb er Steffen sportlich umzulenken suchte:

Gehst du in Dresden manchmal zu Dynamo?

Manchmal, sagte Steffen, eher selten. Höchstens zum Käthen abgreifen. 's gibt bärische Käthen bei Dynamo. Da pimpern alle, sogar die Spieler. Der Boden hat die Schwester vom Schade geschwängert, da wollte der Schade von Dynamo gehen.

Sag mal, wenn du so viele Mädchen kennenlernst, das ist doch dann mehr flüchtig, stimmt's?

Meinst'n das?

Na, da kann sich doch gar nichts Tieferes entwickeln.

Wieso, was'n Tieferes?

Na, die meisten Mädchen wollen ja doch, daß es einem Ernst ist.

Logisch mach ich Ernst. Volle Knolle.

Und wie lange bleibt ihr durchschnittlich zusammen?

Woche oder so.

Wenn du dich so schnell von den Mädchen wieder trennst – da ist doch wohl nichts zwischen euch?

Was soll sein? Krach oder was?

Na, stöhnte Heinrich, du *schläfst* doch bestimmt nicht mit den ganzen Mädchen?

Immer, sagte Steffen fassungslos.

Und was hast du von so flüchtigen Begegnungen?

'n bärischen Trieb, sagte Steffen. Du bist 'n Komiker, was? Nä, du bist Jungfrau.

Dies zu beheben, und zwar bei unbefleckter Ritterschaft, war künftig Heinrichs dringendes Ziel. Als Sofortmaßnahme legte er, bis dato Hochdeutscher, sich ein derart tierisches Sächsisch Dresdner Prägung zu, daß Heinrichs Mutter drohte, den familiären Verkehr zu unterbrechen, bis er der menschlichen Zunge wieder mächtig sei. Und dieser Steffen *ist ein Bock, das kann ich riechen. Nimm dir an Vati ein Beispiel!* Der war ein schüchterner Mann, unerpicht auf maskuline Insignien, was sich mit der leiblichen Entsagungsfreude seines Glaubens gut vertrug. Einst fragte ihn Heinrich nach seinem liebsten und seinem unliebsten Schauspieler. Er sagte: Heinz Rühmann und Hans Albers. Heinrich aber verwünschte, was von seines Vaters Scheu auf ihn gekommen war. Lange hielt er die Christenkeuschheit wie die *sozialistische Moral* für das Übliche der Welt und sich für ihren kommenden Überwinder. Nun lernte er, daß der *gangster of love* kein edler Einzelgänger ist, weil tatsächlich *alle pimpern bei Dynamo*. So ging die Welt, und statt sich für unerlöst zu halten, erklärte sie die Unzucht für den hundsnormalen Trieb zu bleiben, was man war, und nichts zu erstreben als die organisch formulierten Rechte der Kreatur. Selbstredend war die Bürokratische Republik *normal* im Sinne der Mehrheit, nur Heinrichs Vater unterhielt zu keinerlei Mehrheit Kontakt. Undenkbar, daß seine Kinder *Massenorganisationen* beitreten sollten, seit er unter Hitler deutsches Volk gewesen war.

Solismus, nicht Männlichkeit, hieß also Heinrichs Erbe. Niemals war sein Einzelgängertum in einer Masse aufgehoben – nicht bei den 160000 im Springsteen-Konzert, nicht bei der staatsstürzlerischen Halbmillion am 4. November 1989 in Ostberlin; und als die Mauer platzte, versäumte er, sich bei den neuen Landsmannschaften zu sammeln, als gäbe es Heimat auf eigene Faust.

Jetzt aber war er sechzehn und ein Sommerfrischling im Lutherstift. Sie hieß Bettina, Arzttochter aus Gera, mit ihrer Mutter angereist. War sie hübsch oder schön? Beides, fand Heinrich nach zwei Tagen süßen Schauders und verstohlener Beschau. Dann paddelten sie auf dem Weißen See. Das Boot

Bettina, Buckow, Schermützelsee, 24. Juli 1971

schabte an Schilf und schurrte glucksend über Wasserrosenblätter. Sie kamen heim bei Sonnenuntergang. Er hatte wild erzählt, aber ohne Aufschnitt; den mochte sie nicht. Sie zeigte ihm den Haubentaucher und ließ ihn siebenmal vergeblich raten, wo das submarine Huhn wohl wieder auftauchen mochte. Sie lachte viel und zwinkerte ihm zu.

Was sich neckt, das liebt sich, jubelte der innere Heinrich, zog das Boot aufs Land, sagte zu Bettina gute Nacht und stürmte, irgend jemand zu umarmen, die Stiege hoch zur Dachkammer des Lutherstifts, wo das Brüderchen schlief. Es rieb die Augen: Was is'n? – Liebe ist! jauchzte Heinrich, drückte den Kleinen, küßte ihn, deckte ihn wieder zu und wandelte nochmals schwärmerisch allein zum See. Morgen, morgen würde er sich offenbaren.

Sie wollte ihn nicht. Als *guten Freund* sehr gern, *für mehr* sei sie – zu jung. Sie saßen am Steg; es dämmerte wieder. Heinrich zog sämtliche Register juveniler Düsternis und sprach geläufig über Einsamkeit. Es gibt eine Hölle, redete er dumpf. Die Hölle – das sind *die anderen*. Bettina äußerte, zu jenen würde sie nun gern gehen, in den Gemeinschaftsraum, Canasta spielen. Bleib noch, sagte er und faßte – Wagnis! – ihre Hand. Sie entzog sich. Fünf Minuten, bat er. Warum magst du mich nicht?

Aber ich mag dich doch. Ich finde dich nett.

Warum willst du mich nicht?

Ja warum? dachte sie. Muß ich das sagen und ihn kränken? Soll er sich kennen, so dünn in diesem unmöglichen Hemd, mit der Hornbrille und den strähnigen Zotteln, auf die er so stolz ist? Vielleicht bin ich, was er ja für das Schlimmste hält: eine Spießerin. Ich liebe Ordnung, Sauberkeit und Maß. Ich mag nette, hübsche Jungs. Der hier ist maßlos ungestüm, vor allem aber ist er dünn, dünn, dünn.

Also sagte sie: Du weißt es doch. Ich bin zu jung.

Das ist es nicht.

(Schweigen.)

Also warum?

Laß es gut sein, Heinrich.

Warum? Warum? Warum? Warum?

Du bist zu dünn.

Heinrich war vernichtet. Er machte sich ein paar schöne Trauertage, wobei er Jochen Kleppers »Vater« las, dessen Motto, der Leitspruch Friedrich Wilhelms I., seiner Herzenslage würdig schien: *Könige müssen mehr leiden können als andere Menschen*.

Er las und las, siebenhundert Seiten Kleindruck. Fuhr mit dem Boot hinaus, suchte Winde, ließ sich treiben, las von des Preußenprinzen Flucht und Haft, von Kattes grausem Ende zu Küstrin, von Gundling und v. Creutz, von Fritzens Unzucht zu Dresden, von der seichten Seele der königlichen Mutter: *Sind Briefe aus England?* Über allem aber waltete der Vater und gebot dem Land, indem er den Trieben seines Volks entsagte. *Aber dazu war er zu jung, um zu ermessen, wie verän-*

dert von Jahr zu Jahr König Friedrich Wilhelm zum Herbste seinen Einzug auf Schloß Wusterhausen hielt. Er kam nicht mehr als der Blühende, Leidenschaftliche, der kühn und kraftvoll Neues plante, wirkte, ordnete und flüchtige Ruhe bei den Seinen suchte: Frau, Kinder und Jagdkumpanen. Er kam als einer, der das längst Begonnene und zu vielen Malen schon Zerstörte immer wieder von neuem aufnahm: Das Heer. Den Staat. Die Kassen. Die Felder. Die Fabriken. Die Provinzen. Die Erziehung des Einen. Die Ehe.

An einem der Klepperschen Abende begleitete Heinrich die Eltern in die Kurlichtspiele. Bergmans »Berührung«: Die Arztfrau Karin – verläßlicher Gatte, zwei treffliche Teenie-Töchter – begegnet David, einem Archäologen, der nahe ihrer Kleinstadt gräbt. Eine hölzerne Madonna fördert er zutage, Jahrhunderte verborgen und geschwängert von Termitenlarven ... Heinrich süchtelte neuerdings nach Symbolik. Er wohnte jetzt im doppelten Boden der Welt und schaute kundig zu, wie sie einbrach, die intakte Ehe. Ach, wie die Gatten milde miteinander scherzten; wie sie beim Frühstück die Dinge des bürgerlichen Tages planten und abends resümierten; wie sie herbstlich Äpfel lasen unterm bunten Baum. Und dann kommt Krieg, kommt David, bärtig und labil, und hat nichts zu bieten als den fremden Männerleib in einem alten Eisenbett in räudig kalter Kammer. Die Kammer wird Karin zur Welt. Erstmals, nach fünfzehn Jahren, betrügt sie ihren Mann, stöhnt, vögelt, liebt ja *wirklich*, dachte Heinrich schaudernd. Andreas, der Gatte, ahnt alles und hält stille, bis er irgendwann das Ultimatum stellt. Karin verläßt ihn, wie sie David verläßt, als der seinerseits die Dauer will. Da geht sie fort, schwanger, ihr egal, von wem, über die kleine Brücke im Park, geleitet nur von einem Hirtenlied auf Flöte und Klavier, dessen wehe Skandinavik Heinrich nie vergißt.

Was sollte er werden? Ein Gatte und Ernährer wie sein Vater? Oder David: *born to be wild*, zu keiner Heimat bestimmt als der Freiheit des Augenblicks? Heinrich wollte Freiheit als seßhaftes Glück. Er wußte nicht, daß da keiner zu entscheiden hat. Es wird entschieden.

Sie gingen noch auf ein Bier. Ich fand diesen David unerhört, zürnte Vater, selten aufgeregt. Diese Karin sowieso. Was fehlte der Person? Die hatte doch alles. Und Andreas hat sich bewundernswert verhalten. – Mutter schwieg und sagte dann: Man steckt nicht drin in den Menschen. Manches sieht von außen eben anders aus. Der Vater: Trotzdem darf man niemals seine Schuldigkeit vergessen! *Nachts stand der König lange vor der Schwelle, die ihn von der Gattin und einer Vergangenheit trennte, die ihm sehr weit schien. Der Regen rauschte nun doch so schwer und voll und ebenmäßig, als vermöchte er die verbrannte Erde noch einmal fruchtbar zu machen. Als dann der König vor die Gattin trat, den Leuchter über sie erhebend, gewährte ihm diese Nacht den letzten Irrtum seiner einstigen Liebe. Als hätte sie Monat um Monat auf diese Stunde gewartet, blickte Sophie Dorothea beseligt lächelnd zu ihm auf ... Es war zuviel gewesen zwischen Herbst und Herbst.*

Ein Neues wuchs in Heinrich auf: Größe. Freilich klappte sie zusammen, sowie sich Heinrich von den Vorlagen seines erhabenen Fühlens entfernte. Solch hohen Pump hatte er schon empfunden über der Lektüre von Heinrich Manns »Henri Quatre«, wobei er sich in den guten König Heinrich von Navarra schmolz und den Franzosen seine *pax Henrici* schenkte und sonntags ein Huhn in den Töpfen. Derlei Bürgerkönigtum demokratisch vervielfacht zu haben war ja die Staatsdoktrin der Bürokratischen Republik. Heinrich aber, elitär bedarft, nicht egalitär, wünschte der Welt Audienzen zu gewähren. Er ließ Bettina nochmals vor sich treten und sprach, von Würde gepreßt:

Man muß ja wirklich nicht dauernd händchenhaltend rumrennen. Wichtig ist zu wissen, daß wir zusammengehören. Das zu gestehen (und Heinrich lachte gütig) fehlt dir ein bißchen der Mut, stimmt's?

(Er fängt schon wieder damit an, dachte Bettina.)

Was allgemein für normal gilt beim miteinander Gehen und so, kann uns ja gar nicht kümmern. Das sind die Spießersitten von Gesinnungsbauern. Davon hab ich absolut nichts an mir; du weißt das. Ich denke über Grenzen hinweg. Weißt du, ich tu mich nicht damit dicke, aber ich bin leider wirklich der klügste Mensch, den ich kenne. Bloß all diese Klugheit ist tieftraurig in mir vergraben. Du könntest sie heben. Ich hätte keinerlei Geheimnis vor dir. Alles, *alles* würde ich dir sagen ...

(Bloß nicht! dachte Bettina.)

Bettina sagte: Ich habe zu Hause in Gera eine gute Freundin, Sabine, mit der kann ich über vieles reden. Die anderen Sachen bespreche ich mit meiner Mutter oder mit meinem großen Bruder. Wir beide können Brieffreunde sein, das habe ich dir aber schon mehrmals gesagt. Wenn du mich wirklich gern hast, dann halte dich ein bißchen zurück. Die anderen Gäste gucken mich schon dauernd an, als ob ich schuld bin an deiner Leidensmiene. Das ist peinlich. Nimm's einfach ein bißchen locker.

Locker! heulte Heinrich auf; es würgte im Hals. Versprich mir wenigstens, daß du nächsten Sommer keinen andern hast!

Das kann ich nicht versprechen, sagte Bettina freundlich.

Ich könnte das! rief Heinrich. Ich wäre treu!

Ja, viel zu sehr, sagte Bettina, sprang von der Schaukel und ging ins Haus. Zurück blieb der zerschmetterte Monarch. *Besudelt lag das jüngst erlesne Throngefühl im Dreck. Die Ärzte standen über das Haupt des toten Königs gebeugt ... Bis zu der Sektion, so hatte der Vater befohlen, sollte man ihn waschen, mit einem weißen Hemde bekleiden und auf einem hölzernen Tische aufbahren ... Die Ärzte mußten lernen an ihm, der so unermeßlich litt und viele Tode starb.*

Es war entschieden. Er sollte doch kein Vater sein. Das Schicksal hatte Heinrich zum Rock 'n' Roller berufen. Er war David, nicht Andreas, und mußte tragisch leben, stolz und frei. In dieser hohen Mission reiste er nach Berlin. Die Hauptstadt der Bürokratischen Republik wurde gerade heimgesucht von jener weltoffenen Atmosphäre, die der Vorsteher des Landes schon seit längerem plante. Berlin, die Räuberin unter den Städten, tanzte, wimmelte und sang, denn Hunderttausende von internationalen Gästen, der progressive Nachwuchs sämtlicher verfügbaren Nationen, begingen die *X. Weltfestspiele der Jugend und Studenten*.

Italienische Jungsozialisten beim Genuß der weltoffenen Atmosphäre im Herzen unserer Republik. Weltfestspiele, Berlin-Alexanderplatz, 28. Juli bis 5. August 1973

Selbst in diesem Tollhaus fiel Heinrich auf. Er hatte sich in seine Kutte geworfen, den Parka mit dem großen polnischen Black-Sabbath-Aufnäher. Lässig Gummi kauend hinterm Existentialistenblick, behaart mit der coolsten Matte der Stadt, so lungerte er am Fuße des *Telespargels*, im Volksmund auch Fernsehturm genannt. Bald war er weiblich umringt, grunzte Anglizismen und schrieb Autogramme. *Where you want my writing?* fragte er entzückte Blauhemd-Maiden in einem Amerikanisch, das seiner Harzer Abkunft durchaus inne war. Hier, hier, *on arm!* quietschten und drängelten die Dirnen, und Heinrich signierte mit Schwung: DANNY JOE BROWN, MANHATTAN!!! Auch Russinnen sowie Kämpferinnen von MPLA, FSLN, GST und dergleichen mehr spendete er unvergeßliche Impressionen vom Anderen Amerika.

Sodann betrat er das Kaufhaus »Centrum« am Alexanderplatz und daselbst die Damenkonfektion. Dort entblößte er sich weidlich und bestieg eine glitzernde Abendrobe, bis er den schrillen Ruf *Gitti kucke mal, das giiiiibt's doch nicht!* vernahm und sich zum Verlassen der Abteilung aufgefordert fand. Er eilte ins Männerklo und schnürte sich den rechten Unterschenkel aufs Gesäß. Derart versehrt, hüpfte er zur Herren-Schuhabteilung und verlangte *einen* Rinds-Boxcalf-Slipper der Größe zweiundvierzigeinhalb – den linken bitte! Die Verkäuferin stammelte, man gebe nur komplette Paare ab. Darauf schalt Heinrich die Bürokratische Republik einen Betrug am behinderten Menschen. Verhaftung unterblieb, wegen weltoffener Atmosphäre.

Das waren die ersten Taten des treuen Heinrich in der großen Welt. Er hatte bestanden. *First we take Manhattan/ than we take Berlin.* Abends reiste er zurück. Kurz vor dem Lutherstift betrat er eine Kneipe, um die triumphale Heimkehr spirituell zu dehnen. Am Ecktisch saßen drei Kerle, die rochen nach Stall und redeten grob. Heinrich klopfte auf den Tisch und wurde eingeladen. Sie sahen auf seiner Kutte das Black-Sabbath-Emblem. »Paranoid«, sagte der eine, »Iron Man«, feine Dröhnung, aber Purple ist besser. Jethro Tull ist besser, sagte der zweite. Der dritte kippte Pfeffi, krampfte Grimassen und markierte wüste Soli. Geht klar, Ete, sagte der erste, du bist Hendrix. Sie soffen die Nacht herbei. Dann stolperten sie durch Felder und Wälder – Stunden, wie es Heinrich schien, bis hinter Bäumen gelbe Lichter blakten. Das war Bollersdorf, wo Ete eine Kate behauste. Hau dir hin, hörte Heinrich. Ick bin Ete, biste petete? Hier is beim Bauern. Heinrich krachte in eine speckige Couch und war weg. Gegen drei weckte ihn ein brüllendes Gebell. STILLSTANN! schrie Ete. AUGEN AUS! und hob langsam den rechten Arm zum Hitlergruß. WOODSTOCK HÖRT DIE HYMNE! Er schaltete am Tonband: Frijid Pink, »House Of The Rising Sun«.

Früh wanderte Heinrich durch den Sommermorgen zurück zum Lutherstift. Er grüßte die goldenen Felder und im Tal den blinkenden See, und daß man ihn gewiß vermißte, freute ihn von Herzen. Als er jedoch die Tür zum Frühstückssaal aufstieß – kühl, elastisch, Matt Dillon im Saloon –, da ruckte nur die Mutter: Wo bist du gewesen? Ein fröhliches Gebrummel rollte im Raum. Bruder P. erzählte: Walter geht's schlecht. Das Politbüro besucht ihn im Krankenhaus. Honecker tritt ans Bett: Walter, wie fühlst du dich? Walter röchelt unter seinen Schläuchen, bis Honecker kapiert, daß Ulbricht was notieren will. Er ruft nach Schreibzeug, Ulbricht pinselt unter Krämpfen, schwillt violett und sackt weg: Exitus. Honecker liest den Zettel vor: Erich, geh von meinem Luftschlauch runter!

Auf dem Postpult links der Tür stand der Brotkorb, daneben die Emaillekanne mit dem Muckefuck. An der Kanne lehnte eine Zeitung. Um die erste Seite war ein dicker schwarzer Rand gezogen, der rahmte den Alten Lächler, das Briefmarkengesicht. Daneben der Konvolut genormter Trauer: Die Nachricht. Das ärztliche Bulletin. Die Kondolenz der KPdSU.

Eine klamme, schielende Freude strich an diesem Tag durchs Lutherstift, vom Bootssteg bis zum Garten, wo das protestantische Urlaubsvolk der alten Schwester Annemarie bei den Johannisbeeren half. Na Bruder P., was sagen Sie denn zu Ulbricht?

Biblische Planerfüllung, Bruder F.: Unser Leben währet siebzig Jahre, und wenn's hochkommt, so sind's achtzig.

Na, mir ist es schon lange hochgekommen.

Hoho, Bruder F., so hat der Psalmist das aber nicht gemeint.

Heinrich liebte das Fiebrige der gewaltigen Nachricht, und daß *jene* sterblich wären, wünschte er längst erprobt. Doch er verbot sich das und war geekelt von der Häme.

Vati, freust du dich, daß Ulbricht tot ist?

Man kann sich über eines Menschen Tod nicht freuen.

Bist du traurig?

Trauer läßt sich nicht verordnen. Aber man kann schweigen.

Der Sommer nahm ab. Die Gäste reisten heim. Heinrich mußte in die Lehre, dreihundert Kilometer nach Süden. Am letzten Abend daheim schrieb er Bettina einen Brief, der keine Antwort finden konnte. Siebzehn Seiten schrieb Heinrich bei der Kerze. Schrieb schamlos, wie er sich selber nicht kannte. Das Tonband hämmerte »In A Gadda Da Vida«. An der Zimmerdecke kreisten, riesig vergrößert, die Spulen. Durch ein Nachtgewitter lief Heinrich zum Bahnhof und warf den Brief ein. Da pfiffen die Lokomotiven.

6

Vierundzwanzig solcher Kinder nahmen an diesem Abend Abschied von ihrer Kammer – in Rostock und in Heringsdorf auf Usedom, in Güstrow und Grevesmühlen, in dem Dörflein Rova in Mecklenburg, in Halle, Sangerhausen, Zeitz, in Bad Langensalza und Dahme in der Mark, um südlich fern der Heimat Kinotechniker zu werden. War zum Lebewohl ein Liebstes zu umarmen, so hatten beide ein banges Gefühl. Sechzehn sein und für zwei Jahre auseinander, das klang nicht treu, mochte man auch schwören und sich verloben, wie's damals unter Kindern üblich war, wenn von zweien eins nach Sachsen mußte.

Hat einer Heinrich schon entdeckt in der scheuen neuen Meute, wie sie da um Vierertische hockt im Speisesaal der *Zentralen Berufsschule des Lichtspielwesens* und Mischbrot-Scheiben mit geriffelten Butter-Quadraten, Schmelzkäse und kaltem Braten bepflastert? Fürwahr, da sitzt er ja, prinzlich gekleidet in die blauen Cord-Schlaghosen und das weiße Hemd, worüber er sein bestes Stück gezogen hat: die knallrote Weste aus Igelit mit Aluminium-Knöpfen, für nur 17 Mark erstanden im Ausverkauf der *Jugendmode*. Heinrich forschte im Kreise: Wo saßen die Mädchen? Wer war Konkurrenz? Der hier am Tisch wohl nicht mit seinen Schlabberjeans und dem Helanca-Rollkragenpulli. Ekliges Violett! Wie heißt denn du? fragte Heinrich den Mißgewandeten.

Gotthold.

Das ist aber ein schöner Name.

Gotthold mißtraute knurrend: Is doch kei scheener Name!

Heinrich landete in einem Sechserzimmer mit den Herren Weiße, Gäbler, Fredrich, Jarmuskewicz und Schlaube. Alle markierten sie am ersten Abend Müdigkeit. Nur Weiße zeigte Forsche: Also Männer, ich denke, wir werden die Sache hier schon schaukeln. Ärmel hoch und los! Gute Nacht, Männer.

Am nächsten Morgen begann die Arbeit an den Apparaten. Heinrich hatte einen schlechten Start. Nicht nur, daß er dem Internatsleiter Riediger, einem anämischen Schleicher, die Heimordnung als *Menschenwerk und darum relativ* erklärte, was diesen wenig freute – es überfiel Heinrich auch vom ersten Tage an eine lähmende Müdigkeit gegenüber *der Praxis*. Daß die Welt nicht wäre, sondern werde, war seiner betrachtenden Seele kein fröhlicher Gedanke. Ich setze hier die Feile an das Stück Metall, so dachte er. Ich löte diese beiden Stücke Blech zusammen. Ich klebe den gerissenen Film; nun gut, das muß wohl sein. Auch diese Kisten will ich für die Gruppe in den Schaltraum tragen, auf daß mich keiner keinen Kameraden schilt. Aber Bettina ... aber die Königsbücher ... aber die Musik ... wie ist das hier banal! Man muß doch *eigentlich* leben, statt die Mittel Zweck zu nennen, wie's die hier tun mit ihrem technischen Horizont. Wie fühlt der elektrische Strom, was denkt sich das Relais, wer kapiert denn diesen Atlas von Schaltplan, dessen achtundachtzig Karten keinen Kosmos zeichnen, nur einen einzigen Verstärker.

Sie kapierten alle prompt, außer Heinrich und den Mädchen. *Die Männer sind mir fremd*, hatte Heinrich günstigerweise jüngst bei Rilke gelesen, *ich sehe sie dauernd unverständliche Aktionen machen. Die Frauen rühren mich.* Kamerad Fredrich brüstete sich, abzüglich elektrotechnischer Literatur habe er noch nie ein Buch gelesen; allerdings besaß

Tausendmal gesehen: der Lehrfilm »Cleo, Liebe und Antike«, links Cäsar, rechts Marcus Antonius (Filmschnipsel)

das Pionier-Magazin »Fröhlich sein und singen« in ihm einen seiner älteren Abonnenten. Kamerad Schlaube lötete die halbe Nacht. Toxische Nebel umhüllten die Schläfer, derweil Schlaube ein gewaltiges Tonbandgerät vom Typ »Smaragd« nacheinander in einen Kinoverstärker, ein Radio, ein Film-Umspulgerät verwandelte und, nach Totaloperation, in einen Kasten für sein Schuhputzzeug. Zuvor war der Umbau zum Diaprojektor gescheitert, was Schlaube deprimierte. Es gab unter den Filmvorführern der prüden Republik die Leidenschaft, sogenannte scharfe Szenen um ein Bildchen zu kürzen, welches dann, zum Dia gerahmt, seinen heimlichen Betrachter mit fleischlichen Gedanken beschenkte.

Sie wohnten jetzt eine gute Woche miteinander und hatten im Zimmer die Rollen verteilt. Heinrich galt als Spinner; das war lieb gemeint. Männer, sagte Weiße, nachdem an diesem Abend das Licht gelöscht war. Männer, wie findet ihr die Weiber?

Ick findse jarnich, sagte Jarmuskewicz. Sind ja man bloß sechse. Eins zu vier.

Ilka find ich scharf, bekannte Gäbler aus Leipzig. Das is 'ne Süße. Ob die zu Hause 'n Freund hat?

Garantiert, sagte Weiße, Solche Weiber brauchen was zwischen die Beine. Na, ich ja auch. Gäbler, deine Chance ist, daß die's bestimmt keine sechs Wochen bis zur Heimfahrt aushält. Männer, ehrlich: Wer von euch hat schon? Fredrich?

Ich seh nicht ein, was dich das angeht, schnaufte Fredrich. Er hatte Polypen.

Wir sagen's alle, versprach Weiße. Keiner fing an. Dann Schlaube, vom Fenster her: Könnt ihr schweigen?

Is doch selbstredend.

Also, ich hatte noch nie 'ne Freundin. Muß auch nicht sein. Ich onaniere jeden Tag dreimal. Dann hab ich Ruhe, immer so vier bis fünf Stunden. Ich will nur meine Ruhe. Man macht sich sowieso viel zu sehr verrückt.

Du machst uns verrückt nachts mit deinem Gebastel, schnuffte Fredrich.

Sonst hab ich keine Ruhe, sagte Schlaube. Bevor ich nicht fertig bin, kann ich nicht schlafen.

Dann wichs doch lieber noch mal!

Das kränkte Schlaube; fortan schwieg er. Fredrich erklärte ländlich resolut, er habe noch nicht gebumst und sei auch noch nie verliebt gewesen, außer in Antonella Lualdi in »Der letzte große Sieg der Daker«. Da sei beim Landfilm *allen einer abgegangen*. Nun beichtete Heinrich, er habe, und gerade erst!, heftig gefühlt, aber das sei eine ganz tragische Geschichte, so groß und schlimm, daß sie *nicht in den Plapperwörtern einer gängigen Unterhaltung wohnen* könne.

Uns interessiert hier nur die Nagelei, sagte Weiße.

Es war mehr als Sex, raunte Heinrich. Es war Liebe.

Jarmuskewicz furzte und sagte: Pardon. Gäbler war letzten Sommer in einem Kinderferienlager Schwimmhelfer gewesen und hatte einer Pädagogin beigelegen. Bis ich die Möse gefunden habe, klagte er, bin ich bald wahnsinnig geworden.

Hättst dir manches ersparen können, lehrte Weiße. Man kann Frauen durchaus bitten, daß sie sich den Schwanz selber reindrehen. Erzähl ich gleich. Jarmuskewicz?

Jarmuskewicz brubbelte, er sei ja aus Berlin, *und da bumst es schon mal hier und da*. Er stehe aber *uff Jefühl*, welches leider selten sei.

Jetzt also Weiße: Ich geh mit meiner Kleenen seit'n halben Jahr. Ich geb's ja zu: Die ersten drei Wochen nur Petting. Sie war achtzehn, noch Jungfer. Dann hatt ich sie so scharf gemacht, daß sie naß rumrannte, wenn sie bloß an mich dachte. Sie bettelte. Sie wollte es. Ich gab es ihr. Sie hat mir den Rücken zerkrallt bis ins Fleisch.

Andächtiges Schweigen. Dann sagte Schlaube: Das wär mir nichts.

Es geschah der Putsch in Chile. Herr Dömmel trat vor die Klasse, der Ausbildungsleiter. Das Unfaßbare sei geschehen. Der Klassengegner versuche, das Rad der Geschichte zurückzudrehen. Es werde ihm nicht gelingen. Ich verrate euch, sprach Dömmel, aber ihr müßt schweigen, daß schon im nächsten Frühjahr die Rote Armee in Chile landen wird. Gleich geht das leider nicht. So ein siegreiches Unternehmen will ja vorbereitet sein. Ich schlage als Sofortmaßnahme vor, wir schicken eine Protestresolution an die Militärclique in Santiago, diese Mörder-Marionetten der CIA. Wer verfaßt den Text? Bangemann, Heinrich, Weiße? Danke. Morgen haben wir bitte den Text, dann unterschreiben alle.

Erst fünf Wochen war es her, da hatte Heinrich bei den Weltfestspielen der chilenischen Gruppe Inti Illimani gelauscht. Die weichen Trommeln, die andischen Flöten betörten sein sehnendes Herz, und daß der Volkspräsident Allende *gut* sei, wollte er immer glauben. Von jeher schätzte er die exotischen Beigesellen der Bürokratischen Republik. Mikis Theodorakis eingekerkert? Heinrich bedrängte die Athener

Junta mit selbstgetuschten Protest-Nelken. Angela Davis vom Gastod bedroht? Heinrich protestierte vermittels einer Postkarte, die dem Pionier-Organ »Die Trommel« beigegeben war. Was Allende betraf, so hatte er den Sozialismus demokratisch an die Macht gebracht. Selbstverständlich schätzte Heinrich keinerlei blutige Revolution. Philosophisch pflegte er derzeit einen Determinismus des milden Blicks: mit seelisch-ästhetischen Ausbuchtungen, wo etliche Erwählte in der Nähe Gottes nisten könnten, bis der kausale Sturm vorüber war. Ob Gott die Welten lenke, mochten Fahrschüler fragen. Heinrich steuerte nirgendwohin. Er behauste die Wälder der Ahnung.

Nischenmentalität hieß derlei später vulgär: der Mensch als Brutvogel observiert. Dömmel nannte es *subjektiven Idealismus*, als Heinrich vor versammelter Klasse mal schildern sollte, was er denn so denke. Der subjektive Idealist, wußte Dömmel, rennt mit seiner Birne gegen die Wand und sagt nicht: Aua!, sondern: Da ist gar keine Wand, alles spielt sich nur bei mir im Koppe ab. – Da ward die Klasse erfüllt vom überlegenen Gelächter der wissenschaftlichen Weltanschauung. Heinrich aber fragte: Wissen Sie, was geschieht, wenn ich das Fenster öffne? – Es wird kalt, sagte Dömmel, also lassen Sie das. Heinrich hob mahnend den Finger und sprach: Nein, es kommt ein Pferd vorbei. Dömmel eilte zum Fenster und riß es auf: Wo ist das Pferd? – Ich sagte nicht, es komme hier vorbei, verwies ihn Heinrich; die Klasse griente. Aber irgendwo auf der Welt geschieht es gewiß. Oder wollen Sie *ernstlich* behaupten, es gäbe in irgendeiner Sekunde auf diesem Planeten ausschließlich reglose Pferde, die nirgends vorbeikommen? Das Wichtigste ist der Standpunkt des Betrachters – wenn Sie so wollen: Parteilichkeit, gemäß der Lehre von Marx, Engels und Lenin.

Dömmel verrammelte das Fenster. Wäre das Pferd hier und jetzt aufgetaucht, sagte Heinrich, so hätte ich es Eberhard genannt. – Setzensesich! brüllte Eberhard Dömmel. Wir sprechen uns! Solchen wie Sie gehört die Zukunft nicht!

All dies war noch gar nicht vorgefallen, als Heinrich, Weiße und der kleine Bangemann anderntags zwei Resolutionen vorlegten. Weiße und der kleine Bangemann hatten sich vom »Neuen Deutschland« inspirieren lassen, Heinrich von seinem Originalitätsbedürfnis. *Die Unidad Popular*, hatte er geschrieben, *bewies jedermann, daß die Welt Gewaltlosigkeit und guten Willen braucht, nicht Blutvergießen, Revolution und Konterrevolution. Salvador heißt: Erlöser. Salvador Allende zeigte, daß die Arbeiterklasse auch friedlich, also durch Wahlen, an die Regierung kommen kann. Der Putsch in Chile erschüttert uns so sehr wie unsere Eltern vor wenigen Jahren ein anderes Ereignis in der ČSSR.*

Das ging nicht gut aus. Hier spreche der Klassenfeind im Schafspelz, eiferte Dömmel und erteilte der Klasse für den Rest der Stunde Rauchgebot, wegen Gefechtssituation. Vielleicht sei Heinrich selber nicht bewußt, wie stracks er schon auf falscher Fährte wandle – gewiß auch eine Folge gegnerischer Rockmusik. Heinrich erbleichte, als fast alle Kameraden diese filigrane Analyse benickten; oder sie schwiegen: schwiegen im Kleinen das Große Republikanische Schweigen, wie es Heinrich immer wieder hören sollte, von so vielen Landsgenossen und noch sechzehn Jahre lang, bis hin zum Großen Vaterländischen Gebrüll. Jetzt stammelte Heinrich was von Inti Illimani und den Weltfestspielen, worauf der kleine Bangemann bedeutsam in die Klasse sprach, auch er sei letzten Sommer in Berlin gewesen – gewiß intensiver als Heinrich, und er könne das beweisen. Man quakte. Der kleine Bangemann präsentierte den Beweis bei jedem Umtrunk im »Gartenheim«: einen Tripperschein.

An diesem Septembertag des Jahres 1973 erfuhr König Heinrich, daß die Weisheit seiner *pax Henrici* hier nicht mehrheitsfähig wäre, dankte mangels Volk einstweilen ab und verkroch sich ins Philosophenhäuschen. Dort residierte er in selbstgerechter Bitternis, empfing aber Jünger. Gotthold beispielsweise, der das Orgelspiel beherrschte und dem neuapostolischen Glauben anhing statt der FDJ. Wie denkst du über Krieg und Revolution? forschte Heinrich. – Gotthold wußte: Sie sind Sünde. – Warum hast du bei Dömmel geschwiegen? –

In der Rauchpause rauchten auch Heinrichs Zimmergenossen Fredrich und Weiße (1. und 2. von rechts), Langenau, 11. September 1972

Man muß nicht dauernd den Kopf raushalten. – Und wenn jeder so dächte? – Der HErr wird's wohl richten, sagte Gotthold leise. Sei beruhigt, Heinrich. Reg dich nicht immer so auf. Gott schreibt auch auf krummen Linien gerade. – Und wie rettest du die Welt? Gemütlich vom Klo aus? – Gotthold: ER rettet, ER regiert.

Monotheistisch geprägte Kulturen neigen zum Singular, denn sie begreifen als Erstes Gebot die Erkenntnis des Höchsten. Unser Begriff vom Krieg ist absolut; darum setzen wir dagegen absoluten Frieden. Wie Liebe Staatsräson sein könnte, hatte sich Heinrich schon während seiner romantischen Regentschaften als Henri Quatre und als Soldatenkönig gefragt. Damals verfügte er die Absetzung der Todesstrafe, da er lieber noch als mächtig wünschte, ohne Schuld zu sein. Wie viele ihm ähnelten in der Verachtung jeglicher

Gewalt, erfuhr Heinrich erst während der Herbstrevolution von 1989. Hier aber stand Dömmel, mit Arg und viel List: Ist Gott allmächtig? – Was ER so nennt, nicht ich. – Kann Ihr Gott einen Stein erschaffen, so groß und schwer, daß er ihn selber nicht hochkriegt? – Satan sprach zu Jesus in der Wüste: Mach aus Steinen Brot. – Großartig. Hat er's getan? – Er vermehrte zwei Brote und fünf Fische und speiste fünftausend. – Und die Hungertoten in Afrika? – Die brauchen nicht ein- oder zweimal was zu futtern, sprach Heinrich und reckte das Kinn, die brauchen Gerechtigkeit: Sozialismus! – Kichernde Klasse; Dömmel war baff. Wo ist Gott in Stalingrad gewesen, fragte er, seltsamerweise. Heinrich sagte: Am Kreuz. – Wollen Sie behaupten, er war auf der Seite von Hitlers Wehrmacht? – Nein. – Wo ist er jetzt? – In mir und in Ihnen. – Letzteres war Dömmel gar nicht recht. Er mußte ein Ende machen: Könnten Sie uns Ihr Glaubensbekenntnis erklären, aber bitte ohne Bimbamborium, auf eine für wissenschaftliche Menschen zumutbare Art! Heinrich sagte: Energie kann nicht verlorengehen.

Sie fuhren alle heim. Sechs Wochen waren um – eine kleine Weile in bewegter Zeit, eine Ewigkeit für diese Kinder, denen soviel durcheinanderpolterte, während Heinrich nach altem Dünkel dachte, er erlebe alles ganz allein. Alle standen sie neben ihren dicken Taschen am Internat. Heinrich zerrte Vaters alten Vulkanfiberkoffer. Rechts ragte die Halde. Gegenüber lagerte das herbstlich kahle Feld, am Horizont bemessen von der alten Bahn. Hinter ihnen dunkelte der Wald. Nicht einmal das nahe Dörfchen war in Sicht, so einsam lebten sie.

Jetzt hielt der Bus. Sie fuhren bis Freiberg; da waren drei von ihnen fast zu Haus. Der Pulk reiste weiter nach Dresden und teilte sich dort nach Leipzig und Berlin. In Leipzig war's fast Nacht. Wenige mußten noch nach Halle. Und nur zwei, Heinrich und der kleine Bangemann, harrten dort in der Mitropa ihrer Züge Richtung Harz. Fettflockige Gulaschsuppe löffelten sie, mit weißen Plaste-Eierlöffeln, und tranken Bier um Bier. Sehr klein war der kleine Bangemann, und wünschte als Ersatz ein großes Maul zu haben, und war so tragisch wild verliebt in Elke, das verlobte Mädchen aus Berlin, daß er sprach, wie zu sprechen Heinrich nie gelang, denn der hielt noch Rilke für die höchste Form der Brunst. Ich liebe sie, sagte der kleine Bangemann. Ich träume nur von ihr. Du hörst mich öfter Scheiße reden, bei Dömmel oder so; das bin ich nicht. Ich bin in Wahrheit ganz woanders. Ich streichle sie. Ich reiß ihr die Klamotten runter. Ich pell sie aus den Jeans, zerfetze ihren Slip und steche sie ab. Sie wimmert und wirft den Kopf hin und her. Ich laufe völlig aus. Jetzt streichle ich sie wieder. Ganz naß ist sie. Ihre schwarzen Locken kleben an der Stirn. Sie lächelt ins Leere, wo ich auch bin – hier und dort und überall. Dann schmiegt sie sich an mich, und wir schlafen ein, und schlafen und schlafen. Das träume ich, schniefte der kleine Bangemann und tupfte sich mit den Handballen die Augen. Jetzt ist sie schon lange in Berlin, und ihr Kerl hält seinen stinkenden Schwanz in sie rein.

Heinrich suchte im Tausch ein wenig Bettina beizusteuern. Es klang verblasen und arm. Haste 'n Bild? fragte Bangemann. Sieht'n bißchen schmal aus untenrum, aber ganz wacker. Heinrich, du fährst nach Gera! Renn ihr die Bude ein! Mach was Irres! Du darfst bloß nicht artig wirken oder immer mit deiner intellenten Macke rummachen. Das finden Frauen lahm. Frauen wollen EINS! – Zwischen gekrümmten Fingern erschien, geschwärzt von Ausziehtusche, Bangemanns Daumen. Du mußt WOLLEN, sprach der Däumling. Dein Wille geschehe!

Ist es für dich ein Problem, daß du, also, öhm, nicht allzu groß bist?

Meinst'n, warum ich saufe, sagte Bangemann. Aber Elke ist demnächst fällig. *Under my thumb*, Alter.

Ich glaube, der Bettina bin ich zu dünn.

Ja, druffpacken mußte. Sonst wissen die Weiber ja nicht, wo se sich festhalten sollen. Bier, Alter, Bier, Bier, Bier! Bringt mehr Masse wie jeder Sport.

Dann fuhr auch Bangemann. Heinrichs Zug ging erst um halb drei. Mit nächtigen Augen schweifte Heinrich durch den trüben Saal, über die blätternden Wände, die Fresken von Fett und Fliegendreck, die welken Speisen in den Vitrinen. Eisig zog es von der Tür. Der Filzvorhang klaffte schief. Unendlich gemach ruckte der Zeiger. Ein krüppliger Schieler kam geschlurft und wischte Heinrichs Tisch mit einer seifigen Jauche. Voller Strandgut hockte der Raum – schiefe, hängende Gestalten in speckigen Anoraks, grindige Schädel, wunde Lider, greuliche Gebisse, die schlabberten Bier und sabberten Leid: offne Beene, Saukälte und Husten, Wally ooch jestorben, mit'n Russen bumsen is 'ne Sauerei. Wieso, is doch ihre Sache, wen se rinläßt. Meiner, du bist ooch bloß 'n Stücke Fleisch. Haste Ahnung von Buna? Und klappt es nich uff dieser Welt, dann sehn wir uns in Bitterfeld.

Kurz vor vier erreichte Heinrich die Heimat. Die Häuser standen schwarz und stumm. Noch immer flackerte am Schulhof die Laterne wie eine alte gelbe Ampel: an – aus, an – aus. Niesel überrieselte das arme Licht und lackierte den Asphalt. Heinrichs Schritte hallten matt. Er fand den Haustürschlüssel im Stamm der Kastanie und den zur Wohnung unter Vaters grauem Kittel im Flur. Er zog sich aus und kroch in sein kaltes Bett. Fast wollte er weinen, da schlief er ein.

Das wurde eine andere Bahnfahrt vier Tage darauf. Als Heinrich wieder packen mußte, tat er das mit Eifer, und als er in den Zug stieg, war er froh. Vater brachte ihn zum Bahnhof, wie er das noch zwanzig Jahre machen würde. Selbst als er nur noch halb bei seinen Kräften war, blieb ihm dies Bedürfnis: seine Kinder an die Züge zu geleiten, die sie so fern nicht tragen konnten in dem kleinen Land, aber immer hintern Horizont. Also dann mach's man gut Junge, sagte er, Kuß, und lächelte scheu unter der Baskenmütze. Winkte lange hinterdrein. Wich nicht, solange man ihn sah. Denn er war treu. Andere gingen; er blieb. Verlust war nicht zu hindern; da wollte er, daß keiner *ihn* verlor.

Doch, Heinrich bestaunte den eigenen Drang zum Aufbruch. Ging es ihm in Sachsen denn so wohl? Nein, aber *Heimat* wollte sich dehnen. Ein souveränes Schwadronieren hatte Heinrich daheim bei den Mahlzeiten angeschlagen und fortgeführt in etlichen Briefen an Urlaubsfreunde aus dem Lutherstift. Bettina? Hatte geschrieben. Heinrich riß auf. *Du kannst ja ganz schön offen sein,* las er. *Ich war aber nicht geschockt oder so, nur erstaunt. Ich habe schon öfters Briefe geschrieben und dann nicht abgeschickt. Es ist gut, daß Du's getan hast.* Der Rest ging ihn weniger an. Sie hatte eine West-LP von Emerson, Lake & Palmer bekommen, »Pictures At An Exhibition« nach Mussorgsky. Sie hatte ihre erste Party organisiert. Sie war bei einem Omega-Konzert gewesen. Die 10. Klasse hatte angefangen. Der Brief wies keinen Rechtschreibfehler auf, was Heinrich wohlgefiel. Seine Antwort verschob er auf einen Zeitpunkt literarisch-existentiellen Hochgefühls.

Wieder durchwachte er die Nacht vor der Reise in seiner Kammer. Wieder hämmerte »In A Gadda Da Vida«, siebzehn ewige Minuten lang, aber diesmal verhallte alles wüst und leer. Hohl schrillte die maurische Orgel; das Schlagzeugsolo war ein lästiges Geratter; selbst die kreischende Reprise, die ihn immer süß geängstigt hatte wie ein wohlvertrauter Alp, überhörte er zerstreut. Er mußte sicher trinken. Drei große Flaschen »Mammut-Bräu«, das war für ihn noch viel. Er trank, durchspulte Bänder und lauschte seiner Liturgie: »Telling Your Fortune« von Chicken Shack, »Oh Well« von Fleetwood Mac, Emersons »Tarkus«, »Military Madness« von Graham Nash ... Danach war er so voll erborgten Gefühls, daß er Bettina schreiben wollte. Es ging nicht. Er kritzelte Zeug. *Sie* fühlte er nicht.

In Halle stieg der kleine Bangemann hinzu. Man sprach praktisch. Die Nacht in der Mitropa wurde nicht erwähnt. In Leipzig und in Dresden schwoll der Pulk, schnatternd überdreht wie Heinrich, und als sie dann ins Internat einrückten, mit viel Kraft für viel Radau, da hätte eine Fete steigen müssen. Es erschien aber Heimleiter Riediger und mahnte zur Nachtruhe. Der morgige Tag, sprach er in seiner beherrschten Art, verlangt von allen Beteiligten vollste Konzentration. Sie sind doch reife junge Menschen!

Licht aus. Wie war's, Männer? rief Weiße. Heinrich sah sich

außerstande, das feine Weben seiner Seele derart bündig zu raffen. Indessen Weiße wollte selber reden: Mit meiner Kleenen ist Schluß. Scheiße. Hab geflennt, geb's zu. Aber nicht vor ihr. Jetzt hatse 'n Ringer. Hat gleich angefangen, wie ich weg war, die Nutte. Ich brettere mit dem Moped die Straße runter, da seh ich die beiden. Ich bremse haarscharf, schieb die Sonnenbrille hoch und sage: Hallo Süße. Sie war total erschrocken, und der Macker glotzte blöd. Ich sage noch: Vergiß die hübschen Sachen nicht, die ich dir beigebracht habe. Weißt du übrigens, wie sie unser schönes Städtchen anderswo nennen? Nutten-Z. – Dann zieh ich die Sonnenbrille runter und mach 'n Kavaliersstart.

Fredrich schnaufte: Lässig, eh!

Gäbler: Wenn die Weiber zu läufig sind, kann keine vertrauensvolle Partnerschaft entstehen.

Jarmuskewicz erklärte, es gebe warme Kühe und kalte Ziegen; zum Bumsen seien aber kalte Kühe klasse, zum Heiraten warme Ziegen.

Heinrich fand, Weiße hätte mit dem Mädchen reden müssen. Bestimmt sei alles viel komplizierter.

Schlaube sagte: Absolut idiotisch, Ende Oktober mit Sonnenbrille Moped fahren.

7

Sie hieß Gerda. Heinrich hatte sie einfach übersehen. Sein endlich genesenes Interesse am Weibe war zunächst der Berlinerin Marina zugefallen. Marina, schon achtzehn und ein Kumpeltyp, trug Igel, Turnschuhe und Jeans, rauchte »Alte Juwel« und *konnte mit jedem* – sogar mit Dömmel, sogar mit dem zotigen Elektro-Ausbilder Stülpner, sogar mit Heinrich, in dessen Arbeitsgruppe sie täglich lötete und fräste. Warum bist du immer so müde? fragte sie ihn, und er verriet, daß er sich jede Nacht ins Klassenzimmer schleiche, um bei kleiner Lampe Shakespeare zu lesen. Ick find Agatha Christie jut und Harry Thürk, sagte Marina. Shakespeare kenn ick nich. Is garantiert langweilig, so wie »Faust«. Heinrich fühlte ähnlich, verspürte aber, wenn er den königlichen Wahnsinn las, ein Rauschen und Brausen, von welchem Vater einmal geschwärmt hatte, dies wäre *das Numinosum*; er sei ihm begegnet, als er 1935 mit der Hitlerjugend eine Wagner-Aufführung besuchte. Schweigend, numinos vergattert, seien sie damals ins nächtliche Zeltlager heimmarschiert. Schweigend marschierte Heinrich nebst Marina durch die Dämmerung, wild entschlossen, sich für neuerlich verliebt zu halten. Sie liefen die alte Chaussee entlang, über die Schwellen der Bahn, der Lochmühle zu, dem Wald. Ein Käuzchen schrie. Heinrich dachte: Jetzt kommt mein Pferd vorbei, denn es ist ein Beweis für die Ewigkeit Gottes, nicht für seine Existenz, daß zu allen Zeiten immerfort Gleiches geschieht, aber mit anderen Menschen. Marina wußte längst, daß neben ihr an einer Resolution des Herzens gebastelt wurde, und sagte im letzten Augenblick: Weeßte Heinrich, ick hab 'n Problem. Ick mag den Lothar.

Marina war ein Medium für Bettinas Verschwinden. Heinrich, statt zu leiden, mußte also Gerda finden. Sie hielt sich am Rande, ein Neubau-Mädchen aus Frankfurt an der Oder, nach den Klassengesetzen der Bürokratischen Republik ein *Arbeiterkind*. Heinrich zählte, wie von seinem alten Klassenlehrer Grenzebach bestimmt, *der sozialen Herkunft nach zur Intelligenz, allerdings nicht zur Bündnisintelligenz der Arbeiter und Bauern*. Dies Bündnis mit der Arbeiterklasse endlich zu schließen schien Heinrich angesichts von Gerda täglich dringender. Sein Herz entflammte leicht wie Nitro-Film, aber hatte es nicht Gründe? Wie schlicht sie war, wie *rein*! Wie selten sie lachte! Wie schön sie schwieg! Wie weltverloren sie die Unterlippe schürzte, als ginge sie fort, wo andere kommen. Wie ihr das Technische mißlang – dies vor allem war Heinrich eine Wärmung in der kalten Welt von Ohm und Faraday. Und gerne lauschte Gerda seiner Predigt, sonderlich während der Pausen in der Metallwerkstatt. Wenn das lüsterne Kreischen und Reißen der Maschinen verstummte, rührte Heinrich türkischen Kaffee und orakelte von Kunst. Heute abend kommt im Fernsehen »Erziehung vor Verdun«, mahnte er die Kameraden. Den müssen wir sehen! – Mußten sie nicht. Alle, bis auf Heinrich und Gerda, votierten für's andere Programm. Dort lief »Das Superhirn«, Gaunerkomödie mit Belmondo, und ward von jedermann für köstlich befunden. Gerda aber saß im hinteren Trakt des Internats bei Heinrich auf dem Küchenschalter, und Heinrich las ihr vor: *Da richtete ich mich auf, die feuchten Pflastersteine taten den Händen wohl, und ich stellte fest, rechts und links von mir, vor und hinter mir: lauter tote Leute. Blaue, erstickte, geschwärzte Gesichter, eine unheimliche Masse … Ich möchte nicht gehängt werden, ich möchte auch nicht erstickt werden, ich werde keinen Gashahn aufdrehen, und unsere Gasangriffe erregen mir Übelkeit, wenn ich daran denke. Nein, einen anständigen Granatsplitter im Kopf oder einen guten Herzschuß, das ist alles, was ich mir wünsche.*

Ist das zynisch? fragte Gerda.

Nein, sagte Heinrich, das ist der Krieg.

Der ungerechte, imperialistische Raubkrieg sicher. Aber wird hier nicht unzulässig verallgemeinert? Was ist mit Chile und den Befreiungskämpfen in den jungen Nationalstaaten?

Es gibt kein gerechtes Schlachten von Menschen.

Und wenn man überfallen wird? Was soll unsere Republik tun, wenn der Westen einmarschiert?

Gar nichts. Stillhalten. Kein Blutvergießen, das ist immer das Wichtigste. Die neue Macht kann mit den Menschen auch nichts anderes machen als die alte.

Und wenn die Nazis kommen würden?

Sie kommen aber nicht. Bloß die hier wollen, daß du so fragst und glaubst, die drüben wären Nazis. Ich glaube, daß rein menschlich zu allen Zeiten immerfort Gleiches geschieht, obzwar mit anderen Menschen. Das ist auch der Beweis für die Ewigkeit Gottes, wenngleich nicht für seine Existenz.

Gerda sagte: Das verstehe ich nicht. In der nächsten Viertelstunde tränkte Heinrich sie mit dem Sprudel seiner Gottesahnung. Gerda fragte: Warum hat Gott erlaubt, daß das Baugerüst meinen Vater erschlug?

»Im Westen nichts Neues« (Filmschnipsel),
Remarque-Verfilmung von Lewis Milestone (1930)

Da mußte Heinrich schweigen. Auch hatte er ja nicht ganz reinen Herzens vorgelesen, sondern zur Rührung des ihren. Er war doch noch ein Kind Surcoufs und dachte, wenn überhaupt im Kriege, so unter Gerdas Augen zu sterben und wie Volker von Alzey, der Rock 'n' Roller aus Rudolf Herzogs »Nibelungen«: *Ein brüllender Löwe, so lief Hildebrand Volker an, und so hageldicht fielen des Alten furchtbare Hiebe, daß Herr Volker von Alzey für immer das Singen vergaß. Lebt wohl, ihr Herren vom Rhein! rief er und sank mit zermalmten Gliedern in sein Blut*. Noch bevor er so veredelt nach Walhalla reiten konnte, klirrte die Glastür vorn am Gang. Klack, klack, auf spitzen Hufen tackte Elli Riediger herbei, des Heimleiters giftiges Weib. Aber runter vom Küchenschalter! kreischte es. Denken Sie, wir wollen essen, wo Sie mit Ihrem dreckigen

Hintern ... Nein? Sie denken nicht? Haben den Kopf nur zum Grinsen?

Gute Nacht, Heinrich, sagte Gerda. Keins von unseren Mädchen liest je solche Bücher. Heinrich ging auf sein Zimmer und vertiefte sich in jenes andere Werk des Arnold Zweig, das ihm viel lieber war und das er Gerda noch verschwieg. *Seine Küsse erstickten ihr im Mund etwas, das ein Stöhnen sein konnte und auch ein jauchzendes und triumphierendes Gelächter: eins, das aus tiefsten Gründen und Dickichten hervorsprang, ein Elf. Es lachte über alle Ängste und alle Schwierigkeit, über Claudia und Walter, über den ganzen Geist und alle Scheidungen und Hemmnisse; es lachte über die ganze Seele. Ans Fenster stieß der Wind. Er flog von Berg zu Berg unter der schwarzen Brücke des sternfunkelnden gewölbten Himmels und rührte das ebene Wasser des Sees zu kleinen Wellen auf. Sie liefen an den Strand mit hellem Klickern, das wie Gezwitscher klang, und schaukelten sacht ein Boot und die Herden stiller Fische, die im schwarzen Wasser standen und schliefen.*

Fortan saßen sie oft beieinander. Sie sprach von sich, der Kindheit, vom Tode des Vaters, von Stiefvaters grober Hand, der sich die Mutter füge. Sprach von den beiden Brüdern, von all der Enge ringsum; und daß sie niemals *gesprochen* habe. Heinrich lernte hören. Kennst du das? lachte sie: *Heinrich, der Wagen bricht / nein, o Herr, der Wagen nicht / es ist ein Band von meinem Herzen / das da lag in großen Schmerzen / als Ihr in dem Brunnen saßt / da Ihr noch ein Frosch gewast.* Heinrich, dieser Frosch war ich.

Er wurde ihr bester Freund. Sie traute ihm völlig. Froh sah sie ihre Welt durch seine Augen. Sie machte ihn zu ihrem Lieblingsbruder. Aber Heinrich suchte anderes. Warten konnte er noch und zeigte vorerst Treue, Unschuld, Rittertum. Fälschlich hielt er Liebe für die Evolution der Freundschaft. Er wandelte geduldig als Licht vor ihren Wegen. An einem Sonntagmorgen im Dezember fuhren sie in die Stadt und besuchten die katholische Messe. Sie war noch nie in

Gerda, Langenau, 28. Juni 1973, 6. 30 Uhr

einer Kirche gewesen; er genoß den Schritt vom protestantischen Wege. Der Priester lud zum Sakrament. Bleib auf deinem Platz, beschied Heinrich Gerda, ging zum Altar und empfing die Oblate. Von fern gedachte er der Stimme des Vaters: *Desselbigengleichen nahm ER auch den Kelch nach dem Abendmahl* … Hier trank nur der Priester *das Blut*. Heinrich war darob erhaben. Schon als Kind hatte er sich öfters selbst sakramentiert; Vaters Abendmahlswein stand in der Speisekammer. Er ging hin in Frieden. Gemessen kehrte er zurück an Gerdas Platz. Sie saß mit geschlossenen Augen und lauschte der Orgel.

Dann wanderten sie lange durch Winterland. Fahl hing die Sonne in der bleichen Luft. Es war ganz still und schneite immer mehr. Schnee sank auf Schnee. Jeglicher Laut ertrank. Kaum hörten sie hinter sich die Wagen kommen. Am Forsthaus hinterm Gatter blaffte der Hund; weiß rauchte sein

Rachen. Im Wald begann bereits die Dämmerung. Vor ihnen die mächtige Fichte kippte plötzlich ihre Last auf den Weg; das sah so eisig aus und klang so warm. Erleichtert schwangen die Zweige. Gerda fror und stapfte leider zügig aus. Ein Zeichen will ich, dachte Heinrich, denn bald wären sie daheim. Er gewahrte keines, auch nicht die beiden Elstern bei der alten Scheune.

Am Abend saß Weiße auf dem Bettrand und kraulte sich die Hoden, was er *eine Grundvoraussetzung* nannte *für fruchtbares Denken*. Wenn du an Gerda wirklich interessiert bist, sagte er, dann mußt du dich beeilen. Axel bewirbt sich auch.

Es konnte nicht sein. Es stimmte. Binnen zwei Monaten trug Gerda einen abscheulich breiten Verlobungsring. Axel war ein Eigenbrötler aus dem zweiten Lehrjahr und Heinrich bislang nur durch mecklenburgischen Sarkasmus – nein, nicht aufgefallen. Diesem verband sich Gerda. Sie kamen von der Heimfahrt und hatten sich verlobt. Der Klatsch war dankbar und erwähnte den hinterbliebenen Heinrich mit schmählichem Trost. Heinrich tobte in den Wald und heulte vor Zorn. Stürmte heim, stellte Gerda, zerrte sie ins unbelauschte Freie und brüllte unter hellen Tränen: Warum? Warum? Warum? Liebst du ihn?

Das weiß ich nicht, sagte Gerda.

Warum dann?

Weil er mich braucht.

Ich auch!

Nein, nicht so. Du kennst ihn nicht. Er ist – arm. Du bist nicht arm.

Doch! Weißt du nicht, daß ich dich liebe, wie einer nur lieben kann?

Das weiß ich, Heinrich. Aber denkst du, ich könnte mit meinem Bruder schlafen?

Was hat er mehr als ich?

Er hat weniger, das ist es ja. Dich hab ich lieber. Du bist mein Bruder. Er wird nur mein Mann.

Und wenn ich dein Bruder nicht länger sein will, falls du bei diesem öden Fischkopp bleibst?

Da wäre sehr sehr sehr schlimm für mich und würde nichts ändern.

Nach diesem erfrischenden Auftritt floh Heinrich zum kleinen Bangemann und mit diesem ins »Gartenheim«. Heinrich soff vor Kummer, Bangemann vor Glück, denn Elke hatte ihr Verlöbnis gekündigt und hielt sich neuerdings zu des kleinen Bangemanns geschlechtlicher Verfügung. Erstmals trank Heinrich *sto gram*, den Zahnputzbecher Klaren. Sein Hirn ward Watte.

Bangemann berichtete ihm am nächsten Tag. Heinrich sei laut geworden, habe die ländlichen Produktivkräfte *Gesinnungsbauern* geschimpft und mit einem hünenhaften Traktoristen zum Showdown den Schicksalsgang *nach draußen* angetreten. Die ganze Kneipe habe angstvoll hinausgelauscht, indes Frau Martin, die Kneiperin, Heinrichs Brille verwahrte, denn sein Duellant wurde im Dorf *der Brecher* genannt.

Ich hab gebrochen, sagte Heinrich. Scheißschnaps. Ich weiß jetzt wieder. Ich hab dem Typen erzählt, daß ich unwahrscheinlich unglücklich bin. Da hat er geheult und gesagt, er auch.

8

Man hat in der neuen Zeit den treuen Heinrich oft gefragt, ob er *gegen das System* gewesen sei. Natürlich, sehr. Anderseits ... Was waren Systeme? Er löste sie sich auf. Sein Denken war von Anbeginn Erinnerung, seine Analyse das Erzählen, sein Axiom die fabula rasa. Wir lasen, er habe damals nach Symbolen gesüchtelt; das meinte nicht die Glaubenskürzel einer Sozietät, sondern ureigene Assoziationen, Raunwörter, Merkzeichen am Wege, die keiner hätte deuten können als Heinrich ganz allein. Er war nicht begabt zum kategorialen Schluß. Er sah den Wald vor Bäumen nicht, vor Ästen keinen Stamm, und weil da so viele Blätter waren, kam er als Systematiker auf keinen Zweig. Gott ging es ähnlich. *Weißt du, wieviel Sternlein stehen / an dem blauen Himmelszelt / weißt du, wieviel Wolken gehen / weithin über alle Welt /*

Gott der Herr hat sie gezählet / daß ihm auch nicht eines fehlet / an der ganzen großen Zahl / an der ganzen großen Zahl.

Nach der *Wende* sah sich der einzelne Heinrich unangenehm umringt von der Genossenschaft ganz anderer Systemkritiker, die immerzu *Ja aber*! riefen, wenn die Übeltaten der Bürokratischen Republik nicht einfach aufgezählt, sondern systematisiert werden sollten. Die BR ein Unrechtsstaat? *Ja aber* man darf doch nicht vergessen, daß ... *Ja aber* man soll auch erinnern, was ... *Ja aber* man muß doch berücksichtigen, wie sehr ... der Kalte Krieg ... und drüben der Verfassungsschutz ... und der Mensch als solcher. Hätten wir wollen gedurft, müßten wir mögen sollen, aber so? Das reißen die Westler nämlich gern aus dem Zusammenhang, bloß die Wirklichkeit, die läßt sich nicht vergleichen. *Weißt du, wieviel Mücklein spielen / in der heißen Sonnenglut / wieviel Fischlein auch sich kühlen / in der hellen Wasserflut ... / Gott im Himmel hat an allen / seine Lust, sein Wohlgefallen / kennt auch dich und hat dich lieb / kennt auch dich und hat dich lieb.*

Individuen wie Generationen sollen ihre Zeit den Späteren zur Einsicht und zum Urteil öffnen. Wer vergleichen lernt, der kann auch unterscheiden. Schon eingangs wäre man Heinrich gern in die Parade gefahren bei seinem Plädoyer fürs unvergleichlich einzeln Erfahrene, wider die groben entlebten Begriffe von Leben. Aber lassen wir ihn gewähren als getreuen Sammler der *temps perdu*, solange er sich nicht als Verteidiger ans Zeitgericht berufen lassen möchte, um das Große Böse zu zerbröseln in tausend schnurrige Missetätlein. Immer hat er ja gestaunt, wie *die Oppositionellen* das Wesen des Unrechtsstaates erkannten (und er damit das ihre), wie sie Akten schleuderten, Beweise der Daten und Fakten ihrer Gewißheit. Fakten stiften aber keinen Glauben. Woran du dein Herz hängst, sagt Luther, das ist dein Gott. Hingen sie *damals* an nichts? Hatten sie keinen Fußballverein, keine Lieblingsband *von hier*? keine Landschaft? kein ungelogenes Glück? kein wahres Leben im falschen? nur ihren gottlos klaren Geist, der selten blinzelte und niemals schlief?

Nein, Heinrich war nicht blind. Er wußte, was geschah im Land – nicht alles, doch vielleicht sogar genug, um bei den Späteren ein mitgelaufener Schweiger zu heißen. Er selbst bedauerte ja die seelische Enge der Älteren, die zu Nazizeiten nichts bemerkt, gar nicht gewußt haben wollten. Mutter wußte immer; Großvater Hugo hatte Hitler gehaßt. Vater merkte spät. Er fuhr, Fronturlauber, im Sommer 1944 mit seinem Vater Rad in den Bergen hinter Halberstadt. Plötzlich ragten Verhau und Stacheldraht, wo vor dem Kriege freier Weg gewesen. Zerlumpte in gestreifter Kluft starrten sie an, nackte Schädel, tote Augen. Der schroffe Ruf eines SS-Manns gebot den beiden Radlern Halt. Sonntagsausflug? Lächerlich! Mitkommen! Man ließ sie schließlich laufen in ihrer unbedarften Fassungslosigkeit. Nie wieder sollten sie sich blicken lassen nahe dem Lager Zwieberge. Als sie den grausen Wald verließen, sagte Vater endlich: Diese armen Menschen, das können doch nicht alles Kriminelle sein.

Daß Soldaten Mörder wären, glaubte Heinrich immer. Auch wer Befehl zum Töten hat, ist Mörder, und wer mordet, den rettet keine Lehre vom gerechten Krieg. Daß dennoch Soldaten Kriege mit reinen Händen überleben, geschieht aus Gnade, nicht auf Kriegs Geheiß. Heinrich dankte dem himmlischen Vater, daß sein Soldatenvater keinen Menschen hatte töten müssen und nur einen verwunden. Es geschah in Frankreich. Die Wehrmacht plünderte. Heinrichs Vater raubte aus einem Schloß an der Loire jenen Nachtschrank, der später Heinrichs Töpfchen barg, und stellte ihn im Kompaniezelt auf. Nachts fiel der Spieß darüber und brach sich das Knie. War's dieses traute Erbe, war's der tiefe Friede von Honeckers Gründerjahren – jedenfalls zog Heinrich keine Wehrdienstverweigerung in Betracht, als für die Zöglinge der Kinoschule *Musterung* anstand. Zuvor trieb Dömmel die meisten Schäfchen ins Einzelgespräch, zwecks Werbung zu längerem Dienst. Heinrich wurde dessen nicht gewürdigt, aber Weiße und Gäbler, der sich Weiße gern anschloß, erklärten abends im Bett, sie hätten sich als Offiziere verpflichtet, auf fünfundzwanzig Jahre, mit Standortwunsch Berlin.

Total irre, schnaufte Fredrich.

Ihr seid so was von bescheuert, sagte Jarmuskewicz. Dann wichst man schön. Ihr braucht nicht zu glauben, daß ihr in Berlin irgend 'ne Alte abschleppen könnt in eurer Volkstracht und mit abgesägtem Hinterkopp.

Schlaube berichtete, Dömmel habe ihn für drei Jahre werben wollen. Da habe er gefragt: Halbtags?

Weiße sagte: Ihr seid dumm und ignorant. Euch fehlt jegliche Einsicht in die Notwendigkeit. Ihr pennt hier selig und furzt in die Kissen, aber es gibt ein gutes Sprichwort: Es kann der Beste nicht in Frieden leben, wenn es dem bösen Nachbarn nicht gefällt. Denkt ihr, unser Staat wird international so respektiert, weil der Gegner unsere schönen Augen mag? Das ist alles erzwungen und erkämpft. Bonn weiß, daß es unsere Grenze nur antastet bei Strafe eigenen Untergangs. So funktioniert nämlich Politik, meine Herren.

Hat Weiße wirklich recht, erklärte Gäbler. Das seh ich voll auch so.

Schlaube lachte: Ihr habt 'n Schlüpper falsch rum an, ihr Schwachköpfe. Die Grenze ist, damit wir nicht *rauskönnen*.

Du bist taub und blind, sagte Weiße. Du weißt nichts von gesellschaftlicher Dialektik. Du hast dich total eingeschissen in deinen Privatkram. Der Sozialismus wäre schon viel vollkommener entwickelt, wenn er solche wie dich nicht mit durchfüttern müßte.

Und was machst du, wenn du an der Grenze stehst, und deine Mutter will rübermachen?

Is doch extrem unwahrscheinlich, sagte Gäbler.

Gut zielen, sagte Weiße. An der Grenze kenn ich keine Mutter.

Da begann Jarmuskewicz hemmungslos zu schluchzen. Niemand sprach, bis Schlaube leise sagte: Gäbler, du bist nur dumm. Du, Weiße, bist krank. Heinrich, der geschwiegen hatte, entsann sich dieses Abends, als er, viel später, von den armen kleinen Mauerschützen hörte und von den großen Tieren, die ihnen zu töten befohlen hätten.

Jetzt traf er Präparationen. Schon daheim war ein Attest besorgt, auf welchem der gute Doktor Spindler ihm ein perforiertes Trommelfell und eine Nasenscheidewand-Verbiegung bezeugte. Zwei Tage vor der Musterung fuhr Heinrich in die Stadt und berichtete einem orthopädischen Dipl. med. Hanfried Hockauf, schneidiger Vierziger, von periodischen Bandscheibenvorfällen. Hockauf war nicht unerfreut. Er hieß Heinrich in einen Erlmeyerkolben urinieren, schwenkte das Gewässer gegen Licht und fragte: Wann hatten Sie zuletzt Verkehr?

Ist wohl schon ein Weilchen her, bekannte Heinrich klamm.

Bandscheibenvorfälle haben Sie gesagt, mein junger Freund. Was geschieht denn da so?

Mein ganzer Rücken tut mir weh, besonders im Beckenbereich. Ich kann dann kaum stehen.

Und was machen Sie dann?

Ich setze mich hin.

Recht getan! lobte Hockauf. Auch Wärme tut wohl, Entspannung, notfalls ein Capsicum-Pflaster mit dem entkrampfenden Extrakt der Tollkirsche. Ich schreib's Ihnen auf. – Plötzlich war er barsch und laut: Hörnsemal, Sie Weichei, Sie wissen doch gar nicht, was das ist, ein Bandscheibenvorfall. Dann würden Sie nämlich auf der Erde krauchen, in den Teppich beißen und nach der Mutti wimmern. Gute Besserung! Auf Wiedersehen!

Herr Doktor, sagte Heinrich bleich, Herr Doktor, ich brauche ein Attest.

Was? Wofür?

Für die Armee. Dagegen. Ich kann nicht zur Armee. Ich bin seelisch ungeeignet. Da gehe ich kaputt.

Hockauf sank in seinen Drehstuhl, schwang sich Heinrich entgegen und war verwandelt. Mild wärmte sein Blick; die Stimme verväterte sich, als er Heinrich nah ins Auge faßte und, keinesfalls als Orthopäde, fragte: Na, wo drückt denn der Schuh?

Und Heinrich erzählte. Erzählte seine ganze Angst: vor der

Idiotie des uniformen Lebens, vor der Tötung des Willens im Befehl, vor Heimweh, vor dem dreckigen Sakrament, das Männer *Feuertaufe* nennen, vor dem Verlust der Unschuld, weil, wer zielen lernt, auch treffen kann. Dipl. med. Hockauf war *sehr* verständnisvoll, machte gar Notizen, erfragte auch noch reichlich Personalia (*Kennen Sie diesen Pfarrer in Großhartmannsdorf?*) und entließ Heinrich mit einem mächtigen Stück Papier, worauf er schwungvoll geschrieben hatte: *Wg. weicher Leisten derzeit mögl. kein schweres Heben anzeigt Dipl. med. Hanfried Hockauf.*

Musterung. Weit draußen, an der Peripherie der Stadt, lagen die Kasernen, flankiert von Sturmbahnen und Volleyballplätzen. Die Filmschüler warteten lange, dürftig bekleidet, in einem gefliesten Flur. Es roch nach Bohnerwachs. Auf einem Tischchen stapelten sich Hefte mit Fotos von Soldaten und Kindern, die handelten *Vom Sinn des Soldatseins.* Jetzt wurde Heinrichs Gruppe aufgerufen. Jeder durfte urinieren. Heinrich war nun nackt. In der Linken trug er sein Gläschen Urin, rechts die Gestellungskarte, den Ausweis und seine beiden Atteste. Hinter der spanischen Wand fragte es barsch: Wann hatten Sie zuletzt Verkehr?

Einer klagte über häufiges Bauchweh. Psychosomatisch! grölte die Stimme. Lassen Sie Ihre Winde fröhlich stürmen! – Einer bekundete Herzdrücken. Jaja, die liebe Liebe! johlte die Stimme. Daran stirbt man nicht! Heinrich trat ein. Hanfried Hockauf fragte nach Verkehr, prüfte Vorhaut und Gesäß und nannte die Atteste *Zivilistenprosa.* Ich kognostiziere aber bei Ihnen, sprach er sorgenvoll, eine Disposition zum Bandscheibenvorfall. Da müssen wir sehr vorsichtig sein. Wenig laufen! Artillerie, da werden Sie gefahren. Voll tauglich! Der nächste! Wann hatten Sie zuletzt Verkehr?

So war's. Hat damals wer gelacht? Ganz schief ist ja der Streit zwischen den Hassern und den retrospektiven Verteidigern der Bürokratischen Republik. Die einen haben recht, die anderen hatten Gründe: irgendeine Macht. Heinrich hatte

Die vormilitärische Ausbildung ertüchtigte zur Verteidigung der sozialistischen Errungenschaften, Langenau, 21. Oktober 1972

keine; er verstand sich aber auf die Kunst, sein Land als Heimat zu retten, indem er es als Staat vermied. Derlei gehört nicht ins Geschichtsbuch, aber ins Buch der Geschichten.

Heinrich, lesen wir dort weiter, saß tatsächlich wieder neben Gerda auf dem Küchenschalter, erzählte von der Musterung und ließ sie seine Hundemarke fühlen. Er war Soldat 220156414524. Falls er *fiele*, würde ein geduckter Kamerad sich zu ihm eilen, hektisch ihm die Wangen klatschen und die Lippen netzen mit der Wasserflasche. Würde stöhnen über all das Blut. Würde schreien: *Gruß an die Mutter? Gruß an die Frau?* Würde ihm dies Blech vom Busen rupfen und es Gerda hinterbringen. So gerne hätte er gefragt: Willst du meine Witwe werden? Er war ja nun ihr Bruder; das war hart.

Gerda wiegte lieblich ihr Haupt, bekümmert über ein globales Summarium, das sie *die Art der Menschen* nannte. Achtzig Prozent der Menschen sind wohl dumm, sprach sie, ich ja bis vor kurzem auch, bis du mir die Augen aufgetan hast, Heinrich.

Heinrich nickte tapfer und fragte sich zum tausendsten Mal, warum eine derart gültige Erkenntnis seiner Person nicht Liebe erzwinge.

Heinrich, fragte sie nun, was würdest du denn tun im Krieg, wenn du im Loch sitzt mit einem Maschinengewehr, und zwanzig Feinde stürmen auf dich zu?

Ein Leben darf nicht zwanzig nehmen, sagte Heinrich rauh. Ich würde mich hoch aufrichten und schreien, besinnungslos, bis meine Seele meinen Leib verläßt.

Gerda war's zufrieden. Sie hielten Vorsicht miteinander. Heinrichs Zukunft als Kanonier von Hockaufs Gnaden lag noch in der Ferne. Damit bis dahin er samt seinem Jahrgang sich ermanne, befahl die Bürokratische Republik *militärische Vorausbildung*. Vorerst spielten sie nur Krieg, fast wie als Kinder im Garten. Sie robbten ein bißchen im Schlamm und zerpuzzelten die KK-MPi 69. Dann befahl die *Gesellschaft für Sport und Technik* alles Jungvolk ins Ertüchtigungslager nach Frauenstein im Erzgebirge. Erster Tag: Gepäckmarsch *durch Busch und Blockade*, wie Kommandeur Dömmel militärpoetisch formulierte. Quatschnaß, halbtot langten sie an und machten Quartier in einer Jugendherberge. Abends ging's ans Saufen. Heinrich lieh sich aus dem Stiefelbord die trockenen Treter eines Anonymus – leider Dömmels, welcher so um seinen Ausgang kam. Am Morgen vernichtete Dömmel den schwankenden Heinrich vor versammeltem Appell. *Kameradendiebstahl* habe er begangen und sehe aus *wie der letzte NATO-Penner*. Das tat weh. Wie sollte Heinrich sich erinnern, wo gestern abend Käppi und Koppel so untreu abgeblieben waren? Und leider hatte ihm Schlaube nachts in die Brille getreten.

Ausmarsch zum Schießen. Heinrich ballerte blind. Er gewann das Schützengold mit dreizehn Treffern, bei zehn Schuß. Schlaube hatte fürsorglich auf Heinrichs Scheibe gezielt. Dolles Ergebnis, sagte Dömmel beim Schlußappell. Reißense sich öfter so zusammen, Heinrich, dann werdense noch ein unverzichtbarer Garant für die entschlossene Verteidigung der Heimat.

So ist es gekommen. Damals lachte Gerda hellauf im *versammelten Glied*. Das hörte Heinrich, sah nichts und war froh.

9

Er schnitt sie, und sie litt. Er hatte ihr die Bruderschaft gekündigt. Er lachte in Gesellschaft oft und laut, so daß Gerda hören sollte, wie prächtig es ihm ginge, wie wenig er ihrer bedurfte. Auch Axel, der Erwählte, blickte nicht erlöst. Im »Gartenheim« erspähte Heinrich durch Qualm und Lärm, wie am Ecktisch die Verlobten stritten. Sie zankte, Axel begütigte vergeblich mit fahrigen Händen und täppischen Worten, von denen Heinrich keines verstand. Nun faßte Axel nach Gerda. Sie riß sich los und stürmte hinaus. Das war ein schöner Abend.

Sonst gärte Heinrich trübe vor sich hin. Er wußte ja, daß die *Zentrale Berufsschule des Lichtspielwesens* gute Apparate bot und Lehrer, von denen technisch was zu lernen war. Und friedlicher ist keine Welt als jene, darin Heinrich und die Seinen ihre Ermannung erlitten. Jarmuskewicz' Freundin Moni war zu Weiße gewechselt, der *wenigstens ein Kerl* sei (Jarmuskewicz wurde später Leichenschneider in der Pathologie). Und als Heinrich nachts den Waschraum betrat, suchte sich der kleine Bangemann gerade zu erhängen, nun wieder unerfüllter Liebe wegen und weil er *arschhäßlich* sei. Einsicht ist der erste Weg zur Besserung, tröstete ihn Heinrich nicht ganz passend. Der kleine Bangemann nickte betrunken und gelobte sein Weiterleben.

Abwechslung war rar. Jeden Donnerstagabend gab es im Speisesaal den *kulturpolitisch wertvollen* Film. Von solchem Wert war vieles, Sidney Pollacks »Nur Pferden gibt man den Gnadenschuß«, Stuart Hagmans »Blutige Erdbeeren«, die

Legionen jugoslawischer Partisanenfilme. (*Aaaaaah! Miroslav, ich sterbe! Wasser!!! – Geht nicht, Radovan, das brauche ich fürs Maschinengewehr.*) Heinrich liebte besonders Kurt Maetzigs »Ehe im Schatten« von 1947, worin die jüdische Schauspielerin Elisabeth Maurer sich einem künftigen Nazi-Karrieristen verlobt, der sie dann arisch sitzenläßt. Woraufhin – ja! das mußte Gerda treffen! – Hans einschreitet, ihr getreuer brüderlicher Freund, einst abgewiesen, bald der beste aller Gatten. Gemeinsam entkommen sie den Nazis in den Tod. Und sprachen nie darüber, denn er schnitt sie, und sie litt.

Tanzen. Es war die Kinderzeit der Diskotheken. Monatlich gab es eine unten im Dorfsaal, wo alles sich drängte und tränkte: Bauern, Lehrlinge, ländliche Honoratioren. Szenen existierten nicht. Die Musik war Konsens: Black Sabbath, »Me And My Life« von den Tremeloes, Bachman/Turner/Overdrive mit ihrem Stotter-Rock »You Ain't Seen Nothing Yet«, selbstredend »In A Gadda Da Vida« and »Crimson And Clover«. Da flossen alle Sekrete; da war jede Brust in guter Hand. Die Stones? Verboten; darüber wachte das staatliche Ohr. Vor »Jumping Jack Flash« wurde also die Michael-Jäger-Combo angesagt.

Einmal kam Dömmel an ihren Tisch, pichelte und sprach über die Dinge des Lebens. Man darf nie aufgeben, lallte er. Nicht jede Festung fällt beim ersten Schuß. Ich hab vier Jahre gerackert, bis meine Frau den ersten Orgasmus hatte. Heinrich, der in seiner roten Igelitweste bei der Landbevölkerung einen polarisierenden Eindruck hervorrief, lernte mehrere Mädchen kennen. Die erste, im schweißigen Dunkel für gut ertastet, sandte unverzüglich einen Brief: *Mein allerliebster Heinrich. Ich liebe dich? Du mich auch! Meine Oma darf Nichts wissen. Bleib mir treu. Wan ist wieder die Disko! Deine liebe Mareike!* Dan war wieder die Disko. Sehr hübsch, sehr scheu saß eine Ursel neben Heinrich und schwieg. Sie schrieb nicht, doch am Freitag darauf wisperte Frau Haftendorn, die Küchenfrau, in Heinrichs Ohr: Morgen mittag kommt meine Tochter mal hier ins Internat. Die Ursel!

Sie gingen den Waldweg, den er damals mit Gerda gegangen war. Frühling blühte, balzte, sang. Sie schwiegen. Dann sagte Ursel: Mein erster Berufswunsch war es, Friseuse zu werden und dann Kinderpflegerin, aber aus alledem wurde nichts. Nun lerne ich Elektromontierer. Man muß ganz schön ran. Wenn ich abends nach Hause komme, da ist man wie erschlagen.

Und was machst du sonst so, wenn du nicht erschlagen bist?

Meine Hobbys sind Handarbeiten, Schauspielerphotos und mein Zwergschnauzer Acki. Und ich liebe die moderne Musik.

Sie schrieb dann doch noch: *Ich finde es gut, daß Du nicht Draufgängertyp bist. Aber ein bißchen mußt Du doch mal reden. Was wird aus unserer Liebe?*

So kam der Sommer. Heinrich graute vor den Ferien daheim. Am letzten Abend stieg im Internat das Fest. Eine Abschlußzeitung für die Oberschule war gedruckt. Ein Ausschuß hatte tagelang geprobt fürs Bunte Programm, als dessen Attraktion sich Heinrich sah. Seine Büttenreden wurden brüllend bejubelt. Gerda saß, fern von Axel, in der Ecke und lachte nicht. Heinrich eilte aufs Zimmer und textete fliegend Zugaben. In der Ecke hockte Schlaube unter einer Funzel, lötete und sagte: Du Clown.

Als Mitternacht vorüber war und alle sich beschäftigten in ihrem Suff, stieß Heinrich im dunklen Flur gegen Gerda. Sie weinte auf und zog ihn tiefer in den Gang: Alles wäre aus. Axel sei ein Mensch, der könne *nicht fliegen*. Sie brauche Heinrich. Bitte, bitte! Der flog nun allerdings, im Doppelrausch. Gerda mußte an die Luft, doch es war Nacht. Bei Sonnenaufgang sollte er sie wecken.

Kein Schlaf. Kurz nach vier schabte er an ihrer Tür. Sie war schon auf. In weitem Bogen, Hand in Hand, umliefen sie das Tal, darin das Dorf lag, dessen graue Kühle sich nun rötlich übersonnte. Ein Hahn schrie, ohne Folgen. Ein schmaler Hohlweg führte zwischen Gärten steil hinab. Gerda suchte

Halt an einem Zaun. Unten vor dem Konsum war schon die Milch geliefert. Heinrich nahm aus den Drahtkäfigen eine Flasche und bot sie ihr. Gerda sagte: Immer und bei allem in den letzten Wochen habe ich gedacht: Was würde Heinrich tun? Umarmt versprachen sie einander, sich im Sommer zu besuchen.

Heinrich fuhr – heim? Es war geschrumpft, das elterliche Städtchen am Wald, und fremd, da vorher zu vertraut. Künftiges barg es nicht mehr. Der Sommer versengte die Felder. Westdeutschland gewann die Fußball-Weltmeisterschaft. Die Bürokratische Republik war zur Bestrafung Pinochets zu schwach und spielte gegen Chile 1:1. In den kleinen Läden rings um Vaters Kirchlein standen die alten Frauen und klatschten. Jaja, Marga, man wird nicht jünger mit den Jahren, haste das von Trudchen gehört, daß es nun aber so schnell gehen würde, mir tut bloß die Tochter leid, mit *dem* Mann, und was Erika ihrer ist, da weißte wirklich auch nicht mehr, wo der eine Kummer anfängt und der andere endet. Was is'n das da hinten in der Silberfolie? – Das ist Brie, hab schon gekostet, schmeckt *sehr* gut. – Ach weißte, da mach mich mal noch'n Stücke davon, 'n Viertel, oder mach hundertfuffzich. Und noch zwei Malzbier. – Malzbier kommt erst gegen Abend wieder rein, wenn Hanno mit der Tour zurück ist. Ich tue zweie weg. – Ja, tu mich zweie weg.

Manchmal traf Heinrich Klassenkameraden. Kaum Gespräch. Worüber auch? *Früher* war zerstoben. *Heimat* hatte sich verlegt, denn sie ist Zeit nicht weniger als Ort. Endlich ein Brief. Er begann mit *Mein lieber Heinrich* und schloß *Deine Gerda*. Was dazwischen stand, war Klage: Seelenlosigkeit, das enge Herz der Welt. Sie lebte schwer. Das nannte er Charakter. Tragischsein war Pflicht. Wärst du doch hier, schrieb sie. Ich weiß, ich kann im Leben nie ganz glücklich sein. Da war er's, fast. Er übersah, daß er keinen Liebesbrief erhalten hatte.

Er erwiderte nachts, als die Eltern schliefen. Er spendete von jener Heinrich-Weisheit, die wir nun schon kennen: Trost, der sie an ihn binden sollte. Gedichte wußte er immer

Sabine, Buckow, 30. Juli 1973

willkommen. Die Weimaraner Folkrock-Band Bayon hatte gerade Wolfgang Borchert vertont: *Stell dich mitten in das Feuer / glaub an dieses Ungeheuer / in des Herzens rotem Wein / und versuche gut zu sein*. Erwärmt schrieb sie zurück.

Ein letztes Mal reiste Heinrich mit den Eltern ins Lutherstift. Bettina war schon da, mit ihrer Freundin Sabine. Heinrich stellte Reife aus und wog sechs Kilo mehr als im vorigen Sommer. Bettina verliebte sich in ihn. Heinrich bemeisterte Stunden der Schwäche. Sabine, sehr schön, verliebte sich noch weitaus ärger. Nachher war eine ganze Nacht der Versuchung zurückzuräumen in die angestammten Seelenschränkchen. Sabine hatte von Gerda gehört. Sabine war fromm. Bei Sonnenaufgang beteten sie gemeinsam um Vergebung. Ist das nicht unglaublich? Aber Heinrich war ziemlich bekümmert über die Flexibilität des fröhlichen Herzens.

Dann fuhr er zu Gerda nach Frankfurt. Sie spazierten durch die Stadt. Sie aßen Broiler. Sie liefen über die Oderbrücke nach Słubice und saßen Stunde um Stunde auf einer polnischen Mole im Strom. Der Flußwind blähte Gerdas rote Bluse. Es dunkelte. Gerda mußte heim. Sie gingen zurück über die Grenze. Heinrich durfte – stiefväterliches Männerverbot – Gerdas Wohnung nicht betreten. Natürlich gab es kein Hotel. Gerda war ratlos. Heinrich sagte fest: Ich find schon was, Rocker schlafen überall.

Unten auf dem Bauplatz am Gagarin-Ring kroch er in eine Maurerbude und streckte sich auf einen Tisch. Er fror erbärmlich und rannte während der Nacht mehrmals um die Hütte, sich zu wärmen. Es tagte früh. Dann stand Gerda im siebzehnten Stock am Fenster und zirpte in den Sonntagmorgen: Ich komm runter! Ach, wie tat der Kaffee gut.

Was ist nur der Sinn meines Lebens? fragte sie, wieder auf der Mole.

So zu leben, daß die Frage überflüssig wird.

Und konkret? Was soll ich tun? Ich möchte nützlich sein. Filmvorführer ist doch kein Beruf.

Kreativ muß man sein. Filmemacher, nicht Vorführer. Schriftsteller, nicht Leser. Musiker, nicht Hörer. – Insgeheim aber dachte Heinrich, daß Gerda unter den Lesern und Hörern prima aufgehoben wäre und vor allem eine gute Mutter gäbe. Er sagte, sie könne gewiß trefflich *mit Menschen arbeiten*. Später sagte er: Keine Sorge, das Rauchen gewöhne ich dir schon noch ab.

Am Sonntag darauf kam sie ins Lutherstift. Heinrich stellte sie den Eltern vor, die hernach den *Eindruck* lobten. Eisessen zu viert, Bootspartie zu zweit. Heinrich brachte Gerda zum Bus.

Wir werden uns nun einen ganzen Monat nicht sehen, das ist hart.

Heinrich, ich habe eine große Bitte.

Versprochen.

Ich muß noch mal zu Axel nach S. Er hat mich angefleht.

Einmal nur noch, eine Aussprache, damit er es begreift. Er hat mir auch ein Hotelzimmer besorgt.

Heinrich nickte, küßte sie rasch und schob sie in den Bus. Er fühlte sich nun als Insasse des Glücks, in trauter Nähe seiner Heilandin. Er schrieb und wartete auf Post. Wo blieben nur die Briefe? Heinrichs heitere Klänge bedurften langsam der Erneuerung. Nichts. Heute nur die Zeitung, sagte Vater. Heute nur Dienstliches. Heute ein Brief für dich! Gäbler schrieb aus Leipzig, er mache faulen Sommer am Auensee und höre Roy Black.

Tag für Tag reiste Heinrich mit seinen Kinokisten in die Harzdörfer, zeigte »Die weiße Spinne«, »Der schwarze Abt«, »Der grüne Bogenschütze«, »Der Clan der Sizilianer«, »Die Olsenbande fährt nach Jütland« und kehrte fiebrig heim. Nichts. Ahnung meuchelte Vertrauen. Trübe saß Heinrich im Kino-Barkas neben dem maulfaulen Kollegen Leopold Völks. Ein Erntefahrzeug zuckelte voran und verursachte Stau, so daß sie auf den Harzer Serpentinen viele Kilometer hinter einem Polizei-Wartburg schleichen mußten. *Volkspolizei*, las Völks die Heckbeschriftung vor, jählings sich erhellend. Volks – Völks! Mensch, wenn's *Völks*polizei heißen täte, dann stände da auf der Bullentaxe mein Name! Irre, was?

Der hat's gut, dachte Heinrich. Glücklich, wer so im Augenblick ertrank, ungequält von Hoffnung und Erinnerung. Glücklich war gewiß auch der erotomane Kollege Beifluß mit seinen bunten Bildchen und heiteren Betrachtungen über *die Stellung des Monats*. Glücklich ebenfalls die runde Kollegin Rungs, Kartenabreißerin im Städtchen A., die ihre fünf Besucher einließ und sich dann an Windbeuteln delektierte sowie an der Rätselzeitung »Troll«, wobei sie sinnierte, wer wohl schuld sei an der Scheidung von Frank Schöbel und Chris Doerk. Sie, schwor Kollegin Rungs. Bei der Kuba-Tournee soll ja was mit Negern vorgefallen sein. Und Heinrich zeigte Bergmans »Szenen einer Ehe«. Und Marianne sagte zu Johan, Liv Ullman zu Erland Josephson: Manchmal finde ich, daß alles vollkommen sinnlos ist. Warum soll man sich nicht all das Gute gönnen, das es auf dieser Welt gibt?

Warum darf man nicht groß und dick sein und gute Laune haben? Stell dir vor, wie nett wir beide werden würden. Erinnerst du dich noch an Tante Miriam und Onkel David? Wie nett waren die beiden, und wie schön hatten sie's zusammen, und wie dick waren sie. Und jeden Abend legten sie sich in das große knarrende Doppelbett und hielten sich bei der Hand und waren zufrieden, einander zu haben, so dick und fröhlich, wie sie waren. Können du und ich nicht auch so werden wie Tante Miriam und Onkel David und immer Sicherheit und Geborgenheit ausstrahlen? Willst du, daß ich die Lockenwickler rausnehme?

Johan sagte: Tu dir keinen Zwang an.

Kollegin Rungs sagte: Schwedisch und schweinisch, beides fängt mit *sch* an.

In diesem Sommer sang die Gruppe Lift: *Im Kasten lag ein Brief / den du geschrieben hast / ich lese und begreife kaum / wer kennt nicht solche Last* … Der Brief kam drei Tage vor der Rückfahrt ins Internat. Heinrich las ihn und verbrannte ihn im Klo. Irgendwie überstand er das Wochenende. Weidlich nahm er teil am großen Hallo der Heimkehrer. Gerda blieb links liegen. Dann saßen sie ein letztes Mal beieinander, auf der Böschung an der Halde. Heinrich rauchte. Sie dachte: Lächerlich, auf einmal. Und dachte plötzlich: Unreif! Und sagte: Was denkst du?

They caught the devil and put him in jail in Eudora/Arkansas.

Sprich normal, Heinrich.

Was ich denke? Ich denke, daß du lügst. Ich denke, daß du nichts vom Eigentlichen weißt. Ich denke, Treue ist für dich eine Tagesmeldung deines Seelenwetterberichts. Denken kannst du nur, was dein Körper deinem Kopf übrigläßt. Und das ist Lüge: das Gerede, die Versprechungen von Leuten, die nicht frei denken können, nur vegetativ ein bißchen sinnen.

Ich habe dir nichts versprochen.

Du hast einfach deine Schuldigkeit vergessen.

Ich bin dir nichts schuldig, Heinrich. Was willst du eigentlich von mir? Wozu willst du mich? Was könnte ich dir sein?

Der Absatz dieses Autogrammphotos gestaltete sich schleppend,
Langenau, Halde 1973

In ihm stieg es auf, ein heißer Strom, eine gewaltige Rede, so mächtig, daß ihm verfallen wäre, wer aus Worten lebt. Aber so war Gerda nicht. Er schlug sie ins Gesicht und ging.

Heinrich vereiste nun sein Herz. Er tat etliches, ein Zyniker zu werden. Nach heutigen Ansprüchen brachte er es nicht mal zum Tunichtgut, doch in der sozialistischen Lehrausbildung war es unüblich, daß etwa ein Siebzehnjähriger zwei Serien Autogrammphotos in Umlauf brachte, die ihn a) als liegenden Hippie mit gereckter Pulle auf der Müllkippe zeigten, b) nackt als Erhängten mit der Signatur *Gevatter Heinrich*. Ebenfalls manipulierte Gevatter Heinrich ein Tonbandgerät des Typs ZK 120 T zum Sender und übertrug per Bandschleife im Radius von zweihundert Metern den im ganzen Ausbildungskomplex gern gehörten Slogan *Riediger,*

Riediger ist ein Selbstbefriediger. Auch kränkte Heinrich den Parteisekretär Schaller – alter Bergmann, dem schlagende Wetter unter Tage ein Auge ausgehämmert hatten – mit der Bitte: Genosse Schaller, könnt ich Sie mal unter drei Augen sprechen?

Das Maß war voll, als Heinrich und Jarmuskewicz die Aluminiumtürklinke ihres Zimmers mit 220 Volt beschickten. Dies mißhagte Riediger, der zur nächtlichen Zimmerkontrolle neigte, auf das äußerste. Mord! Mord! Ihr Verbrecher! schrie er, elektrisch schlotternd, in den dunklen Gang. Anderntags Tribunal; Weiße hatte gepetzt. Es war ein Dummerjungenstreich! Ich bin nämlich unreif und brauche die Hilfe des Kollektivs, so stammelte Jarmuskewicz und erhielt einen Strengen Verweis. Heinrich sagte: Diese Installation sollte uns alle an den Antifaschistischen Schutzwall gemahnen. Wer zur Türklinke greift, wird durch die Türklinke umkommen.

Das war's. Er flog. So endeten die Lehrjahre des treuen Heinrich. Zwei Stunden später saß er im Bus. Ans Heckfenster pladderte Regen. Niemand winkte hinterdrein. Er sah Gerda wieder, nach beinahe zwanzig Jahren – sie und ihre vier Kinder.

10

Unsere Erzählung heißt gewiß nicht unbedacht »Die *Taten* des treuen Heinrich«. Strengster Realismus dominiert. Was der Held (ist er denn keiner?) *gedacht* hat und *gefühlt*, wird zwar durchaus herzzerreißend mitgeteilt, aber doch portioniert, verpackt in praktische Tütchen. Wir sollten, meinte wohl der Verfasser, nicht über Geduld behelligt werden mit Herzgeläut und Seelengebimmel. Das wollen wir doch aber! Ebendies nennt ja die Jugend *Taten*, nicht, was ihr späteres Leistungszeitalter an Nützlichkeiten stiften wird. In diesem Sinne sang, seinen Namen ehrend, einst der Dichter Lenz:

Ach, ihr Wünsche junger Jahre
Seid zu gut für diese Welt!

Eure schönste Blüte fällt;
Unser bestes Teil gesellt
Lange vor uns sich zur Bahre.

Es ist ein grobes Unrecht, daß die Menschen einander nur anhand der Vulgarismen kennen, die unter Technokraten Taten heißen. Was *tun* wir denn? Schon wieder warten wir am Bus und starren stumm. Der Bus rollt an. Wir drängeln einwärts, zahlen oder nicht, sitzen oder nicht und starren stumm. Wir steigen aus oder nicht und starren uns nach und fahren sonstwohin. Wüßten wir gern mehr von uns? – Was denn noch? Jaja, jeder hat ein Leid, ein Glück und einen Traum.

Damals kursierte im aufbegehrenden Jargon ein törichter Begriff: *Selbstverwirklichung*. Sein Widerwort hieß *Entfremdung*, wurde aber, da marxistisch okkupiert, ungern verwandt. Selbstverwirklichung bezeichnete vage jenes richtige Leben im falschen, das es ja laut posteriorischer Aufarbeitungssystematik nie gegeben haben kann, aber damals, in der Echtzeit, eben doch. Selbstverwirklichung meinte keinen Putschplan gegen die Bürokratische Republik, sondern ein antisystematisches Lebenspuzzle: die Versammlung glücklicher Bilder, verläßlicher Freunde, rauschhafter Stunden, die es wegen des Systems gab, weil ihm zum Trotze. Das soll uns, denn wir zweifeln, nun bewiesen werden durch zeit- und altersgenössische Tatberichte, Briefe zumeist, die Heinrich einmal töricht seine Anti-Gauck-Akten nannte.

Tatbericht 1

Ich kann keine Geschichten erzählen. Jedenfalls keine von irgendwelchen Urlaubserlebnissen. Es müßten ersponnene sein, von den Geistern der Burg Swantewit vielleicht oder vom Leuchtturmwärter bei Schaprode, von Seeräubern oder vom Herrn Sturm, der so dick ist und so übermütig. Auf Kap Arkona ist er König. Was vermag dagegen unser armes Zelt mit dem lädierten Reißverschluß? Dem König Sturm will ich unterworfen sein, nur nicht der Regentrude. Und nun sitzen wir in dieser Fischerkneipe und trinken Grog, und draußen gießt es, und das Radio plärrt: Schlafe ein mein Kind und träume …

Tatbericht 2

Jetzt boxt das kleine Wesen schon in meinem Bauch. Kinder sollen keine Kinder kriegen. Ich saß die ganze Nacht auf mit Jürgen und habe ihm endlich meine große Angst erzählt. Und dann sprach er von seiner. Egal, was wird, aber das war gut. Ich weiß, ich soll jetzt keinen Wein trinken, aber mein Menschlein muß doch spüren, daß diese Nacht zu seinem Nutzen war. Unsere Eltern hatten damals ein festes Regelwerk namens Moral, das bestimmte ihren Weg. Vielleicht bilden wir uns das auch nur ein. Mein Vater redet ja nie über Gefühle. Mutter manchmal, aber so schüchtern …

Tatbericht 3

Leidfähigkeit ist Bedingung für Glückserleben. Beide sind oft so eng miteinander verwoben, daß sich die Art des jeweiligen Erlebens nicht mehr identifizieren läßt. Und das, ohne eine Neutralisation herbeizuführen. Ich finde das positiv. Aber genauso wichtig scheint es mir zu sein, Gefühlsmomente eines anderen intuitiv zu erfassen. Ein Schluß oder ein Urteil eines Menschen über die Psyche eines anderen, die der des Urteilenden sehr verschieden ist, muß logischerweise proportional mit dem Unterschied zwischen beiden auch vom Wahrheitsgehalt abweichen. Wie aber macht Sensibilität lebenstüchtig?

Tatbericht 4

Jetzt bin ich also in Berlin angekommen. Angekommen? So lebe ich: Morgens um halb sechs raus, ein langer Tag im Strudel der Markthalle, abends um sechs schlagkaputt zurück zwischen lauter Leichen im proppevollen Bus. Aber ich zwinge mich, wach zu bleiben. Lese zur Zeit den »Stiller« von

Frisch, wahnsinnig erregend. Danach soll endlich »Christa T.« drankommen. Joplin schreit gerade aus der Box. So intensiv leben wie diese Frau! Ich habe noch nie, nie auch in Leipzig, so viel Elend und Einsamkeit kennengelernt wie in dieser Stadt und noch nie den Menschen in seiner Kompliziertheit und Unterschiedlichkeit so begriffen. Verstehst du, hier ist das LEBEN, nicht nur das abstrakte Wort und der große Inhalt, nach dem wir immer suchen. Und trotz allen Elends habe ich auch noch nie so viel Freundlichkeit und Wärme kennengelernt. Die Bilder reißen nicht ab, vor allem für mich, die ich mehr sehe als abstrakt denke – der Hund am Fenster, immer dieselbe alte Frau in schmutzigen Fetzen in der Markthalle …

Tatbericht 5

Gestern war ich in Dresden zur Chagall-Ausstellung. Diese Ausstellung ist eine Reise wert. Die farbigen Lithographien strahlen ein morgenländisches Aroma aus, und die Sinnlichkeit der Farbe schwelgt durch das Auge und löst in der Seele Beschwingtheit aus. Marc Chagall gehört zu einer Minderheit von Künstlern, die den religiösen Hinter- und Untergrund des Lebens wie der Kunst ehren und aus innerer Nötigung bezeugen. Und dies um so mehr, als dies absichtslos geschieht, weil er, lange genug blind tastend, nur der Stimme gehorchend, welche ihn drängte, durch die Wirrsal der Zeit hindurch zum Licht wanderte …

Tatbericht 6

Mittlerweile bin ich wieder in der Kaserne. Bitterfeld, Greppin usw., das geht alles ineinander über. Meine Fahrt war allerdings etwas verzwickt, na ja. In Nordhausen meinen Turgenjew weiter gelesen, ich begeistere mich immer mehr für ihn. Hier dröhnt durch die Baracke gerade eine alte Baraufnahme von J. Joplin. Ansonsten nur Öde, Betrieb, Baracke. Ich werde den Vergleich mit Buchenwald nicht los und bin ziemlich deprimiert und verzweifelt. Man muß (?) das mitgemacht haben, zumindest zum Nachfühlen. Ich frage mich, wie man die doch unheimlichen Zustände im KZ ertragen konnte. Wieviel erträgt der Mensch? Ich habe Angst, daß meine Grenzen bald erreicht sein könnten (Belastbarkeit). Erstmals in meinem Leben verfluche ich meine Sensibilität. Morgen ist Kompaniefest. Alles wird sich wieder sinnlos die Birne vollknallen. Kotz ab zum Gebet!

Solche Briefe waren *Taten* in der Zeit, da nichts sich tat, weil jeder sagte, man könne nichts tun, oder es verhindern half. *Tatbericht 7* ist etwas späteren Datums, als Heinrich schon Theologie studierte. Er stammt von jenem Leipziger Kommilitonen, mit welchem Heinrich über ein ganzes Jahr das Zimmer teilte (und deshalb leider auch mit der Stasi):

Mehr und mehr drängt sich mir Jesus vor und verdeckt den, der bei Paulus ihn verdeckt: den kerygmatischen, verkündigten Christus. Der historische Jesus ist mein Mann! Nicht der Allgemeine, nicht der Überhöhte ist mit mir unterwegs durch die großen Kämpfe unserer Zeit, sondern Jesus von Nazareth in seinen/meinen tagtäglichen Erfahrungen und gewiß auch schmerzlichen Widersprüchen, die ich keinem mitzuteilen wüßte als nur ihm.

Aber wir blättern vor und vergessen Heinrich. In dessen Anti-Gauck-Akten finden sich auch etwelche Selbstzeugnisse, von denen zu fürchten ist, er habe sie ernst gemeint. Zitiert sei nur, als *Tatbericht 8*, der Schlußvers des Poems »Finde dich ab!« – siebzehn kapitale Strophen mit dem Untertitel »Auf der Flucht vor Gerda Hitler«:

Joringel flieht den Zauberkreis,
das Herz und die Augen verschwommen.
Es ist ja wie im Leben, ich weiß:
Der Mann, dem die strahlende Fackel zu heiß,
hat sich die Kerze genommen.

Kohlenschipper war er jetzt, Hilfskraft in der Kreisfilmstelle, und tat zunächst, was er am besten konnte: Er litt; aber stolz – Hendrix im Ohr und Prophetie im Herzen: *Der*

Heinrichs Kreisfilmstellenleiter mit dem Banner der Besten,
Sangerhausen, 1. Mai 1973

Gerechte muß viel leiden. Und seine Auferstehung kam. Eines Freitagnachmittags, Heinrich rüstete gerade zum Feierabend, krachte es droben im Vorführraum, als fiele eine Eiche. Gräßliches Jammern! Heinrich stürzte die Feuerleiter hinauf und fand Kollegen Beifluß, wie er sich am Boden krümmte: Bandscheibenvorfall. Heinrich besaß die Geistesgegenwart zu einem entkrampfenden Scherz und fragte, ob dies die Stellung des Monats sei. Aaaaaaaah!!! machte Beifluß und wurde abgeholt. Es erschien Genosse Wintergünter, dem der Kinokreis kulturpolitisch unterstand. Neinneinnein! rief er verzweifelt. Was wird nun aus der Abendvorstellung? Ausgerechnet in der Woche des sowjetischen Films! Wenn das der Bezirk erfährt!

Heinrich: Wär bestimmt sowieso kein Schwein gekommen.

Oh, oh, die Kreisparteileitung hat sich für heute abend angesagt! Können Sie nicht einspringen, Kollege Heinrich?

Ich muß leider weg, Renft-Konzert in Artern.

Kollege Heinrich, wenn Sie heute mal ganz freiwillig nimmermüde Einsatzbereitschaft *für die Sache* manifestieren könnten, also das würd ich Ihnen *nie* ...

Heinrich ließ Renft sausen und spielte »Roter Mohn vom Issyk-Kul«. Genosse Wintergünter hielt Wort und auf Heinrich künftig große Stücke. Er entband ihn vom Kohlenschippen und unterschrieb ihm einen Unabkömmlichkeitsantrag fürs Wehrkreiskommando. Bald aber nahte neues Ungemach. Der *Kreisrechenschaftsbericht* stand an, mit *anschl. gemütl. Beisammensein* in der Kino-Bar. Hierzu hatte sich leider ein Bezirksmensch angesagt, Genosse Jacobus, der, wie Genosse Wintergünter Heinrich vertrauensvoll jammernd wissen ließ, zur Feier seiner Erscheinung ein Referat erbat: »Das gedeihliche Miteinander von Jung und Alt im Sozialismus und unser neues Jugendgesetz«. Heinrich sprach: Ich tu's. Dem verdanken wir *Tatbericht 9*:

Für das Zusammenleben der Menschen braucht es Gesetze. Sie regeln das gesellschaftliche Miteinander. Das ist im Sozialismus nicht anders als sonstwo auf der Welt, wobei unsere Befriedigung darüber, daß es sich in unserer Republik mit an Wahrscheinlichkeit grenzender Notwendigkeit um ein Mit-, nicht um ein Gegeneinander handelt, ein Gutteil von unser aller ganz persönlicher Atmosphäre ausmacht. Antagonistische Widersprüche sind unsere Sache nicht; sie haben wir verbannt ins Reich des Kapitalismus – denken wir allzuoft. Aber wie steht es mit Schlamperei und der Trägheit des Herzens auch bei uns? Türmen sich nicht auch hierzulande noch Probleme? Schon 1946 proklamierte die FDJ die Grundansprüche der Jugend, als da sind: Politische Rechte, Recht auf Arbeit und Erholung, Recht auf Freude und Frohsinn ... Es gibt bei uns zu wenig Diskotheken. Unsere Schallplattenläden negieren weitenteils das wirklich progressive Gegenwartsschaffen im Kapitalismus und damit potentielle Bündnispartner wie King Crimson, Johnny Winter und die Allman Brothers Band

... Für uns Jugendliche stellt jedoch das neue Jugendgesetz in manchen Punkten eine Verbesserung dar, da es irgendwie zeitbezogener ist als das alte ... Humanismus braucht Vertrauen, und falls das neue Gesetz der Jugend vertraut, wird auch die Jugend ihrem Gesetz vertrauen, damit beide miteinander wachsen – nicht gegen-, sondern miteinander.

Heinrich schob seine Zettel zusammen und verließ das Pult. Genosse Wintergünter startete ein Beifallsgewitter. Der genesene Kollege Beifluß sagte: Du bist dich ja 'n richtjer Professer! Ein frohes Zechen hob an, wobei Jacobus, der Genosse vom Bezirk, sonderlich der Marke »Kali-Edel« zusprach. Kollege Heinrich! verlangte er schleppend. Kollege Heinrich, komm mal her! Jacobus hatte sich gefüllt. Ich hab das mit den Wwwiiiiidersprüchen genau gehört, erklärte er mit praller Zunge. Ich kenn ja deine Akte. Ich bin auch nicht mit allem einverstanden. Es wird so viel gelogen. ABER, und sein Auge schweifte nach der Flasche, aber, Junge, wer die alte Zeit erlebt hat, der liebt die neue.

Er war über sechzig und restlos Funktionär. Alles stimmte: die Sackhosen aus braunem Polyester, überm Wanst das beulig weiße Hemd, die wuchtige Hornbrille, darüber das Gestrüpp der Brauen und, in den Nacken geklebt, der Quader ölig grauen Haars. Derlei Frisuren kann man nicht verwirren, nur zerbrechen. Mit haariger Pranke griff er sein Glas. Heinrich sah gerißne Nägel, gelbe Finger und daß Jacobus rechts die Daumenkuppe fehlte. Er trug keinen Ring. Er war so müde. Zu allem, was Jacobus sprach, nickte Heinrich fromm und dachte, fast ohne Spott: Wann hatten Sie zuletzt Verkehr?

Wenig später empfing Heinrich vom Genossen Jacobus einen Brief, den *Tatbericht 10a*:

Ich wende mich heute als Ihr Direktor an Sie mit der Absicht, Sie für eine Sache zu gewinnen, die in unserem gemeinsamen Interesse liegt. Der Beruf des Filmvorführers in unserer sozialistischen Gesellschaft hat eine hohe Bedeutung erlangt, die sich kontinuierlich erhöht. Unsere Regierung hat das durch lohnpolitische Maßnahmen eindrucksvoll dokumentiert. Leider gibt es noch immer eine Reihe von Kollegen, die dem nicht genügend Rechnung tragen. Sie verlassen während der Vorstellung ihre Maschinen, um eine Zigarette o. ä. zu rauchen oder etwas anderes Nebensächliches zu tun. Diese Verhaltensweise führt oft zu katastrophalen Folgen: Filmrisse, sonstige Störungen, so daß Menschen demonstrativ die Vorstellungen verlassen. Solche Menschen gehen uns verloren – teils für immer! Ich muß auch noch die mangelhafte Filmpflege und -kontrolle ansprechen ... Kämpfen Sie mit mir, daß wir gemeinsam solche Verhaltensweisen für immer verbannen. Nur so erfüllen wir den unverbrüchlichen Geist des VIII. Parteitags mit echtem Leben und machen unsere Lichtspieltheater zu wahren Zentren des Frohsinns, der Besinnlichkeit und des geistig-kulturellen Schöpfertums.

Heinrich retournierte *Tatbericht 10b*:

Werter Herr Genosse Jacobus!

Ihre Sorgen sind vollinhaltlich auch die meinen. Ich bemühe mich ganz persönlich, die Früchte meiner Arbeit ständig gewissenhafter zu erledigen, wobei mir natürlich ab und an ein Huschelfehler unterlaufen kann. Aber rauchen tue ich schon aus Prinzip nicht. Auch ich empfinde schmerzlich, wie sehr das Beschädigen von Filmkopien unser Volkseigentum schmälert. Außerdem manifestiert es mangelnde Achtung vor dem unbeirrbaren Erholungswillen unserer Werktätigen. Ich möchte strengere Kontrollen anregen, und zwar schon bei der Vorführerprüfung (A-Schein). Können wirklich alle künftigen Kollegen einwandfrei die Noten 1 bis 4 für den Zustand von Perforation und Beschichtung vergeben? Ich habe da so meine Zweifel. Auch ist mir ein Fall bekannt, wo der Vorführer im Projektionsraum Hühner hält.

In der Hoffnung auf ein stetig wachsendes Einvernehmen verbleibe ich mit freundlichen Grüßen

Ihr Kollege Heinrich.

So *tat* er nur. Derlei Äußeres befriedete innen. Er lebte so dahin. Er verließ das Haus der Eltern nachmittags um zwei.

Um drei beglückte er zwei Dutzend Kinder gegen ein Entgelt von fünfundzwanzig Pfennigen mit »Alfons Zitterbacke«, »Das bucklige Pferdchen« oder »Chingachgook, die Große Schlange«. Brühte Kaffee, las. Spulte den Fünf-Uhr-Film auf Anfang. Bestrahlte alsdann eine Handvoll Kleinstädter, darunter stets die wahnwitzige Marianne, mit der »Schlacht an der Neretva« und dem »Tod in Venedig« (Eintritt: eine Mark und fünf). Um acht Uhr dasselbe, häufig für dieselben. So bröckelte heiter die Zeit. Heinrich oben im Gehäuse trank Filme und sah und erlebte und bedachte alles, ohne irgend zu handeln. Fast mochte er schon wieder diese kleine Welt.

Wer sein Lebtag zu Hause bleibt, ist erst ein Kind und Träumer, dann Rebell, dann Zyniker, dann Lokalpatriot. Diese Stadien völlig seßhaft zu durchlaufen hätte nicht nur Heinrichs treuem Wesen entsprochen, sondern auch der Lebensphilosophie der Bürokratischen Republik. Kaum war er noch ihr Opponent. König Heinrich wurde Untertan – nicht für immer, dachte er, eben nur ein Weilchen. Ich mache Pause, hörte er sich denken. Gar nichts ändert sich an meinem Ideal, gänzlich aus mir selbst zu leben, ohne die Geschirre von Gesellschaft, Mode und Geschlecht. Weit weg will ich bestimmt vielleicht noch immer oder endlich eine Liebste, die mir das Wollen nimmt.

Heinrichs späterer Konservatismus sproßte ebenda, wo seine Seele diesen ersten Heckenrosenfrieden fand, geborgen und gebunden in das Rankenwerk von Zeit und Zeitgenossenschaft. Heimat ohne Konvention ist Hybris und Klamauk. Die Greise werden älter und sammeln sich, Freunde ihren Feinden, hinterm Teich am Anger auf der alten Bank, froh über jeden, der noch Gleiches sinnt: Damals, ach … Es fielen keine Bomben, es nahte kein Mongolensturm, und weißt du noch, wie 78/79 dieser kalte Winter kam? – Und ob, und ob! Ich stand am dreißigsten Dezember abends bei der Garage, tagsüber war's noch warm, da plötzlich wehte mich das Eis an wie mein Grab.

Da aber schrieb der Dichter Lenz an Heinrich: *Wir werden geboren – unsere Eltern geben uns Brot und Kleid – unsere*

Lehrer drücken in unser Hirn Worte, Sprache und Wissenschaften – irgendein artiges Mädchen drückt in unser Herz den Wunsch, es eigen zu besitzen … es entsteht eine Lücke in der Republik, wo wir hineinpassen – unsere Freunde, Verwandte, Gönner setzen an und stoßen uns glücklich hinein – wir drehen uns eine Zeitlang in diesem Platz herum, wie andere Räder, und stoßen und treiben – bis wir, wenns noch so ordentlich geht, abgestumpft sind und zuletzt wieder einem neuen Rade Platz machen müssen – das ist, meine Herren! ohne Ruhm zu melden unsere Biographie – und was bleibt nun der Mensch noch anderes als eine vorzüglich-künstliche kleine Maschine, die in die große Maschine, die wir Welt, Weltbegebenheiten, Weltläufe nennen, besser oder schlimmer hineinpaßt … heißt das gelebt? heißt das seine Existenz gefühlt, seine selbständige Existenz … es muß in was Besserm stecken, der Reiz des Lebens; denn ein Ball anderer zu sein, ist ein trauriger, niederdrückender Gedanke, eine ewige Sklaverei … Was lernen wir hieraus? … daß handeln, handeln die Seele der Welt sei … daß diese handelnde Kraft nicht eher ruhe, nicht eher ablasse zu wirken, zu regen, zu toben, als bis sie uns Freiheit um uns her verschafft, Platz zu handeln.

Genosse Wintergünter sprach: Na Kollege Heinrich, ich glaube, wir haben unseren Platz gefunden. Nein, dachte Heinrich endlich, ich hab doch noch gar nicht getobt! Er kündigte und bewarb sich in die große Stadt, Theologie zu studieren. Dem Genossen Wintergünter sagte er, daß er *mit Menschen arbeiten* wolle. Er versäumte zu sagen: Ich will das Suchen wiederfinden und endlich eine Freundin. Genosse Wintergünter wünschte viel, viel Glück: Jesus war der erste Kommunist, das werden Sie noch merken.

Heinrichs Abgang fiel ineins mit einem typisch sozialistischen Verbrechen, begangen vom kleinen Kollektiv am großen. *Widerrechtlich* beteiligten sich mehrere Kollegen der Kreisfilmstelle am Zuschauer-Preisrätsel des VEB Progress Filmverleih, dessen Lösung sie ja schon kannten. Die Barfrau Doris gewann einen Urlaub am Schwarzen Meer. Kollege Beifluß gewann das polnische Schallplatten-Abspielgerät

»Mister Hit«. Genosse Wintergünter gewann die Langspielplatte »Die Erde dreht sich linksherum. Junge Lieder mit dem Pionierchor Omnibus«. Heinrich gewann fünf Tage Budapest. Sein erster Flug! Er jauchzte und knipste aus dem Bullauge. Das Hotelzimmer war zu teilen mit einem weiteren Gewinner, Frauen-Leichtathletiktrainer aus Berlin; der bedrängte ihn nachts im Doppelbett mit den Tatberichten prominenter Lüste. Die Weiber! sagte Heinrich forsch und rückte ein bißchen ab, 's gibt aber auch andere, anständige. Der Trainer: Ick kenn keene.

Anderntags saß Heinrich auf den Donaustufen unterm Parlament, streichelte seine neue LP von Crosby, Stills, Nash & Young (indische Pressung), schmiß Pfirsichkerne in den Strom und dachte: Leipzig, da finde ich sie.

11

Und da stand sie.

Man soll Liebesbriefe nicht verbrennen, nur vergraben, wenn das Ende gekommen ist. Später kann man sie rückwärts lesen, vom letzten bis zum ersten; der bringt dann das Happy-End. Ist nicht auch die christliche Erlösungshoffnung ein nach hinten geklappter Schöpfungsglaube (und umgekehrt)? Hier fehlt leider das Material zu solcher Reparatur. Heinrich hat alles verbrannt in seinem Entsetzen über den schrecklichen Schluß. Ein froher Anfang aber war auch hier: Da stand sie.

Es übergoß ihn heiß, zum zweiten Mal. Er hatte sie vor Wochen schon gesehen – nicht hier am Hauptbahnhof, wo die Straßenbahnen unablässig kamen und gingen und kamen, aber ihre nicht. In Warschau war's gewesen, zum Jazz Jamboree, vor dem Kulturpalast. Sie schwenkte, Kartensucherin, ein Schild und strahlte im Herbstlicht und schnatterte so fröhlich um Hilfe, daß ihr bald geholfen war und sie verschwunden.

Bist du nicht …

Wer bist du denn?

Sie strahlte schon wieder. Sie war so blond. Sie fror so reizend, und auch Hunger war glücklich vorhanden, so daß man alle Bahnen fahren ließ und durch die Unterführung spazierte, Richtung Sachsenplatz, dann übern Markt. Spazierte ist wohl nicht das rechte Wort. Heinrich zerrte wieder Vaters Vulkanfiberkoffer. Sie lachte, faßte an und nannte das verdiente Utensil einen *Felsen*.

Die folgenden Stunden im »Thüringer Hof« denkt man sich am besten als rührendes vis-à-vis zweier junger Menschen, deren leuchtende Gesichter weder das Letscho-Steak noch die Flasche Lindenblättriger derart illuminiert haben kann. Sie schwatzen strahlend ohne Unterlaß, wobei sie unablässig einer Meinung sind, was beweist, daß Polemik und Diskurs nur als trübe Aftergeburten verschmähter Liebe gelten dürfen. Hier wird nicht verschmäht. Horch! Heinrich referiert gerade die paulinische Rechtfertigungslehre vor dem Hintergrund des hellenischen Judentums – so flüssig und charmant, wie er's im Seminar des Doktor Kühn niemals vermöchte, weil er da in Begriffen reden muß anstatt, wie hier, in Klängen. Und Konni begreift alles; schließlich studiert sie Ökonomie. Und lacht Heinrich an und strahlt wie der liebe Ostermorgen und spricht den unvergeßlichen Satz: Ich muß dich küssen oder auf die Intensivstation.

Ersteres geschah nun und wurde erst beendet von der Schließung des »Thüringer Hofs«. Sie brachten einander zur Bahn. Beide brauchten die 16 – er zum Bayerischen Bahnhof in sein Konvikt, sie sechs Stationen weiter Richtung Lößnig, ins Studentenheim. Ich hab sehr viel zu tun, sagte er wichtig und frisch. Heute ist Montag. Freitag abend bin ich frei. Strahlendes Gejammer: Ooooh, so lange hin! Dann stieg er aus. Die alte gelbe Bahn schleppte ihre beiden Wagen quietschend um die Kurve und tauchte in den dunklen Häusergraben wie ein schwankendes Lampion. Hinten an der Scheibe stand Konni, wurde klein und kleiner und winkte, bis das goldene Lampion in der Schwärze ertrank.

Schon am Mittwoch stand sie vor der Tür, strahlte, preßte ihre eisig roten Wangen an die seinen und wollte sich nur kurz versichern, daß es ihn wirklich gab. Schon war sie wieder weg, zum Seminar. Am Freitag gingen sie ins Kino »Wintergarten«: »Aus Liebe sterben« mit Annie Girardot als Lehrerin, die ihren siebzehnjährigen Schüler liebt – selbstverständlich gegen Tod und Teufel und das Spießertum der bürgerlichen Welt. Soweit sie den Inhalt mitbekamen, waren Konni und Heinrich erschüttert über die verstockte Enge der nichtliebenden Majorität.

Dann lagen sie in seinem Studentenzimmer auf der mürben grünen Couch. Sie hatte ihre Tage; darüber war er eigentlich erleichtert. Er wußte schon, daß sie *erfahren* war – ein Vorsprung, den er ihr verschweigen wollte, bis er männlich nachgezogen hätte. *Überholen ohne einzuholen* hatte Walter Ulbricht diese emanzipatorische Hoffnung genannt. Seiner nicht gedenkend, lagen sie und streichelten einander. Sie mußten nicht essen, nicht trinken; sie hatten keine Musik; da war nur die Stumpenkerze und der Regen auf dem Zinkblech draußen vor dem Fenster. Sie fröstelte. Er wickelte sie ein und klaute Kohlen mitten in der Nacht. Sie schaute lächelnd, wie er Asche kratzte, Späne stapelte und sie mit Briketts überbaute, bis der Flammwind bullernd in die Pyramide griff. Ich glaube, du bist praktisch, sagte sie froh.

Was sie einander erzählten, war, wie jedermanns Leben, das Universum im kleinen. Sie tauschten ihre inneren Provinzen und erklärten sie entzückt für eng verwandt. Sie kam aus der Lausitz; ihr Dorf stand nur noch auf Zeit. Kohle lag darunter; der Abbau war beschlossen. Heinrich erklärte, Dörfer wegzubaggern sei pervers, denn energiepolitisch tue *Umkehr* not. Das war nun nicht, was sie an ihrer Handelsschule hörte. Du bist ein Träumer, sagte sie ganz warm und hob die Geschichte ihrer Großmutter und die von Onkel Alfreds Ende an der Ostfront noch ein bißchen auf. Sie schlief ja schon. Heinrich flüsterte ein Gebet und löschte die Kerze und folgte ihr.

Am Morgen fuhren sie nach Cottbus und weiter in das Städtchen Peitz. Dort hatte die Jazz-Avantgarde der Bürokratischen Republik ihr wohlweislich entlegenes Zentrum. Heinrich war ja Rocker, räumte aber in seinem *house of voices* dem Jazz eine Etage frei, seit er John McLaughlins Mahavishnu Orchestra gehört hatte. Dieser fusionäre Spiritist prägte freilich keine Schule in der Republik. Jazz – in Szenekreisen unbedingt zu sprechen, wie man's schreibt – war hierzulande zweierlei: teils die subversive Anarchie des freien Spiels, teils hagestolze Ideologiemusik von Weill- und Eisler-Beerbern, die so selbstgewiß musizierten, wie Brecht Theater machte. Der *ECM-Sound* von Lyrikern wie Keith Jarrett, Jan Garbarek und Ralph Towner verfiel dem Rufe *Glotzt nicht so romantisch!* Der tonale Heinrich liebte die Verfemten inniglich. Seinen Jazz spielten im Ostblock eher die Polen Namysłowski, Stanko und Szukalski, die Musik als Lauscher zu empfangen schienen, statt sie hinzuschleudern wie eine teutonische Proklamation. Immerhin eigneten sich Konrad Bauers Posaunen-Kontemplationen, Joachim Graswurms Dichten auf dem Flügelhorn, Günter Sommers oratorisches Getrommel durchaus zu der herzlichen Versenkung, die Heinrich den Beruf des Hörers nannte. Konni hörte tapfer mit. Andächtig saßen sie im überfüllten Peitzer Kinosaal. Sommer paukte gewaltig und dämpfte in der folgenden Sekunde sein Fell mit raschem Ellenbogen. Bauer hupte ein nimmermüdes Solostück, »Traumtänzer« betitelt. Konni umarmte Heinrich und püschperte ihm ins Ohr: Wir bleiben immer zusammen, willst du? Erschüttert nickte Heinrich, völlig verblondet. Nachts im Zug nach Leipzig hob sie ihren Pulli, daß er endlich ihre Brüste sähe. Sie waren sehr schön.

Am nächsten Wochenende blieben sie in Leipzig. Freitag abend lauschten sie in der Mensa einer Bluessession. Plötzlich stoppte der biedere Fluß der Drums und Slides. Renft-Keyboarder Christian Kunert enterte das Podest, gefolgt von Gerulf Pannach, dem Biermann-Freund und Texter von Renft. Die Band war schon verboten, diese beiden also auch. Jetzt brüllten sie, bevor sie das Land verließen, ihren Epilog heraus

In ihrem Ferienjob verpackte Konni Hühnerbeine, etwa 1975

und geißelten die Lügenrepublik ohne Rücksicht auf Verluste. Da tobte das Volk begeistert und fühlte sich nicht gemeint. Heinrich, der Sammler, erkannte die historische Stunde und erfragte die Namen sämtlicher Musikanten: Lothar Ruhland, Frank Fischer, Reiner Trautmann, Michael Maltitz, Udo Weidemüller (Gitarren), Jörg Wolf (Cello), Bernhard Kochaszik (Keyboards), Wolfram Dix (Schlagzeug). Am Montag wurde

Konni von Kommilitonen gewarnt: Ihr Freund sei gewiß von der Stasi.

Jetzt aber bestiegen sie verschlungen das goldene Lampion und schaukelten nach Lößnig. Am Wohnheim-Block III drückte sie die Glastür auf und zeigte dem Nachtportier ihrer beider Ausweise. Heinrich war angemeldet. Sie fuhren in den dritten Stock. Das Zimmer war so klein und heiß. Er hatte gar keine Angst mehr. Draußen blinkte der Schornstein des Gaswerks Flugzeuge an, die niemals kamen. Drinnen zog sie ihm den Pullover über den Kopf. Vorsicht, sagte er, meine Brille. Vorsicht, sagte sie, meine Kette. Das untere Bett war ihrs. Dann glitten sie fort. Er dachte und ersehnte nichts. Er war ins Leben gefallen.

12

Eins zwei drei, im Sauseschritt eilt die Zeit; wir eilen mit. Aus dem nassen Januar ist ein heiterer, gemäßigter August geworden. Leipzig liegt weit hinten. Uns umgibt ein Ackerpanorama: Nordrumäniens Felder rechts und links, krakelig geteilt von einer Schotterstraße, die schon aus der Ferne staubig meldet, daß ein Wagen sie befährt. Ein Traktor ist es und tuckert mürrisch heran. Zwanzig kopfbetuchte Bäuerinnen sitzen auf dem Hänger um ein strahlend blondes Mädchen, das mit ihnen lacht und pantomimisch diskutiert. An der Seitenklappe hockt ein mißgelaunter Jüngling, stützt die Linke philosophisch unters Kinn, ignoriert das fröhliche Gebabel und beäugt die Äcker wie ein Magenkranker das Bankett.

Was hat denn Heinrich?

Er ist eifersüchtig.

Ist denn ein Kerl in der Nähe?

Ach was. Er neidet Konnis simples Glück. Wir müssen das erklären: Anfangs stand es zwischen beiden so vortrefflich, wie das gar nicht zu beschreiben ist. Sie sahen einander fast täglich, liebten sich, überwanden *ideologische Grenzen*, denn sie flogen. Sie hatten Freunde, die sich ihrer freuten. Sie galten als das ideale Paar. Leider neigte Heinrich zur Institution. Er überstülpte ihre Liebe mit einem kleinen Verwaltungsapparat. Jetzt wurde Abschied an der Straßenbahn zum Ritual: Leg deine Hand von drinnen auf die Scheibe, ich von draußen. Jetzt waren ihre Nächte vorbereitet mit Wein, Blumen und Musikprogramm, oder er las vor. Schließlich hatte Konni doch noch viel zu lernen; und was konnte diesem Arbeiterkinde Edleres widerfahren als Heinrich, der seine Innerlichkeit gerade umbaute zur Bastion geistigen Bürgertums.

Ihr Lieblingsbuch, »Narziß und Goldmund«, tat er spöttisch ab: Gut sei das nicht, mehr was für Frauen, wie Hermann Hesse ja selbst eine gewesen. – Wie, was? – Hesse, lehrte Heinrich, schreibt in permanenter Empfängnis. Dauernd nimmt er auf, statt selber zu gestalten. (Aber war nicht Empfängnis Heinrichs Ideal von Musik?) Da ranzte sie ihn an: Ganz woanders liege das Problem. Heinrich sei Narziß, sie Goldmund und brauche die Freiheit des plötzlichen Glücks. Heinrich aber wünsche sich ein Glück in portionierten Bratenscheiben, die seßhafte Einsamkeit zu zweit. Jede Überwältigung der Seele sei ihm eine Angst – typisch Bürokratische Republik! – Häßlicher Streit, süßeste Versöhnung. Fortsetzung folgte.

Immer öfter rief Heinrich seine frisch angeschaffte Theologie zur Zeugin gegen Konni auf. Heinrich der Redner *tat* nicht recht. Auf ihn paßte Otto Flakes Wort, die Deutschen seien das Volk des ungefähren Erfassens. Was er an Wörtern über Konni goß, war humanistische Soljanka. Er bekleisterte sie mit Bildungscollagen, die keinerlei Klärung bezweckten, nur Konnis verwirrte Bewunderung. Mein Heinrich, sollte sie fühlen und durchaus auch sagen. Mein Heinrich, du bist, wie ich keinen kannte. Ich hatte einen Fernmeldetechniker, einen Gärtner, einen Sudanesen und einen Chauffeur – biedere Männer der Tat. Aber ich suchte mehr. Nun bin ich am Ziel: bei meinem Heinrich. Ein Wunsch ist mir verblieben: Leih mir deine Brille, daß ich die Welt mit deinen Augen sehen darf. – Gerda war immer so dankbar gewesen.

Erstmals fuhren sie zu Konni nach Hause. Er war aufgeregt. In Cottbus (häßlichster Bahnhof der Republik) stiegen sie um nach Welzow. Lächelnd zählte sie die Namen der kleinen Stationen her wie Kindergold, und wieder spürte er warm, was letztens seltener geworden war: daß sie aus Geschwisterländern kämen. Klang nicht Neupetershain wie Nienhagen oder Schwanebeck? Noch ein Stückchen Busfahrt, und sie waren da. Konnis Mutter holte sie am Konsum ab: Na Heinrich, haben Sie Angst?

Da stand ein kleines Häuschen vor einem Feld, umgeben von ein wenig Stallung, Garten und dem Wäscheplatz. Konnis Mutter, Lehrerin, war eine fröhliche, energische Person, die ihren behäbigen Gatten treusorgend ironisierte. Er, wuchtiger Mann des Tagebaus, redete feierabends so ungern, wie er sich bewegte, und das passierte selten, denn Bier holte ihm vom Kühlschrank seine Frau. Ihn besorgte *der Wagen* und was vom Metzger zu beschaffen war. Wie sollte ihm Heinrich gefallen, da doch dieser keinen *Sinn fürs Praktische* bezeugte, unbewandert war in den Gesprächen der berufstätigen Welt, weder Auto fuhr noch unaufgefordert Späne hackte, aber gern auf Konnis Zimmer blieb und *Schwarten* las.

In dörflichen Häusern ist Schwiegersohn ein früh gedachtes Wort. Auch Konnis Mutter unterdrückte ein Seufzen, als sie im ehelichen Bett den Gatten beschwichtigte: Laß man, Horst, ist doch alles nicht mehr wie bei uns. (Horst war seinerzeit mit ihr vor seine Mutter getreten und hatte erklärt, gelegentlich von Umständen, die beim letzten Maitanz eingetreten seien, müsse er diese hier heiraten.) Nur Claudia, Konnis kleine Schwester, votierte uneingeschränkt pro Heinrich. Mit Kindern konnte er ja. Konnis geliebte Oma, eine hagere, stille Greisin, gestand ihrer Enkelin wenigstens zu, Heinrich habe gute Augen. Das war dürftig. Beklommen merkte Konni, daß nicht Leipzig ihre Heimat war. Hier wirkte Heinrich ihr so fremd, wie er sich benahm. Ihm sich gegen elterliches Urteil zu verbünden kam im Gemäuer ihrer Kindheit nicht in Frage. Heinrich kapierte von alledem wenig. Er fühlte keine Wetter. Er war treu und verlangte Treue. Das ist zwar schön, aber auch ein bißchen langweilig, stimmt's?

Aber nun fuhren sie ja und fuhren, weit weg, in ihrer beider Ferne. Gen Balkan reisten sie, wie es das Fernweh befahl. Hunderttausende Tramps flohen allsommerlich die Bürokratische Republik, schnürten ihren Ranzen und durchpilgerten die südosteuropäische Staffel von Volksbürokratien bis an die Grenze der Türkei. Konni und Heinrich, diesen Sommerkindern völlig gleich, waren doch auf unerhörter Fahrt, denn sie reisten ja zum ersten Mal. Bis Budapest nahmen sie den Zug. Eine Nacht und einen guten halben Tag rollten sie in einem braunen klebrigen Abteil. Hinter Dresden, als jenseits der Elbe die Sonne in die Sandsteinfelsen sackte, dinierten sie fürstlich mit Bitter Lemon (warm), Knäcke und der ersten Schmalzfleischbüchse. Sie schliefen fahrig, verstrickt in unruhige Träume, durch die es ratterte, quietschte, plärrte – *Ústí nad Labem! Ústí nad Labem!* –, bis graue Röte durch die schmutzigen Scheiben kroch.

Das da draußen war schon Slowakei: Felder, Hütten, bröckelnde Fabriken wie daheim, aber *Ausland* – ein Frühkapitel Reisen, das Heinrich, wie jedes folgende, unermeßlich mit fahrenden, bestimmungsfreien Bildern füllte. Nie kannte Heinrich Frauen, die vor ihm erwachten. Immer war der Morgen sein, zum Schauen, zum Lesen. Hitze und Trubel kamen mit dem Tag, zu dem auch Konni gehörte. Alles erlebte sie pünktlich und bei Sonnenlicht, er früher oder später. Ihr mißfiel, wie gern er photographierte, am liebsten Landschaft ohne Menschen. Übers *Volk* mokierte er sich oft. *Unmöööglich!* war sein Siegesruf. Guck mal, wie der aussieht, typisch, die Sorte kenn ich, ekelhaft, Gewohnheitskrüppel, Spießer … Sie sagte: Wenn ich so wenig akzeptieren könnte wie du, müßte ich als Hasser leben. Aber ich will lieben. Und wenn du meinst, so leichthin Menschen zu erkennen, muß ich dafür sorgen, daß ich Geheimnisse habe. Was du urteilst, mag im allgemeinen stimmen, im speziellen nie. Und du, der nicht das Einzelne und höchst Besondere in jedem Menschen siehst, willst mir der Einzige sein?

So ähnlich entstand seine Eifersucht. Im Sommer mit dem Rucksack an der Straße findet man leicht flüchtige Freunde, *buddies of the road*, aus Riesa oder Weißenfels, die ihr Woher erzählen, ihre Hoffnung, ihre Spleens. Konni entzückte diese *communio* der Reisigen; Heinrich muffelte, und je heftiger er sie beide allein wünschte, desto willentlicher war sie in Gesellschaft. Aber in der ersten Zeltnacht hinter Szeged, nahe der ungarisch-rumänischen Grenze, überraschte sie am Fluß ein furchtbares Gewitter. Sie zitterte und schrie, er reckte das Kinn gen Himmel, hielt sie geborgen und war ihr Held. Grollend zog der Donner ab. Im Zelt vollendete Heinrich an Konni seine Männertat. Da gefiel er ihr zum letzten Mal.

Der Traktor hielt. Die Frauen kletterten vom Hänger. Am Feldrain saßen Bauern und hielten Vesper. Einer trillerte auf der Flöte die trolligen Synkopen des Balkan. Man bot den Gästen Brot, Milch und etwas wie Paprikaschoten, die waren lächerlich klein. Heinrich schob gleich drei oder vier in den Mund, kaute rüstig, schluckte ... Er brüllte auf. Er kreischte. Er quiekte wie ein Vieh. Die Luft blieb weg. Die Augen schwemmten fort. Der Rachen verglühte. Die nordrumänische Bauernschaft zeigte sich aufs äußerste erheitert.

Bis hinter Arad kamen sie an diesem Abend. Sie kauften Weißbrot in einem kahlen Geschäftchen und durchwanderten die lehmige Stadt. In der Dämmerung nahm sie noch jemand mit bis an den Rand von Siebenbürgen. Paulis hieß das Dörfchen, wo man sie altertümlich deutsch begrüßte und auf dem Dorfplatz unter einer Erle ihr Zelt aufschlagen ließ. Mach die Taschenlampe aus, bat Konni, lies nicht mehr. Er wollte sie, aber sie rollte sich ein: Erzähl mir was, damit ich einschlafen kann.

Fahrende Bilder: Sie sahen Sibiu, das alte Hermannstadt. Sie fuhren die Olt entlang, durch bescheidene Dörfer und Weiler, über Brücken und Schlünde, durch die helles Wasser schoß. Sie trank das Land, er knipste Kirchen und Katen, vor denen, schwarz gewandet, alte Frauen saßen und knorrige Greise. Gemächlich trotteten Bauern hinter kleinen Herden. Mancher trieb nur eine Kuh, ein einziges Schaf, überholt von ewig rennenden schmutzigen Kindern, die jeden Fremden um

Kaugummi baten. All dies war gerahmt und wurde bewacht von der Gipfelkette der Karpaten. Dann verflachte das Land. Vor Piteşti mit seinen lodernden Raffinerien las sie ein türkischer Fernfahrer auf. Mitten in Bukarest zelteten sie auf einem Streifen Grün, zur morgendlichen Freude der Passanten. Hinter Giurgiu überwanderten sie die mächtige Donaubrücke, ließen dünne Rumänen zurück und wurden begrüßt von dicken bulgarischen Zöllnern, denen Konni wohlgefiel; Heinrich – Griff zum Hosenbund – müsse viel mehr essen. Von Russe fuhr sie ein Melonentransporter bis hinter Šumen, wo sie im Dunkel eine Kuhkoppel bezelteten, deren Bevölkerung morgens am Zeltstoff fraß.

Varna, Schwarzes Meer – schwarz von Menschen, also weiter, mit dem Schiff. Alt-Nessebar auf steilem Gestade, die Fischbraterei an der Treppe zum Meer, die Esel und der Dattelbaum, das eingeborene Leben auf den kleinen Plätzen und Bänken, bis in die Nacht umdudelt von der Janitscharen-Pentatonik der Turkmusik ... Konni war glücklich. Heinrich studierte an den Bäumen die Todesanzeigen: Aha, hier starb man früh. Am nächsten Morgen äugte ein Pistolenlauf ins Zelt und verlangte fünf Lewa für schwarzes Zelten.

Burgas, Kavazite, Sonne, Meer, endlich Sauberkeit, und dann landeinwärts weiter, über Sliven, Kazanlak und den Schipka-Paß nach Gabrovo. Dort ist es dann geschehen.

Die Leute von Gabrovo stehen in Bulgarien im Ruf besonderer Witzbolde. Heinrich würde es obliegen, diesen Ruf auf das empfindlichste zu testen. Nachmittags hatte sie ein Schweinetransporter am Stadtrand abgesetzt. Eine Wolkenwand zog auf. Rasch bauten sie ihr Zelt in einer Mulde nahe einem Gehöft. Blitze, dann schmetterndes Krachen. Urgewaltig setzte Regen ein. Konni weinte und flehte, Heinrich zerrte sie durch Dickicht und Bäume hin zum Haus. Man sah sie kommen und ließ sie ein – erst etwas befremdet, dann überschäumend herzlich. Zwei junge Ehepaare wohnten in dem Haus. Todor und Stepan waren Brüder, die Frauen gleichfalls vorhanden. Woher man denn komme? Bjurokratski Republik? Aaaaah, erhellte sich Stepan, Kris Derrrk Sexbomba! Heinrich verstand: Die heimatliche Schlagersängerin Chris Doerk wurde hierzulande offensichtlich als sexuell erfrischend empfunden. Er versprach die Übersendung einer LP. Es entfesselte sich ein Gespräch, das aus dem unaufhörlichen Tausch von Fußballernamen bestand. Die Frauen mußten kochen, die Männer saufen. Große klare Flaschen ohne Etikett.

Später begab sich Todor mit der Seinen ins Obergeschoß. Konni und Heinrich wurde Stepans linkes Ehebett angewiesen. Rechts gedachte der Hausherr seine Dilyana zu beruhen. Waffenbrüderschaft galt innerhalb des Warschauer Paktes als ein hohes Gut; um so mehr war der völlig benebelte Heinrich verdattert, als Stepan ihn mitten in der Nacht durch Hecken und Wiesen ins quatschnasse Zelt transferierte. Gleich schlief er wieder. Aufklärung anderntags durch Konni: Heinrich hatte, übervoll betankt, unter sich lassen müssen. Er knipste Stepans Nachttischlampe an, ließ im Bett die Hosen fallen, breitete die Beine nach der Männer Art und beregnete die Schlafzimmertapete mit saftigem Strahl. Solches war in Bulgariens Kemenaten noch nie geschehen.

Nach Heinrichs Entfernung suchte Stepan für den Rest der Nacht seiner Erregung Herr zu werden, und zwar vermittels von Konni. Sie schubste ihn zurück, er kehrte wieder, Dilyana zeterte und zerrte, Stepan kroch herüber und hinüber, Licht aus, Licht an ... Tut mir furchtbar leid, beteuerte Heinrich. Konni wollte nur noch heim. Von Russe nahm die beiden wieder ein türkischer Trucker mit. Er fuhr bis Budapest; das dauerte drei Tage. Er tränkte und bekochte sie. Er ließ sie in der Koje schlafen, Konni hinten, Heinrich überm Steuerrad. Nachts erwachte Heinrich und hörte Konni leise weinen. Guttguttgutt, brubbelte es, niiicht tun, niiicht Angst, niiicht weinen.

Beischlaf galt wohl als normaler Fahrpreis. Glücklicherweise stand am nächsten Vormittag hinter Vilcea eine Hure am Straßenrand. Der Türke schickte Konni und Heinrich spazieren. Sie kicherten wie Kinder. Bei ihrer Wiederkehr nach einer Stunde war auch der Türke heiter und zeigte ihnen seine Männlichkeit: einen Armdurchschuß aus dem Zypernkrieg. Morgen Abend Budapest, sagte er froh, dann jeder Fahrer in Camion eine Frau. Zweimal platzte ihm der Reifen. Sie verloren Zeit. Hinter Deva versuchte er abzukürzen. Sie endeten an einer kleinen Brücke. Der Truck wog elf Tonnen. Der Fahrer stieß weit zurück und raste los. Hinter ihnen stürzte die Brücke ein.

Sie absolvierten Budapest, statt es zu genießen. Am letzten Abend waren sie verirrt und fragten in der Straßenbahn ein Grüppchen Rocker nach dem Weg zum Zeltplatz. Bis zur Endhaltestelle, bedeutete der Anführer, und dann werde er sie geleiten. Er nickte und lächelte sehr nett. Draußen die Straßen wurden dunkler. Die Bahn leerte sich. Heinrich schaute nach ihrem künftigen Führer und erwischte ihn bei einem Grinsen, wie er nie wieder eines sah. Plötzlich wußte er von Tier zu Tier: Der da war Mörder.

Sonst saßen nur noch vier Afrikaner im Waggon. Fliegend erklärte Heinrich die Lage. Sie begriffen sofort. Heinrich ging zu dem Anführer und sagte: Wir begleiten nun doch unsere Freunde, *thanks for help*. Die Kerle stiegen unverzüglich aus. Heinrich lachte aus dem Heckfenster. Der Führer zückte einen Dolch, sein Kumpan schleuderte die Aquavit-Flasche nach der enteilenden Bahn. Sie zerschellte unter dem Fenster. Zwei Jahre später, beim Warschauer Jazz Jamboree, hat Heinrich den Führer noch einmal gesehen. Er trug ein T-Shirt mit dem Aufdruck: *Live and let die*.

Von Leipzig fuhr Konni nach Hause. Laß mir ein Weilchen Ruhe, bat sie, ich melde mich bei dir. Das tat sie nach zwei Wochen, aber wie müde! Sie strahlte nicht mehr. Daß er sich sehnte, änderte nichts. Sie wurstelten sich durch den Herbst. Die Oktoberferien wünschte sie wieder allein zu verbringen. Heinrichs Studienfreund bekam Besuch von seiner Westcousine. Heinrich aß mit ihr im »Thüringer Hof«. Er trank mit ihr im »Hotel Hochstein«, wo hinterm Tresen ein Schild hing: *Hier schlief auf der Durchreise Karl Marx mit seiner Tochter Eleonore*. Sie hurten. Das war ein neues, geiles Glück. Konni konnte er nur lieben.

Er besuchte sie noch einmal in ihrem Dorf. Nervosität und Streit. Sie waren beide ja nicht flüchtig oder falsch, nur unberaten und sehr jung. Daß es zu Ende wäre, mußte sie ihm fast befehlen. Er stahl ihr zwei Lieblingsslips und das azurne Nicki, das sie getragen hatte in der ersten Nacht. Dies und ihre Briefe tat er ins Feuer.

Das wäre ein gemäßigter Schluß gewesen. Zerstört fuhr er zu seinen Eltern. Nichts zu reden, nichts zu hoffen, nichts zu tun. Am Abend sah er fern. Es war der 20. November 1976. Vier Tage zuvor hatte die Bürokratische Republik dem Sänger Wolf Biermann die Staatsbürgerschaft entzogen. Er saß im Westen fest und durfte nicht zurück. Jetzt übertrug das Westfernsehen den Auftritt des östlich inkriminierten Barden. Drei Stunden lauschte Heinrich wie gebannt. Er wußte nicht, und keiner ahnte, daß sich hiermit seines Landes späteres Geschick entschied. Aber Ungezählte seines Alters, die 1968 während des Prager Frühlings noch zu jung gewesen waren, empfingen durch dieses Konzert ein erstes *ganzes* Wissen darum, was das sei: die Bürokratische Republik. Vorher war man Kind aus Sachsen oder von der Küste, Rockfreak oder Fußballfan, fuhr Moped oder sang im Chor, verliebt oder verlassen, eigentlich für den Staat oder irgendwie dagegen – jedenfalls zerstreut in Privatissima. Heinrich philosophierte ja beflissen und hatte in seiner mählich wachsenden Bereitschaft zu verbindlichen Kategorien ästhetisch doch schon einiges gedachtelt und geschachtelt. Was ihm fehlte, war ein politischer Überwurf – eine Ordnung, die der tausendfältigen Erfahrung das Ihre, das Seine beließ und ihr trotzdem *einen* Namen gab. Biermann stiftete System auf eine Art, die selbst der assoziative Heinrich akzeptierte: als Symbol, das Schein und Sein vereinte, Wort und Tat, die Fakten wie die Ausschweifungen der vagabundierenden Seele.

Monomanen können im Ernst nicht helfen, wie brillant sie auch seien, schrieb Golo Mann (mit Blick auf Karl Kraus). Wie der Monomane Biermann sich selber zum Symbol erhöhte, war in diesem Fall nicht seine Schuld. Daß die offizielle Republik mit solchem Furor gegen einen Sänger wütete, machte ihn erst einzig und installierte dieses Einzigen Gesang als Hymnus der Unbürokratischen Gegenrepublik. Und Heinrich saß vor der Glotze, und der Wolfshund heulte:

Du laß dich nicht verhärten
in dieser harten Zeit.
Die allzu hart sind, brechen,
und die zu spitz sind, stechen
und brechen ab sogleich.

Völlig umgewühlt beendete Heinrich diesen vorletzten Abend seiner Kindheit. Er sei ganz neu, befand er, seine Liebe auch. Wieder im trügerischen Sog der historischen Emphase fuhr er nach Leipzig und suchte Konni. Sie war nicht im Internat. Abends fand er sie im Studentenkeller der »Moritzbastei«. Sie saß in Gesellschaft, lustig und beschwipst; als sie Heinrich erblickte, vereisten ihre Züge. Er zog sie vor die Tür. Alles neu, stammelte er, alles wird nun anders, hör mir zu. Ich habe was begriffen. Biermann, hast du gesehen? Wir werden es schaffen – wer, wenn nicht wir?

Nein, Heinrich, sagte sie.

Was heißt nein?

Es ist vorbei.

Ich ändere mich. Du weißt nicht, was ich jetzt weiß.

Du mußt dich meinetwegen nicht mehr ändern.

Konni, warum?

Es hat nicht diesen oder jenen Grund. Vermutlich kannst du gar nichts dafür.

Konni, es gibt Phasen – Hochs und Tiefs, Ebbe und Flut. Das gehört zum *System*. Alles kehrt zurück.

Aber nicht zu uns, Heinrich, nicht dasselbe Wasser an dasselbe Land. Du wirst mir nie mehr der Einzige sein. Du *warst* es nur.

Sieh mich an: Ich *bin* der Einzige.

Sieh dich um: Hier sind viele einzige Menschen. Du bist einer von allen.

Sie wandte sich um und ging hinein. Plötzlich hatte er den Bierkrug in der Hand. Er tat ja nichts. Nur entglitt sein Gesicht. Nur hob sich sein Arm. Nur schmetterte der Humpen in das geliebte blonde Haupt. Sie sackte hin. Helles Rot schoß ihr ins Haar. Aus dem Ohr sickerte ein Faden Blut. Schreien, Rennen, die Sirene …

Als sie Konni fortgetragen hatten, ließ man ihn los. Seltsam, niemand behelligte ihn. Er hing am Tresen und soff. Plötzlich stand Bettina neben ihm:

Was war das?

Wie kommst du hierher?

Ich wohne jetzt in Leipzig. Dort sitzt mein Mann. Was war das?

Er schüttelte den Kopf. Sie sagte: Heinrich, wer nicht lassen kann, der wird verlassen.

13

Diesen Satz, der gar nicht seiner war, hat Heinrich 1987 auf einem Partnerwochenende des nachmals berühmten Hallenser Psychotherapeuten Hans-Joachim Maaz zum besten gegeben und damit unter den schwierig verehelichten Patienten das Entsetzen der Prophetie ausgelöst. Maaz sagte: Man wirft mir vor, ich sei gegen die Ehe, die Kirche, den Staat. Das stimmt nicht. Der Zustand dieser Institutionen spiegelt nur, was in uns steckt.

Nach dem Herbst 1989 wurde Maaz zum großen Verärgerer aller, die das Ereignis *Wende* verwenden wollten, um es auf *einen Begriff* zu bringen: den ihren. Die innere Revolution der Seelen, fand Maaz, werde weiterhin verweigert. Dies mußte allen Systematikern mißfallen: den Siegern des Kalten Krieges, den heimeligen Beleuchtern der Vergangenheit, den Dichtern des Märleins vom guten Anfang der Bürokratischen Republik, den Kronzeugen lückenloser Diktatur, den Opfern und den Täterschützern, den Überläufern und den Konterkonvertiten. All diese Interessenbündler und Bedeutungsmonopolisten feilen am Begriff des obersten Prinzips, das sich jeglichem Vergleich entzieht, weil es in sich selber ruht: So war's, und nur so, und wir Aktionäre des Unbestreitbaren lassen uns folglich auch nicht bestreiten. Das ist Leibniz' *principium identitatis indisernibilium*, der Lehrsatz von der Identität des Ununterscheidbaren. So wächst Fundamentalismus. So entsteht Ideologie: die Verweigerung der unbekannten Welt.

Ideologien sind Killer; sie schießen einander aus. Manchmal begnügen sie sich mit Unterwerfung. Die säkulare, demokratiefähige Form von Ideologie heißt Heimat: Biographie. Sie ist relativ: Jeder hat sie. Sie ist absolut: Keiner kann sie tauschen. In ihren Dörfern rettet sich die Welt.

Erst als er ganz allein war, verstand Heinrich, warum er Konni immer fremder werden mußte, je eisiger sein richtender Dünkel die driftenden Inseln ihres Ozeans zusammenfror. Sich selber war er offen, doch auf sie bezogen Ideologe. Sie wollte Volk sein und im steten Wandel, er Monarch und ihrer so wie seiner selbst gewiß. Das war einfach seine Art, ums Eigene zu fürchten. Es gibt keine Heimat per Dekret, nur ein wimmelndes Suchen nach Halt. Sie sind ja Notgeburten aus derselben Angst, die allzu treuen Fundamentalisten und die polygamen Opportunisten der Postmoderne, die ihre einzige Herkunft überwinden möchten wie eine Schande, um grenzenlos flexibel wechselnde Identitäten zu füllen, damit sie überall zu *brauchen* wären. Konni sollte ihn brauchen, und nur ihn, den treuen Heinrich, der in Wahrheit ein betreuter war. Was er eifersüchtig spielte, las und schwadronierte, ließ sich noch alles widerrufen. Jener Hieb aber mit dem Glase, dessen Vorläufer schon Gerda getroffen hatte, war die erste echte *Tat* in Heinrichs Leben. Scheußlich wurde ihm bewußt, daß er weniger wäre, als er anderen verzeihen könnte. Da ließ er ab zu richten, auf daß er nicht gerichtet werde, und begann zu erzählen.

Einmal hatte Großvater Hugo den kleinen Heinrich auf die Probe der Entscheidungskraft gestellt. Er hielt ihm ein Markstück hin und einen Ein-Mark-Schein, wie es sie damals noch

Marie-Catherine, Saint-Malo, 28. Juli 1994

gab: Welches willst du? Heinrich wußte nicht zu wählen und wünschte die Münze, eingewickelt in den Schein. Man kann nämlich Alternativen akzeptieren oder addieren. Die einen Menschen kämpfen mit ihrer Geschichte, die anderen sammeln sie. Heinrich sammelte; er spürte Kampfverbot. Daß er seine Konni doch nicht totgeschlagen hatte, daß sie ihm vergab, viel später und aus der Ferne, das war die Glückspflicht seines Lebens.

So kam er wirklich heim nach Saint-Malo. Er lehnte an der Reeling der »Britanny«, als Cap Fréhel auftauchte, als links im Abendlicht der Große Bé vorüberglomm mit dem Grab von Chateaubriand, als er die Mauern ragen sah und in ihrem Ring die Kathedrale. Oben auf dem Wall reckte sich Robert Surcouf, eine Möwe auf dem bronzegrünen Haupt, und wies martialisch gen England. Kein Volk bereitete Willkomm. Der treue Heinrich aber freute sich, daß die Einzige, zu welcher er in seinen Kinderträumen heimgesegelt war, ihm jetzt aus Fleisch und Blut zur Seite stand.

Abends liefen sie am Strand in Richtung Rothéneuf. Sie trug den Käse und das Stangenbrot, er die Kruke mit dem Apfelwein. Die Brandung sog an ihren nackten Füßen, und vom Sturm wurde ihr der Rock zwischen die Schenkel gepreßt. Links stieg aus der schwarzen Flut das alte Fort, auf dessen Plateau er 1817 im Duell die dreizehn preußischen Offiziere auf seinen Degen gespießt hatte – hoho, wie Schaschlik, Mann für Mann. Die Kerle hatten den verbannten Kaiser beleidigt. Nur den letzten Preußen ließ er leben, damit die Nachwelt einen Zeugen habe.

Und nun mußte Marie-Catherine endlich *ihre* Geschichte erzählen.

Winter 1995

My Generation

If I ask no questions
I don't get no lies.
Bad Company

1

Jedes Jahr im Oktober fuhren wir nach Warschau zum Jazz Jamboree. Das war unser herbstliches Fest: die nächtliche Reise ab Ostbahnhof, Grenzkontrolle, blechernes Polnisch, wenn der Zug seine ruckelnde Fahrt unterbrach. Ankunft im Morgengrauen, Schwarztausch (1 : 10). Die Tauben am Altstädter Markt, die bunten Parks, die Lesestuben mit Tee und »Spiegel«-Lektüre. Westplatten-Handel im Foyer des Kongreßpalastes, Konzerte bis weit nach Mitternacht, Sessions bis zum Morgen in den Clubs – »Stodoła«, »Rynek«, »Remont«. Danach durch die eisige Frühe zurück zur Priesterschule St. Anna, wo wir in einem Klassenraum unsere Schlafsäcke ausbreiten durften.

Muddy Waters, Gil Evans, Woody Herman, Benny Goodman – viele der großen Toten habe ich in Warschau noch gehört. 1983 kam endlich Miles Davis, aber wegen des Kriegsrechts war Polen für uns zu. Irgendwie ergatterte ich ein Durchreisevisum, das mich über Polen und die Sowjetunion nach Iaşi in Nordrumänien hätte bringen sollen. In Warschau wurde mir beim Gedanken an Weiterreise übel. Ich verließ den Zug, machte Quartier und begab mich auf die DDR-Botschaft, um dort einen Eindruck von meiner Erkrankung zu hinterlassen. Der Konsular-Attaché war besorgt. Er empfahl Bettruhe sowie, nach Genesung, Rückreise. »Nach Iaşi fahren Sie besser ein andermal.« Ich sah es ein.

Die Miles-Davis-Tickets waren seit Wochen ausverkauft, doch ich besaß *Währung*: 40 DM hatten, versenkt in ein Brötchen mit Fleischsalat, die Grenze zum Bruderland überschritten. Dunkler Deal im »Hybrydy« an der Schummerbar. Das Brötchen reichte für alle sechs Festival-Tickets.

Eine Woche später spielte Miles Davis in West-Berlin.

Man kann die alte DDR unmöglich preisen für ihre Behinderungen, aber sie hat uns die Musik so teuer wie möglich gemacht. Man liebt doch nur, was man erkämpfen muß, und Kunst handelt von dem, was fehlt. Wir waren so romantisch mit diesem Klang der versagten Welt. Als Teens, Anfang der Siebziger, hingen wir täglich am Radio, um *aufzunehmen*. Reisemündige Großmütter wurden angestiftet, LPs von Colosseum und King Crimson zu schmuggeln. Heldische Hippies fochten mit Schuldirektoren, die kategorisch erklärten: Keine Abschlußprüfung mit dieser Frisur. Ha! Wir siegten, wie Crosby, Stills & Nash in »Almost Cut My Hair«, wie Lynyrd Skynyrd, benannt nach ihrem Sportlehrer Leonard Skinner, der den Long-hair-southern-boys immer mit der Schere nachstellte. Langsam öffnete sich *unsere Republik*. Unsere Sender (die wir bis dato nicht hörten) spielten die ersten Rocknummern. »Türen öffnen sich zur Stadt« von den Puhdys auf Radio DDR – ich war geschockt! 1974 wagte AMIGA das Ungeheuerliche und edierte eine Jimi-Hendrix-LP. Vor den Plattenläden stauten sich Massen – ein Naturereignis, das sich während der nächsten anderthalb Jahrzehnte wiederholte, wann immer es *Lizenzen* gab.

Es ging nicht nur um Musik. Es ging um Auswege. Die DDR, bei relativer Vielgestalt, war eine eindimensionale Gesellschaft. Die Mauer hielt zusammen und ab und fern und zurück, falls man sich irgendwo zu reiben wünschte. DDR – das waren wir alle. Wir sahen alle dasselbe Westfernsehen. Wir kriegten alle dieselben Ostzeitungen vorgesetzt. Wir fuhren alle in südosteuropäischen Urlaub. Sofern kulturinteressiert, gingen wir in dieselben Bergman-Filme. Wir lasen Christa Wolf und Kafka und »Der Name der Rose« zur selben Zeit, treulich auf den Spuren hiesiger Editions-Politik. Als DDR-Verlage Camus und Sartre riskierten, brach bei uns Mitte der sechziger Jahre flugs ein kleiner französischer Nachkriegs-Existentialismus aus – lyrisch bereichernd, intellektuell hilfreich mit seinem Trost, daß jeder einsam gefangene Wolf sein Schicksal immerhin verachten dürfe, wann immer die DDR sich *Leseland* nannte. Wie hätten wir auch anders fragen können als Arnold Zweig in »Verklungene Tage«: »Blieb Lesen nicht berauschender als Leben?«

So wurden wir irgendwie satt, denn wir nahmen, was die Kelle gab. Auswahl, Alternativen gab es nicht genug. Man sah uns alle bei denselben raren Konzerten. Unglaubliche Gestalten reisten nach Peitz, dem Jazz-Nest bei Cottbus, und hörten die westeuropäische Free-Jazz-Avantgarde, serielle Musik, Konzerte für Solo-Posaune. Man hätte in diesen groben Vertilgern von Hähnchen und ganzen Rotwein-Ernten eher Rock- oder Bluesfans vermutet. Das waren sie außerdem. Sie kamen auch zu den Folkfesten des »Berliner Liedersommers der FDJ«.

Jedes Jahr im Oktober fuhren wir nach Warschau zum Jazz Jamboree. Das wird es nie wieder geben. Zum letzten Mal zusammen waren wir am 4. November 1989 und staunten, wer alles zu uns gehörte. »Wir!« dachten und riefen fünfhunderttausend in Berlin – noch einmal Eintracht gegen die Welt von gestern. Jetzt werden wir so verschieden, wie wir wirklich sind.

2

Weltanschauung: Gemenge aus Herkunft, Absicht und Resignation. Jede Generation hat ihr Erklärungsmodell. Die Pfeiler sind früh gesetzt. Alles Spätere ist Ausbau und Stuck am selben Haus. Man wird darin geboren. Man richtet sich ein, wie man das kennt. Honecker verblieb in seinem proletarischen Kinderland aus Brot und billigen Mieten, und daß er dessen König geworden war, machte ihn froh und vergessen, wieviel er vergaß. Mein Vater (Jahrgang 1920) freut sich ehrlichen Herzens auf Deutschland: »Jetzt wächst zusammen …« Es wächst nicht zusammen. Es wird zusammengenagelt, wir bluten, und das tut weh. Kinderland ist abgebrannt.

Wir sind mehr Kinder unserer Zeit als Kinder unserer Eltern. Wir kannten die DDR und nur die DDR. Wir wurden hier hineingeboren und sahen sie nicht als Provisorium. Ich schreibe dies »wir« achtsam, auf Einspruch gefaßt. Aber ich glaube, daß viele aus meiner Generation, die als Künstler, Lehrer, Publizisten oder sonstwie moralisch urteilen wollten, ihren Staat immer noch ernsthaft behandelt haben. Nach uns tat das niemand mehr. Gerade dort, wo wir den Staat am bittersten beklagten, maßen wir ihn daran, was er zu sein vorgab. Sozialismus, das war nie ganz verschlissen, trotz aller Perversion. Ja, er hat uns angekotzt, der vulgär-ideologische Abhub, der Opportunismus der Mitläufer, der stinkende Müll der Medien, der Stuß der Parteilehrjahre, Fahnenappelle, Paraden, der zugeriegelte Alltag, der arrogante Umgang des Staates mit jenem Volk, dem er doch dienen sollte. Aber wir liefen nicht über, nicht nur, weil Ungarn noch geschlossen war. Die DDR schien von Bestand; sie machte auch historisch Sinn in einer bipolaren Welt, und daß die Geschichte dieses Ost-West aufgeben wollte, war nicht zu ahnen. Deutschland *ein* Staat? Gefährliches Geschwätz, die greise Marotte pfingstlich gestimmter Schlesier! Wir dachten links-rechts, nie national, und daß Kapitalismus, global gesehen, ein Killer ist. Und viele, die »Mandela« sagten, oder »Nikaragua«, importierten sich noch einmal jene politromantischen Hoffnungen, die wir für unser eigenes Land längst nicht mehr wagten.

Mit seiner Utopie verlor der Nischen-Sozialismus seinen einzigen, den moralischen Antrieb; einen materiellen hat er nie gehabt. Der typische DDR-Mensch investierte nicht in die gesellschaftliche Evolution, sondern in die vielzitierten materiellen Bedürfnisse. Daß deren Verkünder von sich ausgingen, mußte jeder wissen. Natürlich gab es da oben ungeahnte Schweinereien und Bereicherungen. Aber z. B. die Waid-Massaker unserer werktätigen Barone waren allgemein bekannt. Alljährlich im Januar blies Erich zur Diplomatenjagd. Als Günter Gaus, wahrlich nicht *Top Gun*, als »Ständiger Vertreter« der Bundesrepublik verabschiedet wurde, erhielt das ZDF Dreherlaubnis. Es filmte eine Glanznummer deutscher Satire: Gegen Ende des großen Hasenmordens begegnet Gaus Honecker: »Na, Herr Gaus, wieviel haben Sie denn?« – »Zwei.« Unbehagliche Pause. Gaus merkt, daß er zurückfragen soll: »Und Sie?« – »Siebzehn«, sagt Honecker und freut sich. Unbehagliche Pause. Wieder Gaus: »Ich habe Herrn Stoph getroffen. Er sagte, er habe neun.« – »Ja, ja, der Willi. Wenn er sagt, er hat neun, dann hat er auch neun.«

Wen schockten sie wirklich noch, die animalischen Abschußziffern unserer Willis und Harrys, ihre Pariser Deo-Roller, ihre Gelüste nach hochwertigen Nahrungsmitteln? Doch nur Heuchler, etwa jene Journaille, die im November 89 durch Wandlitz jagte, um alles, alles aufzudecken, was sie zuvor verhüllen half. Der Effekt war trotzdem ungeheuer und ein trauriges Beispiel des allgemeinen Rette-sich-wer-kann. Zugleich mit ihren alten Auftraggebern setzte sich die Medien-Maschine selber matt, obwohl sie es nicht sofort zu spüren bekam. Der Kollaps der DDR-Medien 1990 war ein Symbol: Das Land verlor die Stimme. Dieser Staat vertrug keine Wende. Wir auch nicht. Die kollektive Psyche der DDR, ihre gesamte Struktur, stand und fiel mit dem alten System, das sich so erfolgreich aller kritischen Nothelfer und Sympathisanten entledigt hatte. Das System hielt, da es drohte, solange es log, obwohl ihm keiner glaubte. Als es gestand, war es verloren.

War das Ende logisch? Nur die DDR betrachtet, nein. Wenn ich heute meine Texte der gestrigen Zeit nachlese, finde ich in all meinen Irrtümern die Bestätigung dafür, daß nichts wirklich ein Ende erwarten ließ. Schien uns der Staat zu bessern? Wir dachten nicht strikt. Wir hielten das Denken an, wo es noch günstig war, da es sich sonst wohl illegal verkrallt hätte, denn *die Machtfrage war geklärt*. Wir dachten also: Man müßte die Medien offener gestalten (und schrieben, was möglich war). Der Staat sollte mehr für Umweltschutz tun (und brachten unsere Flaschen und Zeitungen zu Sero). Der Zustand unserer Städte ist schlimm, dachten wir (und lebten in Berlin). Und allen Ernstes nahm ich an, das Peu à peu der Westreisen seit 1987 würde uns zufriedener machen, was so logisch gewesen wäre wie die Stillung des Durstes durch das zwölfte Bier. Wir waren nicht strikt, aber hier spaltet sich das Wir.

Viele Aktivisten der Post-Biermann-Zeit und noch mehr ganz normale Leute fanden einfach keinen Grund mehr für ein freundliches Auskommen mit diesem Staat, der immer weniger der ihre war. In den achtziger Jahren bildeten sich fast überall in der DDR »sozialisierende Gruppen« – Friedens-, Öko-, Dritte-Welt-Kreise, Menschenrechtsverbünde, Pazifisten-Treffs, kritische Lesezirkel, die mit einfachster Technik eine kaum übersehbare Samisdat-Literatur herstellten. Die bekanntesten dieser Underground-Magazine waren die »Umweltblätter« der Berliner Umweltbibliothek, »Kontext« (fürs geistig erhabene Gemüt) und »Grenzfall«, herausgegeben von der Initiative Frieden und Menschenrechte und wegen seiner Unverblümtheit von der Stasi besonders heftig gesammelt. Die »Umweltblätter« wurden im November 1987 zusätzlich berühmt, durch eine nächtliche Stasi-Razzia im Gemeindehaus der Berliner Zionskirche, wo die grünen Aufklärer ihre Matrizen abzogen, nicht aber den »Grenzfall«, wie unsere heimlichen Hüter hofften. Daß der Vorfall die Kirche betraf, war typisch. Überall im Land suchten Oppositionelle kirchliches Obdach – mit wechselndem Erfolg. Die protestantische »Kirche im Sozialismus« (»nicht gegen, nicht neben ...«, so die Selbstdefinition) stand zwischen den Fronten. Staatshörig war sie keinesfalls, aber eben auch nicht unbedingt die Trutzburg der Opposition, zu der sie nach dem Sturz des SED-Regimes gern gemacht wurde. Die zornigen Liedermacher und Links-Anarchisten wurden bei weitem nicht überall umarmt, wo sie an Kirchentüren klopften. Des öfteren blieben sie draußen, wenn Pfarrer und Gemeinden ihren Glauben enger auslegten oder die Risiken wogen. »Die Kirche ist für alle da, aber nicht für alles«, sprach der Thüringer Bischof Werner Leich.

Die halbkirchliche Underground-Publizistik war eine großartige, idealistische Subkultur und, im elektronischen Medienzeitalter, von grotesker Wirksamkeit. Die Schöpfer hatten ihre Stärke in der Opposition. Ihr Verdienst bleibt, daß sie etwas taten, daß sie den maulenden Grundton des DDR-Volkes zur praktischen Kritik veredelten. Ihre Graswurzel-

Träume von Basisdemokratie erfüllten sich nicht. Sie überschätzten ihren Einfluß und ihre Prominenz. Falls Otto Normalverbraucher Gerd Poppe oder Carlo Jordan kannte, sah er sie als städtische Intellektuelle und verdächtige Bohemiens, denen er sich schwerlich anvertrauen mochte, weil sie weder lebten noch sprachen wie er. Politiker wurden die Anarchos auch dann nicht, als sie am Runden Tisch Platz nehmen durften. Statt das Menetekel an der Wand zu lesen, das gegen ihre Illusionen sprach, taten sie lieber weiterhin, was sie am besten konnten, und traten den toten Riesen.

Ich schrieb nicht im Samisdat, sondern in der Kirchenpresse und im »Sonntag«, der immer Charakter bewahrte. Ich hatte das Dach der Kirche über mir; vieler Stumpfsinn blieb mir erspart und damit auch manche Wut. Ich wollte keine Bitternis verbreiten, aber Wahrheit und, wenn möglich, dennoch etwas Schönes. Musik war ein populäres Vehikel für allerlei Transporte. Vieles klingt in der Nachlese ästhetisch verspielt, zeitlos liberal, vielleicht zu melancholisch abgefunden. Street fighting man? – *Candles in the wind. – Let it bleed? – Let it be. – Time is on my side?* – Viele fühlten andersrum, mit einem Woodstock-Konservativismus erinnerter Zeiten. Warum nur war die Mehrheit so pikiert, als 1987 Bob Dylan kam, nicht revolutionärer als wir, ein Folkrock-Poet von sechsundvierzig Jahren, der keinerlei Rührung erkennen ließ, daß da hunderttausend Gläubige zwei Jahrzehnte auf seine Menschwerdung gewartet hatten. Man schritt heim in die Nische und legte den wahren Dylan auf: Was weg ist, kann mir keiner mehr nehmen.

3

Nach dem Dylan-Konzert schrieb ich »How does it feel«, was sich als fast einziger Nicht-Verriß entpuppte. Keine andere meiner Arbeiten hat je ein solches Echo gehabt. Wildfremde Menschen riefen an, schickten Dankesbriefe mit persönlichen Bekenntnissen, Gedichten und sogar ein Dylan-Gemälde. Ich war glücklich und etwas ratlos. Der Effekt hing natürlich mit der Medien-Situation in der DDR zusammen und mit Dylans Funktion als fernwestlicher Ikone. Überhaupt hat 1987, das Berliner Jubeljahr, den DDR-Rockfans zum ersten Mal westliche Rockkonzerte beschert (von ein paar früheren Ausnahmen abgesehen). Im April kamen John Mayall und Carlos Santana, noch von wenigen gehört, da sie drinnen auftraten. Der »Rocksommer der FDJ« begann im Treptower Park mit Barclay James Harvest – wahrlich kein erregendes Ensemble, doch viele der fünfundvierzigtausend weitgereisten Fans fühlten wie mein thüringischer Nachbar, der unentwegt stöhnte: »Das ist mein Woodstock! DAS IST MEIN WOODSTOCK!« Wir waren ja bescheiden, aber ich wünschte, wir würden auch in Zukunft etwas hungriges Glück bewahren. Nie vergesse ich den 17. Juli 1987, die »Friday Night In East Berlin« mit John McLaughlin & Paco de Lucia. Zehntausend quetschten sich auf die Insel der Jugend. Als man das kleine Eiland sperrte, weil Überlast es zu versenken drohte, durchschwammen die Fans die Spree.

Barclay James Harvest machten aus ihrer Ostlandfahrt ein Live-Album mit dem donnernden Titel »Glasnost« (und erhöhten die Zuschauerzahl kurzerhand auf einhundertfünfzigtausend). 1987 war es noch was für West-Rocker, hinter dem Eisernen Vorhang zu spielen. Das schliff sich ab, je üblicher es wurde, und die FDJ-Veranstalter sahen sich vor Devisenprobleme gestellt. Goodwill-Deals zum Billigpreis wichen dem verruchten Benehmen des Westens: *No pay – no play!* Woher nehmen, wenn nicht stehlen? Dylan/ Petty/McGuinn gab's noch für 10 Mark, Cocker für 15, Springsteen für 20. Für den unnötigen Genuß von Kool & The Gang mußte man schon 45 Mark berappen, aber das war immer noch hilfloses Ost-Geld. Also importierte die FDJ unbekannte Billig-Acts und hoffte, allein die Ankündigung »britische Band« würde das Fan-Volk verzücken. Ein Trugschluß. Wir pilgerten ja auch zu den großen Namen, um ENDLICH UNS SELBST zu spüren und daß ES nun schließlich zu uns kam.

Ohne Geldsorgen wäre die FDJ liebend gern fortgefahren mit der Gigantomanie. Nach dem Springsteen-Konzert am

19. Juli 1988 in Berlin-Weißensee verkündete die »Junge Welt« Europarekord: Einhundertsechzigtausend hatten »den Boß« gehört. Wirklich gehört haben ihn weit weniger, geschweige denn gesehen in einem chaotischen Tumult, der leicht Menschenleben hätte kosten können. Das Konzert war außerdem eine kuriose Begegnung zwischen östlicher und westlicher Showbiz-Ideologie. Die FDJ, Stimme und Hort unserer Jugend, bemühte sich angestrengt, ihr Entertainment wenigstens auf ein bißchen Standpunkt festzulegen. James Brown und die Rainbirds erhob man im Juni 1988 zum »Mandela-Solidaritätskonzert« (Wembley lag eine Woche zurück); Big Country und Bryan Adams wurden fortschrittlich präsentiert von der armen Katarina Witt, die ein Pfeifkonzert von der Bühne blies. Vor dem Springsteen-Auftritt drapierte man die Riesenbühne in Weißensee mit »Nikaragua im Herzen«, dem Motto des »FDJ-Rocksommers«. Das Springsteen-Management war entgeistert, mochte seinen Star nicht gegen die US-Administration ausspielen lassen und befahl Umdekoration. Springsteen spielte dann unter »Tunnel Of Love«, dem Motto seiner Tournee. Jugendradio DT 64 trug auf seine Weise zu einer denkwürdigen Sendung bei, als Bruce das Publikum adressierte: »Ich bin nicht für oder gegen irgendeine Regierung hier, sondern um Rock 'n' Roll zu spielen. Ich hoffe, daß eines Tages alle Mauern fallen.« Der zweite Satz wurde weggeknipst. Inzwischen war Egon Krenz, den man über die jüngsten Entwicklungen nicht informiert hatte, ins Backstage-Areal gerollt. Nikaragua im Herzen und wie üblich sehr heiter, winkte er herzlich zur Bühne hinauf.

Wer Springsteens Bedacht bei allen öffentlichen Äußerungen kennt, muß über diesen Vereinnahmungsversuch den Kopf schütteln. Er zeigt nur, wie wenig der Mann als Künstler begriffen wurde. 1984, bei einem Wahlkampagnen-Stop in New Jersey, versuchte Ronald Reagan, Springsteen zu übernehmen: »Amerikas Zukunft ruht in tausend Träumen eurer Herzen. Sie ruht in der Botschaft der Hoffnung, in den Songs eines Mannes, den so viele junge Amerikaner verehren: New Jerseys Bruce Springsteen. Und meine ganze Aufgabe dreht

sich darum, euch zu helfen, daß diese Träume wahr werden.« Ein paar Abende später stand Springsteen vor einem Arbeiterpublikum in Pittsburgh und gab Antwort: »Der Präsident hat kürzlich meinen Namen erwähnt«, sagte er, »und ich frage mich irgendwie, was wohl sein Lieblingsalbum ist. Ich glaube, es ist nicht ›Nebraska‹.«

»Nebraska«, Springsteens ungewöhnlichste Platte, ist ein stiller Lieder-Zyklus über die Contryside im Mittleren Westen, über Unglück und Gewalt und den Niedergang des Traums, ganz Amerika sei eine Familie. »Die ökonomische Ungerechtigkeit fällt auf jedermanns Haupt und stiehlt jedermanns Freiheit. Deine Frau kann nachts nicht auf die Straße gehen. Leute haben Guns in ihren Häusern (...) Es ist nicht einfach so, daß da draußen böse Leute sind. Es ist ein erzeugter Teil der Art, wie wir leben und was wir alle akzeptiert haben.« Ein amerikanischer Prophet war Springsteen spätestens seit dem 5. November 1980. Am Tag zuvor hatte das Land mit Ronald Reagan einen Präsidenten gewählt, der versprach, die vom Vietnam-Krieg, dem Watergate-Skandal und der iranischen Geisel-Krise gedemütigte Nation wieder zur Größe zu führen. Springsteen verbrachte den ganzen Tag in seinem Hotelzimmer und überlegte, ob er kommentieren

Bruce Springsteen, Berlin-Weißensee, 19. Juli 1988

sollte. Dann ging er auf die Bühne in Tempe/Arizona und sagte: »Ich weiß nicht, wie ihr Leute darüber denkt, was letzte Nacht passiert ist, aber ich denke, es ist ziemlich erschrekkend.« Und dann spielte er »Badlands«, denselben Song, mit dem er in Berlin begann: »I wanna spit in the face of these badlands.«

Bruce Springsteens Berliner Auftritt folgte nicht die Enttäuschung des Dylan-Konzertes. Dylan gab sich als skeptischer Roots-Rock-Poet ohne *Botschaft*, das geschätzte Hochgefühl. Springsteen, der *Botschaft* hatte, ging glatt als Rock 'n' Roller durch. Alles, was uns erreichte, war bereits Klassik, die guten alten Bands genauso wie die politischen Aufbrüche des Rock: Dylan & Civil Rights & Hippies sowieso, »Band Aid«, »Farm Aid«, »USA For Africa« nicht minder. Das »No-Nukes«-Konzert in New York: ein prima Dreifach-Album, keine Kritik an DDR-Atomkraftwerken. Umgekehrt hatten wir Rassismus gegen Gastarbeiter, aber nicht »Rock gegen Rassismus«. Wir hatten Neonazis, aber nicht »Rock gegen rechts«. Ein Springsteen war nirgends zu ahnen. Wir hatten lang etablierte Bands, die von Jahr zu Jahr an öffentlicher Integrität verloren. Die besten von ihnen versanken in Melancholie; die Platten von City (»Casablanca«), Silly, Pankow, Kerschowski bleiben tapfere Ehrenrettungen. »Rock für den Frieden« hatten wir, das jährliche Bekenntnis des DDR-Rock-Establishments zu Weltfrieden, guter Laune und besten Absichten. Und das »Festival des Politischen Liedes«, trotz vieler schöner Konzerte, litt fast bis zum Schluß unter propagandistischer Selbstgerechtigkeit und dem agitatorischen Zwang, die DDR als Hoffnung aller guten Menschen zu feiern.

Ich sagte schon: Das System hielt, solange es log. Auch die verdrehte Welt ist Heimat, solange alle dort wohnen. Wir saßen fest in uns selbst. Es gab uns und nur uns, seit eh und für je. Es gab da drüben AMERIKA und keine Brücke hinüber, auch wenn Bruce Springsteen für einen Tag aus den Postern stieg. Er war da. Wir waren da. Er flog zurück in die andere Welt. Wir blieben zu Hause. Immer nur Klassik, geronnenes Leben. Wir waren nicht zu ändern, da nichts zu ändern war.

4

Aber wir waren *ehrlich*, und Ehrlichkeit galt als Bedingung für unsere Musik. Zappa-Zynismen, Crosby/Stills/Nash-Belcanto, Yes-Hymnologie – alles willkommen, wenn nur was dahinter war. Kaum ein Konzert hat mich mehr ernüchtert als Depeche Mode: Yuppie-Entertainment, eine Verherrlichung all jener modischen Images und Stereotypen, die wir immer verachtet haben. Die Feigheit des Mainstream: Was passiert, passiert; man stehe seiner Zeit nicht entgegen. Wir taten es damals, ein wenig; wir spürten Gegenwind, aber lag Nonkonformismus nicht ebenso in unserer Zeit wie in dieser der Wunsch, sich zur Mehrheit zu schlagen? Rockmusik ist biographische Kunst, auch in den jüngeren Mythen, die uns nichtig scheinen. Depeche Mode, Madonna, Michael Jackson – Abziehbilder der Postmoderne, platt und trotzdem tief wie jedes Behältnis von Illusion. Wir hatten bessere Musik. Doch ist Jim Morrison nicht auch ein aufgeblasener Entblößer gewesen, Jimi Hendrix ein schüchterner Protz, Janis Joplin eine hurende Schnapsdrossel? Den Unterschied macht, daß sie unsere Behälter und Spiegel waren – und es bleiben, denn sie starben zu mythologisch günstiger Zeit. Sie hinterließen die Botschaft, die sie umbrachte: Leben hat Überschüsse. Das hörten wir uns wieder und wieder an. Es klang so schön.

Vermutlich würde Jim Morrison heute singen wie Chris Rea: Rauch im Organ und Wehmut am nächtlichen Strand. Chris Rea – ein gutes Beispiel, weil nicht das schlimmste – ist zuverlässig geeignet für immer denselben Kummer. Popmusik und ihre Videos erschaffen nicht. Sie schütteln wie in einem Kaleidoskop vorhandene Klischees, die nach den Regeln kollektiver Übereinkünfte wiedererkannt werden. Postmoderne Popmusik ist eine leere Box, die deren Käufer nach eigenem Belieben füllen muß. Nur die Etiketten sind schon dran.

Einerseits ermutigt das: Hören und Schauen sind nicht passiv. Anderseits zerstört es das Vertrauen zur Kunst. *What's new?* Schon das Original ist Reproduktion gesammelter

Sounds, eine rasselnde Ausschüttung gehäufter Effekte. Kants Satz, wonach hundert gedachte Taler klängen wie hundert echte, wird im postmodernen Pop zur baren Münze. Die Hightech-Positivisten erfreut, daß ihre Computer alles imitieren können, als ob Musik nicht *vox humana* wäre, weil doch Musiker denken, fühlen, lieben, leiden, irren, steigen und fallen und bitte mit uns älter werden und weil das alles auch so klingen muß. Ich muß wissen, daß nicht die Maschine spielt. Pop ist Michael Jacksons geschönter Nasenstups, Rock Pete Townshends Riesenzinken.

Wahrscheinlich sind unsere Pop-Teens besser auf den Westen vorbereitet als wir. Sie haben mehr Pragma und Wendigkeit und messen nicht allem soviel Bedeutung bei. Pop ist *fun*, kein Kreuzzug zum Gral. Wer über dreißig war, als die DDR sich nach Deutschland verabschiedete, wird das *happy dancing* nie so richtig hinkriegen. Wir glaubten an die Wahrheit von Musik (und bisweilen an den Ernst des Bieres), wie man heute an Photos glaubt. Bei der »Chicago Tribune« haben sie mir vorgeführt, wie hübsch man mit dem Mackintosh-Computer Photos putzen kann: Hier dieser Ast muß weg, und statt des Sandhügels nehmen wir lieber Gras (natürlich nur zu Werbezwecken). Ein paar Tage später brachte die »New York Times« das berühmte Foto von Jalta: Churchill und Roosevelt fand man historisch treu, aber Stalin war durch Groucho Marx ersetzt, und von hinten übers Sofa lehnte sich Sylvester Stallone ins Jahr 1945. Die Kamera kann jetzt lügen, und da sie es kann, wird sie es tun. Die Musik lügt längst, doch wer damit aufwächst, denkt nicht an Betrug. Vielleicht dienen Photos in Zukunft mehr zur Imagination denn zur Dokumentation. Wie Tonbänder vor Gericht keine Beweiskraft haben, so wird man auch der Photographie nicht mehr die Last der Wahrheit anvertrauen können. Bloß – wem sonst? Der Geschichte, die wir so schleunig umschreiben? Archiven, die keiner mehr aufschließen kann? Unseren dunkelnden Gedächtnissen? Uns? – Wem sonst? Ich vergesse gar nichts.

5

Dann betrat der Präsident den Rosengarten. Man erhob sich für die Hymnen. Die Kapelle der US-Marines spielte »Deutschland über alles« und das Bundeswehr-Blasorchester »Star Spangled Banner«. George Bush, kein Mann der Rührung, sang leise mit. Es wurde viel gesungen an diesem 3. Oktober 1990 im Weißen Haus – »It's a gift to be simple and free« und »Auf der schwäb'schen Eisenbahne«. Der Präsident sprach von den Glocken der Freiheit und Freude. Dann ging er, umtollt von seinen beiden weißbraunen Hunden, hinüber zum Kinderchor der Deutschen Schule, und jenen Knaben, die Blockflöte gespielt hatten, strich er übers Haar. »Man staunt ja«, bemerkte mein Nachbar, »wieviel Menschenmaterial zu so einer Feier gehört.«

Ich fand mich sehr verloren. Alles außer mir war bundesdeutsch – der Botschafter und seine Botschaft, der Chor, das Biberach im Kinderlied. Fast wäre ich aufgesprungen, um »Aber!« zu rufen: »Aber! Es geht aber auch vieles den Bach runter jetzt in East Germany!« Aber ich war ja nur ein selbsternannter Ehrengast, ein eingeschlichenes Gemisch aus Photograph und Diplomat, und wollte gern auch wieder unenttarnt nach Hause. Anderntags lud die nunmehr alldeutsche Vertretung in Washington alles zum Feiern ein, was deutsch fühlte und sprach. Ich nahm meine bulgarische Freundin Dilyana Grosdanowa mit, zwecks osteuropäischen Beistands. Sie war skeptisch, nicht nur, weil ihrem Land keine deutsche Lösung winkt. »Werden sie sehr viel Bier trinken? Werden sie so entsetzlich laut singen?« Nein, das taten sie nicht. Fünfzehnhundert Leute vertilgten Klopse, Rippchen und Holsteiner Bier, Botschafter Ruhfus sprach nur kurz, und Walter Momper schrieb Autogramme. Und da stand Micha Möller am Buffet, einst mein Kommilitone in Theologie, nun amtsenthobener DDR-Botschafter der letzten Stunde, und wir wunderten uns gründlich, wo es uns hingetrieben hatte. Ein Bundeswehr-Musikus erbat meinen DDR-Fähnlein-Sticker und bot dafür einen Ansteck-Hubschrauber. Ein blondes

Präsident George Bush sprach von den Glocken der Freiheit und Freude. Auch das Lied »Auf der schwäb'schen Eisenbahne« trug zur festlichen Stimmung bei. Washington, Weißes Haus, Rosengarten, 3. Oktober 1990

Kind aus Köln flog mir an den Hals und behauptete, sie sei Sylvia und glücklich, mit mir von Stund an im selben Land zu leben. Und daß ich jetzt frei wäre!

Freiheit heißt: FÜRCHTE DICH NICHT! Ich bin noch nicht frei; ich werde noch lange befangen sein von DDR. Ich habe sie verlängert. Ich bin aus dem deutsch-deutschen Expreß gesprungen, denn ich kann nicht so schnell. Ich weiß, daß es vorbei ist mit uns, und habe wütende Phantomschmerzen. Seit vier Monaten fahre ich kreuz und quer durch dieses selbstgewisse Riesenreich, das sich so gern *Amerika* nennt, als sei es ein ganzer Kontinent und möglichst noch mehr. Dies ist, unter anderem, eine herbe Lektion in Relativität. Freiheit: heiliges Wort *Amerikas*, Immigranten-Sakrament, und ich trete ungläubig hinzu und finde: Es ist doch nur Brot und Wein!

Und Cola. Auch so ging ja der Osten hin: Im April 1990 standen zwei kleine Jungs in einer Ost-Berliner Kaufhalle, durstig und verschwitzt, und zählten die Münzen in ihren schmutzigen Händen. Die Wahl bestand zwischen der großen Ost-Cola für 95 Pfennig (30 Pfennig zurück für die leere Flasche) und der kleinen Coke zu 2 Mark 60. Natürlich, sie kauften die westliche Büchse. Ich erzählte diese Geschichte beim Lunch mit dem Coca-Cola-Präsidium in Atlanta/Georgia und löste beim Gastgeber Freude aus: »Die Dinge laufen großartig in East Germany«, nun endlich auch dort, wie im Werbespot mit den glücklichen Eskimos und den strahlenden Kamelen in der Wüste, denn »überall, wo eine Coke geöffnet wird, kommt ein wenig Freude in die Welt«. Ob ich den Herren dieser Freude was über Kultur-Barbarei erzählt habe? Na klar. Das kannten sie allerdings schon.

Amerika zwingt so sehr zu Pragma, Markt und Trend, daß Don Quichotte sich zuerst eine Windmühle kaufen müßte, auf Kredit, und dann den Kampf nach Las Vegas vermarkten. Der Anpassungsdruck ist ungeheuer und das merkantile Strahlen laut und schön. Erfolg: ein absoluter Wert. Geld: Glück, Talent und Nutzen. Nicht das Geld fragt nach Sinn – der Sinn hat die Börse zu zeigen. Der Markt ist die gegebene

C. D. umrahmt von Rockgeschichte: links Allman Brothers-Bassist Allen Woody († 26. August 2000), rechts Gitarrist Dickey Betts, Berlin, 28. Juni 1991

Welt, als ob man nicht gegenüber eine zweite brauchte, um dieser einen zu entkommen und sie zu beschreiben. Verblüffend leicht läßt sich die hinderliche Wahrheit aus dem Marktbild entfernen: »Hier dieser Ast muß weg!«

Hüten wir uns! Und hüten wir die Welt von gestern zu unseren eigenen Teilen, die keiner uns ersetzen kann: Herkunft, Landschaft, inneres Getriebe, Trotz, Schwejk-Humor, östliche Schnauze und östlichen Umgang mit jenem Geld, das nicht so wichtig war. Und Distanz zur herrschenden Ideologie. Denn was anderes sind Markt und Trend? In Mode kommen wir nicht, wir ollen Ostler. Uns kauft uns keiner ab.

6

Keep on rockin' in a free world! In diesem Sommer ging mein Rock-Traum in Erfüllung. Noch einmal, nach acht Jahren, tat sich die Allman Brothers Band zusammen. Ich sah sie im kalifornischen Concord, und ich habe nie ein besseres Konzert gehört. »Statesboro Blues«, »In Memory Of Elizabeth Reed«, »Whippin' Post« – all diese langen, federnden Orgelfahrten und Gitarrenritte durch eine ländliche Welt aus Hitze und Passion. Der alte Süden: ES ändert sich nie. Keine Nebel, keine Show; nur der Mond hing über den Bergen der San Francisco Bay. Nachher kamen sie an den Bühnenrand und schüttelten Hände. Dickey Betts, der *Rambling Man*, nahm seinen Hut vom langen grauen Haar: »Wir danken euch, Leute, wir danken euch allen!« Da war nichts weiter denkbar als Musik, und ich begriff endlich, warum die Rocker der nächsten Generation Punk, New Wave usw. spielen mußten: Diesen Leuten war mit Musik nicht beizukommen. Bach machte seiner Ära ein Ende. DAS war getan. Schrecklich für die danach.

Mir wurde öfters vorgeworfen, ich scherte mich zuwenig um neuere Gruppen. Da sie in diesem Buch nirgends auftauchen, nenne ich mit Respekt Sandow, Herbst in Peking, Expander des Fortschritts ... Sie und viele andere der Jüngeren haben immer Musik gemacht, die etwas wollte; was sie wollten, hätte nicht in jedem Fall Musik gebraucht. Sie entdeckten aufs neue die Subversivität des Rock; sie standen aus, was die Berluc, IC, NO 55 lieber nie riskierten; sie hatten Botschaften, die in der fröhlichen Plattheit des Pop sowenig zu finden sind wie in der erhabenen Klassik der Allman Brothers (...)

New Orleans/St. Paul, Herbst 1990

Der Garten Eden

Woodstock II: D-Day des Rock 'n' Roll

Hier kommt nichts mehr. Die Nacht ist hin. Es geht schon auf halb vier. Der Regen drischt Blasen aus dem Schlamm. Die New York State Rangers wickeln sich in ihre roten Coats und treiben das nasse, nackte Jammervolk von der Straße. *No go! No go!* Busstreik! Kein Transport mit der roten Linie! Weit hinten, bei der Bühne, böllert Feuerwerk. Woodstock 94: *Two more days of peace and music*. Der erste ist vorbei.

Bruder, weißt du noch, wie wir das erste Mal von Woodstock hörten, der wunschverbotnen Gegenwelt zur deutschen Republik der Arbeiterkampfgruppen und Bauern, da Liebe Familienpolitik hieß und Frieden Partei? Wir dachten jenseits dieses Staats zu leben und spotteten aller Ideologie. Musik half fliegen. Weißt du noch, wie Muli aus Prag zurückkam mit dem Woodstock-Album, dreihundert Eier gelöhnt auf dem schwarzen Markt? Wir kopierten Jimi, Ten Years After und Joe Cocker auf ORWO-Band und fühlten sehr gewiß, daß wir das Salz der Erde wären und ein Schmuck der Welt, denn Gutes schafft, wer Schönes träumt. *No rain, no rain!* schrie und klatschte die halbe Million Blumenkinder auf Mulis Platte, und in den Wetterzauber hinein ratterte Santanas Band »Soul Sacrifice«. Und der Regen stoppte.

Ihr naht euch wieder, schwankende Gestalten, wie ihr da standet vor drei Tagen am Kennedy-Airport in New York, in Traumland Amerikas Dreck, Beton und Lärm. Woodstock II nach 25 Jahren sollte endlich unsres werden. *We are stardust / we are golden / and we got to get ourselves / back to the garden.* Bruder, glaubtest du, sie lassen dich mit diesem Bierbauch ins Paradies?

YEEEAAAAAHHH, folks, hier ist WPDH, *the home of classic rock*. Woodstock-Fieber, aber wo ist Johnny? Johnny, wo bist du? Hat irgend jemand Johnny Cash gesehen? Haha, huhu, er kommt nicht, er schmeißt Woodstock, und warum, das sagen euch Gary und Steve gleich nach diesen Botschaften. Bleibt dran!

Leben ohne *fun*? *No way, Sir!* Könnt ihr euch das vorstellen: Eiskaltes Bier, *crunchy* Snacks und ein paar nackte Süße, die's einander besorgen. Öl-Ringen, Boys! Ihr macht die Ladys feucht und dann … *Don't miss the girls at »Dangerous Curves« in a hot oil-wrestling weekend!*

Folgt ein längeres Buhlen um schadhaft bezahnte Hörer, denen das Sanierungsprogramm »Perfect Smile« Liebesglück verspricht, knatternde Potenz und das ewige Leben. Da, *Gary is back and got news forya!* Hallo Woodstock, hallo Steve in Saugerties, wie geht's?

Cool, Gary! Ich bin vor der großen Bühne. Sie zerquetschen mich.

How is everything?

Great! It's just great! Schon über hunderttausend … ich meine, es ist erst Freitag … die Zelte … die Bühne … du kannst dir nicht denken … es raubt dir den Verstand!

Phantastic, Steve, wer spielt gerade?

Keine Ahnung. Ich liebe sie!

Great! Was ist mit Johnny Cash?

Great, Gary, ich meine, *it's great out here!* Es ist einfach das, worauf wir alle unser ganzes Leben gewartet haben.

Johnny Cash?

Hat abgesagt. Er wollte nicht auf die kleine Südbühne. Die Superstars sind auf der Nordbühne.

Cool, Steve. Woodstock auf WPDH! Heute Vorprogramm, morgen, *high noon*, geht's los mit Joe Cocker.

Wir verlassen Gary und Steve und schalten den Fernseher ein. CNN: *I'm Larry King*, sagt Larry King, ein grauer Eitelkater, und ich habe Gäste: Tom Hayden vom California State Senate, Ex-Gatte von Jane Fonda, und in Washington Cal Thomas, Autor von »The Things That Matter Most«. Tom, Cal, was ist geblieben von Woodstock 69?

Es hat sich viel geändert, sagt Hayden, Typ des guten alten

bleeding-heart-Demokraten, und überlegt live, was in TV-Amerika eine Todsünde ist, denn Thomas, Typ Großmutterverkäufer, schreit aus Washington von Drogen, promiskuitivem Sex und Wehrdienstverweigerung; diese Seuchen habe Woodstock über Gottes Land gebracht. Tom Hayden stottert, daß damals die Kids zwar in Vietnam sterben, nicht aber wählen durften und daß sie heute mehr artistisch denn politisch dächten. Demokratenhumbug! kreischt Thomas, alles längst entlarvt in »The Things That Matter Most«, was er Tom ja zugesandt habe.

Hab ich gelesen, Cal, sagt Tom.

Aber noch nicht bezahlt, har, har! *Come on, Tom, have fun, make money!*

Budweiser! Keiner schlägt den *King of beer*, weil O. J. Simpson nur zu retten scheint, wenn wir Treasure-Island-Möbel brauchen oder kaufen, denn Heinz' Ketchup gibt köstlichen Atem, was uns, mit Delta Airlines, Danny näher bringt, Lisa Marie Presleys erstem Gatten, wobei Astrologen wissen: Elvis' Tochter ist ein Sinnentier, und Michael Jackson, Lisas eheliches Neugespons, muß *lover* dulden, sonst platzt Woodstock, falls wir Infotainer Larry King nicht mißverstanden, bevor wir ihm den Hals umdrehten mit dem Rufe des Kanzlers: Gott schütze unser deutsches Vaterland!

Grausiger Fundamentalismus befiel uns in Kinderland Amerika. Abschied an die Lüge – dafür galt uns DDRlern ja Woodstock, das dachten wir ja zu finden in der schönen Neuen Welt. Was aber Lüge sei, was wahr, scheint vorgestrig gefragt im Lande des Goldenen Kalbs. Wenn alles Werbung wird, ist Werbung wahr, virtuelle Realität, gesteigert ins Ideal, zum Image geweiht mit den Runen der Marken. Der Markt: Exerzierplatz zivilen Militarismus, da gehorsamst Grinsen anbefohlen ist und superlativistisches Feldgeschrei – *Great! Great! World's biggest!* – Lügen also, was das Zeug hält.

Wir halten nicht. Uns schwante die Nachtigall angesichts der Pläne von Michael Lang und John Roberts, Veranstalter des Woodstock-Chaos von Bethel 69, die diesmal Waffen, Alkohol und Drogen bannen wollten, Kondome befahlen, alle

Straßen nach Saugerties sperren ließen und im Radius von etwa 30 Kilometern sechs riesige Parkplätze anlegten, von denen nur noch Shuttle-Busse fuhren. Karten bloß im Vorverkauf, 250000 à 135 Dollar (170000 wurden sie los). Hauptsponsor Pepsi, Doppel-CD und Konzertfilm annonciert. *Greedstock*, sagten die Verächter. Woodstock I hatte sich altruistisch und visionär gegeben. Das zusammengewürfelte Remake, bar jeglicher Idee, fand Ausblick in die Welt nicht mehr vonnöten, denn *the world ist watching US* (per Pay-TV, für 49,95 Dollar).

Hubschrauber kreisten. Straßensperren überall. Brüllende Hilfspolizistinnen: Halt! Umkehren! ICH SAGTE SOFORT!!! Irgendwie gelangten wir ins richtige Woodstock, possierlich kleine Künstlerstadt, die fälschlich und auf ewig Namenspatin spielt für ein Konzert, das nie hier stattgefunden hat. Wollt ihr ein *echtes* Festival erleben? fragte der Schmuckhändler und Alt-Hippie Ken Traub, der vor seinem Geschäftchen Spitzbauch und Pferdeschwanz der milchigen Sonne darbot und Regen prophezeite. Geht mal hier zur Bürgerversammlung. 6000 Leute, 6000 Meinungen. Wir können uns nicht mal einigen, wie wir ein Haus streichen wollen. Na, wenigstens haben wir Gehwege seit dem 69er Boom, und die Szene hier schwenkte mehr auf Musik ein als auf Malerei. Woodstock 94? *Just another party*, sagte Ken. *Evolution, not revolution*.

Indessen starb Leslie A. Kempa. Sie fuhr auf ihrem Motorrad zum Festival, als ein Truck sie überrollte. Wir reisten Samstag vormittag mit dem Shuttle nach Saugerties. Der gelbe Schulbus war gestopft mit jungen Hühnern, die gackerten von Kondomen und Bands, die ein reifer Mensch nicht kennt, zumal ja unser Joe Cocker eröffnen sollte, der Urschreier von Woodstock 69. Er tat's. Erst war's ein Zirpen, dann ein Grollen, als wir, ohne jegliche Kontrolle, kilometerweit durch Zelte stakten. Und dann röhrte der alte Hirsch »With A Little Help From My Friends«. Die Masse tobte wie der Ozean. Brüste blinkten. Fahnen flogen: Belgien, Brasilien, Israel. Mosher segelten übers Volk. *Moshing* ist ein Körper-Surfen

C. D. bei Woodstock II, Saugerties/New York, 14. August 1994

auf Publikums gestreckten Armen. Trägt's ihn zur Bühne, ist das Moshers höchstes Glück. Stürzt er hinunter zu den hunderttausend Füßen, schließt sich über ihm das Menschenmeer, dann kann er sterben. Das geschah, sagten Ordner.

Pressekonferenz in einem reichlich derangierten Zelt. Cocker kam, rosig und grau, ein lustiger Greis mit Grübchen. Wir dokumentierten komplett: Joe, Joe, brüllte der Pulk. Joe, was war der Unterschied zu 69?

Moshing. Oh, *moshing!* Es war ein bißchen komisch da draußen wegen des Generationsunterschieds.

Joe, gurrte der polnische Kollege guttural. Wann kommst du nach Polen, Joe?

Hä, *please?*

Polen! Polen, ein kleines europäisches Land!

Oh, yeah, Polen, ja, kenne ich!

Joe Cocker, *yeah*, kennt Polen

Jetzt sei es doch sehr spät geworden, sprach Cockers Betreuerin. Cocker winkte beglückt und ging. Ja, als Journalist erlebt man eben was.

Menschlicher ging's zu vor der Südbühne, wo Youssou N'dour seine Afro-Reggae zelebrierte. Und dann kam der Regen, zunächst begrüßt wie ein Witz von vor 25 Jahren. *More rain, more rain!* Das ward erhört. Es goß. Es schwamm. Die ersten *mud people* tauchten auf, Nackte in moddriger Haut. Gern umarmten sie dich: Schlamm zu Schlamm. Ihr seid phantastisch! Jimi und Janis sind bei uns! rief von der Bühne Wavy Gravy, Ansager von *damals*. Frisch gebatikt war sein Kleid, ein Propeller drehte sich auf seinem grauen Haupt, als er die Kindlein zu sich kommen ließ, sie zärtlich Hippies nannte und ihnen das Mikrophon dartat, zwecks öffentlicher Herzensergießung.

Ich vermisse Kurt Cobain! rief ein Grunge-Girl.
Stop watchin' TV!
Rettet die Erde, tanzt und singt!
Ich liebe meinen Vater!
Ich will einen Joint!
Holt Jerry, holt die Grateful Dead!
Bob Weir, komm raus!

Dead-Gitarrist Bob Weir war als Gast von The Band annonciert. Als die dann endlich auf die Bühne ... Ach herrje! Robbie Robertson fehlte, Richard Manuel hatte sich 1986 erhängt. Rick Danko hob das Hemd und zeigte stolz, was ihm inzwischen zugewachsen war: ein Bauch. Jubel! Doch er knödelte wie einst »It Makes No Difference« und »Stage Fright«; Levon Helm hackte die Drums und krächzte »The Weight«; Byrd Roger McGuinn schluchzte »Knockin' On Heaven's Door«; Jorma Kaukonen & Jack Casidy (Jefferson Airplane / Hot Tuna) und endlich Bob Weir machten die »Big-Pink-Revue« komplett. The Band – das ist Dorf mit Hirn, Jukebox, Schaukelstuhl und das Gelächter der Wälder.

Rückzug zur Nordbühne, durch Hecken und Schlamm, über zappelnde Zelte, aus denen oft ein Arm sich reckte: *Hsssht, man, good stuff!* Wir bedurften keiner Arznei außer Crosby, Stills & Nash, die ein wunderbares Konzert spielten, weich gesungen, scharf geschnitten durch Stephen Stills synkopische Gitarre und die Orgelschreie von Michael Finnigan. »Carry On«, »Wooden Ships« – da war der Woodstock-Traum. Wir erwachten rasch, da es US-Rockfans beliebt, sich brüllend zu unterhalten, wenn die Musik nicht Gewalt anwendet. Dann schickte Graham Nash einen Greenpeace-Kumpel an die Rampe, der brüllte *Make love not waste!* und predigte den Kindern was von Plastik, Regenwäldern und vom Grünen Krieg. Das fanden sie aber langweilig.

Die Nacht kam und einer der Ihren, Trent Reznor, Rocks neuer Anti-Held, mit Nine Inch Nails aus Cleveland, die als Schlamm-Gang performierten. Drum-Computer wetterten, Reznor schrie von dunkler Pein: *I hurt myself today / to see if I still feel.* Das war pubertärer Baudelaire mit Theaterdonner, die Hoffart der Egomanie. Ach meine Qual! Kein Humor, kein Charme, keine Liebe, immer ich, ich, ich. Heftig klagt Trent Reznor, was ihm böse Horrorfilme angetan. Jimi Hendrix hat Grauen zitiert und überwunden. Heute will die Schickeria der *natural born killers* selbst das Grauen sein – siehe Metallica und was es sonst noch gab an als Motherfuckerei sich eitelnden Infantilitäten. In Metallicas Stahlschlachten erschien Woodstock 94 als Wallfahrt für tätowierte Bodybuilder, natürlich weiß, wie 99,9 Prozent der Gäste. Und wie es brüllte überall, wie es rasend tanzte in der Nacht, sich zu verlieren und das arme Ich ins Mächtige zu wuchten, daß, wer bei sich selber bleiben wollte, floh und las in einem feuchten Buch unter einer Lampe: *Wo man ist, da ist die Welt – ein enger Kreis zum Leben, Erfahren und Wirken; das übrige ist Nebel. Zwar haben immer wieder die Menschen getrachtet, ihren Lebenspunkt einmal zu verlegen, den gewohnten in den Nebel sinken zu lassen und in einen anderen Tag zu schauen*, so sprach die ferne Stimme Thomas Manns zu Joseph in Ägypten.

Und da liegen wir nun und dämmern im Schlamm. Viertel sechs. Es graut. Da, jetzt fahren Busse vor und über den gewaltigen Hudson-River, raus zum roten Shuttle-Punkt, wo's heißen Kaffee gibt und ein Handtuch auf dem Klo. Es gießt und gießt. Die halbe Gruppe hat die Schnauze voll. Wir längst, und müßten doch zurück.

Kein Bus rein, sagt der Polizist. Wir fahren nur noch raus. Mann, du ahnst nicht, was da drin los ist. Ruanda! Vierte Welt!

Es gibt dann eine Sonderfahrt für ein paar Desperados. Der Fahrer, Bullenhasser, rast wie ein Besengter. Zweimal Polizeistopp. Der zweite Ranger brüllt: Zurück, oder ich schieße den ganzen Laden zusammen! Der Fahrer kennt Schleichwege. Dann sind wir da. Es ist die vierte Welt. Ein Schlammwurm von Zehntausenden wälzt sich der Straße zu. Die Winston-Farm ist nur noch Sumpf und Müll.

Aber SIE spielen, die Allman Brothers. Die größte Band, die je Amerika erstand, jagt die schwere alte Kutsche des

»More rain, more rain!«

Bluesrock über Land. Die Twin-Drums schaukeln, Dickey Betts' und Warren Haynes' Gitarren heulen ineins, jagen sich davon, steigen, stürzen, fangen einander und jauchzen, daß man schreien muß und schreit. »One Way Out«: Solange es solche Bands gibt, ist Rock 'n' Roll Musik und nicht nur die Schlampe für den Quickfick brünstiger Egomanen, die vergessen, daß man Steine fressen muß für Kunst und daß keiner Liebe findet, der ihr nichts entgegenträgt.

Dann Traffic – bißchen langweilig, aber Steve Winwood gurgelte schön. Dann die Spin Doctors – gut, doch ist ihnen alles viel zu groß. Dann Temperatursturz, stürmische Böen. Weg von den Türmen! Rückt zusammen, wärmt einander! Da sagte das Mädchen neben mir: Guck mal, ein Toter!

Was? Wo!

Da, in der Emergency, hinterm Zaun.

Heiß und kalt. Dünne Stimme: Der ist bestimmt nur betrunken.

Nein, nein, ich arbeite da, hab nur gerade Pause. Wenn die Leute noch leben, legen wir sie nie aufs Gesicht. Es sind schon sechs gestorben, oder neun? Ein zehnjähriger Junge sogar, hatte 'ne Überdosis.

Irgendwie, nach Stunden, kam ich raus. *Great! Great! Great!* sabbelten die Medien. Die Organisation? *Just perfect!* Bob Dylan soll noch gut gewesen sein und war gewiß ungleich besser im Juli in Dresden am sanften Ufer der Elbe vor 6 000 seligen Sachsen. Was größer wuchert, macht Musik kaputt. »Masters Of War« im Rock 'n' Roll-Notstandsgebiet – danke für Obst! Gnade Gott, die 350 000 wären weniger friedlich gewesen.

Die Uhr tickt ja wieder. Der Paß läßt sich bügeln. Die Hose schleppt ein Kilo Woodstock-Lehm nach Haus, wie die Apollo-Astronauten Steine brachten von einem anderen unbewohnbaren Gestirn. Die Schuhe ruhen im Felde der Ehre. Der Schlafsack ist futsch. Woodstock desgleichen.

New York, August 1994

Als ich wie ein Vogel war

Wie die Musik alterte und die Zukunft verging

Als ich wie ein Vogel war, der am Abend sang
Riefen alle Leute nur: Sonnenuntergang!
Alle Vögel sind schon da – keiner, der das rief
Ohne Stimme flog ich fort, als schon alles schlief (…)

Als ich wie der Himmel war überm Rosenstrauch
Setzte mancher sich und sprach: Rosen blühen auch
Ach, wie ist der Himmel blank – keiner kam darauf
Fiel mein Regen auf die Bank, standen alle Leute auf (…)

Meine Stimme sprang beim Sonnenuntergang
So schön wie Rosenblätter
Fiel mein Regen auf die Bank, mein Himmel wurde krank
Und auch mein Wetter.

Gerulf Pannach, 1974

1

Am 20. August 1990 trat im »Red River Saloon« von Austin/Texas ein unvergeßlicher Sänger auf. Fünfzig mochte er sein, graue Mähne, ledernes Gesicht, und knarrte knochentrocken Desperado-Hymnen wie »Fit to kill and goin' out in style«. Sein Sohn spielte ihm dazu eine brüllende Gitarre. *The devil made me doin' it the first time*, sang der Alte, *the second time I done it on my own*. Im Raum saß ein Dutzend Leute. Der Alte ging von Tisch zu Tisch und gab jedem die Hand. Die Hand war eine halbe. Der Mann war Billy Joe Shaver.

Zum ersten Mal gehört hatte ich den Namen anderthalb Jahre zuvor – ausgerechnet beim »Festival des Politischen Liedes« der FDJ in Berlin/Hauptstadt der DDR. Michelle Shocked war eingeladen, damals ein knabenhafter Tramp mit Schiffermütze, dessen Melancholie den klassenkämpferischen Pomp des Sängertreffens verblüffend entschärfte. Da saß sie auf der Garderobe im Palast der Republik, baumelte mit den Beinen, erzählte von der texanischen Songwriter-Bewegung, von ihrem Mekka Austin, und wies alle ideologischen Offerten leise und bestimmt zurück. Nein, dies sei keine politische Musik. Aber sie hüte Gefühle, sie inspiriere Sozialität, sie stifte Erinnerung, sie mache beständige Menschen.

»Wer sind deine Helden, Michelle?«

»Guy Clark. Townes Van Zandt. Nanci Griffith. Billy Joe Shaver.«

»Nie gehört.«

Aber bald. Kurz darauf entdeckte ich im West-Berliner Radio die SFB-Sendung »Roots«, worin ein Gralshüter namens Wolfgang Doebeling den heiligen Schrein der bodenständigen US-Musik auftat. Vor einem Vierteljahrhundert war Doebeling in einer louisianischen Krämerbude über ein paar Kisten gestolpert, in denen der Geschäftsinhaber die Reste seines früheren Country-Plattenladens verwahrte. Doebeling kaufte den ganzen Ramsch für sechshundert Dollar, besaß nun noch deren zwei sowie drei Koffer Vinyl und war verloren an die wahre Musik. *Aaah, those were the days, ladies and gentlemen!* seufzt Doebeling auch heute noch jeden Sonntagabend ab 23 Uhr auf Radio Eins und spielt alles, was wurzelt und knackt (*Vinyl only!*).

Und dann fiel die Mauer. Mit Hilfe guter Mächte und des World Press Institute in St. Paul/Minnesota verbrachte ich das halbe Jahr 1990 auf einer US-Kreuzfahrt, die zehn Journalisten aus zehn Ländern durch zwanzig Städte führte. Austin war die freundlichste. Wir wohnten im altehrwürdigen »Driskill«-Hotel. Wir fuhren, bei Gewitter, auf dem grünen Colorado Motorboot. Wir besichtigten Computerfirmen, Madalyn O'Hair, die militante Gottmutter der amerikanischen Atheisten, sowie Admiral Bobby Inman (später Clintons Kriegsminister-Kandidat), der uns die US-Tourneen der Genossen Gorbatschow und Jelzin rezensierte. Gorbi kam gut weg, aber den Säufer Jelzin hatte Admiral Inman höchstselbst bei einem Bankett voll betankt unterm Tisch hervorgezogen.

Zum Schluß empfing uns ein heiterer Rundling, der Oberbürgermeister Lee Cooke. Er kredenzte Kekse, er zeigte uns sein Lieblingsphoto mit seinem alten *buddy* George Bush, er pries Austins Aufschwung und die Sicherheit: 22 Morde pro Jahr; New York biete 5000. Und als uns das freute und weil wir alle Kekse aufgegessen hatten, ernannte uns Lee Cooke *for now and for all time to come* zu Ehrenbürgern der Hauptstadt von Texas. *Please come again!* Und da wären wir wieder, nach sieben Jahren.

2

Gegenwart ist namenlos. Wenn etwas zu entschwinden droht, geben ihm die Chronisten Geschichte und Begriff. So entstand erst nach dem Untergang der DDR die Ost-Identität – ein Konstrukt von Kollektiverfahrung, das sein Recht und seine Grenzen hat. Auch Generationen sind Spekulationen. *My generation* macht da keine Ausnahme.

Also: Vom Wir zum Ich. Es drängt mich, von einem DDR-Generationsgenossen zu erzählen, der das Wir so lange dehnte, bis es riß. Sein Name: Michael Möller, der designierte letzte DDR-Botschafter in den USA. Wie zu in »My Generation« berichtet, traf ich ihn in Washington auf der deutschen Vereinigungsparty. Es war ein Wiedersehen nach langer Zeit. Für ein paar Jahre ist Michael der engste Freund gewesen, den ich jemals hatte. Wir lernten uns kennen im September 1975, als wir am Leipziger Theologischen Seminar mit dem Studium begannen. Es trieb uns zueinander in dieser Zitadelle protestantisch-bürgerlicher Bildung, die eine geistige Freiheit bot, wie sie in der DDR wohl nur *bei Kirchens* auszuleben war. Eines freilich mangelte dem Seminar: Rockfans. Michael war einer und signalisierte dies, wie ich, mit schulterlanger *Hecke*. Die Fräuleins, titulierte uns pikiert der alte Griechischprofessor Haupt. Das unterließ er dann in dem Maße, wie wir wenigstens grammatikalisch spartanische Zucht bewiesen. Wie alle Altphilologen litt auch Wilhelm Haupt unter der jargonverseuchten Gegenwartssprache, welcher er besonders das plappernde Geschlecht verfallen wähnte. »De Sachsenmädels sind ja hübsche Dinger«, sprach er bekümmert, »aber wennse den Mund auftun, huppt ei'm der Bauer ins Genick.« Vollends gewogen war uns Haupt, der noch mit dreiundsiebzig Jahren die theologischen Leibesübungen leitete, als wir ihn beim Hallenfußball glänzen ließen. Danach befürwortete er sogar Michaels und meine Freistellung zum Warschauer Jazz Jamboree. »Aber hütense sich vor diesen Drogen«, gab er uns, väterlich sächselnd, mit auf den Weg in die gottlose Ferne. »Und es soll ja bei dem Dschäss och leichte Mädels geben.« Wohlbehalten kehrten wir zurück, mit keinem anderen Virus infiziert als der Musik. Rock und Jazz, das waren damals Geschwisterkünste, gleichermaßen tauglich zum Abflug nach Woodstock und Obliadooh.

Noch etwas verband mich mit Michael: das elterliche Pfarrhaus, die Herkunft aus einer musischen Sonderwelt inmitten der werktätigen DDR. Aus dem Pfarrhaus betrachtet, war der Parteistaat per se das Andere – nicht nur wegen der atheistischen SED-Ideologie, sondern vor allem, weil die DDR tatsächlich ein Land der Arbeiter und Bauern gewesen ist. Die deutsche Teilung bewirkte ja auch eine soziale. Im Osten hatte sie ein proletarisches Weltbild an die Macht gebracht und arbeiterliche Lebensformen installiert, die uns *bürgerliche Rudimente* zwangsläufig fühlen ließen, daß wir Einzelne wären. *My generation* gab es also nicht, wie es Blauhemd-Paraden gab bei den Pfingsttreffen der Freien Deutschen Jugend. Aber überall und immer wieder traf man Gleichgesinnte, viele – Querköppe, Spinner, Gottsucher und Sturlinge der Kunst.

Michaels Vater zählte zu jenen westdeutschen Pfarrern, die Mitte der fünfziger Jahre in die DDR übersiedelten, um jenseits des Eisernen Vorhangs Dienst zu tun. Folglich besaß Michael reichlich Westverwandtschaft, folglich eine schöne Plattensammlung, der ich mit dem polnischen Spulentonbandgerät ZK 120 T zu Leibe rücken durfte. Auch meinen theologischen Absichten zeigte sich Michael zugänglich. Jeden Freitagmorgen um sieben weckte der Posaunenchor die

Seminaristen mit dem Choral »Wach auf, wach auf, du deutsches Land, du hast genug geschlafen« und ähnlichen Hits. Um acht war dann Wochenschlußandacht mit Heiligem Abendmahl. Das Sakrament spendete ein Professor, Kurzpredigt und kirchenmusikalische Umrahmung oblagen jeweils zwei Studenten. Üblich waren Orgelmusik und Gesänge von möglichst mangelnder Modernität. Michael baute seine Superboxen auf. Zu Beginn der Mahlfeier jagten wir Chicago durch die Hütte, »Does Anybody Really Know What Time It Is« aus der orkanischen Phase des Bläserrock-Septetts. Sodann verabreichte ich eine Kampfandacht wider die pietistische Frömmelei, mündend in ein Gebet um Erkenntnis, welche Stunde geschlagen habe. Danach gab's Jimi Hendrix, »The Wind Cries Mary«, als Toleranzgeste an die katholische Marienverehrung. Nur mit Mühe war es dann dem Neutestamentler Dr. Werner Vogler möglich, Brot und Wein zu spenden. Abschließend fegte Michael die verstörte Sakramentsgemeinde mit »Jerusalem« von Emerson, Lake & Palmer hinaus ins tätliche Leben. Aus dem Lehrkörper verlautete zu meiner Andacht das herbe Urteil »Gesabbel«. Auch wurden Zweifel geäußert, daß bei dieser Mahlfeier der Heilige Geist angewest habe. Das wußten wir besser, Michael und ich.

Im Sommer 1977 nahm sich Michaels Vater das Leben. Fortan war Michael ein anderer. Das Spielerische wich, der Übermut, die Improvisation als Lebenskunst. Fleißig war Michael immer gewesen; jetzt strebte er, als wüßte er wohin. Er wurde Pflichtmensch. Er grub sich in die theologische Existenz des Vaters. Ich wünschte weiterhin das Studium als heitere, endlose Gegenwart und die Zukunft namens Pfarramt möglichst fern. Meine große Philosophiearbeit schrieb ich über Adornos Musiksoziologie: ein manieristisch gespreiztes Rock 'n' Rotz-Pamphlet mit verkomplizierten Exkursen und ohne Gliederung. Michael wählte »Existentialismus bei Camus« und gliederte aufs feinste. Das milde Herz des Dr. Ernst Koch gewährte mir ein »Bestanden«. Michael empfing eine Eins und hatte überdies das Thema seiner selbst gefunden: *Leben in der Wahrheit*, wie es Václav Havel damals formulierte in Anlehnung an Adornos Diktum, es gebe kein richtiges Leben im falschen.

Bald hielt Michael Kontakt zur oppositonellen »Charta 77«. Er schmuggelte Texte in die Tschechoslowakei und zurück. Er trampte durchs Baltikum und weit hinein in die Sowjetunion. Er verlieh in seinem großen Freundeskreis die verbotenen Bücher von Solschenizyn, Kopelew und Machoveč. Ein Spitzel zeigte ihn an. Die Stasi griff zu. Man ließ Michael wieder frei, nach einer bittenden Intervention der evangelischen Kirche. Aber fortan wurde er, der Staatsfeind, genau observiert – freilich nicht genau genug. Sein konspiratives Meisterstück vollbrachte er anfangs der achtziger Jahre mit einer zweiwöchigen Westreise, die er mit dem Paß seines Westberliner Bruders Martin antrat. Bis zu Michaels fröhlicher Wiederkehr vergnügte sich Martin in der DDR. Die Stasi kam nie dahinter.

Schon mit zwanzig hatte Michael proklamiert: Vor meinem dreißigsten Geburtstag will ich in London, Paris und Rom gewesen sein. – Vorerst, 1978, trampten wir durch Rumänien. Selbstredend war Michael Reisemarschall, was öfters Streit gab, denn wo ich zum beschaulichen Verweilen neigte, mußte er Gipfel stürmen und Kilometer fressen. So ähnlich unterschied uns mittlerweile auch Ideologie. Ich wünschte eine Art von Frieden mit der DDR, Michael haßte sie immer mehr als Lügenrepublik. Ich war Pragmatiker, er Rigorist. Ich war ein Bleiber, er immer auf dem Sprung. Ich redete vom Gulasch-, er vom Gulag-Kommunismus.

Verstockt verschanzten wir uns hinter unseren so verwandten Urlaubslektüren – hier Feuchtwangers »Jüdin von Toledo«, dort die Thomas Mannsche »Lotte in Weimar«. »Der Doktor Riemer quasselt immer noch«, stöhnte Michael, und der Sommer sengte die karpatischen Felder, die Sonne gloste, der Asphalt schmolz unter unseren Sandaletten, bis hinter Baile Herculane – oder schon bei Szeged? – endlich dieser Schweinelaster hielt, dann der Melonen-Transporter, dann der Türken-Truck. Schließlich erreichten wir Budapest. Vom ersten Stadtgang kehrte ich mit Jimi Hendrix' Doppelalbum

»Electric Ladyland« zurück, Michael mit zwei herrenlosen Australierinnen, denen er Zeltasyl angeboten hatte. Anderntags beim Frühstück sagte er feierlich: »Ich fühle mich zum ersten Mal in meinem Leben als Europäer.«

Es konnte nichts werden mit Michael Möller und der DDR; und mit uns wollte es nichts bleiben. Er stand mir stets vor Augen als Beispiel, wie unduldsam man leben müßte: Schwejks schlechtes Gewissen. Er war der erste etlicher Gefährten, die ich vor, während und auch nach der Wende zieleifrig davonziehen sah – immer wieder in Sorge, ich müßte eilends hinterher, bis ich kapierte, daß fremdes Tempo an kein eigenes Ziel geleitet. Michael wurde nach dem Studium wissenschaftlicher Assistent und sandte mir alsbald einen Sonderdruck aus der bewunderten Göttinger Zeitschrift »Kerygma und Dogma«, die sein erstes Opus aufgenommen hatte: »An Deus sit ridiculus. Betrachtungen zu einem Motiv der Aussagen Luthers über Gott in seiner Schrift ›De servo arbitrio‹ (1525)«. Das Werk, 25 Seiten lang, beschenkte den Leser mit reichlich Latein sowie 154 Fußnoten, um deren jede ich Michael beneidete. Ich war mittlerweile Beiträger der Kirchenzeitungs-Kolumne »Gedanken zu einem Film« und hatte eben »Tootsie« rezensiert.

Es ist an der Zeit, ein paar Menschen Dank zu sagen dafür, daß ich nicht im Kino sitzenblieb. Reinhard Henkys und Matthias Hartmann vom (westdeutschen) Gemeinschaftswerk für evangelische Publizistik ermutigten mich, ab 1985 für die (West-)Zeitschrift »Kirche im Sozialismus« Essays zur Situation in der DDR zu verfassen. Hans-Jürgen Röder vom (westdeutschen) Evangelischen Pressedienst schmuggelte diese Texte nach West-Berlin. Und Adelheid Wedel und Peter Jastrow verschafften mir ein DDR-Podium jenseits der Kirchenpresse, indem sie mich ab 1987 im »Sonntag« über Rockmusik schreiben ließen und über das, was sich damit verband. Die warmen Reaktionen stifteten mir auf die späten Tage der DDR ein Gefühl von ostdeutscher Zugehörigkeit, das mich bis heute unterweist, SED-Staat und DDR-Lebenswirklichkeit nicht als Synonyme zu verwenden. Endlich fand ich mich in einem Wir, vermittelt durch *unsere Musik*. Die Großkonzerte von Cocker, Dylan, Springsteen in der DDR waren Generationswallfahrten. Es wurde schon geschrieben: Rockmusik, wie Ungezählte sie verstanden, ist nicht *Unterhaltung* gewesen, sondern Freistatt, Spiegelung ersehnten Lebens, Kunst der versagten Gegenwelt.

In jener Gegenwelt, sofern sie *Amerika* hieß, war Michael Möller inzwischen gelandet. Seit 1985 Pfarrer in Wismar, durfte er 1986 als erster Ostdeutscher für ein Jahr zum Aufbaustudium in die USA. Dort lernte er seine spätere Frau kennen. Die DDR-Behörden verweigerten ihr den Zuzug, und an die Erlaubnis, in Wismar zu heiraten, knüpften sie die Bedingung, daß der *feindlich-negative* Pfarrer Möller die DDR auf immer verließe. So geschah es, bis Markus Meckel Außenminister wurde und den Ex-Kommilitonen Möller zum US-Gesandten bestellte.

Rockmusik schrumpfte für Michael zum beiläufigen Interesse. Er brauchte sie nicht mehr wie ich als Gegenton zum Leben in der DDR. Eines der legendären Ost-Konzerte haben wir dennoch gemeinsam erlebt, wenngleich nicht zusammen: Bob Dylan am 17. September 1987 im Treptower Park. Tage später besuchte mich überraschend Michael. Er sprach davon, wie *günstig* es gewesen sei, Dylan auf Berlin-Visite zu erwischen; so müsse er nicht extra von Ohio zum Konzert nach San Francisco fliegen. Sein Renommieren tat weh, aber sollte er von seiner Freiheit schweigen, wie der Gesunde dem Trinker den Schnaps versteckt? Wir redeten in einer Kneipe im Prenzlauer Berg. Der Kellner kam: Er wolle schließen. Ich belaberte ihn um ein letztes Bier: Bitte, Meister, eins noch, wir trinken zügig ... Der Fatzke lehnte ab, in dem genüßlichen Polizei-Ton, der die DDR genauso ruiniert hat wie die Planwirtschaft. Schon standen wir draußen in der Nacht. Michael fand mich devot, den Kellner einen würdigen Repräsentanten dieser hoffnungslosen Scheiße namens DDR und sich selbst einen glücklichen Amerikaner.

Erst in Washington sahen wir uns wieder. Was waren wir nun verschieden. Es gebe eine kleine Differenz zwischen uns,

Reunification Answers

By Laura Sessions Stepp
Washington Post Staff Writer

Michael Moller is a lifelong anticommunist.

The Rev. Michael Moller was ambassador for an hour. At least that's the way it seemed to the East German Lutheran pastor who was appointed last May to represent his country as ambassador to the United States and had everything but final State Department approval.

With the reunification of East and West Germany this week, Moller is out of that job, and gladly. The new Germany was a dream that inspired him to hide contraband T-shirts in his church study, to lead demonstrations when other pastors were encouraging their flock from behind church doors. Sustained by a faith that told him good would eventually triumph over evil, Moller knew reunification would happen; he just didn't know how quickly.

Moller, at age 33 one of a new generation of entrepreneurial leaders in Eastern Europe, celebrated this week's events in a service at the Washington Cathedral. Before returning to Lutheran Theological Seminary in Philadelphia, where he has accepted a teaching position, he talked about the remarkable change he has seen in Europe and the spiritual forces behind that change.

He grew up in a small town near the Polish border and as a Lutheran pastor's son, endured the taunts of his school classmates. He was the only one in his high school class not to join the local communist youth club, and though he made excellent grades, was asked to leave the school after the 10th grade. He took a job in construction.

A friend persuaded him to try seminary in the mid-1970s, and he was admitted to a school in Leipzig after passing a special examination. He eventually managed to get into the university there and received his PhD in theology and anthropology.

While in seminary in 1981, Moller was arrested, convicted and fined for distrib-

Michael Möller (1957–1997), Washington Post, 6. Oktober 1990

erklärte Michael launig den Schmausern am kalten Vereinigungsbuffett. *I'm a hidden capitalist and Christoph is a hidden communist.* Letzteres erschreckte ein bißchen – auch mich. So trennten wir uns. Michael blieb in *Amerika*, bei seiner Familie und der Professur in Philadelphia. Ich mußte zurück, um zu beschreiben, wie aus dem alten Osten der neue würde und wie das Neue aus dem Alten stammt. Endlich hatte ich einen Beruf.

3

Herbst 1991. Die DDR gibt es nicht mehr. Das 89er Wir hat sich in Millionen Ichs verlaufen. Der »Sonntag« wurde »Freitag«, und statt in Heidi Wedels Redaktionskabuff am Hausvogteiplatz sitze ich im Hamburger Pressehaus der »Zeit«. Das Zentralorgan der westdeutschen Nachdenklichkeit begehrte einen Ost-Redakteur – eigentlich für die Politik, aber die Zäune zwischen den Ressorts lassen sich übersteigen. »Besuchen Sie uns doch auch mal im Feuilleton.« Da sitzen sie, die kapitalen Keiler der bürgerlichen Kunstbeäugung, und lauschen gütigst des Frischlings Berichten aus dem Unterholz der ollen DDR. »Na, das klingt ja alles ganz interessant«, sagt Ulrich Greiner, der Chef des Feuilletons. »Was wollen Sie uns denn gern als erstes schreiben?«

»Nächsten Montag gibt es in Berlin das Rockkonzert, von dem ungezählte Ostdeutsche zeit der SED-Herrschaft vergeblich geträumt haben: Johnny Winter.«

Es folgt eine Stille, die ich erst später deuten lernte. Es handelte sich um das extremste Ausdrucksmittel der hambürgerlichen Kommunikation: das hanseatische Bestürzungsschweigen. Wo möglich, wird es vermieden, zugunsten deliziöser Sprachlichkeit. In der »Zeit«-Zentrale würde niemand sagen: »Kollege Dieckmann, dein Text ist Kacke.« Man hört statt dessen etwa: »Lieber Christoph, Ihr Stück – ich habe das sehr gern gelesen. Nur frage ich mich, und gar nicht ohne Sorge, ob der Leser da so mitempfinden kann. Ich fürchte, nein.« Lediglich äußerstes Befremden erfordert das hanseatische Bestürzungsschweigen. Aus diesem erhebt sich nun das würdige Organ von Dr. Heinz Josef Herbort, dem Großmeister der pentatonischen Osmose und des finnischen Kontrapunkts. »Winters«, sagt Herbort. »Hatten wir nicht schon mal was über diesen Winters?«

Unter manifestem Mangel an Begeisterung wurde Johnny Winter eingeplant. Günstigerweise starb tags darauf Miles Davis, welcher also einen Nachruf brauchte, so daß die »Zeit« den unernsten Künsten eine Seite räumte. Auch künftig durfte ich mich rockmusikalisch verbreiten, allerdings weit mehr geduldet als gedrängt – mit einer Ausnahme, der ich mich entzog: Rammstein. Die seien doch was für mich, mutmaßte Hamburg – ein Phänomen, und so ostdeutsch. Ich fand Rammstein so phänomenal wie Hammerwerfen und so ostdeutsch wie Wrestling und begehrte Platz für Steve Earle. Hamburg seufzte. Die »Zeit« ist nun mal kein Rockblatt, obwohl sie mit Konrad Heidkamp über einen Jazzkritiker verfügt, der auch die Musik der Dylan/Reed/Morrison-Generation mit kundiger Liebe in die Arme nehmen kann. Was meine Rootsrock-Vorlieben betraf, so galten sie wohl a) als Ossi-Nachholebedürfnis, b) als Klampfereien der vormodernen Provinz.

Das war ja zu begreifen. Anders als in der späten DDR hatte Rockmusik *drüben* ihre emanzipatorische Kraft längst verloren. Der Westen war im Westen keine Gegenwelt, und im Osten konnte er's nicht bleiben. Natürlich strömte statt der Wallfahrts-Massen von vor 1989 ein sehr überschaubarer Pulk ins Johnny-Winter-Konzert. Die Große Freiheit war an diesem Abend längst nicht mehr versprochen, nur das virtuose Spiel des texanischen Bluesgitarrenhäckslers John Dawson Winter. Einst hatte ihm die Rockwelt zu Füßen gelegen. Aber das war zwanzig Jahre her. Seitdem ereignete sich zweierlei: Winter wurde besser. Und der Zeitgeist ließ ihn hinter sich.

Musik oder Zeitgeist, du mußt dich entschließen. Kunst oder Pop. Ich erinnere mich an die arrogante Haßliebe, die ich als Jungrocker für das allgegenwärtige Schlagergedudel hegte. Peter Alexander, Roy Black, Daniel Gerard, »Butterfly, my butterfly« … Dieser Massenschrott, grimmte ich, müßte verschwinden, dann würde das Radio überquellen von meiner, der wahren Musik. Was natürlich schrecklich gewesen wäre. Auch heute haßliebe ich den Schrott, von Techno bis Guildo Horn. Ich brauche ihn. Er deckt mein Geheimnis. Er rettet das Seltene vor Normalität. »Wenn das Salz stumpf wird«, heißt es in der Bergpredigt (Matthäus 5,13), »womit soll man's salzen?«

Ich liebe immer noch den Salz-der-Erde-Springsteen von »Nebraska« und »Darkness On The Edge Of Town«, aber ich hasse, was ich am 30. Mai 1999 in der Berliner Wuhlheide erlebte: Bruce Springsteen & The E-Street Band auf Revival-Tour, mit Ballermann-Versionen ihrer Hits, vor einer Masse, die vom ersten bis zum letzten Ton der Show rhythmisch Backe-backe-Kuchen machte. Klappe zu, Affe tot. Springsteen, Cocker, Rolling Stones ... – die Immergleichen zeitigen die immergleiche Begleitprosa zu ihren immergleichen Großtourneen, obwohl die rührenden Altfans beteuern, sie wüßten einen Unterschied zwischen Jaggers Zirkustruppe, den Drei Tenören und den Zillertaler Schürzenjägern.

Ich bemerkte keinen. Also schrieb ich über die Halbgroßen und Viertelberühmten, deren Egos die Musik nicht überstimmten: David Munyon, Michael Hurley, Hazeldine, John Henry, Neal Casal. Über die Schatzhauser: Ry Cooder, June Tabor, Emmylou Harris. Über die Nibelungen: J. J. Cale, Rory Gallagher (einer der freundlichsten Menschen, die mir je begegnet sind) und die Ossi-Band schlechthin: Lynyrd Skynyrd. Die südstaatliche Kavallerie der Vereinigungs-Verlierer (1865=1990) galoppierte derartig entfesselt, daß ich anschließend mit *Tynnytus* ins Krankenhaus mußte. Zehn Tage hing ich stolz am Tropf. Dann eilte ich nach Köln, zu Steve Earle.

All dies sei »falsche Musik«, eröffnete mir ein Hamburger Kollege, der sich an postmodernen Klangcollagen delektiert. Das ist mir so egal wie das westliche Wettern wider die realistische Malerei. Mich interessieren Menschenbilder und -gesänge. Ich liebe erzählte Geschichten, Reportagen-Dichtung, Songs mit Metaphysik. Jeder Mensch, vermute ich, erwirbt sehr früh eine musikalische Ur-Grammatik, die ihn sein Lebtag beheimelt. Bei mir ist das die Moll-Choralik angloamerikanischer Provinzmusik: Folk, Bluegrass, Rootsrock, Alternative Country.

Ein Klischee besagt, die Amerikaner, diese Teenage-Nation, seien neidisch auf die schiere Länge europäischer Geschichte. Schon vor der Neogotik geht der Ami in die Knie. In Burgruinen und Lutherhäusern dreht er durch, polkt Kalk aus historisch kontaminierten Fugen und grämt sich ob der Schande seiner Jugend. Ich bewundere umgekehrt den sentimentalischen Mut der Amerikaner, ihr Talent zur Dehnung der Zeit. Ihr Land und ihre Musik sind so voll von Erinnerung. Die Größe macht das, die nomadische Mobilität, die Einwanderei, die ja zugleich ein Auswandern ist, und natürlich der Abbruch- und Wegwerfkapitalismus. Jeder Abschied zeugt Gedächtnis. Jenseits der Charts – so vielen armen Deutschen die einzig bekannte US-Musik – lebt *Amerika* in einem Kosmos bodenständiger Klänge, und wer ihn kennenlernen will, mache das Radio aus, lese das »No-Depression«-Magazin und schreibe nach den vortrefflichen Import-Katalogen von Chill Music, Scheeren 12, 28865 Lilienthal. Oder: Glitterhouse, Grüner Weg 25, 37688 Beverungen. Oder: Taxim, Am Dobben 3, 27330 Asendorf. – Dörfer, deutsche Provinz.

Als Deutschlands Antiprovinz spreizt sich, wie immer, Berlin. In vielem erinnert Berlins heutige *urbane* Selbstbeschwurbelung an sein Jubiläumsjahr 1987. Wieder sendet die Hauptstadt ungeheuerliche *Energien* übers Land, *spannende Impulse* noch und nöcher, und der ganze Rest der Republik, so wird in *Spreeathen* geglaubt, sabbert vor Begeisterung für diese rüde, unbedachte Stadt. Hauptstädte sind dumm. Sie kennen nur sich selbst. Provinz hat Raumblick – aufs Eigene *und* auf die Metropole. Berlin mag Zeitgeist reklamieren, *Hauptstadtwerdung*, Hip, Hop, House. Hier eitelt sich die blanke Gegenwart, hier geht es ab, hier steppt der Bär im Kettenhemd; aber was kümmert mich der dämliche Bär? Ich suche keinen Zeitgeist in der Musik, sondern *timestop*: nicht Tempo, aber die Entschleunigung der Welt. Zeitgeist heißt: Aktualität. Zeitgeist ist Westen. Im Osten ist Zeit auch der Geist der Geschichte, weil, was wir Gegenwart nennen, so viel Voriges mit sich schleppt. Statt Westen ist nun Gestern unsere Gegenwelt. Wir existieren in zwei Zeiten. Im bloßen Heute sind wir nur zu Besuch. Ein Teil von uns lebt hinter einem Zeitengraben, den der Westen nicht kennt: 1989. Das doppelt uns Gestern und Heute. Diesen breiten Begriff von Gegenwart hat der Osten dem Westen voraus, derweil der Westen denkt, der Osten hinke ihm Jahrzehnte hinterher. *Was is not was*, heißt es bei William Faulkner, dem Mystiker des verlorenen Südens, und der Berauner des Ostens erklärt: *Is is not is*. Auf ostdeutsch: Was war, ist nicht vergangen; es unterkellert, was ist. Unablässig zieht Gewesenes die Gegenwart zu sich hinab, und diese ruft jenes herauf. Einander verlassen können sie nicht, denn der Mensch ist Zeit.

Während ich die Ossi-Lebensuhr begrübelte, jagte Michael Möller nach der ganzen Welt. So wie er früher osteuropäische Städte und Balkankilometer gesammelt hatte, zählte er nun stolz die Staaten, in denen er gewesen war. Seinen vierzigsten Geburtstag feierte er in Bangkok und hatte es bis zu diesem 11. März 1997 auf dreiundsiebzig Länder gebracht. Wie kein zweiter aus unserer Generation erfüllte Michael die Weissagung des FDJ-Oktoberklubs: *Wir sind überall auf der Erde …*

4

»Weißt du noch«, sage ich zu Speiche von Monokel, »erinnerst du dich, wie wir im Frühjahr 90 bei dir in der Zionskirchstraße saßen, und du hast die ›Twin Peaks‹ von Mountain aufgelegt?«

»Weiß ich«, sagt Speiche, »weiß ich noch genau.« Und Monokel-Gitarrist Micha Linke ist auch dabeigewesen. Und wir waren hin und weg von Leslie Wests Klampfe in »Nantucked Sleighride«. Ist lange her, sechs Jahre. Monokel gibt es immer noch. Und nun trinken wir ein Käppchen auf den Karfreitagsauftritt hier in der »Rockfabrik Halford«, und Speiche sagt, was er immer sagt: »Alter, heute haben wir scheiße gespielt.«

»Letzte Woche«, sage ich, »hab ich Mountain im ›Loft‹ gesehen. Leslie West war wie ein Tier. Hundertachtzig Leute sind dagewesen, das muß doch wehtun, wenn man mal Woodstock gespielt hat. Am nächsten Morgen saß ich mit Leslie im Flur von seinem billigen Hotel, und ich fragte ihn dies und

Gitti und Jörg Schütze (Speiche), Berlin, Sommer 1990

das, und die Putzfrau machte solchen Krach mit ihrem Staubsauger, daß ich sie um Ruhe bitten wollte. Da sagte Leslie: Laß sie, Gott liebt Menschen, die arbeiten. Und da hab ich ihn doch gefragt: Ist es nicht hart, vor hundertachtzig Leuten zu stehen, wenn man in Woodstock vor einer halben Million aufgetreten ist? Da packte er sich auf die Couch, weil er's mit dem Blutdruck hat, und sagte: Damals wie heute habe ich nur gespielt, weil ich meine Gitarre hören wollte.«

»Versteh ich«, sagte Speiche, »versteh ich vollkommen.« Speiche ist ein Weiser, im Unterschied zu Monokels Sänger Gala Gahler, dessen Ego-Manie seit der Wende nicht gelitten hat. Vor zwei Stunden enterte er die Bühne und verkündete, es sei zu Karfreitag netter, lustige Musik zu machen, als sich irgendwo annageln zu lassen. Dann ging's los: »Boogiemobil«, »Spannersau«, »Das Monster vom Schilkinsee«, »Bye bye Lübben City« und was man von Monokel sonst noch braucht. Jetzt betritt ein Ordner die Garderobe: »Eh, euer Sänger reihert grade ab.«

Speiche nickt wissend. »Alter«, sagt er sanft, »Alter, ich feiere in diesem Jahr dreimal. Zwanzig Jahre Monokel. Fünfzig Jahre Speiche Schütze. Und Silberhochzeit, mit Gitti. Venedig, Alter. Voll Kitsch.«

Jetzt gehen die Lichter aus. Wir müssen raus. Wenn man mit einer Zweiliterpulle »Burgadler« die Ost-Berliner Karsamstagnacht durchwandert, von Lichtenberg bis Pankow, da fällt einem viel Ewiges ein.

Dann starb Tamara Danz, am 22. Juli 1996, mit 43 Jahren.

Dann starb Rio Reiser, am 20. August 1996, mit 46 Jahren.

Dann starb Gerhard Gundermann, am 21. Juni 1998, mit 43 Jahren.

Dann erlebte ich Toni Krahl und City bei der SPD-Wahlkampf-Abschlußkundgebung am 25. September 1998, wie sie für Gerhard, Oskar und die *Neue Mitte* »Am Fenster« fiedelten. *Einmal wissen, dieses bleibt für immer …*

Kurz zuvor war auch Gerulf Pannach gestorben, der Renft-Texter, am 3. Mai 1998, mit 49 Jahren. Ein Jahr darauf erschien ein Sammelband mit Pannachs Texten: »Als ich wie ein Vogel war«. Der Verlag Schwarzkopf & Schwarzkopf lud zur Buchpremiere. Renftmündiges Volk füllte die Ost-Berliner »Knorre« bis zum Platzen. Der Herausgeber Salli Sallmann erklomm das Podest und erhob ein Wolfsgeheul zur Wanderklampfe:

Ob im Süden oder Norden
Nirgends bist du froh geworden
Suche, Seele, suche!
Such nur, kannst doch nichts finden!
Siehst das Glück nur von hinten
Fluche, Seele, fluche!

Ob im Osten oder Westen
Wo man ist, ist's nie am besten
Suche, Seele, suche!
Freiheit, Freibier und Frieden
Sind dir, Seele, doch nicht beschieden
Fluche, Seele, fluche!

Dann kam Cäsar Gläser und flötete den »Apfeltraum«. Dann spielte Renft-Keyboarder Kuno Kunert, der mittlerweile aussah wie der Piratenkoch aus einem Mantel-Degen-Film, vom Tonband Gerulf-Pannach-Lieder vor, die verblüffend zwischen Wolf Biermann und Reinhard Mey oszillierten. Es folgte Boddi Bodag, der erzählte, er habe mit Engerling bei der Totenfeier für Tamara Danz gespielt und bei der Totenfeier für Rio Reiser, und als Gundermann gestorben war, habe man sie auch für dessen Feier engagieren wollen. »Da habe ich gesagt«, sagte Boddi, »Engerling ist eigentlich keine Beerdigungsband, und außerdem war Gundermann, als Gerulf Pannach im Stasi-Knast saß, IM Grigor, oder wie er hieß.«

»Haben mir viele übelgenommen, den Spruch vorhin«, sagte Boddi später am Tresen. Inzwischen waren sogar Angelika Mann (die sogenannte Lütte) und Veronika Fischer aufgetreten. Das wiedervereinigte Ostvolk schwelgte in Umarmung seiner selbst, und auch das Bier tat, was man von ihm erwarten durfte. Und dann rief Kuno Kunert die Reste der Renft-Combo zu den Instrumenten und kündigte für die Jahrtausendwende eine neue Platte an. Eigentlich habe Gerulf Pannach darauf den Leadsänger machen wollen, aber das, sprach Kuno mit bewährter Trockenheit, habe sich ja nicht so ergeben. Nun singe dafür Klaus. – Klaus Renft monierte die

Länge der Pannachschen Texte: »Mal sehn, ob ich mir das alles merken kann mit meinem Schultheißgehirn.«

Er konnte. Bloß hatte, was die Band zusammenhackte, nichts mehr gemein mit dem Trotz, der Liebe, dem verknallten Überschwang der alten Zeiten, als ich wie ein Vogel war. *Ohne Stimme flog ich fort, als schon alles schlief.* Endlich erklärte Kuno das Pannach-Memorial für beendet: Die Band habe für heute noch was vor. Da reckte und entknautschte sich Klaus Renft und brüllte aus leuchtendem Antlitz: »SAUFEN!«

An diesem 11. Mai 1999 habe ich die Zukunft des Rock 'n' Roll gesehen. Sie hieß Klaus Renft.

5

Zu wieviel Prozent bestehst du aus Erinnerung? hatte ich 1989 Michelle Shocked gefragt, und sie hatte erwidert: Zu hundert Prozent. – Das ist sogar mir ein bißchen viel. Aber seit längerem wünschte ich, wieder dorthin zu reisen, wo soviel Erinnerungsmusik herkommt, um mit Michelles Helden zu sprechen, von denen mir bislang lediglich Townes Van Zandt in Berlin begegnet war, Billy Joe Shaver nur beim eingangs erwähnten Konzert im »Red River Saloon« von Austin und Guy Clark, der Große Weise unter Texas' Songpoeten, nie. Neujahr 1997 starb Townes Van Zandt. Totgesoffen, mit 52 Jahren. Nun wurde es Zeit.

Flug nach Texas. Tief unten liegt Neufundland, das Eismeer; weiße Klüfte klammern braunes Land. New York. Der Delta-Anschlußflug ist ersatzlos gestrichen. Protest erwirkt Überweisung zu American Airlines. Kurz nach Sonnenuntergang schneidet das Flugzeug ins *afterglow*, den purpurnen, kobaltblauen, schwarzen Himmel. All die Babeltürme unten werden Fläche, ein riesiges leuchtendes Beet. Bald Washington, dann Louisville, in gelb blinkenden Zirkeln ums State Capitol von Kentucky gelegt. Nashville, Memphis ... Die Erdsterne unten verlöschen nie. Man hielt doch immer dieses

Riesenland für leer. Nachtwiesenbunt strahlt Dallas herauf, wie bei Jimmie Dale Gilmore: *Have yo ever seen Dallas from a DC 9 at night?* Wir landen. Wir starten wieder. Um Mitternacht Austin.

Austin ist zweierlei – die selbsternannte *Live Music Capital of the World* und das neue Silicon Valley. Die Computerindustrie boomt: dreihundertvierzig Firmen. Gewerkschaften gibt es nicht, und Texas gehört zu den acht US-Bundesstaaten, die ihrer Industrie die Einkommenssteuer erlassen. Keine Stadt der USA wächst wie Austin, das momentan fünfhunderttausend Einwohner zählt, Greater Austin achthunderttausend. Täglich ziehen einhundertzwanzig Menschen zu. Alle finden Arbeit, wird versichert. Zu den Computern hat die Stadt noch den Regierungssitz und die University of Texas mit fünfundfünfzigtausend Studenten. Das prägt. Auf dem Weg vom malerischen Campus zum erhabenen State Capitol (das *Texas-like* ein bißchen höher werden mußte als das in Washington) passiert man viele billige Cafés. Austin gilt als schön. Das meint wohl innere Werte. Auch hier dominiert die allamerikanische Betonprärie: Parkplätze, Blockhütten aus Klinkern und Hochhäuser, für die aber Baustopp herrscht.

Spätestens wenn es dunkelt, führen alle Wege zur 6th Street. Hier finden sich, Häuschen an Häuschen, die meisten der über hundert Musikkneipen. Alle offerieren jeden Abend Live-Musik bester Güte, oft mit Berühmtheiten. Jetzt tobt außerdem, wie seit 1987 jeden März, die South by Southwest, die größte Messe bodenständiger amerikanischer Musik. Siebenhundertfünfzig Konzerte in fünf Tagen an sechsunddreißig simultanen Spielstätten. Die polygamen Ohren hetzen durch die Stadt und verhelfen Austins Taxifahrern zum Geschäft des Jahres.

Ich hetze nicht. Ich muß im »Speakeasy« auf Billy Joe Shaver warten. Wir sind verabredet. Der Spätnachmittag füllt die Bar. Shaver taucht nicht auf. Die Laune sackt in den Margarita, da öffnet sich die Tür. Die Shavers. Billy Joe voran, im Schlepptau Sohn Eddy. Ein Bild wie im Western: Zwei Männer betreten einen fremden Saloon.

Dann sitzen wir auf der Empore, das Mädchen bringt Kaffee, und als ich mich bedanke, nimmt sie ihn gleich wieder mit.

»Hallo, ich wollte das trinken!«

»Ich mache ihn stärker«, sagt das Mädchen, »ich habe deinen Akzent erkannt.«

»Wir waren wirklich arm«, sagt Billy Joe. »Mein Vater verschwand, bevor ich geboren war. Meine Mutter hatte nichts gelernt, sie schrubbte Fußböden und pflückte Baumwolle. Aber sie war hübsch, da ging sie nach Waco und arbeitete in einem *honky tonk*. Ich blieb bei meiner Großmutter in Corsicana/Texas. *We made it the best we could.* Ich liebte meine Mutter. So alle Jahre hat sie mich besucht, und sie schickte Geld. Hatten wir keins, dann nahm Großmutter mich mit in den Department Store und bat um Kredit. Okay, hieß es, wenn der Junge singt. Ich mußte auf eine Kiste steigen und die Kundschaft unterhalten. Radio hatten wir nicht, also sang ich, was ich in der schwarzen Nachbarschaft aufgeschnappt hatte. Den Rest hab ich erfunden. Ich sang einfach von mir selbst. So wurde ich Songwriter. Ich war fünf.«

Shavers Kollege Tom T. Hall hat mal gesagt: Falls Gott die Welt als seinen Fernsehapparat geschaffen hat, dann ist Billy Joe Shaver das Programm Montagnacht um drei. – Shaver schulterte die obskursten Jobs; er kam mit der Hand in die Kreissäge; er brach sich als Zureiter das Kreuz; er heiratete dreimal dieselbe Frau und wurde dreimal von ihr geschieden. Daß er im Countrybusiness wenigstens den Außenseiter spielen kann, verdankt er dem Zufall.

»Anfang der Siebziger«, sagt Billy Joe, »auf Willie Nelsons 4th-of-July-Party, da waren Gott und die Welt. Ich saß mit ein paar Leuten vor dem Camper, die Gitarre ging rum, ich sang ›Willie The Wandering Gypsy And Me‹. *Three fingers whiskey pleasures the drinker and moving is more than the same thing for me* … Plötzlich stand da Waylon Jennings, der damals gerade eine große Nummer wurde: Wer hat den Song geschrieben? – Ich. – Hast du noch mehr von der Sorte? – Einen Sack voll. – Komm nach Nashville, dann mache ich damit ein ganzes Album.«

Waylon Jennings galt als Rebell in Nashville, dem puritanischen Hollywood der Countryindustrie. Er provozierte das verschmalzte Genre mit brünstiger Proletenlyrik, und er bestand bei Plattenproduktionen auf seiner eigenen Band. Shaver glaubte ihm alles, begab sich nach Nashville und versuchte sechs Monate vergeblich, zu Jennings vorzudringen. Schließlich stellte er ihn im Studio. Es ist eine kostbare Szene der Countrygeschichte, wie der völlig unbekannte Shaver in den Kontrollraum stürmt, wo der berühmte Waylon Jennings mit seinem Troß hofhält, »und dann«, sagt Billy Joe, »rief ich: Hey, Waylon! Er schaute rüber: Was willst du? – Entweder du singst jetzt meine Songs, oder ich trete dir hier vor deinen ganzen Leuten in den Arsch.«

»Und dann?«

»Dann wollten seine Typen mich zusammenschlagen. Aber ich konnte nicht zulassen, daß er sein Wort bricht.«

»Und dann?«

»Waylon zog mich in einen anderen Raum und sagte: Mach das nicht noch mal. Spiel mir dein Zeug vor. Sowie ich was nicht mag, verschwindest du. Ich sang ›Ain't No God In Mexico‹, ›Old Five And Dimers Like Me‹ und so fort. Er mochte alles und machte daraus seine ›Honky-Tonk-Heroes‹-LP.«

1971 zogen Jennings und Willie Nelson von Tennessee nach Texas und etablierten Austin als Outlaw-Antithese zum bigotten Nashville. »Jetzt ist das Outlaw-Ding längst tot«, sagt Billy Joe. »*Working man's country* gibt's nicht mehr. Ich lebe auch lieber in der Stadt.«

»Wann war deine große Zeit?«

»Meine Songs sind zeitlos«, sagt Billy Joe. »Ich selbst hab mich immer klein gefühlt – wie ein Sandkorn, aber unvergleichbar mit dem Rest der Welt. Country ist persönliche Religion. Mein persönlicher Retter ist Jesus, und er ist der Retter von vielen anderen, und wir sind alle verschieden, und das haben wir alle gemein.«

»*Easy talkin' to you*«, sagte er zum Abschied. »Aber das Girl gestern im ›Stubb's‹, die war aufgeregt: Der deutsche Typ, hat

Billy Joe Shaver, Austin/Texas, 12. März 1997

sie immerzu gesagt, also dieser deutsche Typ … Sie hat dich doch gefragt, ob du noch was brauchst.«

»Ein Bud, hab ich gesagt. Ein Budweiser.«

»Na, sie hat *butt* verstanden. Mann, sie dachte, du willst ihren Hintern.«

Dann reichte er die halbe Hand, winkte Eddy und ging. Um Mitternacht sang Billy Joe Shaver im Garten des »Stubb's« den schönsten Song des Festivals:

I'm gonna live forever
I'm gonna cross that river
I'm gonna catch tomorrow now
Nobody here will ever find me
But I will always be around
Just like the songs I leave behind me
I'm gonna live forever now.

An diesem 12. März 1997 wurde Michael Möller in Bangkok von einem Lastwagen totgefahren.

Zum Ende des Festivals vermißte Michael Corcoran, Musikpapst des »Austin American-Statesman«, seinen perfekten South-by-Southwest-Moment. Vielleicht ist er zuviel herumgesaust. Vieles war wunderbar. Jimmie Dale Gilmore sang auf der Straßenbühne »I'm so lonesome I could cry«, daß am einhundertzwölfjährigen »Driskill«-Hotel die Kalksteine schmolzen. Die Cowpunk-Pioniere Jason & The Scorchers überrannten das »Liberty Lunch« mit einer Rock 'n' Roll-Stampede, und Jason Ringenberg sah aus wie ein Unentschieden zwischen Prinzessin und Schweinehirt. Dave Alvin, Kaliforniens Roots-Rocker Nr.1, fackelte das »Speakeasy« ab. Kimmie Rhodes sang in lauterster Schönheit die Besinnungen ihres Albums »West Texas Heaven«. Terry Allen war der texanische Randy Newman geblieben und Robert Earl Keen ein Opportunist geworden, der den Affen Zucker gab. Und dann stand auf der Bühne der Weise Guy Clark wie ein Gerhart Hauptmann des Songs, und er litt, und ich mit ihm, denn im »La Zona Rosa« pflegt das Volk brüllend zu quatschen.

Dann war das Fest vorbei. Am Abend danach saß ich im »Babe's«, lauschte dem Texas-Jodler Don Walser, dem schmerbäuchigen *Pavarotti of the plains*, und grübelte behaglich, warum mich, der ich sogar mal Free-Jazz-Fan war, die formatierte Roots-Musik viel mehr berührt, je älter ich werde.

Guy Clark, Austin/Texas, 15. März 1997

Vielleicht, weil ich nicht mehr so jung sein kann und möchte wie die arroganten Zukunftsmusiken jeder neuen Generation. Weil immer mehr von meiner Zukunft ins gelebte Leben überwechselt; und ich wünsche, das Vergangene möge nicht vorbei sein, sondern in meinem Besitz. Auch in der Kunst erscheint mir Freiheit heute reizlos jenseits von Form und Gesetz. Erst der Rahmen entgrenzt das Bild. Verharrt die

Form, kann die Seele wandern, und umgekehrt. Ich liebe an meiner heutigen Musik ihre zyklische Weltfrömmigkeit, ihren Sensus für die letzten Dinge, ihren Respekt vor Syntax, Vers und Reim, ihr Kommunikationstalent, ihren Willen, sich auch die digitale Erde untertan zu machen, statt selbst ein Chip zu werden und im postmodernen Blubbern zu verschwinden. Diese Musik folgt den Gezeiten der individuellen Existenz in einer Welt, die keine gesellschaftlichen Illusionen erlaubt. In vielem hat es Deutschland besser als *Amerika*, aber sentimentalisch ist es feige, und wo es sich traut, droht Karl Moik mit *Volksmusik*. Die Nazis haben unsere Blaue Blume der Romantik zu Braunkohl gemacht. Gibt es deshalb keinen Gemeinsinn für die Mystik des Alltags? Nur den sklavischen Zynismus dessen, was in Deutschland *Unterhaltung* heißt?

Wir müssen das deutsche Brüten beenden. Tom hat sich an unseren Tisch im »Babe's« gesetzt, nebst seinem hispanischen Weibe. Familienphotos. Tom, pensionierter Anwalt, hegt für Deutschland gute Gefühle. Stolz ist er auf seine Handschriften von Goebbels, Franck und Kaltenbrunner. »Die Nürnberger Prozesse waren ungesetzlich«, sagt Tom. »Der amerikanische Soldat hat den deutschen Soldaten immer respektiert. Gefangene Japaner, die hat man weglaufen lassen, bis drei gezählt, und dann ...«

Dann tanzte ich mit Toms schöner stiller Mexikanerin, und Don Walser jodelte:

I'm lonesome but I'm happy
Rich but I'm broke
And the good Lord knows the reason
I'm just a cowpoke
From Dallas to Austin
The Ranches I know
I live with the wind
No one cares where I go.

»Warum habt ihr nie politisch geschrieben, Townes Van Zandt und du«, fragte ich den Weisen Guy Clark. »Townes' und deine Jugend, die Sixties, das war doch für Amerika eine revolutionäre Zeit. Und es gab Pete Seeger, Country Joe McDonald, Joan Baez …«

Was er politisch denke, meinte Clark, sei zwar nicht privat, aber es gehöre nicht in seine Songs. Er verfasse keine Kommentare, sondern Stories zur Imagination des Hörers. »Was ich schreibe«, erklärte Clark, »erfüllen andere mit ihrer eigenen Bedeutung.« Und wie er das sagte und dabei gemächlich seinen Tee umrührte und sorgfältig Rauch ausstieß, da war klar, daß diese Musik nicht nur zeitlos sein wollte und fern aller Jugendkultur, sondern ohne jedes Pathos zur Veränderung der Welt.

»Gibt es für Country eine Hoffnung auf gemeinsamen Fortschritt«, fragte ich. »Oder dreht sich alles im Kreis, und man wächst nur im eigenen Leben?«

»Das wäre doch ein großer Fortschritt.«

»Verliert man nicht auch mit den Jahren?«

»Nichts. Vielleicht Leidenschaft. Ich werde älter und weiser, ich schreibe besser.«

»Wie schreibst du?«

»Mit Abstand, einem Bleistift und einem großen Radiergummi. Mit einem Freund, wenn ich nicht weiter weiß.«

»Gehörst du einer vorigen Zeit?«

»Nein. Ich bin fünfundfünfzig. Das Heute ist, was es ist. Nur Videoclips mag ich nicht, die killen Imagination.«

»Ich finde doch, daß man auch verliert«, sagte ich. »Bis vor nicht allzu langer Zeit war mir, als stiege ich eine Treppe hoch, immer weiter, Stufe um Stufe, Jahr für Jahr. Aber ganz allmählich ergriff mich ein Gefühl, als liefe ich zugleich hinab. Ich vergesse, ich verlerne, und die Sensationen der Jugend scheinen mir Remakes des immergleichen Films. Das ist doch ein Verlust.«

»Das nennt man Leben«, griente der Weise Guy Clark.

»Sir! Wirklich?«

»Ja«, sagte er, »das ist ein Hammer, was?«

Juni 1999

Mein Volk

1

Du nennst es Sage, ich Erinnerung. Du suchst die Daten, ich den Wald. Der Wald steht schwarz und schweiget, hinter dem Friedhof, dem Hünengrab, den Kirschplantagen, immer den Berg hinauf, bis zum Forsthaus Butz. Da blafft der Hund, und da beginnt der Wald. Das Mädchen trat ein. Der Weg war hier noch breit, Licht brach durch die Kronen der Buchen, doch die Vögel gaben keinen Laut. Waldeinwärts schwand das Licht, der Pfad verjüngte sich und wurde steil. Das Mädchen stieg, stolperte, erhob sich, da trat aus dem Dickicht ein Mann. Er lächelte, dann fiel er über sie her.

Daneil hieß er; jeder kannte den Namen. Er beraubte die Bauern und Händler, die auf dem Weg zum Halberstädter Markt den Huywald passierten. Durchs Unterholz hatte er Schnüre gespannt. Stieß Beute an, klingelte ein Glöckchen in seiner Höhle. Dorthin verschleppte er die junge Frau und zwang sie, mit ihm zu leben. Sie gebar ihm Kinder, die erschlug er, damit das Geschrei ihn nicht verriete. Ihr preßte er einen Eid ab: bei Todes Strafe keinem Menschen zu verraten, wo sie sich verbargen. Denn manchmal ließ er sie zum Markt. Er wußte, sie käme zurück.

Dann konnte sie's nicht länger tragen. Da sie ja zu keinem Menschen sprechen durfte, klagte sie ihr Los dem steinernen Roland an der Rathausmauer: wie sie so entsetzlich lebe in Daneils Höhle bei der Huysburg und dem Röderhöfer Teich. Dies hörte oben durchs offene Fenster ein Ratsherr, der eilte herab, zog die Zitternde ins Haus und beruhigte sie: Ihr Eid sei unverletzt. Dann rüsteten die Halberstädter zum Zug gegen Daneil. Sie fanden und umstellten den Unterschlupf. Der Räuber hatte sich verschanzt. In riesigen Kesseln kochten sie Wasser und gossen es von oben in die Höhle. Unten lief es wieder heraus, und von drinnen lachte Daneil Hohn. Jetzt kochten die Halberstädter Brei. Das Lachen wurde Schreien, dann erstarb's.

Drei Räume hat die Höhle: das Zimmer, den Pferdestall und, etwas höher, Daneils Küche. Darunter soll sein Schatz vergraben sein. Stampf auf: Der Boden klingt hohl. Einmal haben die großen Jungen aus unserem Dorf in der Küche gegraben, doch vergeblich. Je tiefer sie gruben, desto weiter zog sich der Klang, der Schatz ins Erdinnere zurück. So handelt meine Erinnerung.

2

Daß ich zum Volk gehöre, habe ich spät erfahren. Ich wuchs hinter Mauern auf. Sie bargen das mächtige Pfarrhaus, zwei Höfe, ein Wäldchen, den weiten Garten. Draußen um die Mauern lagerte das Dorf, das Volk, die Welt. Über diesen Gegensatz haben etliche Pfarrerskinder geschrieben, auch ich in »Time is on my side« und »Die Zeit stand still, die Lebensuhren liefen«. Unser Ur-Text stammt von Thomas Mann: »Tonio Kröger«, Archetypus der abseitigen Existenz, das Volk belächelnd und doch gepeinigt von Sehnsucht nach Gemeinschaft mit der lachenden Welt des Hans Hansen und der unvergrübelten Mädchen.

Von Fremdheit erzählte ich also, als Pasterjunge, Brillenschlange, Bücherwurm, aber wurde das dem Dorf gerecht? Ist denn das Volk ein Monolith? Seit die Ostdeutschen in summa unter Rassismusverdacht gerieten, sieht man sie wieder eingeschachtelt in jene Kollektiv-Identität, die nach einem West-Klischee den Ossis das Ich-Sein erspare. Das sei ja kein Wunder nach einem halben Jahrhundert Diktatur. *Du bist nichts, dein Volk ist alles*, hatten die Nazis eingehämmert, und die SED plakatierte: *Alles für das Volk, alles durch das Volk, alles mit dem Volk!*

Tatsächlich, dem Kind war das Volk naturgegeben, Fleischer Grützmacher wie Gärtner Mingerzahn, Bäcker Gutjahr wie Kaufmann Kassebaum, Schlosser Rosenblatt wie Förster

Butz. Ihr Wesen schien Dienst am Dorf, dem sie gaben, wie sie von ihm nahmen. Unterschiede fielen auf zwischen Schuster Wesarg und Frau Doktor Banse, die nicht Volk war, sondern eine Dame. Banses hatten sogar einen Swimmingpool. Wer zum Schuster wollte, mußte über einen schmalen Hof, in dessen Mitte der Misthaufen prangte. Gänse zischten heran. Ein Spurt, ein Sprung auf die Brettertreppe, und man stand in Wesargs Kemenate, in Stube und Werkstatt zugleich. Umstellt von Botten und Pantinen, thronte der Alte auf seinem Schemel, drosch Absätze fest, bequallte lappende Sohlen mit köstlich müffelndem Leim. Er sog an der kalten Zigarre, prüfte sein Werk mit rissigem Daumen und nuschelte den lächerlichen Preis. Genauso verschmolzen mit dörflicher Pflicht schien Tischler Bärecke an seiner Hobelbank und Schmiedemeister Stache, wenn er – Glut zischte, Horn stank – die ergebenen Harzer Gäule beschlug. Gutjahr walkte seinen Teig, Rosenblatt schweißte, wortreich bedienten die alten Kassebaums im Laden, mit Tocher und Schwiegersohn, und einst würde Hans-Heinrich, der Enkel, das Geschäft übernehmen. Und alle taten und ließen geschehen, was von jeher war, auf daß es immer sei. Die Führer kamen und gingen, das Volk aber blieb. Und ewig zischten die Gänse.

Brauch und Homogenität empfand ich als Wesen des Volks. Die Zeit im Dorf lief nicht voran, sie ging im Jahreskreis. *Im Märzen der Bauer sein Rößlein einspannt. Sommerfeld, uns auch meld, wieviel zählst du Ähren? Bunt sind schon die Wälder, gelb die Stoppelfelder, kühler weht der Wind. Und hat ein Blümlein bracht, mitten im kalten Winter, wohl zu der halben Nacht.* Bald kam ein neuer März, doch ehe der Schnee ging, mußten die Schweine sterben, in jedem Bauernhof eins. War der Schlachter Christenmensch, dann schickte er, Gott zum Gruß, eine Kanne Wurstsuppe brühwarm ins Pfarrhaus. Mutter hob den Deckel und prüfte, ob dem fettigen Sud ein paar Scheiben Wellfleisch beigegeben wären. Danach taxierte sie des Spenders Kirchentreue.

So schien das Dorf sich selbst genug, von keiner Sehnsucht gepeinigt, von Träumen ungestört. Aber hast du vergessen, wie viele Frauen schwarze Kleider trugen jahrein, jahraus? Weißt du nicht mehr, was geschah, wenn Vater Christvesper hielt? Beim Gesang von *Stille Nacht* löschte die Küsterin das Licht, und ein Schluchzen und Weinen erfüllte das Kirchenschiff, als habe das Leid des ganzen Jahres auf diese drei Minuten gewartet, auf dieses süßliche Lied, das Vater nicht liebte. Singen müssen wir es, sagte er. Für die Vertriebenen ist es ein Stück Heimat.

Am nächsten Morgen sammelten sich die Christenkinder im Pfarrgarten. Wir stapften durchs verschneite Dorf, zum Weihnachtssingen. Vater hatte eine Liste von Einsamen, Gebrechlichen, Bettlägerigen erstellt, fast alles alte Frauen, die besuchten wir nun in ihren muffigen Stübchen. Wir sangen *Vom Himmel hoch* und *Ihr Kinderlein kommet*, Brigitte Biewendt spielte Blockflöte, Vater las die uralte Geschichte vor: *Es begab sich aber zu der Zeit, daß ein Gebot von dem Kaiser Augustus ausging, daß alle Welt geschätzt würde (...) Und jedermann ging, daß er sich schätzen ließe, ein jeglicher in seine Stadt. Da machte sich auf auch Joseph aus Galiläa, aus der Stadt Nazareth, in das jüdische Land zur Stadt Davids, die da heißt Bethlehem, darum daß er von dem Hause und Geschlechte Davids war, auf daß er sich schätzen ließe mit Maria, seinem vertrauten Weibe, die war schwanger.* Wieder weinten die alten Frauen und schenkten uns Printen und Makronen, manchmal eine ganze Tafel Westschokolade mit der Mahnung, sie gerecht zu teilen. Danke, Kinder, danke, ach wie gut, daß ihr noch nichts vom Leben wißt! – Erleichtert liefen wir heim zu unseren Geschenken unter der Lichterfichte, im Pfarrhaus geborgen wie im Herzen der Welt.

In einem Winter ging der Selbstmord durchs Dorf. Ich fürchtete mich vor den Häusern, wo *das* geschehen war, wie mich auch das Schweineschlachten grauste und der große Nachbarsjunge, der das Zicklein abgestochen hatte. Wer tötet, fühlte ich, fällt aus der Welt. Wie arglos, wieviel weniger befleckt dachte ich mir die Städter. Es war keineswegs denkbar, daß zwei Stadtbewohner bei Friseur Heinecke ihren Kahlschlag empfingen, und die Beerdigungsglocke läutete, und die balbierten Bauern – kundig, wer da in die Grube fuhr – zoteten von der ollen Soundso, die sich *uffjebammelt* habe.

Daß alte Frauen derart starben, ließ sich fast noch irgendwie ertragen. Sie hatten, wie es hieß, *ihr Leben gelebt*. Dann brachte sich Jutta um, am 1. April 1966, mit Gas, in der Halberstädter Wohnung ihrer Tante. Achtzehn war sie, eine Konfirmandin meines Vaters. Sein Tagebuch – reich an Fakten, karg mit Emotion – läßt spüren, wie ihn dieser Tod erschüttert hat. »Ich muß Herrn (...) die Kunde bringen«, schreibt er, und: »Ich habe Jutta noch einmal gesehen. Sie lag in der Küche auf dem Boden. Mit Herrn (...) zum Volkspolizeikreisamt, wo er in die 3 Briefe Einblick nehmen konnte, die Jutta für die Eltern, Marlene und ihren Freund hinterlassen hat. Allgem. Angst vor der Bewältig. des Lebens.«

Da muß etwas zu groß gewesen sein für das Dorf. Ich erinnere mich an Jutta: eine Dunkle, Stille, freundlich, immer ernst. Am 2. April unterstrich Vater den Bibeltext in seinem Pfarrerkalender: *Ich werde wandeln vor dem Herrn im Lande der Lebendigen*. (Psalm 116,9) – *Das ist die Verheißung, die er uns gegeben hat: das ewige Leben.* (1. Johannes 2,25) »Eine tröstliche Losung«, schrieb er dazu und hat am 6. April bei Juttas Beerdigung darüber gepredigt. Am Nachmittag davor kamen Juttas Eltern ins Pfarrhaus. Ich saß auf der Mauer und sah, wie das gebeugte Paar den Kirchweg heraufschritt, und versteckte mich wie vor dem Tod. In Vaters Kalender steht: »Noch lange über Jutta gesprochen.«

Es starb auch der große Sohn des Lehrers. Er kauerte im Wald, in der Höhle, und hatte Gift genommen. Und dann war Agnes tot. Um welchen Gottes Willen erhängt sich ein dreizehnjähriges Mädchen? Und welcher Teufel läßt zwölfjährige Bengels darüber Witze machen? Ein Hänsel-Mädchen war Agnes gewesen, eine Sitzenbleiberin, immerzu bemüht, sich lieb Kind zu machen. Das nervte. Dann trotteten wir, die ganze Klasse, inmitten eines langen Zugs den Friedhofsweg hinauf. Vor uns schwankte der Sarg. Ein trüber Tag war. Ich weiß, ich trug den braunen Anorak und versuchte zu fassen, wie entsetzlich nahe ich der toten Agnes sei. Vater predigte nicht, denn Agnes' Familie war katholisch. Der Priester sprach so leise, daß ich ihn nicht verstand. Die Mutter weinte und rief immer wieder den Namen ihres Kinds: Agnes, warum hast du das getan! Agnes, mein Mädchen, warum hast du das getan!

Abends setzte sich der Vater an mein Bett. Ich fragte: Kann Agnes in den Himmel kommen?

Ja, Junge, sagte er.

Aber sie ist katholisch.

Alle Christen gehören zum Volk Gottes.

Was unterscheidet uns von den Katholiken? fragte ich. Der Volksmund wußte: Sie sind falsch, und die Priester treiben's alle mit ihrer Haushälterin. Vater sprach vom Papst und dem Abendmahl ohne Wein für alle. Der größte Unterschied sei aber der Beichtzwang. Alle Sünden beichten, begangen in Gedanken, Worten und Werken, das schaffe keiner, das mache den Menschen verrückt. Dann sangen wir, auch für Agnes, mein und Vaters Lieblingslied: *Jerusalem, du hochgebaute Stadt, wollt Gott, ich wär in dir. Mein sehnlich Herz so groß Verlangen hat und ist nicht mehr bei mir. Weit über Berg und Tale, weit über blaches Feld schwingt es sich über alle und eilt aus dieser Welt.*

Werden irgendwann alle Menschen zu Gottes Volk gehören? fragte ich.

Irgendwann ja, versprach Vater.

Und wer vorher stirbt und nicht an Gott geglaubt hat? Kann der in den Himmel?

Nach menschlichem Ermessen nicht, sagte Vater. Aber wenn Gott will, dann geht auch das. – Letzteres mißfiel mir, und ich unterschlug es, als mich der freche Grundmann wieder Paster! rief. Du kommst nicht in den Himmel, zischte ich, kalt vor Wut. Grundmann kreischte vor Vergnügen.

Drei Viertel der Klassenkameraden standen der Kirche fern, besuchten weder Gottesdienst noch Christenlehre, gehörten nicht zu Gottes Volk, wurden nicht schulfrei gestellt zu Vaters Reformationsgottesdienst – natürlich auch nicht die wenigen Katholiken. Der Küsterjunge Ulli wußte: Die feiern morgen Allerheiligen, da stehen nachts die Totengeister auf.

Spätabends stahl ich mich aus dem Pfarrhaus und pirschte zum Friedhof. Das eiserne Tor winselte im Scharnier, in den Weiden knarrte ein harter nasser Wind. Die Finsternis stand wie eine Wand. Ich tappte am Regenbassin vorbei in Richtung Leichenhalle, da sah ich den Flammentanz auf den Gräbern. Wie Seelen hüpften die Lichter in ihren gläsernen Gehäusen. Ich wagte mich näher und war berückt von meinem Mut. Plötzlich ritt mich der Luther. Ich griff ein Windlicht und hastete in Richtung Friedhofstor. Fast war ich draußen, da schlug die Glocke vom Turm. Ich erschrak und trug die flakkernde Seele zurück an ihr Grab.

Es stand auf dem Friedhof ein Stein, der wurde der Muna-Stein genannt. Das Wort kam von Munitionsfabrik. Die hatte zur Nazizeit oben im Wald gelegen, bei der Soldatensiedlung Mönchhai. Am 21. September 1944 war dort etwas in die Luft geflogen, mit sieben deutschen Menschen, deren Namen auf dem Muna-Stein zu lesen standen. Eine spätere Zeit hatte nicht vergessen mögen, daß auch 59 Zwangsarbeiter in den Tod gerissen worden waren, und eine Ergänzungsplatte angefügt. Ansonsten schien die Hitlerei ein anderer Planet gewesen. Die Schuldigen säßen in Westdeutschland, lehrte die Schule und warnte vor diesen *Ewiggestrigen*. Uns dagegen, den *Siegern der Geschichte*, war die Zukunft versprochen. Doch auch die Lehrer, die Ideologie verkündeten, schlossen das Pfarrerskind, den *Nichtpionier*, in die Klassengemeinschaft ein. Fast glaubt die Erinnerung, es habe im Dorf keine Kommunisten gegeben, obwohl sie Maiumzüge meldet, Pioniermanöver, Fahnenappelle sonder Zahl und einen Schulfreund im Zentralrat der FDJ. Und mußte nicht jedes Kind sich mit Beginn des Russischunterrichts einen Namen aus dem Lande Lenins wählen? Waleri, komm an die Tafel!, und du kamst. Larissa, lies vor!, und Christine Groeger las. Die Erinnerung schätzt den Schaden gering. Ihr ist, als sei das Dorf für alles Auswärtige immun gewesen. Was vermochten die SED-Parolen und die Zeitung der Partei gegen das Gesetz von Saat und Ernte und die Symbiose von Mensch und Tier? Sowenig wie die Zeit gegen den Ort.

»Volksstimme« hieß die Zeitung; sie heißt noch heute so. Doch Volkes Stimme wurde nicht gedruckt. Alles Wirkliche war mündlich. Alltags sprach Volkes Stimme nur das Nötigste. Sonntags schwoll sie zum Chor, aber nicht in Vaters Kirche, sondern an einem Ort, den Vater nie verstand: auf dem Fußballplatz oben am Wald. Es rüstete die Stadt gegen das Dorf, der Halberstädter Spitzenreiter gegen die Tabellenkellerkinder. Was taten sich die Gäste schon beim Warmspielen arrogant hervor. Los ging's, und zack, lag ihnen ein Ei im Nest. Fünfhundert Bauern brüllten Spott. Doch dann kamen die Halberstädter und rannten und schrien sich nach vorn und legten unser Tor unter schwerstes Feuer. Es stand aber darin der König von Dingelstedt: Boxer Koennecke. Boxer flog, fing, faustete wie mit zehn Händen. Er lenkte ums Holz, er kratzte von der Linie, er riß den Feinden das glitschige Leder vom Fuß. Nach der Halbzeitpause wurde aus Regen Hagel und aus dem Halberstädter Sturm ein Orkan. Ich stand dicht hinter Koenneckes Tor und sah durch die Maschen, was *Mut der Verzweiflung* bedeutet. Boxer schrie nicht herum, er zeigte keine Show. In stummer Erbitterung tat er die Arbeit seines Lebens wie einer, der gegen sein Orakel kämpft oder einen Pakt geschlossen hat. Der Harz ist ja voll von Teufelssagen.

Längst drängte das ganze Volk hinter Koenneckes Gehäuse. Er und unsere Ballwegdrescher hielten das 1:0 bis vier Minuten vor Schluß. Dann trat im stampfenden Gewühl ein Halberstädter Koennecke ins Kreuz. Etwas zerbrach. Da lag der Unbezwingliche im Morast und warf schluchzend den Kopf hin und her. Aber seine Arme bargen den Ball.

Auszuwechseln war damals noch nicht erlaubt. Sie richteten Koennecke auf und lehnten ihn behutsam an den Pfosten. Sie riefen ihr Letztes wach und trieben die Halberstädter ins Feld zurück. Dann brachen die doch noch durch. In der 90. Minute drosch ihr Mittelstürmer die Kugel völlig frei in Koenneckes Gesicht. Kopfüber kippte Boxer in den Abpfiff hinein.

Der Jubel war grenzenlos. Ein laufendes Spalier, so eskor-

Die Kämpen von Traktor Dingelstedt, vorn Mitte Boxer Koennecke, Anfang der sechziger Jahre

tierte das Volk seine Helden ins Dorf. Die Fußballstollen schnalzten auf dem Kopfsteinpflaster wie alltags die Hufe der Pferde. Zwei schleppten Koennecke, der nieste Blut und spuckte Schlamm und leuchtete vor Heldenschmerz und Glück. Der hat das wahre Leben, dachte ich erregt und rannte nebenher. Könnte mich Angelika so sehen, sie käme nie wieder los.

Dann waren die Männer am Ziel. Sie betraten ihr Geheimnis: Schmagolds Ratskeller. Als ich heimkam, schimpfte Mutter: Mußtest du bei Regen raus? Im ganzen Dorf, bei Bäcker, Fleischer, Kassebaum, sprachen die Leute von Boxer Koennecke, und als mich Vater zwecks Fassonschnitt zu Heinecke befahl, wurde der Titan im Sessel neben mir geschoren. Boxer, das war was am Sonntag, sagte der Friseur. Koennecke sagte, was er immer sagte: nichts. Und so blieb es, bis die Dingelstedter in die Fremde mußten, hoch in den Harz, nach Benneckenstein. Dort waren sie Helden ohne Volk und verloren 1:8.

3

Eines Tages entdeckte ich im Bücherzimmer ein Gemälde-Album. Auf dem Umschlag schwang sich ein kantiger Adler ins Licht. Gotisch prunkte der Titel: »Im Auf und Ab zur Weltmacht«. Vom Inneneinband war zu erfahren: *Ein Volk ohne Vergangenheit verdient auch keine Zukunft.* An Vergangenheit litt unser Volk nicht Mangel. Sie hub an im Jahre 9, natürlich im Wald. Ein Kolossalbild bezeugte, wie Volksgenossen – fragwürdig gekleidet, doch germanisch resolut – Varus' Römer zerfleischterten. Varus, Varus, gib mir meine Legionen wieder! jammerte der Kaiser in Rom – umsonst. Sein Feldherr hatte sich ins Schwert gestürzt.

»Im Auf und Ab zur Weltmacht« triumphierte die Tat über den zaudernden Geist. Geschichte schien ein Defiliermarsch großer Stunden, Krieg der Vater aller deutschen Dinge. Herrlich, wie das Deutschtum sich zeiteinwärts hackte, blutete und siegte. Dann ein Idyll: Heinrich der Finkler träumt *am Vogelherd*, da nahen die deutschen Fürsten und tragen ihm die Königskrone an. 1077 muß Heinrich IV. durch Eis und Schnee nach Canossa wanken, um vor Papst Gregor VII. Buße zu tun. Schon wieder Gehacktes: die kaiserlose, schreckliche Zeit. 1521: Luther in Worms, die Hand aufs Herz, das Auge himmelwärts, zum deutschen Gott, der fortan als nationaler Protestant zu denken ist. 1632 meucheln die Katholiken in der Schlacht bei Lützen den edlen Schwedenführer Gustav Adolf. Preußen erscheint; der Soldatenkönig inspiziert seine Langen Kerls. Und endlich wird dem Deutschtum der Heiland geboren: der Alte Fritz.

Der Alte Fritz als Fahnenträger in der Schlacht von Zorndorf. Der Alte Fritz beim Feldgebet nach der Schlacht von Leuthen (*Nun danket alle Gott!*). Der Alte Fritz als Flötenspieler (Sanssouci). Und als der Große Friederich 1786 zum himmlischen Wachregiment versammelt wurde, war Preußen bald im Eimer. Auftritt Bonaparte: Preußenvernichtung bei Jena und Auerstedt 1806. Erschießung der Schillschen Offiziere in Stralsund 1809. Und so fort mit deutscher Not, bis Napoleon der Wahnsinn schlug und er Rußland überfiel. Borodino 1812: Dumpf brütet nach unentschiedener Schlacht das Ungeheuer über seinem Kartentisch: Vor oder zurück? Ritt durch das brennende Moskau. Fluchtkalesche nach Paris, gefolgt von den letzten Trümmern der Großen Armee. *Mit Mann und Roß und Wagen, so hat sie Gott geschlagen,* aber noch nicht ganz. Völkerschlacht bei Leipzig, endlich Waterloo. Wellington, verzweifelnd rufend: Ich wollt, es wäre Nacht oder die Preußen kämen! Heißa, da bricht Papa Blücher aus dem Busch und jagt dem welschen Monster seine deutsche Klinge ins Gemächt. Der entkaiserte Korse verdämmert auf einem Felseiland im Atlantik, und Freddy singt im Deutschlandfunk: *Sankt Helena um Mitternacht, der Kaiser ist vom Schlaf erwacht und denkt daran, wie schnell sich alles ändern kann.*

Der Rest sei übersprungen, all die Düppeler Schanzen, Königgrätze und Sedans. Kaiserkrönung in Versailles, Dreikaiserjahr, herrlicher Wilhelm Zwo. Nährstand ist Wehrstand, schimmernde Wehr zu Lande und zur See, Kolonien, lauf Neger lauf, Sarajewo, Verdun. Und dann war alles zu Ende, obschon Deutschland im Felde unbesiegt. Verräter, Novemberverbrecher hatten unserem kämpfenden Volk den Dolch in den Rücken gestoßen. »Im Auf und Ab zur Weltmacht«, erschienen zur Weimarer Zeit, harrte der nationalen Erwekkung und eines Neuen Fritzen, der dann Adolf hieß.

Es schlummerten noch mehr solcher Bücher ganz unten im Regal, und alle erzählten Geschichte als Kampf und Volkestreu. »Der Löwe von Flandern« reinigte das Land der Flamen von Franzosenbrut. In »Ohm Krüger« rangen die Buren, das Heldenvolk des Großen Trecks, gegen die perfiden Engländer. »An der Pacificbahn« verteidigten weiße Siedler die christliche Zivilisation gegen tückische *Indsmen* vom Stamme der Upsaroka. »Zwischen den beiden Rassen wird es einen ewigen Kampf geben, bis der rote Mann der Übermacht weichen muß und von der Erde verschwindet.« Immer kitzelt es Mister Hoffmanns gute alte Gun, den verdammten Rothäuten eins aufzubrennen, und Mister Weiß weiß, »daß der indianische Rachedurst teuflische Martern erfindet, an die ein Weißer gar nicht denkt«.

Ja, hatte er denn nie »Die Nibelungen« gelesen? Rudolf Herzogs Version, 1929 erschienen, erwies sich als Lehrbuch für Fleischer Grützmacher. Lustig ritten die Recken vom Rhein nach Hunnenland. Ihr ritterlicher Spielmann, Herr Volker von Alzey, sang ihnen das Lied vom Tod, der süßer schmecke als ein Mädchenkuß, rauche nur kräftig das Schwert vom Blute der Feinde. Am Donaustrand fand Hagen von Tronje den Fährmann frech. »Da holte er den Balmung aus der Scheide und tat von unten herauf einen Hieb, der dem Riesen Brust und Schädel spaltete. Wie eine Springflut schoß das rote Blut ins Boot.« Sie erreichten König Etzels Hof. Große Tafel. Kecke Reden des Etzelbruders Blödel. »Kein Wort sprach er mehr. Wie ein zündender Blitz war ihm Dankwarts Schwert durch den Hals gefahren und hatte ihm das Haupt vor die Füße geworfen.« Und so endete Jung-Ortlieb, das Etzelsöhnchen: Hagen »hob die Hand, die am Griffe Balmungs lag. Und es ging ein leises Zischen durch die Luft. Da stand der Knabe Ortlieb hauptlos im Saal, griff mit den Händen umher und sank in sich zusammen.« Da mochte Herr Volker nicht untätig bleiben und mähte dem ersten Hunnenritter »den Kopf herunter, daß er augenrollend unter die Menge im Hofe flog«. Gottlob schwächte diese Bemühung nicht Herrn Volkers Muse. »›Immer heran,‹ sang er, ›immer heran! Hier ist zu sehen, was kein Mensch mehr sieht, der es einmal sah! Volkers Schwert! Heidi! Mitten in eurer Gurgel!‹«

Abertausende sterben, ein Nibelung auf hundert Hunnen. Blut schäumt im Schlachtsaal wie das arische Weltenmeer. Am Ende des rassigen Ringens sind alle tot, bis auf den Oberhunnen, dessen Kehle nun ein schauriges Lachen entkeucht. »Durch die Lande aber zogen die Heersäulen heran, die die Boten gerufen hatten, und gelbe schwarzhaarige Menschen

Friedrich Barbarossa in der Kreuzzugs-Schlacht von Ikonium 1189. Gemälde von Hermann Wislicenus in der Kaiserpfalz Goslar, entstanden zwischen 1879 und 1897

kamen zu Tausenden und Hunderttausenden geritten aus Ungarn und der Walachei, aus dem Reußenlande und den Steppen Asiens. Wie ein Heuschreckenschwarm, der die Sonne verdunkelt, kamen sie heran, und blaß und finster setzte sich Etzel an ihre Spitze und warf sich sengend und mordend auf die deutschen Lande bis über den Rhein hinaus. Da ward aus Etzel vom Hunnenland Attila, die Geißel Gottes. Und wohin er kam, kam die Nacht. So furchtbar ward heimgesucht an den Menschen der Tod Siegfrieds, des Sonnenhelden.«

Nicht Feuchtwanger, Tucholsky, die Gebrüder Mann – Bücher wie dieses schufen den *soundtrack* der Weimarer Republik und präparierten das Kommende. Und zwei Jahrzehnte nach der Nibelungen neuerlicher Höllenfahrt besoff ich mich am gurgelnden Wahn. Heute weiß ich: Rassismus, Volksverhetzung, sadistisches Gewichse, Germanenquark.

Und doch klingt nach, was mir »Die Nibelungen« damals waren: Blaubarts Zimmer, mein verbotenes Gelaß, eine Gegenwelt zu Ulbricht, dem Roten Oktober, den blauen Wimpeln im Sommerwind und der Zeitungsprosa über *Bonner Ultras* und die *Ernteschlachten*. Unser wahres Vaterland ist die Sowjetunion, wußte die Lehrerin. Von den Burgen und Schluchten nationalromantischer Knabenträume wußte sie nichts. Dann brachte der Landfilm »Die Kreuzritter« ins Dorf. Ich kannte die Geschichte aus Werner Jansens »Geier um Marienburg« (1925, 1.–100. Tausend): das gewaltige Stapfen der Ordensritter nach Osten, wo sie das deutsche Kreuz aufrichteten und es mit gläubigem Schwert beschirmten gegen Jagiello, den sabbernden Polenkönig, und seine Heere aus Slawenquark und Heidenhefe. »›Christ ist erstanden!‹ donnerte das Siegeslied des Ordens aus jedem Munde des deutschen Heeres.« Auch wie der sonnenblonde Hochmeister Ulrich von Jungingen fiel, war mir aufs Wort bekannt: »Rings um ihn sanken die Freunde, er aber focht mit leuchtenden Augen, und mit jedem Schlage dünkte ihn seine Seele heller. Mit einem Male fuhr eine feurige Lohe mitten in seine Brust, er fühlte sich pfeilschnell emporgehoben, und lächelnd trat er vor Gott.«

Vor Gott? Wohl kaum. Jetzt erlebte ich die Gegengeschichte. Ich sah die Tücke der Recken mit dem Christuszeichen auf den weißen Mänteln. Ich verstand den gerechten Kampf der geschundenen Polen, nur daß ihre Waffenbrüderschaft mit den Völkern des Ostens die Sowjetunion beschmusen sollte, ahnte ich sowenig wie die sonstigen Pflichten, denen ein 1960 gedrehter polnischer Monumentalfilm unterlag. 1410 war die Grunwald-Schlacht eben vorüber. Tot lagen alle Kreuzmäntel, in ihrer Mitte Jungingen, das Vieh, und der edle Jagiello sprach über die Walstatt und in die Geschichte hinein: »Das ist der, der noch heute meinte, über alle Herrscher der Welt erhaben zu sein.« Natürlich ging das auf Hitler. Die Bauernjungs begeisterte der Film; jegliche Schlacht und jeder Sieger schien ihnen recht. Ich aber lief wie betäubt aus dem kleinen Saal über der Kneipe »Zum Huywald«. Ich tappte die

Treppe hinunter. Ich stand, der letzte Kreuzritter, auf dem Dorfplatz und wußte nicht, wohin. Sie hatten die Meinen erschlagen.

Aber der Zweifel war gesät. Die polnische Perspektive wirkte nach. Und wie konnte ich Einzelgeschöpf mich einem Orden, einem Volk unterstellen, und sei es in der Phantasie? Jetzt geriet ich an ein Buch, das mich empörte, obwohl sein Blutdurst dem der Nibelungen nicht gewachsen war: »Taras Bulba« von Nikolai Gogol. Stolze Kosaken fochten gegen Polengeschmeiß und Juden, die man, nun ja, im Dnjepr ersäufte. Hetman Bulba galoppierte immer vorneweg mit Mir nach! und Hoho! und allzeit blanker Klinge. Zwei Söhne hatte er, Ostap und Andry. Der Jüngere verliebte sich in eine Polin, was hieß, daß er sein Volk verriet.

Im Gefecht fing ihn der Vater. »›So, was wollen wir denn nun tun?‹ fragte Taras und sah dem Sohn fest ins Auge. Andry antwortete nicht. Er saß regungslos mit niedergeschlagenen Augen auf seinem Pferd. ›Nun, mein Sohn, welchen Gewinn hattest du davon, daß du zu den Polen übergingst?‹ Andry schwieg. ›Verraten und verkauft hast du deinen Glauben und die Deinigen! Steig hier vom Pferde!‹ Gehorsam wie ein gescholtenes Kind stieg Andry ab und stand halb bewußtlos vor seinem Vater. ›Bleibe so stehen und rühre dich nicht und höre, was ich dir noch zu sagen habe. Ich gab dir das Leben, ich werde es dir auch nehmen.‹ Taras trat einen Schritt zurück und nahm die Muskete von der Schulter. Andry war blaß wie ein Toter; seine Lippen bewegten sich und flüsterten einen Namen, aber es war nicht der Name des Vaterlandes, auch nicht der Name seiner Mutter, es war der Name der schönen Polin. Taras drückte ab, und wie ein von der Sense getroffener Kornhalm neigte Andry das Haupt und stürzte reglos nieder.«

In diesem erzieherischen Buche stand eine Widmung: »Meinem lieben Hans-Joachim Dieckmann zum Weihnachtsfest 1927«. Da war mein Vater sieben. Diese Jugend mußte ja marschieren, bis alles in Scherben fiel. Was die Massaker der Kreuzritter und Nibelungen nicht vermochten, das schaffte

Taras Bulbas Sohnesmord: mich vom Völkischen zu kurieren. Obwohl meinem Vater keinerlei Ähnlichkeit mit dem Kosakenhauptmann vorzuwerfen war, wünschte ich Andry Ostap zu rächen. Eine Fremde würde ich heiraten. Angelika, das blonde Heidenmädchen aus dem Ortsteil Röderhof, war meine erste Wahl. Für den Fall, daß sie nicht wollte (Grund zur Sorge bestand), ersehnte ich die Mandelaugenprinzessin, die ein kirgisischer Märchenfilm mir in die Träume geflimmert hatte. Hoffnung auf mich machen durfte sich auch die französische Schlagersängerin France Gall, die im Westradio gurrte: *Ein bißchen Goethe, ein bißchen Bonaparte, so soll er aussehn, der Mann, auf den ich warte.* Die Bibel bestärkte mich: Das Buch Ruth pries die Liebe einer Gottesvölkischen zu Boas, dem gütigen Fremden. Liebe überwand alles – Glaube, Rasse, Klasse. Das wurde mein neuer Trotz gegen die Ideologie.

Die Burgen blieben mir, das Waldgefühl, die unabweisliche Ahnung, was *Volksseele* sei: ein Urstrom zwischen Weisheit und Barbarei. Die DDR-Ideologie entseelte Burgen und Wälder und nannte das Volk Arbeiterklasse. Die Schule lehrte Geschichte als Abfolge von Klassenkämpfen: Spartakus und Müntzer, Marx, Karl & Rosa. Thälmann war niemals gefallen und Soja Kosmodemjanskaja die Madonna der Partisanen. Geschichte, das hieß Bauernkrieg und preußisches Rekrutenschinden. Geschichte war der dreifache Fluch der schlesischen Weber und die Lage der arbeitenden Klasse in England, wie sie Vilmos und Ilse Korn so kindanrührend wie ideologiegerecht erzählten in der Pflichtlektüre »Mohr und die Raben von London«. Es mochte ja stimmen, daß nicht Könige, sondern ihre Proletarier das siebentorige Theben erbaut hatten, das goldstrahlende Lima, die Triumphbögen von Rom. Aber niemals konnte, wie behauptet, diese Brechtsche Mahnung von einem lesenden Arbeiter stammen. Arbeiter lasen sowenig wie Bauern, das erfuhr ich in der Stadt.

4

Die Stadt war groß, die Stadt war ungeheuer. In ihr lebten 30 000 Menschen, recht andere als auf dem Dorf. Sie ritten nicht, sie trieben keine Schafe durch die Straßen, sie hegten und töteten kein Vieh. Sie pflügten keinen Acker und mähten kein Korn. Das lehmige Schweigen des Landes war ihnen unvertraut. Sie redeten rasch in einem rauhen, schmutzigen Idiom, das sie durch ihr Gelächter unterbrachen. Ihre Fenster schauten keinen Wald. Ihre Dächer überragten ihre Bäume. Sogar einen Wolkenkratzer hatten sie errichtet, zehn Stockwerke hoch, wie in Amerika.

Ein riesiger Kegel, so thronte die Halde über dem Tal. Stahltrossen verbanden ihren Gipfel mit dem Förderturm, dessen eilendes Rad die Männer 900 Meter tief ins Gebirge seilte und die Kupferschiefer, die sie dort unten brachen, herauf. Jahr um Jahr spulte das Rad. Tag und Nacht schwebten die Loren voll tauben Gesteins zur Kegelspitze, schlugen dort um, entleerten sich und schaukelten wieder zum Turm, frei geworden für die nächste Last, die ihnen von den Männern im Berg schon immer bereitet war.

Die Menschen brachen den Berg, der Berg brach die Menschen, auf daß sie einander ähnlich würden. Dem Dorf- und Waldkind schien das schaurig, ein Fronkreis ohne Sonne, Saat und Ernte, Jahreszeiten und worin sonst der Ländler Sinn und Weitergang empfindet. Hier aber fuhren die Männer seit alters in den Berg, und daß die Söhne es den Vätern gleichtun würden, war beider Stolz. Schon die Schüler der siebenten Klasse wanderten am Montagmorgen durch wehende Kälte zum Müntzer-Schacht empor, um *Unterricht in der sozialistischen Produktion* zu erhalten. Der Schneefall raschelte auf der Anorakkapuze. Alle fünfzig Schritte fror unter einer Peitschenleuchte ein Kegel blaues Licht. Goldäugige Busse kamen lautlos entgegen und frachteten müde Männer in die Dörfer ringsum, wo sie schlafen mußten, am Nachmittag erwachen, essen, rauchen und ein wenig reden, ihren Hund spazierenführen und sich pünktlich auf dem Dorfplatz sammeln, wo derselbe Bus sie wieder holen würde zur nächsten Nacht im Berg. So lebte dieses Volk.

Am Wochenende blieben die Bergleute oben auf der Welt. Trainingshose, Unterhemd, das war ihre Samstagsuniform. Sie saßen vor Siedlungsblocks – Dreigeschossern, nach dem Kriege gebaut; die Straßen hießen Einheit, Freiheit, Frieden. Bei den Häusern standen kleine Autos. Die Männer gossen sie aus bunten Eimern oder duschten sie mit Wasserbürsten, deren grüne Schläuche in die Kellerfenster krochen. Mopedjugend kurvte ums Karree. Auf dem Rasen sang im Kofferradio ein mondäner Alt: *Zucker im Kaffee und Zitrone oder Sahne in den Tee und im Herzen alle Tage nur Amor, das ist wundervoll, Señor.*

Der 2. Juli hieß Tag des Bergmanns. Hierzu fand eine *zentrale Festveranstaltung* statt, immer in einem anderen DDR-Revier. 1972 war Sangerhausen an der Reihe. Der Markt wurde aufgehübscht, die Ratskeller-Ruine wieder Restaurant, und dann strömten 30000 zum *Kampfmeeting* mit Horst Sindermann. Der war damals SED-Bezirkschef von Halle. Als wir gestern herfuhren, rief er, da hingen schwere Regenwolken über dem Mansfelder Land, und ich war in Sorge, daß unsere festliche Massenveranstaltung vielleicht ins Wasser fällt gewissermaßen. Aber der Genosse Bergbauminister sagte zu mir: Genosse Sindermann, wissen Sie denn nicht, am Tag des Bergmanns der Deutschen Demokratischen Republik regnet es nie.

Dies schien mir beifallswert. Ich klatschte. 30000 fielen ein. Horst Sindermann riß kämpferisch die Arme hoch. Jawohl! rief er. Jawohl!

Ich drängte zur Tribüne, um ein Bild zu schießen. Da, war das nicht Adolf Hennecke, der Ur-Aktivist, der Ahnvater der Arbeitsproduktivität, der am 13. Oktober 1948 im Karl-Liebknecht-Schacht von Oelsnitz seine Norm mit 387 Prozent erfüllt hatte? Auf meinem Film war nur noch eine Aufnahme. Sind Sie Herr Hennecke? rief ich hinauf. Er neigte sich über die Brüstung. Seine Orden zogen ihn erdwärts. Herr? fragte er. Den Herrn habch im Kleiderschrank gelassen 1945, wie

Adolf Hennecke, der Ahnvater der Arbeitsproduktivität.
Sangerhausen, Tag des Bergmanns, 2. Juli 1972

unser Volk die Herren davongejagt hat. Ich bin der Genosse Hennecke.

Ich drückte ab. Er starb nicht viel später, doch am Tag des Bergmanns 1972 war er froh, wie mein Photo beweist. Ich wollte statt Bergmann oder Aktivist Fußballreporter werden, also studieren. Die Sangerhäuser *Volksbildung* unterstand der Kreisschulrätin Richter, einer Hilde Benjamin auf Rayonsniveau. Die ließ kein Pastorenkind zur Oberschule und zum Abitur, und hätte es den Notendurchschnitt 1,0 gehabt. Wer nicht in der FDJ sei, wer sich weigere, die *Kampfreserve der Partei* zu verstärken, der beziehe Stellung gegen das Volk. Logischerweise tue da die Volksmacht auch nichts für ihn. – Da mußte ich dem Volke dienen und wurde Filmvorführer.

5

Und dann kam die Theologie. In den »Lebensuhren« ist davon erzählt und auch, warum ich nach sechs Jahren Studium *bei Kirchens* doch kein Pfarrer wurde: aus Scheu, immerzu und von Amts wegen vom Höchsten und Tiefsten zu sprechen. Das war freilich nur ein Teil des Problems. Hinzu kam Volksflucht, Angst vor der Sorgepflicht für übliche Menschen. Die Kirchbehörde hatte mich ins Vikariat nach Berlin-Buch entsandt, in eine intellektuell gehobene Gemeinde. Deren Pfarrer war Konrad Hüttel von Heidenfeld, ein Literat und seinem Rufe nach der gewaltigste Prediger von Berlin-Brandenburg. Ich fürchte, sagte er, die einfache Omi wird bei mir im Gottesdienst nicht satt.

Doch selbst diesem Chef war ich zu volksfern, zu kühl im Umgang mit Menschen. Er hielt meine Schwäche für Arroganz. Mahnendes Gespräch im Bucher Pfarramtszimmer. Plötzlich schossen mir die Tränen auf, und ich erklärte schniefend: Ich kann's nicht, ich gehe einfach nicht auf Leute zu, ich will allein sein und nicht in deren Leben. Heidenfeld war amtsbrüderlich angeschockt und erteilte mir diversen Rat – wohl nicht nur mir. Als leichteste Menschenübung sollte ich zunächst die Gemeindeältesten besuchen. Gleich der erste traktierte mich ermutigend mit Stullen und Bier. Der Abend gedieh. Zum Abschied geleitete mich die Gattin an die Tür und sagte mütterlich: Na sehen Sie, Herr Vikar, war's denn so schlimm?

Als Unterhaltungsmedium hingegen schätzte ich das Volk schon immer. Beim Fußball, in der Kneipe, in der Bahn: Voyeursvergnügen ohne Ende. Völkische Erbauung gewährte auch das Christliche Hospiz in der Berliner Auguststraße, wo ich zwecks Zuverdienst öfters als Nachtportier aushalf. Markante Gäste gab es zuhauf, mein Liebling war jedoch Herr Schindler, ein kleiner, rechtwinklig agierender Leipziger, der jedes zweite Wochenende in Berlin verbrachte, um seinem Lebensziel näherzukommen: der lückenlosen Kenntnis des Berliner Straßennetzes. Die Menschen interessierten ihn nicht. Seine Spezialität brachte Herrn Schindler immerhin in die Kuriositätensendung »Außenseiter – Spitzenreiter«. Nach dem Fall der Mauer dachte ich an ihn und sein Unglück. Wie katastrophal mußte die Vereinigung beider Berlin sein Wissen relativiert haben. Aber dann trat Herr Schindler auch im Westfernsehen auf. Jetzt beherrschte er ganz Berlin. Unlängst sah ich ihn wieder. Alt geworden, saß er in der Straßenbahn und sang leise: *Zum Tanz da geht ein Mädel mit güldenem Band.*

Eines Nachts um halb drei klingelte es an der Hospiztür. Die Gäste waren doch alle im Haus? Ich öffnete. Herein stampfte ein untersetzter Mensch: Mittvierziger, wühliges Blondhaar, Humphrey-Bogart-Kippe. Das klaffende Hemd unterm Bummelsakko entbarg eine goldene Kette auf reich gelockter Brust. Morjen! posaunte der Spätling und zwang meine Hand in seine Pranke. Ick sehe, du bist neu. Ick bin alt, ick bin der Fotzen-Günther. – So hatte sich im Christlichen Hospiz bislang noch niemand vorgestellt. Günther war kein Christ, aber als Kellner von Clärchens Ballhaus, der Anbahnungs-Lokalität in der Auguststraße, zutiefst befaßt mit den Dingen des Lebens. Er sah immerzu Menschen, die sich sehnten. Nach Schichtschluß mußte er *abtrinken*, sonst konnte er nicht schlafen.

Günther liebte mich, weil ich so unverdorben sei. Wennde betest, mach mal für mich mit, sagte er, und: In fünf Jahren mach ick Himmelfahrt. Beruhigenderweise verringerte sich seine selbstgesetzte Lebensspanne nicht, solange ich ihn kannte. Ich liebte Günther auch. Er war mein Idealvolk. Er hatte Seele, er gab üppig Trinkgeld und lud ein, und während wir tranken, schwadronierte er mit hochmusikalischer Kodderschnauze Geschichten, die allesamt dasselbe Thema variierten: die tragische Komödie der menschlichen Existenz. Besonders gern hörte ich, wie ihm der Großadmiral der Baltischen Rotbannerflotte im Interhotel von Rostock-Warnemünde Sektgläser gestohlen hatte. Ick hab ihm amnestiert, sagte Günther. Wenn der Russe nich wär, jäbs keene Russen mehr. Das Leben is Kampf, aber ick hol mein Heu rin. Drushba! – Pssst, sagte ich, die Gäste.

Unbeschadet seines Beinamens war Günther sehr moralisch. Er hatte eine Ehefrau (wejen de Treue) und einen Schatz (wejen de Liebe). An meinem Tresen entschied er, wem in dieser schwindenden Nacht seine Heimkunft zustand. Beim ersten Frühlicht verließ er das Hospiz und schritt mit dem

Ruf *Der liebe Jott straft euch alle!* ins tätige Leben zurück. Einmal rammte er an der Tür eine zierliche Diakonisse aus dem Vogtland. Er hob die Entsetzte hoch, küßte sie und sagte: Juten Morjen, meene süße kleene Sau.

Mittlerweile war ich fast ein passabler Vikar geworden. Pfarrer Hüttel von Heidenfeld erklärte, ich sei nun reif, meine erste Beerdigung zu halten. Nächsten Dienstag, eine alte Dame. Am Abend dieser Nachricht wachte ich wieder im Hospiz. Günther kam und wünschte Sekt zu trinken. Der Rotkäppchen-Korken klemmte. Ich äugte, wo er denn bliebe, da, bautz! saß er mir halb im Hirn. Das linke Auge schien Püree mit Brillensplit. Günther erklärte seine Sektlaune für beendet und rief den Krankenwagen. Der brachte mich in die Charité. Der Notarzt tupfte, reinigte und applizierte eine Augenklappe. Ich hätte einen Sehnervschock. Das Auge werde wieder – hoffentlich.

Dann stand ich auf der nächtlichen Straße, blind wie ein Lurch. Wo war ich? Sehr nahe der Mauer. Ich kletterte einen Mast empor, um das Straßenschild zu lesen. Hierbei verhafteten mich die diensthabenden Organe des Grenzsicherungsregiments Feliks Edmundowitsch Dzierżyński. Meine Erklärungen wurden als unorthodox empfunden, aber schließlich wiesen mir die Genossen den Weg zurück in unsere Republik. Endlich daheim, klingelte ich wild. Eva öffnete, völlig verschlafen. Wach auf! rief ich. Ich habe mir ein Auge ausgeschossen und mußte in die Charité. – Das ist ja furchtbar, sagte sie. Auf welcher Station liegst du denn?

Anderntags rief ich Pfarrer Hüttel von Heidenfeld an und schilderte mein Ungemach. Ob er die Beerdigung halten könne? Es sei doch ungünstig, am Grabe aufzutreten wie John Silver, der Piratenkoch aus Stevensons »Schatzinsel«. Heidenfeld, wie immer ihm dies Bild gefiel, pflichtete mir bei. Ich möge ihn über mein Auge auf dem laufenden halten (dies fand ich nun wieder keine schöne Formulierung). Am nächsten Tag, nach der Charité-Visite, besuchte ich die Brecht-Buchhandlung. Abends Telephonat Heidenfeld. Er klang eisig: Wie geht es Ihnen?

Oh, situationsbedingt.
Ist Ihr Augenschaden eigentlich objektiver Natur?
Äh. Wie meinen Sie?
Ich meine, daß ich gern wüßte, ob sich auch ein Außenstehender von Ihrer Unpäßlichkeit überzeugen kann.
Schon, aber ich soll die Augenklappe noch zehn Tage drauflassen.
Ich war heute in der Brecht-Buchhandlung, sagte Heidenfeld scharf. Ich habe Sie gesehen. Sie trugen keine Augenklappe.
Ich trage sie seit vorgestern Tag und Nacht.
Da stünde denn also meine Wahrnehmung gegen Ihre Behauptung, sagte Heidenfeld gemessen. – Ich fragte: Haben Sie mich vorn vorn gesehen?
Seitlich. Und überaus deutlich.
Von rechts oder von links?
Von rechts.
Meine Augenklappe ist links, sagte ich. Wenn ich zwei Augenklappen trage, gehe ich nicht in die Brecht-Buchhandlung.
Morgen um zehn sind Sie in meinem Arbeitszimmer! gebot Heidenfeld. Mit Krankenschein!
So geschah es, und es war ihm sehr fatal. Kaum war das Auge genesen, erhielt ich einen Brief. Peter Metag von der Jazzwerkstatt Peitz sandte das Programm für die '83er Jazztage in Debrecen/Ungarn. All meine fernen Götter würden kommen: Jan Garbarek, Eberhard Weber, Ralph Towner mit Oregon, John Abercrombie, Jack DeJohnette … Nur Urlaub hatte ich keinen, ja Hüttel von Heidenfeld wollte eben selbst für eine Woche verreisen und hatte mich zu seiner Vertretung ernannt. Ich eilte zu ihm und sagte: Bruder Heidenfeld, Sie werden denken, ich sei verrückt, aber ICH MUSS nach Ungarn. Er schaute ernst und ließ sich die Gründe nennen. Dann sprach er: Ich habe Ihr ICH MUSS sehr intensiv gehört, Bruder Dieckmann. Hier gilt's der Kunst. Wenn Sie fahren müssen, dann müssen Sie fahren. Wegen der Vertretung spreche ich mit Bruder Hermisson.

Ich fuhr. Debrecen war wunderbar. Die Rückfahrt im hochsommerlichen Zug wurde kochend heiß. Ich machte mein Hemd naß und goß mir Wasser über den Kopf und hielt ihn aus dem Fenster. Zuck! flog mir was ins Auge, diesmal rechts. Es brannte und ließ sich nicht auswischen. Wieder in Berlin, ging ich gleich zur Charité. Ein kleiner ambulanter Eingriff war vonnöten und zum Schutz der Hornhaut eine hübsche Augenklappe. Dann begab ich mich zu Pfarrer Heidenfeld. Nie vergesse ich, wie er die Tür auftat und mich abermals einäugig erblickte. Er schwieg, lange. Dann sagte er: Bruder Dieckmann, Sie sind nicht wie andere Menschen.

6

Das Volk steht auf, der Sturm bricht los – so hätte wohl »Im Auf und Ab zur Weltmacht« die ostdeutsche Revolution beorgelt. DAS VOLK SIEGT, trompetete grellgelb »Der Spiegel«, als wäre die Menschheit ins Ziel der Geschichte gestürmt. Und war es für uns Dabeigewesene nicht wirklich *the greatest story ever told*, wie die Mauern fielen, die Bonzokratie zusammenbrach und so viel verbogenes Leben sich entkrümmte?

Es wird oft gesagt, ostdeutsche Identität sei ein Nachwende-Phänomen. Das stimmt, und ein Konstrukt ist sie obendrein, wie jedes kollektive Subjekt. Erst nach Feierabend wurde mir klar, wie sehr ich ein Kind der DDR und durchaus auch ihres Volks gewesen bin. Das ist keine Frage von Bekenntnis oder Definition, sondern meint gelebtes Leben, an ähnlichen Orten verbrachte Zeit. Randvoll sind wir Ossis mit Geschichten, die wir nur mit unseresgleichen teilen, auch wenn du damals nicht von meiner Sorte schienst. Denn ich weiß genau, ich war der einzige, der sitzenblieb, als in der Volksbühne beim Festival des politischen Liedes die Gute-Nacht-Hymne gebrüllt wurde, *Jugend aller Nationen, uns vereint gleicher Sinn, gleicher Mut*, oder war's *Auf auf zum Kampf, zum Kampf*, und das FDJ-Volk sprang auf auf wie *ein*

Mann und reckte die Friedensfäuste. Zwei Plätze hinter mir kämpfte Egon Krenz. Mir brach der Schweiß aus, aber ich hielt durch und den Kampfblicken stand und hockte klitschnaß und stumm und fühlte mich als freier Mensch – nachher, draußen.

Im Erinnern eint sich das Volk, vom heutigen Leben wird es individuiert. Das gehört zur Demokratie, und die daraus Nutzen ziehen, heißen es gut. Die anderen nennen es Vereinzelung, Verlust an Gemeinsinn. Daß die DDR unterging, ist ein größeres Glück als Ostdeutschlands aktueller Zustand. Die Massenarbeitslosigkeit zerstört das Land, das Volk, seine Lebensgeschichten, die Sozialstruktur, die emanzipatorische Potenz. Als Kompensat entsteht ein Wagenburg-Rassismus. Gegen Ausländer ist man besonders deutsch, gegen Wessis stolz, ein Ossi zu sein; denn der Mensch braucht einen Trotz. Wie völlig der Osten in altbundesdeutsche Formen umgeschmolzen wurde, das war logistisch meisterhaft und soziokulturell Idiotie. *Kolonialisation*, das habe ich nie geschrieben. Aber oft gedacht.

Wie rasch Markt und Mode jeden Wert diktierten! Mit welcher Flutgewalt die Medienwirklichkeit die Köpfe überschwemmt! Wie kann ich je wieder Gildo Raab vergessen und daß der Bundeskanzler Schuhe aus dem Innenschenkel-Leder italienischer Stuten trägt. Seine Zigarre heißt Cohiba, oder seine Rentenpolitik, und Guido Westerwelles Besuch im »Big Brother«-Container markiert ein gutes Stück gewachsener Akzeptanz für liberale Positionen in der Berliner Republik. Ich gratuliere Rudolf Scharping zu seinem jungen Glück und begrüße es als *essential* von Politik, besonders, wenn er Abschied von derselben nähme. Ich gönne Rudolf Moshammer *(Mosi)* seinem Hündchen und Jenny Elvers einen entsprechenden Mann. Wie schön, daß der automobile Moralist Schumacher *(Schumi)* nach seinem Sieg in Monza vom Tod eines Rennstrecken-Postens so nachdenklich gestimmt wurde wie nach seinem Sieg in Melbourne vom Tod eines weiteren Rennstrecken-Postens.

Wer liest all diesen Tiefsinn? – Ich doch nicht! *Jetzt rede ich!*

Mein erstes Erlebnis. Mein zweiter Frühling. Meine dritte Scheidung. Meine dreißigste Hurerei. Wie trieb es der Tennisspieler Becker *(unser Boris)* in der Bügelkammer? Hat die Nichtschauspielerin Becker *(Babs)* pro Einkauf 80000 oder 180000 Mark verschmerzt? Besonders teuer ist mir eine Babs-Geschichte aus der Thüringer Presse. Vergeblich kämpfte die Lokalreporterin um Einlaß ins Weimarer Hotel »Elephant«, in welchem die Gestirne Lindenberg, Westernhagen, unser Boris und andere Himmelskörper westlichen Glanz verstrahlten. Da – Reporterglück! – trat Frau Babs vors Portal und gestattete der Ossi-Maus, sie über den Zwiebelmarkt zu begleiten. Wie menschlich war Frau Babs. Jedermann gab sie ein huldiges Wort, und dann kaufte sie an einem Stand handgeflochtene Körbchen: Die könne man zu Hause am Kamin prima zerbröckeln und die Stückchen sinnend in die Flammen werfen. Da wurde die schlichte Händlerin schier überwältigt, daß sie der berühmten Frau Babs bei der Nachdenklichkeit helfen durfte.

Wärme und Dank erfüllen das Ostgemüt nach solcher Lektüre. Nein, man soll nicht klagen, daß die nationalen Medien sich sämtlich in westdeutscher Hand befinden. Denn folglich behandeln auch ihre Berichte von der Mutantenfront fast nur westliche Geschöpfe. Der Ossi weiß: So sind wir nicht. Wir haben Tiefe und Geschmack. Dann kam der Tag, da Egon Bahr seine Berliner Wohnung einweihte. Er gab eine Party, in deren Verlauf ich Bahrs Balkon betrat. Dort stand einsam mit seinem Glase ein Mensch mir unverwandten Wesens: Lothar de Maizière. Gespräch war unvermeidlich, aber was konnte ich mit diesem waldfremden Preußen bereden? O Wunder! Wie von selbst kamen wir auf eine gemeinsame Leidenschaft: das Zentralorgan fürs Ostvolksempfinden. Der Donnerstag, sprach de Maizière, beginne für ihn mit der »Super Illu«. Wie recht er hatte! Unerträglich sind einem Menschen von ostdeutscher Kultur Beckenbauers Weißwurstgewäsch und die ununterbrochenen Balzereien der monegassischen Fürstenkinder. Die »Super Illu« hingegen bietet essentiellen Stoff: das Bier von hier.

»Renate, der Adler fliegt allein« (Filmschnipsel)
Gojko Mitić in »Die Söhne der großen Bärin« (1966)

Dagmar Frederics Herz geht wieder auf Rosen! Was hat Dagmars vierter Gatte, das der dritte nicht mehr hatte? Wie war's, als Jürgen Sparwasser die BRD erschoß und Eberhard Cohrs beinahe seine Frau? Wie starb Dean Reed wirklich? Was fühlte Renate Blume, als Gojko Mitić vor sie hintrat, der Häuptling Ulzana vor seine Squaw, und sprach: Renate, der Adler fliegt allein. Und wer im weiten wilden Osten ermißt, was in Frank Schöbel vorging, als er heimkam und Chris Doerk nicht fand? Chris! rief er. Chris! Chris! In alle Räume schaute Frank, denn gleich würde der Photograph der volkseigenen Illustrierten kommen, um den fleißigen Bürgern der DDR ihr Schlager-Traumpaar abzulichten. Er war schon da. Chris! rief Frank noch einmal, da trat die Gattin aus dem Kinderzimmer, puterrot und keineswegs allein. Zum tieferen Verständnis dieses Vorfalls weißt du aus der »Super Illu«, daß Chris Doerks schwere Kindheit zwangsläufig ein erhöhtes Liebesbedürfnis nach sich zog. Denn wie rief man an Chris' Leipziger Schule das Flüchtlingskind? *Büffelnase!* Und hat sich Frank manierlicher benommen, als es dann mit Aurora Lacasa auseinanderging? Hat seine Affäre beschwiegen, bis ihn Aurora unausweichlich fragte: Ist es so, daß du mich nicht mehr lieben kannst? Da sprang Frank aus dem Liegestuhl, nun seinerseits knallrot, und rannte ins Haus. Aurora aber schenkte der »Super Illu« und somit dem gesamten deutschen Ostvolk den unvergeßlichen Halbsatz: Wenn's nur ein Pipi-Mädchen gewesen wär …

Anhand der »Super Illu« erkannte ich die Nähe zwischen Tratsch und Heimatsage. Trivialität ist keine Hydra, nur die dicke Köchin der Mediendemokratie. Botho Strauß wird von ihrer Prosa weitaus stärker bedroht als das Abendland. Mein Ekel hat sich dorthin zurückgezogen, wo Medien Wirklichkeit vernichten. Werbung versucht das, aber auch ein Journalismus der Volksverachtung. Man soll das Volk nicht lieben und nicht hassen, steht bei Nietzsche, und der Reporter hat längst gelernt, daß er die Menschen als einzelne respektieren muß, damit er Vertrauen gewinnt. Volk ist der falscheste aller Singulare. Es gibt unendlich viele Gute. Freilich stimmt auch immer wieder, wie Gogol das Hinrichtungspublikum von Ostap Bulba beschrieben hat: »Die allermeisten Leute gehörten allerdings zu jener Sorte von Menschen, die alles, was in der Welt vorgeht, mag es entsetzliches Schicksal, Freude oder Erlösung sein, mit den Fingern in den Nasenlöchern oder doch wenigstens mit den Händen in den Hosentaschen betrachten.«

7

Morgenradio, 6. Juli 1993: *Noch nicht endgültig identifiziert werden konnten die drei Männer, die heute früh gegen 0.20 Uhr vor bzw. in der Boxhagener Straße 58 in Berlin-Friedrichshain mit Schußverletzungen tot aufgefunden wurden. Nach bisher vorliegenden Ermittlungen … vier Pistolen, eine Schrotflinte sowie Munition … größere Mengen einer Substanz …*

Was zieht dich dorthin? Seit 1978 lebst du in Berlin und kennst seine Roheit, die Lust am fremden Desaster. Aber dies hier ist eine bislang unerhörte Dimension. Und das ist der Schauplatz: ein Treppenhaus, vollgesuppt mit Blut. Die Tür, hinter der es geschah. Ein Schildchen: Bitte klopfen. (Lieber nicht.) Und das sind die Zeugen im Haus und in der Kneipe gegenüber:

Ich hab nichts gehört. Wir schlafen nach vorne raus. Ich weiß nichts, o.k.?

Es war kurz nach Mitternacht, wir guckten den alten Tatort, ich sag noch, Muttchen, endlich mal 'n Krimi ohne Rumballern, da ging das draußen los. Erst ein Schuß, dann achte, dann noch einer.

Ich hab die Polizei angerufen, die fragten seelenruhig: Wo ist denn die Boxhagener?

Wir saßen hier jemütlich inner Kneipe, da kam drüben einer rausjewankt und fiel uffn Bürjersteig. Dachten wir erst, der ist steif. Wir hin, da hastes jesehn: Der Schuß jing voll durchn Kopp. Einer von den Jästen kam gleich mit der Videokamera.

Dann die Bullen, alles abjesperrt, rin ins Haus, da lagen die andern beiden. Hier die Kneipe hamse ausjeräumt und Generalstab jespielt. Jeschifft hats wie aus Kübeln, aber alles stand rum und glotzte. Journallje war och gleich da.

Ick bin sauer. Bin ßu spät jekomm. Der Türke war schon hin, konnt ick nich ma mehr nachtreten. Scheißjesocks, dem hätt ick jern noch eene mitjejehm. Wat, rechts? Ick bin nich rechts, Jottes willen. Ick hab ooch Türkenkumpels, aber die arbeiten. Die Ratze muß ick ham, bin Rausschmeißer inne Disko, da wirste mit Matte skalpiert.

Leid tun mir die Kanacken nicht. Genau wie das Geheule um den Terroristen. Der schießt, also mach ich ihn weg, buff, Ende der Durchsage.

Ich habe meinen Dönerladen hier seit drei Jahren. Die Ostdeutschen sind noch freundlicher als die Westdeutschen. Für mich gibt's keine Nation. Wer will, geht seinen Weg. Jawohl, meinen Namen können Sie schreiben: Fahreffin Gül. An meinen anderen Stand in Marzahn kommen auch Skinheads, unter denen hab ich sogar Freunde. Sie sind nur ein bißchen – unerfahren.

Wissen Sie, das Fernsehen macht's ja vor. Die Menschen sind so roh geworden. Ich hab mal als junger Mensch einer

Dame, die war hingefallen, der hab ich also zugerufen: Frollein, kommse her, ick helf Sie uff! Da gab mir ein Mann eine Schelle, det war mir die Lehre fürs Leben. Aber heute, da darf ja keiner mehr richtig erziehen.

Kinder, 'n Menschenleben is doch so wat Kostbaret.

Unkraut muß raus.

Unkraut vajeht nich, siehe Asylanten.

Siehe Nazis!

Rechte, Linke, Ausländer, Deutsche – Ganoven haste überall.

Ick jeh im Dustern nich mehr raus.

Brauchste nich, die komm dir besuchen. Horrorkino wird jemütlich, denkste gleich: Wie ßu Hause! Gitti, Bierchen! Nee, keene Bulette, hab heute schon jesündicht.

Weißte, ich bin vom Dorf. Wenn da mal was geklaut wurde, war das wochenlang Kneipenthema. Ein Selbstmord jahrelang. Mord gab's nie. Jetzt haste bald keinen mehr, dem du was erzählen kannst. Jeder kennt noch schärfere Stories. Überall brennt der Baum.

8

Ende 1996 kam in der »Zeit«-Redaktion ein Päckchen für mich an. Es enthielt ein Buch, dazu den sehr freundlichen Brief eines älteren Lesers – nennen wir ihn Thiess. Herr Thiess schrieb, er spüre Einklang, deshalb lasse er mir die von ihm edierten Kriegsbriefe seines Vaters zukommen. Der Vater war an der Ostfront gewesen, ein Wehrmachtsarzt, tief gläubig, Liebhaber von Rilke, Stifter, Fontane und gewiß ein Hasser des Kriegs. Und doch – aus diesen Briefen stieg etwas altvertraut Germanisches auf: Seinsgeschick, Verhängnis, Ergebung in die völkische Pflicht zur Schuld und eine betende Vision vom wahren, dem innerlichen Deutschen Reich.

»Beteigeuze, Aldebaran und Sirius trug ich einen Gruß für Dich auf, als ich heute um 3 Uhr in die strahlend blaue Mondnacht hinaussah (...) Es war ein phantastischer Ritt. Der Schnee knirschte unter den Hufen. Die Pferde dampften in der eisigen Luft. Als wir aus der Dorfschlucht auf die Steppenfläche kamen, lag diese in einer ungewissen, unendlichen Weite vor uns – eine Urweite, die sich im Mondlicht verlor wie in das Nichts, in den Himmel, der sternenübersät war. Antrabend, erhöhte sich diese Vision noch, indem – die Tiere liefen munter – der Boden sich unter uns unsicher fortbewegte, man sah kaum die Konturen der beschneiten Erde, man schwebte im All. So ging es eine ganze Weile, bis wir in eine neue Schlucht eintauchten, gleichsam zur Erde zurückkehrten, absaßen und uns zu Fuß den Weg suchten zu einer versteckt und einsam liegenden Ansiedlung von drei kleinen strohgedeckten Hütten mit einigem Stall dabei; (an sie gelehnt steht eine Batterie). Rührend und märchenhaft standen diese Hütten auf einer Lichtung, die von dem in der Schlucht wild wachsenden Gestrüpp freigelassen war. – Was dann folgte, war Krieg und rauhe Wirklichkeit.

Als wir um 7 Uhr von diesem ›Unternehmen‹ zu unseren dort gelassenen Pferden zurückkehrten, umfing uns ein noch lebendigeres und zarteres Märchenbild: Die Hütten lagen nun im matten Frühlicht des anbrechenden Tages da; senkrecht stieg der Rauch aus den kleinen Schornsteinen in die Luft; die Dächer, der Schnee schimmerten von dem Rot, das den Himmel im Osten färbte, Stille um uns; nur der Rauch verriet Leben – das wir anderen Ortes eben vernichtet hatten. So begann der 3. XII. 41 für mich.«

Der Krieg als deutsch-innerliche *Winterreise*, der Mord als Intermezzo zweier Kontemplationen. »Lieber Herr Thiess«, schrieb ich, »mit Spannung und Betroffenheit habe ich die Briefe Ihres Vaters gelesen. Vieles fand ich entsetzlich. Es frappiert, wie große Sensitivität und sprachliche Durchbildung sich in soldatisch formulierter Mystik der Wesenheit Krieg unterwerfen. Die Betrachtung ist wohl ein sehr deutscher Tat- und Widerstandsersatz. Aus solchen Büchern lerne ich völlig ziviles Friedenskind mehr über mein deutsches Wesen als aus summarischen Geschichtsabrissen.«

Herr Thiess erwiderte etwas befremdet. So harsche Kritik! Er habe mich erfreuen wollen. – Dies sei gelungen, beruhigte ich ihn. »Es läßt sich unmöglich vermeiden, daß Ihnen die Briefe Ihres Vaters etwas sehr anderes sein müssen als mir, der ich ja auch viel jünger bin. Meine knappen Anmerkungen sollten nicht klingen wie vom hohen Roß. Was man jedoch aus der Hand gibt, in die Öffentlichkeit, das steht künftig unter dem Urteil des Lesers. Und der findet etwa in der Casino-Szene eine atemberaubend absurde Szene der Selbstabsolution, die an den persönlichen Wünschen Ihres Vaters sowenig Zweifel läßt wie an seiner Involviertheit – ein soldatischer Nachfahr Matthias Claudius': *...'s ist leider Krieg, und ich begehre nicht schuld daran zu sein.*«

Dies war die Szene: »Als mein Regimentskommandeur am 1. I. 42 bei einem Zusammensein nach der Verleihung von Eisernen Kreuzen (auch der Spange zum E. K. I an mich) im Offizierskreise laut das Umbringen von Juden in einem nahen Industrieort guthieß, bewegte ich wohl leise den Kopf. Darauf er: ›Na, Herr Doktor, Sie finden das natürlich nicht richtig?!‹ Ich: ›Herr Oberst, ich finde es nicht richtig, wenn ich das gehorsamst bemerken darf, über derartige Maßnahmen Worte zu sagen, welche sie angreifen. Sind sie im Kriege nötig – und es heißt, daß sie nötig seien – so müssen sie geschehen. Aber ich vermag nicht darüber zu frohlocken!‹ Das war meine Meinung; und sie wurde akzeptiert.«

Herr Thiess meldete sich noch oft. Zunächst kamen meine beiden Briefe zurück – als Konfetti. Dann Schmähschriften. Dann kündigte Herr Thiess sein »Zeit«-Abonnement – meinetwegen, wie er der Chefredaktion mitteilte. Dann schickte er mir Bücher: Theodor Plieviers »Stalingrad«-Roman und Christopher R. Brownings »Ganz normale Männer« über die Massaker des Hamburger Polizeireserve-Bataillons 101 an polnischen Juden; man lernt daraus mehr über die perverse Ratio der Bestialität als von Daniel Goldhagen und seiner plakativen These vom eliminatorischen Antisemitismus der Deutschen. Sichtlich kämpfte Herr Thiess gegen mich um seinen Vater. Das war grotesk. Aber was trüge ich mit mir herum, wenn mein Vater getötet hätte?

Ich konnte Herrn Thiess nicht helfen. Ich vermochte auch

Grunwald-Denkmal, Kraków

jenem Herrn nicht zu entsprechen, der verlangte, ich hätte mich bei allen gefallenen und überlebenden Wehrmachtskameraden zu entschuldigen für den Satz: »Soldaten sind Mörder, sonst könnte der Krieg sie nicht brauchen.« Der Streit um die Wehrmachtsausstellung kam mir vor wie ein westdeutscher Gespenstertanz. Mein Interesse an der Auflistung *anständig gebliebener* Wehrmachtsverbände ist unterentwickelt. Ich wünsche Hitler nicht mit Stalin begründet und Stalin nicht mit Hitler. Der Historikerstreit schien mir ein bundesrepublikanisches Nachholebedürfnis, um dorthin zu kommen, wo die DDR längst war. Nolte und Komparserie machen mir solchen Ekel, daß ich trotztöricht denke: Was die Hitlerei betrifft, sind wir im Osten weiter gewesen – ehrlicher, rigoroser. Natürlich weiß ich, daß die DDR-Führung nazistisch kontaminierten Wurzelboden nach Westen entsorgte, daß sie ihrem Staatsvolk den Deckmantel des Anti-Hitler-Widerstands überhalf, daß sie als Notausgang der Nationalgeschichte den *proletarischen Internationalismus* installierte. Aber kannst du die Visage vergessen, das hartpreußische Offiziersprofil unterm Mützenschirm, die dünnen Lippen, die nervigen Hände, die das blonde Russenmädchen in die Schlinge tun, kundig, auf Kreuzritterart? Ich, der doch nur alte Photos sah, denke immer daran, wie das Mädchen steht, dann hängt. Verflucht sei, wer das relativiert. Ausgespien sei dieser Dreck aus meinem Volk. Dann sah ich auch die toten Kreuzritter wieder, in Kraków, im Herbst 2000, in Stein, am Grunwald-Denkmal. Seltsam, wie mich dieses nationale Trumm erfreute. Ich dachte nicht mehr: Da liegen die Meinen.

9

Kommt ihr mit nach Auschwitz? – Uaaahh, mal sehen. Erst mal gemütlich frühstücken. – Morgenmatt schlurften die beiden Mädchen zum Bufett des Krakówer Hotels »Dom Turysty«. Peter Krüger sah ihnen nach und lachte. Krüger ist ein Berliner Theatermann, der mit seinem Gubener Laienensemble nach Kraków gekommen war, um bei den jüdischen Kulturtagen aufzutreten. Die Mädchen waren schon mal in Auschwitz, sagte er. Im Sommer bin ich mit der ganzen Truppe hingefahren.

Und wie haben sie reagiert?

Man muß da vorsichtig urteilen.

Was heißt das?

Ich war vielleicht ein bißchen enttäuscht. Weil sie nicht ganz so schockiert schienen.

Es war etwas schwierig in Auschwitz, sagte Antoinette. Man fühlte sich dort irgendwie unter Druck – so: Zeig jetzt deine Erschütterung! – Was ich da gesehen habe, laß ich nicht mehr los, sagte Nadine. Wenn man sich mit Rechten unterhält und die merken, daß man Ahnung hat, dann halten sie die Klappe.

Kurz vor der Reise nach Kraków war ich in Ankara. Die deutsche Einheit jährte sich zum zehnten Mal. Die Konrad-Adenauer-Stiftung hatte mich eingeladen, ausgewählten Teilen des türkischen Volkes von den deutschen Dingen zu berichten. Die anatolische Hochebene schien ein exklusives Ossi-Feiertagsplateau. Zunächst flog ich nach Istanbul und erschlug mich drei Tage lang mit Bildern und Geräuschen der islamischen Welt: Sultanspaläste, strudelnde Basare, Moscheen ohne Zahl und von den Minaretten der magnetische Ruf der Martinshörner Allahs. Im Topkapı-Palast Mohammeds Schwert, ein Zahn, ein Haar vom Barte des Propheten, ein Brief von seiner Hand, der mich wundersam bedünkte, da doch, wie ich las, Mohammed nicht schreiben konnte. Und dann das Himmelsgewölbe der Hagia Sophia, die acht gewaltigen Rundschilde, deren goldene Koranbeschriftung nicht gemalt schien, sondern aufgepeitscht mit der Klinge des Heiligen Kriegs: Weiche, Scheitan Christengott, das ist jetzt unser Tempel! Denn Istanbul wurde ja auf Byzanz/Konstantinopel gebaut wie jede Geschichte auf einer vorigen; und alle proklamieren sich für immer. Aber ich sah, wie auf den Fundamenten von Justinians Kaiserpalast die Hühner spazierengingen. Auch von der DDR war in Istanbul noch etwas geblieben: der Obelisk des Hippodroms, in dem 1284 der Ritter Runkel von Rübenstein das Wagenrennen gewann (»Mosaik« Nr. 113 vom April 1966).

»Die Geschichte ist ein Buch der Wahrheit, nicht des Ruhms«, das redete ich in Ankara. »Aber Völker, die sich zu allen Kapiteln ihres Buchs bekennen, leben besser – freier, mutiger und mit mehr Grund zum Stolz. Wahr ist, daß die jungen Deutschen persönlich weder Schuld an Hitler noch an Auschwitz tragen. Wahr ist aber auch, daß wir alle, jedes Volk, in Vorgeschichte wurzeln und daß aus der Herkunft Verantwortung erwächst. Und darum gehören die Juden zu den Deutschen, die Koreaner zu den Japanern, die Vietnamesen zu den Amerikanern, die Armenier zu den Türken, und die Kurden auch.« Wulf Schönbohm, der örtliche Leiter der Adenauer-Stiftung, wiegte sorgenvoll den Kopf und sagte leise: Jetzt gibt's Ärger. – Es gab keinen, aber hinterher kam ein älterer Türke und klagte bitterlich: Wie konnten Sie nur solche Dinge aussprechen an Ihrem Feiertag! Und das mit den Armeniern, das haben doch nicht wir gemacht, das waren doch die Osmanen. Wir sind doch Kinder Atatürks!

Mir schien das so absurd, als hätte ein Karl-Marx-Städter vor der Wende einen Mord begangen und nach der Wende seine Unschuld damit bewiesen, daß er Chemnitzer sei. Dennoch ist es ein Faszinosum, wie Atatürk eine Nation erfand. Er machte Not zur Tugend. Der Erste Weltkrieg hatte das Osmanische Reich auf jene Kerntürkei reduziert, die Mustafa Kemal, der nachmalige Atatürk, dann zum Ideal erhob. Kernstück des Kemalismus wurde die nichtexpansive, säkulare, völkisch homogene Nation als Gegendoktrin zum islamischen Imperialismus der Osmanen. Der türkische Nationalismus fungierte als Religionsersatz. Die ihn ablehnen, tun dies aus islamischen Gründen, nicht in weltbürgerlicher Absicht. Meine ostdeutsche Unterscheidung zwischen National- und Individualgeschichte muß den Hörern in Ankara unbegreiflich vorgekommen sein. Man pflegt dort keine Geschichte jenseits des eigenen Volks.

Atatürks Mausoleum, der heilige Schrein der Türkei, leuchtet nachts über Ankara wie ein riesiger goldener Sarkophag. In der Frühsonne bestieg ich den Berg. Wachsoldaten kontrollierten peinlich, spähten ins Gebüsch und brachten mit der Heckenschere den sprießenden Gräsern des Plattenwegs einen ordentlichen Haarschnitt bei. Ich blieb ungeschoren und sah: Volks-Statuen in Breker-Granit, wehrhafte Reliefs, Vaterlands-Arkaden, die das Riesenareal umfaßten, und als dessen Krönung die kolossale Halle, wie geplant für ein Berlin, das Germania heißen sollte. Besonders interessant war das Museum mit Atatürk-Memorabilia, von der Staatskarosse bis zum Spazierstock-Schießgewehr und den Seidenmänteln, Trippelschuhen, Zigarettenspitzen. Der Krieger war auch ein Dandy gewesen. Daß ihn der Alkohol zerfraß, blieb seinem Volk undokumentiert. Aber Beweise vom ewigen Leben lagen vor, Amateurphotos gläubiger Kemalisten: ein Berghang, der Atatürks Profilschatten warf; Wolken, die sich zu seinem Porträt formierten. So wacht der Vater aller Türken auch heute über seine Kinder.

Zunächst war Atatürks Autorität die des einzigen osmanischen Feldherrn, der den Ersten Weltkrieg unbesiegt überstanden hatte. Zum neunationalen Retter wurde er 1922 in der Schlacht von Sakarya, als er vor den Toren Ankaras die griechischen Invasoren schlug. Das hat die Griechen nicht gehindert, dem Initiator ihrer Aggression auch ein Denkmal zu spendieren, wie ich in Thessaloniki sah. Dort reitet, mangels neuzeitlicher Epochalgeschichte, sogar noch Alexander der Große am Meer entlang, mit Blick zum Olymp. Unweit davon klotzt Alexanders Vater, Philipp der Zweite. An dessen historisch bezeugten Sehschaden gemahnt ein rot gehaltenes Matschauge. Wie Philipp da so heldisch lädiert vor mir stand, den Rundhelm in der Hand wie einen Ball, da dachte ich an Boxer Koennecke nach der Schlacht gegen Halberstadt. Und auch ein bißchen an mich selbst und Bruder Hüttel von Heidenfeld.

Wie glücklich war ich in Finnland. Eine Nation ohne Triumphgeschichte: Bis auf General Mannerheim, der in Helsinki bronzt, war kein Kriegsgott zu finden, dafür das Universum der Seen und Wälder. Finnland, jung wie die Schöpfung Atatürks, ist kein schlachtgeborenes Wesen, sondern aufgestiegen aus Natur und bäuerlicher Welt. Einst Wechselbalg und Pufferzone zwischen Rußland und Schweden, haben zuerst Künstler dem Land eine Identität formuliert. Sieh die Gemälde von Edelfelt, Westerholm, Schjerfbeck, Järnefelt, Holmberg, Rissanen, Gallen-Kallela – du begreifst, was Natur für Nationalität bedeuten kann. Und weißt du's noch immer nicht, dann fahr mit dem uralten Dampferchen »Puijo« von Savonlinna nach Kuopio, zwölf schweigende Stunden durch Silberlicht und Schleierregen, Goldwasser, Blei und Türkis. Die Welt wird All. Der Mensch versinkt, dann auch die Sonne, und dann ist alles zu spät. Jetzt bist du Finne.

10

Einmal bin ich auch Tscheche gewesen. Das war im Sommer 1996. Die deutsche Fußball-Nationalmannschaft hatte sich, wie gewohnt, mit Bolzerei und Massel ins Finale der Europameisterschaft gewirtschaftet. Die fliegenden Holländer, die stolzen Spanier, die grazilen Portugiesen, die immer tragischen Engländer – alle waren ausgeschieden. Nur die Tschechen konnten noch das Schlimmste verhindern. Ich sah sie Italien schlagen, im Berghotel Oberwiesenthal, und verliebte mich glühend ins Tschechenteam. Anderntags strahlte die Leiterin des Ski- und Heimatmuseums: Hamm mir uns gefreit, mei Maa und ich, wie gestern der Tschesch gewonnen hat! – Ich dachte, Sie mögen die Tschechen hier nicht so? – Ei ja, hintennaus sammer doch alle Erzgebirgler und verwandt. Der Krieg kommt immer aus der großen Stadt.

Ich wußte: Deutschland würde siegen. Die unvermeidlichen Exzesse fürchtend (Autokorso, Heribert Faßbender ...), wählte ich zwei Tage vor dem Endspiel den schweren Weg ins Exil. Es war dies eine jener Entscheidungen, deren politischer Gehalt der Hamburger »Zeit«-Redaktion nicht leicht zu vermitteln ist. Hamburg fragte: Was hat dieser Reisewunsch mit Politik zu tun?

Es handelt sich gewissermaßen um eine Neuauflage des Endspiels von 1976, nun aber unter völlig veränderten Systembedingungen.

Das klingt aber ziemlich weit hergeholt, sprach Hamburg.

Die Sudetendeutschen, sagte ich. Havels schwerer Stand als Vermittler. Ende des Jahres reist doch der Kanzler nach Prag, da sondiere ich für unser Blatt schon mal das atmosphärische Terrain.

Ich wurde entsandt. Der Hradschin thronte, die Moldau strömte wie zu allen Zeiten. Abertausende wallten über die Brücken, quollen aus den Gassen auf den Ringplatz und scharten sich um Jan Hus, dem gegenüber die große Leinwand stand. Es dämmerte, das Bild aus dem Wembleystadion flammte auf. Deutschlandlied mit Prager Pfeifkonzert. Der Kanzler: BUUUUHH!! Und dann steht das Tschechenvolk und legt die Rechte aufs Herz. Alle, auch die Kinder, die Säufer, der Premierminister auf dem Coca-Cola-Bus, singen ihren dunklen böhmischen Choral: *Kde domov můj*, wo ist meine Heimat? Und dann fliegt Keeper Kouba, rettet Rada gegen Kuntz. Auf und ab geht's, bis zur Halbzeit. Danach drücken die Deutschen. Aber jetzt fahren wir Tschechen einen Konter, Poborsky rast mit wehender Mähne durch Wembley, übern Ringplatz, Sammer hechelt hinterher und macht ihn um. Und es gibt Elfmeter. Und Berger läuft an …

Der Schrei! An Mariae Kirche vor dem Tein klirren die Glocken, von der Aposteluhr kräht der Hahn. ČECHY DO TOHO, ČECHY DO TOHO! Sektdusche, Böller, rechts die kleine Blonde muß weinen vor lauter Hoffnung und Phantasie.

Er sei, sagte Goethe, in seinem ganzen Leben zusammengerechnet etwa zwei Wochen glücklich gewesen. Vierzehn ununterbrochene Minuten Paradies waren also nicht wenig. Dann Bierhoffs mächtiger Kopfball – grausam, aber so sind die Deutschen. Der Rollerball zum 1:2 zersäbelte behaglich unser blauweißrotes Herz. Sofort verlosch das Bild. Schieres, schweigendes Entsetzen. Dann der Chor: HOŠI DĚKUJEME, danke, danke Jungs!

Ein endloses Schlurfen begann. Klirrend, knackend, Becher und Gläser zertretend, sickerte die Masse zurück in die Nacht. Etliche Glatzen brüllten Sieg heil! und Deutsche Schweine raus! Ein paar Dutzend Unzerstörliche umtanzten mit ihren Fahnen ein Feuer. Aber alle kamen wieder, als am nächsten Nachmittag die Helden heimkehrten, umrauscht vom Fahnenmeer und so innig besungen, als hätten sie gesiegt. Da standen sie, der lustige Kuka, der redliche Hornak, der verwegene Suchoparek und Bejbl, der semmelblonde Schlaks; und ich erklomm die Bühne und quetschte Poborsky ergriffen die Hand und legte den Finger in die Wunde an des kindlichen Smicers Haupt. Und sie zeigten ihre silbernen Medaillen, läuteten Kuhglocken, tauften das Volk mit Sekt, beschossen es mit Bällen und schmetterten die Hymne: Wo ist meine Heimat? – Hier. Das vergißt keiner, der dabei war, schon gar nicht der Knirps Jakub Sadlik im roten Sparta-Prag-Trikot, der, statt zu jubeln, nach der Mutti weint. Da hebt ihn die Heldengarde hoch, und die Nation schreit JAKUB! JAKUB!, bis Mutti kommt und Jakub glänzt.

Jetzt wird es Abend in der grauen Vorstadt Žižkov, Praha 3. Staubmüde Fassaden, trübe Ladenfensterchen mit Kram, Straßenkinder, junge Köter und mittendrin das blätternde Stadion von Viktoria Žižkov. Von hier stammt der neue Tschechengott. Hier hat Karel Poborsky den Ball unter der Straßenbahn hindurchgeschossen und im Viktoria-Lokal aufs Bierglas gelupft. Da, da ist er auf dem Poster, nimm's mit, geschenkt. Das Bier kostet fünfzig Pfennig, aber weil du ein bedauernswerter Deutscher bist, geben wir dir einen aus. Denn wir Tschechen freuen uns über den zweiten Platz viel mehr als die Deutschen über den Sieg. Außerdem war's gar nicht so wichtig. Wir sind doch ein Eishockey-Volk.

11

Das Frühstück im Krakówer »Dom Turysty« zog sich hin. Schließlich stellte sich heraus, daß von den jungen Gubener Schauspielern niemand binnen so kurzer Zeit abermals

Auschwitz besuchen wollte. Also fuhr ich allein. Behäbig polterte der Zug ins Land, hielt immer wieder, füllte sich mit schnatternden Kindern. Nach anderthalb Stunden war ein schäbiges Landstädtchen erreicht. Oświęcim – im polnischen Namen steckt der deutsche wie ein Dolch in Seidenpapier. Man fragt sich, wie zu leben ist an einem Ort, dessen Bahnhofskiosk Ansichtskarten von der Erschießungswand präsentiert. Gewiß ganz normal. Schon der Bahnhofsvorplatz ist wie jeder. Werktägliches Menschengewimmel, Busse kommen und gehen. Nach ein paar Stationen ein Stups: Hier Auschwitz.

Von allem, das ich über Auschwitz las, war ein Buch wie kein anderes: Imre Kertész' »Roman eines Schicksallosen«. Seine Lakonik empörte mich zunächst wie eine zynische Manie. Dann kroch gerade durch diesen Ton das Unbegreifliche heran. Auch Jorge Semprúns Buchenwald-Bücher verhalten den Schrei, aber mit retrospektivem Abstand, den Kertész nicht gewährt. Sein halbwüchsiges Ich berichtet zivile Welt, Deportation, Lagerleben und Verrecken gleichermaßen wie Normalität. Dann hörte ich in Christa Wolfs Gesprächskreis den Sinto Otto Rosenberg (»Das Brennglas«) erzählen, wie er im Angesicht der Auschwitzer Leichenberge sein Brot verzehrt habe. Dann beteuerte der Jude Coco Schumann (»Der Ghetto-Swinger«) in Lea Roshs Salon, wenn er mit der Lagerkapelle musizierte, sei er selbst in Auschwitz glücklich gewesen. Ich sah auch die Blumen im KZ Dora, die sich Häftlinge an die Wände des Krematoriums gemalt hatten. Das *ist* das Grauen, nicht seine Beschwichtigung.

Mancher, der Auschwitz besucht hat, war irritiert, daß der erste Eindruck den Super-Schock verweigert, das größtmögliche Entsetzen. Die Gedenkstätten-Realität hinkt zunächst den Bildern hinterher. Man kennt das Tor mit der aufschwingenden Schmiedeschrift: ARBEIT MACHT FREI. Man sieht die Stacheldraht-Kaskaden, die soliden Klinkergebäude – ursprünglich eine Garnison –, und auf der Lagerstraße spaziert tatsächlich eine Familie mit Kinderwagen. Aber was ist zu tun, wenn man ein Baby hat und Auschwitz besichtigen möchte?

Den Film im Museum hast du dir nicht angeschaut, auch nicht die Gebirge von Haaren, Schuhen, Brillen. Du sahst die Häftlingszeichnungen, die Photos, Augen um Augen, und abermals das Russenmädchen, wie der Deutschritter es erhängt. Der Galgen des Kommandanten Höß. Die Vergasungshöhle, darin der junge Pole mit der Videokamera. Birgit Lahann hatte im »Stern« beschrieben, wie sie mit der Photographin Ute Mahler in Auschwitz war. Sie kamen nach Birkenau, zum Lager II, wo sie ein phantastischer Sonnenuntergang empfing. Ute Mahler hob professionell ihre Kamera und ließ sie wieder sinken: Das kann man nicht photographieren, das nicht.

Du fährst hinaus zum Lager Birkenau. Du siehst das Tor, die breite Stallung, unterm Mittelturm durchlaufen von dem Gleis, das auf *die Rampe* führt. Links des Tors versinkt die Sonne in einem Glast von Kobalt und Zinnober, und hoch oben schneidet ein Flugzeug mit lohweißem Schweif den Himmel auf. Man kann das photographieren, auch die Rampe, das Gleis mit dem Gerbera-Gebinde (»Unesco-Schulen Thüringen«), den schwarzen schweigenden Wald von Kaminen; aber nun wird es dunkel. Der Mond ist aufgegangen, ein zarter Sichelmond, und du bist im Lager Birkenau der einzige Mensch. Du willst den Ort begreifen, da ein heiligerer nicht existiert. Du denkst an Celan, die schwarze Milch, das aschene Haar, die Gräber in den Lüften, aber auch das ist Ästhetik und also das Gegenteil des Orts. Pappeln rascheln und Linden. Weit hinten hüpfen Lichter, dorthin begibst du dich und findest die gesprengten Gaskammern und Kerzen in ihren Klüften und Schründen.

Vergeblich suchst du die Gewalt des Orts. Hier wird nur gegeben, was man in sich trägt. *Geh hinaus und tritt hin auf den Berg vor den Herrn! Und siehe, der Herr wird vorübergehen. Und ein großer, starker Wind, der die Berge zerriß und die Felsen zerbrach, kam von dem Herrn her; der Herr aber war nicht im Winde. Nach dem Wind aber kam ein Erdbeben; aber der Herr war nicht im Erdbeben. Und nach dem Erdbeben kam ein Feuer; aber der Herr war nicht im Feuer. Und nach dem*

Feuer kam ein stilles sanftes Sausen. Als das Elia hörte, verhüllte er sein Antlitz und ging hinaus und trat in den Eingang der Höhle. Und siehe, da kam eine Stimme zu ihm und sprach: Elia, was suchst du hier?

Die Mitte der Welt.

Als ich das nächtliche Lager verlassen wollte, fand ich das Tor geschlossen. Die Besuchszeit war ja längst vorbei. Das trieb mein Unvermögen auf die Spitze. Ich war ein dämlicher Tourist, der sich in Auschwitz eingesperrt hatte. Ich stand ein Weilchen dumm und fror. Ich prüfte den Stacheldraht. Ich hörte mich idiotisch Hallo! rufen. Dann entdeckte ich, daß man das Tor mit Ketten wohl verschlungen, aber nicht verschlossen hatte. So kam ich hinaus. Im gelben Licht der Scheinwerfer lag das Gegenbild des allgemein Bekannten: das Gleis, wie es vom Lager flieht. Es läuft bald aus, in einen Acker nahe der Chaussee. Ich wanderte zurück in das räudige Städtchen. Gegenüber dem Bahnhof hielt noch ein Laden auf. Darin standen Frauen Schlange und kauften Windlichter jeglicher Größe. Denn am nächsten Tag war Allerheiligen, und die Polen würden ihrer Toten gedenken.

In der Nacht schlug das Wetter um. Am Morgen kauerte das stolze Kraków im Regen und wollte sich auch mittags nicht erhellen noch erheben. Die Straßen blieben leer, die Läden geschlossen. Wie empfohlen, ging ich ins jüdische Viertel Kazimierz. Nachdem dort Spielberg »Schindlers Liste« gedreht hatte, habe man das Quartier wie ein Disney-Stetl restauriert. Das erwies sich als Unsinn. Am Platz ausgangs der Szeroka-Straße gab es ein paar hübsche jüdische Restaurants; ansonsten bröckelten die Fassaden, die Fenster starrten tot, die Luft belud beißender Ruß. In der Josefa schob ein Junge einen Greis im selbstgebauten Rollstuhl durch den Regen. Sie kamen heran. Der Alte, blind, murmelte etwas und streckte die Hand aus. Dann schlichen sie weiter.

Endlich fand ich den Eingang zum jüdischen Friedhof. Zwar hatten die Deutschen ihn verwüstet, aber der Ort war noch da und viele uralte hebräische Steine. Klatschnasse Briefe lagen darauf, sogar Faxe an diese längst versunkenen

Kinder Israel. Für fünf Złoty ließ der Kustos in die bescheidene Remuh-Synagoge. Abends ging ich zur Allerheiligen-Messe in die Marienkirche, Veit Stoß' Schnitzaltar vor Augen und umflutet von Wärme und Gold. Wie ähnlich würden die Religionen, wenn man nicht ihre Häuser vergliche, sondern die stillen Gebete, die darin gesprochen werden.

12

Ich weiß gar nicht, was ein Jude ist. – Jurek Becker sagte das, als Jude, Deutscher und Autor von »Jakob der Lügner«. Natürlich wußte er's, wünschte aber keinen Gebrauch davon zu machen. Aus Becker sprach noch oder wieder der Traum der Assimilation, für den sein Volk von meinem fast vernichtet worden ist. Und heute wird Israel auch vom jüdischen Nationalismus bedroht. Man kann nicht beides haben – säkulare Demokratie und eine ethnische Staatsreligion.

Ich weiß nicht, was ein Jude ist. Deutschheit wie Christentum haben sich mit so fürchterlichen Folgen als Gegensätze zum Jüdischen etabliert, daß ich den Satz, den Jurek Becker sagen durfte, als mir auferlegt empfinde. Ich wußte mich nie antisemitischen Versuchungen ausgesetzt – wie auch, in einem *judenrein* gemordeten Land? Allerdings vernahm ich Ausläufer der Lehre, wonach *die Juden* unseren Herrn Jesus umbrachten – was folgern ließ, sie hätten den Grund zu ihrer Stigmatisierung selbst gelegt. Das Kind, das ich war, spürte die Passionsgeschichte anders. Da trat Pontius Pilatus, der römische Gouverneur, vors Jerusalemer Volk und ließ es entscheiden, wer freizulassen wäre – Jesus, den er für schuldlos erklärte, oder der Mörder Barrabas. Und das Volk schrie BARRABAS! BARRABAS!, was der Gouverneur sowenig fassen konnte wie das Kind. Aber nicht *die Juden* – der Pöbel, der ewige Mob brüllte den Mörder frei und Gottes Sohn ans Kreuz.

Was dem Kind mit Jesus überholt schien: der jüdische Glaube an Israel als Gottes ausgewähltes Volk. Gottes Volk war mir die christliche Gemeinde, die aus einzelnen bestand und deren Glaube kein ethnisches Bekenntnis vertrug. Ich liebte die Apostel-Geschichte von der Taufe Lydias, der ersten europäischen Christin. Jesus Christus galt mir als Individualisierer des ehedem exklusiv jüdischen Glaubens, der nun jedem angeboten war. Aber wirkt nicht die Geschichte des christlich verbrämten Nationalismus wie eine chauvinistisch verdorbene Kopie des jüdischen Volkserwählungsglaubens, bar dessen Gottsuche und Selbstkritik? Christliche Nationalität schien gottgewollt, als unterliege der Christ Stammesgesetzen von Blut, Boden und Führerschaft. Wie sollten einem nationalen Christentum Juden als Deutsche gelten? Mochten sie ihren Hebräerglauben verlassen und sich im Weltkrieg freiwilligst kaisertreu totschießen lassen – sie blieben *Zehrgäste*, die im *Wirtsvolk* nicht *Blutwurzeln* hätten. Demnach hieß deutsch sein in letzter Konsequenz, daß die Unvölkischen *auszumerzen* wären. Spätestens der Judenmord beendete den Nationalismus als menschenwürdigen Geschichtsentwurf. Nation ist profan, kein Ziel von Geschichte.

Ebendas verbietet auch blinde Parteigängerei für oder gegen Israel. Niemals vergesse ich, wie am zehnten Jahrestag der deutschen Einheit der Palästinenserknabe Mohammed al-Durra in den Armen seines Vaters erschossen wurde. Ich sah das in Ankara, auf einem französischen Sender, und begriff erst aus deutschen Zeitungen, daß dieses Kind gestorben war. Völker sind abstrakt. Spürbar wird der einzelne Tod. Darum hat sich Gott in *einem* Menschen offenbart. Denn einer, das meint kein Volk, das gilt jedem – wie die Menschenrechte.

Aber es gibt das Volk: die eingeborene Mehrheit, die sich immer mit sich selbst arrangiert. Wer das mit Berliner Weltbürgergebärde bestreitet, weiß wenig von den Homogenitätsbedürfnissen der Provinz. Dort wird oft gar nicht verstanden, was denn so schlimm sein solle am Begriff der deutschen Leitkultur. (Zitat von der Jenaer Fußballtribüne: Ja, solln wir denn Türken werden und Blutrache üben?) Überdies fühlt der Ossi Skepsis, wenn ihm Metropolenweisheit abermals als fertige Geschichte angetragen wird. Heinrich August Winkler meint, die Deutschen hätten mit der Staateneinheit ihren langen Weg nach Westen abgeschlossen; das Reichsdenken sei dem Demokratiebewußtsein gewichen. Der Amerikaner Francis Fukuyama setzte gleich nach Schluß des Kalten Krieges die törichte Parole vom Ende der Geschichte in seine Welt: Der westliche Liberalismus sei nun auf ewig die globale Rationalität.

Gerade die Globalisierung weckt völkische Gegengeister. Sie enthemmt den Kapitalismus. Sie kippt die nationalen Balancen zwischen Markt und Demokratie. Gesellschaften, die Sozialität verlieren, gewinnen an ethnischer Aggressivität. Was die von Fukuyama ruhmreich beendete Geschichte betrifft, so fing sie schon 1990 mit dem Golfkrieg wieder an. Ich erlebte damals in den USA über Monate, wie sich ein Volk zur Kriegsbereitschaft führen läßt. 1999 etablierte dann der NATO-Balkankrieg, was doch *der Westen* in Europa nicht mehr dulden wollte: ethnische Grenzen. Und wie konnten Europäer, die seit Jahrzehnten friedlich Jugoslawen waren, sich von ihren Nibelungensagen zu Brudermördern machen lassen? Sogar in unserem guten, vernünftigen Deutschland zogen kleinere und etwas größere Hoffnungen vom Rhein an die Spree: Es möge die *Berliner Republik* wieder nationaler werden als die nun Provisorium genannte von Bonn. Das war der eigentliche Grund des gewaltigen Kulturkampfes gegen Joseph Fischer, '68 und die undeutschen Folgen.

Wenn uns Deutsche ein Unvergleichliches bezeichnet, dann diese entsetzliche Höhle in unserer Vergangenheit. Wie kann, wer die vergessen möchte, Deutscher sein? *Ein Volk ohne Vergangenheit verdient auch keine Zukunft.* Es gehört aber zur Nachkriegspsychologie, daß die Täter ihre Schuld leugnen und verdrängen, daß die Kinder im Kampf gegen die Väter diese Schuld um so lauter beim Namen rufen und daß die Enkel alles Gewesene für Vergangenheit erklären und die Gegenwart für unbelastete Normalität. Die nationale Teilung als Sühne für unverlierbare deutsche Erbsünde – das hätten spätere Generationen nicht mehr hingenommen. Doch auch unsere Vorsicht fehlt den Jungen, unser Auschwitz-Reflex, das eingezeugte Nie wieder! Nicht jedes kahle Kind ist ein germanischer Rassenhetzer. Aber längst rufen sich die mißratensten Exemplare unseres Volkes als die wahren Deutschen aus. Warum lassen Linke und Liberale das deutsche Feld so völlig brach? Die linke Nationalverachtung und das neoliberale Flexibilitäts-Diktat treffen sich bei der Vernichtung von Geschichte. Wenn die Nation bröckelt, zerfällt auch das deutsche Gedächtnis.

Mich hat die Wende etwas über die Selbstentfaltung von Geschichte gelehrt. Sie atmet so langsam ein und aus, daß man denken könnte, sie sei friedlich entschlafen. Das täuscht. Die Gene der Völker sind nicht ein für alle Male demokratisiert. Eine verlorene Generation, die dem Rassismus verfällt, und schon reißt der Faden der Aufklärung, und jener andere der nordischen Norne wird wieder gesponnen. *Am Grunde der Moldau wandern die Steine. Es liegen drei Kaiser begraben zu Prag. Das Große bleibt groß nicht und klein nicht das Kleine. Die Nacht hat zwölf Stunden, dann kommt schon der Tag.*

Hat auch der Tag zwölf Stunden?

13

Jetzt fahren wir heim. Freude springt auf, wie immer, wenn aus dem Horizont die Halberstädter Türme wachsen: die Zwillinge des Doms, die ungleichen Brüder Sankt Martini, das gedrungene Geviert Unserer lieben Frauen. Gleich ist der Zug am Ziel – wir noch nicht ganz. Man holt uns ab. Weiter geht die Fahrt in Richtung Wald, immer leicht aufwärts, den Honigkuchenberg hinan. Links leuchtet das Harzvorland, ganz fern der Brocken. Der Wald beginnt, der Daneils Höhle birgt, die Huysburg, den Röderhöfer Teich. Und dann sind wir da. Und es laufen wahrhaftig noch Pferde durchs Dorf, und Noltes Windmühle steht (samt Gänsen) und am Ratskeller die Pumpe. Wir finden Ostenpforte, Badergasse, Schweinetor, die Üppelquelle, unser Haus (ohne Akazie), die Kirche und auf dem Friedhof den Muna-Stein. Ein anderer ist neu: Wolfgang Koennecke 30. 3. 1940 – 24. 3. 1996.

Du schaust übers Dorf, ins sanfte Land, und staunst, daß dieses Stückchen Welt dir das Älteste und Tiefste ist, Kern und Hülle deiner Selbstverständlichkeit. Als du zwölf warst und fortziehen mußtest, da hattest du einen Traum: Ich komme wieder. Mögen mich jetzt die Eltern verschleppen – ich finde heim, ich kehre zurück und bleibe, woher ich bin. Natürlich kam es anders. Und wurde nie falsch.

Zehn Jahre ist Vater Dingelstedts Pfarrer gewesen. Der Ortswechsel gehört zu diesem seltsamen Beruf zwischen Nähe und Distanz. Der Pfarrer wird einer Gemeinde eingepflanzt wie ein Herz. Er tut, was kein Hiesiger vermag. Er predigt, unterrichtet, tauft, traut, senkt ins Grab und ist doch nur ein Gast der örtlichen Geschichte. Nach einer Weile verpflanzt man ihn, dann wieder, bis auch seine Zeit zu bleiben gekommen ist.

Kurz vor seinem Tod, den ich nicht ahnte, äußerte Vater ein befremdliches Gefallen an einem Sangerhäuser Beerdigungsunternehmen. Es sei so bescheiden, so geziemlich und diskret. Zeitlebens ehrten Vaters Werte ein idealisches Kleinbürgertum. Er hatte recht. Als er gestorben war, benachrichtigte Mutter besagtes Geschäft. Ein schlichter Mann von einigen dreißig Jahren kam in unser Haus. Er kondolierte eher unbeholfen als versiert, er sprach das irdene Mansfelder Deutsch mit Wärme und Takt, er konnte schweigen, er regelte das Nötige mit dem kargen Realismus ortsfester Menschen. Es war, als wollte das Volk Vaters Würde mit der eigenen vergelten. Einst hatte er gemahnt: Junge, Intelligenz ist nicht das Wichtigste im Leben.

Vater bekam einen Findling, einen Baum, eine bleibende Statt – auch das mußt du den Dingelstedtern nachher erzählen. Jetzt sitzt du im Dorfgemeinschaftshaus am Sportplatz und liest was vor. Die Bude ist voll – ein halbes Klassentreffen: Angelika natürlich, Christine, Ute (kam extra aus Magdeburg), Ulli, Konni, Eberhard, Reinhard, Rüdiger, Frau Schmädig, die Lehrerin, die Pionierleiterin Ilona Schwarz … Dann wird das Buch zugeklappt. Nun viele Weißtdunoch-Gespräche, umrauscht vom Hasseröder. Einen Tag saufen, drei Tage krank, sagt Ulli. Früher war's umjekehrt.

Bei Ulli kannst du schlafen. Wenn wir allein sind, wird er

dir erzählen, wie sein Vater starb. Wir leben, und wir trinken. Die Kneipe summt. Der Abend ist noch soviel jünger als all die Erinnerung, die der Mensch mit der Vergangenheit verwechselt. Kennste mich noch? fragt Tante Krems, die Nachbarin. Und nun sei ihr endlich gestanden, wie das wirklich war vor dreiunddreißig Jahren, was damals mit Birgits Puppe geschah. Ich kam zum Fußballgucken. Das Spiel lief, Tante Krems hantierte in der Küche. Tochter Birgit, knapp anderthalb, präsentierte mir ihre Schlafaugen-Puppe, deren Mechanismus mein tätiges Interesse fand. Kracks, brach die innere Verstrebung, die Augen plumpsten in den Kopf, und Birgits Puppe umfing ewige Nacht. Ich setzte sie samt Birgit ins Ställchen. Als Tante Krems ins Zimmer kam und die Entäugte erblickte, kriegte Birgit eins hintendrauf. Empört schrie das sprachunmündige Kind. Ich schwieg.

Ach duuu warst das! ruft Tante Krems entrüstet und erinnert sich ganz genau. So alte Geschichten gibt es noch viele und auch eine aktuelle Sensation: Dieters Bruder hat im Radio-Quiz gewonnen. 100 000 Mark! Trotzdem kannst du nicht bleiben, doch bevor du gehst, umarmt dich Angelika und sagt: Paß auf dich auf.

Winter 2001

Krieg und Frieden

Neun Sätze über die ganze Welt

The world is turning
I hope it won't turn away
Neil Young: »On the Beach«

1

Einst hat mir eine junge Frau aus ihrer Kindheit erzählt. Ihr Vater war Offizier der Nationalen Volksarmee. Eines Sommers machte die Familie Urlaub in Boitzenburg/Uckermark, im Heim der Armee: ein Schloß mit Park darum; die Buchen standen dicht wie Wald; das Mädchen fühlte, was das Märchenwort *verwunschen* meint. Wer denn früher hier gelebt habe, fragte sie den Vater. Der sagte: Die Ausbeuterklasse. Mehr wußte er nicht, aber ich.

Dies war das Arnimsche Schloß. Großmutter stammte aus Boitzenburg. Urgroßvater Nagel betrieb dort eine große Stellmacherei. Die ständische Idylle des wilhelminischen Landstädtchens zeichnet mit Liebe Heinrich Wolfgang Seidels Vikariatsroman »Drei Stunden hinter Berlin«; der Meister Nagel heißt darin Hammer. Nicht enthalten in dem Buch ist jene Episode, die Großmutter gern am Kaffeetisch erzählte und die mir bis heute beispielhaft das völkische Sentiment erklärt. Frühling war und an den großen Krieg noch nicht zu denken. Am Sonntag spazierten die vier Nagel-Töchter geputzt durch den Park: ein Maidenquartett in Weiß vor frischem Buchengrün, ein Sehnsuchtsbildnis deutschen Biedermeiers. Da sprengte ein schneidiger Reiter daher. Er zügelte sein Roß, neigte sich herab zu den lieblichen Erscheinungen und fragte nach Woher und Wohin. Entzückt gaben sie Auskunft. Der Reiter grüßte militärisch und galoppierte davon.

Es war der Kronprinz von Preußen; die Arnims empfingen oft Besuch der befreundeten Hohenzollern. Schade, daß er nicht Kaiser geworden ist, seufzte Oma. Dann könnte man sagen, man hat den Kaiser gekannt.

Sie waren fünf Kinder. Der einzige Bruder, Hans-Heinrich, sollte einmal das väterliche Geschäft übernehmen. Am 1. August 1914 begann der Krieg. »Ich sehe Hans-Heinrich noch immer vor mir«, redete ein gutes Jahr darauf der Boitzenburger Pfarrer, »wie er mit feurigen Augen und mit vor Aufregung glühenden Wangen an des Vaterlandes großer Schicksalsstunde Anteil nahm und wie er, um einer der ersten zu sein, freudig kam, als das Vaterland seine Söhne zu den Waffen rief.« Ein Päckchen Feldpostkarten ist erhalten, an die Johanniterschwester Marie Nagel, Pritzwalk, Krankenhaus. Liebe Schwester, mir geht es gut, steht regelmäßig darauf, mit Kopierstift, in krakeligem Sütterlin. Mir geht es dauernd gut. Mir geht es immer noch gut. Danke für das Päckchen. Hier erholen wir uns. (Ansicht Ostende, Sur la plage) Kaspar Rothenburg ist im Osten gefallen. Wieviel Kameraden werden noch ins Gras beißen müssen, ehe der Friede da ist. Geschrieben den 9. 3. 15.

Vom 2. Juli 1915 datiert ein Brief in anderer Schrift. Ortsangabe: auf dem Marsch. »Sehr geehrter Herr Nagel, selbst in arg gedrückter Stimmung muß ich Ihnen die Mitteilung machen, daß Ihr tapferer Hans-Heinrich (...) am 30. Juli abends durch Schrappnellschuß schwer verletzt (am Kopf) u. ohne die Besinnung wiedererlangt zu haben, den Heldentod für unser teures Vaterland gestorben ist. In der Eile und Aufregung des weiteren Vorgehens fehlen mir die entsprechenden Worte, Ihnen alles das zu sagen, was ich möchte. Es gehören eiserne Nerven dazu, sich noch einigermaßen aufrecht zu halten. Und es muß doch sein, sollen all die bitteren Opfer nicht umsonst sein.« Es folgt eine knappe Skizze des Gefechts, das sich bei dem russischen Städtchen Zamość zugetragen hatte. »Am (Orts-)Ausgang (...) hinter dem Gehöft Lekarz Powiatowy, rechts ein Schneidermeister. In dem Garten des Gehöftes ruht unter Obstbäumen ringsum Rasen Hans-Heinrich. Der

Besitzer spricht gebrochen deutsch und hat Pflege und Sorgfalt für das Grab versprochen.«

Gedächtnisfeier in Boitzenburg. Die Regimentskapelle spielt »Laßt mich gehen«, es erhebt sich der Hymnus des beispielhaft frühvollendeten Theodor Körner:

Vater, ich rufe dich!
Brüllend umwölkt mich der Dampf der Geschütze.
Sprühend umzucken mich rasselnde Blitze.
Lenker der Schlachten, ich rufe dich!
Vater, du führe mich.
(…)
Vater, ich preise dich!
s' ist ja kein Kampf für die Güter der Erde;
Das Heiligste schützen wir mit dem Schwerte,
Drum fallend und siegend preis ich dich!
Gott, dir ergeb ich mich.

Der Pfarrer predigt über Johannes 15,13: *Niemand hat größerer Liebe, denn die, daß er sein Leben lässet für seine Freunde.* »Hans-Heinrich Nagel ist nicht ein Opfer des Krieges geworden, sondern er hat mit vollem freudigen Bewußtsein sich selbst als Opfer hingegeben. Und nur die Liebe, die sich selbst freudig hingibt, kann den Abgrund schließen, an den unsere Feinde das Vaterland gebracht haben. Hier vor dem Boitzenburger Altar hat Gott der Herr Hans-Heinrich in der Konfirmation seine Zusage gegeben (Jesaja 40, 31): *Die auf den Herrn harren, kriegen neue Kraft, daß sie auffahren mit Flügeln wie Adler …* Gott hat seine Verheißung an ihm erfüllt und wird seine Treue segnen. Auf Wiedersehen in der ewigen Heimat. Amen.«

Gott, dir ergeb' ich mich!
Wenn mich die Donner des Todes begrüßen,
Wenn meine Adern geöffnet fließen;
Dir, mein Gott, dir ergeb' ich mich!
Vater, ich rufe dich!

Nur ahnen läßt sich die Verfassung der Eltern und Geschwister. Diese Balsamierungsorgie des deutschen Militarismus

Nach Gottes unerforschlichem Ratschluss starb am 1. Juli bei einem siegreichen Sturmangriff den Heldentod für unser teures Vaterland im Alter von 20 Jahren unser innig geliebter, einziger Sohn, unser teurer Bruder, Enkel und Neffe, unser Stolz und unsere Hoffnung,

der Vizefeldwebel im Res.-Inf.-Reg. 207

Hans Heinrich Nagel.

Als Kriegsfreiwilliger stellte er sich sofort nach der Mobilmachung seinem Kaiser zur Verfügung, mutig und vorbildlich tapfer hat er nach den Aussagen seiner Kameraden an vielen schweren Kämpfen im Westen und im Osten teilgenommen, es sollte ihm nicht vergönnt sein, als Sieger heimzukehren.

In tiefem Schmerze

Familie Heinrich Nagel
Boitzenburg (Uckermark).

Todesanzeige für Hans-Heinrich Nagel, 1915

enthielt ja wirklich Volksempfinden jener Zeit, verschweißt mit Herrschaftspropaganda, überkrönt vom nationalen Christentum und seinem Gott, der Eisen wachsen ließ. Kein Entkommen, kein Asyl, außer im Schweigen. Die Urgroßeltern Nagel haben den Tod ihres Sohns und Erben nie verwunden. Die Stellmacherei ging ein, Helden-Deutschland noch lange nicht.

1925, zehn Jahre später, wird Hans-Heinrich Nagels Todestags noch einmal gedacht. Im Mitteilungsblatt für die

Ehemaligen des Reserve-Infanterieregiments 207 rekapituliert Kamerad Hauptmann von dem Hagen den Tag von Zamość: »...ein kleines Steinchen nur in dem leuchtenden Mosaikbild unseres Kriegserlebens, aber ein besonders glanzvolles! Blauender Himmel, Windstille als wir vom Nordrand des abends zuvor im Sturm genommenen Städtchens Labunie den Weitermarsch auf schnurgerader Chaussee antraten. Stimmung besonders gut Dank der Vorräte, welche die in Brand geschossene Spritfabrik uns teilweise zu reichlich zur Verfügung gestellt hatte. (...) Nach etwa 4 km erreichten wir das blühende Dorf Osada; begeisterter Empfang der deutsch sprechenden Bevölkerung: Heilrufe, Weißbrot, Cigarretten, erfrischendes Naß! Vom Feinde nichts zu bemerken.«

Dann aber doch. Ausführlich folgt Schlachteprosa. Glänzender Sieg, schmerzliche Verluste. »Leider mußten wir nahezu die Hälfte der Kameraden in Feindesland zurücklassen, wir Zurückgekehrten aber fanden uns bald zu erinnerungsvollen Zusammenkünften, in denen auch unsere Damen schon so viele schöne Erlebnisse hören konnten.«

2

Von Kriegermalen wurde der Junge heftig angezogen; das ist noch heute so. Dabei war in der DDR der Zweite Weltkrieg denkmalstechnisch ein Tabu, außer für Sowjetsoldaten und Opfer des Faschismus. Zu sehr hätte eine Wehrmachts-Pietät mit dem Charakter der Hitlerei kollidiert und mit der ostdeutschen Staatsdoktrin. Der Erste Weltkrieg – präsowjetisch und relativiert durch den Zweiten – war hingegegen zugelassen: Gedenktafeln in den Kirchen, Adlersäulen, Obelisken auf den Angern und Kirchvorplätzen der Provinz mit den Namen verschollener Jugend. Manchmal standen hinter den Todestagen und Eisernen Kreuzen fremdländische Orte – russische, flandrische, galizische Sterbestätten, die der Krieg in anhaltinische Dorfgeschichten eingetragen hatte. Wie wäre es, dachte der Junge, wenn alle Völker, statt die eigenen Gefalle-

Nagel-Bild als Kriegermal. Altranft/Oderbruch, Museumsdorf

nen zu ehren, nur Denkmäler ihrer getöteten Feinde errichten würden? Den Deutschen käme das zugute. In sehr vielen Ländern gedächte man unserer Toten.

Hinten in Vaters Regal fand der Junge ein Buch – feldgraues Leinen, der Titel in gotischer Fraktur: »Sieben vor Verdun«. »Jetzt bluten wir hier, wo unsere Vorfahren gepflügt haben«, so las der Junge, mit heißen Ohren. »Der Sieg, das ist der Zweck des Krieges, nicht sein Sinn. (…) Das Reich, das ist eine Sehnsucht des Krieges, nicht sein Sinn. Der Krieg stellt eine Frage an die Völker: Bist du bereit und geweiht, der Welt Ordnung und Gesetz zu geben? Willst du dich opfern um des kommenden Gesetzes willen, das höher ist als du selbst? (…) Wir müssen hinaus, bewußt und geschlossen. (…) Die Wanderung beginnt wieder, wir sind die äußerste Welle.« God bless America, das stand keineswegs in diesem Buch, sondern: »Die Welt ist unendlich, aber das Reich ist die Mitte. Die Menschen des Reiches wachsen. Einige von ihnen sehen schon seine Landschaft. Sie sehen seine Ströme und Meere, die nicht von Wasser sind, sondern von fließendem Licht; sie sehen seine Gebirge, die nicht von Stein sind, sondern von klingendem Kristall. Sie sehen den Thron und den König, dessen Krone nicht von Gold ist, sondern gebildet von den Händen des allmächtigen Gottes und seines Christ.«

Und dann rauscht Blut und Blut. Josef Magnus Wehners »Sieben vor Verdun«, ediert 1932, war eine Kathedrale der orgelnden Barbarei. Natürlich wurde derlei in der DDR nicht verlegt, auch nicht Ernst Jüngers Schrifttum zur *Naturerfahrung* Krieg. Dafür lasen wir Aufklärung, von Remarque bis zu den sieben Bänden von Arnolds Zweigs »Der große Krieg der weißen Männer«. Krieg, daran blieb kein Zweifel, war Willkür und namhafte Schuld. Aber den Jungen fesselte ein Anderes, die Aberseite der Vernunft, Geschichte als ein Widerfahrnis, nicht als willentliche Tat. Die großen Leute machen Geschichte, den kleinen stößt sie zu. Das Dorf, in dem der Junge aufwuchs, stand gegen die Entwicklungszuversicht der aufgeklärten Welt. Es lebte nicht linear, es ging im Jahreskreis. Es wechselten Saat, Sommer, Ernte, Winter.

Die Tiere wurden erzeugt und wieder verzehrt. Ebenso kamen und gingen die Menschen. Etliche hatte immer der Krieg geholt, wie eine Epidemie die Tiere schlägt oder der Hagel das Korn. Jede Generation erlebte Seuchenjahre, jede den Krieg: 1871, 1914, 1939. Jede Generation zog einmal hinaus, kämpfte sich leer, *entrichtete Blutzoll*, kehrte, *die Reihen gelichtet*, heim, schwieg oder feierte an Sedanstagen ihr *once in a lifetime*. Das Reich war ihnen schnuppe, der Germanenchristus Pfaffenpoesie. Aber Krieg war immer: Saat und Ernte, Ernte und Saat. Kann man das Kämpfen nicht stoppen? wird Krishna in der »Bhagawadgita« gefragt. Sinnlos, sagt Krishna, dieselben Seelen kämpfen schon seit aller Zeit.

Doch dann ist wieder eine Weile Frieden, der Atavismus schläft. Hans-Heinrich Nagel liegt in einem russischen Obstgarten begraben, und ein russischer Schneidermeister pflegt sein Grab. Falls das stimmt: Warum tat er das? – Er fühlte, denke ich, daß dieser hirnzerfetzte deutsche Junge in seinem Garten lag, weil dies ein Gesetz befahl, das auch das seine war. Der Tod egalisiert; mit diesem archaischen Volksgefühl der Opfertätergleiche hat sogar noch der Bundeskanzler Kohl gespielt. Verhängnis: Das Gewiesene geschieht, das Geschehene zeugt Normalität, und sei es Schuld. Die meisten Menschen fügen sich in das, was nicht zu ändern scheint. Auch der Trotzigste erträgt es schlecht, dauerhaft im Widerspruch zu seiner Mitwelt zu leben, besonders wenn diese Mitwelt Gleichmaß gebietet. Der Junge, der ich war, erschrak, wie nahe dem entsetzlichen Verhängnis Krieg er geboren worden war. Aber nun schienen die Kriege vorbei. 1965 kam nur die Maul- und Klauenseuche.

3

Von einem Stein war zu lesen in der »Thüringischen Landeszeitung«. Das Dörfchen Lehnstedt bei Weimar habe ein Denkmal errichtet für die Opfer eines Buchenwalder Todesmarsches. Das ist keine typische Meldung im heutigen Ostdeutschland. Du fährst nach Lehnstedt.

Der graugefurchte Mann dort am Stammtisch der Dorfgaststätte ist der Bürgermeister Helmut Ackermann. Und das ist die Geschichte: Anfang April 1945 evakuierte die SS Teile des KZ Buchenwald. Einer der Häftlingszüge erreichte am Abend Lehnstedt. Die SS beschlagnahmte die Feldscheune des Gutsbesitzers Bremer und trieb die Entkräfteten hinein. Etliche klagten vor Schmerzen, da feuerte die SS blindlings in die Masse. Danach war Stille. Beim Aufbruch am Morgen blieben in der Scheune dreizehn Tote. Drei Häftlinge konnten nicht weiter, die wurden auch erschossen.

Da haben sich die Leute dazumal ausm Ort, sagt Helmut Ackermann, haben sich eben die Mühe gemacht und die begraben am Ortsausgang, weil da die drei Sühnekreuze standen ausm 16. Jahrhundert, und da wurde eben dazumal in der Meinung gedacht, da sind schon mal Leute begraben worden. Und da kam ein Kreuz drauf mit der Schrift: *Hier ruhen 16 unbekannte Antifaschisten.* Später kam ein Stein hin für das Holzkreuz, Hecke, kleiner Zaun, und zwei Trauerweiden wurden eingepflanzt. Und dann gingen die Jahre ins Land, und alles is verrottet. Das ging doch nich. Fakt is doch mal eins, die Leute sind hier in diesem Ort zu Tode gequält worden, und dem muß man gedenken.

Zum Volkstrauertag 1998 wurde der regenerierte Stein neu eingeweiht. Der Landrat sprach. Viele Ältere kommen und legen Blumen hin, sagt Helmut Ackermann. Oder sie nehmen 'ne Andacht, weil Vater oder Onkel auf dem Todesmarsch umgekommen sind und keiner weiß, wo sie liegen. Wer unsre hier sind, is ja auch nich bekannt.

Er braucht keine Walser-Debatte, der Elektriker und Invalidenrentner Helmut Ackermann, der viel älter wirkt als seine vierundfünfzig Jahre. Staublunge, von Unterputzarbeiten. Aber er müsse wirbeln. Wie er das Erdgas ins Dorf geholt habe und die Kegelbahn. Hier bei dem Stein habe ihm ja wenigstens Karl Moszner geholfen, der Kreisheimatpfleger.

Ich denke, das war ein Anliegen von ganz Lehnstedt?

Es habe sich, sagt Ackermann, im Dorf ein Burschenschaftsverband gegründet, mit dem sei er ein bißchen über

Kreuz. Die benutzten den Vereinsstatus nur, um sich ihre Trinkfeste fördern zu lassen. Für das Häftlingsgrab hätten sie gar nichts unternommen, sondern das Kriegerdenkmal vor der Kirche renoviert, für Volk und Vaterland. Das is hier überall so, sagt Ackermann. Schaunse mal rum in den ganzen Dörfern.

Wir fahren zur Kirche. Festlich bekränzt, trutzt das Trumm vor sich hin. Im Zweiten Weltkrieg wars nu wirklich nich fürs Vaterland, sagt Ackermann. Da wars für die Experten, die nich jenuch kriegen konnten. Jetzt is der Kaffee durchgelaufen, fahrn mer heim.

Sagt denn den Burschenschaftlern keiner, daß die Wehrmachtstoten für Verbrechen sterben mußten?

In der Richtung wird nich gesprochen, sagt Ackermann und haut die Autortüre zu. Zwingen kann man keinen. Wichtig is, daß es für mich bei dem Häftlingsgrab kein Zwang war, sondern echt 'ne von innen rauskommende Kraft.

4

In Bremen lebt ein Mensch, der wurde am 13. Dezember 2001 achtzig Jahre alt. Das grenzt an ein Wunder, denn Ludwig Baumann ist Wehrmachtsdeserteur. »Der Soldat kann sterben, der Deserteur muß sterben«, hatte Hitler verfügt. 30000 Todesurteile verhängte die NS-Wehrmachtjustiz, 20000 wurden vollstreckt (bei der US-Army im Zweiten Weltkrieg eines). Weniger als 4000 Fahnenflüchtige überstanden Konzentrationslager und Strafbataillon. Heute leben noch etwa 200. Sie wurden nie eindeutig rehabilitiert. Darum kämpft der alte Mann aus Bremen, als Leiter der Bundesvereinigung Opfer der NS-Militärjustiz.

Geboren in Hamburg, als einfacher Leute Sohn. Der Vater hatte sich zum Tabak-Großhändler hochgeackert. Ludwig Baumann war ein Mutterkind. Der Vater nannte ihn Waschlappen. Die Mutter starb durch einen Verkehrsunfall. Ludwig, haltlos, wurde renitent. Der Hitlerjugend verweigerte er sich.

Er mußte zur Wehrmacht, bockte, wurde geschliffen und schikaniert. Als Deutschland im Juni 1941 die Sowjetunion überfiel, war Baumann in Bordeaux stationiert. In der »Wochenschau« sah er Hitlers Ostfront-Triumphe und den russischen Winter. Er fragte sich: Was wird aus den besiegten Russen? Verhungern, erfrieren sie? Ist nicht der Krieg ein Verbrechen? Gleich dem Klagesänger aus Matthias Claudius' berühmtem Gedicht wünschte Baumann, *nicht schuld daran zu sein*. Mit seinem Freund Kurt Oldenburg plante er die Flucht: erst ins unbesetzte Vichy-Frankreich, dann nach Marokko, dann, irgendwie, nach Amerika. Wir wollten nicht töten, sagt Baumann, und wir wollten leben.

Eine Streife griff die beiden auf. Obwohl bewaffnet, vermochten sie nicht zu schießen. Kurzer Prozeß. »Dem Angeklagten Baumann«, heißt es in der Urteilsbegründung, »ist seine gute bisherige Beurteilung und seine Jugend (...) weitestgehend zugute gehalten worden. (...) Die Flucht von der Fahne ist und bleibt das schimpflichste Verbrechen, das der deutsche Soldat begehen kann.« Höchststrafe.

Zehn Monate saß Baumann in der Todeszelle, dreihundert letzte Tage lang. Wie erträgt man das? Baumann weiß es nicht mehr; er hat es verdrängt, bis auf einen tropfenden Wasserhahn. Wenn du morgen tot bist, dachte er, dann tropft der weiter.

Über Monate verschwieg man ihm, daß er längst begnadigt war, zu zwölf Jahren Zuchthaus. Dann Torfstecher im Emsland-KZ Esterwege, dann Häftling in Torgau, Fort Zinna, dem Hauptquartier der NS-Wehrmachtjustiz, wo Baumann *aus erzieherischen Gründen* immer wieder Deserteurserschießungen beizuwohnen hatte. Manchmal erhielt er beim Drilichwechsel eine Jacke, die trug vorn überm Herzen einen Flicken und rückseitig einen zweiten, größeren. Dann wußte Ludwig Baumann, daß in dieser Jacke ein Kamerad erschossen worden war. Dann Ostfront, Weißrußland, Strafbataillon 500. Wir wurden da einfach reingeschmissen, sagt Baumann, da hat fast keiner überlebt, ich kann schlecht darüber reden, über das Grauen.

Ludwig Baumann als Demonstrant am Volkstrauertag

Auch Kurt Oldenburg kam um. Ludwig Baumann wurde verwundet. Im Wehrmachtslazarett in Brünn schloß ihn ein dienstverpflichteter tschechischer Arzt in sein Herz, der behandelte die Wunde so, daß sie bis Kriegsende nicht heilte. Er fand heim, der verlorene Sohn. Der Vater umarmte ihn nicht. Hitler hin und her – als Deserteur hatte er Schande gemacht. Baumann begann zu saufen. In den westdeutschen Kneipen der fünfziger und sechziger Jahre blieb der Russe Untermensch. Es war Kalter Krieg. Baumann fand, wenn die Rote Armee gewütet hätte wie zuvor die Wehrmacht in der Sowjetunion, dann existierte kein Deutschland mehr. Für solche Töne gab's Ärger, und Drohbriefe zuhauf. Leseprobe von 1994: »Seien Sie versichert, Volksschädling Baumann, daß Sie sich für alles alsbald vor dem Reichskriegsgericht in Berlin zu verantworten haben. (...) Was Sie zu erwarten haben, ist klar. Nehmen Sie vorher Zyankali, dies erspart Ihnen Nerven und der alsbald wieder funktionierenden reichsrechtlichen Justiz und dem Herrn Reichs-Finanzminister etliche Reichsmark. Mit deutschem Gruß ...« Voller Absender.

Am 15. Mai 1997 dekretierte endlich der Deutsche Bundestag: »Der Zweite Weltkrieg war ein Angriffs- und Vernichtungskrieg, ein vom nationalsozialistischen Deutschland verschuldetes Verbrechen.« Die Urteile der Wehrmachtjustiz wurden für Unrecht erklärt – mit einer Ausnahme: Bei Desertion sei jeder Einzelfall auf echte Widerstandsgesinnung zu prüfen. Unmöglich könne rückwirkend für legitim erklärt werden, was auch nach heutigem Recht unter Strafe falle.

Das heißt: Nach einer Biographie der Demütigungen in der restaurativen Bundesrepublik sollen die letzten Überlebenden beweisen, daß ihre Desertion höheren Zielen diente als dem elementarsten: Mensch zu bleiben, statt Mörder zu werden, oder Toter. Der Nach- und DDR-Geborene reibt sich die Augen, als sei er im Vorgestern erwacht, im Panoptikum der Ritterkreuzträger. Wie lange soll noch eine Ehre des braven, mißbrauchten Hitler-Soldaten auf Kosten derer verteidigt werden, die sich nicht mißbrauchen ließen?

Gesellschaftlich, sagt Ludwig Baumann, sind wir Deserteure heute rehabilitiert.

Warum wollen Sie's unbedingt noch gesetzlich?

Damit man's hat, sagt Baumann. Daß man sich drauf berufen kann. Die Zeiten ändern sich. Wir Zeitzeugen werden weniger, die anderen werden mehr.

5

1982. Ein langer Sommer neigt sich auf der Insel Usedom. Heimfahrt nach Berlin. Im Briefkasten lauert ein Schock: eine vorgedruckte Karte. Absender: Wehrkreiskommando Berlin-Mitte. Betreff: *Einberufungsüberprüfung*. Richtig, vor neun Jahren, als Lehrling, hat man dich *gemustert*, zum Artilleristen, auf daß du mit wohlgezielten Böllern die höllischen Scharen der NATO hindern solltest, die Deutsche Demokratische Republik anzutasten. Krieg, das schien ein Scherz in Honeckers ewigem Frieden. Soldatsein bedeutete schlicht 18 Monate subhumane Kasernen-Existenz, fern von Zuhause, der Freundin und anderen Manifestationen frohen Jugendlebens. Zu den ungleich größeren Härten der Wehrdienstverweigerung spürte Schwejk wenig Neigung.

Soldaten, nicht zu vergessen, wurden vom DDR-Volk verachtet. Der Dienst in *Hoffmanns Trachtengruppe* galt als unwürdig verbrachte Zeit, bestenfalls geeignet zur Lehre fürs Leben und als Füllhorn tausenundeiner absurden Geschichte. Deine *Einberufung* kam nie. Das Theologiestudium begann, die Sache war fast vergessen. Erinnerlich blieb allerdings Kamerad S., der sich für 25 Jahre zu den Grenztruppen verpflichtet hatte. Auf die Frage, wie er zu handeln gedenke, falls seine Mutter *rübermachen* wolle, antwortete S.: Gut zielen würde ich. An der Grenze kenn ich keine Mutter.

Und jetzt doch noch Armee? Mit 26, zum letzten Termin? Mittlerweile ist Raketenzeit, Honecker spricht von bewaffnetem Frieden und Weltenbrand. Du bist inzwischen Vikar der Evangelischen Studentengemeinde. Während einer Rügen-Rüstzeit hat man einen Kommilitonen polizeilich *zugeführt* und ihm den Aufnäher mit dem sowjetischen UNO-Denkmal und der Schrift »Micha 4, 3: Schwerter zu Pflugscharen« vom Parka geschnitten. Der Friedensterrorist kam schließlich wieder frei, nicht ohne die Drohung: Euren Micha kriegen wir auch noch!

Du schreibst eine *Eingabe*. Unabkömmlich seist du, als Vikar, zwischen Erstem und Zweitem Examen der Theologie, weshalb du derzeit schweren Herzens darauf verzichten müßtest, die DDR so zu schützen, wie sie es verdiene. Mit rigider Antwort befiehlt das Wehrkreiskommando dein Erscheinen. Du folgst dem Termin. Acht Uniformierte sitzen, zum Hufeisen gruppiert, um eine langen Tafel, von deren Kopfseite eine Art General mit Löwenstimme grollt: Bürjer, Sie ham sich beschwert. Dazu hatten Sie kein Recht. Und wat heißt hier Zweites Examen? Sindse Sitzenbleiber oder wat?

Das Zweite Examen gehöre zur Ausbildung, erläuterst du.

Es folge dem Vikariat, also dem pastoralen Übungsjahr. Das sei wie in der Schule: Man hat bereits die zehnte Klasse abgeschlossen, aber bis zum Abitur ist man noch Schüler.

Bürjer, donnert der General, Bürjer, wollnse uns verarschen? Aus meinen Unterlagen geht eindeutig hervor, daß Sie de 10. Klasse schon 1972 abjeschlossen haben!

Es ist da noch etwas Hinderliches, Herr Kommandant. Infolge meines Studiums bin ich Pazifist geworden. Ich dürfte sowieso nicht kämpfen, höchstens als Bausoldat.

Dacht icks doch! dröhnt der Gewaltige. Ick sage Ihnen von Mann zu Mann: Der nächste ordentliche Krieg treibt Ihnen die Jesusflausen aus, der macht Sie zum Kerl. Bürjer, Sie marschieren, und zwar mit deutschem Haarschnitt! (Druck auf die Wechselsprechtaste.) Jenosse Wachhabender, der Bürjer verläßt uns jetzt wieder!

Einer kann helfen – vielleicht. Du eilst zu Manfred Stolpe, damals Konsistorialpräsident von Berlin-Brandenburg und der Mann für Quietschminderung zwischen Kirche und Staat. Stolpe ist gewohnt jovial; behaglich rollt sein Baß im Raum: Nun gehen Sie mal heim, nun warten Sie mal ab, wir werden sehen. – Vier Tage vor dem Gestellungstermin Anruf vom Konsistorium: Eine Einberufung erfolge derzeit nicht. Rotz und Wasser fließen zum Zeichen des Glücks. Wie Stolpe das erreichen konnte, fragst du sowenig wie jeder, dem er half. Daß andere marschieren mußten, war dir auch egal.

Der *Friedensstaat DDR* ist ein Simulantenparadies gewesen. Lieben mußte ihn keiner, nur manchmal von Liebe sülzen. Zum Schluß reichte es, nicht allzu laut zu lachen, wenn er von Liebe sprach. Wenige störten diese Art von Frieden mit rigoroser Ehrlichkeit; deshalb brachten viele ihr Heu ins Trockene und polsterten ihre Nische konfrontationsdämpfend nach dem Sankt-Florians-Prinzip: Jajaja zum revolutionären Feuer, doch es verschone mein Nest. Wir Ostdeutschen halten uns Konfliktflüchter gern für Friedensgeister. Da läßt sich etliches anmerken. Als erstes fällt ein, wie 1978 an den Schulen der Wehrkunde-Unterricht installiert wurde – ein forscher Schritt in Richtung Militarisierung des

Bildungssystems. Allerdings stand es Eltern frei, ihre Kinder vom Fach Wehrkunde abzumelden. Die Kirchen ermutigten dazu. Kaum einer tat es, in vorauseilender Furcht vor *persönlichen Konsequenzen*.

Die DDR, deren Staatsrhetorik unablässig *Frieden* säuselte wie der Engel auf der Spitze des Heinrich Böllschen Weihnachtsbaumes, war durchaus ein militanter Staat. Er führte keine Kriege, das ist richtig. Ihn durchzog jedoch Freund-Feind-Moral, der Atavismus der Parteilichkeit – ein Gut-Böse-Schisma, wie es nur in Diktaturen anbefohlen werden kann; falls es in Demokratien geschieht, sind sie auf dem Wege zur Diktatur.

Bis 1989 haben die DDR und die Bundesrepublik in polemischer Symbiose gelebt. Sie teilten die deutsche Vorgeschichte untereinander auf, wie sie es brauchten. Jeder sog Honig aus der Jauche des anderen. Anhand der wechselseitigen Mängel sprachen sie sich selbst gerecht. Die DDR, der mangelhaftere Staat, hatte moralisch von der deutschen Teilung zunächst stärker profitiert. Sie exorzierte die Nazivergangenheit nach Westen. Sie verweigerte die Rechtsnachfolge zum Hitlerstaat. Sie etablierte sich als dessen Überwinderin, auf zwei Säulen: Antikapitalismus und Antifaschismus.

Es ist im Westen selten gelungen, diese beiden *essentials* des Staates DDR fair zu betrachten; auch die Wirklichkeit der SED-Diktatur hat das verhindert. Der Westen neigte immer zur Psychologisierung des Phänomens Hitler, nicht zur Entlarvung der Schuld des Monopolkapitals, die im Osten exzessiv betrieben wurde. Gebot nicht 1945 der kategorische Imperativ einer Stunde Null, die Eigentumsverhältnisse zu ändern? Im Osten geschah's. Und unerträglich war, wie in der jungen Bundesrepublik Personal der braunen Diktatur, schwarzrotgold umgefärbt, die Demokratie repräsentieren durfte.

Auch die DDR brauchte ja eine Anstrichaktion. Ein zumindest mitgelaufenes Volk bekam den Antifaschismus übergeholfen wie eine Gratis-Absolution. Nach der Wende eilte sich die alte Bundesrepublik, endgültig zu beweisen, daß es den DDR-Antifaschismus nie gegeben habe – eine klassische Projektion. Es gab ihn; er hat Millionen Ostdeutsche human grundiert. Fatal war allerdings, daß man ihn sich nicht erkämpfen mußte im Streit der Generationen, als Bemühung um einen emanzipatorischen Staat, um Liberalität als Lebensform. Nein, der DDR-Antifaschismus war einfach da, wie Ulbrichts Lächeln da war und die Weisheit der Partei. Wer in Frankreich aus dem Schoß der Mutter kommt, ist automatisch Franzose; ebenso wurde man in der DDR als Antifaschist geboren. Das war ein retrospektives Talent. Man konnte damit in KZ-Gedenkstätten trauern und die Wehrmacht Verbrecherbande nennen. Die DDR-Latenzen und versteckten Kontinuitäten der braunen Vorgeschichte erkannte dieser Antifaschismus nicht; falls doch, beging er ein fürchterliches Sakrileg. Daß in der späten DDR ein rechtsradikaler Jugend-*underground* entstand, stieß bei Staatsmacht wie Bürgern auf ehrliche Ratlosigkeit. Nazis, hier, bei uns? Unfaßbar, daß sie nicht vom Westen kamen.

Nie hat dieser Staat den Dissenz gelobt, die Tugend der Verweigerung, Streit als Kulturtechnik und, wohl das Wichtigste, Zivilcourage. Empfindlich fehlte die Erkenntnis, daß gesunde Gesellschaften sich über Widersprüche organisieren. Die DDR *wurde* organisiert. *Grundwidersprüche* waren *Alltag im Westen*, sie gehörten in den unerlösten Teil der Welt. Dort wußte man wiederum selten, wie die Alltagswelt der DDR sich von ihrer Staatsdoktrin unterschied. Im Westen die Freiheit, im Osten Diktatur, so schlicht war's nie.

Es ist hier der Platz, einen Mann zu würdigen, der den Manichäismus zwischen Ost und West entscheidend mindern half und damit auch die Eisengeistigkeit der DDR. In Thüringen ist er geboren, am 18. März 2002 wurde er 80 Jahre alt: Egon Bahr. Das Prinzip *Wandel durch Annäherung*, von Bahr und Willy Brandt in bundesdeutsche Ostpolitik umgesetzt, hat jene Entfeindungslogik in Geltung gebracht, die 1989 zur friedlichen Wende beitrug. Ihre Protagonisten folgten der Vernunft. Der Kalte Krieg zeugte ja auch ein Bewußtsein seiner Perversität. Im Schatten der Bedrohung wuchs ein transideologisches Gewissen wechselseitiger Abhängigkeit, vielfach parzelliert in Umweltbewußtsein, Sicherheitsabkommen, Armutsbekämpfung, die ökumenische Bewegung der Kirchen und natürlich den Helsinki-Prozeß. Unvergeßlich, wie der Genosse Honecker auf Staatsbesuch in Finnland weilte. Daselbst schoß er einen Elch, aus einer Entfernung von mehreren Metern, worauf ihn bei der Pressekonferenz eine finnische Journalistin fragte: Stehen Sie nicht mehr zu Ihrem Satz, es sei besser, zehnmal zu verhandeln, als einmal zu schießen? Alles lachte, außer Erich und dem Elch.

Egon Bahr, wie auch sein Freund Günter Gaus, hörten *post festum* DDR die Beschwerde, sie hätten die SED-Macht durch Anerkennung gestützt, ja deren Interessen vertreten. Dahinter stand der Vorwurf einer Mißachtung der DDR-Opposition. Bahr wie Gaus erwiderten sinngemäß, wer Dinge ändern wolle, müsse mit den Regenten reden. Man habe nicht Entspannungspolitik gegen die Regierungen Osteuropas machen können.

Die Klagen der Ex-Bürgerrechtler sind ja begreiflich. Ihr individueller Mut warf kaum Rendite ab. Schon gar nicht hat es sich gelohnt, Opfer gewesen zu sein. Als friedenssüchtiger Vermittler schlage ich vor, die Verdienstmedaille *Großer Töter der DDR* vielfach zu vergeben. Die Unterwanderer des SED-Staats haben ihm genauso den Garaus gemacht wie jene, die ihn westwärts lockten oder ihm nach Westen entkamen. Die einen demontierten seine Scheinmoral, die anderen seine Beißreflexe, die Flüchtlinge sein Staatsvolk. Jeder Mut trägt seine Größe in sich selbst.

Mir geht es seltsam mit Erinnerungen an die Wende. Daß sie friedlich ablief, bleibt ein Wunder, ein Glück, eine Lehre, eine Pflicht und ein Stolz. Das rede keiner klein. Wir kennen alle den beliebten Streit, woran die DDR verreckt sei: an der Wirtschaft oder an der Lüge? Mir fällt neuerdings ein Drittes ein: an ihren Anfängen, von denen ja Altkommunisten gern behaupten, sie seien gut gewesen. Nein, dieser Staat wurde von traumatisierten Menschen geschaffen. Auf den Bajonetten Moskaus saßen sie, Emigranten, Lagerinsassen, die nun ein deutsches Volk regierten, das Hitler an die Macht gebracht, das seinen Krieg geführt, das in diesen neuen Herren noch eben Volksschädlinge zu sehen hatte – und weiterhin sah? Diese Generation fürchtete das Volk, dessen Elite sie zu sein vorgab, und konnte wohl in Deutschland nie mehr heimisch werden. Deshalb beiderseits soviel Verachtung und Angst und unablässige Aggressivität – ein Bazillus des Mißtrauens, der das ganze allzu kleine Land verseuchte. Und so blieb es. Unmöglich konnten die da oben ertragen, daß Hitlers Diktatur populär war, ihre viel mildere nicht. O ja, sie waren Antifaschisten. Ihr Antifaschismus ging gegen das eigene Volk. Dann kam der Herbst '89. Wie begreiflich, was für ein Wunder, daß sie die Waffen streckten.

6

»40 Jahre nach einem tiefen Sturz erhebt sich der Mensch als historisches Wesen wieder zur gewöhnlichen Größe. Er reckt sich und wittert andere Luft. Eine hochgestimmte Geschichtsdeutung meldet sich zurück, der die erbarmungswürdige Gebrechlichkeit des Menschen nie in den Sinn kam. Die Alten haben ihre bösen Erfahrungen überlebt, sind wieder aufgeschlossen für historische Gelegenheiten. Die Jungen wollen ihre eigenen Erfahrungen machen, wobei das Verlangen danach die Vorstellungskraft, was das bedeuten kann, weit übersteigt. Die Ratio wird kleinlauter. Größen, die nicht vertragsfähig sind, beflügeln die Rhetorik: Völker, Nationen, Minderheiten. Das Ende der Geschichte, als das die zwingenden Fakten nach dem tiefen Sturz empfunden wurden, mündet in einen neuen Aufbruch der Gefühle.«

Günter Gaus schrieb dies, im »Spiegel« vom 4. September 1989; alsbald las es sich wie Prophetie. Die Gaus'sche Prosa hat gern eine kassandrische Schwere. »Ich bin in Sorge, Deutschlands Unglück hat sein volles Maß noch nicht erreicht«, so schloß 1983 sein Buch »Wo Deutschland liegt«. Seit er 1974 Bonns Vertreter in Ostberlin wurde, ist Gaus immer ein beispielhafter Denker und Empfinder deutscher Einheit gewesen. Das meint nicht die staatliche Fusion, sondern, und zwar zur realpolitischen Unzeit, ein Beharren darauf, daß DDR und BRD gleichermaßen deutsche Torsi seien, die einander erklärten. Kein Teil sei mehr Deutschland als der andere.

An Gaus' Nachwendeschriften rührt, was anderseits ein bißchen stört: ihre Nachsicht mit den DDR-Verhältnissen vor 1989. Die Unfügsamen erhalten kargen Lohn. Gaus verteidigt das Menschenrecht auf Anpassung, das Nischenland der kleinen Leute, das Zusammenspiel märkischer Bukolik: Dorf, Kirchlein, Wald und Feld, unzersiedelt wie im Westen nirgends mehr, ach, und der Autor empfängt Erinnerungsschläge vors Herz. *Vorbei, verweht, nie wieder.* Eine Pause der Geschichte sei vorüber, findet Gaus und preist das Glück geschichtsloser Zeiten, die den kleinen Leuten zutunlicher seien als die Veranstaltungen der Großhistorie.

Solches lesend, klingt mir an, was ich als Dorfkind erfuhr: Zyklik des Lebens, Genuß der Zeit zwischen den Seuchen, den Kriegen und eine Ergebung, die ein bestimmtes Maß an Erkenntnis und Individualität nicht zu überschreiten wünscht, damit du nicht hinausschießt aus der Umlaufbahn der Immerwiederkehr. Dort der Kaiser, hier deine kleine Welt. Der Kaiser macht Geschichte, die Nagelschen Kinder sind Sassen des Glücks. Maimorgen, geschichtslose Zeit. Der Kronprinz reitet vorbei, kurz hält die Geschichte inne, beugt sich herab; drei Sätze gibt sie dir, da willst du schon sagen, daß du den Kaiser kennst. Und dann beginnt sein Krieg, und Hans-Heinrich Nagel, die Welten verwechselnd, eilt der Geschichte zu.

Daß 1990 die Nachkriegszeit geendet habe, ist Konsens. Ebenso allgemein gilt mittlerweile die These, alle Sorgen vor einem neowilhelminischen Deutschland hätten sich als gegenstandslos erwiesen. – Gewiß, wer wollte behaupten, Deutschland trumpfe europagefährdend auf. Es hat sich allerdings ein schwitzig angestrengtes Reden von *zurückgewonnener Normalität* breitgemacht, so eine Neoberliner Art, die Bonner Bundesrepublik Provisorium zu nennen. Das war sie keineswegs, wenngleich sie der Großgeschichte gern in die Windnischen einer Sonderexistenz entkam. An Kriegen nahm sie nicht teil. Notfalls kaufte sie sich frei. Dies solle sich nun ändern, vernehmen wir und hören von *unserer gewachsenen Verantwortung in der Welt*. Die Pause sei vorbei, unsere Schonzeit abgelaufen. Der Sozialstaat wird endlich *wehrhafte Demokratie*. Das Soldatsein kehrt zurück in den deutschen Codex menschgemäßer Existenz. Jesusflausen sind derzeit nicht cool.

Was an uns Ostdeutschen nervt, ist unsere Lust am DDR-Vergleich: Kennen wir, hatten wir schon, ist ja wie bei Honecker. Was uns Ostdeutsche stört, ist die Forderung, unser Wende-Moralismus habe sich den postmodernen Realtäte der *Berliner Republik* anzupassen. Muß sich der Baum die Wurzeln roden, weil sein Wachstum in der Diktatur begann? Nicht jeder Ossi verfügte über die residenzsächsische Unterwerfungsbereitschaft des Dresdner Fernsehvolkstümlers Gunter Emmerlich, der jedwedes Künftige mit Generalbaßjubel bewillkommnete: Ich war jahrzehntelang dagegen, jetzt will ich endlich dafür sein! – Ja, für parlamentarische Demokratie, für den Rechtsstaat, für sein Grundgesetz der Rationalität und des Sozialgewissens. Und wenn dieses Gewissen den *Standort Deutschland* gefährdet, weil es Geld verschlingt, das wir nicht haben? Wenn der Sozialstaat nicht länger finanzierbar ist? Wenn die Sozialabstände zu asozialen Dimensionen klaffen? Wenn Politik zur Funktion der Wirtschaft verkommt und der Parlamentarismus zur Scharade der Ohnmacht? – Ist es denn so? – Daß dem nicht so werde, dafür will ich sein.

Die wichtigste Ost-Prägung ist die *reservatio mentalis*, das innere Nein, Dissidenz als Unschuldsbegehren. Sei darauf nicht stolz; du stellst dir damit öfter selbst ein Bein. Ostmoral verlangt Herrschaftsverachtung – auch in der Demokratie? Die protestantische Herkunft erzieht zur antithetischen Existenz: Dort die arge Welt und hier dein Apfelbaum. Man verantwortet keine Gesellschaft, aber unbedingt die Reinheit des eigenen Herzens, dessen tiefste Konfession lautet: Keine Gewalt! Wie kannst du eine Regierung, die zum Tschetschenienkrieg schweigt, mehr achten als eine Regierung, die den sowjetischen Einmarsch in Afghanistan als Akt der Völkerfreundschaft verkaufte? – Ach, unsere Friedensliebe: 64 Prozent der Westdeutschen akzeptierten die NATO-Luftangriffe im Kosovo-Krieg, nur 40 Prozent der Ostdeutschen. Einen unserer Pazifisten trafst du am Pankower Biertresen. Er spendierte dir den wunderbaren Satz: Ick bin *ümmer* für Frieden, solln doch die Jugos da unten ihren Völkermord machen, dit jeht uns nüscht an. – Nicht minder brillant war Gerhard Schröders Sentenz, dieser Krieg werde als europäischer Gründungsmythos in die Geschichte eingehen. Das erinnerte an den Hobbykoch Lord Plumford, welcher ausrief: Ich werde als Erfinder der Plumford-Suppe in die Geschichte eingehen! Worauf seine Gäste sprachen: Oder die davon essen, werden eingehen.

Im Sarkasmus hütest du deine Ambivalenz. Unironische, gerade Sätze müssen her. Sie lauten: Die Großgeschichte überfordert mich. Ich bin vom Dorf. Ich meide alle Waffen. Ich weiß mir ein Waldversteck. Ich ehre den Deserteur. Es muß solche Menschen geben – Helden der Verweigerung, Pioniere des Nein.

Ludwig Baumann hat nicht nur Schmähbriefe von Nazis bekommen, auch ehrliche Erkundigungen, was aus der kämpfenden Truppe geworden wäre, wenn jeder Kamerad seiner Unlust zum Töten nachgegeben hätte. Lieber Herr Baumann, fragte ich den alten Herrn, wären Sie aus jeder Armee desertiert?

Er schwieg. Da zerbomben wir Afghanistan, sagte er endlich. Wir verteidigen eine ungerechte Weltwirtschaftsordnung. Auch am 11. September sind Tausende von Menschen verhungert.

7

Wo warst du am 11. September? Im Elektronikmarkt des Rathaus-Centers Berlin-Pankow. Du sahst den qualmenden Turm, das Flugzeug von rechts, wie es kurz verschwand und sich dann von hinten durch den zweiten Tower brannte. Ekelwut befiel dich, üblicher Reflex auf Hollywood-Apokalypsen, wie auch dies eine sein mußte, im Idioten-TV. Immer, wenn du herkamst, lief auf dem großen Vorführschirm ein Krieg der Pyromanen. Jetzt sahst du die Senderkennung: ntv.

Die Menschen glotzten stumpf, wie fensterlose Seelen. Aus der CD-Abteilung plärrte Whitney Houston. Ein paar Halbwüchsige verfolgten das New Yorker Spektakel in der HiFi-Grotte. Erschütterung ließ sich nicht spüren. Aber was sah man dir an? Draußen war übliche Welt. Die Straßenbahnen schnurrten über den Markt, die Airbusse pflügten den nassen Himmel und landeten sicher in Tegel. Unser Rathaus stand, die Kirche. Die Buchhändlerin lachte und bestellte das Buch. Der Photomann händigte die Urlaubsdias aus. Durch die Welt ein Riß?

Dann drang die Wahrheit ein. Fernsehen, Anderes ließ sich nicht tun. Einzige Milderung war die Simultanität. Alle fühlten gleich, mochte man glauben, bis die arabischen Bilder kamen: tanzende Kinder, die strahlende Oma in Schwarz, die Zuckerbäcker, wie er der Kamera, also dir, mit Freudenküchlein entgegeneilt. Bald folgte der Satz des Peter Struck: Heute sind wir alle Amerikaner. Dann Gerhard Schröders Wort von der uneingeschränkten Solidarität.

Ich habe Angst – kein Kanzler sprach das aus. Es traf ja nicht nur die USA. Ein Loch kam in die Welt. Die elementarsten Gewißheiten wurden pulverisiert, durch Menschen, die als unseresgleichen lebten. Wir begreifen nicht, kraft welcher Rückbindung an was für eine Macht sie auf Abruf zu Mordmaschinen wurden. Vom Bösen sprach Alexander Kluge; du wußtest kein besseres Wort. Ja, Kapitalismus tötet, Globalisierung teilt die Welt, Scharons Israel ist ein Verzweiflungsproduzent, den Moscheen des Islam fehlen Fenster zur

Globalmoral, und dennoch formuliert all das für den 11. September 2001 keine innerweltliche Rationalität. *It's the end of the world as we know it.*

Am Abend des 11. September schriebst du in dein Buch einen trotzigen Satz wider die eigenen Gefühle: UNSERE WELT WIRD HEILEN. Heute findest du das eitel. Deutschland war ja unversehrt, und der Schock verlebte sich, nicht nur wegen der gnädigen Kurzatmigkeit der Medien, die ja auch Parteispendenskandale für aufgeklärt halten, wenn die Publikumsmehrheit ihrer überdrüssig wird. Kürzlich las ich: »Hat der 11. September überhaupt stattgefunden?« Ja doch, er hat, aber wie mildtätig wirkte seine Beerbung durch K-Frage, Riester-Rente, NPD-Verbotsverfahren und ähnliche Possierlichkeiten aus dem bundespolitischen Streichelzoo. Medien, in denen es noch vor Wochen mit geilem Zack vom Kriege schwadronierte, schicken ihre Reporter wieder an die Front der Massenarbeitslosigkeit. Die *uneingeschränkte Solidarität mit unseren amerikanischen Freunden* kühlte in dem Maße ab, wie die Partner der *Allianz gegen den Terror* sich als Domestiken des amerikanischen Unilateralismus fühlten.

Und da war Afghanistan. Unfaßbar, in welch kurzer Zeit die USA ihren Opferstatus verspielten. Der 11. September – totgesendet, propagandistisch bis zum letzten ausgequetscht – ist als Katastrophe kaum mehr zitabel. Anhand von Washingtons gegenwärtiger Pax-Americana-Rhetorik hält mancher Friedensfreund den 11. September fast schon für George Bushs Emser Depesche seines *gerechten Kriegs*. Man hüte sich, so zu denken. Ebenso verwahre man sich gegen die Behauptung, man teile mit einem Präsidenten, der 131 Todesurteile unterzeichnet hat, denselben Begriff von Zivilisation. Bushs Amerika predigt Manichäismus: Licht gegen Finsternis, *let's roll*, die ganze Welt ein Schlachtfeld, *Achse des Bösen* versus *city on the hill*. Die Bipolarität der Welt, soeben überwunden, gebiert sich neu. Die Nachkriegszeit war wieder Vorkriegszeit, ja, die Destruktivität hat Fortschritte gemacht. Funktionierten im Kalten Krieg Atomwaffen als Abschreckungspotentiale zur Konfliktverhinderung, so sinnt die derzeitige

US-Administration über Einsatzmöglichkeiten nach. Krieg scheint rehabilitiert als Fortsetzung der Politik mit anderen Mitteln. Er ist aber deren Gegenteil, der Inbegriff des Mißlingens von Politik.

Am Tag, da dies geschrieben wird, kommt die Nachricht, daß zwei Bundeswehrsoldaten in Kabul beim Entschärfen von Raketen starben. Sag nicht: Das waren nur die ersten. Verrenn dich in kein zynisches Gefallen am Desaster. Bring dein Nein auf ein erwachsenes Niveau. Sprich endlich aus, was jeder Deutsche wissen muß: Es gibt wohl unvermeidliche Kriege. Hitler kam man mit *appeasement* nicht bei; dies ist allerdings ein Totschlagsargument. Was es nie gibt, sind gerechte Kriege. Fehlt irgend jemandem die Phantasie, sich ein *kollateral* zerfetztes Kind vorzustellen?

»Die Details sind immer noch unklar«, so »Der Tagesspiegel« vom 29. November 2001. »In jedem Fall gab es am Ende des Gefängnisaufstandes der Taliban bei Masar-I-Sharif hunderte von Toten. (...) Reporter der BBC melden rund 600 Tote. (...) Der (...) Aufstand begann am Sonntagmorgen, als zwei CIA-Agenten die Gefangenen befragen wollten (...) Die Mitarbeiter des Geheimdienstes wollten wissen, warum die Söldner nach Afghanistan gekommen sind. ›Wir sind hier, euch zu töten‹, sagte ein Taliban, und griff einen der CIA-Männer an. Der CIA-Agent tötete diesen Mann sowie andere Taliban, die in dem Hof standen. Daraufhin entstand ein Krawall, in dessen Verlauf der CIA-Agent getötet wurde. Sein Kollege entkam und benachrichtigte die amerikanische Botschaft in Usbekistan. Das Resultat: Die ununterbrochene Bombardierung der Festung. Im Laufe des Montags stießen britische und amerikanische Elite-Soldaten hinzu. Diese begannen, die Taliban-Kämpfer systematisch zu erschießen.«

Das Reden vom gerechten Krieg bedeutet Hybris, Hirnwäsche, Gotteslästerung. Es zerstört Gewissen, jenes Allerheiligste der Existenz, in dem der Mensch sich selber gegenübertritt. Manche sagen: Im Gewissen steht der Mensch vor Gott, und zwar der einzelne Mensch. Daß Gott sich in *einem* Menschen offenbarte, erklärt den einzelnen zum höchstinstanzlichen Subjekt – kein Volk und nicht die Nation. Der Gott der Christen hängt am Kreuz; er ist immer auf seiten der Opfer.

Ich will nicht aufhören, naiv zu reden: von unten, als einzelner Mensch. Gerechter Krieg heißt: Lizenz zum Töten. Wer tötet, fällt aus der Welt. Das vergossene Blut kommt über ihn. Die Tat verwandelt sich den Täter an, sie verheert die Seelen, sie vergiftet die Generation. Sie verbiegt die Linie der Aufklärung zum Zyklus des unweigerlich Immergleichen. Nein, Geschichte wiederholt sich nicht, aber die Generationen wechseln. Entfeindung, *Wandel durch Annäherung*, das bleibt nicht ein für allemal errungen. Mühsam Erfahrenes wird wieder unerlebt. Gewußtes stirbt; den Kindern ist das Deine unbekannt. Nicht, woran du glaubst, wird ihre Logik prägen. Doch es gab einmal Menschen, die hielten Martin Luther King für einen bedeutenderen Amerikaner als George W. Bush.

8

Dies ist ein Funkgespräch, das im Oktober 1995 zwischen einem US-Marinefahrzeug und kanadischen Behörden vor der Küste Neufundlands stattgefunden hat. Es wurde am 10. Oktober 1995 vom Chief of Naval Operations veröffentlicht.

Amerikaner: Bitte ändern Sie Ihren Kurs 15 Grad nach Norden, um eine Kollision zu vermeiden.

Kanadier: Ich empfehle, Sie ändern IHREN Kurs 15 Grad nach Süden, um eine Kollision zu vermeiden.

Amerikaner: Dies ist der Kapitän eines Schiffs der US-Marine. Ich sage noch einmal: Ändern SIE IHREN Kurs.

Kanadier: Nein. Ich sage noch einmal: SIE ändern IHREN Kurs.

Amerikaner: DIES IST DER FLUGZEUGTRÄGER »USS LINCOLN«, DAS ZWEITGRÖSSTE SCHIFF IN DER ATLANTIKFLOTTE DER VEREINIGTEN STAATEN. WIR WERDEN VON DREI ZERSTÖRERN, DREI KREUZERN UND MEHREREN HILFSSCHIFFEN BE-

GLEITET. ICH VERLANGE, DAS SIE IHREN KURS 15 GRAD NACH NORDEN, DAS IST EINS FÜNF GRAD NACH NORDEN, ÄNDERN, ODER ES WERDEN GEGENMASSNAHMEN ERGRIFFEN, UM DIE SICHERHEIT DIESES SCHIFFES ZU GEWÄHRLEISTEN.

Kanadier: Dies ist ein Leuchtturm. Sie sind dran.

9

Das ist mein Gebot, daß ihr euch untereinander liebt, wie ich euch liebe. So steht es im Johannesevangelium, Kapitel 15, unmittelbar vor der Stelle, die Hans-Heinrich Nagels Gedenkprediger zum deutschnationalen Kampfsegen umlog. *Wie mich mein Vater liebt, so liebe ich euch auch. Bleibt in meiner Liebe! Wenn ihr meine Gebote haltet, so bleibt ihr in meiner Liebe, wie ich meines Vaters Gebote halte, und bleibe in seiner Liebe.*

Welches ist das wichtigste der zehn Gebote? fragte ich Vater als Kind. Das erste, sagte er. *Ich bin der Herr, dein Gott. Du sollst nicht andere Götter haben neben mir.* Alle anderen Gebote leiten sich daraus ab. – Ich fand aber doch, daß Gebot Nr. 5 dringlicher sei: *Du sollst nicht töten.*

Abend für Abend mußte mir Vater vom Krieg erzählen. Er tat es gern; der Krieg war ihm unbegreiflich gnädig gewesen, gewiß nicht ohne Strapazen und innere Not, aber gemessen am Wesen des Kriegs ein wahres Wehrmachtsfunkermärchen, das an sagenhaften Orten spielte: Genzano, Nevers, Schloß Amboise an der Loire... Er hatte nicht getötet, an Vaters Händen klebte kein Blut. Das rettete mir die Welt, und ihm auch. Gewiß, sein Spieß ging nach Marostica zum Zahnarzt und kam nie zurück. Gewiß, Klassenkameraden *fielen*. Gewiß, die Amerikaner zerstörten Vaters Halberstadt. 2000 Menschen starben im Feuersturm der Phosphorbomben, an einem Sonntagvormittag. *Halb zwölf zeigt das starre Zifferblatt / Am Stumpf der Türme der zerstörten Stadt / Halb zwölf, oh helle lebensfrohe Stunde / Im Sonnenglanz des knospenden April / Halb zwölf, oh dunkler Ruf aus Todesgrunde ...*

Wann hast du zum ersten Mal einen Toten gesehen? fragte ich Vater. Er sagte: 1947, in Stuttgart, ein kleines Mädchen, das hatte ein Lastwagen überfahren.

Dann sah ich meinen ersten Soldaten. Ein junges Mädchen hatte Vater geschrieben und eine unerhörte Bitte vorgetragen. Ihr Freund sei Volksarmist, stationiert in der Garnison Mönchhai, oben im Huywald. Nie bekomme er Urlaub, höchstens einmal Ausgang. Sie habe ihn schon so lange nicht gesehen. Sie sehne sich so sehr. Ob es nicht möglich wäre, im Dingelstedter Pfarrhaus eine Nacht beieinander zu sein?

Dies war Mitte der sechziger Jahre ein Ersuchen, das an den Rand des sittlichen Universums führte. Die Eltern berieten sich. Dann schrieb Vater dem Mädchen: Wir freuen uns auf Ihr Kommen. Nun saßen die beiden mit unserer Familie am Abendbrottisch. Das Mädchen war sehr schön - blond und braungebrannt, in einem weißen Leinenkleid. Der Soldat stak dünn und stumm in seiner Uniform. Wurde ihm das Brot gereicht, die Wurst, der Rollmops, dankte er mit knappem Nicken. Ein schwüler Sommerabend war. Es gab kalte Buttermilch, die machte dem Mädchen einen kleinen weißen Bart auf die verschwitzte Oberlippe.

Dann schauten sich die beiden an und sagten uns artig Gute Nacht. Sie verließen die Sommerstube und schritten, die alte Treppe knarrte, zum Fremdenzimmer empor. Ohne Liebe sind wir Krieger. Ohne Liebe sind wir tot.

Dieser Text wurde am 17. März 2002 im Deutschen Nationaltheater Weimar als »Weimarer Rede« vorgetragen. Am 17. Mai 2002 hat der Deutsche Bundestag mit den Stimmen von SPD, Bündnis 90/Grüne, und PDS (gegen CDU/CSU und FDP) die Wehrmachtsdeserteure pauschal rehabilitiert.

Quellenverzeichnis

Die Liebe in den Zeiten des Landfilms
Erstveröffentlichung

Paster. Eine Herkunft
Die Zeit stand still, die Lebensuhren liefen. Geschichten aus der deutschen Murkelei, Berlin 1993

Kindheitsmuster oder Das wahre Leben im falschen
Das wahre Leben im falschen. Geschichten von ostdeutscher Identität, Berlin 1998

Westen sammeln
Christian Härtel, Petra Kabus (Hg.): Das Westpaket, Berlin 2000

Die Taten des treuen Heinrich. Eine Ermannung
Time is on my side. Ein deutsches Heimatbuch, Berlin 1995

My Generation
My Generation. Cocker, Dylan, Lindenberg und die verlorene Zeit, Berlin 1991

Der Garten Eden. Woodstock II: D-Day des Rock 'n' Roll
Time is on my side. Ein deutsches Heimatbuch, Berlin 1995

Als ich wie ein Vogel war.
My Generation. Cocker, Dylan, Honecker und die bleibende Zeit, Berlin 1999

Mein Volk
Volk bleibt Volk. Deutsche Geschichten, Berlin 2001

Krieg im Frieden. Neun Sätze über die ganze Welt
Erstveröffentlichung

Bildnachweis

Sämtliche Photos stammen, sofern nicht anders angegeben, vom Autor bzw. aus dessen Archiv. Das Titelbild illustriert »Die Taten des treuen Heinrich« und zeigt Angelika, Marina und Gerda am Filmvorführer-Internat (Langenau, 10. September 1972). Seite 13: Cinetext, Seite 199: Andreas Weihs, Seite 209: Bernd Havenstein, Seite 225: Uli Pschewoschny. Autorenphoto Rückseite: Mei-Huey Chen.

Trotz umfangreicher Recherchen konnten nicht alle Rechtsinhaber ausfindig gemacht werden. Berechtige Ansprüche bitten wir an den Verlag zu richten.

Die Menschen, die in diesem Buch vorkommen, sind mit ihren wirklichen Namen aufgeführt. Ausnahmen betreffen die Erzählungen »Die Liebe in den Zeiten des Landfilms« sowie »Die Taten des treuen Heinrich«. In letzterer hat der Autor, wie an den zeitgeschichtlichen Bezügen zu erkennen, die Kapitel 5 bis 9 zwischen Sommer 1973 und Frühjahr 1975 angesiedelt. In Wahrheit trug sich alles ein Jahr früher zu. Kapitel 11 beginnt im Januar 1976. Die Zitate auf Seite 61 stammen aus Gabriele Eckarts Gedicht »Berlin, Auguststraße 75« und aus Steve Earles Song »Billy Austin«.

KARL MAY'S GESAMMELTE WERKE

BAND 62

IM TAL DES TODES

KARL-MAY-VERLAG BAMBERG

IM TAL DES TODES

ROMAN

VON

KARL MAY

654. TAUSEND

KARL-MAY-VERLAG BAMBERG

INHALT

Der vorliegende Roman spielt in der ersten Hälfte der 70er Jahre des vorigen Jahrhunderts und ist der zweite Teil des von Karl May in den Jahren 1885/1886 geschriebenen vierten Münchmeyer-Romans ‚Deutsche Herzen, deutsche Helden' (Bd. 61 — 63 der Ges. Werke). Über die Entstehungsgeschichte, den Werdegang und die Geschicke der fünf Münchmeyer-Romane findet man Näheres in Bd. 34 der Ges. Werke, „ICH".

Herausgegeben von Dr. E. A. Schmid

Satz und Druck: Pfälzische Verlagsanstalt, Landau/Pfalz

ISBN 3-7802-0062-7

1. EINE SELTSAME PRÄRIE-POST

Einsam und bedächtig ritt ein Mann einem kleinen Bach entgegen, der von einer fernen Höhe kam. Diese Höhe schien das Ziel des Reiters zu sein, denn er hob bisweilen den Kopf und suchte sie mit den Blicken.

Der Mann war nicht mehr jung und hatte jedenfalls die Fünfzig hinter sich. Sein Gesicht war wetterbraun, und die Augen blickten hell in die Ferne.

Doch nicht bloß in die Ferne — sie suchten auch rechts und links die Büsche zu durchdringen. Zuweilen neigte er den Kopf zur Seite, um auf irgendein Geräusch zu lauschen. In solchen Augenblicken hielt er das Gewehr schußfertig in der Hand.

So ritt er langsam weiter. Sein mageres Pferd war ermattet, und auch er selber schien ermüdet. Eben kam er an einem kleinen Gebüsch vorüber, und es war ihm, als hätte er darin ein leises Rascheln vernommen. Er hielt das Pferd an und lauschte — vergeblich. Eine Täuschung nur. Gleich darauf aber fuhr er erschrocken zusammen, denn das Gebüsch bewegte sich, und ein Mann trat heraus, bei dessen Anblick der Gaul sich hoch aufbäumte, so daß der Reiter Mühe hatte, das Tier zu zügeln. Der Anblick des Fremden war aber auch seltsam genug.

Unter der wehmütig herabhängenden Krempe eines vorsintflutlichen Filzhutes blickte zwischen einem Wald von verworrenen Barthaaren eine Nase von erschreckenden Ausmaßen hervor. Von den übrigen Gesichtsteilen waren nur die zwei beweglichen, klugen Äuglein zu bemerken, die mit einem Ausdruck von List auf dem Reiter ruhten. Der übrige Körper steckte in einem alten, bockledernen Jagdrock, der augenscheinlich für eine weit größere Person angefertigt worden war und dem kleinen Mann das Aussehen eines Kindes gab, das sich zum Vergenügen einmal in den Schlafrock des Großvaters gesteckt hat. Aus dieser mehr als zulänglichen Umhüllung guckten zwei dürre, sichelkrumme Beine hervor, die in einem Paar riesiger Indianerstiefel beinahe verschwanden. In der Hand trug er eine Flinte, die einem Knüppel viel ähnlicher sah als einem Gewehr.

„Good day!" grüßte das Männchen lachend.

„Good day!"

„Nun, seid Ihr fertig mit Eurer Verwunderung? Ihr sperrt ja den Schnabel auf wie ein Storch, der den Frosch mit Hörnern, Haut und Haaren verschlingen will!"

„Danke für die Belehrung. Wußte nicht, daß ein Frosch Hörner und Haare hat. Außerdem seht Ihr nicht so appetitlich aus, daß ich anbeißen möchte."

Der Kleine musterte den Reiter mit scharfen Blicken und schüttelte den Kopf.

„Wo habt Ihr denn Euern Wagen?"

Der andere machte eine Bewegung des Schreckens und betrachtete den Frager mit einem Blick, worin sich das deutlichste Mißtrauen aussprach.

„Wie kommt Ihr auf den Gedanken, mich nach einem Wagen zu fragen?"

„Weil Ihr einen habt, wenn ich mich nicht irre."

„Verdammt! Habt Ihr etwa mit den Halunken gesprochen?"

„Nein."

„Hört, Mann, Ihr kommt mir verdächtig vor! Ihr habt mich nach meinem Wagen gefragt, und das fällt mir auf. Ihr leugnet, die Halunken gesehen zu haben, und ich verlange aufrichtige Antwort, sonst werde ich Euch zwingen. Ihr dürft nicht denken, daß ein Westmann nur zu seinem Spaß fragt!"

Der Kleine lachte lustig auf.

„Ihr ein Westmann? Pshaw! Das macht Ihr mir nicht vor! Wißt Ihr, wie Ihr mir in diesem Augenblick vorkommt?"

„Nun?"

„Wie ein ehrsamer, deutscher Förster, der einen Holzdieb ertappt hat und ihn nun nach Pflicht und Gewissen ins Gebet nimmt."

„Eure Augen sind wirklich nicht übel, Männchen!"

„Könnt Euer Männchen beiseitelassen, wenn ich mich nicht irre. In diesem Punkt verstehe ich keinen Spaß, Sir!"

„Wollte Euch nicht beleidigen. Verzeiht! Aber Euer Vergleich mit einem deutschen Förster — sagt, was wißt Ihr von Deutschland?"

„Wohl mehr als Ihr. Oder solltet Ihr — hm, Euer Englisch schmeckt stark nach Holzasche. Es wäre wahrhaftig möglich, daß Ihr da drüben am Rhein oder an der Elbe Euern ersten Zulp zerbissen hättet."

„Das habe ich auch."

„Also doch! So seid Ihr ein Deutscher?"

„Yes."

„Haltet den Schnabel mit Euerm dummen yes! Wenn ein Deutscher deutsch reden will, so schreit er doch nicht yes oder oui! Auch ich bin von drüben", fuhr er in deutscher Sprache fort. „Sind also sozusagen Landsleute! Hier meine Patsche — willkommen!"

Der Reiter aber zögerte und schlug nicht sofort in die dargereichte Hand. Er musterte den Mann noch einmal von dem vorsintflutlichen Filzhut bis zu den gewaltigen Indianerstiefeln.

„So schnell geht das nicht", meinte er nun ebenfalls auf Deutsch. „Erst muß ich gewiß sein, daß Sie nicht zu den Schuften gehören, die mich bestohlen haben."

„Habe Schufte genug kennengelernt in meinem Leben; aber ich lasse mich fressen, wenn ich Ihnen nicht sagen kann, welcher von ihnen allen grad Sie bemaust hat. Wann ist es denn geschehen?"

„Vor vier Tagen."

„Und wo?"

„In einer Gegend, die ganz aus Felsen besteht, glatt wie eine Tischplatte."

„Hm! Eine solche Gegend kenne ich; aber sie liegt nicht vier, sondern nur eine knappe Tagereise weit von hier."

„Dann ist sie es. Wir kamen nur langsam vorwärts und mußten oft rasten. Wir sind vier Personen, haben aber nur ein Pferd, nämlich dieses hier."

„Da kommt auf die Person nur ein Pferdebein, wenn ich mich nicht irre. Aber da sitzen Sie auf dem armen Gaul und fallen selber fast vor Müdigkeit aus dem Sattel. Steigen Sie doch ab und gönnen Sie dem Tier die Ruhe und ein paar grüne Halme! Zwei Landsleute, die sich im Felsengebirge treffen, können schon eine Viertelstunde miteinander plaudern."

„Ich weiß nicht, ob ich Ihnen trauen kann."

„Hört, Freund, einem anderen hätte ich dafür meine Faust zwischen die Zähne gesetzt. Kommt da so was auf einem lahmen Klepper und weiß nicht, ob er Sam Hawkens trauen darf! Gewiß, man darf hier niemand trauen, nicht einmal einem Landsmann. Aber bei mir können Sie ruhig eine Ausnahme machen. Ich fresse Sie nicht, hihihihi!"

„Sam Hawkens? Sie sind Sam Hawkens? Von dem habe ich schon viel gehört! Hier ist meine Hand!"

„Na also! Steigen Sie in Gottes Namen ab!"

„Aber ich versäume dabei meine Zeit! Ich will jagen, und wenn ich nichts schieße, so haben meine Leute heute abend nichts zu essen."

„Wenn es nur das ist, so machen Sie sich keine Sorge! Ich habe genug Mundvorrat für Sie und Ihre drei."

Der Reiter stieg jetzt vom Pferd, ließ es weiden und setzte sich neben Sam ins Gras.

„Wer sind denn die drei anderen Personen, die sich bei Ihnen befinden?"

„Meine Frau, mein Sohn und meine Schwägerin. Ich will aufrichtig sein und Ihnen alles sagen. Sie haben mich für einen Förster gehalten, und ich bin auch wirklich einer. Mein Name ist Rothe. Die Besitzung, auf der ich diente, kam in fremde Hände. Es gab Reibereien mit dem neuen Herrn. Ich hatte recht und bestand darauf. Er vergaß sich im Zorn und griff nach der Reitpeitsche. Das ging mir doch zu weit; ich wehrte mich und schlug ihn nieder. Natürlich wurde ich abgedankt. Bei der Überfüllung in meinem Beruf wollte es mir nicht glücken, eine neue Anstellung zu finden. Ich wartete, ich gab mir Mühe — vergebens. Da lief mir die Galle über. Mein Sohn wollte schon längst nach Amerika. Ich entschloß mich kurz. Wir packten ein, und fort ging's. Aber ich hatte mir alles viel leichter gedacht. Wir wollten quer durch das Land nach Kalifornien. Wir kauften einige Wagen, Pferde und Zugochsen, luden auf, was wir hatten und gelangten nach Santa Fé. Dort trafen wir auf eine Gesellschaft, die auch nach Kalifornien wollte. Wir schlossen uns an. Vor vier Tagen erreichten wir die Felsenplatte, von der ich vorhin sprach. Da stellte es sich heraus, daß ich ein ganzes Paket Decken vom Wagen verloren hatte. Ich ritt zurück und fand sie nach mehreren Stunden; doch war es indes Abend geworden. Als ich an den Lagerplatz zurückkam, war die Karawane nicht mehr dort, aber meine Frau, der Sohn und die Schwägerin lagen gefesselt am Boden. Man hatte sie kurz nach meinem Fortgehen überfallen und gebunden. Gleich darauf waren die Strolche aufgebrochen. Meine Wagen hatten sie mitgenommen."

„Natürlich sind Sie den Spitzbuben nach?"

„Ja. Aber ich habe sie nicht entdeckt."

„Sie müssen doch ihre Spuren gefunden haben!"

„Auf dem felsigen Boden?"

Da lachte Sam Hawkens nach seiner Art in sich hinein.

„Das ist nun ein Forstmann und Jäger! Ja, wenn ein Wagengleis nicht so breit und so tief wie die Elbe ist, so findet man's nicht. Selbstverständlich! Haben Sie alles verloren?"

„Alles bis auf das, was wir auf dem Leib tragen."

„O weh! Also das Geld auch?"

„Auch. Es befand sich im Wagen, von den beiden Frauen bewacht."

„Wieviel?"

„Wir haben es in New York umgewechselt. Ich erhielt fünfzehnhundert Dollar, meine Schwägerin aber achttausend."

„Alle Wetter!"

„Ja, sie ist wohlhabend, oder vielmehr: leider Gottes war sie es nur einmal."

„Ich hoffe sehr, daß sie es wieder sein wird. Natürlich nehmen wir den Halunken das Geld wieder ab!"

„Sie sagen das, als ob sich das so ganz von selber verstände! Wir wissen ja gar nicht, wohin die Diebe sind!"

„Wir werden es erfahren. Wir reiten nach der Stelle zurück, wo die Tat geschehen ist. Dort werde ich die Spuren finden, denen wir ganz einfach folgen."

„Nach vier Tagen?" fragte der Förster ganz erstaunt.

„Warum nicht? Wenn es dort Grasboden gäbe, so hätte sich das niedergedrückte Gras allerdings inzwischen aufgerichtet, und es wäre nichts zu sehen. Da es sich aber um Steinboden handelt, so dürfen wir hoffen, daß wir noch Spuren finden. Ein schwerer Ochsenkarren läßt selbst im festesten Gestein sichtbare Fährten zurück. Seit vier Tagen hat es weder bedeutenden Wind noch Regen gegeben, die Spuren sind also nicht verweht oder verwaschen worden. Wir werden den Weg sicherlich nicht vergebens machen."

„Selbst wenn wir die Strauchdiebe erreichen, werde ich nichts wiederbekommen!"

„Wie viele sind es denn?"

„Zwölf."

„Und da meinen Sie, daß wir uns vor ihnen fürchten

müssen? Dieses lumpige Dutzend nehme ich auf mich allein, wenn ich mich nicht irre. Aber zu langen Auseinandersetzungen haben wir jetzt keine Zeit. Wir wollen aufbrechen. Sind die Ihrigen weit hinter Ihnen?"

„Nein. Ich schätze, daß wir sie in einer Stunde erreichen."

„So spät?"

„Ja, weil Sie doch laufen müssen."

„Ich? Hm! Passen Sie auf!"

Sam Hawkens steckte zwei Finger in den Mund und stieß einen schrillen Pfiff aus. Ein Wiehern antwortete, und sogleich kam ein Tier aus dem Gebüsch hervorgeschossen, bei dessen Anblick der ehemalige Förster in ein lautes Gelächter ausbrach.

Es war kein Pferd, sondern ein Maultier, aber augenscheinlich so alt, daß seine Eltern kurz nach der Sintflut gelebt haben mußten. Die langen Ohren, mit denen es wie mit Windmühlenflügeln spielte, waren kahl; eine Mähne hatte es wohl schon längst nicht mehr; der Schwanz bestand aus einem nackten Stummel, und dazu war das Tier zum Erschrecken dürr. Aber seine Augen waren hell wie bei einem jungen Füllen und von einem Ausdruck, der einem Kenner Achtung eingeflößt hätte.

Der Heiterkeitsausbruch seines neuen Bekannten berührte Sam Hawkens unangenehm.

„Warum lachen Sie, Herr Rothe?"

„Da können Sie noch fragen? Ist dieser Ziegenbock wirklich Ihr Reittier?"

„Ziegenbock? Es ist ja wahr, meine Mary ist noch nie als Schönheit preisgekrönt worden, aber ich vertausche sie dennoch nicht gegen tausend edle Rosse. Sie hat mir hundertmal das Leben gerettet, und Sie müssen sie erst kennenlernen, bevor Sie über sie urteilen, wenn ich mich nicht irre. Steigen wir jetzt auf! Es wird bald Abend sein. Wir müssen uns sputen."

Die beiden Männer saßen auf und ritten in der Richtung zurück, woher der Förster gekommen war.

„Erst war ich mißtrauisch gegen Sie“, sagte Rothe, „weil Sie sagten, daß ich einen Wagen gehabt hätte. Ich habe Sie noch gar nicht gefragt, woher Sie das so genau wissen.“

„Wenn Sie sich seit längerer Zeit in der Prärie befänden, würden Sie gar nicht fragen. Hier im Gürtel haben Sie Peitschenschmitzen hängen. Die braucht man nur, wenn man fährt. Und wer fährt, der hat einen Wagen. Nicht? Aber lassen Sie uns nicht schwatzen, sondern schneller reiten!“

Es ging nach Osten, und sie hatten die untergehende Sonne im Rücken, die weite, von einzelnen Buschinseln besetzte Savanne vor sich. Sam Hawkens glaubte nicht, Veranlassung zu besonderer Vorsicht zu haben, da sich in der letzten Zeit in weitem Umkreis kein Indianer hatte blicken lassen.

Darum stieß er einen Ruf der Überraschung aus, als er plötzlich links zwei Reiter bemerkte, von denen er und der Förster auch schon erspäht worden waren, denn sie hatten ihre Pferde in Galopp gesetzt und kamen auf die beiden zugesprengt.

„Donnerwetter“, sagte er zu Rothe, „das wird eine allerliebste Geschichte. Nehmen Sie nur um Gottes willen Ihre Büchse jetzt noch nicht von der Schulter!“

„Warum denn nicht? Ich glaube, das sind Indianer, und da sagen Sie, ich soll mein Gewehr in Ruhe lassen?“

„Ja, gewiß. Sehen Sie die Adlerfedern auf ihren Köpfen? Es sind Häuptlinge, und wo die sind, da befindet sich gewöhnlich eine Anzahl Krieger in der Nähe. Häuptlinge reiten nicht so allein in der Prärie umher; und da sie zu zweien sind, läßt sich vermuten, daß es sich um eine wichtige Angelegenheit handelt. Zu sorgen brauchen wir uns übrigens jetzt noch nicht. Aber aus Vorsicht wollen wir absteigen. Tun Sie ganz das gleiche wie ich!“

Er hielt an, stieg ab und stellte sich hinter sein Maultier. Dann erst griff er zu seiner Büchse und wartete, daß die Indsmen näher kommen sollten. Der Förster folgte seinem Beispiel.

Die Indianer ritten ohne Scheu in große Nähe heran und zügelten ihre Pferde kaum zwanzig Schritt vor den Weißen.

„Halt, nicht weiter", rief Sam, „sonst schießen wir!"

Die Roten berieten leise miteinander, lachten laut auf, was sonst nicht in der Gewohnheit ihrer ernsten Rasse liegt, und dann antwortete der eine von ihnen in einem Gemisch von Indianisch, Englisch und Spanisch, das dort zwischen Indianern und Weißen gesprochen wird.

„Fürchtet sich etwa das Bleichgesicht?"

„Fällt uns gar nicht ein!"

„Kommt hervor, damit wir mit euch sprechen können!"

„Ich wüßte nicht, was wir mit euch zu beraten hätten. Wer seid ihr?"

„Das werden wir dir sagen."

„Ah, ihr verschweigt eure Namen? Das empfiehlt euch nicht. Wir werden also wieder aufsteigen und weiterreiten."

„Dann werden wir eurer Fährte folgen."

„So will ich euch sagen, daß wir euch unsere Kugeln zu kosten geben, wenn ihr uns lästig fallt!"

„Die Prärie gehört allen Menschen. Jeder kann hier reiten, wohin er will."

„Was sprechen Sie denn mit ihnen?" fragte Rothe. „Ich verstehe dieses Kauderwelsch nicht."

Sam erklärte es ihm.

„Das klingt feindselig", meinte der Förster. „Was tun wir?"

„Ich bin mir selber noch unklar. Weiß nicht, was ich aus ihnen machen soll. Komantschen sind sie nicht, wie ich jetzt sehe."

„Was sonst?"

„Pawnees auch nicht. Sioux ebensowenig, denn die kommen jetzt nicht so weit nach dem Süden herab. Sie haben sich die Gesichter bemalt, aber freilich nicht mit den Kriegsfarben, aus denen man den Stamm zu erkennen vermag. Ich weiß wirklich nicht, woran ich bin. Sie haben bei ihren Gäulen noch zwei ledige, gesattelte Pferde. Die führt doch sonst kein Häuptling mit sich."

Sam Hawkens trat jetzt kurzentschlossen hinter seinem Maultier hervor und schritt auf die Indianer zu, das Gewehr im Anschlag. Diese waren auch abgestiegen und kamen ihnen, da der Förster Sams Beispiel befolgt hatte, entgegen, ihre Gewehre schußfertig in der Hand. Fünf Schritt voneinander entfernt, blieben die Parteien stehen.

„Seid ihr gekommen, die Pfeife des Friedens mit uns zu rauchen?" fragte Sam Hawkens.

„Vielleicht rauchen wir sie mit dir", antwortete der, der schon vorhin gesprochen hatte. „Willst du dich zu uns setzen?"

„Ja."

Jetzt hockten sich die vier nieder, zwei und zwei gegenüber, die Gewehre quer über die Knie gelegt. Sie betrachteten sich prüfend.

Die beiden Häuptlinge waren von fast gleicher Gestalt, lang und hager, mit sehnigen Gliedern, ganz in Büffelfell gekleidet. Sie hatten ihr Haar in einen Schopf gebunden, in dem die Häuptlingsfedern befestigt waren. Ihre Züge waren nicht zu erkennen, da die Gesichtsmalerei sehr dick aufgetragen war.

„Also, was wollt ihr?" fragte Sam Hawkens. „Warum haltet ihr unseren Ritt auf?"

„Wir wollen eure Namen wissen."

„Ich heiße Daniel Willers, und mein Gefährte nennt sich Isaak Balten."

„Und ich bin der ‚Brüllende Stier'" sagte der Häuptling würdevoll.

„Und ich“, meinte der andere ebenso stolz, „bin der ‚Tanzende Bär‘.“

„Ich habe eure Namen nie gehört.“

„Wir die eurigen auch noch nicht. Ihr könnt noch nicht lange in dieser Gegend jagen.“

„Wir kennen diese Prärie; aber wir sind stille Jäger. Wir jagen nicht nach Berühmtheit, sondern nach Bibern und Büffeln.“

„Habt ihr auch andere Jäger kennengelernt?“

„Einige.“

„Ist euch vielleicht einer begegnet, der sich Sam Hawkens nennt?“

„Nein.“

„Es sollen noch zwei andere bei ihm sein, lang und dünn, wie die Stangen eines Zeltes. Sind diese drei Jäger vielleicht Freunde von euch?“

„Nein.“

„Das ist sehr gut. Wir würden euch sonst töten!“

„Ist denn Sam Hawkens ein Feind von euch?“

„Ja. Er hat einige Brüder von uns ausgelöscht.“

„Zu welchem Stamm gehört ihr?“

„Zum Stamm der Pawnees.“

Bei dieser Eröffnung empfand Sam Hawkens ein unangenehm prickelndes Gefühl unter seiner Kopfhaut. Ach nein, nicht unter der Kopfhaut, denn der kleine Trapper trug schon seit vielen Jahren eine Perücke, weil ihm bei einem Kampf mit Indianern der Skalp genommen worden war, worauf sie ihn für tot liegenließen. Und diese Indianer waren ebenfalls Pawnees gewesen. Kein Wunder, daß die jetzige Begegnung die Erinnerung an das damalige verhängnisvolle Ereignis in lebhafter Weise wachrief[1].

„Woher weißt du, daß sich Sam Hawkens in dieser Gegend befindet?“ forschte der Kleine weiter.

„Seine Freunde sagten es uns.“

1 Vergleiche Karl May „Winnetou I“

„Welche Freunde?“

„Sie nennen sich untereinander Dick und Will.“

„Sie haben euch das mitgeteilt, obgleich sie eure Feinde und seine Freunde sind?“

„So ist es.“

Die Brauen des Trappers zogen sich zusammen, aber nur für einen Augenblick. Er war in schwerer Sorge um die Freunde, verbarg jedoch seine Gedanken.

„Ihr seid also mit ihnen zusammengetroffen?“

„Ja.“

„Wo sind sie jetzt?“

„Sie sind fortgeritten, wir wissen nicht, wohin.“

„Und ihr sucht nun diesen Sam Hawkens?“

„Ja. Wir dachten, du hättest ihn gesehen.“

„Ich habe ihn nicht gesehen, aber ich bin mit meinem Gefährten hier erst seit einigen Stunden beisammen. Er war längere Zeit in dieser Gegend und hat ihn vielleicht getroffen. Soll ich ihn fragen, da er eure Sprache nicht zu reden weiß?“

„So frag ihn!“

Das hatte Sam Hawkens beabsichtigt. Er wollte mit seinem Gefährten sprechen dürfen, ohne das Mißtrauen der Indsmen zu wecken. Jetzt hatte er die Gelegenheit dazu. Er machte also eine unbefangene Miene und sagte in deutscher Sprache zu ihm:

„Beherrschen Sie sich! Wir befinden uns in großer Gefahr. Machen Sie ein nachdenkliches Gesicht, als ob Sie sich auf irgend etwas besinnen wollten! Schauen Sie diese Kerle freundlich an, obgleich wir alle Ursache haben, sie zum Teufel zu wünschen.“

„Weshalb?“

„Sie suchen mich, um mich auszulöschen. Sie haben schon meine zwei besten Freunde getötet. Sie sind zwar viel zu klug, mir das zu sagen, aber ich habe soeben bemerkt, daß ihre Gewehre meinen Gefährten gehörten. Sie haben sie ihnen abgenommen.“

„Dafür soll sie der Teufel holen!"

Aber bei diesen Worten blickte der Förster die Indsmen freundlich an und nickte ihnen vertraulich zu, die ihm befohlene Verstellung glückte ihm ausgezeichnet.

„Es sind Pawnees. Diese Schufte sollen erfahren, was es heißt, Freunde von Sam Hawkens zu töten. Beobachten Sie mich genau! Wenn ich zu Ihnen das Wort ‚jetzt' sage, so ergreife ich das Gewehr des einen; Sie nehmen in demselben Augenblick das des anderen. Wir springen auf, treten einige Schritte zurück und legen die Gewehre an; sie haben dann nur noch die Messer, mit denen sie gegen die Gewehre nicht aufkommen können. Machen sie nur eine Miene, sich zu wehren, so schießen wir sie nieder. Getrauen Sie sich, das zu tun, was ich sage?"

„Natürlich."

„Passen Sie also genau auf!"

Jetzt wandte sich Sam Hawkens wieder an die beiden Häuptlinge:

„Ja. Er hat ihn hier gesehen."

„Hier? Das ist nicht gut möglich. Es gibt hier keine Spuren außer den eurigen und den unsrigen."

„Nun, da ist eben die Spur von Sam Hawkens dabei."

„Ich verstehe dich nicht."

„Du wirst mich sogleich begreifen. — Jetzt!"

Beide griffen nach den Gewehren der Indianer, rafften sie ihnen weg, sprangen einige Schritte zurück und legten die Büchsen an. Doch auf den dickbeschmierten Gesichtern der Roten zeigte sich keine Überraschung; sie blieben sonderbarerweise sogar ganz gemütlich sitzen, als wäre nichts geschehen.

„So, ihr Hunde, jetzt habe ich euch!" rief Sam Hawkens drohend.

„Und wir dich!" entgegnete einer der Häuptlinge in ruhigem Ton. „Glaubt ihr, daß sich zwei Häuptlinge allein befinden? Hinter uns, in jenem Gebüsch, stecken unsere Krieger. Ich brauche nur die Hand zu erheben, so strecken ihre Kugeln euch nieder."

„Verdammt!" meinte Sam und schielte besorgt zu dem Gesträuch hinüber.

„Legt die Gewehre ab!" befahl der Rote. „Sonst seid ihr verloren!"

Sam ließ das Gewehr sinken.

„Meint ihr, daß ich mich vor euch fürchte?" knurrte er. „Da irrt ihr euch gewaltig! Ich will euch zeigen, daß ich selbst einen ganzen Haufen roter Krieger nicht fürchte. Ich bin Sam Hawkens, den ihr sucht."

„Wir wissen es. Aber du bist nicht nur das, sondern noch etwas dazu."

„Was denn?"

„Ein Knabe ohne Augen und Ohren. Außerdem hast du uns für sehr dumm gehalten. Meinst du, daß die roten Männer die Sprachen der Bleichgesichter nicht verstehen? Wir haben gehört, was du mit deinem Gefährten verabredet hast."

Sam machte ein verblüfftes Gesicht.

„Das war ja deutsch!"

„Ja. Wir verstanden, was du ihm vorschlugst. Du berietest mit ihm, uns die Gewehre wegzunehmen."

„Indianerhäuptlinge, die Deutsch verstehen? Das ist mir doch noch nicht vorgekommen, wenn ich mich nicht irre."

„Du bist wirklich ein gewaltiger Esel. Du hättest uns doch an unseren Büchsen erkennen sollen!"

Jetzt hatte der Sprecher auf einmal eine sehr bekannte Stimme.

„Alle guten Geister! Das ist am Ende gar — — ihr seid — o ihr gottvergessenen Racker!"

Förster Rothe stand mit einem unbeschreiblich dummen Gesicht da und fingerte verdutzt an seiner Büchse herum.

„Mich nicht zu erkennen!" lachte Will Parker und dehnte sein langen Glieder.

„Und mich!“ fügte Dick Stone hinzu und bog sich vor Lachen.

„Na, eigentlich ist das nicht zu verwundern“, verteidigte sich Sam Hawkens ärgerlich. „Ein Schaf sieht immer dem anderen gleich. Diese Anzüge, der Schopf mit den Adlerfedern, die dicke Schmiere im Gesicht, und — und, ja, wie kommt ihr zu dieser Verkleidung?“

„Verkleidung? Pshaw! Es ist jetzt unser richtiger Anzug. Wir kamen in sehr freundschaftlicher Weise mit einem Pawneehäuptling zusammen. Das heißt, die Sioux hatten ihn gefangengenommen und wollten ihn ein wenig am Marterpfahl rösten. Wir befreiten ihn und brachten ihn glücklich in seinen Wigwam. Aus Dankbarkeit erhielten wir diese beiden indianischen Anzüge geschenkt nebst den vier Pferden, die du hier siehst. Unsere alten Anzüge haben wir sorgsam in zwei Decken gewickelt, die uns die guten Pawnees gleichfalls abließen, und den Pferden aufgepackt.“

„Aber es ist gefährlich, hier als Indsmen zu gehen.“

„Zuweilen, zuweilen aber auch nicht. Wir werden bald Rothäute sein, bald Bleichgesichter, ganz wie es die Lage fordert. Daher ja die Maskerade!“

„Hallo, boys, da will ich euch schon gleich eine gute Gelegenheit verschaffen! Wir haben einen kleinen Streich vor, wozu dieser Mummenschanz ganz geeignet ist. Setzen wir uns! Ich will's euch kurz erklären.“

Aus der vorher so feindseligen Szene wurde nun eine sehr friedliche Beratung.

Das Zusammentreffen der drei Trapper war wieder einmal ein Beispiel von dem Scharfsinn, mit dem die Leute im Wilden Westen zu verfahren pflegen. Sam Hawkens hatte einfach irgendeinen Punkt der Prärie bestimmt, wo er mit Dick und Will wieder zusammenkommen wollte, und sie hatten sich da wirklich gefunden, ohne Weg und Steg, ohne Kompaß und Uhr.

„Was sagt ihr dazu?" fragte Sam, als er mit seinem Bericht über den Raub an Förster Rothe zu Ende war.

Will Parker hob die Achseln.

„Wir reiten diesen Schurken nach und nehmen ihnen ihre Beute wieder ab. Das versteht sich doch ganz von selber! Es fragt sich nur, wie wir es anfangen wollen. Hast du einen Plan?"

„Noch nicht. Wir müssen warten, wie und wo wir auf sie treffen. Jetzt wollen wir die Zeit nicht unnütz verschwatzen, sondern aufbrechen, damit wir die Burschen bald zwischen die Finger kriegen." —

Sam ließ sein Maultier ausgreifen, und Förster Rothe wunderte sich im stillen, wie der dürre ‚Ziegenbock' den Weg zwischen die Beine zu nehmen verstand.

Schon war die Sonne gesunken. Die Reiter kamen endlich in eine offene Prärie, wo es in einem beträchtlichen Umkreis keine Büsche gab. Dort erspähte Sam Hawkens drei einzelne Punkte, die sich in gerader Linie von Osten her bewegten.

„Das sind meine Leute", sagte der Förster. „Sie laufen ziemlich schnell, um noch vor Dunkelheit wieder mit mir zusammenzutreffen."

„Reiten Sie ihnen entgegen! Sie könnten erschrecken, wenn sie Fremde von weitem sehen. Wir werden hier auf Sie warten."

In kaum zwei Minuten erreichte Rothe die Seinigen. Sie waren müde, die gute Nachricht aber ließ sie alle Erschöpfung vergessen.

„Unsere Freunde werden Hunger haben, wenn ich mich nicht irre", sagte Sam Hawkens, als alle beieinander waren und besonders Frau Rothe und ihre Schwester sich in Dank ergehen wollten. „Halten wir hier eine kleine Rast. Ich habe da ein gutes Stück Hirschrücken, das ich mir heute früh am Feuer gebraten habe. Das muß alle werden. Morgen schieße ich einen anderen Braten."

Sie setzten sich in das großflockige, duftende Büffelgras und begannen zu essen.

Sam Hawkens überlegte hin und her, wie er den beiden Frauen, die ja nicht an die Entbehrungen der Prärie gewöhnt waren, Anstrengungen und Gefahren ersparen könnte.

„Es wird am besten sein", sagte er, „wir suchen uns für die Frauen ein Versteck, wo sie bleiben können, bis wir von unserem Zug zurückkehren. Meinst du nicht, Will?"

„Hm! Wollen einmal rechnen. Vor vier Tagen ist der Raub geschehen. Wie viele Marschstunden kann man mit Ochsenwagen in einem Tag zurücklegen?"

„Acht oder neun."

„Also etwa dreißig Marschstunden. Die reiten wir nötigenfalls in einem Tag. Heute ist keine Spur mehr aufzufinden. Es ist zu dunkel. Aber wir wollen noch am Abend dahin, wo die Tat geschah. Da lagern wir, um die Pferde auszuruhen. Bei Tagesanbruch finden wir hoffentlich die Fährte, und wenn wir ihr sofort folgen, können wir die Schufte noch am Abend erreichen. Meinst du nicht, Sam?"

„Ich bin derselben Ansicht. Aber diese Ladies! Einen solchen Ritt wie den morgigen können sie nicht mitmachen, das ist gewiß. Für heute aber können wir ihnen nicht erlassen, mit zu Pferd zu steigen."

„Was das betrifft", meinte Förster Rothe, „so werden sie uns keine große Mühe machen. Sie sind zwar keine Reiterinnen, aber während der langweiligen Wagenfahrt haben sie sich, um Abwechslung zu haben, zuweilen in den Sattel gesetzt. Ich bin darum überzeugt, daß sie wenigstens nicht herabfallen werden."

Der junge Rothe hatte das Paket Decken getragen, das für die Familie so verhängnisvoll geworden war. Diese wurden auf die Sättel gelegt, so daß die beiden Frauen einen weichen Sitz hatten. Dann ritt man wieder los.

Der Weg war nicht weit, da der Förster mit seinem

‚Pferd für vier Personen‘ keine großen Strecken zurückgelegt hatte. Die Mary Sam Hawkens zeigte sich den Indianerpferden Dicks und Wills vollkommen gewachsen, und es war erstaunlich, mit welcher Leichtigkeit sie ihre alten Beine hinter sich warf. Eins der Ersatzpferde wurde vom Sohn des Försters geritten, und die beiden Frauen teilten sich in das zweite.

Noch vor Mitternacht wurde der Platz des Überfalls erreicht. Das Lager war bald bereitet. Feindliche Indianer oder Jäger vermutete man nicht in der Nähe, und so wurde ein Feuer angebrannt, bei dem die Beraubten nochmals ausführlich erzählten, was sie hier an dieser Stelle erlebt hatten.

Dabei fiel der Name Jack. Das war nun gerade nichts Auffälliges, denn diesen Namen führen in den Staaten jedenfalls mehr als bloß ein Dutzend. Trotzdem fragte Sam in seiner gewohnten Gründlichkeit:

„Jack? Was für Haar hatte dieser Mann?“

„Er trug dichtes, rotes Kopfhaar“, entgegnete Förster Rothe.

„’s death! Sollte es am Ende gar der ‚Blutige Jack‘ sein?“

„Er war es!“ rief der junge Rothe. „Ich erinnere mich, daß einmal zwei seiner Gefährten von ihm sprachen. Sie glaubten sich wohl unbelauscht, und da nannten sie ihn den Blutigen Jack.“

„Lack-a-day! Ist es der? Na, dann gnade ihm Gott, wenn ich ihn erwische! Er hat sein letztes Brot gegessen, wenn ich mich nicht irre.“

„Das klingt ja bitterbös“, meinte der Alte. „Kennen Sie ihn?“

„Den soll ich nicht kennen! Wir drei da haben vor einiger Zeit einiges mit ihm zu tun gehabt. Er ist ein gefährlicher Junge und wollte eine Pflanzung überfallen. Haben ihn aber überlistet und mit seiner ganzen Bande gefangengenommen. Man schaffte die Sippschaft nach Van Buren, um ihr den Prozeß zu machen. Mehrere wurden freigesprochen, und sie benutzten die erste Gelegenheit, die anderen des Nachts aus dem Gefängnis zu holen. Der Blutige Jack fing natürlich sein Geschäft sofort wieder an. Als man hinter ihm her war, machte er sich davon, so daß man längere Zeit nichts mehr von ihm hörte[1]. Jetzt erfahre ich, daß er es gewesen ist, der euch beraubt hat. Nun, es soll ihm wohl bekommen, hihihihi!"

Als man gegessen hatte, diesmal von Dicks und Wills Vorräten, wurden die Wachen ausgelost; alle anderen legten sich zum Schlafen nieder.

Sam Hawkens erwachte, weil ihn jemand am Arm rüttelte. Will stand vor ihm mit schreckensbleichem Gesicht. Nach dem Stand der Sterne mochte es ungefähr zwei Uhr sein.

„Was gibts?" fragte Sam, indem er sich die Augen rieb. „Es ist doch noch nicht Zeit zum Aufbruch, wenn ich mich nicht irre."

„Sam, die Gewehre sind fort."

Diese Nachricht brachte ihn sofort auf die Beine.

„Bist du verrückt? Siehst du nicht, daß ich meine Liddy im Arm habe?"

„Ja, aber die unsrigen!" sagte Will kläglich. „Wir haben sie am Abend zusammengestellt, und jetzt sind sie fort."

„'s death! Du machst einen schlechten Spaß!"

„Fällt mir nicht ein. Ich hielt dort drüben auf dem Felsblock Wache, und als meine Zeit um war und ich Dick wecken wollte, bemerkte ich das Fehlen der Gewehre."

„Will, Will, was muß ich an dir erleben! Du machst meiner Erziehung Schande. Läßt sich der Kerl während seiner Wache die Gewehre mausen! Du bist und bleibst ein Greenhorn, wenn ich mich nicht irre."

Die anderen waren bei dem ziemlich laut geführten Zwiegespräch wach geworden und ergingen sich in Fragen. Sam winkte Schweigen.

1 Vergleiche Karl May, „Der Derwisch"

„Legt euch schnell wieder auf die Erde nieder, damit ihr kein Ziel bietet! Wenn wir nur die Pferde noch haben! Bleibt ruhig liegen und wartet auf meine Rückkehr! Ich schleiche zu den Tieren."

Tief am Boden hingestreckt, kroch Sam Hawkens in die Nacht hinaus. Aber schon nach wenigen Sekunden hörten sie seine Stimme.

„Was ist das? Kommt einmal her!"

Sie eilten hin. Etwa fünfzehn Schritt von ihnen entfernt waren die fehlenden Gewehre zusammengestellt, und an der Spitze der Pyramide prangte ein weißes Papier.

„Was hat das zu bedeuten?" fragte Will.

„Werden es gleich erfahren", erwiderte Sam und griff nach dem Zettel. „Nehmt eure Büchsen, ich schaue nach den Pferden!"

Er schlich davon und kehrte erst nach längerer Zeit zum Lagerplatz zurück.

„Alles in schönster Ordnung", meldete er. „Die Pferde sind da, und ich habe keinen Menschen bemerkt. Heavens — wenn das Feinde gewesen wären! Unsere Seelen befänden sich schon im siebenten Himmel, wenn ich mich nicht irre."

„Da siehst du, Will, was du mit deiner Achtlosigkeit hättest anrichten können", brummte Dick.

„Rede nicht!" verteidigte sich Will. „Du hättest auch nichts gehört. Es ist freilich stark, sich mitten zwischen uns hindurchzuschleichen und uns die Flinten wegzunehmen. Der Kerl, der das fertiggebracht hat, ist ein Meister. Aber ein Feind ist er sicherlich nicht."

„Warum aber läßt er sich nicht blicken?" widersprach Dick.

„Das ist mir auch ein Rätsel", meinte Sam kopfschüttelnd, „wird sich aber aufklären, wenn wir uns das Papier betrachten. Da gibt es noch glühende Asche. Blase sie einmal an, Dick, und lege einige Zweige darauf!"

Als die Flamme aufprasselte, hielt Sam das Papier in die Helle und las. Es war wohl nicht leicht zu entziffern, da die Wörter mit Bleistift und im Dunkel geschrieben worden waren. Einige Zeit dauerte es. Dann aber sprang Sam Hawkens mit einem Freudenruf auf, legte die Hände wie ein Sprachrohr an die Gegend des Bartdickichts, wo man den Mund vermuten mußte, und rief mit lauter Stimme, so daß es in der nächtlichen Stille wohl eine englische Meile weit schallte:

„Halloo, Sir, halloo, Thank you very much — Hallo, Sir, hallo! Wir danken Euch sehr!"

Erschrocken fuhr Dick Stone auf und packte Sam Hawkens bei den Schultern.

„Bist du verrückt, Sam? Du brüllst uns ja alle Indianer des Felsengebirgs auf den Hals!"

„Keine Sorge! Wo die sind, die ich meine, da reißen alle Indsmen aus. Ich hätte Will vorhin am liebsten ohrfeigen mögen, das ist wahr. Aber nun ist es anders. Jetzt, da ich weiß, wer uns diesen Streich gespielt hat, kann ich's ihm vergeben. Wenn die zwei es wollen, so tragen sie euch alle vom Feuer fort, ohne daß ihr es merkt. Spitzt eure Ohren! Ihr habt den vornehmsten Besuch gehabt, den man hier im fernen Westen nur haben kann, wenn ich mich nicht irre."

Er setzte sich nieder, um den Zettel abermals an die Flamme zu halten.

„Hört also und staunt! Hier steht groß und deutlich — Achtung, Ladies und Gents! — hier steht groß und deutlich ‚Winnetou', und daneben lese ich —"

Wie von einer Feder hochgeschnellt, sprang der lange Will auf.

„Winnetou!" schrie er. „Das ist etwas anderes! Steht das wirklich da?"

„Unterbrich mich nicht! Es steht da! Geschrieben aber hat den Brief ein anderer."

„Wer!" drängte Will, als Sam Hawkens wieder eine

Kunstpause machte und sich an den großen Augen der Frauen und der beiden Rothes ergötzte. „Weiter!"

Aber Sam strich sich den Bart und kicherte vergnügt in sich hinein.

„Wirst nie ein guter Westmann werden, Will, wenn du deine Neugier nicht bezähmen kannst", sagte er mißbilligend. „Das erste, was ein Prärieläufer lernen muß, ist Geduld. Wie hätte ich's mit euch bis heute aushalten können, wenn ich nicht von dieser schönen Tugend . . ."

„Du redest wie ein Bibelprediger von Saltlake City!" knurrte Will. „Übrigens ist es unhöflich von dir, Damen so lange warten zu lassen!"

„Wäre längst fertig, du Greenhorn, wenn du mich nicht immer störtest. Der andere Name gilt in den dark and bloody grounds ebensoviel wie der Winnetous und . . ."

„Old Shatterhand?" riefen Dick und Will wie aus einem Mund.

„No. Aber einer, der wohl ebenso berühmt ist und der ebenso wie Old Shatterhand mit Sam Hawkens und euch an manchem Lagerfeuer gesessen hat, wenn ich mich nicht irre: Old Firehand!"

„Alle Wetter!"

„Old Firehand?" rief Will. „Good-lack! Das sind nun freilich die berühmtesten Männer, die es im Westen gibt. Da ist es gar nicht zu verwundern, daß sie uns so fein angeführt haben!"

„Winnetou? Old Shatterhand? Old Firehand?" fragte Rothe. „Ich befinde mich erst kurze Zeit im Westen, habe aber doch schon ihre Namen rühmen hören. Es würde mich freuen, wenn Sie mir mehr über sie sagen könnten."

Sam Hawkens zwinkerte vergnügt.

„Winnetou ist ein Häuptling der Apatschen, ein Krieger, Reiter, Ringer und Schütze wie kein zweiter. Der klügste Indsman, der mir je begegnet ist und der es getrost mit dem besten Westmann aufnimmt. Und wehe den

Weißen, wenn Winnetou einmal auf den Gedanken kommen sollte, sich an die Spitze aller Indianerstämme zu stellen! Er ist noch jung, aber es gibt nur zwei unter den Westmännern, die sich mit ihm messen könnten: Old Shatterhand und Old Firehand."

Förster Rothe beugte sich zu dem Trapper hinüber und tippte auf das Blatt Papier, das Sam wie etwas sehr Wertvolles hoch in der Hand hielt.

„Und dieser berühmte Firehand hat den Wisch da geschrieben?"

„Ich vermute", antwortete Sam. „Kenne sein Handschrift nicht. Aber sein Name steht darunter."

„Und dieser große Firehand ist ein Freund von Ihnen?"

Sam Hawkens strich sich den Bart.

„Wenn ich mich nicht irre", kicherte er. „Er kennt den Westen wie ich die Linien meiner Hand. Die zweijährigen Indianerkinder schwärmen von ihm, und die weißen Großväter und Großmütter erzählen von ihm. Er ist stark wie der Grisly und doch ein Knabe von Gemüt. Er kommt und verschwindet wie ein Geist. Niemals läßt er Spuren zurück, und findet man ja einmal eine Fährte seines Pferdes, so hört sie plötzlich auf, als wären Reiter und Pferd davongeflogen. Ich sage euch, daß ich mich zu den Westmännern rechne, und zwar nicht zu den schlechtesten. Aber an die zwei komme ich nicht ran!"

Will Parker rückte unruhig hin und her.

„Willst du uns endlich gütigst mitteilen, was sonst noch auf deinem Zettel steht? Wenn uns Firehand und Winnetou mitten in der Nacht einen Eilbrief schreiben, dann wollen sie auch, daß wir ihn lesen!"

Sam beugte sich zum Feuer hin und las:

„Genau nordwest reiten, vier Stunden — enges Tal, drei Akazien am Eingang — drin die Wagen — zwei Mann Wache — die anderen nach Süden, um Paloma Nakana zu bestehlen — vorderster Wagen linkes Hinterrad

Geld vergraben — haltet später bessere Wacht — hätten euch alle auslöschen können.

Old Firehand — Winnetou."

Dick und Will schüttelten die Köpfe.

„Sollte man das für möglich halten?" sagte Will verwundert. „Stehen diese Worte denn wirklich da auf dem Papier?"

„Hier, lies es selber!"

Sam hielt ihm den Zettel hin.

„Behalte nur getrost das Papier! Ich will mich lieber mit fünfzig Indsmen als mit drei Buchstaben herumbalgen! Mit den Indsmen werde ich vielleicht fertig, mit dem Geschreibsel bestimmt nicht. Aber höre, Sam, die Sache kommt mir doch ein wenig unwahrscheinlich vor!"

„Weshalb?"

„Erstens weil diese Kerle nur vier Stunden entfernt von hier stecken sollen. Sie werden sich doch nicht so nahe hersetzen!"

„Man kennt ihre Gründe nicht."

„Und zweitens, weil sie das Geld vergraben. Das steckt man doch ein und behält es bei sich!"

„Pshaw! Die Burschen sind zu einem Raubzug aufgebrochen. Sie wissen nicht, ob er gelingen wird. Glückt er nicht, so laufen sie Gefahr, das zu verlieren, was sie bei sich tragen. Es ist also ganz klug, daß sie es vergraben haben."

„So willst du diesem schriftlichen Rat folgen?"

„Natürlich! Von großem Vorteil ist dabei, daß wir für unsere Ladies kein Versteck zu suchen brauchen. Vier Stunden werden sie es im Sattel schon aushalten. Wir können sie also gleich mitnehmen."

„Warum aber tun die zwei so heimlich? Warum haben sie uns nicht geweckt, um uns ihre Mitteilung mündlich zu machen?"

„Sie werden ihre Gründe gehabt haben."

„Aber woher wissen sie das alles?"

„Das ist ihre Sache. Wir sind überhaupt mit dem Schreiben noch nicht fertig. Da steht: ‚Die anderen nach Süden, um Paloma Nakana zu bestehlen.' Wißt ihr, was das zu bedeuten hat?"

„Natürlich!" antwortete Dick. „Man sagt, daß die Paloma große Schätze besitze. Die will der Blutige Jack holen."

„Wer ist diese Paloma Nakana?" erkundigte sich der Förster.

„Man spricht seit einiger Zeit von ihr", erwiderte Sam. „Sie soll jung sein, ein Mädchen von außergewöhnlicher Schönheit, eine Weiße, die aber von den Indsmen wie eine Göttin verehrt wird. Wir drei haben immer den Norden abgepirscht und sind seit langem nicht nach Süden gekommen, deshalb sind wir noch nicht bis zu ihr gelangt. Jetzt aber hoffe ich, daß wir sie sehen werden. Sie hat ihr Wigwam aufgeschlagen, wo die Gebiete der Komantschen und Apatschen zusammenstoßen. Diese beiden Stämme sind von jeher Todfeinde gewesen. Die Wohnung der Paloma aber ist ihnen heilig. Wo sich das schöne Mädchen befindet, ist neutraler Boden; die Komantschen kommen von Osten, die Apatschen von Westen her, um sie zu verehren und mit Geschenken zu überschütten. Vor zwei Wochen bin ich mit einem Scout[1] zusammengetroffen, der bei ihr gewesen ist und mir den Weg zu ihr beschrieben hat. Sie lebt mit ihrem Vater in einer ehemaligen Mission. Habe nach dem Namen des Mannes gefragt, konnte aber nichts anderes erfahren, als daß sie ihn Pa nennt und er sie Almy, wenn ich mich nicht irre."

„Du", meinte da Will, „der Name kommt mir sehr bekannt vor. Hieß sie nicht so die junge Lady Wilkins auf Wilkinsfield, wo wir damals mit Walker-Hopkins zusammentrafen, den wir so hübsch wieder laufen ließen?"

1 Pfadfinder

„Ja, die junge Lady hieß so. War ein verteufelt hübsches Frauenzimmer."

Er sah die fragenden Augen der beiden Rothes und der Frauen und berichtete deshalb über das Abenteuer von Wilkinsfield.

„Oh", sagte Frau Rothe mitleidig, „das arme Mädchen! Haben Sie nicht gehört, wie die Geschichte ausging?"

„Ladies wollen immer wissen, wie die Geschichten ausgehen", lachte er. „Diese hier hat eine böse Fortsetzung, aber sie ist noch nicht zu Ende, wenn ich mich nicht irre. Also, der Pflanzer Wilkins verlor seinen Prozeß gegen den Nachbar Leflor. Er sollte in Schuldhaft gesteckt werden und schoß auf Leflor. Das brachte ihn in Untersuchung wegen Mordversuchs, und er entfloh mit seiner Tochter Almy. Der deutsche Oberaufseher — Adler hieß er wohl — war schon vorher verschwunden, niemand wußte, wohin. Das ist alles, was ich berichten kann."

„Und diese Paloma ist die Lady Wilkins?" fragte die Försterin gespannt.

„Da fragen Sie mehr, als Sam Hawkens beantworten kann. Vielleicht ist sie's; im Wilden Westen spielen sich manchmal die sonderbarsten Sachen ab."

„O Gott!" rief die Frau. „Und jetzt wollen die Schufte diese Paloma berauben wie uns? Das dürfen wir doch nicht zulassen! Wir müssen sie warnen und ihr helfen!"

„Sie hat die besten Beschützer, die man hier überhaupt haben kann: Winnetou und Firehand. Aber wir werden wohl doch einen Besuch bei ihr machen. Der Pfadfinder hat mir ihren Aufenthaltsort so beschrieben, daß ich ihn sehr wohl zu finden vermag. Wir lagern hier im Osten der Siera de los Mimbres. Wenn wir noch einen halben Tag lang nach Süden reiten und sie nach Westen hin übersteigen, so kommen wir an die Sierra della Acha, die ihre Wasser hauptsächlich nach Süden entsendet. Da oben auf der Acha gibt es, eingefaßt von steilen Felsen, einen wunderbaren Gebirgssee, das Tutlish-to[1], an dessen Ufern ich vor über zehn Jahren einmal mit den Komantschen zusammengeraten bin. Sie halten das Gebiet sehr heilig, weil sie dort ihre berühmten Häuptlinge begraben. Sie litten deshalb kein Bleichgesicht da oben, und ich war froh, mit dem Leben und einigen Messerstichen davonzukommen, wenn ich mich nicht irre. Am Ufer des Sees stehen die alten Gebäude einer katholischen Mission, die nicht mehr bewohnt waren. Dort hat die Paloma ihre Wohnung aufgeschlagen."

„Was bedeutet denn das Wort Paloma?" erkundigte sich Rothe.

„Eigentlich heißt es vollständig Paloma Nakana. Beide Worte gehören der Tehuasprache an. Das erste bedeutet Taube und das zweite Wald, Urwald, zusammen also: die Taube des Urwalds. Warum dieses Mädchen von den Indianern so genannt wird, weiß ich freilich nicht. Vielleicht erfahren wir es noch."

„Sie vergessen, daß wir nach Kalifornien wollen."

„Der beste Weg von hier aus nach Kalifornien geht über die Sierra della Acha! Auch wissen wir die Taube des Urwalds in Gefahr, und es ist unsere Pflicht, daß wir uns um sie kümmern."

„Bravo!" riefen die beiden Frauen.

„Eigentlich unnötig!" widersprach Will. „Denkst du vielleicht, Old Firehand hat uns nur die Mitteilung gemacht, daß sich die Taube in Gefahr befindet. Er ist jedenfalls schon auf dem Weg zu ihr Vielleicht hat er uns nur deshalb eine schriftliche Nachricht gegeben, um von uns nicht aufgehalten zu werden und dort schnell eintreffen zu können."

„Sehr wohl. Aber gerade weil Old Firehand unterwegs zu ihr ist und Winnetou mit ihm, will auch ich hin. Ich will diese beiden Männer wieder einmal sehen. Verstanden, Langer?"

1 Blaues Wasser

„Ja, und du hast allemal recht!“

„Meint ihr aber nicht, daß es jetzt besser wäre, noch eine Stunde zu schlafen? Unsere Pferde sind klüger als wir, sie liegen im Gras und ruhen sich aus; wir aber sitzen hier und plaudern, als ob morgen Feiertag wäre. Klappt die Augen zu und schwatzt nach innen hinein!“

Die Wache trat an, und bald lagen die anderen in tiefem Schlaf.

2. DIE TAUBE DES URWALDS

Mit Tagesanbruch war die Gesellschaft schon wieder munter. Für die Frauen wurde der Sitz auf dem Pferd möglichst bequem hergerichtet. Der Morgenimbiß war bald vorüber, und da die Schönheitspflege im Wilden Westen keine lange Zeit in Anspruch nimmt, so war die Sonne noch nicht am Himmel emporgestiegen, als sich der kleine Trupp auch schon in Bewegung setzte, gerade auf Nordwest zu, wie es der Zettel geraten hatte.

Sam Hawkens ritt voran; seinen scharfen, klugen Äuglein entging nicht das geringste, was Beachtung verdiente. Trotzdem schüttelte er immer öfter den Kopf. Er begann, während die anderen geradeaus ritten, im Galopp Abstecher nach beiden Seiten zu machen und sagte, als er von einem solchen Erkundungsritt wieder ergebnislos zurückkehrte:

„Ich glaubte die Wagenspur zu finden, aber vergeblich. Hätte uns Old Firehand nicht seine Weisung gegeben, ständen wir wie die Ochsen vor dem Berg und kämen niemals hinauf."

So ging es weiter und weiter. Sam hielt die Augen immer am Boden. Wohl zwei Stunden lang war man geritten, da hielt er plötzlich an.

„Will, siehst du etwas?"

„Nein, nichts als Gras."

„Hm! Wenn ich mich nicht irre, so habe ich jetzt die Fährte! Blick einmal rück- und vorwärts! Entdeckst du nichts auf dem frischen Gras?"

„Dürre Halme! Soll das deine Fährte sein?"

„Natürlich. Diese Halme sind ausgerauft worden, in regelmäßigen Linien. Sie liegen oben auf, in schnurgerader Richtung. Wenn mich nicht alles täuscht, so sind sie mit einem Ding ausgerauft worden, das Ähnlichkeit mit einer Harke hat. Diese Harke war etwas breiter als der Wagen. Über diese Breite hinaus findest du nicht einen einzigen Halm ausgerissen."

„Good-lack! Du hast recht", gab Will zu.

„Diese Kerle haben an jedem Wagen so ein harkenähnliches Werkzeug gehabt", fuhr Sam fort. „Das müssen Sie doch eigentlich wissen, Herr Rothe."

„Das weiß ich freilich. Sie haben sich diese eisernen Harken in Santa Fé machen lassen."

„Nicht wahr, diese Harken wurden hinten an die Wagen gehängt und nachgeschleift, damit sie das von den Rädern und Hufen niedergedrückte Gras wieder aufrichten sollten?"

„So ists. Der Anführer sagte, es sei wegen der Indianer, damit sie unsere Spur nicht entdecken könnten."

„Der Kerl hat die Weißen mehr gefürchtet, als die Roten. Er ist schon in Santa Fé darauf hinausgegangen, Sie zu betrügen. Na, jetzt haben wir also glücklich die Spur. Der Zettel hat uns richtig gewiesen. Nun frisch drauflos!"

Es war, als ob die Pferde von der freudigen Stimmung ihrer Herren angesteckt würden, so wacker griffen sie aus. Die Prärie begann sich mit Buschwerk zu schmücken. Das Gelände stieg allmählich an, und es zeigten sich einzelne Bäume. Zur Seite lag eine Bodenerhebung. Sam Hawkens ritt hinauf, um Umschau zu halten. Als er zurückkehrte, lachte er befriedigt.

„Noch zehn Minuten, dann sind wir dort. Aber wir müssen einen Umweg machen. Es ist zu erwarten, daß am Eingang des Tals ein Posten steht, oder daß sie in der Gegend umherschweifen. Darum schlage ich vor, diese Höhe zu umreiten, damit wir uns aus einer anderen Richtung nahen. Kommt, wir biegen hier links ab!"

Sie lenkten ein und hielten sich so, daß sie hart am Fuß der Höhe hinritten. Auf der anderen Seite sahen sie nun den Berg, in dem ein früher wohl breites Wasser das Tal ausgewaschen hatte. Jetzt war es klein und schmal, kaum mehr ein Bach zu nennen. An seinen Ufern standen dichte Sträucher, die es ermöglichten, an das Tal heranzukommen, ohne von dort aus erspäht zu werden.

„Das ist gut", sagte Will. „Auf diese Weise können wir die Hunde leicht überraschen."

„Du meinst, daß wir gemütlich durch den Eingang ins Tal spazieren? Einen solchen Vorschlag kann nur ein Greenhorn wie du machen, wenn ich mich nicht irre. Es ist doch selbstverständlich, daß die zwei Bushheaders, von denen Old Firehand spricht, gewisse Sicherheitsvorkehrungen getroffen haben. Worin sie bestehen, kannst du dir wohl ausrechnen. Oder reicht dein bißchen Verstand dazu nicht aus?"

„Denke doch! Ich meine, daß einer von den Posten am Eingang des Tals Wache halten wird."

„Das sagte ich ja schon. Er wird da hinter einem Busch oder hinter einem Felsen stecken, wo wir ihn nicht sehen können. Er aber bemerkt uns und gibt uns von seinem sicheren Versteck aus einige Kugeln. Sein Gefährte hört die Schüsse und verbirgt sich auch, um uns zu empfangen. Auf diese Weise werden wir gemütlich von den Pferden heruntergeputzt."

„Du willst also von einer anderen Seite ins Tal?"

„Allerdings. Wenn du Augen hast, so siehst du da links drüben den Wald. In weniger als einer Viertelstunde können wir ihn erreichen. Befinden wir uns unter den Bäumen, dann kann uns kein Mensch bemerken. Wir folgen dem Waldsaum und kommen so von der Seite an den Berg heran. Reiten wir ihn dann hinauf, stoßen wir gerade im rechten Winkel auf das Tal. Vorwärts!"

Sie ritten im Trab auf den Wald zu. Er bildete mit seinem Rand einen Bogen, der an den Berg, das Ziel ihres Ritts, stieß. Er war an dieser Seite nicht steil, so daß sie an seiner Lehne ganz gut emporreiten konnten.

Von oben sahen sie sehr bald das Tal.

Es teilte den Berg in Hälften, die hinten am Ende der

Schlucht durch eine steile Felswand zusammenhingen. Dort bestand keine Möglichkeit, hinabzugelangen, wenigstens mit den Pferden nicht. Aber weiter vorn, dem Eingang zu, waren die Seiten des Taleinschnitts weniger ungangbar und mit Buschwerk besetzt.

„Schaut", sagte Sam, „es ist so, wie ich dachte. Wir binden hier oben die Gäule an und steigen hinab. Die Damen brauchen wir nicht; sie mögen oben bleiben, beschützt von ihren beiden Herren. Dick, Will und ich, wir drei sind einstweilen genug. Ist es so weit so werde ich dreimal scharf pfeifen. Dann kommen Sie mit den Ladies nach. Die Pferde holen wir später."

Rothe äußerte einige Besorgnisse, fügte sich aber schließlich den Anordnungen Sams.

Die drei Westmänner gelangten bald an eine Stelle, von der sie den vorderen Teil des Tals überblicken konnten. Da standen die Wagen. Die Zugochsen weideten, und hüben am Rand, in der Nähe der Wagen, saß ein Mann an einem Feuer, worüber er ein großes Stück Fleisch an einem Ast briet.

„Seht ihr das Männchen?" fragte Sam. „Ein guter Junge! Macht uns der Prachtkerl da unser Frühstück fertig, hihihihi! Es geht doch nichts über einen Freund, auf den man sich verlassen kann! Horcht! Er hat gepfiffen!"

„Ja. Das wird dem anderen gelten."

„Natürlich, alter Schlaukopf! Oder meinst du etwa uns? Schaut, da naht sein Kamerad! Machen wir, daß wir hinunterkommen und unseren Teil vom Braten kriegen!"

Sam stieg weiter hinab, und die anderen folgten ihm. Gras und weiches Moos dämpften ihre Schritte. Deckung fanden sie durch die Sträucher. So kamen die drei Jäger in aller Ruhe bis in die Nähe der beiden Bushheaders.

Hinter einem dichten Strauchwerk verborgen, nicht weiter als fünf oder sechs Schritt von ihnen entfernt, konnten sie deren Gespräch ohne Mühe mit anhören.

„Wollen wir hin?“ fragte Will flüsternd.

„Noch nicht. Vielleicht sagen sie etwas, was zu wissen uns von Vorteil ist. Warten wir noch!“

Er hatte recht.

„Weißt du“, begann der, der das Fleisch gebraten hatte, „wir wollen uns die Geschichte doch nicht zu schwer machen. Das Wachen ist hier nicht notwendig. Ich setze mich nicht mehr da vorn hin. Ich lege mich dann hierher und schlafe.“

„Wenn der Hauptmann zurückkehrt und das merkt, bekommen wir unser gehöriges Fett.“

„Ja, dieser Jack gebärdet sich zuweilen wie ein richtiger Sklavenhalter. Er hat es doch nur uns zu verdanken, daß er nicht einige Meter hoch aufgehängt worden ist. Das scheint er vergessen zu haben. Damals in Van Buren wäre es ihm höllisch an den Kragen gegangen, wenn wir ihm nicht aus dem Loch geholfen hätten.“

„Das ist richtig. Wir steckten aber selber tief genug in der Patsche, und falls uns jemand etwas hätte nachweisen können, dann säßen wir jetzt nicht hier! Wenn ich jemals diesem verdammten Trapper begegne, so soll er an mich denken!“

„Sam Hawkens?“

„Ja. Er war doch an allem schuld, wie wir später hörten. Hat uns im Wald belauscht, wo wir doch sicher waren, unbeobachtet zu sein. Wenn er mir einmal in die Hände läuft, so schlachte ich ihn ab wie ein Schwein und mache Stearinlichte aus seinem Fett. Darauf kann er sich verlassen.“

„Und ich werde ihm die Daumen auf die Augen drükken!“

„Eigentlich sehr unvorsichtig von Jack, uns hier zurückzulassen.“

„Willst du etwa mit den schweren Fahrzeugen durchbrennen?“

„Nein; das kann mir nicht einfallen. Aber mit dem anderen könnte man sich aus dem Staub machen."

„Die paar tausend Dollar würden nicht lange aushalten. Wir müßten dann auf alles verzichten, was sie vom Blauen Wasser mitbringen. Ich bin neugierig, ob der Streich gelingt."

„Warum soll er nicht gelingen? Jack ist schlau. Der Raub wird hier aufgeladen, und dann fort von hier, hinein nach Arizona!"

„Zu Walker?"

„Ja. Mit ihm werden wir wohl ein ebenso feines Geschäft machen. Ein tüchtiger Kerl! Damals in Wilkinsfield wäre es ihm beinah auch an den Kragen gegangen. Er wurde doch von diesem räudigen Spürhund Sam Hawkens geradezu belagert, ehe wir zur Hütte des schwarzen Bommy kamen!"

„Verstehe dieses Kleeblatt nicht! Was haben die drei denn davon, daß sie uns bei unseren Geschäften stören? Na, wenn die wüßten, daß er jetzt in Prescott ist und ein steinreicher Kerl dazu! Sie würden schleunigst aufbrechen, um ihm einen Besuch zu machen. Unverschämtes Gesindel, das seine Nasen immer in anderer Leute Angelegenheiten steckt! Hoffentlich werde ich den dreien noch einmal begegnen. Ich möchte meine Rechnung mit ihnen ins reine bringen."

„Hier sind sie!" erklang es da hinter ihnen.

Erschrocken fuhren die beiden mit den Köpfen herum. Da stand Sam Hawkens, von dem sie soeben gesprochen hatten, mit freundlichem Lächeln und lustig zwinkernden Augen, bequem auf den Lauf seiner Liddy gestützt. Sie starrten ihn wie eine überirdische Erscheinung an.

„Good morning, Mesch'schurs!" lachte er. „Sperrt die Mäuler nicht so weit auf! Oder habt ihr vielleicht vor Freude über mich die Maulsperre gekriegt? Hihihihi!"

Der eine schnellte hoch und zog sein Messer. Sein Kamerad tat dasselbe. Sam schüttelte lachend den Kopf.

„Gebt euch keine Mühe! Guckt euch erst einmal die beiden Männer an, die euch da auf dem Korn haben!"

In diesem Augenblick erschienen Dick und Will zur rechten und linken Seite des Busches. Sie hielten ihre Gewehre schußfertig an den Wangen.

Die beiden Bushheaders standen bewegungslos und brachten kein Wort hervor.

„Nun, was sagt ihr dazu?" munterte Sam sie auf. „Redet, sonst werde ich euch die Zähne ein bißchen lockern!"

„Indianer!"

„Na, die besten Augen habt ihr gerade nicht. Diese beiden Herren sind keine Indianer, wenn ich mich nicht irre. Sie sind gute Bleichgesichter, die sich nur einstweilen ein bißchen angemalt haben, um euch einen Spaß zu bereiten. Ihr habt so sehnsüchtig gewünscht, uns zu sehen. Und wir sind höfliche Leute. Wir lassen nicht gern jemand auf uns warten."

„Hol's der Teufel!"

Sie erkannten, daß Gegenwehr nutzlos war, und wandten die Köpfe zur Seite.

„Halt!" lachte Sam. „Ihr entrinnt uns nicht. Wer sich von der Stelle rührt, erhält eine Kugel!"

„Verfluchter Hund!"

Der eine tat einen weiten Sprung, um hinter die Wagen und unter deren Schutz an die andere Seite des Tals zu gelangen. Sein Gefährte folgte ihm. Aber eine Kugel ist schneller als der schnellste Läufer. Zwei Schüsse krachten, und die beiden Burschen stürzten zu Boden.

„Da habt ihr's!" sagte Sam. „Warum seid ihr so dumm, uns ausreißen zu wollen! Dankt überhaupt Gott, daß wir's so gnädig gemacht haben! Ihr habt diese Kugel nur in die Beine bekommen. Das nächste Mal zielen wir höher."

Während dieser Worte schnallte er seinen Lasso los und schritt auf die am Boden Liegenden zu. Die Verwundeten verzichteten auf unnützen Widerstand, wodurch sie ihre

Lage doch nur verschlimmern konnten, und ließen sich verbinden und fesseln.

„So!" schmunzelte Sam. „Das wäre erledigt. Jetzt möchten wir erfahren, was ihr eigentlich in dieser schönen Gegend zu suchen habt. Wem gehören die Wagen?"

„Uns!" antwortete der eine.

„Wer hat sie denn hierhergeschafft?"

„Wir."

„Ihr beide allein?"

„Ja."

„Da habt ihr ein Meisterstück fertiggebracht, worum ich euch beneide. Zwei einzelne Personen verstehen es, mit diesen Ochsengespannen fertig zu werden! Es hat euch niemand geholfen?"

„Nein."

„Auch nicht etwa der Blutige Jack?"

„Wir kennen keinen Mann dieses Namens."

„Na, Kinderchen, macht euch doch nicht so lächerlich! Sehe da eine recht hübsche Ochsenpeitsche. Will, hole sie einmal her! Wir wollen versuchen, ob sie behilflich ist, diesen Herren das Gedächtnis zu stärken."

Will brachte die Peitsche. Sie war aus starken Riemen geflochten nach Art der Hetzkoller, die früher bei Schlittenfahrten häufig in Anwendung kamen.

Jetzt merkten die beiden, daß mit Sam Hawkens nicht zu spaßen war, und als die Peitsche in Tätigkeit trat, erklärten sie, die Wahrheit gestehen zu wollen.

„Gut. Wenn ihr nicht Verstand annehmt, so machen wir euch welchen. Also wie ists mit dem Blutigen Jack? Wo befindet er sich jetzt?"

„Auf der Jagd. Wir brauchen Fleisch."

„Und das holt er vom Blauen Wasser?"

Die beiden Männer schwiegen.

„Ihr merkt, wir brauchen euer Geständnis gar nicht. Ihr habt beide ein überaus zartes Gewissen, und so will ich euch nicht zumuten, euern lieben Hauptmann zu verraten. Eins aber möchte ich gern erfahren. Ihr sprach von einem gewissen Walker. Woher wißt ihr denn, daß sich dieser Mann jetzt drüben in Prescott befindet?"

„Jack sagte es."

„Und von wem weiß er es?"

„Von einem Boten, den Walker zu ihm nach Santa Fé gesandt hat."

„Ihr wollt mit ihm Geschäfte machen. Welcher Art?"

„Das wissen wir nicht, das ist Jacks Sache."

„Und vielleicht auch ein wenig die unsrige, wenn ich mich nicht irre. Jetzt wollen wir euch in Ruhe lassen. Ihr habt eure ganze Aufrichtigkeit über uns ausgeschüttet, darum werden wir euch nicht länger quälen und uns lieber einmal nach euerm Braten umsehen."

Sam stieß drei scharfe Pfiffe aus und setzte sich dann gemütlich zum Feuer nieder; Dick und Will folgten seinem Beispiel. Sie machten sich über das Fleisch her und taten, als bemerkten sie es gar nicht, daß sich hinter ihnen Schritte näherten — der Förster kam mit den Seinen.

Die Burschen erschraken nicht wenig bei seinem Anblick. Rothes Frau und die Schwägerin eilten sofort zu ihren Wagen, um festzustellen, was von ihrem Eigentum noch vorhanden war.

„Nun, ich hoffe, daß ihr jetzt wißt, wieviel die Glocke geschlagen hat", sagte Sam zu den Gefangenen. „Da steht der Förster, euer Ankläger. Er mag auch euer Urteil fällen! Was meint Ihr, Master Rothe?"

„Ich bin nicht blutgierig und will nur mein Eigentum wiederhaben. Übrigens sehe ich, daß die Kerle verwundet sind. Sie sind bestraft genug."

„Nach den Gesetzen der Savanne haben sie den Tod verdient. Da Ihr es aber nicht wollt, werden wir sie laufen lassen, so weit sie laufen können. Etwas aber müssen wir ihnen doch zum Andenken mitgeben. Wir zählen einem jeden fünfundzwanzig gute Hiebe auf. Das wird ungemein zur Heilung ihrer Wunden beitragen. Vielleicht bin ich aber bereit, ihnen diese Hiebe zu erlassen, wenn sie mir eine Frage der Wahrheit nach beantworten: Wer hat das Geld, das ihr diesen Leuten abgenommen habt?“

„Wir wissen von keinem Geld.“

„Oho! Es hat sich da im Wagen befunden.“

„So hat es der Blutige Jack. Er hat den Wagen durchsucht, nicht wir.“

„Gut, so sollt ihr eure Fünfundzwanzig redlich erhalten. Hättet ihr die Wahrheit gesagt, so wäre euch diese Strafe erlassen worden.“

Sam suchte nach einer Hacke. Als er sie in einem der Wagen gefunden hatte, reichte er sie dem Förster.

„Graben Sie vorn beim ersten Wagen am linken Hinterrad nach! Da wird sich Ihr Geld wohl finden“, fügte er auf deutsch hinzu.

Er kehrte zu den Gefangenen zurück und beobachtete mit innerlicher Freude ihre Bestürzung, als der Förster nachzugraben begann, während die Frauen und sein Sohn der Arbeit mit Spannung folgten.

Nach kurzer Zeit stieß Rothe einen Freudenruf aus. Er förderte eine Pferdedecke zutage, in die ein großer Lederbeutel eingewickelt war.

„Bringen Sie das Ding einmal her!“ sagte Sam. „Wir wollen sehen, was drinnen steckt.“

Der Beutel wurde geöffnet. Er war voller Geld. Die Summe betrug über zwölftausend Dollar.

„Habe es mir gedacht!“ lachte der Kleine. „Dieser Blutige Jack ist so freundlich gewesen, auch sein eigenes Geld mit hineinzustecken. Na, das sind die Zinsen, die er bezahlt, wenn ich mich nicht irre. Master Rothe, da sind Sie also wieder zu Ihrem Geld gekommen. Stecken Sie es ein, und nehmen Sie es in Zukunft besser in acht!“

Jetzt wurde Beratung gehalten, was mit den Gefangenen, den Wagen und deren Inhalt gemacht werden sollte.

„Wir nehmen mit, was wir mit uns führen können,

ohne daß wir unsere Pferde überlasten“, bestimmte Sam Hawkens. „Alles andere verbrennen wir, auch die Wagen. Diesen Spitzbuben soll nichts zugute kommen.“

„Können wir denn die Wagen nicht mitnehmen?“ fragte die Försterin.

„Unmöglich!“

„So komme ich ja um alles, um meine schönen Betten, meine Wäsche —“

„Weinen Sie nur deshalb nicht! Ich werde dafür sorgen, daß Sie für den Verlust Ersatz finden. Wir verlassen diesen Ort zu Pferd. Die Wagen können wir nicht brauchen; sie hindern uns.“

Frau Rothe mußte sich drein ergeben.

Der eine Wagen enthielt verschiedene Kleidungsstücke, Schießbedarf und Lebensmittel. Alles, was mitgenommen werden konnte, wurde zusammengepackt. Mit Hilfe einiger Betten wurden für die Frauen zwei weiche Sattelsitze hergerichtet. Hernach schob man die Wagen zusammen und steckte sie in Brand.

Bis das Feuer seine Schuldigkeit getan hatte, blieben die Reisenden im Tal. Dann machten sie sich zum Aufbruch bereit. Sam Hawkens wendete sich an die beiden Bushheaders.

„Wir wollen nicht, daß ihr elendiglich zugrunde geht. Darum lassen wir euch eure Waffen und auch einige Kugeln zurück. Verhungern könnt ihr nicht. Hier fließt Wasser, und dort habt ihr die Zugtiere. Wenn ihr einen Ochsen niederschießt, habt ihr zu essen, so viel euch beliebt. Jetzt aber muß ich euch die versprochenen Fünfundzwanzig geben, damit ihr keine Forderung mehr an uns habt.“

Noch immer glaubten die beiden, daß Sam sie nur schrecken wolle, aber schon kamen Dick und Will herbei, die sich einige gute, biegsame Stöcke abgeschnitten hatten.

Die Frauen entfernten sich, um die Bestrafung nicht mit ansehen zu müssen; die Männer aber blieben zurück.

Dick und Will übernahmen die Ausführung des Urteils, und sie machten ihre Sache vortrefflich. Die beiden Räuber nahmen die Strafe in wortlosem Grimm hin, aber nach dem letzten Streich fauchte der eine unter Zähneknirschen:

„Das Leben habt ihr uns geschenkt — wir behalten es, um uns an euch zu rächen!"

„Gib dir keine Mühe, uns in Angst zu jagen!" lachte Sam. „Solche Halunken, wie ihr seid, sollte man eigentlich um einen Kopf kürzer machen. Ihr habt nur denen, die ihr beraubtet, euer Leben zu verdanken. Pflegt euch gut, damit ihr bald gesund werdet! Was ihr dann anfangt, ist mir sehr gleichgültig, wenn ich mich nicht irre."

*

Der Ritt über die Sierra de los Mimbres nach der Sierra della Acha ging glücklich und ohne Überraschungen vonstatten. Von seinem früheren Aufenthalt am Tutlish-to kannte Sam den Weg. Er wußte, daß Eile notwendig war, darum hütete er sich vor jedem unnötigen Umweg.

Ein Glück war es, daß die beiden Frauen den Ritt tapfer aushielten, obgleich sie diese Art und Weise des Reisens nicht gewohnt waren. Allerdings gab sich Sam auch die größte Mühe, ihnen die Sache möglichst zu erleichtern.

Dick Stone und Will Parker hatten ihre alten Anzüge wieder hervorgeholt und sich die Farbenmalerei aus dem Gesicht gewaschen. In der Gegend wo sie sich jetzt befanden, war es nicht mehr von Vorteil, als Indianer aufzutreten. In den Wagen hatten sie zwei Hüte gefunden, die sie nun zu ihren Jagdröcken trugen.

Die ganze Gesellschaft war sehr neugierig, die Taube des Urwalds kennenzulernen. Beim Aufbruch am Morgen hatte Sam gesagt, das sei ihr letztes Nachtlager gewesen, bevor sie den See erreichten. Jetzt befanden sie sich auf einer ziemlich breiten Hochebene, die von bewaldeten Höhen rechts und links eingeschlossen wurde, selber aber keinen Baum zeigte, sondern nur von Gras bestanden war. Sie schien sich zu verengen; Sam erklärte, der Zufluß des Tutlish-to käme von den zur Linken liegenden Höhen herab und stürze sich dort, wo die Ebene ganz schmal werde, in einem hohen Fall in den Talkessel des Sees hinab.

Am Schluß dieser Erklärung blickte er zurück.

„Egad! Wir sind nicht die einzigen Menschen, die es hier gibt. Schaut!"

Man sah zwei Reiter in beträchtlicher Entfernung, die sich aber zusehends verminderte, da die beiden im schärfsten Galopp herbeikamen. Außer Schußweite hielten sie an.

„Indianer", sagte Sam. „Sie scheinen noch jung zu sein, den Gestalten nach, denn die Gesichter kann man nicht erkennen."

„Apatschen oder Komantschen?" fragte Dick.

„Weiß ich nicht. Sie haben kein Zeichen an sich, wonach man diese Frage beantworten könnte. Ah, sie scheinen sich besprochen zu haben! Sie kommen heran."

Der Größere war in einen dunklen Jagdanzug gekleidet und mochte wohl zwanzig Jahre alt sein. Eine Doppelbüchse hing ihm am Riemen über der Schulter. Sein Gesicht war unbemalt, braun, aber von beinahe kaukasischem Ausdruck.

Der andere war jünger; er trug einen weißen Jagdanzug von Rehleder, mit rotgefärbter Hirschsehne genäht. Sein Gesicht war mit roten und gelben Querstrichen bemalt, so daß man die eigentlichen Züge nicht erkennen konnte. Er hatte einen prachtvollen Lefaucheux-Hinterlader, eine große Seltenheit bei einem Indianer.

Der Ältere saß auf einem Rapphengst und der Jüngere auf einer Schimmelstute, beides ausgezeichnete Tiere.

Jetzt hielten sie die Pferde an.

„Uff, uff!" rief der Jüngere mit einer knabenhaft feinen Stimme, als ob er sich über etwas wundere, während der Ältere die Gesellschaft mit ernster Miene musterte.

„Wohin wollen die Bleichgesichter?" fragte er.

„Nach dem Tutlish-to", nahm Sam das Wort.

„Wollen sie dort jagen?"

„Nein. Wir wollen dort ausruhen."

„So weiß mein weißer Bruder wohl nicht, daß es dort keinen Ort gibt, wo ein Fremder seinen Wigwam aufschlagen darf? Es befindet sich dort das Nest der Taube des Urwalds, und die roten Krieger sorgen dafür, daß kein Raubvogel sich diesem Nest naht."

„Ich komme als ein Freund der Taube, um ihr eine wichtige Nachricht zu bringen."

„Sie wird den weißen Mann nicht empfangen."

„Sie wird es doch tun", fiel der Jüngere ein. „Du bist ihr willkommen."

„Ich danke dir, Knabe! Deine Worte klingen lieblicher als die deines Bruders."

„Ich spreche gern freundlich mit dir; du bist ein kühner Jäger, und dein Herz ist voll Güte und Ehrlichkeit."

„Wie kannst du das wissen?"

„Ein jeder wird Sam Hawkens so beurteilen, wie ich es getan habe."

„Behold!"

„Ja. Auch Dick Stone und Will Parker werden der Taube sehr willkommen sein."

„Egad! Woher willst du uns kennen?"

„Ihr habt mir einmal einen großen Dienst geleistet."

„Welchen?"

„Davon später!"

Der junge Indianer gab seinem Pferd die Sporen und sprengte, gefolgt von dem anderen, in gestrecktem Galopp davon. Auch die kleine Gesellschaft, die nicht wußte, was sie von den beiden Indianern halten sollte, setzte den unterbrochenen Ritt fort. Nach einiger Zeit rückten die

Höhen näher zusammen, mit ihnen der Wald, und von der Seite her näherte sich das Flüßchen, dessen Wasser den Tutlish-to speiste. Dann vernahmen sie das Brausen des Wasserfalls. Das Flüßchen stürzte sich wohl über fünfzig Meter hinab in ein Felsbecken, das es sich ausgehöhlt hatte, und floß von da weiter dem See entgegen, den man noch nicht sehen konnte.

Der Weg ging nun in einem weiten Bogen um den Wasserfall herum, hinab zum Becken und von da am Flüßchen hin, bis die Bäume, die dort einen geschlossenen Wald bildeten, wieder auseinandertraten. Jetzt war das Tal des Sees in seiner ganzen Ausdehnung zu überblicken.

Es bot einen Anblick von wunderbarer Schönheit.

Die fast lotrecht aufsteigenden Wände konnten keine Bäume tragen, waren aber mit Buschwerk bewachsen, das für seine Wurzeln überall einen Felsenriß gefunden hatte. Nur hier und da stand auf einem Vorsprung eine Zeder und zwar von solcher Mächtigkeit wie in dem berühmten Yosemitetal in Kalifornien. An diesen Felswänden vermochte kein menschlicher Fuß hinauf- oder herabzuklettern. Es gab nur zwei Wege, ins Tal zu gelangen: da, wo der Fluß eintrat, und da, wo er es wieder verließ.

Den größten Teil der Talsohle füllte ein See aus — das Tutlish-to. Die Sonne stand schon hoch, und unter ihren Strahlen erglänzten die Wellen in einem wundervollen Blau. Daher wohl der Name ‚Blaues Wasser'.

An seinem diesseitigen Rand, wo sich das Flüßchen in den See ergoß, erhob sich das alte Gebäude der Mission. Es war gebaut wie ein Kloster und durchweg aus Steinen aufgeführt. Die, die es vor alter Zeit errichtet hatten, waren gezwungen gewesen, sich gegen feindliche Angriffe zu schützen. Sie hatten den Mauern eine bedeutende Stärke gegeben und im unteren Stock nur wenige Fenster, meist ohne Glas, angebracht, wohl aber zahlreiche Schießscharten. Aus demselben Grund gab es auch nur einen einzigen Eingang, der durch ein mächtiges hölzernes Tor verschlossen wurde. Am Torpfosten befand sich eine Klingel, die jedenfalls erst aus neuerer Zeit stammte.

In der Nähe des Gebäudes weideten einige Pferde, darunter auch der Rappe und der Schimmel, die von den beiden Indianern geritten worden waren. Am Ufer lagen mehrere Rindenkähne. Um den See herum gab es eine Menge künstlicher Erhöhungen, meist etwa zwölf Meter hoch und mit Gras bewachsen, oben darauf irgendeinen Busch, bei dem Lanzen und allerlei andere Geräte in die Erde gesteckt waren.

„Das sind die Häuptlingsgräber", erläuterte Sam Hawkens, „die in der ganzen Gegend für heilig gelten."

„Die Toten liegen unter so riesigen Hügeln?" fragte Förster Rothe.

„Liegen? Was fällt Ihnen ein! Ein Häuptling wird nicht in einen Sarg gepreßt. Man zieht seiner Leiche das beste Gewand an, setzt sie auf das Lieblingspferd und gibt ihr die Waffen und den Medizinbeutel in die Hand. Nun wird um das Pferd und die Leiche Erde aufgehäuft. Das Tier kann sich zuletzt nicht mehr bewegen und wird erstochen. Die Erde wächst höher und höher; dann türmt man Steine darüber, die dem Grab Halt geben. Hat der Hügel seine vorgesehene Höhe erreicht, so steckt man allerlei Gerätschaften des Häuptlings, seine Lanzen, Pfeile und Bogen, oben in die Erde und hängt das daran, was ihm im Leben lieb gewesen ist. Diese Gegenstände sind unantastbar. Wer sich daran vergreift, begeht ein Verbrechen, das nur mit dem Tod gesühnt werden kann. Weiße entweihten die Gräber. Darum wurde zu der Zeit, als ich zum erstenmal hierher kam, ein jedes Bleichgesicht feindselig empfangen. — Hier sind wir am Tor. Wir werden klingeln müssen, wenn ich mich nicht irre."

Sam zog an der Glocke. Man hörte ihren Ton wie aus weiter Entfernung. Nach einiger Zeit öffnete sich ein kleines Guckloch im Tor, und das Gesicht einer alten Indianerin erschien.

„Wohnt hier die Taube des Urwalds?" fragte Sam Hawkens.

„Paloma Nakana wohnt hier", lautete die Antwort.

„Ich möchte mit ihr sprechen."

„Es ist ein großes Wunder geschehen. Ihr seid Bleichgesichter, die nur Unheil bringen, und doch habe ich den Befehl erhalten, euch einzulassen."

Das Tor rasselte auf, und die Angekommenen folgten dem breiten, gewölbten Durchgang bis in einen großen, viereckigen Hof, der von den vier Flügeln des Gebäudes eingeschlossen wurde. Auch dort ließ sich kein Mensch sehen.

„Wer ist der Anführer?" fragte die Alte.

„Ich bin es", sagte Sam.

„Steig diese Treppe hinauf! Die anderen mögen warten."

Bei diesen Worten deutete sie auf eine leere Türöffnung. Sam sprang aus dem Sattel und stieg die steinerne Treppe empor. Oben stand der ältere der beiden Indianer, die ihnen draußen begegnet waren.

„Du sollst den Vater der Taube sehen, komm mit mir!" sagte er, führte den Trapper zu einer Tür und ließ ihn eintreten.

Sam befand sich in einem hohen, düsteren Raum, der außer den nackten Steinwänden nichts als einen roh zugehauenen Tisch und einige ebenso einfache Bänke zeigte. Vor ihm stand ein Mann in indianischem Lederanzug. Er trug einen starken Vollbart, so daß man die Züge fast nicht erkennen konnte. Er streckte Sam die Rechte entgegen.

„Herzlich willkommen, Master Hawkens! Ich habe mich sehr gefreut, als ich hörte, daß ich Euch einmal wiedersehen würde."

Der Trapper forschte vergebens in dem bärtigen Gesicht nach einem Erkennungszeichen. Er schüttelte den Kopf.

„Wollte mich auf der Stelle fressen lassen, wenn ich sagen könnte, wo ich schon einmal über Eure Spur gestolpert bin. Ihr seid der Vater der Taube?"

„Ja."

„Darf ich einmal mit ihr sprechen?"

„Eigentlich habt Ihr schon mit ihr gesprochen. Es begegneten Euch zwei Indsmen. Der kleinere der beiden war meine Tochter."

„Zounds! Ich denke, ich habe gute Augen, und — na ja, es kam mir gleich etwas sonderbar vor! Diese kleinen Hände und diese Stimme! Ich war überzeugt, daß ich diese Stimme schon einmal gehört hatte."

„Ganz richtig, Sir."

„Mir dämmert da so etwas wie eine Ahnung. Habe gehört, daß die Taube des Urwalds eigentlich Almy heißt; ich kenne keine Almy außer einer einzigen — hm!"

„Wer ist diese einzige?"

„Die Tochter eines Pflanzers bei Van Buren."

„Meint Ihr Wilkins?"

„Egad! Ihr kennt den Mann?"

„Ja, ich kenne ihn, und diese da kennt ihn auch."

Damit öffnete der Bärtige eine Nebentür und rief nach Almy.

Sofort kam sie herbei. Sie war einfach auf indianische Weise gekleidet. Alle Stücke ihres Anzugs bestanden aus dem feinsten, schneeweiß gegerbten Leder und waren mit mühevoller, roter Sehnenstickerei verziert. Das prächtige dunkle, in langen, schweren Flechten herabhängende Haar trug keinen Schmuck als eine Doppelnadel, woran sich zwei Nuggets[1] von der Größe eines Taubeneis befanden.

Das einst so rosige Gesichtchen sah bleich aus. Ein Hauch tiefer Schwermut, der es durchgeistigte, konnte

1 Goldkörner

selbst durch das freundliche Lächeln kaum gemildert werden, mit dem sie dem Jäger die Hand entgegenstreckte.

„Willkommen, Master Sam Hawkens! Ihr habt mich vorhin wohl schwerlich erkannt?“

„Bounce! Ist das denn wahr oder nicht? Miß Wilkins!“

„Die bin ich.“

„So ist also dieser Sir hier wahrhaftig Master Wilkins aus Wilkinsfield? Wie in aller Welt kommt ihr denn hierher an das Blaue Wasser, mitten zwischen Komantschen und Apatschen hinein?“

„Das ist eine lange und traurige Geschichte, die ich Euch wohl noch erzählen werde“, antwortete Wilkins. „Ich trage selber mit Schuld daran, denn ich habe seinerzeit den Fehler gemacht, daß ich Euern Rat nicht befolgte.“

„Ja, ja — hm — Ihr hattet so eine Art Angst vor diesem Leflor.“

„Damals habe ich mich bei Euch nicht bedanken können. Ich will das hiermit nachgeholt haben — und es sollte mich herzlich freuen, wenn ich Euch heute einen Dienst erweisen könnte.“

„Das könnt Ihr sehr gut.“

„Dann sagt mir nur, was Ihr wünscht.“

„Ich wünsche, daß Ihr den Blutigen Jack das nächste Mal tüchtig ablaufen laßt.“

„Den? Ah, das möchte ich wohl! Wenn dieser Kerl mir nur noch einmal in die Hände kommen wollte.“

„Er will, Sir! Er will Euch nämlich hier einen Besuch abstatten.“

„Befindet er sich denn in unserer Gegend?“

„Mit einer ganzen Bande, wenn ich mich nicht irre. Er ist schon unterwegs nach hier und meint, daß die Taube des Urwalds große Schätze besitzt.“

„Und wie habt Ihr denn erfahren, daß er diesen Streich gegen mich beabsichtigt?“

„Will Euch die Sache kurz erzählen."

Sam berichtete Wilkins die Ereignisse der letzten Zeit.

„Das ist seltsam!" sagte Wilkins kopfschüttelnd. „Zweimal will mich dieser Mensch berauben, und zweimal seid Ihr es, der kommt, mich zu warnen! Ich bin Euch wirklich sehr verpflichtet."

„Wenn Ihr das meint, so werdet Ihr mir wohl eine Bitte erfüllen. Darf ich Euch bei diesem Fang ein wenig helfen?"

„Falls es Euch Spaß macht, ja; obgleich ich nicht ohne Schutz bin."

„Ich habe bisher nur eine alte Indianerin und einen jungen Burschen gesehen. Ist das Euer ganzer Schutz?"

„O nein! Zunächst bietet mir dieses Haus Zuflucht vor einer ganzen Schar von Feinden. Mein bester Schutz aber sind die Indianer, die meine Tochter fast wie ein höheres Wesen verehren."

„Sind diese Indsmen denn bei der Hand, wenn Ihr sie braucht?"

„Ja. Wenigstens kann ich mich hier so lange halten, bis sie kommen."

„Ihr müßt sie also benachrichtigen?"

„Ja."

„Etwa einen Boten senden? Das ist umständlich und gefährlich."

„Oh, der Bote, den ich ihnen sende, ist schneller als der schnellste Reiter."

„Wer ist denn dieser prachtvolle Kerl?"

„Das Wasser."

Sam zog ein schiefes Gesicht.

„Das Wasser? Wie meint Ihr das?"

„Der See hatte früher einen kleinen Seitenabfluß. Wir haben die Öffnung verschlossen. Von diesem Haus geht ein Draht zu ihr hin. Ich brauche nur zu ziehen, so ist der Weg für das Wasser wieder frei; es fließt ab, nicht in großen Wogen, sondern als ein schmales Bächlein. Sobald es unten in der Ebene erscheint, wissen die Leute dort, daß ich mich in Gefahr befinde, und kommen mir zu Hilfe."

„Nicht übel! Ganz hübsch ausgedacht! Denke aber, wir werden das nicht nötig haben. Sind Manns genug, es mit den Kerlen allein aufzunehmen. Wir schießen sie nieder, wie sie kommen."

„Lieber möchte ich sie lebendig haben."

„Das ist freilich noch besser. Wie aber gedenkt Ihr das anzufangen?"

„Ich stelle es mir nicht schwierig vor. Glaubt Ihr etwa, daß diese Menschen Sturm gegen meine Mauern laufen werden?"

„Gewiß nicht."

„Nein. Sie werden zunächst einen der ihrigen zu mir schicken, der mich vielleicht um Gastfreundschaft bitten und ihnen des Nachts die Tür öffnen soll."

„Das ist sehr denkbar. Aber wir wollen sie empfangen!"

„Natürlich. Doch wir haben noch Zeit und brauchen uns nicht zu überstürzen. Zunächst will ich mit hinabgehen, um auch die anderen zu begrüßen. Wir haben sie schon reichlich lange warten lassen."

Nach kurzer Zeit saßen alle in einem großen Saal beim Essen, das aus Maiskuchen und riesigen Büffelbratenstücken bestand.

3. OLD FIREHAND GREIFT EIN

Wanderte man an der einen Längsseite des Tutlish-to hin, so gelangte man nach einer Viertelstunde an die Stelle, wo das Flüßchen wieder aus dem See trat. Indem es sich durch eine Felsenenge Bahn brach, rauschte es in mehreren Schnellen von der Höhe hinab. Daneben gab es nur so viel Raum, daß die zwei Reiter kaum nebeneinander Platz hatten, die eben langsam den Fluß heraufkamen.

Der eine war hochgewachsen und breitschultrig, mit einem dichten, schon ins Graue schimmernden Vollbart. Gekleidet war er in starkes, ungegerbtes Wapitileder[1]. Im breiten Ledergürtel steckten ein Tomahawk, ein Bowiemesser und zwei Revolver. Am Sattelknopf hing ein zusammengerollter Lasso, und quer vor sich auf den Knien trug er eine jener alten Kentuckybüchsen. Er ritt auf einem großen, starkknochigen Pferd, das aber wenig Feuer zu besitzen schien. Es ließ die Ohren und den Schwanz hängen und hatte dabei ein gar trauriges Aussehen. Als aber zufällig ein Geier von einem nahen Felsen aufschreckte und dabei einen schrillen Schrei ausstieß, warf es den Kopf hoch, und die Augen funkelten. Erst als es den Vogel emporkreisen sah, ließ es den Kopf wieder sinken; es hatte sich überzeugt, daß der Schrei nicht die Nähe einer Gefahr bedeutete.

Der zweite Reiter war noch jung und machte den Eindruck, als passe er gar nicht in diese Gegend. Sein Anzug war von feinem Stoff, hatte indes im Lauf der Zeit gelitten. Im übrigen war er ähnlich ausgerüstet wie sein Begleiter, nur daß der Tomahawk in seinem Gürtel fehlte.

Sie schienen in eine angeregte Unterhaltung vertieft, die indes die Aufmerksamkeit des Älteren für die Um-

[1] Hirschleder

gebung nicht minderte. Während er vornübergebeugt im Sattel saß und dabei einen ähnlichen müden Eindruck erweckte wie sein Tier, wanderte sein Blick zwischen den buschigen Brauen hervor nach rechts und links, wobei ihm nicht die geringste Kleinigkeit entging.

„Und Sie meinen", sagte eben der Jüngere in deutscher Sprache, „daß ich bei der Paloma Nakana Aufschluß über den Verbleib meines Bruders erhalten werde?"

„Ich bin überzeugt davon. Die Spur des verschwundenen Wilkins weist unfehlbar zum Blauen Wasser. Sie dürfen das einem Westmann wie mir ruhig glauben."

„Ja, es war ein unerwarteter Glücksfall, Mister Firehand, daß ich Sie in Santa Fé traf, wofür ich dem Schicksal gar nicht dankbar genug sein kann; ganz abgesehen davon, daß ich Ihnen persönlich zu größtem Dank verpflichtet bin."

Dabei flog ein warmer Blick zu seinem Begleiter hinüber.

„Glauben Sie mir, lieber Baron, die Freude lag mindestens ebensosehr auf meiner Seite. Im übrigen brauchen Sie mir wirklich nicht zu danken. Würden Sie Ihrem Vater nicht so ähnlich sehen, so wäre ich überhaupt nicht auf Sie aufmerksam geworden!"

„Das sagen Sie nur aus Bescheidenheit!"

„Weiß Gott, ich würde für einen Adlerhorst noch viel mehr tun, wenn es in meiner Macht stünde."

„Sie erzählten mir noch immer nicht, wie der ehemalige Oberförster der Familie Adlerhorst in den Wilden Westen verschlagen wurde."

Ein trüber Schimmer flog über die hellen Augen Old Firehands.

„Wozu an alte Sachen rühren? Wozu Dinge aufleben lassen, die für immer vorbei sind?"

„Und wenn ich Sie nun herzlich darum bitte?"

„Gut, Sie sollen Ihren Willen haben. Sie sollen erfahren, wie aus dem Oberförster Ihres Vaters Old Firehand geworden ist. Es ist bald genug erzählt."

Die Brauen des jungen Mannes zogen sich erwartungsvoll in die Höhe.

„Nun?"

„Die Geschichte ist recht einfach. Weiß der Himmel, ich fühlte mich glücklich in meinem Beruf und wünschte mir nichts anderes, als zeit meines Lebens durch meinen geliebten Forst zu schweifen. Dazu noch einen guten Herrn wie Ihren Vater zu haben — mehr Freund als Herr — was erhoffte ich noch mehr? Dann kam das Unglück. Bruno von Adlerhorst ging in den Orient und verkaufte seinen ganzen Besitz. Hätte er das doch nicht getan! Es wäre für ihn gut gewesen und — — vielleicht auch für mich."

„Wieso?"

„Nun, Sie haben mir die ganze Unglücksgeschichte Ihrer Familie erzählt, und ich muß sagen, sie hat mir mächtig ans Herz gegriffen. Wäre Ihr Vater zu Haus geblieben, so wäre alles anders gekommen, für seine Familie — und für mich."

„Wieso auch für Sie?"

„Das Gut Ihres Vaters ging in fremde Hände über. Ich fühlte mich in meiner Stellung eigentlich wohl; aber es kamen politisch sehr unruhige Jahre. Ich wurde in die Wirren verstrickt, und so mußte ich schließlich flüchten, da ich mich zu sehr bloßgestellt hatte."

„Und dann?"

„Dann? Dann ging ich natürlich nach Amerika, wie die meisten, die an der Sache beteiligt waren."

„Und Ihre Angehörigen? Waren Sie nicht verheiratet?"

„Ich hatte Frau und Kind", erwiderte Old Firehand düster. „Die Frau starb mir auf der Überfahrt, und den Knaben brachte ich in einer reichen Familie unter, die ihn wie ein eigenes Kind behandelte. Ich selber ging weiter nach dem Westen und wurde das, was ich jetzt bin."

„Aber fanden Sie denn nie mehr das Glück auf Ihrem Weg?“

Old Firehand blickte versonnen in die Ferne.

„Ich fand es, und es bot mir einen vollgültigen Ersatz für die verlorene Heimat. Ich gründete einen zweiten Hausstand; da aber brach das Unglück abermals in einer Weise über mich herein, wie es in der Heimat nicht möglich gewesen wäre.“

„Wieso?“

„Sprechen wir nicht davon! Es hat keinen Wert, alte Wunden aufzureißen.“

„Aber weshalb kehren Sie nicht nach Deutschland zurück? Sie sind, wie ich weiß, reich, und Ihr damaliges politisches Auftreten ist längst vergessen und verjährt! Sie könnten drüben ruhig und in Frieden leben.“

Mit einer müden Gebärde fuhr sich Old Firehand über die Stirn, als wollte er dort Gedanken und Erinnerungen fortwischen.

„Weshalb ich nicht zurückkehre? Weil es mich nicht mehr in der alten Heimat leiden würde. Sie sind noch zu neu hier, sonst würden Sie wissen, daß die Savanne ihre Kinder festhält und unauflöslich an sich bindet. Der Wilde Westen ist mir zur zweiten Heimat geworden, die ich liebe trotz ihrer Schrecken. Ich kann nicht von ihr lassen, denn hier habe ich Jahre des reinsten Glücks verlebt. Und als es in Scherben geschlagen wurde, habe ich den Zweck meines Daseins darin gesucht, den Zerstörer meines Glücks ausfindig zu machen. — Ich habe ihn nach vielen Jahren gefunden und den Genuß ausgekostet, der in dem Wort liegt: Vergeltung.“

Old Firehand hatte den letzten Satz leise, fast flüsternd gesprochen. Aber gerade dadurch übte er eine tiefe Wirkung auf den Zuhörer aus, dem es wie ein Schauer über den Rücken lief. Der echte Sohn der Savanne kennt das höchste Gebot des Christentums nicht, das Gebot der Feindesliebe. Er gehorcht ganz anderen, urwüchsigen Trieben, und das Wort Verzeihung ist in seinem Wörterbuch nicht zu finden[1].

Hermann von Adlerhorst schwieg. Auch in ihm wurden die Geister der Vergeltung wach, wenn er an die dachte, die ihn und seine Angehörigen ins Elend gestoßen hatten. In seiner Erinnerung tauchten die Erlebnisse der jüngsten Vergangenheit in ihrer seltsamen Verkettung auf.

Nach der Errettung seiner Schwester Tschita-Lisa aus den Händen Ibrahim Beis war er mit der Jacht seines Oheims, des Engländers David Lindsay, von Tunis nach Deutschland gefahren. Von dort hatte er seinem Bruder in Wilkinsfield geschrieben, er möchte herüberkommen, um das Wiedersehen mit den Geschwistern und die Hochzeit Tschitas mit dem Maler Paul Normann zu feiern. Der Brief war sonderbarerweise als unbestellbar zurückgeleitet worden. Nach reiflicher Überlegung verschob man die Hochzeit, bis Martin gefunden wäre, und Lindsay ließ es sich nicht nehmen, Hermann auf seiner Jacht nach New Orleans zu bringen. Dort trennten sie sich, und Hermann fuhr den Mississippi und den Arkansas hinauf nach Van Buren. Zu seiner maßlosen Bestürzung erfuhr er in Wilkinsfield, daß die Besitzung in andere Hände übergegangen und Martin Adler fortgezogen sei, um den Neffen seines bisherigen Herrn zu suchen. Die Spuren wiesen nach Santa Fé. Dort aber hörte Hermann, daß man von Martin nichts wüßte. Er war der Verzweiflung nahe, als er eines Tags von einem Mann auf der Straße angesprochen wurde. Es war Old Firehand, dem die merkwürdige Ähnlichkeit des jungen Mannes mit dem alten Adlerhorst aufgefallen war. Er versprach, sich der Sache Hermanns anzunehmen.

David Lindsay, von seinem Neffen benachrichtigt, beschloß, nicht in New Orleans zu warten, sondern um das

[1] Näheres über das Schicksal Old Firehands siehe Karl May, „Winnetou II“

Kap Horn herum die Westküste anzulaufen. Er teilte Hermann verschiedene Punkte mit, wo er Nachricht zurückzulassen versprach und dampfte ab. Old Firehand dagegen begab sich sofort an seine schwierige Aufgabe. Da ihm dabei Hermann, der mit dem Leben im Wilden Westen zu wenig vertraut war, nicht behilflich sein konnte, brachte er ihn zu dem befreundeten Häuptling Lata nalgut[1] der Chiricahua[2]-Apatschen. Das Glück fügte es, daß er Winnetou, den Häuptling der Mescaleros, bei ihnen traf. Er befand sich gerade auf einem Rundritt zu sämtlichen Unterabteilungen der Apatschen, unterbrach aber seinen Ritt Old Firehand zuliebe.

„Winnetou liebt den Stamm, dem seine weißen Brüder Old Firehand und Old Shatterhand angehören", sagte er einfach. „Er wird mit Old Firehand reiten."

Während Hermann bei den Chiricahua blieb, stellten die beiden ihre Nachforschungen an, mit dem überraschenden Ergebnis, daß sie in dem Vater der Paloma Nakana den verschwundenen Wilkins entdeckten.

Bei der Rückkehr stießen sie auf die Spur des Blutigen Jack und seiner Bande und erlauschten deren Anschlag auf die Mission.

So erklärte sich das Geheimnis des Zettels, der Sam Hawkens und seine Gefährten in solche Verwunderung gesetzt hatte. Während diese den Ochsenwagen folgten, um wieder in den Besitz ihrer Habe zu gelangen, ritt Old Firehand zu den Apatschen und brach mit Hermann nach dem Tutlish-to auf, um die Bedrohten zu warnen, aber auch, um von Wilkins etwas über den verschwundenen Martin Adler zu erfahren. Sie erreichten das Blaue Wasser nur kurze Zeit später als das Kleeblatt mit den Auswanderern. Winnetou war indessen allein hinter dem Blutigen Jack her und ließ ihn nicht aus den Augen.

In der Nähe der Mission kam ihnen der junge Indianer entgegen, der Begleiter Almys.

1 Starke Hand 2 Sprich: Tschirikâwa

Old Firehand sah ihn und brach das Schweigen.

„Sie werden jetzt einen Indsman kennenlernen, der trotz seiner Jugend wegen seiner Tapferkeit und Schnelligkeit schon bekannt ist, die ihm den Namen der ‚Flinke Hirsch' einbrachten."

„Ist er ein Apatsche?"

„Jawohl, und zwar der Sohn der ‚Starken Hand'. Er ist der Paloma zum Schutz beigegeben."

Der Flinke Hirsch blieb achtungsvoll stehen, um den berühmten weißen Krieger und seinen Gefährten vorbeizulassen. Dann aber eilte er ihnen auf einem Nebenpfad in raschem Lauf voraus, um Wilkins und seiner Tochter ihre Ankunft zu melden.

Die Begrüßung auf der Mission gestaltete sich zu einer sehr bewegten Szene. Das Kleeblatt umringte Old Firehand und nahm ihn so lange mit stürmischen Fragen in Beschlag, bis Wilkins die Geduld verlor und seine Rechte als Hausherr geltend machte. Auch er freute sich von Herzen, den großen Westmann bei sich als Gast zu sehen, um so mehr, als er ihm die Nachricht von dem beabsichtigten Überfall zu verdanken hatte.

Old Firehand und Hermann von Adlerhorst wurden in den alten Speisesaal des Missionshauses geführt, um zunächst einen Imbiß zu sich zu nehmen. Die anderen leisteten ihnen Gesellschaft.

„Nun, Sir, eßt und trinkt und laßt Euch nicht stören!" sagte Wilkins. „Hoffentlich betrachtet Ihr es dabei nicht als aufdringlich, wenn ich mich nach dem erkundige, was ich sobald wie möglich erfahren möchte."

Old Firehand blickte ihn an.

„Was Ihr erfahren sollt, wißt Ihr längst. Das andere wird sich von selber ergeben, wenn die Bande des Blutigen Jack einmal da ist."

„Aber ich muß doch wissen ..."

„Ich will Euch verraten, daß ich nicht nur Euretwegen hierhergekommen bin."

„Nicht?"

„Nein, sondern auch dieses Mannes wegen, den Ihr an meiner Seite seht. Er sucht einen Verschwundenen."

„Hier im Indianergebiet?"

„Ja."

„Ich kenne alle Weißen im Umkreis. Darf ich fragen, wie der Vermißte heißt?"

„Martin Adler. Er war ein Deutscher und als Oberaufseher in einer Pflanzung in Arkansas tätig. — Aber was habt Ihr denn, Master Wilkins?"

„Ihr seht mich im höchsten Grad betroffen! Ein Martin Adler war als Oberaufseher bei mir selber angestellt! Ich wohnte damals in Arkansas."

Der Westmann nickte lächelnd.

„In Wilkinsfield?"

„Wie? Ihr kennt den Ort?"

„Ich war ja dort."

„Welch ein Zusammentreffen! Ihr forscht nach demselben Mann, den auch ich lange gesucht habe, ohne ihn zu finden. Er war mein Pflegesohn, und ich schätzte ihn sehr. Er hing an mir mit solcher Hingebung, daß er sich schließlich für mich aufopferte. Wie die Verhältnisse liegen, muß ich annehmen, daß er für mich in den Tod gegangen ist."

„Ihr meint also, daß er nicht mehr lebt?"

„Leider, obgleich ich lange sehnlichst das Gegenteil gehofft habe."

„Wie ist denn das alles gekommen?"

„Habt Ihr nichts davon gehört?"

„Wenig. Es gab auf Wilkinsfield zwei Negerinnen, die unter Euch dort arbeiteten. Ich glaube, sie wurden My und Ty genannt. Von denen habe ich . . ."

„Egad! Die sind noch dort?" fiel Wilkins ein.

„Ja. Sie haben mir einiges erzählt, freilich in der Art, wie Negerinnen schwatzen: man muß sich alles selber zusammenreimen. Darum ist mir auch vieles unklar geblieben."

„War denn Leflor nicht da?"

„An ihn habe ich mich gar nicht gewandt. Er hätte mich doch nur falsch berichtet. Es müssen da arge Dinge vorgefallen sein. Um der Sache besser auf die Spur zu kommen, nahm ich mir vor, mit Euch selber zu reden."

„Ihr habt nach mir gesucht?" fragte Wilkins, der aus der Verwunderung nicht herauskam. „Ihr wußtet doch nicht, wo ich zu finden bin!"

„Pshaw!" lächelte der Westmann. „Bin Old Firehand. Und außerdem war Winnetou bei mir."

„Behold! Winnetou! Master Hawkens erzählte schon so etwas. Aber wo habt Ihr ihn gelassen?"

„Er ist hinter dem Blutigen Jack und seinen Leuten her, wird aber zur rechten Zeit zu uns stoßen."

„Erlaubt mir noch eine Frage: In welchem Verhältnis steht Ihr zu Martin Adler, den Ihr sucht?"

„Da solltet Ihr nicht mich, sondern diesen Sir hier fragen. Kennt Ihr die Geschichte der Familie Adler?"

„Ja; wenigstens so weit, wie Martin selber davon Kenntnis hatte, der ja noch klein war, als mein verstorbener Bruder ihn von einer Reise in den Orient mitbrachte. So weiß ich zum Beispiel auch durch Nachforschungen, die wir anstellten, daß er in Wirklichkeit einem deutschen Adelsgeschlecht angehört und Adlerhorst heißt."

„Well! Und dieser junge Sir ist ein Bruder von ihm."

Wilkins warf einen erstaunten Blick auf Hermann.

„Unmöglich!"

„Warum?"

„Weil, soviel ich weiß, alle Glieder der Familie Adlerhorst in die Sklaverei verkauft wurden, mit Ausnahme Martins, der auf das Sklavenschiff kam, das die Engländer kaperten."

„Die Sache beruht aber trotzdem auf Richtigkeit, denn dieser Sir, der sich Hermann von Adlerhorst nennt, kommt geradewegs aus dem Orient. Und nicht nur das: er brachte seine Schwester mit, die er aus den Händen eines Türken befreite."

„Heavens! Das ist ja ein ganzer Kürbis voll Freudenbotschaften!"

„Wir sind noch nicht fertig", lachte Old Firehand. „Wir kennen außerdem den Aufenthalt Gottfrieds, des dritten Adlerhorst, der aus Rußland geholt werden soll, sobald das Wiedersehen mit Martin gefeiert worden ist."

„Almy, hörst du?" wandte sich Wilkins an seine Tochter, die dem Lauf der Unterhaltung stumm, aber mit großen Augen gefolgt war. „Martins Geschwister sind frei! Und er hatte es sich doch zur Lebensaufgabe gestellt, nach ihnen zu forschen! O wie ich ihm das gönnte! Aber leider, fürchte ich, wird er es nie erfahren."

„Und ich gebe die Hoffnung nicht auf", sagte Old Firehand bestimmt, „bevor ich nicht den Totenschein Martins in Händen habe. Und auch dann würde ich noch den Schein genau prüfen, ob er nicht am Ende eine Fälschung ist. — Aber wir können später darüber weiterreden — jetzt müssen wir erst die nötigen Vorkehrungen gegen den zu erwartenden Besuch treffen."

„Wie meint Ihr das?"

„Ich schätze, daß der Blutige Jack, wie ich ihn kenne, vorsichtig zu Werke gehen wird. Es ist kaum anzunehmen, daß er eine gewaltsame Erstürmung des Gebäudes beabsichtigt. Eher wird er einen von der Bande vorausschicken, der die hiesigen Verhältnisse auskundschaften soll."

„Genau dasselbe haben auch wir vermutet."

„Well, so halte ich es für notwendig, daß Ihr den Flinken Hirsch auf Posten schickt. Es dürfte wünschenswert sein, die Ankunft des mutmaßlichen Boten zu erfahren, bevor er hier erscheint. Vor Anbruch des Abends werden wir indes kaum auf den Besuch zu rechnen haben."

„Werde sofort nach dem Rechten sehen."

Wilkins erhob sich, um die nötigen Befehle zu erteilen, und kehrte dann zurück. Old Firehand bat ihn zu erzählen, wie es dazu gekommen war, daß er seine Besitzung verlassen mußte.

„Eure drei Freunde hier haben dabei auch eine Rolle gespielt", fügte der Pflanzer an den Schluß seines Berichts an. „Ich folgte leider ihrem Rat nicht. Die Papiere, die Leflor von Walker gekauft hatte, waren unanfechtbar. Ich mußte die schöne Besitzung, den Preis einer fast lebenslangen Arbeit, hergeben, ohne einen Heller dafür zu empfangen, und sollte sogar noch Schulden haben und bezahlen. Das konnte ich nicht; da drohte das Schuldgefängnis; ich brachte mich in Sicherheit, hatte aber vorher noch einen Auftritt mit Leflor, der mir die Polizei auf den Hals hetzte. Infolgedessen ging ich fort."

„Ihr seid nicht sogleich hierher zum Blauen Wasser gekommen?"

„O nein! Ich mußte meinen Neffen suchen. Seine Spur führte nach Santa Fé, wo er den Verkauf mit Walker abgeschlossen hatte..."

„Schwindel!"

„Ihr irrt. Er hat es wirklich getan. Ich wollte es zuerst auch nicht glauben; ich hatte es für unmöglich gehalten, daß er mir solch einen gemeinen Streich spielen könnte. Aber er hat sich bei der Behörde ausgewiesen. Es stimmt."

„Und dennoch zweifle ich. Wohin ist er dann gegangen?"

„Das wußte kein Mensch. In Santa Fé hatte seine Spur ein Ende. Aber wie ich euch eben erzählte, war mein Oberaufseher Adler gleich nach jenen Vorgängen in Wilkinsfield nach Santa Fé aufgebrochen, um Nachforschungen zu halten. Er kam nicht wieder. Ich fand in Santa Fé seine Fährte. Sie führte zum Süden, nach Mexiko hinein. Sofort reiste ich ihm nach; aber all mein Suchen ist vergeblich gewesen. Entweder ist er im Llano Estacado oder in der Bolson de Mapimi zugrunde gegangen."

„Sollte man nicht trotzdem noch Hoffnung haben dürfen?"

„Nein. — Ich traf auf meinen rastlosen Wanderungen auf Lata nalgut, den Häuptling der Chiricahua-Apatschen, und hatte Gelegenheit, ihm einen Dienst zu erweisen. Er erfuhr, daß ich nicht nach dem Osten zurückkehren konnte, und bot mir aus Dankbarkeit diese Freistatt hier an. Ich habe sie angenommen. Sie liegt so recht mitten im Abenteurergebiet und gab mir die Möglichkeit, meine Forschungen nach allen Richtungen fortzusetzen. Außerdem gefiel mir der Ort, wo es mir leicht war, mich im Verborgenen zu halten. Die Roten fragten mich nicht einmal nach dem Namen, nach Woher und Wohin. Ich wurde der Freund und Ratgeber der Apatschen und Komantschen. Oft schlichtete ich die Streitigkeiten dieser beiden Stämme, und sie stehen mir so zu Diensten, daß ich durch sie die ausgedehntesten Erkundigungen nach den beiden Verschollenen vornehmen konnte. Vergebens. Lebte Adler oder mein Neffe noch, so hätte ich es sicherlich erfahren."

Old Firehand schüttelte den Kopf.

„Ich bin gewöhnt, so lange zu hoffen, bis der Beweis des Gegenteils unumstößlich ist. Da ich Adlers Spur gefolgt bin und bei Euch neue Anhaltspunkte gefunden habe, so werde ich in meinen Nachforschungen fortfahren."

„Lieber Master Firehand, ich fürchte, Adlers Fährte ist hier für Euch verweht."

„Man darf bei solchen Dingen nicht nur die Hauptperson im Auge behalten. Nebenpersonen können oft von großer Wichtigkeit werden. Wie hieß gleich der Mensch, von dem Leflor den Besitztitel über Wilkinsfield erwarb?"

„Walker."

„Er ist damals verschwunden?"

„Ja. Daran bin leider ich allein schuld. Master Hawkens riet mir, mich seiner Person zu versichern, ich aber tat es nicht."

„Man müßte feststellen, wo er jetzt steckt!"

„Warum? Braucht Ihr ihn?" fragte Sam.

„Ja, sogar sehr notwendig. Er behauptet, dem jungen Wilkins die Besitzung abgekauft und bezahlt zu haben. Ich aber halte das für eine Lüge. Dieser Walker, ein minderwertiger Abenteurer, hatte keine so große Summe zur Verfügung. Es müssen damals geheimnisvolle Vorgänge stattgefunden haben, die zu erzählen ich diesen Mann zwingen würde. Und selbst, wenn der Handel damals ganz ehrlich und ordnungsmäßig vor sich gegangen wäre, müßte Walker wissen, wohin sich Artur Wilkins gewandt hat. Denn wenn ich irgendeinem Menschen eine Pflanzung abkaufe und ihm den Preis im fernen Westen bezahle, so kümmere ich mich so viel um diesen Mann, daß ich ihn wenigstens frage, wohin er sich wenden und was er mit dem Haufen Geld anfangen will."

„Das ist freilich wahr", gab Wilkins zu.

„Ganz gewiß. Walker würde mir also sagen können, wohin Euer Neffe von Santa Fé aus gegangen ist. Dahin ist ihm später vielleicht Martin Adler gefolgt. Wir stehen hiermit vor einer Pforte, in die wir nur den Schlüssel zu stecken brauchen. Wie aber diesen Walker finden?"

„In dieser Sache kann ich dienen", meldete sich Sam.

„Ihr? Kennt Ihr denn seinen Aufenthalt?"

„Glücklicherweise, ja. Und wir werden ihm eine Nuß zum Knacken geben, woran er sich den Kinnbacken verrenkt, wenn ich mich nicht irre. Dieser ehrenwerte Walker heißt nämlich in Wirklichkeit Hopkins."

„Zounds! Hopkins? Ihr meint doch nicht ..."

„Jawohl, ich meine! Es ist der gleiche Bursche, der unseren Droll auf dem Gewissen hat. Wie Ihr wißt, bin ich selber damals nicht dabeigewesen, aber Dick und Will hier haben ihn erkannt und können jeden Eid darauf schwören, daß er es ist."

„Lack-a-day! Dann müssen wir ihn erst recht haben! Wo haust er denn?"

„In Prescott."

„Ah — dem Hauptort von Arizona! Das ist ja gar nicht weit von hier!"

„So ist es, Sir!"

„Wir brauchen also nur den Rio Gila hinunter, an dessen Quellen wir uns hier befinden. In einigen Tagen sind wir dort."

„Das wird prächtig! Old Firehand und das Kleeblatt, wir zusammen reißen das ganze Prescott auseinander, wenn ich mich nicht irre!"

„Ihr tut ja sehr sicher, Sam; wißt Ihr denn so genau, daß er dort steckt?"

„Hm! Einen Eid kann ich gerade nicht darauf ablegen!"

„Von wem habt Ihr es denn?"

„Wir erfuhren es so nebenbei, und das haben wir auch nur Euch zu verdanken."

„Mir? Wieso?"

„Nun, Ihr schicktet uns doch einen eingeschriebenen Brief mit der Prärie-Eilpost, hihihihi! Dadurch kamen wir auf die Stapfen einiger Spitzbuben. Wir folgten den Kerlen, belauschten sie und hörten dabei, daß sie später nach Prescott zu diesem ehrenwerten Master Walker wollten. Er erwartet sie jedenfalls, um irgendeinen Bubenstreich mit ihnen auszuführen."

Nun erzählte Sam Hawkens ausführlich von den Geschehnissen der letzten Tage, worauf Old Firehand und Hermann von Adlerhorst die Kosten der Unterhaltung bestritten. Die Stunden vergingen wie im Flug. Man war noch im schönsten Erzählen, da meldete der Flinke Hirsch, daß ein Reiter in Sicht sei.

Sofort wandte sich die Aufmerksamkeit der Männer wieder dem Nächstliegenden zu. Old Firehand bat den Förster Rothe und seine Angehörigen, sich alsbald zurückzuziehen für den Fall, daß der Erwartete wirklich ein Späher des Blutigen Jack war. Er sollte nicht durch den Anblick der Beraubten scheu und mißtrauisch werden.

Sie brauchten nicht lange zu warten. Schon nach kurzer Zeit ertönte die Glocke, und die alte Indianerin kam mit der Meldung, ein Weißer begehre Einlaß.

„Hast du ihn nach dem Namen gefragt?“ erkundigte sich Wilkins.

„Ja. Er heißt Bill Newton, ist ein verirrter Jäger und fragt, ob er sich hier einen Tag ausruhen dürfe.“

„So laß ihn ein! Schließ aber das Tor hinter ihm sorgfältig zu!“

Die Männer traten ans Fenster, um den Neuangekommenen in den Hof reiten zu sehen. Der Flinke Hirsch hatte das Zimmer stillschweigend wieder verlassen. Bill Newton ritt herein und stieg ab. Kaum hatte Hermann das Gesicht des Mannes erblickt, so fuhr er überrascht zusammen.

„Mein Gott! Ist das möglich!“

„Was?“ fragte Old Firehand und musterte den Fremden genauer. „Heavens! Sehe ich recht oder täuschen mich meine alten Augen? Den kenne ich! Die gleichen Züge hatte der Kammerdiener Ihres Vaters. Es ist zwar ein Vierteljahrhundert seitdem vergangen, aber dieses Gesicht werde ich nie vergessen!“

„Sie haben recht“, sagte Hermann leise. „Es ist Florin, der spätere Derwisch, ich irre mich nicht. Aber wie kommt er hierher? Und wie ist er der Gefangenschaft des Bei von Tunis entronnen?“

„Wir werden es noch erfahren. Aber Sie dürfen unter keinen Umständen von ihm gesehen werden. Überlassen Sie alles mir! — Wie ist es“, wandte er sich hierauf an Rothe, „kennen Sie diesen Mann?“

Der Förster schüttelte den Kopf.

„Nein. Er gehört nicht zur Bande des Blutigen Jack. Ich weiß es ganz gewiß.“

„Die Horde des Blutigen Jack ist vielleicht zahlreicher, als Sie meinen. Jedenfalls können Sie nun mit den Ihren hierbleiben. Er kennt Sie nicht und kann deshalb annehmen, daß auch er Ihnen unbekannt ist. — Gehen aber Sie jetzt!“ riet er Hermann. „Ich höre seine Schritte auf dem Gang.“

Hermann war kaum durch eine Seitentür verschwunden, da trat Bill Newton ein. Er sah Old Firehand nicht gleich, weil sich dieser in eine Ecke zurückgezogen hatte. Wilkins begrüßte den Ankömmling. Doch er hatte noch nicht ausgesprochen, so trat der Jäger vor und rief im Ton des höchsten Erstaunens:

„Heavens! Sehe ich recht? Florin, Ihr hier?“

Der Fremde blickte ihn bestürzt an. Einige Augenblicke schien er in der Erinnerung zu suchen, dann aber kam ihm die Erleuchtung.

„Winter, Ihr? Wirklich Ihr? Welches Wunder!“

„Ja, aber immerhin kein solches Wunder wie das, daß Ihr in Amerika seid.“

Der andere war plötzlich bleich geworden. Er ärgerte sich, daß er sich zu einer Unvorsichtigkeit hatte hinreißen lassen. Nun aber war es einmal geschehen. Er konnte seine Bekanntschaft mit dem ehemaligen Förster seines Herrn nicht mehr leugnen.

„Es ist jedenfalls beides wunderbar“, sagte er, wieder gefaßt.

„Ihr aus der Türkei!“

„Und Ihr aus Deutschland!“

„Ihr nennt Euch Newton. Wie kommt das?“

„Es hat seinen Grund, wie so manches hier in Amerika seinen Grund hat, der drüben nicht gelten würde.“

„Nun, wie soll ich Euch nennen? Newton oder Florin, wie früher?“

„Sagt Newton! Ich habe mir nun einmal vorgenommen, so zu heißen.“

„Schön! Erlaubt, daß ich Euch mit den übrigen bekannt mache!“

Newton hatte die Namen Sam Hawkens, Dick Stone und Will Parker schon gehört; die Anwesenheit dieser Männer mußte ihm unangenehm sein, vorausgesetzt, daß er als Abgesandter des Blutigen Jack kam. War das wirklich der Fall, so verstand er es ausgezeichnet, sich zu beherrschen. Er zeigte sich sehr erfreut, die Bekanntschaft dieser bedeutenden Westmänner zu machen. Nur als er den Namen Rothe hörte, schien er zusammenzuzucken. Old Firehand beobachtete wohl die Überraschung auf seinen Zügen, ließ sich indes nichts merken. Er flüsterte Wilkins unbemerkt einige Worte zu.

„Master, Ihr seid mir willkommen“, wiederholte Wilkins. „Darf ich Euch Eure Stube anweisen? Nachher sollt Ihr essen und trinken.“

Er führte ihn hinaus, kehrte aber bald zurück, um sich weitere Verhaltungsmaßregeln zu erbitten. Auch Hermann fand sich wieder ein.

„Was meint Ihr, Master Firehand, gehört dieser Mann zur Bande des Blutigen Jack?“ fragte Sam Hawkens.

„Ich bin überzeugt davon, wenn ich es auch jetzt noch nicht beweisen kann. Wartet, bis er gegessen hat; dann weiß ich, woran ich bin. Jedenfalls ist er ein sehr gefährlicher Kunde, wie Ihr aus den Erzählungen von vorhin schließen könnt.“

„Er ist also wirklich der Diener Eures ehemaligen Herrn?“

„Ihr habt es ja gehört.“

„Egad! Ich will mich auf der Stelle selber auffressen, wenn das nicht das seltsamste Wiedertreffen ist, das ich mir denken kann! Was sagt Ihr dazu, Master Vogelnest oder Habichtsbau oder Geierhorst — damn, ich kann mir Euern Namen nicht merken, wenn ich mich nicht irre.“

„Adlerhorst“, nickte Hermann. „Ich brenne vor Begier, zu erfahren, wie dieser Mensch, der das Glück einer ganzen

Familie zerstört hat, seinem Kerker in Tunis entronnen ist. Und ich habe das Gefühl, daß sein Erscheinen irgendwie mit meiner Familie zusammenhängt. So war es in Konstantinopel, und so ist es vielleicht auch hier."

„Wir werden ihm auf die Finger sehen", meinte Old Firehand. „Das geht um so leichter, weil er von Euerm Hiersein keine Ahnung hat. Jedenfalls dürft Ihr Euch hernach beim Essen nicht blicken lassen."

Als Bill Newton zurückkam, hatte sich Hermann bereits wieder entfernt. Die übrigen gaben sich, nach dem Beispiel Old Firehands, ganz unbefangen; Newton gewann die Überzeugung, daß man hier keine Ahnung hatte, welches Schicksal den Bewohnern der alten Mission bereitet werden sollte.

Während der allgemeinen Unterhaltung fragte Old Firehand den Fremden, ob er sich nicht den See und dessen Umgebung anschauen wolle.

„Nein, heute nicht. Ich bin müde vom weiten Ritt und werde mich lieber ausruhen. Morgen ist auch noch Zeit dazu."

Newton-Florin, der einstige Derwisch, ging, als er gegessen hatte, bald in seine Stube.

Sobald sich die Tür hinter ihm geschlossen hatte, fragte Will Parker vorwitzig: „Nun Master, Ihr wolltet nach dem Essen wissen, woran Ihr seid. Habt Ihr Eure Absicht erreicht?"

„Yes", nickte Old Firehand zufrieden.

„Behold! Ich habe auf jedes Wort gespannt gehorcht, das er sagte, habe aber nicht eine Silbe gehört, woraus hervorgehen könnte, daß er den Blutigen Jack kennt und in böser Absicht kommt. Er hat gesagt, daß er von Santa Fé herunterreitet und hinein nach Texas will. Das ist das einzige, was er über sich und seine Absichten geäußert hat."

„So hat er mir doch mehr verraten", lächelte Old Firehand. „Habt Ihr Euch den Mann genau angesehen? Seinen Anzug, seine Waffen? Ist Euch da nichts aufgefallen?"

„Ich wüßte nicht, was!"

„Nun, wie lange hat der Blutige Jack wohl gebraucht von seiner Abreise aus Santa Fé an bis zum heutigen Tag?"

„Elf Tage schätze ich."

„Wie lange aber — vom letzten Aufbruch an — ist dieser sogenannte Newton unterwegs?"

„Wißt Ihr das vielleicht?"

„Ja. Habt Ihr sein Messer gesehen, als er aß? Es war neu, schön rostfrei und stahlblau. Man sah es ihm an, daß der Besitzer noch nicht sechsmal damit gegessen hat. Sodann war sein Tabaksbeutel so voll, daß er kaum drei Pfeifen daraus geraucht haben kann."

„Er wird vielleicht wenig rauchen."

„Er ist im Gegenteil ein sehr starker Raucher. Die alte Maserpfeife, die er am Gürtel hängen hatte, war so abgebissen, wie es nur bei einem leidenschaftlichen Raucher vorkommt. Habt Ihr ferner seinen Bart betrachtet?"

„Meint Ihr, daß ich die Haare gezählt habe?"

„Nein. Er trägt Vollbart, und einzelne Haare davon stehen auf der oberen Wange. Die hat er sich abrasieren lassen, sie sind jetzt so kurz, daß sie höchstens drei Tage nach dem Rasieren gewachsen sein können."

„Egad! Man kann von Euch lernen."

„Ich schätze, daß dieser Newton noch vor drei Tagen in einer Niederlassung gewesen ist. Das kann nur Silver City sein. Und da Silver City nach Prescott zu liegt, wo Walker sich aufhält, so nehme ich an, daß Newton von Walker abgeschickt worden ist, um in oder bei Silver City mit dem Blutigen Jack zusammenzutreffen und ihm irgendeine Botschaft zu bringen. Was meint Ihr, Sam Hawkens?"

Der kleine Trapper saß schmunzelnd am Tisch und

freute sich über die Belehrungen, die Will, sein ‚Greenhorn', einstecken mußte.

„Bin ganz Eurer Ansicht, Master. Die Hauptsache war nun, diesem Newton abzulauschen, was er heute hier anfangen will."

„Und das ist ja geschehen, indem ich ihn fragte, ob er sich die Umgegend ansehen will."

„Da sagte er nein, er wolle lieber ausruhen", fiel Will wieder ein.

„So weiß ich also genug."

„Was denn? Daß der Überfall heute nicht stattfindet? Wenn die Kerle heute kommen wollten, würde Newton, falls er zu ihnen gehört, das Haus und dessen Umgebung durchsuchen und ihnen dann irgendein Zeichen geben. Heute also haben wir sie nicht zu erwarten."

„Ich bin anderer Meinung als Ihr. — Wie stehts mit Euerm Lederzeug?", wandte sich Old Firehand an Wilkins. „Habt Ihr Riemen?"

„Ja, sie hängen im Stall."

„Und Heu?"

„Ein wenig; es wächst hier nicht viel."

„Und Wasser? Das könnt Ihr dann nicht aus dem See holen."

„Ich habe einen Brunnen unten im Keller. Die Mönche, die diese Mission bauten, haben nichts versäumt, was ihre Sicherheit erhöhen konnte. — Seht, schon geht der Tag zu Ende. Ich wollte, der Besuch, den wir erwarten, wäre ebenso vorbei."

„Wo wohnt Newton?"

„Hinter der fünften Tür, vom Eßzimmer an gerechnet."

„Das ist das zweite Fenster an der Seitenmauer des Gebäudes. Nicht?"

„Ja. Warum?"

„Oh, nur um einen Überblick zu gewinnen!"

„Soll ich Euch nicht auch Euer Zimmer anweisen, Sir?"

„Das hat Zeit. Wir werden heute etwas länger als gewöhnlich munter bleiben. Wir haben ja einander sehr viel zu erzählen. Nicht wahr, dieser Newton wird auch zum Abendessen gerufen?"

„Natürlich."

„Ich vermute, daß er sich hernach für kurze Zeit entfernen wird. Da stellt Ihr den Zeiger der Uhr hier um soviel zurück, wie ich Euch sagen werde. Kommt er dann wieder, so sprecht Ihr gleich so angelegentlich mit ihm, daß er in der ersten Zeit nicht daran denkt, nach der Uhr zu blicken."

„Darf ich denn nicht erfahren, welchen Grund das hat?"

„Well, Ihr werdet es erfahren, sobald ich mich richtig umgesehen habe."

Mit diesen Worten verließ Old Firehand das Eßzimmer und stieg hinunter zum Tor, um dessen Verschluß zu untersuchen. Er bestand aus zwei starken Querriegeln, die man wohl kaum einzudrücken vermochte. Dann trat er hinaus und schritt am Gebäude entlang. Vorsichtig lugte er um die Ecke und gewahrte, daß Newton zu seinem Fenster heraussah. Gerade darunter und längs der Mauer hin wuchs dichtes Gebüsch, prächtig zum Versteck geeignet.

Old Firehand hatte genug entdeckt und kehrte ins Haus zurück, das er nun in allen seinen Teilen durchwanderte, um seine Einrichtung kennenzulernen.

Als er wieder ins Speisezimmer trat, waren die Augen aller Anwesenden mit Spannung auf ihn gerichtet. Er aber wendete sich zunächst an den jungen Rothe:

„Master, wolltet Ihr wohl die Güte haben und auf dem Gang draußen Wache stehen, damit wir nicht von Newton überrascht werden?"

Der Sohn des Försters erhob sich und folgte der Anordnung des Jägers.

„Well", meinte Old Firehand hierauf, „hört meine Meinung, Mesch'schurs! Ich kann zwar jetzt noch nicht genau sagen, wie der Stecken schwimmen wird, aber ich habe mich draußen umgesehen und bemerkt, daß die Sache für Newton äußerst günstig steht. Er braucht, um mit seinem Auftraggeber zu verkehren, das Haus gar nicht zu verlassen, sondern kann das von seinem Fenster aus besorgen. Ja, wenn er will, kann er die ganze Bande ins Haus bringen, ohne den Zugang durchs Tor zu benutzen."

„Ihr meint durchs Fenster?" fragte Wilkins.

„Gewiß. Und wenn er klug ist, wird er diesen Weg auch wählen. Mir wäre das gerade das liebste, denn auf diese Weise könnten wir sie am leichtesten abfangen. Aber es hat jetzt noch keinen Wert, darüber zu reden. Wir müssen erst abwarten, bis sich Newton mit dem Blutigen Jack in Verbindung gesetzt hat."

„Wann wird das wohl sein?"

„Jedenfalls nicht, bevor es dunkel geworden ist. Ich werde ihn dabei belauschen."

„Belauschen? Wo?"

„Draußen unter seinem Fenster. Es gibt da Büsche genug für ein vorzügliches Versteck."

„Was meintet Ihr denn vorhin mit der Uhr?" ergriff Sam wieder das Wort.

„Es war nur ein Einfall von mir. Ich rechnete, Newton würde mit dem Anführer einen genauen Zeitpunkt verabreden, wann der Überfall geschehen soll; ich wollte ihn dann an seiner Stelle empfangen, während Newton durch die verstellte Uhr getäuscht wird."

„Dachte mir's doch. Wahrhaftig so schlau, als hätte Sam Hawkens diesen Gedanken ausgeheckt, hihihihi! Aber wer soll die lieben Kerle in die Arme nehmen?"

„Ihr und ich, höchstens noch der Flinke Hirsch. Die übrigen müssen Newton im Gespräch festhalten, damit er keinen Verdacht schöpft."

Dagegen wehrten sich nun die anderen, besonders Dick Stone und Will Parker, die auch mit bei dem Spiel sein wollten; aber Old Firehand verstand es, sie eines besseren zu belehren.

Mittlerweile war es dunkel geworden. Man brannte im Speisezimmer Licht an, und dann wurden mächtige gebratene Fleischstücke zum Abendbrot gebracht.

Old Firehand wartete, bis auch Newton erschienen war, und entfernte sich unter einem Vorwand. Er begab sich vors Haus und bis ans Fenster des Spähers. Nicht unmittelbar darunter, sondern ein wenig seitwärts schnitt er von den Büschen die hart an der Mauer wuchernden Äste aus. Dadurch entstand ein leerer Raum für ein bequemes Versteck. Die abgeschnittenen Zweige entfernte er, so daß sie von keinem Unberufenen bemerkt werden konnten. Dann kehrte er ins Gebäude zurück und gesellte sich zu den übrigen Tischgenossen.

Er fand eine fröhliche, wenn auch etwas befangene Stimmung. Es ist ja stets unangenehm, mit einem Menschen freundlich verkehren zu müssen, von dem man eine schlechte Meinung hat.

Die Luft hatte durch die glasarmen Fenster freien Zutritt, und alle Geräusche der nächtlichen Natur wurden hörbar. Sehr bald beobachtete Old Firehand an Newton eine nur mühsam unterdrückte Unruhe. Das war das sichere Zeichen, daß er jetzt jemand erwartete und sich bald entfernen würde. Bevor das aber geschah, mußte der Jäger in seinem Versteck sein, da ihn sonst Newton von seinem Fenster aus bemerken konnte. Er ging hinaus.

Jetzt, da es Abend war und der Feind sich jedenfalls in unmittelbarer Nähe befand, konnte das Tor nicht offen gelassen werden. Old Firehand nahm also die alte Indianerin mit und wies sie an, hinter ihm abzuschließen und zu warten, bis er klopfen würde. Dann schlich er sich um die Ecke, schob die Zweige auseinander und setzte sich in der Buschlücke an der Mauer nieder.

Es war gerade die rechte Zeit gewesen. Nicht lange, so vernahm er den lauten, brüllenden Ruf eines Ochsenfrosches. Old Firehands geübtes Ohr hörte sogleich, daß dieser Laut aus einer menschlichen Kehle kam. Neugierig, wie Newton darauf antworten würde, blickte er nach oben. Mit der Stimme durfte die Antwort nicht gegeben werden, da sonst leicht andere aufmerksam werden konnten.

Old Firehand hatte richtig vermutet. Der Ruf ertönte zum zweitenmal, und dann flammte als Antwort oben am Fenster blitzschnell ein Flämmchen auf, als ob eine kleine Menge Pulver angezündet worden wäre.

Damit hatte Newton gezeigt, wo er sich befand.

Nach wenigen Sekunden schlich eine dunkle Gestalt herbei und drückte sich gerade unterhalb des Fensters ins Gesträuch, um Deckung zu haben.

Der Mann stand so, daß Old Firehand ihn fast an den Beinen fassen konnte.

„Pst!" machte er.

„Wer da?" fragte Newton.

„Jack selber. Wie stehts?"

„Gut und nicht gut, wie man's nimmt."

„Warum?"

„Gut, weil wir keine Indianer zu befürchten haben, und nicht gut, weil weiße Jäger angekommen sind."

„Wie viele?"

„Sechs mit zwei Frauen."

„Bekannte Namen?"

„Ja; Sam Hawkens mit seinen Freunden."

„Ausgezeichnet! Ist mir ungeheuer lieb! Da kann ich endlich mit dem Burschen abrechnen! — Wer noch?"

„Ein Fremder, der mich aber von früher her kennt; sodann die anderen vier, die Ihr nicht vermuten werdet: der deutsche Förster Rothe mit Sohn, Frau und Schwägerin."

„'s death! Ist das möglich?"

„Sam Hawkens hat sie getroffen und mit hierher genommen. Weshalb, das weiß ich nicht."

„So steckt eine Schurkerei gegen uns dahinter."

„Wohl nicht. Ich hätte das merken müssen. Sie sind alle ahnungslos."

„Will's hoffen. Wer ist noch da?"

„Die Taube, ihr Vater und eine alte Indianerin als Torhüterin."

„Sehr schön. Wir sind ihnen gewachsen. Gut, daß ich Euch geschickt habe! Wäre ein anderer gekommen, so hätten ihn diese verdammten Förstersleute erkannt und festgenommen. Könnt Ihr das Tor öffnen?"

„Nein. Das würde auffallen. Besser, ihr klettert alle hier durch mein Fenster. Wenn ihr in meiner Stube seid, gehe ich vor euch zu den Kerlen und stelle mich so, daß sie nicht zu den Gewehren können."

„Einverstanden. Freue mich schon auf den kleinen Sam und die beiden Dürren. Sie sind es, die uns damals an den Strick liefern wollten. — Wann soll's denn losgehen?"

„Wann denkt Ihr?"

„Nur nicht zu spät. Sonst könnten uns die dreihundert Marikopas, deretwegen Walker Euch uns entgegenschickte zuvorkommen. Sie wollen die Taube des Urwalds überfallen und an den Marterpfahl bringen und die hier aufgehäuften Schätze der Komantschen und Apatschen holen. Wenn sie sich beeilen, können sie schon morgen mittag hier sein. Wir müssen bis dahin ganze Arbeit gemacht haben. Ist nicht von den Schätzen gesprochen worden, die sich hier befinden?"

„Kein Wort."

„Man wird sie nicht verraten wollen; aber ich zwicke den Kerlen jedes Fingerglied einzeln ab, bis sie gestehen. Wir können nicht länger warten als bis Mitternacht."

„Gut! So werde ich punkt zwölf Uhr hier am Fenster sein."

„Ihr müßt versuchen, bis dahin bei ihnen zu bleiben, damit sie hübsch beisammen sind. Da werden wir sie besser überrumpeln können. Falls aber ein jeder in seine Zelle geht und seine Waffen mit sich nimmt, wird die

Arbeit schwieriger. Freilich, wenn Ihr in der Stube seid, könnt Ihr nicht am Stand der Sterne sehen, ob es Mitternacht ist."

„Das habe ich auch nicht nötig. Dort, wo wir sitzen, gibts eine alte Holzuhr. Da kann ich mich nicht versehen."

„So wären wir also fertig. Oder habt Ihr mir noch etwas zu sagen?"

„Nein — oder doch — ja, gerade die Hauptsache. Wißt Ihr, wer der Vater der Taube ist? Ob es vielleicht der ist, mit dem Ihr auch schon zu tun hattet? Er heißt Wilkins."

„Zounds! Etwa von Wilkinsfield?"

„Das weiß ich nicht. Ich habe nur aus einigen unvorsichtigen Worten erlauscht, daß er wegen eines Racheakts hat fliehen müssen und lange Zeit nach irgendwem hier im Westen herumgesucht hat."

„Lack-a-day! Er ists! Na, freu dich, Alter! Der Fang, den wir hier machen, wird besser und wertvoller, als ich gedacht habe. Zur Sicherheit bleibt Ihr noch eine Weile am Fenster und paßt auf, ob sich etwas regt. Ich werde nach zehn Minuten den Ruf des Frosches nachahmen; antwortet Ihr mit Pulver, so ist alles gut; antwortet Ihr aber nicht, so gibt es Gefahr."

Der Blutige Jack entfernte sich.

Old Firehand mußte sich beeilen, um früher als Newton in die Stube zu gelangen. Er war geschickt genug, ohne das geringste Geräusch aus dem Versteck herauszukommen. Dann kroch er, lang am Boden ausgestreckt, längs der Mauer und des Gesträuchs hin. Erst als er hinter der Ecke angekommen war, erhob er sich wieder.

Am Tor stand eine hochgewachsene Gestalt.

„Mein weißer Bruder hat gelauscht", flüsterte der Wartende. „Hat er die Worte der Schurken gehört?"

„Ja."

„Winnetou hat sie bis hierher verfolgt und wird mit Old Firehand ins Gebäude gehen. Mein weißer Bruder mag mich führen!"

„Ja, ich bringe dich in die Stube, worin sich der Flinke Hirsch befindet. Newton darf auch dich nicht sehen."

Der Häuptling neigte fast unmerklich den Kopf.

Das also war Winnetou, der Häuptling der Apatschen, dessen Name überall, am Lagerfeuer wie im Salon, im Haus des Armen wie im Palast des Reichen genannt wurde, und um dessen Person sich schon ein langer Sagenkranz unvergleichlicher Ruhmestaten gewoben hatte.

Die Indianerin öffnete; ihre Augen leuchteten auf, als sie den großen roten Krieger sah.

Winnetou ließ sich von ihr die Stube des Flinken Hirsches zeigen. Old Firehand begab sich ins Speisezimmer.

„Die Uhr um eine Stunde zurück!" wies er Wilkins nach dem Eintreten an.

„Nun?" fragte Sam gespannt.

„Alles in Ordnung."

„Der Überfall?"

„Um Mitternacht."

„Bleibt's bei unserer Verabredung?"

„Ja. Ihr geht mit mir, um die Kerle zu empfangen. Es wird sich alles rasch abspielen, denn auch Winnetou ist gekommen!"

„Winnetou?"

Das Wort lag auf aller Lippen.

„Still!" gebot Old Firehand. „Newton wird jeden Augenblick zurückkehren."

Kaum hatte er ausgesprochen, so erscholl draußen der Schrei des Ochsenfrosches, und wenige Augenblicke später trat Newton ein. Er blickte nicht nach der Uhr und bemerkte also auch nicht, daß sie eine Stunde weiter zurückstand als vorhin, da er den Raum verlassen hatte.

Nun folgte einer jener Abende, wie sie dem Jäger am Lagerfeuer, dem Farmer im Blockhaus und den Bewohnern einsamer Siedlungen geläufig sind. So verschlossen und schweigsam die Leute der Prärie und Savanne durch die Eintönigkeit ihres Lebens geworden sind, so lebhaft werden sie, wenn sie das Schicksal am Feuer oder am roh gezimmerten Tisch zusammenwürfelt. Dann wird erzählt und erzählt, und die Männer, die sich sonst mit Sonnenuntergang in ihre Decken wickeln, um zu schlafen, sehen oft den fahlen Morgenschimmer über dem Osthimmel heraufsteigen, bevor sie sich von der Erinnerung eigener oder fremder Abenteuer loszureißen vermögen.

Allerlei Jagdabenteuer wurden berichtet. So verflog die Zeit. Als die Uhr fünf Minuten vor elf zeigte und es also ebensoviel vor zwölf war, stand Old Firehand mit einem kurzen Blick auf Sam auf und ging hinaus. Nach einiger Zeit folgte ihm der kleine Trapper, ohne daß Newton sein Weggehen aufgefallen wäre. Sie schritten in den Hof hinunter, wo schon Winnetou mit dem Flinken Hirsch wartete.

Der Apatsche reichte Sam stumm die Hand; einer anderen Begrüßung bedurfte es bei diesen Männern nicht.

„Die Bushheaders werden also durchs Fenster kommen“, sagte Sam Hawkens. „Wie wollen wir die Arbeit verteilen?“

Winnetou erwiderte nichts. Keine Miene zuckte in seinem edlen, bronzenen Gesicht.

„Der Flinke Hirsch hat Riemen und Knebel besorgt“, antwortete der junge Indianer an seiner Stelle. „Es wird alles sehr schnell gehen. Mein großer Bruder Firehand wird am Fenster sein; Winnetou wird jeden Einsteigenden empfangen, Sam Hawkens und der Flinke Hirsch werden ihn fesseln und sofort in die benachbarte Kammer tragen.“

„Well!“ drängte Old Firehand. „Es ist keine Zeit zu verlieren.“

4. NOCH EIN BUNDESGENOSSE: WINNETOU

Lautlos schlichen sie hinauf in Newtons Stube. Die gegenüberliegende Tür wurde vorsorglich schon jetzt geöffnet, dann warteten sie.

Nach kurzer Zeit hob Winnetou den Kopf.

„Pst!" klang es leise von draußen.

Old Firehand sah hinaus. Unten stand ein Mann.

„Alles in Ordnung?"

„Alles."

Ein zweites ‚Pst' nach rückwärts, und eine Reihe geräuschloser Schatten schlängelte heran.

„Den Lasso herab!" befahl der Blutige Jack.

Old Firehand ließ den seinigen herab, zog daran noch drei andere herauf und befestigte sie an einem Mauerhaken. Diese vier Riemen waren stark genug zum Emporklettern.

Zuerst kam Jack und schwang sich gewandt auf die Fensterbrüstung.

„So", zischte er befriedigt, „das ist der erste Schritt zum Gold und zur Rache!"

Damit stieg er vom Fenster in die nachtschwarze Stube herab. Old Firehand legte dem nichtsahnenden Jack, noch bevor er sich umwandte, die Hände um die Kehle und drückte sie so zusammen, daß der tödlich Erschrockene wohl den Mund weit aufsperrte, aber keinen Laut ausstoßen konnte. Einen Knebel hinter die Zähne, einen Riemen je um Arme und Beine — das alles war für diese vier das Werk weniger Augenblicke. Jack lag schon gefesselt in der anderen Kammer, ehe der zweite heraufklomm.

In der gleichen Weise wurden sie alle, außer dem letzten, empfangen. Keiner hatte seine Büchse mitgehabt. Jetzt rief der letzte mit unterdrückter Stimme von unten:

„Nun erst die Gewehre! — Ich binde sie mit dem Lasso zusammen."

Die Waffen wurden heraufgezogen, dann folgte auch dieser Mann nach, dem es ebenso erging wie den anderen.

Jetzt holte der Flinke Hirsch ein Licht, damit man die Gefangenen betrachten konnte.

Der Blutige Jack hielt die Augen offen und betrachtete die vier Männer wuterfüllt.

„Ich bin Old Firehand", sagte der Jäger ruhig, „und hier stehen Winnetou und Sam Hawkens. Ihr sollt genau so behandelt werden, wie ihr die Bewohner dieses Hauses behandeln wolltet. Euer Schicksal ist besiegelt. Wir werden euch zwar nicht töten, aber wir geben euch in die Hände der heranziehenden Marikopas."

Der Blutige Jack zuckte zusammen; er schloß die Augen, er wollte nichts mehr sehen.

Old Firehand überließ die Gefangenen der Bewachung der drei anderen und entfernte sich. Als er zur Gesellschaft zurückkehrte, war es kurz nach halb zwölf; man hatte also zur Überrumpelung der Verbrecher nur eine halbe Stunde gebraucht.

Newton war unterdessen nach seinen Erlebnissen in der Türkei gefragt worden und hatte erzählt, was ihm einfiel und gutdünkte. Er berichtete gerade von verschiedenen seltsamen Bekanntschaften, die er gemacht hatte, als Old Firehand zurückkehrte.

„Master Newton", fiel ihm der Jäger ins Wort, „habt Ihr drüben auch Ausländer kennengelernt?"

„Viele."

„Vielleicht einen Sir David Lindsay?"

„Lind—say?" fragte er stockend. „Nein."

„Einen Normann Effendi und Wallert Effendi?"

„Auch nicht."

„Ist Euch ein Ibrahim Bei bekannt?"

„Ich hörte seinen Namen."

Jetzt hatte sich die Farblosigkeit seines Gesichts in glühende Röte verwandelt.

„Oder eine gewisse Zykyma und eine Tschita?"

„Ihr nennt mir da lauter Namen Sir", sagte er mit einem krampfhaften Versuch, sich zu fassen, „die ich nicht kenne."

„Oh, ich will Euch nur sagen, daß vom Derwisch bis zum Präriejäger ein ungeheurer Sprung ist, ein Sprung, der wohl noch niemals im Leben vorgekommen ist!"

„Der—wisch?"

„Nun laßt's genug sein, Freundchen! Ihr wißt ebensogut, wie ich, daß Ihr zu den Heulenden Derwischen gehört habt. Ich kenne Euer ganzes Tun und Treiben und kann nicht begreifen, wie Ihr aus Tunis entkommen seid, wo Ihr doch des Mordversuchs an Mohammed es Sadok angeklagt wart!"

Newton sah jetzt seine Rettung nur noch in der Frechheit. Er schlug auf den Tisch.

„'s death!" brüllte er. „Das ist doch zu arg! Ein Derwisch soll ich gewesen sein und ein Mörder? Master Winter, wenn Ihr mir das noch einmal sagt, so habt Ihr es mit mir zu tun!"

„Oh, ich habe es schon jetzt mit Euch zu tun und werde auch schnell mit Euch fertig werden! Master Wilkins, habt die Güte, Euern anderen Gast zu holen! Ihr wißt schon, welchen."

Hermann hatte sich natürlich bereit gehalten und war sogleich zur Stelle. Als die Augen des einstigen Kammerdieners und Derwischs auf ihn fielen, wurden sie starr und groß; er streckte beide Arme von sich.

„Diable! Wallert Effendi!"

Hermann zuckte mit keiner Wimper. Er maß ihn mit einem unsäglich verächtlichen Blick.

„Schuft!"

Das war alles, was er sagte. Dann setzte er sich zu den anderen.

„Nun“, lachte Old Firehand, „was sagt Ihr jetzt? Wollt Ihr noch immer leugnen? Aber wir wollen von Euern türkischen Abenteuern schweigen und zunächst von Euern hiesigen reden.“

„Da bin ich neugierig!“ höhnte Newton. „Ich wüßte nicht, von welchen Abenteuern die Rede sein könnte!“ Ein sehnsüchtiger Blick suchte die alte Holzuhr.

„Nicht? Nun, ein sehr spannendes sollen wir ja Punkt zwölf Uhr erleben! Es fehlen nur noch zehn Minuten. Es wird also Zeit, daß Ihr in Eure Kammer geht, um den Blutigen Jack mit seinen Leuten einsteigen zu lassen.“

„Lüge!“ schrie er. Er sah, daß seine Hoffnung auf Jack und dessen Genossen zerbrach. Alles mußte verraten sein. Sein einziges Heil lag in der Flucht, die er sich nötigenfalls mit dem Messer bahnen mußte.

Old Firehand wollte sich ihm in den Weg stellen, merkte aber, daß die Tür um einen kleinen Spalt geöffnet war, durch den ein Auge hereinfunkelte. Newton-Florin konnte nicht entkommen.

„Er nennt es Lüge!“ sagte Will Parker. „Master Firehand, beweist es ihm, daß es wahr ist!“

„Saht Ihr nicht vorhin zum Fenster hinaus und bespracht mit dem Blutigen Jack den ganzen Plan? Ich saß nebenan und hörte ...“

Er wurde unterbrochen. Newton hatte nicht gewußt, daß der, den er unter dem Namen Winter kannte, im Westen den Namen Old Firehand führte. Von diesem Mann hatte er schon zu viel gehört, als daß er jetzt nicht das Schlimmste befürchten mußte. Deshalb machte er einen überraschenden Seitensprung, um den Ausgang zu gewinnen, prallte aber zurück.

Winnetou war schnell eingetreten und hielt ihm die blitzende Klinge entgegen, ohne ein Wort zu sagen. Old Firehand aber faßte Newtons Handgelenk mit solcher Kraft, daß er einen lauten Schmerzensschrei ausstieß und sein Messer fallen ließ.

„Halunke, willst du etwa noch leugnen?“ fuhr er ihn an.

„Ich bin unschuldig!“

Er verließ sich darauf, daß er nicht am Fenster war und seine Helfershelfer also nicht heraufkamen; infolgedessen würde man ihm nichts beweisen können.

„Nun, wir wollen deine Unschuld einmal näher beleuchten. Master Stone, habt doch einmal die Güte, ihm den Lasso so um den Leib zu wickeln, daß er die Arme nicht bewegen kann!“

„Mit Vergnügen, Sir!“

Newton erhob gegen diese Behandlung vergebens Einspruch.

„Jetzt nehmt ihn mit euch und folgt Winnetou!“ wandte sich Old Firehand an die anderen. „Er wird euch dahin führen, wo der Schuldbeweis mit Händen zu greifen ist.“

„Winnetou!“ rief Wilkins erstaunt.

„Winnetou!“ erklang es voller Hochachtung aus dem Munde der deutschen Auswanderer.

„Ja, Mesch'schurs, Ihr habt heute das große Glück, den berühmtesten Häuptling des Westens kennenzulernen.“

Es gibt Menschen, die gleich im ersten Augenblick der Begegnung einen tiefen, unauslöschlichen Eindruck auf uns machen. Ein solcher Mann war Winnetou.

Er trug ein weißgegerbtes, mit roter indianischer Stikkerei verziertes Jagdhemd. Die Leggins waren aus demselben Stoff verfertigt und mit dicken Fransen von Haaren besetzt. Seine Füße steckten in perlenverzierten Mokassins, die mit Stachelschweinsborsten geschmückt waren. Am Hals trug er eine kostbare Friedenspfeife und eine dreifache Kette von den Krallen des grauen Bären. Um seine Hüften schlang sich ein breiter Gürtel, der aus einer wertvollen Decke bestand. Die Griffe zweier Revolver und eines Jagdmessers schauten daraus hervor. Den Kopf trug er unbedeckt. Sein langes, dichtes, blauschwarzes Haar war in einen helmartigen Schopf geordnet und mit einer Klapperschlangenhaut durchflochten. Keine Adlerfeder schmückte diese Haartracht, und doch sagte man sich gleich beim ersten Anblick, daß dieser Indianer ein Häuptling, und zwar kein gewöhnlicher sein müsse. Die linke Hand hielt den Lauf eines Gewehrs, dessen Holzteile dicht mit silbernen Nägeln beschlagen waren. Es war die Silberbüchse, ein Gegenstand des Gesprächs an Tausenden von Lagerfeuern.

Als Winnetou die Aufmerksamkeit der Anwesenden auf sich gerichtet sah, gab er jedem freundlich, doch stumm die Hand. Nur als er sie Dick und Will reichte, flog ein schalkhafter Schimmer über seine ernsten Züge.

„Es sind viele Monde her, daß Winnetou die beiden Itseh nicht mehr gesehen hat. Es freut ihn, daß sein Weg ihn wieder mit ihnen zusammengeführt hat."

Die beiden langen Westmänner waren sichtlich beglückt über diese Worte. Aber sie waren der Apatschenmundart nicht so kundig, als daß sie das Wort ‚Itseh' verstanden hätten. Daher wandte sich Will Parker an Old Firehand.

„Itseh? Wir kennen das Wort nicht. Was heißt es?"

Der Jäger lachte.

„Itseh heißt ‚die Hölzer'. Seht Euch an, Master Parker, so werdet Ihr gleich wissen, warum Ihr bei den hiesigen Apatschen so genannt werdet."

„Egad! Das haben wir noch gar nicht gewußt. Was sagst du dazu, Dick?"

Dick Stone zog ein selbstbewußtes Gesicht.

„Wenn sie uns so nennen, müssen wir doch sehr bekannte Kerle sein!"

„Na, ich will euch aufrichtig sagen, daß ihr beide mehr bekannt seid, als ihr vielleicht denkt."

„Hihihihi!" ließ sich auf einmal Sam Hawkens unter der Tür vernehmen. „Die Hölzer! Ich will auf der Stelle von einem Coon gefressen sein, wenn das nicht der beste Name ist, den ich jemals gehört habe, wenn ich mich nicht irre!"

„Schweig, alte Nachteule!" wies ihn Will Parker zurecht. „Ärgere uns nicht! Wir haben jetzt wenigstens einen Kriegsnamen. Hölzer oder Keulen! Oder Tomahawks! Kannst du von dir das gleiche behaupten?"

„Hört mir mit euerm Kriegsnamen auf! Wenn ich ihn vernehme und dabei eure Gestalten betrachte, dann möchte ich vor Wehmut und Erbarmen die bittersten Tränen vergießen."

„Na, na, Master Hawkens!" kam Old Firehand den beiden Langen zu Hilfe. „Tut nur nicht gar zu dick! Sonst bin ich so unzart und verrate, welchen schönen Namen die Chiricahua Euch gegeben haben."

„Was? Sam hat auch einen Namen?" rief Will Parker. „Heraus damit!"

„Well! Wir müssen ihn wissen", stimmte ihm Dick Stone zu. „Sagt ihn, Master Firehand, sonst nenne ich Euch einen Feigling, der nicht einmal wagt, den Kriegsnamen seines Freundes Sam Hawkens auszusprechen!"

„Na, wenn Ihr eine so fürchterliche Drohung ausstoßt", schmunzelte Old Firehand, „so muß ich Euch freilich Euern Willen tun."

„Nun?" fragte Will gespannt.

„Wie heißt Sam?" ließ sich Dick hören.

„Ists ein Ehrenname?" riefen die anderen.

„No. Euer Freund wird von den Chiricahua ‚Tschikone' genannt."

„Tschi-kone?" fragte Will kopfschüttelnd. „Habe dieses Wort mein Lebtag noch nicht gehört."

„Well, glaube es gern. Das Wort ist ebenfalls Apatsche."

„Und es bedeutet?"

„Soviel wie ‚Leuchtnase'."

Die beiden Langen brachen schadenfroh in ein schallendes Gelächter aus. Sam fuhr sich mit der Hand an die Nase, als wollte er prüfen, ob sie diesen Namen verdiente. Diese Bewegung war unwillkürlich, löste aber gerade deswegen nun auch bei den übrigen Anwesenden stürmische Heiterkeit aus.

In gebildeten Kreisen ist es unmöglich, sich über die körperlichen Gebrechen anderer lustig zu machen; im fernen Westen aber gibt es wetterharte, robuste Menschen, die bei einem feinen Witz nicht den Mund verziehen würden. Da ist alles derb, nichts wird übelgenommen, vorausgesetzt natürlich, daß es nicht aus dem Mund eines unangenehmen Menschen kommt. Ein jeder lacht da gern über sich selber.

So auch hier. Das Dickicht, hinter dem man den Mund des kleinen Trappers vermuten mußte, öffnete sich zu einem breiten Grinsen.

„Verdammte Kerls, diese Apatschen!" knurrte er. „Übrigens ist im Wilden Westen eine gute Nase die Hauptsache. Und ihr, ihr Greenbacks, lacht nicht!" wandte er sich an Förster Rothe und seinen Sohn. „Ihr habt wahrhaftig am allerwenigsten Grund dazu. Denn ihr werdet es überhaupt niemals zu einer Berühmtheit bringen, weder wegen der Vorzüglichkeit, eurer Nase noch wegen eurer Geschicklichkeit, Decken und Dollars zu verlieren! Fragt eure Ladies, ob Sam Hawkens nicht recht hat, wenn ich mich nicht irre!"

Diese Worte vermehrten nur noch die Heiterkeit.

Lachend gings nun unter der Führung Winnetous zu den Gefangenen, die vom Flinken Hirsch bewacht wurden.

Der Blutige Jack und seine Leute befanden sich in einer keineswegs beneidenswerten Lage. Nach dem Recht der Savanne konnten sie nichts anderes als den Tod erwarten, den sie, wie sie sich selber sagen mußten, mehrfach verdient hatten.

Sam Hawkens wandte sich an Wilkins.

„Diese Halunken sind in Euerm Haus, Euch haben sie überfallen wollen; Ihr seid es also zunächst, der zu bestimmen hat, was mit ihnen geschehen soll."

Wilkins blickte Old Firehand an.

„Was meint Ihr, Sir?“

„Ich meine, Ihr sollt Euch nicht übereilen. Gibt es hier nicht einen Raum, worin wir diese Kerle verwahren können?“

„Oh, mehrere! Die Erbauer der Mission hatten sämtliche Indianer zu Feinden; sie mußten sich auf Kampf und Verteidigung gefaßt machen und haben auch für Gefängnisse gesorgt, die sich heute noch im besten Zustand befinden; sie liegen im Keller.“

„Das ist gut. Wir werden diesen ehrenwerten Herren dort Obdach gewähren. Einen aber trennen wir von ihnen; den beanspruche ich für mich.“

„Ihr meint Newton?“

„Ja. Habt Ihr nicht ein Gefängnis eigens für ihn?“

„Ihr könnt die verschiedenartigsten Räumlichkeiten bekommen, klein, groß, hoch, niedrig, trocken, naß, ganz wie es Euch beliebt.“

„Na“, fiel da Sam ein, „gar zu bequem wollen wir es den Mesch'schurs nicht machen. Wir nehmen das niedrigste und feuchteste Gewölbe. Sie haben uns heiß machen wollen, und dafür wollen wir sie abkühlen. Und was die Verpflegung betrifft, so schlage ich vor, wir geben ihnen Austern, Trüffeln, indianische Vogelnester und Champagner, soviel ihr Herz begehrt, hihihihi! Vorher aber möchte ich ein Wort mit diesem Jack sprechen.“

Sam Hawkens bückte sich und nahm dem Blutigen Jack den Knebel aus dem Mund.

„Kennt Ihr mich?“

Jack antwortete nicht.

„Hört einmal, ich bin gewöhnt, eine Antwort zu erhalten, wenn ich frage! Gebt Ihr keine, so habe ich gewisse Mittelchen, Euch zur Sprache zu verhelfen. Also antwortet! Kennt Ihr mich?“

Sam schnallte den Lasso von der Hüfte und legte ihn mehrfach zusammen.

„Ja", antwortete Jack schnell.

„Schön so. Wer bin ich denn?"

„Sam Hawkens", knirschte er.

„Ja, und diese beiden Herren sind Dick Stone und Will Parker, eine alte, gute Bekanntschaft von Wilkinsfield her, nicht? Ihr seid hierhergekommen, um die Schätze dieses Orts zu holen?"

„Nein. Wir sind jetzt ehrliche Leute und wollten nur um Obdach bitten."

„Und da steigt ihr alle miteinander zum Fenster herein? Eine schöne Obdachbitterei! Und ehrliche Leute seid ihr jetzt? Wunderbar! Was wird der Förster Rothe dazu sagen!"

„Es war nur ein Scherz, den wir uns mit ihm machten."

„Oho, ein Scherz!" rief Rothe zornig. „Gibt man Menschen zum Scherz dem Hungertod preis? Nimmt man ihnen zum Scherz ihr Geld und ihre ganze Habe? Wenn das ein Scherz war, gut, so mögt Ihr auch die Strafe, der Ihr nicht entgehen werdet, als Scherz betrachten! Übrigens dürft Ihr nicht meinen, daß ich nur zufällig hier bin. Old Firehand kennt Euern Schlupfwinkel und hat ihn uns verraten. Wir sind im Tal bei den Wagen gewesen, haben sie verbrannt und auch das Geld am linken Hinterrad des vorderen Wagens gefunden!"

„Verdammt!" entfuhr es dem Blutigen Jack.

„Ja, und die beiden Wächter, die Ihr dort zurückgelassen habt, erhielten ihre Strafe. Dann sind wir hierhergeritten, um das Wiedersehen mit Euch zu feiern. Ich hoffe, daß Ihr entzückt darüber sein werdet."

„Na, für das Entzücken werde ich schon sorgen", warf Sam ein. „Wie steht es denn eigentlich, Master Jack: Ist Euch nicht vielleicht ein Sir bekannt, der sich Walker nennt? Er soll in Prescott wohnen?"

„Ich kenne ihn nicht."

„Ihr kennt ihn nicht und empfangt doch Boten von ihm? Das ist sonderbar!"

„Ich weiß von keinem Boten."

„Ist dieser Master Newton nicht von ihm zu Euch gesandt worden?"

„Nein."

„Na, wir wissen das besser. Ihr verschlimmert durch Euer Verhalten nur Eure Lage. — Wie ist's, Master Wilkins, wollen wir sie einstweilen einsperren, damit sie sich noch überlegen können, ob sie mitteilsamer werden wollen oder nicht?"

„Ja", antwortete Old Firehand an Wilkins' Stelle. „Vorher aber möchte ich mir einmal die Gefängnisse betrachten."

Wilkins holte Licht und Schlüssel und führte den Jäger in die Kellerräume. Da unten gab es, abgetrennt durch eine starke Tür, mehrere verschieden hohe und große Räume, deren Wände ganz aus Quadern bestanden und deren eisenbeschlagene Türen jeden Fluchtversuch unmöglich machten.

Der niedrigste dieser Räume war wie ein Loch. Ein Mensch konnte darin nur sitzen.

„Hier hinein kommt Newton", bestimmte Old Firehand. „Ich empfehle Euch in Beziehung auf ihn die allergrößte Strenge und Wachsamkeit. Er darf auf keinen Fall entkommen. Jetzt aber weiter! Einen Raum für die anderen."

Wilkins schloß einige Türen auf, und der Jäger prüfte die Gewölbe. Sie waren weit über mannshoch und boten nichts als die nackten Mauern. Beim Lichtschein gewahrte er in der Mitte der Decke eine Luke.

„Dient diese Öffnung der Luftzufuhr?"

„Ja, sie hat aber auch noch einen anderen Zweck. Sie führt in ein kleines Gemach im Erdgeschoß und ist dort durch einen Stein verdeckt. Hebt man ihn auf und legt das Ohr an die Öffnung, so hört man jedes Wort, das hier gesprochen wird."

„Das ist von großem Vorteil. Wir können da leicht

erfahren, was sie uns sonst verschweigen. Eigentlich wollte ich Newton allein verwahren; aber es kommt mir vor allem darauf an herauszukriegen, wo und wie ich Walker, der ihn geschickt hat, finden kann. Stecken wir Newton mit den anderen zusammen, so werden sie davon sprechen, und wir hören es. Also mag er mit ihnen hier eingeschlossen werden. Damit sie nicht erraten können, wo sie sich befinden, führen wir sie mit verbundenen Augen hierher. Aber dann muß auch schon der Lauscher oben an der Luke liegen. Ich werde den langen Dick dahin beordern."

Sie begaben sich wieder nach oben. Dort fanden sie Sam noch dabei, die Gefangenen auszufragen. Er wollte soeben wissen, wo sie ihre Pferde stehen hätten; sie schwiegen jedoch beharrlich.

Winnetou, der bisher kein Wort weiter gesprochen hatte, legte jetzt Sam Hawkens eine Hand auf die Schulter.

„Mein weißer Bruder mag seine Stimme schonen", sagte er mit einem kaum sichtbaren Lächeln. „Winnetou war hinter ihnen her und weiß alles. Sie haben einen Mann mit den Pferden bei den vier Zedern zurückgelassen, die jenseits des Felsrandes stehen." —

Dick Stone wurde an seinen Horchposten geschickt. Er entfernte den Stein, legte sich lang ausgestreckt auf den Boden und hielt das Ohr an die Öffnung. Dann wurden die Bushheaders ins Gewölbe geschafft und dort eingeschlossen.

Nach kurzer Zeit brachte Will Parker die Tiere der Gefangenen und den Mann dazu, der dort zurückgeblieben war. Er wurde zu den anderen gesperrt.

Nach der Festnahme des Blutigen Jack und seiner Spießgesellen glaubte Wilkins schon alle Gefahr vorüber. Er erschrak daher nicht wenig, als er von Old Firehand hörte, daß dreihundert Marikopa-Indianer im Anmarsch seien.

„Was wollen sie?“ fragte Sam Hawkens.

„Sie wollen zweierlei. Erstens planen sie einen Überfall auf die Taube des Urwalds, und zweitens haben sie eine Absicht auf die Schätze, die sich am Blauen Wasser befinden — — übrigens“, unterbrach er sich, „man spricht so viel von diesen Schätzen, Master Wilkins. Ist denn etwas Wahres daran?“

„Man täuscht sich sehr“, wich Wilkins aus.

„Nun, so mögen die roten Herren kommen und sich holen, was nicht da ist.“

Winnetou hob die Stirn.

„Die Marikopas sind wie die Ratten aus ihren Löchern gekrochen, aber Winnetou wird sie mühelos zurücktreiben. Er wird ihnen entgegenreiten, um ihr Lager zu erkunden. Es ist ja leicht zu berechnen, auf welcher Linie die Feinde, die am nördlichen Ufer des Rio Gila wohnen, erscheinen werden. Wir befinden uns hier östlich vom Hauptlauf des Gila, und ich denke, daß sich die Marikopas an der Nordseite des Flusses halten werden. Aber bei dieser Marschrichtung liegt ihnen Silver City im Weg, wo sie sich nicht blicken lassen dürfen.“

„Dann kämen sie ja nach Fort West, wo man ihnen sogleich den Garaus machen würde“, fiel Sam Hawkens ein.

„So weit gehen sie natürlich nicht. Sie lassen das Fort links liegen und reiten zwischen beiden hindurch.“

„Nun habe ich aber aus dem Munde des Blutigen Jack erlauscht, daß die Marikopas schon morgen mittag hier sein können“, bemerkte Old Firehand. „Sie sind also keinen Tagesmarsch mehr entfernt. Werden sie vielleicht hier in der Nähe lagern, Master Sam?“

„Fällt ihnen nicht ein.“

„Oder in der Nähe von Silver City und Fort West?“

„Gewiß nicht. Sie lagern dahinter.“

„Und wann werden sie zwischen den Orten hindurchreiten?“

„Heute, wenn es dunkel geworden ist. Wir müssen ‚heute' sagen, weil Mitternacht vorüber ist."

„Bin ganz Eurer Meinung. Sie werden also bis zu dieser Zeit hinter der Linie, die man von Silver City nach Fort West zieht, liegenbleiben. Kennt Ihr die Gegend, Master Sam?"

„So leidlich, wenn ich mich nicht irre."

„Macht nicht der Gila hinter Silver City einen beachtlichen Bogen von Süden nach Westen? Er ist dort seicht und schmal und kann leicht durchritten werden. Das Wasser reicht den Gäulen kaum bis an den Leib. Das Land, das innerhalb dieses Bogens liegt, trägt Urwald. Am Ufer steht Schilf und Gestrüpp, dazwischen Gras, genug für viele Pferde. Dort werden die Roten Halt gemacht haben."

„Good-lack, es gibt kein besseres Versteck für sie als jene Stelle! Mitten im Urwald, vorn vom Fluß gedeckt, sind sie so sicher wie in Abrahams Schoß. Dort und nirgends anders sind sie zu suchen und zu finden. Einer muß hin, um zu sehen, woran wir sind. Wer?"

„Winnetou", sagte der Häuptling ruhig.

„Und ich auch!" meinte Sam.

„Winnetou wird allein reiten. Wenn Sam Hawkens ebenfalls spähen will, so kann er es tun. Old Firehand mag ihn begleiten!"

„Aber ich?" fiel Will Parker ein. „Soll ich etwa dableiben?"

„Ja", bestimmte Sam. „Die halbe Welt braucht nicht mitzulaufen. Pfleg dich, Langer! Du hast die Aufgabe, die Mission und die Taube des Urwalds zu beschützen."

Da aber machte der junge Apatsche eine Gebärde der Abwehr.

„Der Flinke Hirsch beschützt die Taube. Er braucht keinen zweiten."

Es klang wie eifersüchtiger Ehrgeiz aus seinen Worten.

„Es nahen viele Feinde", sagte Winnetou mit seiner

klangvollen Stimme, „da ist ein Arm zum Schutz nicht genug. Die weißen Freunde mögen das Haus hüten. Winnetou bricht jetzt auf. Er wird nach Norden reiten, um am Fort West vorüber den Marikopas in den Rücken zu gelangen."

„So halten wir beide uns nach Süden", sagte Old Firehand. „Wir reiten um Silver City herum und kommen den Indsmen von der anderen Seite in den Rücken. Dort treffen wir vielleicht mit Winnetou zusammen."

„Howgh!"

Nur dieses eine Wort sagte der Apatsche. Im nächsten Augenblick war er aus dem Zimmer verschwunden.

Das indianische Wort Howgh[1] ist fast allen Stämmen gemeinsam und hat verschiedene Bedeutung. Meist aber ist es soviel wie eine Bekräftigung, wie: ‚Abgemacht!'

Sam wandte sich zu Old Firehand:

„Wann reiten wir?"

„Jetzt noch nicht. Erst muß ich hinunter zu Dick. Übrigens wird Euch Master Wilkins eins seiner guten Pferde geben, da Euer Maultier sicherlich ermüdet ist."

„Meine Mary ermüdet? Da kennt Ihr sie schlecht. Die nimmt es längst mit Euerm Rassegaul auf, wenn ich mich nicht irre."

Old Firehand fand in der Erdgeschoßkammer Dick auf dem Bauch liegen, ein Ohr an der Bodenöffnung. Als er Old Firehand eintreten sah, legte er den Stein auf das Loch und erhob sich.

„Verdammte Aufgabe!" flüsterte er. „Soll ich etwa die ganze Nacht so hockenbleiben?"

„Nein, Master Dick. Das verlange ich nicht. Wie stehts — haben die Kerle gesprochen?"

„Nur leise. Sie glaubten, es wäre jemand draußen an der Tür geblieben, um zu horchen. Erst als der letzte eingebracht war, hörten sie Wilkins fortgehen, und seitdem reden sie lauter. Doch es ist nichts Wichtiges. Eben jetzt

[1] Howgh sprich „Hau"!

fing der eine, der sich Newton nannte, von der Türkei an."

„Das muß ich hören."

Old Firehand legte sich nieder und horchte. Aber das Gespräch hatte schon eine andere Wendung erhalten.

„Wenn sie nur wenigstens dich nicht erwischt hätten!" hörte er die Stimme Newton-Florins. „Dann konntest du nach Prescott reiten, um Walker zu unserer Rettung herbeizuholen!"

„Vielleicht hätte ich ihn gar nicht gefunden!"

Der Sprecher war anscheinend der Wächter der Pferde.

„Natürlich nennt er sich dort nicht Walker. Er heißt Zennort und wohnt in einer Cottage in der Sierra Prieta."

„Das ist doch nicht in Prescott!"

„Nein. Man hat von dort aus noch vier Stunden zu reiten. Aber in diesem Land wird das nicht so genau gerechnet. Übrigens würde dich jeder Kneipenbesitzer zu ihm weisen. Nun aber erzählt mir, wie es gekommen ist, daß man euch abgefangen hat wie die Krammetsvögel!"

Das wußte Old Firehand selber am besten. Er brauchte es nicht zu hören. Darum gab er seinen Lauscherposten auf; die Minute, die er an der Luke zugebracht, hatte sich reichlich gelohnt.

Er legte den Stein wieder auf die Öffnung und entfernte sich mit Dick, um Sam Hawkens aufzusuchen.

Der kleine Trapper sattelte im Hof schon seine Mary.

Als sie aufbrachen, kam Wilkins nach, um sich zu verabschieden und ihnen zu danken.

„Ist nicht der Rede wert", meinte Sam. „Solange wir nicht zurück sind, hats keine Gefahr für Euch, wenn ich mich nicht irre."

„Danke, Sir! Übrigens verlasse ich mich auch ein wenig auf mich selber. Sobald ihr fort seid, werde ich das Wasser loslassen; dann sind bis zum Mittag wenigstens hundert tüchtige Krieger der Chiricahua hier am See beisammen."

„Laßt sie aber nicht sehen, sondern nehmt sie ins Haus herein! Denn die Marikopas sind auch keine Dummköpfe und werden Kundschafter senden!"

5. BEI DEN MARIKOPAS

Der Morgen dämmerte; als Old Firehand und Sam Hawkens die Schlucht hinabgeritten waren und die Ebene vor sich hatten, war es völlig Tag geworden.

Es ging immer südwärts, um einen weiten Bogen zu schlagen. Nach zwei Stunden hatten sie Silver City zur Rechten und bogen nach Westen ein, dann mehr nach Norden zurück, bis sie auf den Fluß trafen. Old Firehand trieb sein Pferd mit einem kühnen Satz in den Fluß hinein und hielt erst am anderen Ufer an. Sam Hawkens folgte ihm sogleich mit seiner Mary.

„Wenn ich mich in meinen Berechnungen nicht getäuscht habe", meinte Old Firehand, „so können die Roten nicht mehr fern sein. Wollen also absteigen und die Tiere in diesem günstigen Dickicht verstecken!"

Er schob das Buschwerk auseinander, führte sein Pferd hinein und band es an. Sam folgte seinem Beispiel. Nachdem alle Spuren verwischt waren, schritt Old Firehand voran, immer den Fluß entlang und zwischen den Sträuchern hindurch. Sorgfältig vermieden sie, eine Fährte zurückzulassen. Eben bog der Trapper zwei Büsche auseinander, um weiterzuschreiten, da fuhr er zurück und ließ die Zweige wieder hochgleiten.

„Was gibts?" fragte Sam.

„Indsmen."

Beide kauerten sich nieder, um durch das Gesträuch zu lauschen. Der Fluß zeigte hier eine Einbuchtung. Am selben Ufer, aber jenseits dieser Bucht, saßen wenigstens ein Dutzend Rote. Sie hockten nicht beisammen, sondern in einer Linie am Wasser und widmeten sich mit Hingabe dem edlen Geschäft des Angelns. Ihre Gesichter waren mit den Kriegsfarben bemalt, woran Old Firehand erkannte, daß es sich wirklich um Marikopas handelte. Sie gehören zu den Yuma-Indianern und sind ein höchst kriegerischer Stamm.

„Well, ich weiß, woran ich bin", flüsterte Old Firehand seinem Gefährten zu. „Die Indsmen scheinen gerade hinter dieser Einbuchtung zu lagern. Wenn wir unbemerkt an sie heranwollen, müssen wir also einen Bogen schlagen. Das beste ist, wir kehren dorthin zurück, wo wir die Tiere gelassen haben, und nahen dann den Roten von rückwärts."

„Und wenn wir bemerkt werden?"

„Entdeckt man uns beide, so können wir nichts anderes tun, als schleunigst danach zu trachten, unsere Tiere zu erwischen und uns aus dem Staub zu machen. Wird nur einer gesehen, so entfernt er sich, aber nicht in der Richtung zu den Tieren, weil dann dem anderen der Ritt abgeschnitten wird. Übrigens bleiben wir wohl beisammen oder uns wenigstens so nahe, daß wir uns auf alle Fälle ein Wort sagen können, wie wir uns verhalten wollen. Kommt jetzt!"

Sie schlichen wieder zurück, an ihren Tieren vorüber und in einem großen Bogen um die Bucht herum. Dabei waren sie peinlich darauf bedacht, ihre Spuren aufs sorgfältigste zu verwischen.

Am Wasser gab es zunächst einen nicht sehr breiten Raum von Buschwerk, dann hohen Wald, der ausschließlich aus solchen Bäumen bestand, die im Westen Deepbranch- oder Greatlefbäume genannt werden. Zuweilen heißt man sie auch Straightwoods. Diese Ausdrücke bedeuten: Tiefast-, Großblatt- und Gradholzbäume. Aus diesen Namen läßt sich auch ohne weiteres auf den Bau dieser Riesen des Lauburwaldes schließen. Sie sind von bedeutender Höhe und Stärke. Ihre Zweige beginnen schon zwei Fuß über dem Boden. Die Hauptäste sind oft über mannsstark und stehen schnurgerade im rechten Winkel vom Stamme ab, so daß man leicht wie ein Seiltänzer darauf laufen kann. Die Blätter gleichen in der

Gestalt denen unserer Walnußbäume, sind aber bedeutend größer und bilden ein sehr dichtes Laubwerk. Diese Art Bäume steht zwar niemals nahe beieinander; aber die Äste erreichen eine ansehnliche Länge; das Astwerk des einen Baumes erstreckt sich häufig in das des anderen hinein; und so bildet ein solcher Wald mit seinen verschiedenen Astlagen ein dichtes, grünes, aus vielen Stockwerken bestehendes Dach, worunter man wegen der niedrigen Äste zwar nicht gut gehen kann, aber einen trefflichen Schutz vor Regen und — vor Entdeckung findet.

Ein geübter Kletterer oder vielmehr einer, der es versteht, sich gut im Gleichgewicht zu halten, kann sich da oben in den Laubgängen der starken Äste von Baum zu Baum schwingen, ohne unten bemerkt zu werden. Freilich muß er sich hüten, einen Zweig zu knicken oder ein anderes Geräusch zu verursachen; sonst ist er, falls sich Indianer darunter befinden, gefährdet.

Old Firehand und Sam Hawkens hatten den Buschsaum hinter sich und drangen nun in den Wald, unter dessen Dach die Roten zu stecken schienen. Da ließ sich das Schnauben eines Pferdes vernehmen, und sofort zog Old Firehand seinen Gefährten zurück ins Gebüsch.

„Halt, Master! Wahrscheinlich haben sie die Tiere in der Nähe. Es ist immer besser zu wissen, wie es damit beschaffen ist. Sehen wir sie uns also zuvor an! Möchte mich überzeugen, ob sich eine Wache dabei befindet!"

Sie krochen tief am Boden hin, in der Richtung weiter, woher das Schnauben gekommen war, und umschlichen, immer von den Sträuchern gedeckt, zwischen dem Buschsaum und dem eigentlichen Wald eine beträchtliche, grasbewachsene Blöße, auf der eine bedeutende Anzahl Pferde weidete. Sie zählten etwa dreihundert Tiere, die angehobbelt[1] waren, so daß sie nicht entfliehen konnten.

„Ich sehe keine Wache", meinte Sam.

„Ich auch nicht. Die Roten fühlen sich hier vollstän-

1 An den Vorderfüßen gefesselt

dig sicher. Behold! Bemerkt Ihr dort die beiden Goldfüchse?"

„Ja. Prächtige Tiere. Die werden sicherlich nicht von gewöhnlichen Indsmen geritten."

„Gewiß nicht. Ich bin kein Pferdedieb; aber wenn ich Verwendung für diese Tiere hätte und dadurch nicht unsere Anwesenheit verraten würde, holte ich sie mir heraus. — Vorwärts, in den Wald hinein!"

Als sie sich, verdeckt von den unteren Zweigen, die fast den Boden berührten, zwischen den hohen, starken Stämmen befanden, schnupperte Sam.

„Riecht Ihr nichts, Sir?"

„O doch! Sie braten Fische."

„Ja. Ihr habt eine ebenso gute Nase wie ich. Man könnte auch Euch Tschi-kone nennen. Aber woher kommt der Geruch? Hier mitten im Blätterwerk täuscht man sich."

„Dort vom Fluß her."

„Scheint mir auch so. Dahin müssen wir also."

„Ja. Hm! Wenn ich wüßte!"

Old Firehand richtete dabei den Blick prüfend hoch und dann auf seinen Gefährten.

„Was?"

„Könnt Ihr klettern?"

„Wie ein Eichkätzchen, wenn es sein muß."

„Halte es nämlich für geratener, hinaufzusteigen und da oben von Ast zu Ast weiterzuturnen."

„Bin dabei."

Sam ergriff einen starken Ast in Mannshöhe und saß im nächsten Augenblick oben. Ein Stückchen höher ragte ein zweiter und dann ein dritter Ast ins Zweigwerk des nächsten Baumes hinein. Ein Schwung und noch einer, und Sam saß oben in der dritten Laublage, so daß Old Firehand ihn nicht mehr sehen konnte.

Der Jäger nickte befriedigt vor sich hin. In wenigen

Sekunden hockte auch er oben bei Sam, der gleich weiterklettern wollte. Old Firehand aber hielt ihn zurück.

„Halt! Bevor wir diese Deckung verlassen, müssen wir uns überzeugen, daß wir sicher sind. Wir machen es in der Weise, daß ich stets vorangehe. Am nächsten Stamm schaue ich mich genau um. Bemerke ich nichts Verdächtiges, so winke ich, und Ihr kommt nach. Hier erspähe ich keinen Menschen — wir können also weiter."

Er stellte sich aufrecht auf den über mannsstarken Ast und schritt darauf vorwärts, bis er einen gleichen Ast des nächsten Baumes erreichte, wo er dann, ebenso gerade aufgerichtet, dem Stamm zuschritt. Dahinter kauerte er sich nieder und musterte die Umgebung. Darauf gab er den Wink. Sam folgte ihm mit gleicher Sicherheit.

Auf diese Weise gelangten sie von Baum zu Baum. Es war wirklich ein Kunststück, das die beiden vollbrachten; sie verursachten nicht das mindeste Geräusch; kein Zweig brach, kein Blatt fiel herab. Ihre Bewegungen waren trotz der Behinderung durch die Gewehre so gewandt, daß sich die Äste kaum bewegten.

Plötzlich war der Wald zu Ende. Einer jener Stürme, die manchmal strichweise durch die Wälder gehen und auf ganzen Flächen die Bäume niederreißen, war dem Lauf des Flusses gefolgt und hatte an dem einen Ufer weithin die stärksten Bäume entwurzelt und übereinander getürmt. Dadurch war ein undurchdringliches Chaos entstanden, und an dessen Rand . . .

„Hallo!" raunte Old Firehand. „Da stecken sie!"

Die beiden Jäger konnten von ihrem hohen Standpunkt aus wohl bemerken, daß die Roten den Hurrikan, wie man die Stürme und danach auch die verwüsteten Stellen nennt, auf der einen Seite umgangen hatten, um an den Fluß zu gelangen. Dort saßen viele von ihnen noch immer mit Angeln beschäftigt, eine lange Reihe bewegungsloser Gestalten. Diejenigen, die schon Glück gehabt hatten, waren zurückgekehrt und brieten ihre Beute. Zu diesem Zweck hatten sie mit den Tomahawks Löcher in den Boden geschlagen, Feuer darüber angezündet und die Fische, ohne sie vorher auszunehmen, in die glühende Asche gelegt.

Da sich die zwei Trapper in unmittelbarer Nähe der Indianer befanden, mußten sie ihre Vorsicht verdoppeln und schritten daher nicht mehr aufrecht über die Äste, sondern schoben sich auf Händen und Füßen weiter. Schon nach kurzer Zeit hörten sie Stimmen. Zwei Männer sprachen in jenem Gemisch von Spanisch und Indianisch, dessen sich die Weißen gern bedienen, wenn sie mit den Roten verkehren.

Old Firehand und Sam Hawkens hockten jetzt auf jenem Baum, unter dem das Gespräch geführt wurde. Sie konnten die Sprechenden zwar nicht sehen, aber es war ihnen möglich, jedes Wort zu verstehen. Dicht am Stamm kauerten und lauschten sie.

„Welchen Plan hat der Eiserne Pfeil?“ fragte einer, der seiner Aussprache nach ein Weißer sein mußte. „Wäre es nicht geraten, List anzuwenden?“

„Welche List meint mein weißer Bruder Sonataka?“

Der das sagte, schien der Häuptling selber zu sein. Er nannte den anderen Sonataka, das heißt so viel wie ‚Silberner Mann‘.

„Wir werden voranreiten und die Nachricht ausstreuen, daß wir den Gräbern der Häuptlinge unsere Verehrung bringen wollen. Man wird uns dann als Gäste in der Mission aufnehmen. Des Nachts kommen unsere Leute, und wir öffnen ihnen Tor und Tür.“

„Das geht nicht. Man kennt den Eisernen Pfeil. Man würde uns sogleich gefangennehmen, und ich käme an den Marterpfahl zu Ehren der Gräber der Häuptlinge. Nein, dieser Plan taugt nichts.“

„So entwirf einen anderen!“

„Was ich tun werde, das weiß ich längst. Es wohnen wenig Leute in der Mission, und ihre Beschützer, die

Chiricahua-Apatschen, sind auf der Jagd. Wir zählen zehn mal drei mal zehn. Wir werden des Nachts das Tal des Blauen Wassers erreichen und die Mission umzingeln. Die Bewohner ahnen nichts. Sie werden überrascht, bevor es ihnen einfallen kann, sich zu verteidigen, und wir werden sie dann am Marterpfahl verbrennen, wie sie uns verbrennen würden."

„Und die Schätze der Mission?"

„Sie sind dein, wie wir besprochen haben. Du wirst sie aber erst bekommen, wenn du uns Pulver und Blei gegeben hast, wie zwischen uns ausgemacht wurde."

„Aber wenn wir das Gold und Silber nicht finden?"

„So werden wir die Taube des Urwalds so lange martern, bis sie uns das Versteck verrät."

„Und sie dann töten?"

„Ob ich sie töten werde, weiß ich noch nicht", knurrte jetzt der Häuptling unwirsch. „Ich bin der Anführer der Marikopas und tue, was ich will."

„Du vergißt, daß ich nicht dein Untergebener bin."

„Und du vergißt, daß ein Häuptling nicht nötig hat, alle seine Gedanken zu sagen. Iß und leg dich schlafen, damit du heute in der Nacht nicht ermüdest!"

Man hörte einen unterdrückten Fluch; dann entfernte sich der ‚Silberne Mann'.

Die Lauscher blickten durch das Blätterdach. Als er aus dem Schutz des Baumes trat, sahen sie ihn. Er mochte wenig über dreißig Jahre zählen.

„Wer ist denn dieser Ehrenmann?" fragte Sam leise.

„Ich weiß nicht. Aber vom Eisernen Pfeil habe ich gehört. Wir dürfen von Glück sagen, daß wir ausgerechnet den Häuptling getroffen haben."

„Was wißt Ihr von ihm?"

„Er genießt keinen sonderlich guten Ruf und soll oft unberechenbar in seinen Handlungen sein. Freilich mag er in diesem Fall nicht der Alleinschuldige, vielleicht nicht einmal der Hauptschuldige sein. Ihr habt ja selber gehört, daß wieder ein Weißer seine Hand im Spiel hat. Wie es fast immer ist, leider Gottes, wenn der rote Mann eine Schurkentat begeht."

„Was nun? Der Häuptling scheint noch unten zu sitzen."

„Jedenfalls. Ich werde mich einen Ast tiefer hinablassen, um ihn einmal zu betrachten. Wartet!"

„Fällt mir nicht ein. Ich möchte den roten Kerl auch beliebäugeln."

Sie schwangen sich also eine Astlage tiefer hinab. Da bemerkten sie, daß für den Häuptling eine kleine Hütte aus Buschwerk errichtet worden war, in deren Dach eine Lanze steckte, woran ein Skalp hing. Der Eiserne Pfeil saß vor dem Eingang und hatte zwei kleine Farbentöpfe vor sich stehen, in der er abwechselnd einen Pinsel tauchte, um sich das Gesicht zu bemalen.

„Rot und schwarz", sagte Sam flüsternd. „Das sind die Kriegsfarben; sie bedeuten Blut und Tod! Der Kerl meint es also sehr ernst. Doch wer kommt da?"

Längs des Hurrikans eilten zwei junge Indianer herbei, denen man es ansah, daß sie Brüder waren; sie mochten siebzehn oder achtzehn Jahre alt sein. Als sie den Häuptling bei seiner Beschäftigung sahen, blieben sie in ehrfurchtsvoller Entfernung stehen. Das Bemalen mit den Kriegsfarben ist stets eine heilige Handlung und darf nicht gestört werden.

Doch er winkte sie herbei.

„Was wollen die beiden ‚Finger' hier?" fragte er.

Der Ältere kam näher.

„Der ‚Rechte Finger' und der ‚Linke Finger' kommen, um dem Häuptling eine Bitte vorzutragen."

„Sagt sie!"

„Warum sollen wir hier unter den Bäumen sitzen, wenn wir uns auf dem Kriegspfad befinden? Haben wir nicht die zwei besten Pferde des Stammes? Sind nicht unsere Goldfüchse frisch und mutig? Wir kennen das Ziel des Zuges. Wir wollen Krieger werden und Proben unserer Tapferkeit ablegen. Die Jünglinge, die sich einen Namen verdienen wollen, werden stets als Kundschafter verwendet. Warum sendet unser Vater keine Kundschafter aus? Warum gönnt er uns nicht den Ruhm, mit den Skalpen der Feinde zurückkehren zu können?"

Diese beiden Indsmen hatten noch keine festen Namen; sie wurden nur einstweilen ‚Rechter' und ‚Linker Finger' genannt. Den Namen, den der Indianer fürs ganze Leben trägt, erhält er erst dann, wenn er seine Probe bestanden hat. Der alte Häuptling ließ ein wohlgefälliges Grinsen sehen, das sich auf seinem halbbemalten Gesicht abstoßend ausnahm. Er fühlte sich von der Unternehmungslust seiner Sprößlinge sehr befriedigt.

„Wollen die zwei ‚Finger' ihrem Vater Befehle geben?" antwortete er. „Was versteht ihr von dem Krieg, den wir jetzt führen? Wozu bedarf ich der Kundschafter? Ich kenne den Ort genau, wohin wir gelangen wollen. Durch Kundschafter würden wir uns verraten. Die beiden ‚Finger' werden beim nächsten Morgengrauen Gelegenheit finden, sich die Skalpe der Weißen zu holen. Sie sollen die ersten sein, die in die Mission eindringen."

„Wir sind ihrer so viele, und der Bleichgesichter sind so wenige! Die zwei ‚Finger' werden keine Skalpe bekommen, wenn sie warten. Sie werden voranreiten."

„Ihr bleibt!" gebot er.

„Der Eiserne Pfeil ist streng mit seinen Söhnen. Wir haben hier unsere Messer, Köcher, Pfeile und Bogen. Sollen wir damit nichts schießen als Nisch-yuknovan[1]?"

Der Falter ist wegen seines unregelmäßigen Zickzackflugs sehr schwer zu treffen. Darum üben sich die Indianerknaben mit ihren kleinen Pfeilen bei dieser Jagd. Später aber, wenn sie Krieger geworden sind, schämen sie sich ihrer.

„Schießt so lange Nisch-yuknovan, bis ihr gelernt habt, dem Häuptling zu gehorchen!"

[1] Schmetterlinge

Die jungen Indianer blickten einander fragend an und wandten sich rasch ab. Mit trotzigen Mienen gingen sie in den Wald, und es war ihnen anzumerken, daß sie gewillt waren, irgend etwas auszuführen, was ihnen Ruhm und Ehre brachte.

Der Alte dachte gewiß das gleiche; denn er brummte wohlgefällig vor sich hin, und die beiden Lauscher verstanden deutlich die Worte ‚okmek nososs', die so viel bedeuten wie ‚junge Löwen'.

„Die begehen irgendeine Dummheit", flüsterte Sam.

„Die wir benützen werden. Folgt mir und macht Euern Lasso los!"

„Warum?"

„Werdet's bald sehen."

Old Firehand kletterte von Ast zu Ast, von Baum zu Baum, in der Richtung fort, wohin die beiden ‚Finger' gegangen waren. Jetzt hatte er sie eingeholt. Er legte sich auf den Ast und bog den Kopf hinab, um Umschau zu halten. Kein Mensch war in der Nähe.

Schnell schwang er sich hinunter. Ein Sprung — er befand sich hart hinter den beiden — ergriff hüben den einen und drüben den anderen beim Hals und drückte seine stählernen Hände zusammen. Sofort verloren die Indianer die Besinnung, ohne den geringsten Laut auszustoßen.

„Zounds!" klang Sams Stimme gedämpft von oben herab. „Ein Meisterstück, Master! Aber ich dachte mir so etwas."

„Es kann jeden Augenblick jemand kommen. Schnell, nehmt einen hinauf!"

Mit diesen Worten hob der Jäger den einen Roten hoch; Sam zog ihn schleunigst zu sich herauf und gleich darauf den zweiten. Old Firehand nahm noch die Pfeile der ‚Finger' an sich, da sie hätten zu Verrätern werden können, schwang sich wieder empor, band die beiden Gefangenen, stieg einen Ast höher und zog sie hinauf.

„Ein Prachtstreich, wenn ich mich nicht irre!" kicherte

Sam. „Hoffentlich leben sie noch. Wäre jammerschade, wenn Ihr den süßen Kinderchen weh getan hättet!"

„Sie sind nicht tot. Sie sollen mir dazu dienen, die Geschichte ohne Blutvergießen zu beenden."

„Ah! Als Geiseln?"

„Ja. — Aber nun zu den Pferden! Wir nehmen die Goldfüchse. Der Eiserne Pfeil wird denken, seine Söhne seien, um sich auszuzeichnen, dem Stamm als Kundschafter vorangeritten. Soll er! — Vorwärts!"

Jeder der beiden Westmänner nahm einen Gefangenen über die linke Schulter, um die rechte Hand zum Klettern frei zu haben.

Dann ließen sie sich, da sie weit genug von den Feinden entfernt waren, auf den Boden hinab.

Der hünenhafte Jäger schritt leicht gebückt voran. Ihm machte die Last auf seiner Achsel nichts aus; der kleine Sam dagegen hatte an seinem Indianer schon beträchtlich zu schleppen.

So gelangten sie an den Rand des Waldes, wo dieser an den Weideplatz stieß.

„Jetzt rasch Knebel in den Mund! Holt Gras dazu, Sam Hawkens; wir haben nichts anderes!"

Nun trug man die Gefangenen zu den beiden Goldfüchsen. Die Tiere waren gesattelt, ein Umstand, der den beiden Jägern sehr zustatten kam. Die zwei Lassos aber reichten aus, die Jünglinge, deren Füße unter dem Bauch des Gauls von den Riemen gehalten wurden, auf den Tieren festzubinden.

Unterdes kamen sie wieder zum Bewußtsein und auf ihren Gesichtern malte sich der Schreck beim Anblick der beiden Trapper. Sie stießen eine Art Röcheln aus, mußten sich aber widerstandslos in ihr Schicksal ergeben.

„Jetzt werde ich die Füchse eine Strecke flußaufwärts führen", sagte Old Firehand. „Ihr, Sam, geht unterdessen zu unseren Pferden, reitet sie ins Wasser und schwimmt ebenfalls aufwärts, damit man keine Fährte findet."

Als Old Firehand den Fluß erreichte, hatte er nicht lange zu warten, bis Sam erschien.

„Ihr habt doch die Spuren im Gebüsch verwischt?“

„Meint Ihr wirklich, daß Sam Hawkens so dumm ist, das zu vergessen? Will den Indsman sehen, der auf den Gedanken kommt, daß die Herren Marikopas so hohen Besuch gehabt haben, hihihihi!“

„Schön. Man wird die Spuren dieser beiden Pferde lesen und ihnen ein Stück folgen. Auf eine Fährte von vier Pferden aber darf man nicht stoßen, sonst sind wir verraten. Wir trennen uns also. Ihr nehmt einen Gefangenen und setzt über den Fluß. Ich nehme den anderen, schwimme noch eine Strecke hinauf, reite im Uferwasser weiter, bis es mir genügend erscheint, setze dann auch über und schlage einen Bogen, um unsere beiden Fährten soweit wie möglich auseinanderzubringen.“

„Und wo treffen wir uns?“

„Am letzten Vorberg, an dem wir früh vorüber gekommen sind. Könnt Ihr Euch besinnen, daß an seinem Fuß das ausgetrocknete Bett eines Baches zu sehen war?“

„Sehr genau, Master.“

„Dort treffen wir zusammen. Wer zuerst ankommt, der wartet.“

„Well“, nickte Sam. „Der Alte sagte zu seinen Söhnen, daß sie die ersten sein sollten, die die Mission betreten. Wir tun ihm den Gefallen, sein Wort in Erfüllung gehen zu lassen, und zwar viel schneller, als er es für möglich gehalten hat. Nun gut, bringt mir den einen Monsieur herein! Holen darf ich ihn mir doch nicht, sonst findet man die Spuren dreier Pferde am Ufer.“

Old Firehand führte beide Indianergäule ins Wasser, gab das eine dem kleinen Jäger und schwang sich, das andere am Leitzügel, auf sein eigenes Pferd. So befanden sich alle vier im Fluß, während an dieser Stelle nur die Spuren zweier Tiere hineinführten.

„So, Master!“ meinte Sam. „Jetzt sind wir in Ordnung,

und der Ritt kann beginnen, wenn ich mich nicht irre. Gehabt Euch wohl!“

Er machte eine Wendung und trieb die beiden Pferde dem jenseitigen Ufer entgegen. Wohlbehalten kam er drüben an und ritt im Galopp in der vorgeschriebenen Richtung davon.

Als Old Firehand auf einem Umweg am Ort des Zusammentreffens anlangte, wartete Sam Hawkens mit dem zweiten ‚Finger‘ bereits auf ihn. Gemeinsam setzten sie den Ritt nach dem Blauen Wasser fort.

Je höher sie kamen, um so öfter stießen sie auf vereinzelte Trupps von Apatschen, die den gleichen Weg verfolgten. Sie alle waren gut bewaffnet, aber zu Fuß. Sie hatten das Zeichen, das Wilkins ihnen gegeben hatte, bemerkt: es galt, das Missionsgebäude gegen einen Überfall zu verteidigen, und dazu konnten sie keine Pferde gebrauchen. Als die Reiter an ihnen vorbeikamen, traten sie still zur Seite und stießen höchstens beim Anblick der Gefangenen ein verwundertes ‚Uff‘ aus.

Oben am See war kein Mensch, aber als sie in den Hof des Missionsgebäudes gelangten, sahen sie wohl gegen hundert Apatschen, die wortlos am Boden saßen, bereit, die Taube des Urwalds gegen die Feinde zu verteidigen.

6. DER KAMPF UM DIE ALTE MISSION

In der Mission gab es ein Hallo beim Anblick der Gefangenen, und die beiden Jäger ernteten reichliches Lob. Unter den schon angekommenen Chiricahua-Apatschen befand sich auch der Häuptling Lata nalgut, die Starke Hand, ein groß und breit gebauter Krieger. Er kam herbei und begrüßte die Trapper würdevoll.

Man hielt Kriegsrat. Old Firehand schlug vor, die Rückkehr Winnetous abzuwarten, bevor man etwas unternahm. Wilkins ging darauf ein, und auch der Häuptling der Chiricahua war einverstanden.

„Habt Ihr schon von einem Weißen gehört, Master Wilkins, der von den Indianern Sonataka, also Silberner Mann, genannt wird?“ fragte Old Firehand.

„Gehört habe ich von ihm, ihn aber noch nicht zu Gesicht bekommen. In diesen wenig bewohnten Gegenden spricht es sich ja schnell herum, wenn sich irgendwo ein Weißer angesiedelt hat.“

„Was ist er für ein Mann?“

„Er ist der Besitzer eines Quecksilberbergwerks in —“

„— ah, deshalb der Name Silberner Mann. Kennt Ihr seinen wirklichen Namen?“

„Er heißt Roulin.“

„Ein Franzose, wie es scheint.“

„Möglich. Genau weiß ich es nicht. Er wohnt jenseits des Kolorado in einem Tal, das von den Indianern die Bezeichnung ‚Todestal‘ erhalten hat. Gemeint ist aber nicht das berüchtigte Todestal, das von den Amerikanern Death Valley genannt wird, sondern ein anderes, viel weiter südlich gelegenes und bedeutend kleineres Tal. Im übrigen spricht man nicht gut über ihn. Er fördert Massen von Quecksilber zu Tage, ohne daß man weiß, wie. Man sieht zwar die Gruben, niemals aber einen Arbeiter. Die abergläubischen Bewohner der Nachbarschaft sagen, er hätte mit dem Teufel einen Bund geschlossen, und die bösen Geister holten ihm das giftige Metall aus der Erde. — Warum fragt Ihr nach ihm?"

„Weil er ein Schurke ist. Er beteiligt sich nämlich am Zug der Marikopas; ja er scheint es überhaupt zu sein, der uns die Roten auf den Hals hetzt."

„Irrt Ihr Euch nicht?"

„Nein. Sam und ich haben ihn selber gesehen, vorausgesetzt, daß Euer Roulin und unser Sonataka eine und dieselbe Person sind."

„Er mag sich vor mir hüten, der Verräter! Wenn ich ihn vor meine Büchse bekomme, so ist ihm die Kugel sicher!"

Die Vorbereitungen zum Empfang der Marikopas bestanden zunächst in Anfertigung von Leuchtgegenständen, die auf das platte Dach des Missionsgebäudes geschafft wurden, um beim Nahen der Feinde angebrannt zu werden. Petroleum, Pech und Harz waren genug vorhanden zu einem Feuer, mit dem man das ganze Tal des Sees beleuchten konnte.

Als es dunkel geworden war, hatten sich wohl an hundertundfünfzig Indianer eingefunden, die wohlbewaffnet des Angriffs harrten. Winnetou war noch nicht zurück. Wilkins wollte in Sorge um ihn geraten, aber Old Firehand beruhigte ihn.

„Nicht nötig, Sir! Wie ich Winnetou kenne, so kommt er nicht viel eher als die Feinde, um sie uns anzumelden. Mir ist nicht im geringsten bange um ihn."

Schon war es gegen Mitternacht. Draußen herrschte dichte Finsternis. Ruhig und dunkel lag das Gebäude. Keins der Fenster nach außen war erleuchtet. Da klopfte es leise ans Tor; die alte Indianerin öffnete den Schieber.

„Wer ist draußen?"

„Winnetou."

Er ging, als sie ihn einließ, stumm an ihr vorüber. Sein

Pferd hatte er anscheinend an einer sicheren Stelle untergebracht, um besser beobachten zu können.

Im Hof brannte ein niedriges Feuer, dessen Schein die Gestalten der roten Krieger malerisch beleuchtete. Winnetou trat zur Starken Hand und besprach sich kurze Zeit mit dem Häuptling. Dann rief dieser seinen Kriegern einige Befehle zu, worauf sie sofort verschwanden, um sich auf die Plattform des Hauses und in die Räume zu verteilen, deren Fenster nach außen gingen. Als Winnetou in das Zimmer kam, wo die Weißen versammelt waren, sagte er nur:

„Die Marikopas sind da."

„Endlich!" meinte Sam. „Nun kann das Theater losgehen. Werden sie gleich angreifen?"

„Sie sind hart hinter mir her. Sie werden das Haus umzingeln. Haben meine weißen Brüder dafür gesorgt, daß ein Leuchtfeuer angebrannt wird?"

„Ja."

Jeder begab sich auf seinen Posten. Sam hatte sich das Tor erwählt; er glaubte dort am ersten zum Schuß zu kommen.

Draußen war nicht das leiseste Geräusch zu vernehmen. Sam stand am Guckloch, vermochte aber nichts zu erkennen. Dennoch wußte er, daß die Angreifer nur wenige Schritte entfernt waren; es war das unbestimmte Gefühl, der sechste Sinn, der es ihm sagte.

Verwundert horchte er auf, als er den Tritt eines Pferdes hörte, das langsam näher kam und am Tor anhielt. Man klopfte. Sam wartete eine Weile, um den Einlaß Begehrenden glauben zu machen, man liege schon im Schlaf; erst nach wiederholtem Klopfen schob er den Schieber zurück.

„Wer ist da?"

„Ein Bote an die Taube des Urwalds."

„Von wem?"

„Von der Starken Hand."

„Wo befindet sich denn der Häuptling, der dich sendet?“

„Er jagt den Büffel an den Ufern des Gila.“

Dann vernahm Sam ein leises Schleichen. Er wußte, jetzt standen mehrere der Feinde am Tor. Der Plan war, sich öffnen zu lassen und mit dem, der sich für einen Boten ausgab, zugleich einzudringen. Sam hatte so laut gesprochen, daß man es oben auf dem Dach hören konnte.

„Er jagt?“ lachte er laut. „Mein roter Bruder irrt sich. Die Starke Hand befindet sich hier in diesem Haus.“

„Uff!“ erklang es da draußen im Ton des Schrecks.

„Ja, du roter Gauner! Wer einen anderen übertölpeln will, der muß auch der Klügere sein. Ihr Marikopas aber seid die dümmsten Kerle, wenn ich mich nicht irre. Ich war heute in euerm Lager und habe die Söhne des Eisernen Pfeils aus eurer Mitte geholt und als Gefangene hierhergebracht. Jetzt wißt ihr, woran ihr seid. Dir aber will ich auf die Lügen, die du uns auftischst, mein Ja und Amen geben.“

Er hatte bei diesen Worten den Lauf seines Gewehrs durch das Guckloch gesteckt; gleich darauf krachte ein Schuß. Bei seinem Blitz sah man den Indianer vom Gaul sinken.

Wütendes Geheul antwortete dem Schuß; dann trat Stille ein. In diesem Augenblick loderte oben auf der Plattform des Hauses eine riesige Petroleumflamme auf, so daß die ganze Umgebung fast taghell erleuchtet war. Die Belagerten sahen nun, daß die Marikopas das Haus von allen Seiten umstellt hatten.

Da ertönte von oben eine klangvolle Stimme:

„Hier steht Winnetou, der Häuptling der Apatschen, um den Eisernen Pfeil zu empfangen. Meine roten Brüder mögen in Frieden in ihre Dörfer ziehen, bevor unsere Kugeln sie fressen!“

Ein brüllendes Hohngelächter antwortete. Aber die mächtige Stimme des Apatschen übertönte den Lärm.

„Die Marikopas mögen ihre Ohren öffnen! Es ist nicht gut, daß sich die roten Krieger untereinander auslöschen! In diesem Haus liegen die beiden Söhne des Eisernen Pfeils; sie können frei zurückkehren, wenn die Marikopas versprechen, nie wieder das Kriegsbeil gegen die Paloma Nakana auszugraben! Ich habe gesprochen. Howgh!"

„Elender Lügner!" schrie die heisere Stimme des Eisernen Pfeils. „Da hast du's!"

Ein Schuß blitzte auf. Doch im gleichen Augenblick lag Winnetou am Boden, und die Kugel pfiff über ihn hinweg.

Doch sofort stand er wieder und hob die Hand.

„Winnetou ist der Freund aller roten Brüder, aber die räudigen Koyoten vernichtet er! Lathi-iski!"[1]

Von oben herab und aus allen Fensteröffnungen knallten im selben Augenblick Schüsse, und die Kugeln verfehlten ihr Ziel nicht, da die Flamme die Angreifer hell beleuchtete. Die Marikopas erhoben ein weitschallendes Wutgeschrei und rannten davon, um außer Schußweite zu kommen.

Sie hatten einen solchen Empfang erfahren, daß ihnen die Lust, die Mission zu stürmen, vergangen war. Die Flamme auf dem Haus wurde bis zum Anbruch des Morgens unterhalten. Als der Tag heller wurde, konnte man die Toten zählen. Es waren über vierzig.

Die Marikopas lagerten außerhalb des Kugelbereichs unweit des Seeufers. Sie verhielten sich völlig ruhig; es war also anzunehmen, daß sie irgendeinen Entschluß gefaßt hatten.

Old Firehand saß auf dem platten Dach und beobachtete die Feinde durch sein Fernrohr. Wilkins kam herauf und ließ sich das Rohr auch einmal geben. Sorg-

1 Laßt die Gewehre sprechen!

fältig musterte er das Lager der Feinde. Plötzlich stieß er einen leisen Ruf aus.

„Was gibts?“ fragte Old Firehand.

Eine seltsame Überraschung! Artur ist dabei!“

„Artur? Ist das nicht der Name Eures verschwundenen Neffen?“

„Ja.“

„Der sollte dabei sein?“

„Ich sehe ihn deutlich neben dem Häuptling sitzen.“

„Verzeihung, Sir. Der, den Ihr meint, ist dieser Schuft Sonataka, von dem ich erzählte.“

„Ich kann’s nicht glauben. Es muß Artur sein!“

„Täuscht Ihr Euch nicht?“

„Gewiß nicht. Er ist es bestimmt!“

„Bedenkt, daß dieser Mann nicht etwa der Gefangene der Marikopas ist! Er ist frei; er ist Herr seines Tuns. Wäre er der, für den Ihr ihn haltet, so würde er längst in die Heimat zurückgekehrt sein.“

„Das sollte man erwarten. Aber wer weiß, was ihn daran hindert? In diesem Land geschehen unbegreifliche Dinge. Artur hat die Pflanzung verkauft; der Grund mag sein, wie er will; nun aber getraut er sich nicht wieder zurück; er schämt sich, mir unter die Augen zu treten.“

„Ich kann mich nicht mit dem Gedanken befreunden, daß der Besitzer des Quecksilberbergwerks im Todestal ein Verwandter von Euch sein soll. Vielleicht erhalten wir sehr bald Aufklärung. Seht — da kommt einer der Roten!“

Tatsächlich näherte sich ein Marikopa dem Haus. Er trug ein weißgegerbtes Fell in der Hand und schwenkte es zum Zeichen, daß er in friedlicher Absicht kam.

„Ein Unterhändler“, sagte Wilkins. „Wir werden gleich hören, was er will.“

Winnetou, der auch auf der Plattform lag, erhob sich. „Ein Bote des Eisernen Pfeils. Mein weißer Bruder Old

Firehand mag zu ihm hinabgehen! Er wird tun und sagen, was am besten ist."

Old Firehand ging. Wilkins schüttelte verwundert den Kopf.

„Eigentlich ist es doch meine Sache, einen Unterhändler zu empfangen."

„Ja, aber mein Bruder weiß nicht, was der Bote will; und wenn der Bote eine schnelle Antwort verlangt, muß er sich rasch entscheiden und kann dabei leicht das Falsche treffen."

Old Firehand ließ sich unterdessen das Eingangstor öffnen und trat hinaus, da der Marikopa durch Zeichen zu verstehen gab, daß er nicht näher zu kommen wagte.

„Ich bin gesandt vom Eisernen Pfeil. Die roten Männer wollen ihre Toten holen. Die weißen Krieger werden ihnen das erlauben."

„Nein, wir erlauben es nicht. Die Skalpe der Marikopas gehören den Apatschen."

„Wie kommt es, daß so viele Krieger der Chiricahua hier sind?"

„Um euch zu empfangen."

„Keiner hat gewußt, daß wir kommen."

„Alle haben es gewußt, ich selber bin mitten in euerm Lager gewesen, habe gehört, was der Eiserne Pfeil mit dem Silbernen Mann sprach, und habe dann seine beiden Söhne gefangengenommen."

„Sie sind auf ihren Pferden davongeritten."

„Ich habe sie gefesselt und auf ihre Pferde gebunden. Die Marikopas sind Kinder, die mit Nisch-yuknovan spielen. Sie stellen nicht einmal während eines Kriegszugs Wachen zu ihren Tieren."

„Wird mein weißer Bruder die Söhne des Häuptlings töten?"

„Ja."

Der Rote erschrak.

„Warum? Kein Tapferer tötet einen, den er nicht im Kampf besiegt hat.“

„Ich habe die beiden gefangen, und ihr Leben gehört mir; ich kann mit ihnen tun, was mir beliebt. Hast du mir noch etwas mitzuteilen, so mach es kurz!“

„Der Häuptling der Marikopas verlangt eine Unterredung mit Winnetou, dem Häuptling der Apatschen.“

„Wo soll sie stattfinden?“

„Hier, wo wir stehen.“

„Gut. Er soll diese Unterredung haben. Er mag Sonataka mitbringen und noch einen.“

„Bringt der Häuptling der Apatschen auch Leute mit?“

„Ja, zwei. Melde, was ich gesagt habe!“

Old Firehand wendete sich ab und schritt ins Haus.

Als er das Ergebnis der Unterredung mitteilte, fragte Wilkins:

„Sie kommen also zu dritt? Wer aber von uns wird zu ihnen gehen?“

„Ihr, der Apatsche und ich. Ich bitte, mir das Wort zu überlassen. Eure Aufgabe ist es, Euch diesen Roulin genau anzusehen und mir so unauffällig wie möglich zu verstehen zu geben, ob Ihr in ihm Euern Neffen erkennt. Das übrige überlaßt mir!“

Es dauerte wohl über eine Stunde, ehe man den Eisernen Pfeil mit seinen beiden Begleitern kommen sah.

Der Indianer ist durchaus nicht der Wilde, als der er gemeinhin gilt. Er ist vor allen Dingen ein guter Sprecher und läßt keine Gelegenheit, eine Rede zu halten, unbenützt vorübergehen. Eine solche bot sich jetzt, und der Häuptling tat alles, um sie feierlich einzuleiten.

Der Eiserne Pfeil nahte in einem Aufzug, der nach indianischen Begriffen überwältigend war. Er hatte seinen besten Kriegsstaat angelegt. Von seinem kunstvoll zusammengeflochtenen Haarschopf wehten vierundzwanzig Federn des Kriegsadlers herab. Als Mantel trug er das Fell eines Jaguars, das mit zahlreichen Büffelschwänzen und Klapperschlangenhäuten geschmückt war. Bewaffnet war er mit allem möglichen, so daß man sich eigentlich wundern mußte, wie er alles fortbrachte: Büchse, Messer, Tomahawk, Köcher, Bogen und Kugelbeutel. Über die Brust hingen mehrere zusammengedrehte Lassos. Das Hauptstück aber trug ihm sein Begleiter voran, derselbe Indianer, mit dem Old Firehand vorhin gesprochen hatte. Es bestand aus einer langen Lanze, an deren Spitze drei Medizinsäcke hingen. Außerdem war die Waffe mit mehreren Querleisten versehen. Daran und an dem Schaft hingen etwa dreißig Skalpe von Weißen und Indianern. Da auch sein ganzer Anzug mit den Skalphaaren getöteter Feinde ausgeputzt war, so konnte man auf die Anzahl der Menschen schließen, die von der Hand des Eisernen Pfeils gefallen waren.

Roulin ging an seiner Seite, aber einen halben Schritt dahinter.

Auf dem bestimmten Platz angekommen, steckte der Marikopa die Lanze in den Boden, nahm dem Häuptling den Mantel ab und breitete ihn auf dem Boden aus. Der Eiserne Pfeil ließ sich in bewußter Würde darauf nieder. Nun setzten sich auch die beiden anderen, doch auch wieder etwas hinter ihm, wie es die Rangordnung erforderte.

Erst nach längerer Zeit öffnete sich das Tor des Missionsgebäudes, und Wilkins, Old Firehand und Winnetou kamen herbei.

Der Apatsche stach in seinem Äußeren auffällig von dem feindlichen Häuptling ab. Er trug nicht eine einzige Feder und als Waffe nur ein Messer im Gürtel. Wilkins hatte nichts als einen Revolver bei sich, ebenso Old Firehand. Sie setzten sich stumm den anderen gegenüber.

So saßen die sechs wohl eine Viertelstunde lang wie Bildsäulen, ohne ein Wort zu sagen.

Dem Marikopahäuptling dauerte das denn doch zu lange. Er erhob sich, zählte die Taten seines Stammes auf und berichtete aufs ausführlichste von seinem eigenen Heldentum. Dieser hochtrabende Wortschwall erforderte über eine halbe Stunde Zeit.

Jetzt mußte der Häuptling der Apatschen reden. Er erhob sich, legte die Hand an den Griff seines Messers und sagte einfach:

„Ich bin Winnetou. Man kennt mich. Andernfalls wird man mich kennenlernen. Ich spreche durch die Tat. Mein weißer Bruder hier mag an meiner Stelle das Wort führen!"

Er deutete dabei auf Old Firehand und setzte sich wieder.

Der Marikopa richtete sein Auge verächtlich auf den Trapper.

„Ich bin ein Häuptling. Soll ich mit einem Mann sprechen, der unter mir steht?"

„Woher weißt du, daß ich unter dir stehe?" fragte der Jäger ruhig. „Old Firehand ist ein größerer Häuptling als du."

„Uff! Uff! Inshava nonton!"[1] rief der Eiserne Pfeil, seine Selbstbeherrschung vergessend.

„Inshava nonton! Uff!" ließ sich auch sein Begleiter hören.

Während die drei ihre Augen immer wieder auf ihn richteten und unter sich ihre Bemerkungen austauschten, wandte sich Old Firehand an Wilkins.

„Nun, ist er's?"

Wilkins neigte sich zu ihm.

„Die Ähnlichkeit ist allerdings verblüffend, aber mein Neffe ist er nicht; nun wo ich ihm so nahe sitze, merke ich es."

Dieser kleine Gedankenaustausch war den Marikopas nicht aufgefallen. Sie starrten immer noch wie gebannt den Jäger an, bis dieser endlich die Stille unterbrach.

„Wird der Eiserne Pfeil nun mit mir sprechen?"

1 Der ‚Weiße Häuptling'

„Wenn du der Weiße Häuptling bist, so werde ich deine Fragen beantworten."

„So sage mir also, ob das Bleichgesicht, das da neben dir sitzt, dein Freund ist!"

„Er ist mein Freund und Bruder."

Da wandte sich Old Firehand unerwartet an den Weißen und zwar in englischer Sprache.

„Ihr heißt Roulin?"

„Ja."

„Seid Ihr Franzose?"

„Von Geburt ja; bin aber in Amerika aufgewachsen."

„Wie lange bewohnt Ihr den Westen der Staaten?"

„Weshalb fragt Ihr?"

Roulin wurde unruhig. Old Firehands Blick war so durchdringend, daß der Franzose irgendeine Gefahr für sich nahen fühlte.

„Weil ich Veranlassung dazu habe. Also seit wann befindet Ihr Euch schon im Westen?"

„Seit einer Reihe von Jahren."

„Ist Euch ein Mann namens Walker bekannt?"

Roulin erbleichte.

„Nein", antwortete er.

„Aber dieser Sir ist Euch bekannt?"

Old Firehand deutete auf Wilkins.

„Vermutlich ist er der Vater der Taube des Urwalds."

„Ganz richtig. Kennt Ihr seinen Namen?"

„Nein."

„Er heißt Wilkins und kam aus Wilkinsfield hierher."

Roulin schluckte und druckte, um ein Wort zu sagen.

„Kenne ich nicht!" stieß er endlich hervor.

„Nun, so will ich Euch auf die Spur helfen: Habt Ihr die Papiere von Artur Wilkins vielleicht noch in Euerm Besitz?"

Jetzt spielte die Blässe Roulins ins Leichenfahle. Er hustete und gab sich die größte Mühe, seine Ruhe wiederzugewinnen.

„Ich verstehe Euch nicht; ich weiß wirklich nicht, wen und was Ihr meint."

„Versteht Ihr mich auch nicht, wenn ich Euch frage, wohin der Oberaufseher Martin Adler aus Wilkinsfield verschwunden ist?"

„Kein Wort!"

„Nun, es wird vielleicht die Zeit kommen, wo es mir gelingt, Euer Gedächtnis aufzufrischen. Jetzt haben wir einstweilen anderes zu besprechen."

Er wendete sich wieder an den Marikopa.

„Also weshalb ist der Eiserne Pfeil zu dieser Unterredung gekommen?"

„Er verlangt die Leichen der Gefallenen zurück!"

„Er soll sie haben, nachdem die tapferen Apatschen ihnen die Skalpe genommen haben."

„Der Weiße Häuptling spricht nicht wie ein Vermittler des Friedens. Weiß er nicht, daß ein roter Mann, dem die Skalplocke fehlt, nicht in die Ewigen Jagdgründe gelangen kann? Wenn ihr unsere Toten skalpiert, werden wir zur Strafe auch euch die Skalpe nehmen."

„Das könnt ihr versuchen. Sofern du uns weiter nichts zu sagen hattest, brauchtest du dich nicht zu bemühen. Wir sind fertig."

„Noch nicht. Ich habe noch eins. Du hast mir meine Söhne geraubt und zu diesem meinem Boten hier gesagt, daß sie sterben müssen. Ist das wahr?"

„Ja."

„Was haben sie dir getan, daß du sie töten willst?"

„Was hatten dir die Bewohner dieses Hauses getan, daß du sie überfallen wolltest?"

„Sie sind meine Feinde, weil sie Freunde der Apatschen sind."

„Und ich muß deine Söhne als meine Feinde betrachten, die ich vernichten werde."

„Du lädst eine große Schuld auf dich. Wir werden wenigstens so viele Apatschen töten, wie ihr von den

Unsrigen getötet habt. Das sind bis jetzt mehr als vier mal zehn."

„Die Apatschen sind tapfer; sie werden sich zu verteidigen wissen."

Die einzige schwache Stelle des Eisernen Pfeils war seine Vaterliebe; und als er Old Firehand unerbittlich fand, griff er zum letzten Mittel, das ihm übrigblieb.

„Ich will dir ein Lösegeld geben. Du bekommst die Pferde aller meiner Krieger, die heut in der Nacht gefallen sind."

„Ich bin kein Pferdehändler. Es gibt nur einen einzigen Preis, gegen den ich dir deine Söhne zurückgebe."

„Nenne ihn!"

„Du gibst mir für sie eine andere Person."

„Wen meinst du?"

„Diesen weißen Mann hier, der sich Roulin nennt."

Der Franzose sprang erschrocken auf, aber der Marikopa beruhigte ihn sogleich.

„Fürchte dich nicht! Du stehst unter meinem Schutz. Ich kann dich nicht opfern."

„Also nicht?" fragte Old Firehand.

„Nein. Lieber magst du meine Söhne töten. Man soll nicht vom Eisernen Pfeil sagen, er hätte einen Freund geopfert, um seine Kinder zu retten."

„Aber der, den du deinen Freund nennst, ist ein Schurke."

„Oho!" rief Roulin und griff in seinen Gürtel.

Der Marikopa warf ihm einen warnenden Blick zu.

„Nach euren Gesetzen mag er vielleicht Unrecht getan haben, nach den unsrigen aber bin ich sein Beschützer und muß mein Wort halten."

„So müssen deine Söhne sterben."

Ein trotziges Lächeln glitt über das Gesicht des Marikopas.

„So schnell geht das nicht. Du wirst dich sehr besinnen, bevor du sie tötest. Das werde ich dir beweisen."

„Bin begierig, diesen Beweis zu hören."
„Ich werde nicht mit Worten, sondern in Taten zu dir sprechen."
„Pshaw! Du machst uns lachen."
„Wir sind als Freunde zu euch gekommen."
„Old Firehand ist kein Knabe. Als ich gestern bei euch in dem großblättrigen Wald war, stand ich auf dem Baum, worunter du mit dem Silbernen Mann sprachst. So erfuhr ich alles, was du mir nicht sagen darfst."
„Uff! Uff!"
„Deshalb nahm ich die beiden ‚Finger' gefangen. Hättet ihr uns einen Boten gesandt, um uns den Angriff ehrlich zu verkünden, so wäre keiner der Eurigen gefallen, und wir säßen jetzt beisammen, um die Pfeife des Friedens zu rauchen. Ihr habt es anders gewollt."
„Gebt uns die beiden ‚Finger' heraus, so werden die Krieger der Marikopas abziehen und die Taube des Urwalds nicht weiter belästigen!"
„Hältst du Old Firehand für ein Kind? Nicht du bist es, der Bedingungen zu stellen hat, sondern wir. Und ich habe dir die unsrigen schon genannt."
„So werden wir die Gefangenen mit Gewalt befreien."
„Wie wolltest du das beginnen?"
„Die Marikopas werden das Haus stürmen."
„Blick in die Fenster und schau aufs Dach! Siehst du nicht so viele Gewehrläufe auf euch gerichtet, wie ihr Krieger seid? Wir sind jetzt fertig; auch wolltest du nicht in Worten, sondern in Taten mit uns sprechen. Wir sind begierig, sie kennenzulernen."
Damit stand Old Firehand auf und schritt langsam und würdevoll nach dem Haus zurück. Winnetou und Wilkins folgten ihm auf der Stelle, ohne ein Wort zu sagen und ohne sich ein einziges Mal nach den Marikopas umzublicken, die diesen raschen Abbruch der Verhandlungen wohl nicht erwartet hatten.
„Master Firehand", begann Wilkins am Tor, „ich habe

mich über die Fragen gewundert, die Ihr an Roulin stelltet. Es scheint, Ihr wolltet ihn in Verbindung mit meinem Neffen bringen. Wie kommt Ihr auf diesen Einfall?"

„Ihr habt recht, es ist ein Einfall, der wie eine Erleuchtung über mich kam. Habt Ihr gesehen, wie Roulin bei Nennung Eures Namens und noch mehr beim Namen Eures Neffen erschrak?"

„Allerdings."

„Ich kam folgendermaßen auf diesen Gedanken: Walker, der Euerm Neffen die Pflanzung abgekauft haben will, wußte von dem geplanten Überfall der Marikopas. Woher hatte er Kenntnis davon? Entweder von den Marikopas selber oder von Roulin. Sie kennen sich also. Als ich dann durch Euch von der verblüffenden Ähnlichkeit des Silbernen Mannes mit Euerm Neffen erfuhr, hatte ich ein zweites Glied in der Kette meiner Vermutungen. Wie, wenn Roulin Euern Neffen auf die Seite gebracht und sich seiner Papiere bemächtigt hat? Auf Grund seiner großen Ähnlichkeit mit ihm konnte es ihm nicht schwer fallen, als Artur Wilkins aufzutreten."

„Egad! Ihr meint, daß sich Roulin an die Stelle Arturs gesetzt und die Pflanzung an Walker weiterverkauft hat?"

„Genau das meine ich."

„Aber Master, das ist eine kühne Vermutung!"

„Da habt Ihr recht. Ich beabsichtigte auch vorhin nichts weiter, als auf den Busch zu klopfen. Das Ergebnis war denn auch befriedigend. Schon als ich Walker nannte, zuckte er zusammen; Euer Name raubte ihm gar alle Farbe. Glaubt mir, Master Wilkins, die Fäden, die uns bis zu Euerm Neffen führen sollen, laufen alle bei Roulin zusammen! Das ist meine feste Überzeugung."

„Wollte Gott, Ihr hättet recht. Aber dann müßten wir trachten, Roulin in unsere Gewalt zu bekommen."

„Wir werden es tun."

„Doch der Häuptling will ihn nicht an uns ausliefern."

„So müssen wir das Ding an einem anderen Ende anpacken. Unser werden muß Roulin unbedingt."

„Was wird der Häuptling zunächst beginnen?"

„Ich denke, daß wir nicht lange auf die Fortsetzung der Feindseligkeiten zu warten haben."

Diesmal sollte sich Old Firehand indes täuschen. Der Vormittag verging, ohne daß in die Roten, die sich am Ufer des Tutlish-to gelagert hatten, Bewegung kam. Wie es schien, hatten sie es auf eine Belagerung abgesehen und wollten vor Einbruch der Nacht nichts Neues unternehmen. Auch der Nachmittag verging zur Hälfte. Da bemerkte Old Firehand, der die Roten von Zeit zu Zeit durch sein Glas beobachtete, eine gewisse Unruhe in ihren Reihen. Er sah einige Indsmen aufgeregt hin und her laufen, und dann ritten mehrere Marikopas fort, die Schlucht hinab, durch die sie angerückt waren.

Was war geschehen? —

Es mochte eine Stunde seit diesem unerklärlichen Vorfall vergangen sein, da näherte sich der Mission ein Roter. Er trug ein weißes Fell in der Hand, war also abermals ein Unterhändler. Er schritt diesmal bis vor das Tor des Hauses.

Es wurde ihm geöffnet. Unter dem Torbogen stand Sam Hawkens, der seinen Posten seit Mitternacht nur auf Augenblicke verlassen hatte.

„Was will die Rothaut?" knurrte er den Indsman an.

„Führe mich zu Inshava nonton!"

„Was willst du von ihm?"

„Das wird Scharfes Beil nur dem Mann sagen, der von euch Old Firehand genannt wird. An ihn ist er gesandt, nicht an dich."

„Wenn du nicht reden willst, so mach dich aus dem Staub! Dein Häuptling hat übrigens ausdrücklich versichert, daß er zu uns nicht mehr in Worten reden will.

Also fort, sonst mache ich dir Beine, wenn ich mich nicht irre!"

Die Brauen des Roten zogen sich finster zusammen. Man sah ihm die Selbstüberwindung an, die es ihn kostete, ruhig zu bleiben. Aber sein Häuptling hatte ihn gesandt, und er mußte also den Auftrag zu Ende führen.

„Sind alle Bleichgesichter so neugierig wie du?"

„Neugierig? Egad Bursche, werde nicht frech!"

„Will mich das Bleichgesicht zu Inshava nonton führen oder nicht?"

„Nein."

Zornig blitzte es in den Augen des Roten auf.

„Gut! Scharfes Beil wird gehen. Aber das Bleichgesicht mag sich hüten, ihm jemals unter die Augen zu kommen. Er würde ihm seinen Skalp nehmen."

Über das bärtige Gesicht des Trappers zuckte es wie in fröhlicher Wehmut.

„Good-lack! Meinen Skalp willst du haben, Rothaut? Da! Nimm!"

Zugleich hatte er mit der Linken seinen formlosen Hut und mit der Rechten seine Perücke vom Kopf gezogen. Dann hielt er sie dem Roten mit einladender Gebärde unter die Nase.

Nun war es mit der Selbstbeherrschung des Scharfen Beils vorbei. Seine Augen öffneten sich weit, und sein Blick wanderte entsetzt von der Perücke zu dem hautlosen, blutroten Schädel des Trappers und wieder zurück zu dem ‚Skalp'. Er hatte in seinem ganzen Leben noch keine Perücke gesehen und mußte also den ganzen Vorgang als unerklärliche ‚Medizin' betrachten. Ein weißer Trapper, der sich selber skalpierte und ihm seinen eigenen Skalp schenken wollte — — das war Medizin, das war sogar die größte Medizin, die er sich denken konnte . . .

„Nun, du wolltest meinen Skalp. Nimm ihn doch endlich!" mahnte Sam Hawkens, als sich der Marikopa noch immer nicht aus seiner Erstarrung löste.

„Uff!“

Nur dieses eine Wort brachte er heraus; dann tat er einen Satz zum offen gebliebenen Tor hinaus, der einem Panther Ehre gemacht hätte, und eilte in langen Sprüngen dem Lager der Seinen zu. Nicht der erschreckende Anblick des blutigroten Schädels, sondern das Unerklärliche des ganzen Vorgangs war es, was ihm die Angst vor diesem ‚Zauberer‘ in die Beine jagte.

Hinter dem Fliehenden her erscholl das laute Hihihihi Sam Hawkens‘, in das auch die anderen einstimmten, die die Sache rasch erfaßt hatten, obgleich die meisten von ihnen gar nichts von dem Abenteuer wußten, das den Trapper seine Kopfhaut gekostet hatte.

„Well!“ erklärte Sam, als er die verwunderten Blicke des Försters Rothe und seines Sohnes bemerkte. „Hatte meine eigenen Haare ehrlich von Kindesbeinen an getragen, und kein Rechtsverdreher wagte es, sie mir streitig zu machen, bis so ein oder zwei Dutzend Pawnees über mich kamen und mir die Haare samt der Haut vom Kopf rissen. War ein verteufelt störendes Gefühl für mich, habe es aber glücklich überstanden, hihihihi! Bin dann nach Tekama gegangen und habe mir einen neuen Skalp gekauft, wenn ich mich nicht irre; wurde Perücke genannt und kostete mich drei dicke Bündel Biberfelle. Schätze, daß auch manche Rothaut dafür ihr Fell hat hergeben müssen, hihihihi!“

Old Firehand hatte vom Dach aus das Kommen des Roten bemerkt und war sogleich heruntergestiegen, um nach seinem Begehr zu fragen. Aber er kam zu spät und ließ sich jetzt das Vorgefallene erzählen.

„Ihr hättet den Roten nicht fortschicken sollen.“

„Weshalb nicht? Wenn er was von uns will, wird er schon zurückkehren, oder ein anderer für ihn; wenn er aber Forderungen stellen wollte, so war es ohnehin besser, daß ich ihn fortjagte, wenn ich mich nicht irre.“

Es zeigte sich, daß er recht hatte. Nach einer halben

Stunde sahen sie einen zweiten Marikopa herankommen. Dieser blieb allerdings in achtungsvoller Entfernung vor dem Missionsgebäude stehen und gab durch Zeichen kund, daß er eine Botschaft auszurichten habe.

„Was meint Ihr, Master Firehand? Soll ich wieder hinaus zu ihm?“ fragte Sam unternehmungslustig.

„Laßt es gut sein!“ lachte der Jäger. „Ich fürchte, daß Ihr diesen guten Mann, der offenbar etwas auf dem Herzen hat, durch Euern bloßen Anblick in die Flucht treibt. Sein Vorgänger hat gewiß sein Erlebnis erzählt, und Ihr dürft sicher sein, daß von heute an alle Marikopas eine höllische Achtung vor Euch haben!“

„Möchte es ihnen auch geraten haben, wenn ich mich nicht irre! — So geht Ihr selber?“

„Ja. Öffnet das Tor!“

Das Ergebnis der Unterredung mit dem Marikopa war folgendes: Der Unterhändler hatte die Botschaft gebracht, daß sein Häuptling, der Eiserne Pfeil, bereit sei, auf die Forderung Old Firehands einzugehen, und um eine zweite Zusammenkunft bitte. Old Firehand willigte ein, verlangte indes, daß die Besprechung im Haus der Mission stattfinden sollte. Er sicherte dem Häuptling freie Rückkehr zu den Seinen zu, konnte aber auf die Frage, was den Stimmungswechsel des Häuptlings veranlaßt hätte, keine Auskunft erhalten. Der Rote erwiderte, daß er nicht befugt sei, darüber zu sprechen; der Eiserne Pfeil habe es ihm verboten.

Schon nach kurzer Zeit sah man den Häuptling, nur von einem Roten begleitet, vor dem Tor der Mission. Diesmal hatte er auf äußeren Prunk verzichtet und seinen Kriegsstaat zurückgelassen. Sam Hawkens empfing ihn und führte ihn und seinen Begleiter in ein Zimmer im Erdgeschoß. Dabei kamen sie an der Gruppe der Weißen vorbei, unter denen sich auch Hermann von Adlerhorst befand. Kaum fiel der Blick des Marikopahäuptlings auf ihn, so blieb er überrascht vor ihm stehen. Aber nur einen

Augenblick. Dann schüttelte er den Kopf, als wundere er sich über irgend etwas sehr, und folgte seinem Führer weiter durch die Gänge.

An dieser Friedensverhandlung nahmen nicht nur Winnetou und Old Firehand teil, sondern auch die Starke Hand und Wilkins. Der Eiserne Pfeil benahm sich jetzt ganz anders als das erstemal. Er schien es nicht mehr als Erfordernis seiner Würde zu betrachten, erst lange zu schweigen, sondern wandte sich sofort an Old Firehand.

„Inshava nonton mag mir sagen, ob die Bedingung für die Herausgabe meiner Söhne noch die gleiche ist?"

„Sie ist es. Liefere uns den Silbernen Mann aus, so erhältst du die beiden ‚Finger'!"

„Inshava nonton soll seinen Willen haben. Der Eiserne Pfeil ist bereit, auf diese Bedingung einzugehen."

„So hole Sonataka herbei!"

Der Häuptling rührte sich nicht von seinem Platz, sondern entgegnete, ohne eine Miene zu verziehen:

„Ich kann Sonataka heute noch nicht bringen."

„Warum nicht?"

„Weil er vor ein paar Stunden geflüchtet ist."

Diese Nachricht überraschte Old Firehand, wenn er das auch nur mit einem Zucken in den Augen verriet. Auch Winnetou blieb unbewegt, aber Starke Hand konnte sich nicht halten.

„Will der Eiserne Pfeil unser spotten?" rief er aus. „Oder hält er uns für Kinder, die noch nicht gelernt haben, den Sinn der Worte zu verstehen? Wir sollen dir deine Söhne geben, und du hast für uns nicht mehr als ein Versprechen, das du nicht erfüllen kannst?"

„Der Häuptling der Marikopas wird es erfüllen, denn er wird dem Silbernen Mann so lange nachjagen, bis er ihn eingeholt hat und ihn dann zum Blauen Wasser zurückbringen. Erst dann verlangt er seine Söhne von den Kriegern der Apatschen zurück. Bis dahin mögen sie als Geiseln hier zurückbleiben."

„Warum ist denn Sonataka geflohen?“ erkundigte sich Old Firehand.

Der Häuptling zuckte die Achseln.

„Der Silberne Mann ist wie der Tau. Wenn die Sonne des Friedens kommt, vergeht er. Er hielt durch die Gefangennahme der beiden ‚Finger‘ unseren Kriegszug für verunglückt und glaubte, daß wir uns an ihm, weil er der Anstifter war, rächen würden. Er ist heimlich davongeritten.“

„Daher also die Unruhe im Lager der Marikopas! So steht Sonataka nicht mehr unter deinem Schutz?“

„Nein. Er war mein Gefährte, wird es aber niemals wieder sein.“

„Hm!“

Old Firehand betrachtete den Häuptling eine Weile sinnend. Dann warf er einen fragenden Blick auf Winnetou, den der Apatsche mit einem Kopfnicken beantwortete.

Winnetou erhob sich und ging aus dem Zimmer. Als er zurückkehrte, befanden sich — die beiden ‚Finger‘ bei ihm. Sie waren nicht mehr gebunden und im Besitz ihrer sämtlichen Waffen.

„Der Häuptling der Marikopas soll auf die Befreiung seiner Söhne nicht lange zu warten haben“, sagte Winnetou. „Wir glauben seinen Worten und werden ihm helfen, den Silbernen Mann zu fangen.“

Der Eiserne Pfeil war durch die Worte Winnetous und das überraschende Erscheinen seiner Söhne erschüttert. Zwar war er zu sehr Indianer, als daß er sich zu einer lauten Äußerung hätte hinreißen lassen; er blieb scheinbar gleichgültig und gab den beiden Jünglingen einen Wink, sich hinter ihm niederzulassen. Aber in seinen Augen glänzte ein nicht ganz zu verbergendes Etwas, und seine Stimme zitterte leise, als er fragte:

„Ihr gebt die ‚Finger‘ frei?“

„Sie können gehen, wenn sie wollen.“

Da blickte der Eiserne Pfeil lange schweigend vor sich

hin. Keiner störte ihn in seinen Erwägungen. Endlich hob er die Augen, und sein Blick wanderte von Winnetou zu Old Firehand und wieder zurück zu Winnetou.

„Es ist wahr, was man sich von Winnetou und Inshava nonton erzählt", sagte er heiser. „Der Eiserne Pfeil möchte wohl ihr Freund werden."

„Was hindert dich, es zu sein?"

Der Häuptling blickte die Starke Hand finster an.

„Die Kugeln der Chiricahua-Apatschen haben mir in letzter Nacht meine Krieger getötet, und Winnetou und die anderen alle haben ihnen dabei geholfen. Sie sind ihre Freunde und können darum nicht die meinigen sein. Der Eiserne Pfeil wird nur dann das Kalumet mit ihnen rauchen, wenn sie ihm ebenso viele Krieger geben, wie ihm getötet worden sind."

„Das werden sie nun freilich nicht tun", lächelte Old Firehand. „Aber ich werde dir für deine roten Krieger einige Bleichgesichter geben."

Der Marikopa sah den Sprechenden starr an. Dieses Anerbieten war eigentlich etwas ganz Ungeheuerliches und brachte ihn zum zweitenmal aus der Fassung. Etwas Ähnliches war ihm in seinem kampfreichen Leben noch nie vorgekommen. Auch gilt ein weißer Gefangener dem Indianer mehr als zehn rote.

„Mein Ohr ist scharf", erwiderte er deshalb nach kurzem Schweigen, „aber ich glaube, daß es jetzt falsch gehört hat."

„Du hast richtig gehört. Wir haben mehrere weiße Gefangene unten im Keller. Die will ich dir geben an Stelle der Apatschen, die du verlangst."

„Wie viele sind es?"

Der Jäger nannte die Zahl.

„Und alle willst du mir geben, damit ich sie skalpieren kann?" rief er verblüfft.

„Nein. Das sollst du nicht. Du sollst sie mit dir nehmen in die Wohnungen deines Stammes, damit sie dir dienen und deine Befehle erfüllen. Sind sie dir untreu und begehen sie Verbrechen, dann magst du mit ihnen machen, was dir beliebt.“

„So sind es keine Freunde von dir?“

„Nein. Sie sind Räuber und Mörder. Wenn sie nicht wären, so wäre auch dein jetziger Kriegszug nicht verunglückt.“

„Willst du mir das erklären?“

„Sie sind schuld, daß wir von deiner Ankunft erfuhren. Einer ihrer Verbündeten sandte ihnen die Botschaft, daß du nach dem Blauen Wasser kommen würdest. Von ihnen haben wir es erfahren.“

Die Augen des Marikopas glühten grimmig auf.

„Und diese Männer gibst du mir?“

„Alle. Nur einen behalte ich für mich zurück.“

„Sie sollen meine Diener sein, ja, meine Diener, und es soll ihnen an nichts fehlen, an gar nichts.“

Das hieß natürlich, daß sie seine Sklaven sein würden, und daß es ihnen an allem fehlen würde.

„Ich bin bereit“, fuhr er fort, „mit euch die Pfeife des Friedens zu rauchen.“

Kurze Zeit später saßen die drei Häuptlinge mit Wilkins, dem Kleeblatt und Old Firehand rund um ein Feuerbecken und besprachen die Grundlagen eines dauernden Friedens zwischen den Kriegern der Apatschen und denen der Marikopas. Dieser Frieden wurde nach einer langen Rede des Eisernen Pfeils abgeschlossen und durch das Rauchen des Kalumets besiegelt.

Im Verlauf der Handlung wurde wiederholt der Name Roulin genannt. Old Firehand fragte den Marikopa, wie es käme, daß dieser Mann sein Freund geworden war.

„Er ist das einzige Bleichgesicht in unserer Nähe. Die Marikopas kaufen Gewehre, Pulver, Kugeln, Messer und alles andere bei ihm im Todestal. Daher kennen wir ihn und zogen mit ihm aus. Willst du dich an ihm für irgend etwas rächen?“

„Ja."

„So nimm dich in acht! Er ist schlau und grausam. Ich habe mehrere Männer gekannt, die ebenfalls mit ihm abzurechnen hatten. Sie kamen zwar zu ihm, sind aber niemals wieder von ihm fortgegangen."

„Hast du ihre Namen nicht gehört?"

„Ich habe sie gehört; aber der Name eines Bleichgesichts ist dem Ohr des roten Mannes das, was der Sand dem Auge ist; er tut ihm weh. Ich habe zwei gesehen. Erst kam einer, der war jung. Wenn er einst alt geworden ist, wird er das Gesicht deines Freundes haben, dem dieses Haus gehört."

Bei diesen Worten wurde Wilkins, der neben Old Firehand saß, leichenblaß. Old Firehand wäre beinahe aufgesprungen, besann sich jedoch noch rechtzeitig, daß er weder als Old Firehand noch als Inshava nonton seine Erregung merken lassen dürfe.

„Und den zweiten hast du auch gesehen?"

„Einigemal. Ich weiß, wem auch er ähnlich war."

„Wem?"

„Dem jungen Bleichgesicht, an dem der Häuptling der Marikopas vorhin vorübergegangen ist."

Das war wirklich sonderbar. Mit dem jungen Bleichgesicht konnte nur Hermann gemeint sein, bei dessen Anblick der Eiserne Pfeil einen Augenblick gestutzt hatte. Sollte auch hier die Ähnlichkeit auf die erste Spur führen?

„Wo sind dir die beiden Männer begegnet?"

„Der Silberne Mann brachte sie als seine Gäste mit sich ins Lager der Marikopas."

„Wann?"

„Ein Winter und ein Sommer liegen dazwischen, daß meine Augen den ersten erblickten."

„Und den zweiten?"

„Einige Monate später."

Das mochte ungefähr stimmen. Seit dem Abenteuer auf der Pflanzung war etwa ein reichliches Jahr vergangen.

Wenn sich die Vermutung Old Firehands bestätigte und Roulin wirklich als Artur Wilkins aufgetreten war, so mußte der Betrug damals bewerkstelligt worden sein. Denn die Papiere, die Walker vorzeigte, trugen samt und sonders die damalige Zeitangabe.

Mehr war aus dem Häuptling nicht herauszubringen; es war aber auch genug, sowohl für Wilkins als auch für Old Firehand, der fest entschlossen war, die Sache seines Schützlings zu Ende zu führen.

Eine Folge der Friedensverhandlung war auch, daß die Starke Hand darauf verzichten mußte, die Skalpe der gefallenen Marikopas zu nehmen. Der Häuptling zeigte sich zwar anfangs nicht geneigt, auf diese Bedingung einzugehen, aber Winnetou gelang es, ihn umzustimmen. Die Apatschen hatten nicht den geringsten Verlust zu beklagen, und außerdem brachte ihnen das Bündnis mit den Marikopas große Vorteile. So mußte die Starke Hand wohl oder übel nachgeben.

Dann machte sich eine Abteilung von roten und weißen Männern auf, um den Marikopas draußen am See die Nachricht der Versöhnung zu bringen. Sie wurde von ihnen mit sichtlicher Erleichterung aufgenommen, und zur Feier des Friedens erfolgte ein großer Festschmaus, der die ganze Nacht hindurch währte.

Unterdessen gab es in der Mission wichtige Beratungen. Nun, da Wilkins wußte, wohin die Spur der beiden Verschwundenen, seines Neffen Artur und Martin Adlers, wies, litt es ihn nicht länger am Blauen Wasser. Auch er wollte Roulin nach. Old Firehands Plan stand fest, und das Kleeblatt erklärte, es wolle sich anschließen, schon deswegen, weil es dabei mit Walker-Hopkins, dem Mörder der Tante Droll, zusammenzutreffen hoffte.

So verging die Nacht unter allerlei eifrigen Gesprächen. Am Morgen erhielten die Marikopas die ihnen zugesagten Bushheaders ausgeliefert.

Selbst diese abgebrühten Mordgesellen erschraken nicht

wenig, als sie ihr Schicksal erfuhren. Sie ergingen sich in wüstem und gemeinem Schimpfen, das schließlich in einem elenden Jammern endete; aber es half ihnen nichts. Die Marikopas zogen schon am Vormittag mit ihnen ab. Seitdem wurde nie wieder etwas von der Bande des Blutigen Jack gehört...

Um die Mittagszeit kehrten diejenigen Marikopas zurück, die nach der Flucht Roulins hinter ihm her geschickt worden waren. Sie meldeten, daß sie der Fährte des Silbernen Mannes bis zum Fort Grand gefolgt waren.

Nun gab es kein Halten mehr, und auch Almy wollte nicht zurückbleiben, da es sich um das Auffinden Adlers handelte. Es wurde daher beschlossen, das Mädchen nach Deming zu bringen, wo sie mit der Überlandpost bis nach Granite Station fahren sollte, um dort unter dem Schutz ihres Vaters die anderen zu erwarten.

Von den Gefangenen war nur einer zurückgeblieben: Newton-Florin, der einstige Derwisch, den Old Firehand für sich behalten wollte. Er sollte von dem Förster Rothe bewacht werden, der mit seinen Verwandten am Blauen Wasser blieb, um Wilkins' Rückkehr abzuwarten. Der Förster war ja nicht allein. Eine Anzahl der Chiricahua-Apatschen stand ihm zur Seite, um das Missionsgebäude zu hüten. Überdies war kein Grund vorhanden, jetzt noch irgendein störendes Ereignis befürchten zu müssen.

*

Am frühen Morgen schon brach man auf. Dann lag das Tutlish-to, an dessen Ufer es in der letzten Zeit so lebhaft zugegangen war, wieder still und einsam da.

Aber schon am Nachmittag wurde diese Ruhe gestört.

Durch den von Norden ins Tal führenden Paß kamen drei Reiter langsam herbeigetrabt. Der eine war jener Leflor, der vor etwa einem Jahr den alten Wilkins von seiner Pflanzung bei Van Buren verdrängt hatte. Die anderen beiden, seine Führer, waren schlechter gekleidet und beritten als er. Einer der Führer deutete auf das Tutlish-to.

„Das ist das Blaue Wasser, Sir, woran wir, wie ich schon erzählte, vorüberreiten müssen. Hat Eure Reise Eile?"

„Warum fragt Ihr?"

„Weil mir scheint, daß wir bald Regen haben werden; und da möchte ich die Nacht lieber in einem Zimmer zubringen als unter freiem Himmel."

„Gibt es denn hier irgendeinen bewohnten Ort?"

„Natürlich: die alte, berühmte Mission am Blauen Wasser."

„Mönche? Das ist nicht nach meinem Geschmack."

„Mönche waren früher einmal hier, sind nun aber schon längst zu den anderen frommen Vätern versammelt. Was Ihr da finden werdet, sieht gar nicht nach Mönch aus, nicht einmal nach Nonne."

„Doch nicht etwa eine junge Miß?"

„Gerade das. Und was für eine!"

„Wer ist sie denn, und wie heißt sie?"

„Die eine Frage kann ich beantworten, die andere aber nicht. Sie wird allgemein die Taube des Urwalds genannt und wohnt mit ihrem Vater unterm Schutz der Apatschen in dem alten Gebäude."

„Ist sie reich?"

„Läßt sich denken. Hier um den See herum soll mancher Schatz vergraben liegen."

„Ist es noch weit bis zur Mission?"

„Gar nicht. Hier biegen wir um den Felsen, und da liegt sie! Wenn Ihr auf einen guten Rat hören wollt, so bleiben wir heute nacht in der Mission."

„Wird man uns dort aufnehmen?"

„Warum nicht? In solcher Gegend ist man froh, einen Weißen zu sehen."

„Na wollen es versuchen."

Es schien sich kein Mensch in der Nähe des Sees zu

befinden, und auch an der Pforte der Mission mußte man wiederholt klopfen, bevor das Guckloch geöffnet wurde.

„Wer seid ihr?“ fragte endlich die alte Indianerin.

„Reisende. Wir kommen von Isleta und reiten nach Prescott hinab.“

„Und was wollt ihr?“

„Wir bitten um Unterkunft für die Nacht.“

„Schlaft unter den Bäumen!“

„Es wird heute regnen.“

„Ich werde fragen.“

Die Alte schloß die Öffnung wieder.

„Bounce!“ lachte der Yankee. „War das etwa Eure Taube des Urwalds?“

„Spottet nicht! So häßlich dieses alte Weib ist, so schön ist die Taube.“

„Wenn sie nur auch gastfreundlicher ist!“

„Keine Sorge! Wir werden sicherlich aufgenommen.“

Schon nach kurzer Zeit öffnete die Alte das Tor.

„Reitet herein in den Hof!“

Die Reisenden folgten der Aufforderung. Im Hof hielt ein Indianer zu Pferd. Er tat so, als kümmerte er sich nicht im geringsten um sie, nahm sie aber heimlich scharf in Augenschein. Als sie abgestiegen waren, trat ihnen ein Mann aus dem Treppeneingang entgegen. Es war der Förster Rothe. Er grüßte in schlechtem Englisch.

„Ihr wollt hier übernachten, Mesch'schurs? Well! Möchte keinen Gentleman ohne Not von dieser Schwelle weisen. Ich sagte: Gentleman. Wie steht's damit?“

Leflor lachte.

„Ihr stoßt Euch an unserem Aussehen? Master bedenkt gefälligst, daß ein Ritt durch die Wildnis . . .“

„No, no“, wehrte der Förster ab. „Muß nur sicher gehen. Ich bin hier nicht der Herr.“

„Sondern?“

„Hausverwalter im Ehrenamt! Die Niederlassung gehört einem Mister Wilkins.“

„Wilkins?"

„Ist Euch der Name etwa bekannt?"

„Hm! Habe von einem Wilkinsfield gehört ... drüben in Arkansas", tastete der Yankee behutsam vor.

Im übrigen hielt er sich fluchtbereit.

Aus begreiflichen Gründen scheute er eine Begegnung mit Wilkins, obwohl er ihn andererseits wieder schon lange Zeit vergeblich suchte.

„Stimmt, stimmt!" rief indessen der arglose Förster Rothe. „Gerade daher stammt unser Mister Wilkins!"

Leflor hatte schon einen Fluch auf den Lippen. Seine Erregung ging auf sein Pferd über, daß es zu tänzeln begann. Er suchte nach einem Vorwand, schleunigst den Rückzug anzutreten.

„Solchem Herrn", würgte er schließlich hervor, „möchte ich nicht beschwerlich fallen."

Da machte ein Lachen Rothes seinen Sorgen vorläufig ein Ende.

„Ihr seid ein feinfühliger Gentleman! Wer redet von so etwas? Master Wilkins ist gar nicht daheim. Ihr könnt ihn also nicht stören. An seiner Stelle heiße ich Euch willkommen, Euch und Eure Begleiter. Steigt ab und kommt mit herauf zu uns! Eure Diener mögen sich dort an den Indianer wenden! Er wird für sie sorgen."

Leflor war zunächst furchtbar erschrocken; jetzt aber freute er sich, gerade hier eingekehrt zu sein. Er hatte den Aufenthalt des Langgesuchten entdeckt und war fest entschlossen, von dieser Entdeckung Vorteil zu ziehen. Es kam nur darauf an, seinen Namen nicht zu verraten und festzustellen, ob sich hier auch sonst niemand befand, der sein Verhältnis zu Wilkins kannte.

Das besorgte er, als er den Führern halblaut seine Weisungen gab. Er blinzelte ihnen dabei vielsagend zu.

„Möchte hier vorsichtig sein, nicht wissen lassen, wer ich bin. Traue dieser Niederlassung nicht ganz. Mund halten!"

Dann folgte er dem Förster in eine Stube, wo Frau Rothe mit ihrem Sohn und ihrer Schwester saß.

„Ich bringe euch hier einen Gast“, sagte der Förster.

„Litton!“ stellte sich der Yankee vor. „Phil Litton!“

„Ich heiße Rothe. War Förster drüben in Deutschland. Hier meine Frau und mein Sohn, da meine Schwägerin! Die anderen Bewohner des Hauses sind ausgeflogen. Schade! Hättet sonst eine erlesene Runde beisammengefunden, außer dem Hausherrn und seiner Tochter nämlich auch noch das berühmte Kleeblatt, die Trapper Sam Hawkens, Dick Stone und Will Parker sowie einige andere.“

Leflor fuhr der Schreck in alle Glieder. Das hätte ein Wiedersehen gegeben! dachte er. Ausgerechnet Sam Hawkens! Indessen mühte er sich, seine Verwirrung zu verbergen und harmlose Anteilnahme an so wichtigen Neuigkeiten zu heucheln.

„Habe von diesen Männern gehört“, stammelte er. „Schade! Wahrhaftig schade!“

Dann brach in ihm die Freude darüber durch, daß er offenbar keine Entdeckung zu fürchten brauchte. Und sogleich regte sich in ihm auch wieder die Tatkraft. Er wollte wissen, zu welchem Zweck sich die ihm wohlbekannten Personen von der Mission entfernt hatten.

„Wohin sind denn diese Leute alle gereist?“ fügte er gefaßt hinzu.

„Das ist nicht so ohne weiteres zu sagen“, erklärte Rothe. „Es haben sich da seltsame Dinge ereignet. Soweit ich selber unterrichtet bin, will ich Euch davon erzählen, während Euch die Frauen eine Mahlzeit bereiten.“

Auf diese Weise erfuhr Leflor von dem Förster alles, was er wissen wollte, bekam eine leidlich genaue Schilderung der jüngsten Ereignisse. Zum Schluß vergaß Rothe auch den Hinweis auf die weiteren Absichten seiner Freunde nicht.

„Die junge Dame ist unter dem Schutz ihres Vaters

mit der Überlandpost nach Granite Station gefahren", schwatzte er fort. „Dort warten sie, bis die übrigen Männer zu ihnen stoßen. Diese sind eben jenem Musjöh Roulin nach. Das alles habe ich nur zufällig gehört. Weiß also nicht mehr. Soviel aber ist sicher, daß sie einen jungen Wilkins und einen gewissen Adler suchen."

Jetzt wurde das Essen gebracht. Das Gespräch zwischen Rothe und Leflor brach ab. Während es sich der Gast schmecken ließ, beobachtete er, daß die Frau eine kleine Schüssel gesondert füllte und hinaustrug.

„Wohl für meine Begleiter?" fragte er den Förster.

„Nein."

„So habt Ihr noch andere Gäste?"

Rothe hatte diesmal nur zögernd geantwortet. Jetzt aber gab er doch offen Bescheid.

„Ich will Euch Vertrauen schenken und die Wahrheit sagen. Das Essen ist für einen Gefangenen bestimmt."

Leflor horchte auf.

„Ihr habt einen Gefangenen im Haus? Vermutlich einen Indianer?"

„Nein, einen Weißen. Der Bursche wollte hier einbrechen und wurde mit den anderen festgenommen."

„Sagtet Ihr nicht, die Übeltäter seien sämtlich den Marikopas ausgeliefert worden?"

„Sind sie auch, nur dieser eine nicht. Mit ihm scheint Old Firehand etwas besonderes vorzuhaben, vielleicht weil er ein Bote von einem gewissen Walker ist."

Leflor fuhr mit der Hand unwillkürlich nach der Brusttasche; darin befand sich ein Brief Walkers, der folgendermaßen lautete:

> „Macht Euch sofort auf und kommt zu mir! Ich habe Euch Wichtiges mitzuteilen. Ich nenne mich jetzt Zennort und wohne bei Prescott, Arizona, in den Prieta-Bergen. Jedermann weist Euch zu mir."

Den Gast würgten die Bissen im Hals, so heftig hatte ihn die Erregung gepackt. War das hier ein Zusammentreffen! Diese Neuigkeiten! Was bedeutete nun wieder das mit Walker? Und wer mochte der Bote sein, den man abgefangen hatte?

Es kostete Leflor nicht wenig Mühe, sich zur Ruhe zu zwingen. Mühsam faßte er sich und versuchte, den Ton reiner Neugier anzuschlagen.

„Walker? Wer ist Walker?"

Rothe merkte noch immer nichts und erzählte, was er über Walker wußte. Leflor war sofort im Bild und ebenso rasch entschlossen, den Boten zu befreien und sich mit ihm zu verbünden. Dabei kam ihm Rothe bereitwillig entgegen, indem er im Eifer des Gesprächs auf die Kellerschlüssel deutete, die an einem Nagel neben dem Schrank hingen, und auch noch genau das Gelaß beschrieb, wo der Gefangene steckte.

Leflor brauchte nun nur noch zu wissen, ob er Gelegenheit finden würde, seinen Streich unbemerkt auszuführen. Zu diesem Zweck zeigte er sich besorgt um die Sicherheit des Hauses. Der Förster beruhigte ihn und teilte ihm mit, daß nachts im Hof zwei Indianer Wache hielten.

„Im Haus nicht?" fragte Leflor auch noch.

„Da ist es nicht nötig. Aber draußen, gegenüber dem Tor, stehen noch drei Indsmen Posten. Im Haus bin ich ja selber da — und mein Sohn", ergänzte er zuversichtlich.

Hiermit konnte sich der Yankee zufrieden geben. Er schützte bald Müdigkeit vor und bat, ihm sein Zimmer anzuweisen.

„Zimmer anweisen?" lachte der Förster. „Ihr redet, als ob Ihr Euch in einem Gasthaus befändet! Ich müßte Euch nur eine leere Stube geben. Darum ist es am besten, Ihr bleibt gleich hier. Ihr könnt da auf dem Sofa schlafen. Das ist ein seltener Genuß im Wilden Westen."

„Oh, ich will Euch nicht vertreiben!"

„Wer redet davon? Wir schlafen nicht hier, sondern in zwei Kammern ganz am Ende des Ganges."

Die Förstersfamilie verabschiedete sich. Leflor war allein.

Er wußte, daß ihn niemand bei der Ausführung seines Streichs stören würde. Es konnte nicht besser passen. Der Förster schien es geradezu darauf abgesehen zu haben, ihm alles zu erleichtern.

Als Mitternacht nahe war und draußen ein Regensturm tobte, der ein Geräusch im Innern des Hauses übertönen mußte, nahm er die Schlüssel von der Wand und schlich sich hinab in den Keller. Die Indianer auf dem Hof brauchte er nicht zu fürchten, und er traf auch sonst auf kein Hindernis. Er fand richtig die Tür, hinter der der Gefangene steckte; sie öffnete sich geräuschlos.

„Wer seid Ihr?" fragte Newton-Florin verwundert, als Leflor ohne weiteres auf ihn zutrat und ihm die Fesseln öffnete.

„Kommt nur erst heraus und schweigt! Geht mit mir hinauf in meine Stube! Ihr sollt frei sein."

Sie langten ohne Zwischenfall im Zimmer an.

„Sendet Euch Walker?" fragte Newton.

„O nein! Ich rette Euch aus freien Stücken."

„Ich kenne Euch doch nicht!"

„Ich Euch auch nicht! Aber dennoch nehme ich lebhaften Anteil an Euch. Ich lernte vor längerer Zeit Walker, den Ihr erwähntet, kennen; ich machte ein Geschäft mit ihm, und jetzt will ich ihn wieder aufsuchen. Zufällig kehrte ich hier ein und hörte, daß man Euch eingesperrt hat, weil Ihr ein Bote Walkers seid. Darum beschloß ich, Euch zu retten."

„Ihr befreit mich da wirklich aus einer ganz verzweifelten Lage. Ich werde Euch ewig dankbar sein. Ihr scheint ein Mann in guten Verhältnissen, und ich bin arm; aber ich versichere Euch, daß meine Hilfe nicht zu verachten ist."

„Glaube es gern und nehme sie an."

„Auf alle Fälle soll Walker vor Old Firehand gewarnt werden. Ich muß fort, um das auszuführen."

„Nicht so schnell! Wie wollt Ihr denn nach Prescott?"

„Alle Teufel! Ich habe kein Pferd!"

„Und ich kann Euch keins beschaffen, wenigstens hier nicht. Wir reiten von hier aus über Silver City nach San Carlos und Phönix —"

„O weh! Und nach Prescott wollt Ihr?"

„Freilich. Ich habe zwei Führer."

„Nette Kerls! Die betrügen Euch um wenigstens drei Tagereisen. Oder sollten sie den Weg über das Gebirge wirklich nicht kennen? Wann reitet Ihr ab?"

„Kurz nach Tagesanbruch."

„Und ich mache mich natürlich eher aus dem Staub. Vor dem Spätnachmittag wird man mein Verschwinden nicht bemerken. Ich wandere also in Richtung auf Silver City, und Ihr kommt später nach. In zwei Stunden werdet Ihr einen Bergsturz erreichen, der sehr sehenswert ist. Ihr steigt ab, um ihn zu betrachten, und Eure Führer werden auch absteigen. Ich halte mich versteckt, benutze den günstigen Augenblick und jage mit den beiden Pferden der Führer davon. Ihr werft Euch natürlich sofort auf Euern Gaul, angeblich, um mich zu verfolgen. Dann werden diese braven Kerle auf Euch warten; wir beide aber reiten in aller Gemütlichkeit nach Prescott zu Walker. Gefällt Euch dieser Plan?"

„Er ist ausgezeichnet. Wie wollt Ihr aber hinaus?"

„Durchs Tor jedenfalls nicht."

„Das ist verschlossen, und im Hof halten Indianer Wache."

„Also muß ich hier zum Fenster hinab."

„Gut. Ich gebe Euch meinen Lasso dazu. Nehmt Euch aber da draußen in acht, daß Ihr nicht erwischt werdet! Dem Tor gegenüber steht ein Indianerposten."

„Das Tor ist um die Ecke. Und bin ich einmal draußen, so soll mich so leicht keiner wieder ergreifen! Also binden wir den Lasso hier ans Tischbein, damit Ihr Euch nicht unnötig anstrengt. — So. Und nun das Fenster auf!"

Bill Newton ließ sich hinab. Leflor zog den Lasso zurück und schloß das Fenster.

Am anderen Morgen verließ Leflor zeitig die gastliche Niederlassung. Am Tor drückte er Rothe mit Worten des Dankes freundschaftlich die Hand, und der Förster kehrte arglos ins Haus zurück. —

Etwa zwei Stunden später ereignete sich zweierlei: als der Förster in den Keller kam, war der Gefangene verschwunden — und am Bergsturz standen die beiden Führer Leflors und warteten vergebens, daß der Yankee ihnen die Pferde zurückbringen sollte.

7. SENORITA MIRANDA

Prescott, der Hauptort von Yavapai County im nordamerikanischen Staat Arizona, war zur Zeit unserer Erzählung noch Sitz der Territorialbewegung. Man hatte in der Nähe reiche Gold- und Silberlager entdeckt, und durch diese Entdeckung war, wie das gewöhnlich zu geschehen pflegt, allerlei heruntergekommenes Volk herbeigelockt worden.

Die Stadt liegt in der Nähe des Hassayampa River, der in den Rio Gila mündet.

Wenn man die Straße verfolgte, die von der Stadt nach Nordwesten führte, so gelangte man an mehreren Goldsucherhütten vorüber in den Wald. Dieser zog sich die Berge hinauf und in die Schluchten hinein. Der Weg wand sich von Tal zu Tal und endete schließlich am Vorplatz eines ziemlich großen Bauwerks, das, nach seinem massigen Aussehen zu urteilen, früher jedenfalls als Bollwerk gegen die Indianer gedient hatte.

Jetzt waren die schießschartenähnlichen Fensteröffnungen erweitert und mit Glasscheiben versehen worden. Den Eingang bildete ein geräumiges Tor. Wilder Wein und Hopfen zogen sich bis zum Dach hinauf, und vor der Erkerstube an der einen Ecke stand eine riesige Eiche, die bestrebt zu sein schien, mit ihren gewaltigen Ästen das ganze Haus zu umarmen.

Man hätte bei dieser düsteren Vorderansicht denken sollen, die Räume des Hauses wären dunkel, aber man hatte die nach dem Hof gehenden Mauern durchbrochen und ein Söllerwerk angebracht, das dem Licht freien Eintritt gestattete.

Auf dem Söller saß eine junge Dame, die vielleicht vierundzwanzig Jahre zählen mochte. Sie war modisch, und zwar ganz in Weiß gekleidet, als befände sie sich in irgendeiner Großstadt und nicht in einem abgelegenen Waldwinkel von Arizona. Sie war schön, sehr schön, aber von einer herausfordernden Schönheit. Das Gesicht war fein geschnitten, aber die Züge wurden bei näherer Betrachtung durch einen groben, fast frechen Ausdruck verdorben, der in den Augen oder auch in den verächtlich herabgezerrten Winkeln der starkentwickelten Lippen liegen mochte.

Das war Señorita Miranda, die ‚Herrin' des Hauses. Sie saß bei einer Stickerei; aber sie tat nichts, sondern hielt die Augen halb geschlossen und schien zu träumen.

Eine junge Negerin kam herein und blieb wartend stehen.

Miranda öffnete die Augen und warf einen bösen Blick auf die Dienerin.

„Was willst du?" sagte sie mit scharfer Stimme.

„Missus gut sein mit Milly", antwortete die Schwarze ängstlich. „Milly hat zerbrochen einen Teller. Hier sein die Scherben."

Sie hatte die Hände auf den Rücken gehalten. Jetzt brachte sie die drei Stücke nach vorn, in die der Teller zerbrochen war.

Mirandas Gesicht rötete sich.

„Was hattest du mit dem Teller zu schaffen?"

„Milly darauf legen Brot für Missus, da fiel Teller aus der Hand."

„Kannst du nicht aufpassen, dummes Geschöpf? Wo hast du deine Augen und deinen Verstand? Her mit den Scherben!"

Die Schwarze reichte sie Miranda zögernd hin.

„O Missus, nicht schlagen arm Milly!"

„Nicht schlagen? Siehst du nicht, daß es einer von den guten Tellern ist? Ich will dich lehren, aufzupassen! Hier hast du die Stücke!"

Miranda holte aus und warf sie der Negerin ins Gesicht.

Milly stieß einen Schrei aus und fuhr sich mit den Händen nach dem Auge. Eine Scherbe hatte ihr eine Wunde in die Wange gerissen, und die Spitze einer anderen war ihr ins Auge gedrungen.

„Oh, oh, mein Auge!“ wimmerte sie. „Milly nicht mehr sehen! Milly nun blind! Missus nicht gut sein mit arm Milly!“

„Was? Nicht gut? Das wagst du zu sagen, elende Kröte? Hier hast du noch etwas!“

Und schnell schlug sie der Armen den an den Ecken mit Silberblech beschlagenen Stickrahmen ins Gesicht, daß die Gezüchtete vor Schmerz zum zweitenmal aufschrie.

Jetzt öffnete sich hinten eine auf den Söller gehende Tür. Ein junger Neger trat heraus und kam schnell näher, als er Milly weinen sah.

„Was sein mit gut Milly?“ fragte er.

„Missus mir Teller in Augen werfen und Stickrahmen in Gesicht schlagen! Milly nicht mehr sehen!“

„Milly herzeigen!“

Er zog ihr die Hände vom Gesicht und betrachtete die Verletzung. Dann wandte er sich an Miranda.

„Missus nicht schlagen sollen — Milly vielleicht blind an einem Auge! Wenn Milly zerbrochen den Teller, dann ihn bezahlen, aber nicht wieder schlagen und werfen!“

Das war zuviel für die edle Miranda. Sie griff nach der Glocke, die auf dem kleinen Tischchen lag, und schellte heftig mehrere Male.

„Señor Zennort!“ rief sie dabei mit einer durchdringenden Stimme, die in der Höhenlage einen kreischenden Klang annahm.

Unten ließen sich mehrere dienstbare Geister sehen, die sich beim Anblick der wütenden Herrin jedoch sofort wieder zurückzogen. Oben aber kam der Gerufene aus seinem Zimmer heraus auf den Söller.

„Was gibt es, Miranda?“

„Ich bitte dich, mich gegen diese Bestien zu schützen!

Das Frauenzimmer hat mir mein ganzes Geschirr zerbrochen. Geht das so fort, so können wir aus dem Pantoffel trinken und vom Stiefelknecht speisen! Und als ich sie bestrafte, kam der schwarze Frechling herbei, stellte mich zur Rede und wagte es sogar, mir zu drohen!"

„Was? Drohen?"

„Nein, Zeus hat nicht drohen, hat nur bitten", erklärte der Schwarze.

„Lügner!" schrie die Herrin. „Hast du nicht gedroht, dich zu rächen, wenn ich dieses Frauenzimmer nochmals bestrafe?"

„Nein, nicht rächen gesagt!"

Wer dem Schwarzen ins Gesicht blickte, der konnte wohl entscheiden, wer hier die Wahrheit sagte. Zennort aber gab sich nicht die Mühe.

„Drohen?" rief er. „Das fehlte noch! Du schwarzes Viehzeug, ich will dir zeigen, wie man eine solche Drohung beantwortet!"

Bei diesen Worten schlug ihn Zennort mit der Faust zweimal ins Gesicht, daß der Neger zu Boden stürzte und ihm das Blut aus Mund und Nase drang. Die Negerin warf sich über ihn; Zeus aber schob sie weg, stand auf und ging fort, ohne ein Wort zu sagen. Milly folgte ihm.

Unten in der Dienerstube ballte er die Fäuste.

„Jetzt alle sein! Jetzt nicht mehr leiden diese Behandlung! Jetzt rächen! Sein Herr noch bei Missus draußen?"

„Ja", schluchzte das Mädchen.

„Jetzt ich gehen und nehmen Geld, viel Geld."

„Jessus! Nicht stehlen, Zeus!"

„Nein, nicht stehlen, sondern nur wiedergeben armen Mann, dem es gehört. Missus nicht wird gehen in ihr Zimmer! Zeus nicht sein werden erwischt."

Ein jedes Zimmer war mit dem Söller durch eine Tür verbunden; die ganze Zimmerreihe hing aber auch unter sich zusammen. Daher gelang es Zeus, nach der Stube zu kommen, die Miranda bewohnte, ohne daß er von der

Herrschaft, die sich noch auf dem Söller befand, gesehen wurde.

Dort stand ein kleiner Damenschreibtisch, worin das Geld lag, das er meinte. Zeus kannte das Fach genau. Aber er fand zu seiner Enttäuschung, daß der Schlüssel abgezogen war.

„Zeus muß warten, bis Schlüssel wieder da!" flüsterte er.

Leise wollte er zurückschleichen, doch ein Wort, das durch die offene, zum Söller führende Tür hereindrang, ließ ihn stutzen.

„Er mußte sterben!"

„Wer?" dachte der Neger. „Muß horchen!"

Er schlich sich katzengleich näher, bis hinter die Tür.

Zennort und Miranda befanden sich kaum einen Meter weit von ihm entfernt, so daß er jedes Wort vernahm.

„Eigentlich war es doch schade um ihn", antwortete jetzt Señorita Miranda auf die Worte Zennorts. „Der junge Wilkins war ein sehr hübscher Mann."

„Hübsch!" stieß er verächtlich hervor. „Das ist dir an einem Mann wohl die Hauptsache?"

„Natürlich! Was denn sonst?"

„Also Reichtum fällt bei dir wohl nicht ins Gewicht?"

„Doch, obgleich ich gestehe, daß mir ein armer, aber hübscher Mann angenehmer ist als ein reicher und häßlicher. Darum bedaure ich es, daß er sterben mußte."

„Er ist wohl damals sehr zärtlich zu dir gewesen?"

„Leider nicht, obgleich ich mir große Mühe gegeben habe! Aber er war kalt wie Eis. Mir scheint, daß sein Herz schon vergeben war. Doch Schwamm drüber! Es ist vorbei, und er ist tot — schon seit einem Jahr. Leider. Ich — — — horch!"

Die Torglocke wurde heftig geläutet. Jetzt war es für den Neger höchste Zeit, zu verschwinden; er eilte zu Milly zurück.

„Hast du das Geld?"

„Nein. Schlüssel weg."

„Dank Jessus! Du nun nicht bist Dieb."

„Nein, aber Master und Missus sein Mörder!"

„Oh, was du sagen!"

„Ja. Haben mordet gut Master Artur, der hat geben so gut Trinkgeld an Zeus."

„Du hast träumen."

„Oh, Zeus nicht träumen; Zeus hören! Zeus wohl auch noch mehr hören. Zeus nicht bleiben bei Herrschaft, die sein Mörder. Zeus wieder horchen."

Im Hof wurde Pferdegetrappel vernehmbar. Zwei Reiter kamen — Leflor aus Wilkinsfield und Bill Newton, der einstige Derwisch.

Zennort-Walker stieß einen Ruf der Überraschung aus.

„Ihr, Master Leflor?" rief er vom Söller hinab. „Fein, daß Ihr schon da seid!"

Die Pferde waren sehr abgehetzt, und auch den beiden Reitern sah man die Anstrengung an. Sie ließen den Tieren Wasser und Futter geben und kamen die Stiege zum Söller herauf. Zennort bot Leflor die Hand.

„Pst!" warnte Leflor. „Still! Gehen wir sofort in ein Zimmer wo uns niemand hören kann."

„Oh, die Angelegenheit, weswegen ich Euch den weiten Weg zu machen bat, ist zwar wichtig und heimlich, hat aber nicht solche Eile!"

„Es gibt noch andere Angelegenheiten, die dringend zu besprechen sind. Also bitte ein Zimmer, Master Zennort!"

„So kommt!"

Er führte die Gäste in seine Stube. Miranda folgte. Die beiden Angekommenen sanken erschöpft auf ihre Sitze.

„Ist Euch in den letzten Tagen etwas Unangenehmes widerfahren?" forschte Leflor.

„Nein."

„Dann waren sie also noch nicht da, und wir treffen noch zur rechten Zeit ein, Euch zu warnen."

„Warnen? Das klingt bedenklich!"

„Ist es auch! Wir kommen geradeswegs vom Blauen Wasser."

„So, so! Da droben seid Ihr also mit Bill Newton zusammengetroffen!"

„Ja. Er war dort gefangen, und es glückte mir, ihn herauszuangeln."

„Gefangen? Damn! Wie ist denn das geschehen, Bill?"

Newton zuckte die Achseln.

„Daran war dieser verfluchte Blutige Jack schuld. Der Streich ist vollständig mißglückt."

„Seid Ihr des Teufels?"

„Die Kerle sind alle gefangen. Jetzt wird wohl keiner mehr leben. Die Marikopas haben alle umgebracht."

„Die Roten sind aber doch unsere Verbündeten!"

„Heute nicht mehr. Sie haben mit den Apatschen Frieden geschlossen."

„Unglaublich!"

„Es kommt noch schlechter: Ihr sollt hier überrumpelt werden."

„Von wem?"

„Von Wilkins."

„Welchen Wilkins meint Ihr?"

„Nun, den aus Wilkinsfield."

„'s death! Ist dieser Mensch etwa wieder aufgetaucht?"

„Allerdings. Er ist der Vater der bekannten Taube des Urwalds."

„Hör ich recht? Da schlage doch der Teufel drein! Und er will mich überrumpeln?"

„Ja, mit Winnetou, dem Häuptling der Apatschen, und Old Firehand; ferner mit Sam Hawkens, Dick Stone und Will Parker —"

Zennort sprang auf und ging in der Stube auf und ab. Sein Gesicht war leichenblaß. Auch Miranda schien erschrocken.

„Sie alle kommen, alle!" sagte Newton mit einer Art

Schadenfreude. „Auch Roulin wird wahrscheinlich eintreffen.“

„Seid Ihr verrückt?“

„Nein, aber ich glaube, daß Roulin so albern ist. Die Verfolger sind hinter ihm her, und es ist zu erwarten, daß er sich in seiner Dummheit hierher wenden wird.“

„Er sollte einen guten Empfang haben, wenn er käme!“ knirschte Zennort-Walker. „Wer hätte das gedacht? Unsere Sache stand so gut, und jetzt bricht auf einmal alles zusammen! Kann man denn nichts Ausführliches hören?“

Leflor, den der gesprächige Förster Rothe arglos von allem Wissenswerten in Kenntnis gesetzt hatte, übernahm die Berichterstattung. Zum Schluß schritt Zennort noch immer nachdenklich im Zimmer auf und ab. Plötzlich blieb er stehen.

„Der Stoß läßt sich abwehren.“

„Möchte wissen, wie!“

„Indem ich dem Gegner einstweilen meine Höhle überlasse und in die seinige einbreche. Dadurch werde ich zum Angreifer. Und der Angreifer ist stets im Vorteil.“

„Der Gedanke ist nicht übel. Also nach der Höhle des Gegners wollt Ihr? Nach dem Blauen Wasser?“

„Fällt mir nicht ein! Sagtet Ihr nicht, daß Almy Wilkins nach Granite Station unterwegs ist?“

„Ja.“

„Nun, wir reiten auch dorthin.“

„Zounds!“ rief Leflor begeistert. „Ihr wollt das Mädel abfassen?“

„Ja.“

„Was tut Ihr mit ihr?“

„Das weiß ich noch nicht; es wird sich später finden. Ich habe das Gefühl, als ob wir die Herren der Lage sein werden, wenn wir das Mädchen in unserer Gewalt haben.“

„Das ist gewiß! Ihr erinnert Euch doch, Master Walker, daß ich einst um Almys Hand anhielt; sie aber wies mich ab. Jetzt endlich hätte ich eine günstige Gelegenheit, mich an ihr zu rächen."

„Ihr wollt also mit?"

„Auf alle Fälle!"

„Ist mir lieb. Je mehr Kräfte bei einem solchen Unternehmen, desto eher und sicherer glückt es. Nur befürchte ich, Ihr werdet von diesem Plan doch abstehen."

„Warum?"

„Ich habe Euch hergebeten, um Euch etwas mitzuteilen, was Euch nicht sehr gefallen wird."

„Wohl in Beziehung auf Wilkins und Wilkinsfield?"

„Ja."

„Nun, wir werden ja sehen!"

Walker war ans Fenster getreten, weil er den Huftritt eines Pferdes vernommen hatte.

„Alfonso, einer meiner Leute, kehrt zurück. Zugleich bringt er einen mit, von dem wir soeben sprachen — Roulin."

Es klingelte, und man hörte das Tor öffnen und wieder schließen.

„Master Leflor, habt Ihr Señor Roulin schon einmal gesehen?" fragte Zennort-Walker.

„Nie!"

„So werdet Ihr Euch wundern. Paßt auf!"

Nach wenigen Augenblicken traten die beiden Neuangekommenen herein. Es geschah, wie Walker gesagt hatte. Leflor sprang entsetzt auf und streckte die Hände abwehrend aus.

„Heavens! Stehen die Toten auf? Artur Wilkins, du bist es, du?"

„Habe nicht die Ehre!" grinste Roulin, indem er sich spöttisch verbeugte.

„Nicht? Du mußt mich doch noch kennen!"

„Der Señor ist mir völlig fremd!"

„Dann gibt es hier eine Ähnlichkeit, die ganz beispiellos dasteht."

„Diese Ähnlichkeit“, lachte Walker, „hat Euch so billig zu Wilkinsfield verholfen.“

„Wieso?“

„Davon später. Jetzt zu Master Roulin!“

Seine Miene veränderte sich und seine Stimme klang hart wie die eines Vorgesetzten, der einem Untergebenen die Tür zeigt.

„Sagt mir doch, Master Roulin, was macht Ihr für Dummheiten? Ich höre, daß Ihr mit den Marikopas nach dem Blauen Wasser gegangen seid.“

„Ja. War das ein Fehler?“

„Ganz gewiß.“

„Ihr habt denselben Fehler begangen, indem Ihr den Blutigen Jack mit seinen Leuten hinaufgeschickt habt. Wir sind also quitt, und Ihr habt mir nichts vorzuwerfen.“

„Euer Unternehmen mißlang.“

„Das Eurige auch. Wir sind abermals quitt. Von uns beiden hat keiner das Recht, den anderen zu schulmeistern.“

„Meint Ihr? Da irrt Ihr Euch sehr, mein Freund! Ich bin es, dem Ihr alles zu verdanken habt.“

„Ganz richtig. Und Ihr habt dagegen alles mir zu verdanken! Wir sind quitt! Aber mir scheint, Ihr seid schlechter Laune. Da werde ich gehen. Ich bin nicht gewöhnt, mich von oben herab behandeln zu lassen! Good bye, Mesch'schurs!“

Roulin spielte seine Rolle so gut, daß Walker sich gezwungen sah, einzulenken. Er ergriff ihn beim Arm.

„Unsinn! Fortlaufen? Das fehlte noch! Es stürmt augenblicklich dermaßen viel auf mich ein, daß es kein Wunder ist, wenn ich einmal die gute Laune verliere. Setzt Euch und laßt mit Euch reden!“

„Na, meinetwegen. Darf man denn auch den Mund auftun?“

„Warum nicht?“

„Ich meine, ob alle Anwesenden von unserer Angelegenheit hören dürfen?“

„Alle“, antwortete Walker, warf dabei aber einen vielsagenden Blick auf Bill Newton. Er wollte diesen nicht beleidigen, indem er ihn von dem allgemeinen Vertrauen ausschloß.

Roulin verstand den Wink.

„Zunächst bitte ich Euch, einige Kundschafter auszusenden, die uns schleunigst Nachricht geben sollen, wenn die Feinde nahen.“

„Kommen sie schon heute?“

„Schätze, sie sind mir hart auf den Fersen. Zwar machte ich den verteufelten Versuch, sie irrezuführen, indem ich einen Kreis ritt. Aber ich wage nicht zu hoffen, daß sich ein Winnetou oder Firehand dadurch täuschen läßt. Sie können jeden Augenblick hier sein.“

„Bill Newton, wie ists? Wollt Ihr vielleicht diesen Kundschaftergang übernehmen? Ihr und Alfonso?“

„Ja, Master!“

„Dann muß ich aber bitten, sofort aufzubrechen. Unser Leben hängt von Eurer Eile und Zuverlässigkeit ab!“

„Daran soll's nicht fehlen!“

Alle Müdigkeit war vergessen. Wenige Augenblicke später sah man ihn und Alfonso davonreiten.

„Sie sind fort“, meinte Zennort-Walker erleichtert, „nun können wir ungehindert über alles sprechen. Señorita Miranda ist meine Vertraute. Sie darf alles hören. — Also, Master Roulin, zuerst Eure Flucht und Verfolgung, und sodann die Angelegenheit Wilkinsfield, bitte!“

Roulin erzählte nun von dem Zug hinauf in die Berge und von dem Mißlingen seiner Absicht.

„Damn!“ endete er. „An alledem ist nur dieser Old Firehand schuld! Was hat sich dieser Kerl in die Angelegenheit anderer zu mischen?“

„Mit ebenso wenig Recht, wie Ihr und wir das tun“, lachte Walker „Übrigens hätte ich an Eurer Stelle das Blaue Wasser nicht so schnell verlassen.“

„Oho! Ich merkte, wie es stand. Es war beinahe mit

Gewißheit zu erwarten, daß man über mein Fell herfallen würde. Darum machte ich mich von dannen. Ich glaubte freilich nicht, daß man so schnell hinter mir herkäme. Aber schon am nächsten Morgen merkte ich, daß ich verfolgt wurde, und habe alles aufgeboten, bin weite Bogen geritten, um die Verfolger zu täuschen."

„Ihr habt Euch in dieser Angelegenheit nicht sehr mit Ruhm bedeckt, meine ich. Den größten Fehler aber habt Ihr dadurch begangen, daß Ihr zu uns kommt. Damit bringt Ihr Eure Verfolger auch uns auf den Hals. Ihr konntet jede andere Richtung einschlagen, nur nicht die zu uns!"

„Wie klug Ihr sprecht, Sir! Erstens verlieren diese Hunde niemals eine Spur, und zweitens wissen sie ja nun, wer ich bin, und von den Marikopas werden sie erfahren haben, wo ich wohne. Sie brauchten also nur nach dem Todestal zu reiten, um mich dort zu erwarten."

„Was können sie Euch tun? Gar nichts!"

„Denkt daran, daß Wilkins dabei ist!"

„Pshaw! Fürchtet Ihr ihn etwa?"

„Natürlich! Ihr habt wohl alles vergessen, Master Walker?"

„Oh, mein Gedächtnis ist sehr gut, und ich wüßte auch gar nicht, was ich in Beziehung auf diesen Wilkins vergessen haben sollte! Aber die Nachricht, die Ihr mir vor einiger Zeit schicktet, war so befremdend, daß ich sofort Master Leflor benachrichtigt habe, schleunigst zu mir zu kommen. Wollt Ihr jetzt vielleicht sagen, was Euer Brief zu bedeuten hatte? Er war sehr geheimnisvoll abgefaßt."

„Er konnte in falsche Hände geraten; deshalb durfte ich nicht deutlicher sein. Master Leflor weiß doch, in welcher Weise er zu der Pflanzung in Wilkinsfield gekommen ist."

„Ja. Durch regelrechten Kauf."

„Aber durch was für einen Kauf!" rief Roulin hitzig. „Er hat ja kaum die Hälfte des Wertes bezahlt, mußte sich also denken, daß es mit dieser Angelegenheit eine besondere Bewandtnis hat." Und mit einem bedeutungsvollen Seitenblick auf den erstaunt aufhorchenden Leflor fuhr er fort: „Weiß er, wie Ihr in den Besitz der Pflanzung gelangt seid?"

„Nein. Werde mich hüten, das den Leuten auf die Nase zu binden. Jetzt wird er es aber wohl erfahren müssen."

„Ja, es ist sogar sehr notwendig."

„Mir aber höchst unangenehm", widersprach Walker. „Übrigens sehe ich keinen Grund, davon zu sprechen. Die Sache wurde seinerzeit zwischen uns beiden abgemacht, Master Roulin, und ich wüßte nicht, warum sie nicht auch zwischen uns bleiben soll."

„Wie denn, wenn jener Artur Wilkins sich nun in Wilkinsfield einstellt?"

„Seid Ihr des Teufels?" rief Walker erschrocken.

„Und der Oberaufseher Adler auch?"

„Das ist ja gar nicht möglich! Beide sind doch tot."

„Tote stehen zuweilen auf. Wie nun, wenn sie noch leben?"

Walker ballte wild die Fäuste und stellte sich im höchsten Grad betroffen vor Roulin hin. Auch Leflor fühlte sich schwer bedrückt, obgleich er noch lange nicht ahnte, was alles hier geschehen war und noch geschehen konnte.

„Es kann mir eigentlich sehr gleichgültig sein", sagte er, „ob die beiden Männer noch leben oder nicht, denn —"

„Langsam!" fiel ihm Walker in die Rede. „Ihr wißt noch nicht alles! Wenn Artur Wilkins wirklich noch lebt, müßtet Ihr ihm Wilkinsfield wieder abtreten!"

„Wieso? Ich habe es ja bezahlt!"

„Aber nicht an ihn, sondern an mich!"

„Was ändert das?"

„Nur eine Kleinigkeit, Sir: er hat mir die Pflanzung gar nicht verkauft!"

„Macht keine dummen Witze!"

„Es ist mir bitterer Ernst! Ich traf diesen Wilkins in Santa Fé und war erstaunt über die verblüffende Ähnlichkeit, die er mit meinem lieben Freund Roulin besaß. Ich schloß mich ihm an und erfuhr nach und nach seine ganzen Angelegenheiten. Er zeigte mir sogar seine Papiere. Das konnte ein sehr guter Fang werden. Ich verlockte ihn zu einer Reise in das Todestal, wo Roulin vor längerer Zeit begonnen hatte, eine alte Quecksilbergrube neu auszubeuten, und trug Roulin meinen Plan vor. Er ging darauf ein. Roulin jagte Wilkins eine Kugel durch den Kopf, brachte seine Leiche beiseite und bemächtigte sich seiner Papiere. Wir ritten nach Santa Fé, wo Roulin nun als Wilkins auftrat; seine Ähnlichkeit ermöglichte das. Er verkaufte mir Wilkinsfield und auch die Schuldforderungen an dessen Oheim. Ich ging nach Wilkinsfield und veräußerte meine Ansprüche an Euch. Auf diese Weise seid Ihr in den Besitz der Pflanzung gekommen, Master Leflor!" schloß er mit schadenfrohem Lachen.

Auch Miranda, die schweigend abseits saß, lächelte. Leflor aber machte ein Gesicht, als erwache er aus einem Traum.

„Soll ich das wirklich glauben?" fragte er wie abwesend.

„Ich ersuche Euch sehr darum!"

„Ihr beide habt Artur Wilkins ermordet?"

„Wenn Ihr es so nennt, ja", lachte Walker.

„Und mich betrogen?"

„Auch das. Aber das ficht Euch doch nicht an, lieber Mann! Wie ich Euch kenne, ist Euer Gewissen nicht so zart, daß Ihr bei so einer Angelegenheit in Krämpfe oder gar in Ohnmacht fallen werdet."

„Ich bin also eigentlich Euer — Mitschuldiger?"

„Bis jetzt noch nicht, doch werdet Ihr es bald werden!"

„Dazu habe ich verdammt wenig Lust!"

„So verliert Ihr Wilkinsfield."

„Damit wäre ich zugrunde gerichtet! Ihr müßt wissen

— na, ich will's nicht beschönigen — ich habe ein wenig flott gelebt. Meine frühere Pflanzung ist zum Teufel. Ich besitze jetzt nur noch Wilkinsfield."

„So seid Ihr ein Bettler, wenn es an den Tag kommt, daß der Kauf keine Rechtskraft besitzt."

„Verflucht!"

„Und dann will ich Euch noch etwas sagen, Master Leflor; entweder Ihr macht mit, oder wir müßten eine schärfere Tonart miteinander reden!"

„Wieso?"

„Nun Ihr könnt Euch denken, daß wir einen Mitwisser nicht dulden können, der nicht zugleich auch Mitschuldiger ist!"

Leflor sank auf seinem Stuhl in sich zusammen. Ein so gewissenloser Mensch er sonst auch war, vor diesem Abgrund von Verbrechen schauderte er.

„Nun, wie ists?" lachte Walker boshaft. „Ich will nicht hoffen, daß Ihr aus seelischem Schmerz ins Wasser lauft, um Euch zu ersäufen! Bis jetzt hat die Sache keine Gefahr. Es gewittert nur von weitem. Ich weiß nicht, was Roulin mit seinem Gerede eigentlich will! Artur Wilkins ist tot, und Adler auch. Dieser Adler kam, müßt Ihr wissen, nach dem Westen, um Artur Wilkins zu suchen. Er fand seine Spur und gelangte so nach dem Todestal. Dort aber fiel er in Roulins Hände, der kurzen Prozeß mit ihm machte."

„Kurzen Prozeß?"

„Ja."

„Ihn — ermordete?"

„Was redet Ihr nur immer so großspurig von Mord? Er wurde beseitigt, weil er unser Feind war. Das ist alles. Es ist einfach ein Kampf, nichts weiter. Und der Klügere siegt. Basta!"

Die Bedenken, die Leflor vorhin gespürt hatte, saßen offenbar nicht sehr tief. Sein Schreck verflog.

„Nun, wenn Artur Wilkins tot ist", sagte er, „so steht doch für mich nichts mehr zu befürchten!"

„Mehr, als Ihr denkt", fiel Roulin hier ein. „Denn es ist so, wie ich vorhin andeutete: Wilkins und Adler leben noch!"

„Leben noch?" fuhr Leflor auf.

„So habt Ihr sie nicht getötet?" rief Walker.

„Nein."

„Hell and damnation! Seid Ihr verrückt?"

„Verrückt wohl nicht. Ich hatte zwei sehr wichtige Gründe, den beiden das Leben zu lassen."

Walker war vor Erregung blaß geworden. Er packte Roulin bei beiden Armen.

„Verdammter Narr! Ich sollte Euch mein Messer in die Gurgel stoßen! Wißt Ihr, daß Ihr nicht nur mich und diesen Master, sondern auch Euch selber in die allergrößte Gefahr bringt?"

„Ich bitte Euch, nehmt Eure Hände weg von mir!" antwortete Roulin gelassen. „Ich bin kein dummer Junge, mit dem man machen kann, was einem beliebt! Ich pflege zu wissen, was ich tue."

„Als Ihr die beiden am Leben ließt, habt Ihr nicht gewußt, was Ihr tatet."

„Sehr genau sogar! Ich wiederhole: ich habe meine Gründe!"

„Nun, so habt doch einmal die Gewogenheit, sie uns mitzuteilen, mein bester Master Roulin!" stieß Walker grimmig aus.

Roulin lächelte spöttisch.

„Ihr wißt doch", begann er in kühl-geschäftlichem Ton, „daß es in einem Quecksilberbergwerk nicht gesund ist. Die Quecksilberdünste zerfressen die menschlichen Eingeweide; darum ist es sehr schwer, Arbeiter zu bekommen. Und erhält man welche, so hat man einen unsinnigen Arbeitslohn zu zahlen —"

„Das geht mich nichts an, und das gehört ja auch nicht hierher!"

„Es gehört sehr wohl hierher. Ich fand also keine Arbeiter. Da brachtet Ihr mir diesen Artur Wilkins. Ich sollte ihn töten. Aber ich war nicht so dumm, ihn zu erschießen, sondern ich steckte ihn in meine Quecksilbergrube, wo er arbeiten muß."

„Alle Teufel! Wenn er Euch nun einmal entwischt?"

„Pshaw! Er ist gefangen und kann nicht heraus. Er arbeitet für mich, und wenn er faulenzt, so bekommt er Prügel und Kostentziehung."

„Und Adler?"

„Genießt ganz dasselbe Glück."

„Roulin, Ihr seid wahrhaftig ein Teufel! Ich töte die Leute, die mir im Wege stehen, aber ich lasse sie nicht eines so langsamen, entsetzlichen Martertodes sterben!"

„Jeder tut, was ihm gefällt. Und mir gefällt eben das. Ich habe noch mehr solcher Arbeiter, die nie mehr das Tageslicht erblicken werden. Die Hoffnung auf Flucht und Freiheit erhält sie dennoch leidlich bei Kräften."

Es war ein teuflisches Lächeln, das Roulins Ausführungen begleitete.

Miranda nickte ihm zu.

„Master, Ihr seid ein tüchtiger Kerl!" sagte sie mit glühenden Augen. „Entweder muß der Mensch sehr gut oder sehr schlecht sein. Mittelmäßigkeit mag ich nicht. Ich gestehe Euch, daß Ihr mir gefallt!"

„Sehr viel Ehre! — Ich hatte noch einen zweiten Grund, Señorita. Wenn ich Euch diesen auch noch mitteile, so könnt Ihr daraus sehen, daß ich nicht nur sehr aufrichtig, sondern auch ebenso furchtlos bin. Spitzbuben dürfen einander niemals vollkommen trauen. Das ist ein guter Grundsatz. Auch ich traute dem ehrenwerten Master Walker nicht ganz. Wenn ich Wilkins und Adler nicht tötete, so hatte ich in ihnen zwei gute Waffen gegen ihn in Händen. Darum ließ ich sie leben."

Miranda verschränkte die ringgeschmückten Finger und lachte hell auf.

„Verdammter Kerl!“ schrie Walker.

„Pshaw! Ich war vorsichtig! Das ist alles!“

„Ein elender Schurke seid Ihr!“

„Aber ich bitte dich!“ sagte Miranda noch immer lachend. „Ich finde, Roulin ist in der Tat ein ganzer Kerl!“

„Unsinn! Ein Zufall kann die beiden befreien und uns in des Teufels Küche bringen!“ wütete Walker weiter.

„Das ist unmöglich!“ widersprach Roulin.

„Redet Ihr denn zuweilen mit den beiden?“

„Darüber möchte ich jetzt noch nichts sagen. Das ist meine eigene Angelegenheit. Ich erinnere Euch überhaupt daran, daß die Verfolger jeden Augenblick hier eintreffen können. Wir haben keine Zeit zu Gefühlsausbrüchen!“

„Leider! Wenn das nicht wäre, so würde ich mit Euch anders reden. Wie nun, wenn Eure Verfolger zum Todestal gehen, he?“

„Ich bin sogar überzeugt, daß die Apatschen und Marikopas hinziehen werden! Und das ist der Grund, weshalb ich zu Euch komme. Ihr sollt mir helfen.“

„Ah so! Ihr macht die Dummheiten, und wir sollen Euch wieder aus der Patsche helfen!“ —

Abermals hörte man Hufschlag. Bill Newton und Alfonso kehrten zurück und meldeten, sie hätten sechs Reiter erspäht, die binnen einer Stunde hier sein würden.

„Was tun wir?“ fragte Roulin.

„Es bleibt uns nichts anderes übrig, als ihnen das Feld einstweilen zu überlassen“, riet Walker.

„Unsinn! Wir machen sie sogleich unschädlich!“

„So könnt eben nur Ihr reden! Ich sage Euch, ich bin kein schlechter Westmann; aber ich getraue mir nicht, es auch nur mit einem von jenen aufzunehmen. Nein, es gibt nur eins: wir gehen ihnen aus dem Weg. Ergreifen lassen darf ich mich auf keinen Fall!“

„Mir gehts ebenso“, bemerkte Newton. „Freilich muß

es Euch um Eure schöne Wirtschaft hier leid tun, die Ihr nun verlassen müßt."

„Pshaw! Ich gebe sie doch nicht auf! Wie lange wird es dauern, so sind Old Firehand und die anderen alle wieder fort. Was kann mir dann noch geschehen? Wo kein Kläger, da ist auch kein Richter. Übrigens tut es mir gar nicht etwa leid, daß ich hier für einige Zeit verschwinde. Wir wollten ja sowieso nach Granite Station, um das Mädchen zu holen, und dann zum Tal des Todes."

„Aber sie werden uns folgen."

„Jedenfalls! Aber mich erwischen sie nicht und euch natürlich auch nicht."

„Oh, diese Leute verstehen es, Spuren zu finden!" warf Leflor ein.

„Das Wasser nimmt keine Spuren auf."

„Wasser?"

„Wie jetzt die Sache steht, verzichte ich auf einen Ritt. Das wäre zu gefährlich. Diese Kerle würden unsere Fährte finden und dann nicht wieder davon lassen. Nein, wir reiten nur bis Prescott und stellen dort die Tiere ein. Dann fahren wir den Fluß hinab. Mein Langboot ist schneller als das schnellste Pferd."

„Behold! Ihr habt ein Boot!"

„Gewiß! Wir fahren den Hassayampa und dann den Gila hinunter bis in die Gegend von Gila Bend. Von dort benützen wir die Überlandpost bis Granite Station."

„Aber wenn sie es erfahren?"

„Wer soll es ihnen sagen? Übrigens können sie keine Ahnung davon haben, daß wir nach Granite Station aufgebrochen sind. Auch gibt es zur Zeit in Prescott nur ein einziges Boot. Zu Wasser können sie uns nicht verfolgen."

„Und ich?" fragte Miranda. „Was wird aus mir?"

„Du gehst mit!"

„Kann ich nicht bleiben? Mir können sie ja nichts anhaben!"

„Aber sie können dich zwingen, mich zu verraten."

Miranda zögerte. Eine Flucht unter Zurücklassung von allem, was ihr lieb und angenehm war, erschien ihr nicht besonders verlockend.

„Du mußt mit!" entschied Walker. „Alfonso bleibt zurück, wird die Gesellschaft empfangen und während meiner Abwesenheit das Haus in Ordnung halten. Und jetzt heißt's handeln, wenn wir den Burschen zuvorkommen wollen!"

Nach kurzer Zeit verließ Zennort-Walker mit seinen Spießgesellen das Haus in Begleitung Mirandas und schlug die Richtung nach Prescott ein. Sie hielten sich nicht auf der Straße, wo sie den Verfolgern in die Arme gelaufen wären, sondern abseits im Wald. Von dort aus wurden in aller Eile die nötigen Lebensmittel ins Boot gebracht, dann stieß man ab.

Es geschah keine Viertelstunde zu früh.

*

Winnetou und Old Firehand waren mit dem Kleeblatt und Hermann vom Tutlish-to aufgebrochen und nach dem Fort Grant geritten. Dort hatten sie die Fährte Roulins aufgenommen und waren ihr eilig gefolgt. Roulins Vorsprung war indes so groß gewesen, daß es den Verfolgern nicht gelang, ihn einzuholen. Sie hegten zwar die Vermutung, daß er sich zu Walker-Hopkins begeben würde, aber das war eben nur eine Vermutung. Wären sie dessen sicher gewesen, so hätten sie den geraden Weg über die Berge nach Prescott genommen, genauso wie Leflor und Newton, und wären auf diese Weise Roulin zuvorgekommen.

Als sie dann aus der Richtung der Fährte schlossen, daß der Verfolgte wirklich nach Prescott wollte, hielten sie sich nicht mehr mit Spurenlesen auf, sondern ritten geradeswegs dorthin. Sie kannten ja das Ziel, dem Roulin zustrebte, recht gut: die Wohnung Walkers.

Doch sie kamen zu spät.

Winnetou ritt voran, ernst und schweigsam, wie gewöhnlich. Dann folgte Old Firehand, an seiner Seite Sam Hawkens, und hinter ihnen die beiden Langen, die mit Hermann von Adlerhorst eine lebhafte Unterhaltung führten. Das Gespräch drehte sich um die kommenden Ereignisse.

„Ich freue mich schon auf das Gesicht, das dieser Zennort oder Walker oder Hopkins bei unserem Anblick machen wird!" meinte Hermann.

Will Parker zuckte die Achseln.

„Wer weiß? Schätze, daß wir von Walker nicht einmal die Nasenspitze, viel weniger das ganze Gesicht zu sehen kriegen!"

„Wieso?"

„Weil er gar nicht mehr da sein wird."

„Ihr meint, Roulin ist vor uns eingetroffen und hat Walker gewarnt?"

„Yes. Wir sind leider nicht so rasch vorwärts gekommen, wie wir wünschten; bin überzeugt, daß die beiden Vögel ausgeflogen sind. Meinst du nicht auch, alter Dick?"

„Kannst recht haben, Will."

„Aber weshalb sollten sie vor uns fliehen?" beharrte Hermann. „Sie brauchen sich ja nur einzuschließen und die Läufe ihrer Gewehre aus den Fenstern zu stecken, so sind sie vor uns sicher."

„Glaubt Ihr?" lachte Will. „Erlaubt mir, anderer Meinung zu sein, Master! Ich will von Sam Hawkens und uns beiden nicht reden, obgleich wir einen Namen besitzen und mit diesem Walker ein Wörtchen zu reden haben; aber meint Ihr, daß Winnetou und Old Firehand sich vor ein paar Gewehrläufen fürchten? Nein, nein, da kennt Ihr die zwei schlecht! Glaubt mir, Walker könnte nichts Besseres tun, als sich aus dem Staub zu machen! Übrigens werden wir bald wissen, woran wir sind, denn wie es scheint, sind wir am Ziel."

Bei einer Straßenbiegung erschienen zwischen den Bäumen die massigen Mauern eines Gebäudes. Die Toreinfahrt war geöffnet, so daß man in den Hof blicken konnte. Kein Mensch ließ sich sehen. Das machte einen harmlosen und friedlichen Eindruck, erweckte aber gerade darum den Verdacht der Männer.

Old Firehand gab den beiden Langen einen Wink, am Tor zurückzubleiben, um einen etwaigen Rückzug zu dekken. In Begleitung von Winnetou, Sam Hawkens und Hermann ritt er langsam durch die Einfahrt. In einer Ecke des Hofs gewahrte er einen Mann, der mit dem Aufzäumen eines Pferdes beschäftigt war.

Der Mann in der Ecke wurde aufmerksam und kam heran. Es war Alfonso, der von Walker genaue Anweisungen erhalten hatte, wie er sich gegen den unerbetenen Besuch verhalten sollte.

„Was wünschen die Mesch'schurs?" fragte er und lüftete höflich den Hut.

„Wohnt hier ein Master Zennort?" erkundigte sich Old Firehand.

„Ja."

„Ist er daheim?"

„Nein. Er ist heute mittag ausgeritten, wird aber vor Eintritt der Nacht wieder zurück sein. Was wollt Ihr von ihm?"

„Wir möchten mit ihm sprechen."

„Das ist nun augenblicklich leider nicht möglich."

„War Besuch da?"

„Nein."

„Nicht? Ihr müßt Euch täuschen. Wahrscheinlich erschien der Mann, während Ihr gerade nicht anwesend wart."

„Ich täusche mich nicht, denn ich kam den ganzen Tag nicht aus dem Haus, müßte es also wissen, wenn ein Besuch eingetroffen wäre."

„Hm!" lächelte der Jäger. „Ich kann mir denken, daß Ihr von Master Zennort genaue Anweisungen erhalten habt."

„Was für Anweisungen?"

„Nun, wie Ihr uns zu empfangen habt."

„Ich verstehe Euch nicht. Master Zennort scheint doch von Euerm Kommen keine Ahnung gehabt zu haben."

„Das weiß ich besser."

„Woher hätte er von Euch wissen sollen?"

„Eben von jenem Besuch, von dem ich zuvor sprach."

„Wann soll der Besuch eingetroffen sein?"

„Vor ungefähr zwei Stunden."

„Nun, dann ist es klar, daß Ihr Euch irrt. Master Zennort ist, wie ich schon sagte, zu Mittag, also vor etwa fünf Stunden fortgeritten, kann also unmöglich vor zwei Stunden einen Besuch empfangen haben."

„Macht mir nichts vor! Ich nehme an, daß Euch Master Zennort unsere Namen genannt hat, und daß Ihr also wißt, mit wem Ihr es zu tun habt."

„Master, ich versichere Euch, ich habe keine Ahnung —"

„Schon gut! Ihr seid der Diener Eures Herrn und habt ihm zu gehorchen. Ich nehme Euch also Euer Leugnen nicht besonders übel. Aber wir haben unbedingt mit Master Zennort zu sprechen."

„Ich kann Euch keine andere Auskunft geben. Wollen die Mesch'schurs vielleicht auf ihn warten?"

Dem Mann kam es natürlich darauf an, die Verfolger tunlichst lange festzuhalten und so seinem Herrn einen möglichst großen Vorsprung zu verschaffen.

„Das dauert uns zu lange", widersprach der Jäger, der die Absicht Alfonsos gar wohl herausfühlte.

„Oh, Ihr könnt doch unmöglich in der Nacht wieder durch den Wald zur Stadt!"

„Noch weniger aber dürfen wir hier zur Last fallen. Übrigens fürchten wir uns ja nicht des Nachts im Walde."

„Das glaube ich Euch gern. Ihr seht nicht nach Fürchten aus. Aber trotzdem wiederhole ich meine Einladung. Es stehen genug Zimmer für Gäste frei."

Old Firehand beabsichtigte durchaus nicht, unverrichteter Dinge wieder abzuziehen. Er war zwar überzeugt, daß Walker und Roulin das Weite gesucht hatten, aber das Ziel ihrer Flucht war nur hier im Haus zu erfahren. Ein schneller Blick, den er Winnetou zuwarf und den der Häuptling mit einem leisen Kopfnicken erwiderte, sagte ihm, daß sein roter Freund der gleichen Ansicht war.

„Es wäre freilich für uns bequemer, wenn wir hier im Haus auf Master Zennort warten könnten."

„So folgt mir: Ich werde euch Zimmer anweisen."

„Und unsere Tiere?"

„Kommen in den Stall. Ich sorge dafür, daß sie gut verpflegt werden."

„Habt ihr nicht einen Korral am Haus?"

„Gewiß, hier links."

„So werden wir unsere Tiere lieber dort unterbringen. Die Tiere sind das Freie gewöhnt."

Old Firehand hatte eine bestimmte Absicht dabei. Dick und Will wurden herbeigerufen, und Alfonso öffnete den Verschluß der Umzäunung. Der Jäger warf einen prüfenden Blick hinein und wandte sich dann an Alfonso.

„Wir danken Euch, beabsichtigen aber keineswegs, Euch weiter mit unseren Tieren zu belästigen. Sie lassen keinen Fremden in ihre Nähe. Sam Hawkens wird ihre Fütterung selber besorgen."

Sam warf einen listigen Blick auf den Sprecher. Er verstand gar wohl, warum er zurückbleiben sollte. Old Firehand argwöhnte, daß ihnen mit den Tieren ein Streich gespielt werden könnte, und wollte dem vorbeugen.

Alfonso schritt mit einem sehr zufriedenen Gesichtsausdruck vor den Männern her ins Innere des Hauses. Er führte die Gäste zum linken Flügel und wies ihnen zwei nebeneinanderliegende Stuben an, sauber, aber einfach ausgestattet. Ein Tisch, ein Stuhl, eine Matratze als Bett mit einer Pferdedecke zum Zudecken, ein Krug mit

Wasser und eine Waschschüssel, das war alles — aber genug für jene Gegend.

„Jetzt können sich die Herren einstweilen ein wenig vom Staub reinigen. Ich werde euch benachrichtigen, wenn Master Zennort zurückkehrt."

Hierauf entfernte er sich, froh, die gefährlichen Verfolger festgehalten zu haben.

Dick Stone blickte sich kopfschüttelnd um.

„Wenn ich mich hier umsehe, so bin ich nicht im Zweifel darüber, daß wir erwartet wurden."

„Hast recht", meinte Will. „Man ist auf unseren Besuch vorbereitet gewesen."

„Ja. Man sieht hier alles instand gesetzt. Sogar frisches Wasser wurde hergestellt."

„Heavens! Am Ende sind sie gar fort, um Spießgesellen zu holen, die über uns herfallen sollen."

„Das ist sehr leicht möglich."

„So wären wir in eine Falle gegangen."

„Kann sein. Warum läßt sich übrigens außer dem Mann, der uns empfangen hat, niemand blicken? Es ist doch nicht anzunehmen, daß er der einzige Bediente in diesem großen Haus ist. Das ist mir verdächtig."

Dick hatte recht. Die übrige Bedienung, die aus einigen Negern und Negerinnen bestand, hatte strengen Befehl erhalten, sich vor den Ankömmlingen nicht sehen zu lassen. Der Grund für diese Maßnahme war durchsichtig genug: Walker fürchtete, die Neger könnten in ihrer Geschwätzigkeit etwas verraten.

Während sich Dick und Will in allen möglichen Mutmaßungen ergingen und Old Firehand und Winnetou miteinander berieten, wie sie das erfahren könnten, was ihnen so hartnäckig vorenthalten wurde, war Sam Hawkens nicht müßig gewesen. Er hatte sich überall vergebens nach Futter für die Tiere umgesehen. Nun schritt er über den Hof dem Stall zu, einem schuppenähnlichen Anbau an den rechten Seitenflügel. In dem Augenblick, als er eintrat, wurde eine gegenüberliegende Tür geöffnet, und ein Mann kam in den Stall, den Finger mit einer bezeichnenden Gebärde am Mund.

Sam zog vorsichtig die Tür hinter sich zu.

„Was willst du, Gentleman mit der dunklen Haut?"

„Wie heißen Massa?"

„Sam Hawkens, wenn ich mich nicht irre."

„Oh! Ah! Das sein gut, sehr gut!"

„Warum?"

„Zuerst noch sagen, ob auch noch Massa Old Firehand und Massa Winnetou hier?"

„Ja, mein guter Wollkopf!"

„Oh, wenn ich wissen, ob Massa mich nicht verraten."

„Ich verrate nie einen ehrlichen Kerl!"

„Oh, Zeus sein ehrlich, sein ehrlicher Kerl!"

„Also Zeus heißt du. Wie es scheint, möchtest du mir eine Mitteilung machen. Aber ob sie etwas wert ist? Ihr Schwarzen bringt ja alles erst durcheinander."

„Oh, Mitteilung von Zeus sein sehr wertvoll und kein Durcheinander. Zeus haben gelauscht, weil Massa Zennort schlagen arm Zeus und Missus Miranda arm, gut Milly."

„Wer ist Milly?"

„Milly sein gut, schön Braut von Zeus."

„So, so! Nun, was hast du gehört?"

„Zuerst kommen Massa Leflor und — —"

„Wer?"

Dem Trapper blieb vor Erstaunen der Mund offen.

„Massa Leflor."

„Weißt du, woher dieser Mann ist?"

„Zeus es wissen; Massa Leflor sein aus Wilkinsfield."

„Also wirklich! Es ist kaum zu glauben, wenn ich mich nicht irre. — Na, freu dich, Bursche, wenn du mir in die Quere kommen solltest! — Fahre fort, freundlicher Zeus!"

„Massa Leflor kommen mit Massa Bill Newton von . . ."

„Was, du träumst wohl?"

„Zeus nicht träumen. Zeus kennen Bill Newton. War schon mal hier. Männer kommen von Gegend, wo Blaues Wasser."

„Mensch, Mann, Schwarzer, Goldkerl, das stimmt! Wir haben doch diesen Bill Newton am Blauen Wasser gefangengenommen."

„Gefangengenommen! Sehr gut! Sein aber wieder frei. Leflor sein gekommen und haben Massa Newton losgebunden."

„Egad! Das ist ja etwas ganz Außerordentliches, was du mir da mitteilst. Weißt du noch mehr?"

„Zeus wissen noch mehr, groß viel mehr Neuigkeit."

„So erzähle weiter!"

„Dann kommen Massa Roulin."

„Also doch!"

Massa Roulin sein auf Flucht vor viel groß berühmt Männer. Dann groß Beratung, was tun. Massa Zennort vorschlagen, nach Granite Station gehn und weißes Mädchen gefangennehmen."

„Zounds! Wie ist das möglich? Woher wissen die Schurken, daß sich Miß Wilkins in Granite Station aufhält?"

„Massa Leflor haben gehört von dummen Mann, der gefangnen Massa Newton bewacht."

„Lack-a-day! Dieser Förster Rothe, der die Weisheit nicht mit Löffeln gegessen zu haben scheint, hat geplaudert. Und dabei hat er gewagt, über meine Tschi-kone zu lachen! Na, da müssen schöne Sachen vorgefallen sein, wenn ich mich nicht irre!"

„Dann sein Massa Zennort fort mit drei Massa und Missus Miranda."

„Wer ist Miranda? Seine Frau?"

„No. Nicht Frau; nur Wirtschafterin."

„Merkwürdig! Was soll das Weib bei diesen verwünschten Galgenvögeln?"

„Zeus es nicht wissen."

„Aber jetzt kommt die Hauptsache: welchen Weg schlagen sie ein? Das hast du wohl nicht erlauscht?“

„Zeus es haben erlauscht“, nickte der Schwarze mit breitem Grinsen und zeigte seine schönen Zähne. „Reiter sein fort nach Prescott und von da mit Boot von Massa Zennort in Gilafluß.“

„Heavens! Das nenne ich gute Auskunft, wenn ich mich nicht irre! Zeus, ich habe schon viele Schwarze kennengelernt, aber noch keiner hat mir so viel Achtung abgenötigt wie du.“

Man sah es dem Neger an, wie sehr er sich durch die Worte dieses Mannes, von dem er wußte, daß er ein berühmter Jäger war, geehrt fühlte. Er warf sich ordentlich in die Brust.

„Oh — ah — oh! — Yes. Zeus sein ganz groß viel Schlaukopf.“

„Egad! Werden die anderen Augen machen, wenn sie das erfahren! — Weißt du noch etwas, Zeus?“

„No. Zeus sein jetzt wie leeres Faß. Nichts mehr in ihm.“

„Sag einmal, hast du nie etwas von einem Artur Wilkins gehört? Hast du ihn nie mit deinem Herrn beisammen gesehen?“

Der Neger tat beinahe einen Luftsprung.

„Zeus haben gesehn, haben sogar mit ihm gesprochen! Massa Artur sein fein, nobel Gentleman.“

„Wo ist er jetzt?“

„Massa Artur sein tot — ermordet — nein — nicht ermordet — er noch leben — müssen in Bergwerk hart arbeiten!“

Und nun fragte Sam aus dem schwarzen Zeus heraus, was er von der Sache wußte: daß Walker und Miranda an die Ermordung des jungen Wilkins geglaubt hätten; daß aber Roulin ihnen mitgeteilt hatte, er ließe ihn, anstatt ihn aus dem Weg zu räumen, in seinem Bergwerk im Todestal arbeiten, wie auch Martin Adler.

Nachdem Sam dem Neger seiner unwandelbaren Hochachtung versichert und feierlich erklärt hatte, daß er ihn nicht verraten würde, kehrte er zu den Gefährten zurück.

Alle vernahmen den Bericht des Trappers mit größter Spannung. Sie hörten, daß Newton-Florin, der frühere Derwisch, mit Hilfe Leflors entronnen war, und erfuhren, was die Verbrecher eigentlich beabsichtigten: nämlich nach Granite Station zu gehen, um dort Almy Wilkins in ihre Gewalt zu bringen. Am meisten berührt wurde Hermann durch die Nachricht, daß sein Bruder Martin nicht tot sei, sondern sich noch lebend in der Gewalt Roulins befände. Er warf einen Blick auf Old Firehand, woraus der sehnsüchtige Wunsch sprach, sofort aufzubrechen und den Entwischten nachzujagen.

Die Männer waren kaum eine halbe Stunde im Haus, und schon hatten sie auf eine so leichte, mühelose Weise ihren Zweck erreicht: sie wußten, wohin sich die Schurken gewendet hatten. Wenn sie sich gleich auf den Weg machten, bestand vielleicht noch die Möglichkeit, die Flüchtigen einzuholen, bevor das Boot seine Fahrt antrat. Außerdem war anzunehmen, daß Mirandas Begleitung hinderlich wirkte, und daß die Vorbereitungen, das Boot klar zu machen, die Abfahrt verzögerten.

Man brach also sofort auf. Als die Männer die Tiere aus dem Korral und durch die Einfahrt ins Freie schafften, stürzte Alfonso verwundert herbei.

„Wohin, Mesch'schurs?“

„Ein wenig spazierenreiten“, gab Old Firehand zur Antwort.

„Aber seht ihr nicht, daß es schon zu dunkeln beginnt?“

„Eben deshalb wollen wir die wenigen Minuten ausnützen.“

„Aber wenn Master Zennort unterdessen zurückkehrt?“

„Dann soll er auf uns warten, wie wir auf ihn gewartet haben, leider umsonst.“

Alfonso vermochte nur schwer seinen Verdruß zu verbergen. Er sagte sich, daß der Spazierritt zu solcher Abendstunde nur ein Vorwand für seine Gäste war, sich für immer zu empfehlen. Hatten sie vielleicht gar die Spur der Flüchtlinge gefunden?

„Wohin reitet ihr?"

„Dahin, wo wir wahrscheinlich Master Zennort finden werden. Habt Dank für Eure Gastfreundschaft und lebt wohl!"

Damit gab er seinem Pferd die Sporen und ritt Winnetou nach. Seine Gefährten folgten ihm.

Schon nach kurzer Zeit brach die Nacht herein. Das war schuld, daß der Ritt nicht so schnell vonstatten ging, wie sie gewünscht hatten. Außerdem war der Weg schlecht, und als sie die Häuser von Prescott im Dunkeln auftauchen sahen, fehlte nicht viel an Mitternacht. Es ging durch die Hauptstraße der Stadt und dann zum Hassayampa. Sie sprangen ab. Doch kein Boot war zu entdecken.

In der am Fluß liegenden Venta war noch Licht. Die Tür stand offen, und sie traten ein. Es saß nur noch ein einziger schläfriger Gast am Tisch bei einem halbausgetrunkenen Schnapsglas. Der Wirt war eingenickt, erwachte vom Geräusch der Fremden und stand höflich auf.

„Seid Ihr der Wirt?" fragte Old Firehand.

„Der bin ich Sir", nickte der Mann schlaftrunken.

„Hattet Ihr noch spät Gäste?"

„Es waren einige hier."

„Wie viele waren es?"

„Fünf Personen; zwei Fremde und drei Hiesige."

Der Wirt gähnte und gab offenbar gedankenlos Auskunft.

„Wer waren die Hiesigen?"

„Señorita Miranda, Señor Newton und Señor Zennort."

„Wo sind sie jetzt?"

„Sie sind im Langboot von Señor Zennort abgereist."
„Wann?"
„Es mag jetzt eine halbe Stunde her sein, Señor."
„Gibt es noch ein zweites Boot, das zu haben wäre?"
„Leider nicht. Das Boot von Señor Zennort ist das einzige am Ort."
„Das ist schlimm. Aber wir wissen nun genug. Ich danke Euch. Und das ist für Eure Gefälligkeit."
Er drückte dem Wirt ein Geldstück in die Hand.
„Was nun?" fragte Sam Hawkens, als sie die Venta verlassen hatten. „Walker wird eher an Ort und Stelle sein als wir. Wir müssen Wilkins benachrichtigen."
„Wie denn?"
„Durch eine Drahtnachricht, wenn ich mich nicht irre."
„Ihr vergeßt, daß es von hier aus noch keine Verbindung dorthin gibt."
„Wir müssen zur nächsten Station der Überlandpost reiten und von dort aus nach Granite Station drahten, damit die Freunde gewarnt sind."
„Welche Station kommt da in Betracht?"
„Gila Bend, in zwei Tagen zu erreichen, wenn man ein gutes Pferd zwischen den Schenkeln hat."
„Ich denke, wir sind gut genug beritten."
„Das wohl, aber das Boot ist schneller als unsere Tiere. Zur Zeit weiß ich keinen Ausweg! . . ."

8. FALLEN UND STRICKE

Der von Tucson über Gila Bend kommende Postwagen fuhr rasselnd, mit sechs Pferden bespannt, in Granite Station ein und hielt vor dem langgestreckten, niedrigen Postgebäude. Zwei junge Männer, der Telegrafist und der Sohn des Postmeisters, standen vor der Tür zum Telegrafenamt, neugierig, ob Reisende aussteigen würden.

Der Kopf eines Mannes erschien am Fenster. Es war Walker, der das Taschentuch ans Gesicht preßte, als hätte er Zahnweh. In Wirklichkeit tat er es, um nicht sofort erkannt zu werden, während er die beiden jungen Männer musterte.

Nein, es war kein Bekannter in der Nähe, und im nächsten Augenblick hatte Walker die Tür des Wagens geöffnet und stand im Freien. Roulin, Leflor, Bill Newton und Miranda folgten.

Miranda sah in ihrem schmucken Reisekleid, das ihr Walker in Gila Bend gekauft hatte, ausgezeichnet aus, und ihre Erscheinung erregte Aufsehen bei den jungen Männern.

„Alle Wetter!" sagte der Telegrafist. „Seht nur diese Venus, Master Hofter! Dieser Wuchs — dieser Gang — diese Augen!"

„Die Lady ist in der Tat eine Schönheit. Ich möchte wissen, wer sie ist und wohin sie — Heavens! Wer ist denn das?"

„Wer denn?"

„Der eine ihrer Begleiter — an ihrer Linken. Wenn mich nicht alles täuscht, so ist es Roulin, der mit mir im Alabama-College auf ein und derselben Bank gesessen hat! Das ist ja die beste Gelegenheit, mich mit ihr bekannt zu machen!"

„Damned!" lachte der Telegrafist ärgerlich. „Kaum

schneit einmal was Besonderes in unser langweiliges Nest herein, so schnappt Ihr mir's weg!"

„Nehmt's nicht tragisch, Grey! — Good bye!"

Hofter schritt auf die Gruppe zu, die sich jetzt der Tür des Warteraums näherte.

„Seh ich recht?" rief er. „Seid Ihr nicht — oder vielmehr bist du nicht — ja, du bist's Roulin!"

Roulin fühlte sich nicht gerade freudig überrascht, als er sich plötzlich beim Namen genannt hörte. Aber als er in das gutmütige Gesicht des anderen blickte, heiterte sich seine Miene sofort auf. Er erkannte den Studiengenossen und wußte, daß er diesen Mann nicht zu fürchten brauchte.

„Hofter, du?"

„Ja, in Lebensgröße, mein lieber Roulin! Wie kommst denn du hierher nach Granite Station?"

„Zufällig, mein Bester. Aber ich bin dem Zufall dankbar, da er mir Gelegenheit gibt, dich wiederzusehen. Was bringt dich hierher?"

„Das Schicksal."

„Wieso?"

„Mein Vater hat eine leitende Stelle bei der Überlandpost. Um einen Einblick in gewisse Angelegenheiten zu gewinnen, ist er auf den Gedanken gekommen, Außenbeamter zu werden. Das hat ihn hierher nach Granite Station verschlagen. Ich mußte mit. Nun sitze ich da! Ein Talent auf dem Trocknen, angeglotzt von lumpigen Indianern."

„Du hast Langeweile?"

„Riesig! Dein Anblick ist mir geradezu ein Labsal. Endlich einmal eine Unterbrechung des ewigen Einerleis! Hoffentlich bringst du mir ein Opfer und bleibst recht lange hier."

„So aufopferungsfähig bin ich leider denn doch nicht", lachte Roulin. „Einige Tage aber kann ich dir vielleicht widmen."

„Goldjunge, komm an mein Herz!"

Hofter breitete die Arme aus.

„Laß deine Hände ruhig in den Taschen!" wehrte Roulin ab. „Gib mir lieber einige Auskünfte!"

„Gern. Was willst du wissen? Brauchst du einen Pfarrer oder einen Anwalt oder einen Blutegelhändler? Aber sag mir vor allen Dingen: wer ist die Dame, die sich bei dir befindet?"

„Gefällt sie dir?"

„Welch eine Frage! Diese Gestalt, diese Haltung, diese ..."

„Stop, alter Freund! Du bist ja ganz aus dem Häuschen! Sie wird lachen, wenn ich ihr erzähle, daß sie in Granite Station schon eine Eroberung gemacht hat!"

„Das wirst du nicht tun, Roulin! Ich bin begeistert, aber Liebe auf den ersten Blick will überprüft sein."

Roulin stieß ein lautes Gelächter aus.

„Daran erkenne ich meinen Hofter! Schon im College warst du so ein Schwärmer!"

„Erlaube!" begehrte Hofter auf. „In diesem Fall ists doch etwas ganz anderes. Nie habe ich eine Frau gesehen, die so ..."

„Schon gut, mein Junge! Aber halte mich nicht unnütz auf. Laß dir lieber kurz Bescheid geben! Sie heißt Señorita Miranda."

„Kannst du mich ihr vorstellen?"

Roulin zog ein bedenkliches Gesicht.

„Schwerlich; außer — hm, sie ist sehr wählerisch. Vielleicht aber könntest du dich ihr angenehm machen."

„Mit Vergnügen! Verschaffe mir nur Gelegenheit dazu!"

„Wollen es versuchen! Gibt es hier ein Gasthaus?"

„Versteht sich."

„Ist es sehr besetzt?"

„Jetzt nicht. Die einzigen Gäste sind augenblicklich ein Master Wilkins und seine Tochter."

„Schön. Kannst du nicht erfahren, ob diese Herrschaften in letzter Zeit eine Drahtnachricht erhielten?"
„Das geht nicht. Das fällt unters Amtsgeheimnis!"
„Mit dieser Auskunft würdest du aber gerade unsere Señorita Miranda zu großem Dank verpflichten."
Hofter trat unschlüssig von einem Bein aufs andere.
„Sie soll's erfahren", sagte er nach kurzem innerem Kampf. „Grey, der Telegrafist, ist mein Freund. Er sagt's mir gern."
Hofter eilte ins Postamt. Roulin schritt indessen auf die anderen zu, die am Eingang des Warteraums standen.
„Ich traf da einen Jugendgenossen, einen harmlosen Leichtfuß, der uns hier von großem Nutzen sein wird, wenn Señorita Miranda ein wenig freundlich mit ihm ist. Er ist ein Freund hübscher Gesichter und Sohn des hiesigen Postmeisters. Eben habe ich ihn nach der Drahtmeldung an Wilkins gefragt. Er will uns Auskunft geben. Das ist sehr wertvoll, da wir gewärtig sein müssen, daß auch Old Firehand nach hier drahtet, um zu warnen. Meinen Freund könnten wir, wenn wir ihn" — er schaute Miranda an — „ein bißchen gut behandeln, um den Finger wickeln. Da kommt er schon!"
Hofter schwenkte von weitem einen schmalen Zettel, und Roulin ging ihm entgegen.
„Ich habe sie!" rief Hofter. „Da schau! Das ist die Abschrift! Die Nachricht lautet: ‚Sofort nach Dos Palmas abreisen. Wir sind dort. Winter!' — Genügt dir das?"
„Vollständig. Ich danke dir!"
„Nun aber bitte ich dich, mich zur Belohnung deiner schönen Señorita Miranda vorzustellen."
„Vorher noch eins! Wann ist diese Meldung hier eingetroffen?"
„Vor fünf Stunden."
„Vielleicht kommt heute oder auch erst morgen eine zweite. Könnte ich auch diese lesen?"
„Ich werde sie dir verschaffen."

„Aber: — bevor sie an den Empfänger geschickt wird!"
„Damned — das geht nicht!"
„Warum?"
„Der Beamte wird mich nach dem Grund meiner Bitte fragen."
„Bist du um eine Ausrede verlegen?"
„In diesem Fall — allerdings!"
„Dann tust du mir leid, old boy. Du warst doch früher nie verlegen, besonders wenn es sich um ein schönes Mädchen handelte."
„Das ist aber hier etwas anderes."
„Du irrst. Erstens tust du Señorita Miranda einen Gefallen, den sie dir jedenfalls vergelten wird, und zweitens — ah, ich habe da den richtigen Gedanken! Der Empfänger ist zwar ein gewisser Wilkins, aber er hat eine sehr hübsche, junge Dame bei sich. Weiß das der Telegrafist vielleicht?"
„Wir haben nur ihre schlanke Gestalt gesehen, denn sie ging tief verschleiert."
„Nun, so ist die Sache doch sehr einfach. Du möchtest dich ihr nähern, indem du selber den Telegrafenboten spielst und ihrem Begleiter die Nachricht bringst. Dann kannst du sie im Gasthaus sehen."
„Diese Ausrede ist gar nicht übel. Und du willst, daß ich den Wortlaut erst dir zeige, bevor ich die Nachricht an den Empfänger befördere?"
„Sehr richtig."
„Das könnte ich möglich machen, wenn es dabei nicht ein Hindernis gäbe."
„Ich wüßte keins."
„Die Drahtmeldungen sind verschlossen."
„Nur mit einem Papiersiegel. Laß es meine Sorge sein, das Ding zu öffnen."
„The Devil! Das ist strafbar!"
„Geht dich nichts an, nur mich."
„Ich bin dann aber dein Mitschuldiger!"

„Nimm's mir nicht übel, Hofter, aber du scheinst ein ganz anderer geworden zu sein, seit wir uns nicht mehr gesehen haben! Früher gingst du wegen eines netten Mädels durch zehn Feuer."

„Jetzt auch noch!"

„Weshalb also bist du bedenklich?"

„Weißt du, Roulin, die gesetzlichen Bestimmungen! Ich kann mir denken, daß es sich nur um einen dummen Streich handelt — aber mein Vater ist hier Postmeister, und darauf muß ich Rücksicht nehmen."

„Nimm lieber Rücksicht darauf, daß du dir Señorita Miranda verpflichtest!"

„Ob sie sich aber mir gegenüber dann auch verpflichtet fühlen wird, das ist doch noch sehr ungewiß!"

„Ich bürge dir dafür. Und außerdem kannst du sicher sein, daß kein Mensch etwas davon erfährt."

„Ja, wenn ich das wüßte."

„Mein Ehrenwort."

„Ehrenwort? Hm!"

„Na also, darf Señorita Miranda auf dich rechnen?"

„Gut, ich will es tun! Für sie! Sag ihr das aber auch! Ich werde jetzt diese Nachricht zurücktragen und dabei Grey unterrichten, daß ich ein zweites Telegramm an die gleiche Anschrift dem Empfänger selber bringen will. Dafür erwarte ich deinen Gegendienst."

„Eine Liebe ist der anderen wert."

Hofter kehrte in das Amtszimmer zurück, und Roulin trat in den Warteraum, wo sich nur seine Gefährten befanden.

„Ihr laßt uns lange warten", meinte Leflor.

„Weil er die Drahtung schon brachte."

„Ah! War es die unsrige?"

„Ja, es war dieselbe, die wir in Gila Bend aufgegeben haben, um die Gesellschaft schleunigst von hier fortzubringen."

„Eine andere ist noch nicht angekommen?"

„Nein. Und wenn sie eintreffen sollte, so wird mein Freund Hofter sie uns bringen, bevor sie an den Empfänger geht. Dafür verlangt er nur, daß Ihr ein wenig freundlich zu ihm seid, Doña Miranda! Wie stehts damit, geschätzte Señorita?“

„Freundlich? Was versteht Ihr darunter?“

„Dasselbe wie Ihr! Der arme Junge ist in Euch verschossen — und ich meine, das ist für unser Vorhaben sehr vorteilhaft!“

„Man wird ihm den gewünschten Gefallen tun“, sagte Walker in einem Ton, als sei es selbstverständlich, daß sich Miranda in seinen Dienst und Nutzen stelle.

„Und wenn ich es nicht tue?“ zierte sich die edle Dame.

„Pah! Wir haben ein gemeinschaftliches Ziel; und ein jeder von uns muß das seine tun, es zu erreichen!“

Walker sagte das in beinahe schroffem Ton, und Miranda zog es vor, ihm nicht zu antworten.

Hofter kam, ein wenig verlegen und linkisch, mit unsicheren Schritten an den Tisch. Bei der Vorstellung zog er die Hand Mirandas an die Lippen, während ihm das Blut in die Wangen schoß.

Sie ließ ihm nicht nur die Finger für einige Sekunden länger als nötig, sondern sie erwiderte sogar seinen Druck und beantwortete seinen Blick mit einem aufmunternden Lächeln. Sie hatte vorhin widersprochen; aber Hofter war ein hübscher Mann, und sie beschloß im stillen, die ihr aufgezwungene Aufgabe bestens zu lösen.

Ihr Lächeln entzückte ihn derart, daß er einen Gedanken aussprach, der ihn vor wenigen Augenblicken noch allzu verwegen gedünkt hatte.

„Es ist mir ein sehr lieber Zufall“, sagte er höflich, „Master Roulin zu treffen. Wir haben miteinander studiert und sind stets die besten Freunde gewesen. Ich möchte dieses Wiedersehen möglichst ausnützen und erwarte, daß man meine Gastfreundschaft nicht abweist.“

„Willst du dir etwa die ganze Gesellschaft auf den Hals laden?“ wunderte sich Roulin.

„Mit dem größten Vergnügen! Wir haben hier Raum genug. Freilich auf die Bequemlichkeit des Ostens müßtet ihr verzichten. Ein Tisch, ein Stuhl, eine Hängematte, das ist alles, was man hier an Möbeln verlangt. Wenn ihr euch damit begnügt, so kann ich euch einige Zimmer anbieten.“

„Wir werden dir beschwerlich fallen.“

„Nicht im mindesten. Die Postgebäude sind sehr geräumig, für zukünftigen steigenden Verkehr eingerichtet. Zimmer gibt es also in Menge. Ihr könnt bei mir wohnen, ohne daß nur ein Mensch eure Gegenwart beachtet. Also?“

„Nun, aufrichtig gestanden, kommt mir deine Einladung sehr gelegen. Wir haben Ursache, uns vor Wilkins und seiner Tochter nicht gleich blicken zu lassen.“

„Ein Grund mehr, meine Einladung anzunehmen.“

„Also wohnen wir bei dir. Abgemacht!“

„Ihr seid ein Gentleman!“ flötete Miranda. „Ich danke Euch!“

Hofter verbeugte sich blutübergossen.

„So bitte ich, mir zu folgen, meine Herrschaften!“ stotterte er verwirrt.

Eben wollten sie aufbrechen, da blickte Walker zufällig zum Fenster hinaus. Er zuckte zusammen.

„Gehen wir schnell! Dort kommt Wilkins!“

Der Genannte kam in der Tat auf das Postgebäude zugeschritten.

„Tretet einstweilen hier ein“, sagte Hofter, indem er eine Tür öffnete. „Ich werde selber fragen, was er will.“

Er ging hinaus und stellte sich so vor den Eingang, daß Wilkins zu ihm und zu keinem anderen kommen mußte. Der Pflanzer grüßte höflich.

„Bitte, Master, wann ist die letzte Post nach Dos Palmas abgegangen?“

„Vor einer knappen halben Stunde."

Es war die Post, mit der Walker und seine Begleiter eingetroffen waren.

„Unangenehm! Eine Drahtmeldung ruft mich nach Dos Palmas; leider aber bin ich nicht im Gasthof gewesen und habe sie erst jetzt geöffnet. Wann geht die nächste Post?"

„Morgen um dieselbe Zeit."

„Erst? Wißt Ihr keine andere Gelegenheit? — Vielleicht eine Extrapost?"

„Nein. Wir sind hier nur Durchgangsstation und nicht auf Extrapost eingerichtet. Ich müßte erst nach Gila City danach drahten."

„Und wie steht es mit dem Wasserweg?"

„Auf dem Rio Gila verkehren hier keine Fahrzeuge. Ich selber habe zwar ein Boot, aber nur für private Zwecke. Ich verleihe es nicht. Ich kann Euch nur raten, bis morgen zu warten."

„Dann bleibt mir leider nichts anderes übrig. Danke sehr."

Wilkins grüßte und ging, und Hofter kehrte zu seinen Gästen zurück, um zu berichten.

„Bravo, Master Hofter!" lobte ihn Señorita Miranda mit seelenvollem Augenaufschlag und süßem Lächeln.

„Das hast du recht gemacht", bestätigte Roulin.

„Oh, ich hätte auch nicht anders gekonnt, Señorita! Die einzige Wassergelegenheit wäre mein ‚Seelenverkäufer'; aber erstens gebe ich den nicht für Fremde her, und zweitens würde Master Wilkins damit nur bis Yuma kommen, dann aber immer noch auf die Post warten müssen, um die Landstrecke, die übrigbleibt, zurückzulegen."

„Wie, du hast einen ‚Seelenverkäufer'?" warf Roulin ein.

„Ja, ganz Saint Louiser Modell. Ein prächtiges Fahrzeug. Ich liebe den Wassersport, und da es hier so langweilig ist, habe ich eine gute Gelegenheit benutzt, mir das Boot zu kaufen. — Doch bitte, kommt!"

Walker hätte gern noch mehr über das Fahrzeug gehört. Es war ihm ein guter Gedanke gekommen. Da er sich aber sagte, daß die Sache nicht eilig sei, so folgte er den anderen, die von Hofter nach drei benachbarten Zimmern geführt wurden, die doch ein wenig besser ausgestattet waren, als der eifrige Gastgeber vorhin gesagt hatte. Das beste bestimmte er für die Señorita, während die beiden anderen den Herren als Wohnung dienen sollten.

Hofter sorgte zunächst für Wasser zum Waschen und sodann für eine Mahlzeit, woran auch er teilnahm. Aber kaum hatte man mit dem Essen begonnen, so wurde er zum Telegrafisten gerufen. Er sprang dienstfertig auf, verbeugte sich vor seiner Tischdame und ließ die anderen in großer Spannung zurück. Als er wiederkam, zeigte er mit strahlender Miene eine verschlossene Drahtmeldung.

„Da ist sie, meine Herrschaften!"

„Prächtig! Zeig einmal her!" sagte Roulin.

„Hier! Aber Vorsicht!"

Roulin befeuchtete den Verschluß so lange von außen, bis das Wasser durchs Papier drang und die Klebmasse löste. Dann konnte er ohne Schaden öffnen. Ohne daran zu denken, daß er sich durch den Inhalt vor Hofter bloßstellen könnte, las er laut vor:

‚Gila Bend. — Walker und Genossen suchen Euch. Treffen noch vor uns ein. Ergreift Maßregeln! Wir können erst morgen nachmittag kommen. Winter.'

„Zounds! Das ist doch dieselbe Unterschrift!" sagte Hofter verblüfft.

Erst jetzt fiel es Roulin ein, daß er seinen Studiengenossen zu tief ins Vertrauen gezogen hatte, doch fand er sofort eine Ausrede.

„Ja, Winter, mein Nebenbuhler!" lachte er.

„Nebenbuhler? So handelt es sich um eine Dame? Ah,

jetzt wird die Sache spannend! Darf man erfahren, wer sie ist?"

„Miß Wilkins. Sie liebt mich; ihr Vater aber ist gegen mich. Ich bin ihr nachgefahren, um sie zu treffen. Nun reist dieser dumme Winter wiederum mir nach, um das zu verhindern."

„Hol ihn der Teufel! Ich würde mich freuen, wenn ich dir dienen könnte."

„Das kannst du. Vielleicht ist es mir möglich, auch dir zu nützen."

Hofter warf einen demütigen Blick auf Miranda.

„Schließen wir also einen Bund", sagte er warm. „Was kann ich für dich tun?"

„Sorge dafür, daß Wilkins diese Drahtnachricht nicht bekommt!"

„Unmöglich! Ich würde schwer bestraft werden."

„Du hast sie verloren."

„Das müßte ich melden."

„So gib sie wenigstens nicht vor morgen mittag ab!"

„Auch darauf darf ich nicht eingehen. Es tut mir sehr, sehr leid!"

Da legte Miranda ihre Hand auf Hofters Arm und blickte ihm gerade in die Augen.

„Master", bettelte sie, „würdet Ihr auch mir diesen Gefallen nicht tun?"

„Euch?"

Er schlug die Augen nieder und gab keine Antwort.

„Seht, Freund", sagte sie leise an seinem Ohr, „seht, es geht hier doch um eine unglückliche Liebe!"

„Gewiß, Señorita, aber . . ."

„Gibt es da noch ein Aber? Euer Freund kämpft für seine Liebe — wie dürfte man ihm da nicht helfen? Und selbst wenn es Euch ein Opfer bedeutete! Auch für mich, mein Freund, gäbe es kein Opfer, das ich nicht der Liebe zu bringen bereit wäre."

Sie ergriff seine Hand.

„Fällt es Euch wirklich so schwer?"

„Unendlich schwer, Señorita! Für Euch möchte ich alles tun, was menschenmöglich ist — aber was Ihr von mir verlangt, ist eine Gesetzwidrigkeit und wird als solche bestraft."

„Wollen nicht so schnell urteilen! Sprechen wir nachher noch einmal davon, wenn wir gegessen haben!"

„Ja", fiel Walker ein, „ich habe da eine noch viel wichtigere Frage an Euch. Ihr erzähltet vorhin von Euerm Schiff. Ihr nanntet es einen ‚Seelenverkäufer'. Was ist das?"

„Es ist dieselbe Bootsart, die auf dem Mississippi Chickenthief, ‚Hühnerdieb' genannt wird, einmastig, scharf auf den Kiel gebaut, mit einer verdeckten Kajüte."

„Woher dieser sonderbare Name?"

„Weil ein solches Boot gern zu Fahrten gebraucht wird, die nicht ganz im Sinn des Gesetzes liegen. Seine Schnelligkeit macht es dem Besitzer leicht, seinen Verfolgern zu entrinnen."

„Und wie kommt Ihr zu einem solchen Boot?"

„Einige Meilen oberhalb unseres Orts war eine Militärstation wegen der Apatschen-, Papago-, Yuma- und Marikopa-Indianer, deren Gebiete hier zusammenstoßen. Der Befehlshaber hatte sich das Boot bauen lassen, um besser hinter den Indianerkanus her sein zu können. Als die Station einging, brauchte er es nicht mehr und verkaufte es mir um eine geringe Summe."

„Wieviel Bemannung hat es?"

„Fünf Mann. Vier Matrosen und den Steuermann, der zugleich Kapitän ist. In der Kajüte können acht Personen ganz gemütlich wohnen. Wenn es Euch Spaß macht, kann ich Euch das Ding zeigen."

„Und Ihr verleiht es nicht?"

„Nein."

„Schade! Ihr hättet uns einen Gefallen tun und Euch dabei eine hübsche Summe verdienen können."

„Wieso? Wollt Ihr selber das Boot benutzen?“

„Ja.“

„Wozu?“

„Das hätte Euch sofort einleuchten müssen, nachdem Master Roulin von seiner Liebe gesprochen hat.“

„Zounds! Da geht mir ein Licht auf! Wilkins muß bis morgen auf die Post warten. Ihr wünscht, er soll mein Boot benutzen?“

„Ja.“

„Und Ihr wollt mitfahren?“

„Natürlich. Master Roulin will ja bei seiner Liebsten sein. Wenn dann morgen dieser Schurke Winter kommt, findet er uns nicht mehr. Er soll überhaupt nicht erfahren, wohin wir sind.“

„So wollt Ihr nicht nach Dos Palmas?“

„Fällt uns gar nicht ein!“

„Wohin denn sonst?“

„Das ist eigentlich Geheimnis. Wir können es Euch erst dann mitteilen, wenn Ihr Euch entschließt, uns Euer Boot zu dieser Fahrt zu leihen.“

Hofter wurde nachdenklich. Dabei fiel sein Blick auf Miranda, die noch immer wie gedankenvoll seine Hand hielt.

„Vielleicht ist es möglich“, sagte er langsam. „Wer von euch fährt mit?“

„Wir alle.“

„Auch Señorita Miranda?“

„Auch sie“, nickte Walker.

„Ich werde mir's überlegen.“

„Das darf aber nicht lange dauern, Master! Wir haben Eile!“

„Ich müßte als Eigentümer des Bootes mitfahren.“

„Das erwarten wir.“

„So will ich mich gleich erkundigen, ob und wie lange ich hier abkommen kann.“

Hofter spürte noch einen dankbaren Händedruck; dann sprang er auf und verließ eiligen Schritts das Zimmer.

„Das ist ein prächtiger Einfall von Euch, Master Walker!“ lachte Roulin. „Hoffentlich fällt er drauf herein.“

„Ich glaub's bestimmt. Er wird sich sagen, daß er auf diese Weise Gelegenheit findet, mit Miranda mehrere Tage zusammen zu sein! — Wie weit würden wir fahren?“

„Von hier in den Kolorado und dann aufwärts bis in die Gegend von Aubrey. Dort lagern die Mojave-Indianer, unter deren Schutz wir mit unseren Gefangenen bis zum Todestal gelangen werden. Es fragt sich nur, ob wir diesen Wilkins ins Boot bekommen.“

„Ohne Zweifel.“

„Wie denn?“

„Das ist Mirandas Aufgabe. Sie müßte die Sache drüben im Gasthaus einfädeln. Meine Anweisungen gebe ich ihr, nachdem sich dieser verliebte Junge bereit erklärt hat.“

„Es geht alles wie am Schnürchen! Ein Glück, daß ich den früheren Namen Old Firehands wußte und damit die Drahtbotschaft unterzeichnete. Wäre mit ‚Old Firehand‘ unterschrieben gewesen, so würde dieser gute Hofter wohl auf den Verdacht gekommen sein, daß es sich um ganz andere Dinge handelt!“ —

Hofter kehrte erst zurück, nachdem die Gesellschaft bereits mit dem Essen fertig war. Miranda hatte sich inzwischen zurückgezogen.

„Wo ist die Señorita?“ war seine erste Frage.

„In ihrem Zimmer.“

„Dort ist ja noch gar nichts in Ordnung! Ich war doch auf Gäste gar nicht eingerichtet! Ich muß gleich nach ihren Wünschen fragen!“

Er eilte davon.

Als er bei ihr eintrat, lag sie in der Hängematte. Sie hatte mit Sicherheit darauf gerechnet, daß er kommen würde, heuchelte aber mit gutem Erfolg tiefes Erschrekken.

„Mein — Gott — Ihr?"

Er trat höflich grüßend näher.

„Ist Euch meine Anwesenheit so unangenehm, Señorita?"

„Oh, Sir — ich erschrak nur so — weil ich . . ."

Sie stotterte und schlug die Augen nieder.

„Weil Ihr?" drängte er.

„Nun", sagte sie schnell, „weil ich gerade recht lebhaft an Euch gedacht habe!"

„An mich?" frohlockte er.

Sie richtete sich auf und sah ihm prüfend in die Augen.

„Ja. — Ihr könnt mir glauben, Master Hofter, daß Euer mannhaftes Auftreten und Euer entschlossenes Handeln auf jede Frau Eindruck machen muß, die in ihrem Herzen noch ein Ideal bewahrt hat!"

„Señorita!"

„Versteht mich nicht falsch! — Ich wollte nur sagen, daß Ihr einer der seltenen Männer seid, denen ich vertrauen könnte."

„Grenzenlos vertrauen, Señorita! Mein Leben gehört Euch."

Langsam glitt sie aus der Hängematte und sah ihn prüfend an.

„Und wenn ich nun Beweise verlange?"

Er suchte ihre Hände zu fassen, aber sie löste sich von ihm und trat zurück.

„Nein, mein Freund — erst den Beweis!"

„Was soll ich tun?"

„Vernichtet die Drahtmeldung!"

Wie unter einem Schlag zuckte Hofter zusammen und schüttelte den Kopf.

„Miranda!" bettelte er.

„Danke, Master Hofter", sagte sie mit spöttischer Miene. „Ich wußte es. — Beinahe hätte ich Euern falschen Schwüren getraut. Beinahe. — Lebt wohl!"

Sie wandte sich ab.

„Miranda!“

„Was noch? Dort ist die Tür, Master! Ich bin keine Frau, mit der man spielt!“

Er wollte sie festhalten. Aber sie entriß sich ihm und lachte laut auf.

„Leere Worte — nichts als Worte!“

„Miranda, ich bitte dich — alles andere, aber laß ab von dieser Bedingung!“

„Nein! Diese oder keine!“

„Auf keinen Fall?“

„Auf keinen, zumal ich weiß, daß die Erfüllung meiner Bedingung für Euch sehr einfach ist, keine üblen Folgen bringt und einem unglücklichen Liebespaar aus der Not hilft.“

„Wie wollt Ihr das alles wissen?“

„Ich weiß es, das ist genug. Jetzt bitte ich Euch, mich zu verlassen.“

Er versuchte noch einmal, ihre Hände zu fassen; sie aber wich zur Tür zurück und legte die Hand auf die Klinke.

„Geht! Verlaßt mein Zimmer, bevor Euch jemand hier sieht — ich müßte mich schämen zu bekennen, daß ich mein Herz einen Augenblick lang einem — Schwächling geschenkt habe! Geht!“

Sie drückte die Klinke nieder.

„Halt!“

„Bitte?“

Sie blitzte ihn mit stolzen, herausfordernden Augen an.

„Ich will's tun! — Hier ist das Papier!“

Er zog die Drahtnachricht aus der Tasche und warf sie auf den Tisch.

„Seid Ihr nun zufrieden?“

Sein Blick war beinahe angstvoll auf sie gerichtet.

Ein Lächeln erschien auf ihren Lippen, und sie reichte ihm die Hand.

„Ganz zufrieden noch nicht. Ihr begreift, daß sich ein erschüttertes Vertrauen erst wieder festigen muß.“

„Miranda!"

Er hob die Arme, als wollte er sie umschlingen.

„Nein, Freund, ich werde Euch erst noch auf die Probe stellen. Bis dahin bitte ich, das vertrauliche Du zu unterlassen und mich auch nicht einfach Miranda zu nennen."

„Mi ..."

„Pst! Es könnte meinen Begleitern auffallen. Zunächst will ich Euch über die Drahtmeldung beruhigen. Es schadet Euch nicht im geringsten, wenn sie verschwindet. Morgen, wenn Winter kommt, ist Wilkins mit seiner Tochter fort. Wer soll dann danach fragen? Und nun wollen wir wie gute Freunde vernünftig miteinander reden. Kommt!"

Sie zog ihn neben sich auf eine Bank und legte einen Arm um seine Schulter. So plauderten sie noch lange zusammen.

„Wann reisen wir ab?" fragte er.

„Das ist noch unbestimmt. Zunächst müssen wir wissen, ob Ihr uns Euern ‚Seelenverkäufen' wirklich leiht."

„Natürlich!"

„Ist er ausgerüstet?"

„Für kurze Fahrten, ja. Wohin wollt ihr?"

„Wohl bis nach Aubrey hinauf."

„Das ist weit. Da muß ich für Lebensmittel sorgen."

„Ist die Besatzung bei der Hand?"

„Stets. Wenn ich die Leute nicht brauche, werden sie anderweitig beschäftigt."

„Kann man sich auf sie verlassen?"

„Unbedingt. Sie verstehen ihr Fach."

„Das meine ich nicht. Um unsere abenteuerliche Reise braucht doch nicht ein jeder zu wissen!"

„Oh, sie sind verschwiegen und mir vollkommen ergeben!"

„Es ist möglich, daß wir von ihnen einen Dienst verlangen, der eigentlich nicht in ihr Fach schlägt."

„Sie sind sehr gefällig."

„Das ist auch noch nicht genug. Der Dienst kann bei dieser sonderbaren Liebesgeschichte der Art sein, daß er bedenklich erscheint — und man kann ihnen doch nicht langatmige Erklärungen abgeben, um sie von der Harmlosigkeit unseres Beginnens zu überzeugen."

„Ach, du weißt doch, Miranda — Verzeihung — Ihr wißt, daß die Bevölkerung des Südwestens nicht engherzig ist."

„Wir wollen diesem Winter und seinem Wilkins einen Streich spielen, der wohl etwas derb angelegt ist. Er soll aufs Schiff gelockt werden und mit uns bis Aubrey fahren. Wie nun, wenn er nicht will, wenn er sich dagegen sträubt?"

„So muß man ihn an Land lassen."

„Das geht nicht. Wilkins ist ein Flüchtling. Er hat gegen das Gesetz verstoßen und wurde von der Polizei vergebens gesucht. Wir haben bisher Nachsicht mit ihm gehabt. Da er aber so hart gegen seine arme Tochter ist, haben wir jetzt beschlossen, kurzen Prozeß zu machen. Wir locken ihn aufs Schiff, schaffen ihn nach Aubrey und übergeben ihn der Polizei."

„Er wird sich aber nicht aufs Schiff zwingen lassen!"

„Ich sage ja, daß wir ihn unter irgendeinem Vorwand an Bord locken wollen. Aber wenn er sich dort befindet und unsere Absichten merkt, so wird er voraussichtlich Widerstand leisten. Es fragt sich nun, was Ihr in diesem Fall zu tun gedenkt."

„Ich? O Miranda, alles, was Ihr für richtig haltet!"

„Aber Eure Leute?"

„Das — kann ich nicht wissen!"

„Vielleicht werden wir ihrer Hilfe bedürfen!"

„Sie werden sich nicht in anderer Leute Angelegenheiten mischen wollen! Am allerbesten ist es, ihr mietet mir — ich meine natürlich nur zum Schein — Schiff und Leute ab, und wir unterschreiben einen Vertrag. Damit gewinnt ihr feste Rechte an Bord, und die Leute müssen euch bis zu gewissem Grad gehorchen."

„Geht das?"

„Ganz gewiß. Es ist der beste Ausweg, der mir einfällt."

*

Wilkins war, nachdem er sich bei Hofter erkundigt hatte, langsam ins Gasthaus zurückgekehrt.

„Und doch drahtet Old Firehand, daß wir augenblicklich aufbrechen sollen", sagte Almy besorgt, als sie den Bericht des Vaters gehört hatte. „Er muß seinen guten Grund zu dieser Aufforderung haben, sonst hätte er sie nicht an uns ergehen lassen. Was tun wir?"

„Wir müssen geduldig warten!"

„Sollte es wirklich keine andere Gelegenheit geben, schnell von hier fortzukommen?"

„Master Hofter wußte keine."

„Ihm wird natürlich die Hauptsache sein, soviel Reisende wie möglich zu haben, damit die Post verdient. Es muß hier doch Pferde geben."

„Ich werde nochmals gehen und nachfragen."

Aber auch die zweite Nachfrage blieb erfolglos. Wilkins kehrte zurück und berichtete, daß nichts übrigbleibe, als bis morgen zu warten. Die einzige Reisegelegenheit sei ein Langboot, das unten am Ufer liege. Es gehöre aber dem Sohn des Postmeisters, der es nicht hergebe.

Später wurden die Stühle hinaus auf den Altan geschafft, der sich längs der ganzen Vorderseite hinzog und entsprechend den Zimmern abgeteilt war. Man hatte von dort aus eine schöne Aussicht zum Fluß und hinüber zum Castle Dome Range und vermochte auf diese Weise auch zu beobachten, ob sich Fremde dem Ort näherten.

In einer Nebenabteilung des Altans saß eine junge, stattliche Dame. Sie wandte Vater und Tochter den Rükken halb zu und schien sich nicht um sie zu kümmern. Plötzlich aber erhob sich die Nachbarin und drehte sich zu den beiden herum.

„Entschuldigung", sagte sie höflich. „Ich habe, ohne es

zu wollen, ein paar Namen aus Eurem Gespräch aufgefangen. Seid Ihr vielleicht Master Wilkins mit seiner Tochter Almy?“

Der Pflanzer verbeugte sich.

„Ich heiße Wilkins.“

„Kommt Ihr vom Blauen Wasser herab?“

„Ja“, antwortete er, einigermaßen erstaunt.

„Dann seid Ihr es. Welch ein Zufall! Ich bin ganz glücklich, die Personen kennenzulernen, deren Schicksal mir eine so lebhafte Teilnahme eingeflößt hat.“

„Wie? Ihr kennt unser Schicksal?“

„Ziemlich genau. Aber erlaubt, mich vorzustellen. Mein Name ist Howk. Ich reise, um mit meinem Mann zusammenzutreffen. Meine Heimatstadt ist Baltimore.“

Man wechselte die üblichen Höflichkeiten.

„Ihr verfolgt einen gewissen Walker?“

„Ja.“

„Und Roulin?“

„Jawohl. Aber woher wißt Ihr denn das?“

„Ihr kennt einen Master Firehand?“

„Oh, sehr gut!“

„Sam Hawkens, Dick Stone und Will Parker?“

„Gewiß kenne ich das berühmte Kleeblatt! Offenbar sind diese Gentlemen auch Euch nicht fremd?“

„Wir trafen uns in Prescott vor ganz kurzer Zeit.“

„In Prescott?“

„Ja. Von dort komme ich. Ich wohnte mit den Masters in ein und derselben Venta und hatte das Vergnügen, mit ihnen zu sprechen, weil ich ihnen einen kleinen Dienst leisten konnte. Ich hatte Bill Newton getroffen.“

Wilkins fuhr von seinem Sitz hoch.

„Bill Newton? Ihr müßt Euch irren, Mrs. Howk. Der ist ja am Blauen Wasser gefangen!“

„Nein, er ist von dort geflohen, und zwar mit Hilfe eines gewissen Leflor, der aus Wilkinsfield dahingekommen war.“

„Leflor? Um Gottes willen! Leflor am Blauen Wasser?“

„Ja. Ich hörte, daß Master Firehand einen Eilboten nach Gila Bend gesandt hat, um Euch von dort aus zu drahten.“

„Das hat er freilich getan, aber von den Ereignissen in Prescott ist gar nichts erwähnt.“

„Er will nach Dos Palmas.“

„Das eben hat er uns mitgeteilt, sonst nichts. Warum aber will er dorthin? Wir erwarteten ihn hier!“

„Weil Walker und alle anderen aus Prescott entronnen sind. Sie haben den Weg über Mineral City nach Dos Palmas eingeschlagen. Die Verfolger sind hinter ihnen her, auf guten, ausgeruhten Pferden. Die Verbrecher werden sicherlich eingeholt werden. Ich bin überzeugt, daß sich die Herren schon in Dos Palmas befinden und auf Euch warten.“

„Behold — und wir sitzen hier! Wir müssen noch bis morgen nachmittag warten; dann erst kommt die nächste Post.“

„Wie? So lange wollt Ihr warten? Das ist doch nicht nötig.“

„Es gibt keine andere Gelegenheit.“

„O doch! Ich könnte Euch mitnehmen. Ich segle nach Gila City und Yuma. Von dort aus könnt Ihr auf Pferden die übrige Strecke in kürzester Zeit zurücklegen.“

„Habt Ihr denn ein Schiff?“

„Den ‚Seelenverkäufer‘, den mir der Sohn des hiesigen Postmeisters ausnahmsweise zur Verfügung gestellt hat. Das heißt, der Besitzer selber plant eine Fahrt stromab und will mich mitnehmen.“ Sie wies zum Fluß hinunter. „Seht, dahinten schaukelt das Boot! Ich kam von Prescott herab und will nun zu Wasser bis Yuma, wo ich mit meinem Mann zusammentreffe. Zwar wollte ich erst morgen weiterfahren; wenn Euch aber an einer sofortigen Abreise gelegen ist, bin ich gern bereit, mit Master Hofter zu sprechen, ihn zu bitten, auch Euch mitzunehmen, und dafür zu sorgen, daß wir unverzüglich aufbrechen können."

„Euer Anerbieten ist ebenso großmütig wie willkommen, Madam!"

„O bitte! Ich hege herzlichste Teilnahme für Euch, und daraus folgt, daß ich mich Euch mit Vergnügen zur Verfügung stelle. Übrigens bin ich es, die den Vorteil davon hat. Ich brauche so nicht allein zu reisen und komme noch früher zu meinem Gatten!"

„Wie viele Plätze habt Ihr frei?"

„Das Fahrzeug faßt außer der Besatzung bequem acht Personen."

„Unter der Bedingung natürlich, daß wir unseren Teil an der Bootsmiete tragen dürfen, sage ich gern ja."

„Das mag Euch unbenommen sein."

„Abgemacht! Ihr nehmt uns wirklich eine große Sorge vom Herzen."

„Wann wollt Ihr fahren?"

„Am liebsten sofort!"

„Nun, so schnell gehts freilich nicht! In einer Stunde aber können wir segelfertig sein. Wollt Ihr Euch dann an den Fluß bemühen?"

„Gewiß. Bleibt Ihr bis dahin nicht hier?"

Miranda hatte sich schon zur Tür gewandt.

„Nein; ich muß doch mit Master Hofter sprechen. Er meint, daß ich erst morgen reise. Auch habe ich noch einige Einkäufe zu besorgen."

„Werden wir denn nachts segeln können? Es dämmert schon."

„Ganz gut. Das Wasser ist frei und ungefährlich, wie man mir sagt, und der Schiffer kennt den Fluß genau. Zum Anlegen ist immer noch Zeit, wenn es sich herausstellt, daß das Fahren während der Nacht nicht ratsam ist. Also, good bye! Auf Wiedersehen in einer Stunde!"

9. AUF DEM ‚SEELENVERKÄUFER'

Wilkins hatte vom Balkon aus das Segelboot am Flußufer liegen sehen, konnte es also nicht verfehlen, obgleich die Dunkelheit hereinbrach.

Die Gelegenheit, die sich ihm bot, schon heute bis hinunter an den Kolorado zu gelangen, war zu günstig, als daß er sie hätte verpassen mögen. So machte er sich denn mit seiner Tochter reisefertig. Sie hatten sich nicht mit unnützem Gepäck beschwert, und als die Stunde verflossen war, standen sie zum Aufbruch bereit. Ein Knecht trug ihnen die Sachen nach dem Ufer.

Señorita Miranda, die vermeintliche Mrs. Howk, empfing sie und bot ihnen die Hand.

„Herzlich willkommen! Wollen hoffen, daß wir eine gute Fahrt haben. Kommt herein in die Kajüte!"

„Wo sind denn die Bootsleute?"

„Vorn am Bug. Wir haben nichts mit ihnen zu tun. Nun Ihr hier seid, werden sie sofort vom Land stoßen."

„Und der Kapitän?"

„Den gibt es nicht. Bei einem solchen Boot genügt ein Steuermann. Er ist vorn bei den Leuten. Kommt herein!"

Der Raum unter Deck war für Waren bestimmt und in mehrere abschließbare Verschläge geteilt. Das Oberdeck hatte ein Dach und leichte Seitenwände und besaß zwei Abteilungen: die vordere für die Bootsleute und die nächste für den Schiffseigner oder seine Gäste. Dahinter gab es einen freien Platz, von wo aus die Treppe zum unteren Raum führte. Ganz am Ende des Boots befand sich das Steuer.

Die Kajüte war ein wirklich recht behaglich eingerichteter Raum. Ein schmaler Tisch zog sich in der Mitte hin, und an den Längswänden standen bequeme Rohrsitze. Über dem Tisch hing eine brennende Lampe.

Kaum hatte man Platz genommen und das Gepäck verstaut, so erscholl die laute, befehlende Stimme des Steuermanns.

„Herein die Kette! Stoßt ab!“

Das Boot begann sich zu bewegen und trieb bald in die Strömung. Der Rio Gila ist ein heimtückischer Gesell, und Wilkins vermochte ein unangenehmes, warnendes Gefühl nicht abzuschütteln.

Auch Almy schien Ähnliches zu spüren und schmiegte sich an den Vater, so daß er das Zittern ihres Körpers empfand.

„Fürchtest du dich, Kind?“

„Ich — weiß nicht recht. Vielleicht ist es die unheimliche Dunkelheit auf dem Wasser.“

„Glaubt Ihr, daß ich mich diesem Boot anvertrauen würde, wenn ich nicht genau wüßte, daß es gefahrlos ist?“ beruhigte Mrs. Howk.

„Wäre es auf dem breiten Mississippi“, sagte Wilkins, „wo die gefährlichen Ufer weit auseinander treten, so wollte ich es gelten lassen. Jetzt, da ich schwimme, kommen mir Bedenken. Ich werde einmal hinausgehen und mich umsehen.“

„Ihr würdet jetzt vielleicht den Bootsleuten im Weg sein. Und Ihr wißt, das ist rauhes Volk.“

„Ich werde mich schon in acht nehmen.“

Damit schritt er hinaus.

Im ersten Augenblick konnte er nichts erkennen, als die mattstrahlenden Sterne. Als sich aber seine Augen an die Dunkelheit gewöhnt hatten, sah er das große Segel vor sich hängen, drohend und schwer. Der Wind hatte sich hineingelegt und trieb das Boot durch die Wellen der Flußmitte. Lautlos glitt es abwärts. Nur vom Bug her ertönte ein leises Rauschen.

Der Steuermann stand schweigsam am Ruder. Mehr nach vorn zu bewegten sich einige dunkle Gestalten.

Wilkins ging langsamen Schritts dorthin, zwischen der Kajüte und der Reling hindurch.

Als er den Mast hinter sich hatte und das Vorderdeck erreichte, stieß er auf die Bootsleute, und er wunderte sich, daß es so viele waren. Eine so zahlreiche Bemannung schien ihm bei diesem Fahrzeug nicht notwendig. Einer von den Leuten stand abseits an der Brustwehr und schaute ins Wasser. Es war Walker.

„Guten Abend!“ grüßte ihn Wilkins.

Walker griff an die Hutkrempe, ohne zu antworten.

„Ihr gehört zur Besatzung?“

„Natürlich.“

„Wie viele Personen sind es?“

„Zählt sie! Da stehen sie!“

„So viele?“

Walker zuckte schweigend die Achseln.

„Und alle werden gebraucht?“

„Ihr versteht wohl von unserem Handwerk nichts, Sir. Ihr seid gewiß ein Nordländer?“

„Allerdings.“

„Dachte es. Eure Ströme sind zahm. Unser Rio Gila aber ist ein böser Bursche. Ihn zu zähmen, bedarf es oft vieler Hände. Ich habe den Mississippi und den Arkansas befahren; dort hat man es freilich leichter.“

„Den Arkansas? Wie weit seid Ihr da gekommen?“

„So ziemlich bis ins Indianerterritorium.“

„So kennt Ihr vielleicht Van Buren?“

„Sehr gut!“

„Das freut mich; ich habe dort gewohnt. Ich war Pflanzer.“

„Was Ihr sagt! Habe dort einige kleine Abenteuer erlebt. So zum Beispiel war uns einer unserer Leute ausgerissen. Wir mieteten an seiner Stelle einen anderen, der mit uns bis New Orleans ging. Erst als er uns verlassen hatte, hörten wir, daß er ein gefährlicher Junge gewesen war. Er hatte einen Pflanzer namens Wilkins betrogen.“

„Wie hieß der Mann?“

„Walker.“

„Ists möglich? Ich bin selber dieser Wilkins, Master!“

„Zounds! So trifft man sich in der Welt. Hat dieser Walker nichts wieder von sich hören lassen?“

„Lange Zeit nicht. Jetzt aber hoffe ich, einige Worte mit ihm sprechen zu können.“

„Wirklich?“

„Ja, er befindet sich in der Nähe.“

„So haltet ihn fest!“

„Das werde ich tun.“

„Nehmt Euch aber in acht! Wie ich ihn kenne, ist es leicht möglich, daß er Euch fängt, anstatt Ihr ihn!“

„Schwerlich!“

„Ich möchte wetten.“

„Ich wette mit.“

„So habt Ihr verloren, denn seht, er hat Euch schon!“

Wilkins hatte wohl bemerkt, daß noch zwei andere Bootsleute herangetreten waren und hinter ihm standen, dachte sich aber nichts dabei. Jetzt fuhr Walker mit beiden Händen nach seinem Hals, und die vermeintlichen Bootsleute preßten ihm die Arme an den Leib.

Im ersten Augenblick war er vor Schreck starr, dann aber wehrte er sich mit allen Kräften. Der eine drückte ihm die Kehle fest zu, und er war dem Ersticken nahe. Die Todesangst verdreifachte seine Kraft; es gelang ihm, den Hals für eine Sekunde zu befreien.

„Verrat! Hil ...“ schrie er.

Doch kaum hatte er den Mund geöffnet, so steckte man ihm einen Knebel zwischen die Zähne. Zu gleicher Zeit schlang man ihm einige Stricke um Leib und Arme und band ihm ein dickes Tuch um Mund und Nase, so daß nicht einmal sein Röcheln zu hören war.

„Der hat genug“, sagte Walker. „Schafft ihn unter Deck! Ich will inzwischen zur Miß gehen.“

*

Almy hatte in der Kajüte den Ruf des Vaters vernommen.

„Was ist das?“ fragte sie erschrocken.

„Der Steuermann gab einen Befehl“, erwiderte Mrs. Howk.

„Nein, das war die Stimme meines Vaters. Es klang, als befände er sich in Gefahr!“

„Gefahr? Hier? Wir müßten es doch auch merken, wenn es eine Gefahr für das Boot gäbe!“

„Nein, das war die Stimme meines Vaters. Es klang, in Not. Vielleicht, daß er mit einem der Bootsleute ...“

Damit sprang sie auf; aber Miranda versperrte ihr den Ausgang.

„Bleibt! Oder man wird Euch einsperren!“

„Einsperren? Aber Mrs. Howk, was geht denn hier vor?“ schrie Almy auf. Sie versuchte, sich an Miranda vorbeizudrängen, doch die Spanierin blieb fest auf ihrem Platz.

„Wenn Ihr Euch nicht ruhig hinsetzt, so geschieht etwas, was Euch nicht lieb ist!“

„Hilfe! Zu Hilfe!“ schrie Almy auf.

Walker trat ein und schob Miranda zur Seite.

„Wer schreit hier um Hilfe? Was ist vorgefallen?“

„Ich! — Wo ist mein Vater?“

„Im Unterdeck.“

„Was ist mit ihm geschehen?“

„Nichts, gar nichts.“

„Ich glaube Euch nicht! Bringt mich zu meinem Vater! Ich will zu ihm!“

„Ich begreife Euch nicht. Ihr macht ja einen Lärm, daß er weit über die Ufer hinaus zu hören ist. Ihr könnt uns dadurch verdammte Unannehmlichkeiten bereiten. Seid ruhig!“

„Führt mich zu meinem Vater oder bringt ihn her!“

„Na, wenn Ihr's nicht anders wollt, so kommt!“

Wilkins war mittlerweile hinabgeschafft worden. Walker geleitete Almy nun auch hinunter, öffnete, als sie die Stufen hinabgestiegen waren, eine verriegelte Tür und ließ sie in einen dunklen Raum vorantreten.

„Wo ist er?“ fragte Almy mißtrauisch.

„Da drin. Nur hinein!“

Damit schob er Almy vorwärts, riegelte schnell hinter ihr zu, stieg nach oben und schloß auch die Luke. Er hörte nur noch einen unterdrückten Schrei von unten.

An Deck kam Hofter auf ihn zu und zog ihn beiseite.

„Ich verstehe Euch nicht. Ihr spracht von einem Liebesverhältnis zwischen der Miß und meinem Freund Roulin?“

„So ist es.“

„Ihr behandelt ja aber die Miß und ihren Vater in einer Weise, als ob sie Verbrecher wären!“

„Das liegt in unserem Plan.“

„Wieso? Zu einem Bubenstück gebe ich mein Boot nicht her. Versteht Ihr?“

„Freilich verstehe ich!“ lachte Walker harmlos. Dann klopfte er Hofter beruhigend auf die Schulter. „Macht Euch nur keine Sorgen! Wir müssen mit diesen Leuten schon ein wenig unzart umspringen; das ist notwendig, wenn Roulin in den Besitz seiner Braut gelangen will. Roulin soll nämlich den Retter spielen, und aus reiner Dankbarkeit wird der Alte ihm dann das Mädchen zur Frau geben. Leuchtet Euch das nicht ein?“

„Eine sehr abenteuerliche Sache. Was soll denn Master Wilkins denken? Etwa, daß er in die Hände einer Räuberbande geraten ist?“

„So ungefähr.“

„’s death! So gehöre auch ich mit zu dieser Bande? Das ist mir denn doch zu bedenklich!“

„Ich sehe keine Gefahr, für uns nicht, viel weniger für Euch.“

„Oho! Ihr macht ja mein Boot zum Piratenschiff!“

„Wer weiß, daß es Euer Boot ist?“

„In dieser Gegend jeder."
„Die zwei Gefangenen aber nicht."
„Da dürftet Ihr Euch sehr irren. Wilkins hat im Gasthof jedenfalls gesagt, daß er mit meinem Schiff fährt; außerdem hat der Knecht, der mein Fahrzeug ganz genau kennt, das Gepäck gebracht."
„Nun, es gibt ein einfaches Mittel, Euch von jedem Schuldverdacht zu reinigen. Wir sagen einfach, daß wir Euch ebenfalls überwältigt und gefangengenommen haben!"
„Das glaubt kein Mensch! Ihr solltet imstande sein, mich mit meinen fünf Bootsleuten gefangenzunehmen?"
„Nun, meint, was Ihr wollt! Wir möchten doch ebensowenig für Räuber gelten wie Ihr! Für den Augenblick, ja, da spielen wir ein bißchen Theater — hat aber Master Roulin das Jawort in der Tasche, so erklären wir den ganzen Scherz. Ich gebe Euch mein Wort, daß wir allesamt dann sogar zur Hochzeit geladen werden!"
„Mir ist bei dieser Geschichte nicht wohl, Sir!"
„Ich sehe gar nicht ein, welche Ursache Ihr dazu habt. Ihr seid doch der zweite, der durch diesen Streich eine Braut erhält."
„Miranda?" Das besorgte Gesicht Hofters klärte sich sofort auf. „Wenn Ihr mit solchen Gründen kommt, so lasse ich mich gern überreden!"
„Endlich nehmt Ihr Verstand an! Miranda befindet sich in der Kajüte und wartet auf Euch. Sie mag Euch die Grillen vertreiben."
Halbwegs beruhigt folgte Hofter dem Rat.

*

„Um Gottes willen, wo bin ich?" stieß Almy angstvoll hervor, als Walker die Tür hinter sich verriegelt hatte und sie sich in dem stockfinsteren Raum befand. „Vater!"
Keine Antwort.
„Lieber Vater!"

Jetzt vernahm sie ein eigentümliches Schnaufen und zugleich das Rasseln einer Kette.

„Vater, bist du hier?“

Die Kette rasselte stärker. Almy bückte sich und betastete den Boden; erst, als sie mehrere Schritte vorwärts getan hatte, fühlte sie eine Gestalt, die an die Wand angeschlossen war.

„Gott, man hat ihn geknebelt! Er erstickt!“

Mit bebenden Fingern knotete sie das Tuch auf und entfernte den Knebel aus dem Mund.

Wilkins holte tief Atem.

„Dem Himmel sei Dank“, seufzte er. „Bald wäre ich erstickt!“

„Du bists, Vater! O Gott!“

„Still, mein Kind! Jammern wir nicht; das nützt nichts! Es gilt jetzt, besonnen zu sein. Ich glaube, wir sind in Walkers Hände gefallen. Wie das zugeht, weiß ich freilich nicht.“

„So wäre diese Mrs. Howk seine Verbündete?“

„Gewiß.“

„Und der Besitzer des Boots auch ein Spießgeselle?“

„Vielleicht; es ist aber auch möglich, daß man ihn getäuscht hat. Wir dürfen nicht vorschnell urteilen. Du bist nicht gefesselt?“

„Nein.“

Almy erzählte im Flüsterton, wie sie nach unten gebracht worden war.

„Wir müssen Geduld haben“, tröstete der Vater. „Ich denke, man wird uns nicht lange warten lassen. Dann erfahren wir, welche Absichten man mit uns hegt.“

„Ich glaube, es ist nur auf unser Geld abgesehen.“

„Das hat man mir schon abgenommen.“

„So wird man uns vielleicht bei Tagesanbruch an Land setzen. Meinst du nicht?“

„Möglich.“

Wilkins sagte das nur, um Almy das Herz nicht noch

mehr zu beschweren. Daß es nicht nur auf sein Geld abgesehen war, wußte er genau. Befand er sich wirklich in Walkers Gewalt, so hatte man ihm dasselbe Schicksal zugedacht, das auch seinen Neffen Artur sowie Martin Adler getroffen hatte — ein Schicksal, das um so schrecklicher sein mußte, da es auf alle Fälle auch seiner Tochter bestimmt war.

„Was tun wir aber ohne Geld?"

„Wir werden gute Menschen finden, mein Kind. Jetzt denke ich — — — still, man kommt!"

Draußen war der Riegel zurückgeschoben worden. Walker trat mit einem Licht ein und zog die Tür hinter sich zu.

Es lagen einige Ballen und gefüllte Säcke an der Wandung, und erschöpft ließ sich Almy auf einem Ballen nieder. Walker setzte das Licht auf den Boden und betrachtete Vater und Tochter mit höhnischer Miene.

„Kennt ihr mich?"

Keiner antwortete.

„Wenn ihr nicht sprecht, werde ich euch dazu zwingen. Seht Ihr hier dieses Messer, Master Wilkins? Es wird Euch schon den Mund öffnen. Also: Kennt Ihr mich?"

„Nein."

Dennoch ahnte Wilkins jetzt, wen er vor sich hatte.

„So muß ich mich Euch vorstellen. Ich heiße Walker und hoffe, daß Ihr Euch über unser Zusammentreffen freut."

„Außerordentlich."

„Brav! Ich kann Euch — zu Euerm Entzücken — sagen, daß wir längere Zeit beisammenbleiben werden."

„Ich bin ganz begeistert."

„Nicht wahr? Ja, gute Freunde müssen sich freuen, wenn sie einander für längere Zeit angehören können. Unsere Freundschaft ist übrigens gar nicht so jung. Könnt Ihr Euch besinnen, Master, wann wir sie geschlossen haben?"

„Sehr gut!"

„Es war an jenem Tag, als ich bei dem schwarzen Schnapswirt in Wilkinsfield ausgeräuchert werden sollte. Damals schlich ich früh durch Euern Garten. Die Miß hatte sich wohl soeben erst erhoben und war in der Veranda. Ich stand unter einem Baum und betrachtete sie. Da machte sie einen solch tiefen Eindruck auf mich, daß ich beschloß, sie zu meiner Frau zu nehmen."

„Scheusal!" stieß Wilkins grimmig hervor.

Almy wendete sich zur Seite.

„Weil damals meine Abreise sehr schnell vonstatten gehen mußte, konnte leider aus einer Liebeserklärung, Verlobung und Heirat nichts werden; aber ich habe den Plan niemals aufgegeben. Da uns heute der Himmel wieder zusammenführt, ist es gleich das erste, daß ich Euch um die Hand Eurer Tochter bitte, Master."

Wilkins überhörte diese Dreistigkeit.

„Nun, antwortet!" drängte Walker.

„Lieber gebe ich sie dem Teufel!"

„Sehr schmeichelhaft! Ihr habt sonach vor mir noch mehr Angst als vor dem Teufel. Ich hoffe darum, desto schneller mit Euch fertig zu werden. Also, Ihr wollt sie mir nicht geben?"

„Elender Bube!"

„Wenn ich mir nun erlaube, sie mir ohne Euern väterlichen Segen zu nehmen?"

„Lieber stirbt sie."

„Oh, es stirbt sich nicht so leicht! Ihr glaubt übrigens gar nicht, wie gut ich es meine. Ich muß Euch das erklären. Es gab damals einen, der sie auch gern haben wollte: Master Leflor. Ihr wiest ihn ab. Wenn der nun heute um sie anhielte? Was würdet Ihr denn Master Leflor erwidern?"

Wilkins zuckte verächtlich mit den Lippen.

„Nun, das Schweigen wird Euch nicht viel nützen. Ich habe ihn zwar seit jener Zeit nicht wieder getroffen, aber ich denke, wenn ich ihm ..."

„Gebt Euch keine Mühe", fiel Wilkins ein. „Er ist hier bei Euch."

„Egad! Woher wißt Ihr das?"

„Von Mrs. Howk."

„Behold! Ja, so sind die Frauenzimmer. Sie können nie den Schnabel halten. Nun hat sie mir eine große Freude verdorben. Ich wollte Euch heute unseren Leflor und auch Freund Bill Newton vorstellen. Besonders Leflor freut sich darauf. Er ist eine treue Seele und hat Miß Almy nicht vergessen. Damals erhielt er zwar einen Korb; jetzt aber wird er seine Werbung wiederholen. Gebt ihm ruhig wieder einen Korb — denn das schafft mir Gelegenheit, Euch zu beweisen, daß ich Euer bester Freund bin. Wenn Almy verspricht, meine Frau zu werden, will ich sie vor Leflor schützen. Was sagt Ihr dazu, Master?"

Der Antrag und die niedrige Art, in der er vorgebracht wurde, waren zu ungeheuerlich, als daß Wilkins hätte ein Wort darüber sagen können.

„Als Euer Schwiegersohn, Master Wilkins", fuhr Walker mit süßlichem Tonfall fort, „würde ich mich auch um Eure Familie bekümmern. Es gibt einiges, was da noch zu klären wäre. Ihr habt doch Euern Neffen nicht vergessen?"

„Artur? Was wißt Ihr von ihm?"

„Oh, sehr viel!"

„Pshaw! Lüge! Ihr wißt nichts!" sagte Wilkins, um Walker durch den Widerspruch zum Reden zu bringen. „Was könnt Ihr von einem Toten wissen?"

„Ihr meint, er wäre tot? Wenn ich nun sage, er lebt?"

„Weilte er unter den Lebenden, so würde auch Adler noch leben."

„Auch Adler lebt."

„Lüge! Während der langen Zeit müßte ich eine Nachricht von den beiden erhalten haben!"

„Wie klug! Aber wenn sie nun keine geben können!"

„Wer wollte sie hindern?"

„Der, bei dem sie — Zounds, ich gehe zu weit! Ich verrate fast alles. Ja, ich habe ein zu mitleidiges Herz. Ich sage Euch also nochmals: Gebt mir Almy, und ich wecke die beiden Toten wieder auf."

„Mich betrügt Ihr nicht: Ist Almy Eure Frau, so wißt Ihr nichts mehr von den beiden."

Diese Worte sollten Walker glauben machen, daß er Almy vielleicht doch noch gewinnen könnte. Walker ging auch wirklich in die Falle.

„Ich würde Wort halten, bei Gott und allen Teufeln! Darin dürft Ihr Euch auf mich verlassen!"

„Welche Bürgschaft könntet Ihr mir geben?"

„Mein Wort!"

„Euer Wort? Das Wort eines Lügners, Betrügers und Mörders? Pah!"

„Nehmt Eure Zunge in acht, Master! Welche Bürgschaft verlangt Ihr denn eigentlich?"

„Etwas Sichtbares, Greifbares."

„Gut, auch darauf will ich eingehen. Würdet Ihr mir Almy zur Frau geben, wenn ich Euern Neffen und Euern früheren Oberaufseher lebendig wiederbrächte?"

„Diese Frage ist überflüssig. Beide befinden sich längst unter der Erde."

Walker pfiff ärgerlich durch die Zähne.

„Ja, unter der Erde befinden sie sich, aber tot sind sie nicht!"

Wilkins zuckte zusammen. Unter der Erde und nicht tot? Die Folgerung war einfach: die Gesuchten mußten irgendwo unterirdisch gefangengehalten werden.

„Ihr wiedersprecht Euch selber!" lachte Wilkins verächtlich. „Verschont mich bitte mit Euern Kindereien!"

„Pshaw! Wenn Ihr mich nicht versteht, so kann es mir nur lieb sein. Ich habe schon mehr gesagt, als ich verantworten kann, und will es kurz machen. Überlegt Euch meinen Vorschlag! Gebt Ihr mir Almy, so rette ich die beiden Männer, und — hm, es ist möglich, daß Ihr dann auch wieder zu Eurer Pflanzung kommt. Verstanden?"

„Unsinn!"

„Denkt, was Ihr wollt; ich stelle Euch vor die Wahl. Überlegt Euch die Sache, aber entschließt Euch schnell!"

„Da gibts nichts zu überlegen."

Bisher hatte Almy geschwiegen, jetzt aber meinte sie, das zähe, aussichtslose Ringen des Vaters mit dem verschlagenen, gewissenlosen Gegner nicht länger mit anhören zu können. Leflor oder Walker! Walker oder Leflor! Was bedeutete das ihr? Sie verabscheute den einen wie den anderen.

Sie raffte all ihren Mut zusammen und trat auf Walker zu.

„Ihr habt recht", sagte sie und mühte sich, ihrer Stimme wenigstens einige Festigkeit zu geben. „Hier ist nichts zu überlegen."

„Soll das heißen, daß Ihr meine Werbung annehmt, Miß Almy?" grinste Walker, und es war dem Tonfall seiner Rede anzuhören, daß er selber nicht an eine so rasche Wendung zu seinen Gunsten glaubte.

In Almys Zügen malte sich der Ekel. Sie wich Walkers Hand aus, die nach ihr greifen wollte.

„Rührt mich nicht an! Ihr seid ein Scheusal!"

„Oho, mein Täubchen!"

Sie trat Schritt um Schritt rückwärts. Walker folgte ihrem Rückzug, langsam, lauernd, sprungbereit wie eine Katze.

Jetzt stieß Almy an die Schiffswand. Und wieder war vor ihr die Hand Walkers. Tödliche Angst lähmte das wehrlose Mädchen.

„Hilfe!" schrie es auf. „Hilfe!"

Da taumelte plötzlich der alte Wilkins aus seinem Winkel hervor.

Es gab da in der Bordwand eiserne Ösen, woran man die Schiffsladung zu befestigen pflegte, damit sie beim Schaukeln des Fahrzeugs nicht aus ihrer Lage geriet. An eine solche Öse waren die Stricke gebunden worden, womit man Wilkins gefesselt hatte.

Nun hatte die Angst um Almy den Vater in einen Zustand sinnloser Erregung gebracht. Während seine Augen an Walker hingen, der Miene machte, sich des Mädchens mit Gewalt zu bemächtigen, arbeiteten die Muskeln des alten Wilkins fast selbsttätig. Sie spannten sich. Er riß, zerrte, scheuerte an den Fesseln, ohne darauf zu achten, daß er sich dabei die Haut blutig rieb.

Mochten nun die Stricke eine morsche Stelle gehabt oder mochte der innere Aufruhr dem besorgten, verzweifelten Vater die Kräfte verdoppelt und verdreifacht haben: die Fesseln zerrissen. Wilkins hatte plötzlich die Hände frei und kam auch von der Wand los.

So schoß er mit einem Ruck vorwärts und prallte gegen Walker.

Der erschrak gewaltig. Er war seiner Sache so sicher gewesen, mit den wehrlosen Opfern nach Belieben verfahren zu können. Nun sah er neben sich einen wütenden Gegner.

„Verdammt!“ fluchte er, sprang, ohne lange zu überlegen, zur Tür und huschte hinaus.

Draußen schob er rasch den Riegel vor.

Wilkins aber machte gar nicht den Versuch, seinem Peiniger nachzueilen. Er dachte einzig an sein Kind, das im Augenblick wenigstens vor dem Schlimmsten bewahrt worden war.

„Ruhig, Almy, ruhig!“ tröstete er, selber noch atemlos, die Zitternde. „Noch haben uns diese Schurken nicht ganz in ihrer Gewalt.“

Nachdem man Wilkins und Almy unter Deck gebracht hatte, war man übereingekommen, der Bootsbesatzung eine Erklärung für die seltsamen Vorgänge zu geben, da die Männer leicht auf den Gedanken kommen konnten, die Gefangenen für unschuldig zu halten und sich ihrer anzunehmen.

Auch Miranda war mit Hofter aus der Kajüte geholt worden, um an dieser Besprechung teilzunehmen. Es gelang denn auch ohne besondere Schwierigkeit, erst einmal die Bedenken Hofters zu besiegen und dann auch fast alle Leute der Schiffsbesatzung gegen die Gefangenen einzunehmen.

Nur einer der Männer hatte sich nicht überzeugen lassen. Doch behielt er seine Gedanken für sich.

Die schöne Miß! Sollte sie wirklich ein so schlimmes Frauenzimmer sein, wie Master Walker sagt? dachte er. Ich glaub's nicht. Ein schlechtes Mädel hat kein so liebes Gesicht und keine so guten Augen.

Später sah er Walker zu den Gefangenen hinabsteigen. Was wollte der unten? Dem vierschrötigen und gradlinigen Bootsmann hatten die Gesichter Walkers und seiner Genossen nicht gefallen. Es war ein gesundes Mißtrauen in ihm, das von Minute zu Minute wuchs, je mehr er sich die Vorgänge überlegte. Kurzum, er beschloß, sich selber zu überzeugen. Darum schlich er zur Luke, stieg die Treppe hinab und lauschte. Er hörte nun jedes der Worte, die in dem Raum gewechselt wurden.

Als dann Walker vor Wilkins floh und die Tür zuriegelte, konnte sich der Schiffer nicht schnell genug zurückziehen, und beide stießen auf der Treppe zusammen.

„Wer da?" fragte Walker wütend.

„Bootsmann Forner."

„Was hast du hier unten zu suchen?"

„Ich will ja erst hinunter."

„Lüge nicht! Du hast gehorcht!"

„'s death! Wer hat mir schon einmal sagen dürfen, daß ich ein Lügner bin? Wer seid denn Ihr?"

„Ein Fahrgast."

„So kann ich Euch viel eher fragen, was Ihr hier unten zu suchen habt. Verstanden? Ich gehöre aufs Boot und muß nach dem Kielwasser schauen. Macht, daß Ihr hinaufkommt!"

„Mensch, laß dir nicht etwa einfallen, zu den Gefangenen zu gehen!"

„Was gehen mich Eure Gefangenen an! Übrigens habt Ihr mir gar nicht zu verbieten. Master Hofter ist immer noch Eigentümer des Schiffs, und ihm habe ich zu gehorchen. Nach Eurer Pfeife braucht hier kein Mensch zu tanzen."

Mit diesen Worten stieg Forner in den Kielraum hinab, um nach dem Brackwasser zu sehen; aber als er zurückkam, stand Walker noch auf der Treppe, um ihn zu beobachten.

„Was, Ihr drückt Euch ja noch immer hier umher!" schimpfte der Bootsmann. „Die Fahrgäste gehören in die Kajüte, nicht aber in Winkel, wo sie einem im Weg stehen!"

„Rede anders, Bursche, sonst laß ich dich von deinem Herrn fortjagen!" giftete Walker.

Das ging dem Schiffer denn doch zu weit.

„Hol Euch der Teufel! Denkt Ihr, daß sich der Bootsmann Forner vor dem ersten besten Hanswurst fürchtet? Lauft zu wem Ihr wollt; sonst könntet Ihr bald mit einer räudigen Ratte verwechselt werden!"

Forner schob Walker einfach zur Seite und stieg an Deck. Aber der häßliche Auftritt wirkte in ihm nach. Er steckte ein neues Stück Priem zwischen die Zähne, spie über die Reling und dachte nach.

„Eine verdammte Geschichte!" brummte er. „Master Hofter hat sich da in ein Ding eingelassen, wobei er sehr leicht über Bord gespült werden kann. No, da macht John Forner nicht mit. Aber was tun? Der Steuermann und die Jungs halten zusammen — da kann ich kein Segel reffen. Am besten, ich mache mich aus dem Staub. Aber wie? Geh ich im Zorn fort, so glauben sie, ich verrate die Geschichte, und ändern ihren Plan. Sie dürfen nichts ahnen. — Ah, ich versaufe ein bißchen! Meine Sachen habe ich alle bei mir. Der Kerl, den ich auf der

Treppe traf, wird mich bei Master Hofter verklagen, und der wird mich suchen, um mir einen Verweis zu geben. Er soll mich auf dem Achterdeck finden. Ich verteidige mich mit einigen Redensarten, mache einige hastige Bewegungen und — plumps, liege ich im Wasser. Ich ersaufe und bin am Morgen in Yuma, wo es sich finden wird, was ich zu tun habe. Allright!"

Forner war zwar nicht mehr gewöhnlicher Matrose, aber doch ein armer Teufel. Die Kleider, die er auf dem Leib trug, ein wenig Geld, ein halbvoller Tabakbeutel, ein Messer und eine Pfeife: das war sein ganzer Besitz.

Langsam stieg er zum Achterdeck hinauf, wo der Steuermann an der Ruderspinne stand. Da der ‚Seelenverkäufer' schmal gebaut war, gab es oben nicht viel Platz. Höchstens drei Personen konnten sich dort aufhalten. Er begann eine einsilbige Unterhaltung mit dem Steuermann und lauschte aufmerksam nach vorn. Seine Vermutungen hatten ihn nicht getäuscht, denn bald wurde sein Name gerufen. Aber er tat, als hörte er nichts.

„Bootsmann Forner!" ertönte nochmals die Stimme Hofters.

„Hier, Achterdeck!" rief er zurück.

Gleich darauf stieg Hofter herauf.

„Was habt Ihr denn mit Master Walker gehabt?"

„Walker? Kenne ich nicht."

„Ich meine den Herrn, den Ihr unter der Raumluke so grob behandelt habt!"

„Ich ihn? Umgekehrt!"

„Er sagt, Ihr hättet gelauscht!"

„Das behauptete er mir gegenüber auch. Wo aber soll ich denn gehorcht haben? Ich besann mich, daß wir seit der letzten Fahrt das Brackwasser nicht ausgeschöpft haben, und wollte nachsehen. Eben steige ich die Treppe hinab, da kommt er aus dem Raum gesprungen, rennt mich an und schreit, ich hätte gelauscht. Nun möchte ich wissen, was ich da hätte belauschen sollen! Ich bitte Euch,

Master, bedenkt die Räumlichkeit da unten! Hier ist die Treppe . . .“

Forner zeigte dabei über sich.

„Hier kommt dieser Herr aus dem Raum gestürzt, als wenn ihm der leibhaftige Gottseibeiuns auf den Fersen wäre . . .“

Er wies vor sich hin, um die Lage recht anschaulich zu machen.

„. . . und hier komme ich gestiegen, die Treppe herab, so — nein, noch weiter zurück.“

Forner trat bei diesen Worten einen, zwei Schritte nach hinten.

„Halt, Maat! Ihr fallt ja über Bord!“ schrie Hofter.

Aber es war schon zu spät.

„Heavens! Hilfe, Hilfe!“

Das Achterdeck hatte nur ein niedriges Geländer, mehr bestimmt, einem Gepäckstück als einem Menschen Schutz vor dem Abgleiten zu bieten. Der Bootsmann war zu weit zurückgetreten und rücklings in die dunklen Fluten gestürzt.

„Mann über Bord!“

Man ließ sofort das Segel fliegen, um das Fahrzeug beizudrehen, und machte das Rettungsboot los. Lichter wurden angebrannt. Die Kameraden schrien immer wieder aufs neue in die Nacht hinaus. Doch vergebens; kein Ruf schallte zurück — der über Bord Gefallene schien in den Fluten versunken zu sein.

„Armer Forner!“ sagte Hofter bedauernd. „Er ist ertrunken. Es kam zu schnell. Er war erregt — dann der Sturz ins kalte Wasser — kein Zweifel, der Schlag hat ihn getroffen.“ —

Drüben stieg indes John Forner ans Ufer, schüttelte sich und brummte zufrieden vor sich hin.

„Sucht nur! Wenn es mir später paßt, erscheine ich von selber. Jetzt will ich mich ein bißchen auswringen, und dann gehts im Laufschritt nach Yuma, wobei ich den großen Bogen des Rio Gila abschneide. Vielleicht komme ich dort an, bevor der ‚Seelenverkäufer' vorüber ist.

Doch es gab keinen gebahnten Weg. Forner mußte sich durch wildes Buschwerk arbeiten. So kam es, daß er beim Anbruch des Morgens noch weit von seinem Ziel entfernt war.

10. DAVID LINDSAY, DER WALDLÄUFER

Als John Forner am späten Vormittag Yuma erreichte, sah er den ‚Seelenverkäufer' gerade noch in einer Krümmung des Flusses jenseits der Stadt verschwinden. Das Fahrzeug war schneller gewesen, als er gedacht hatte.

„Damned!" murmelte er vor sich hin. „Ich komme zu spät! Was nun? — Egad! Was für ein schmuckes Ding liegt denn da am Ufer?"

Eine geschmackvoll gebaute Dampfjacht, zum gelegentlichen Segeln auch mit einem Mast und Bugspriet versehen, war hier am Rio Gila gewiß eine Seltenheit. Noch eigenartiger aber war: Über dem scharfen Bug des Schiffs befand sich ein riesengroßes Bild. Es stellte einen langen Mann dar, der einen braunen, breitrandigen Filzhut trug. In der einen Hand hielt er eine Doppelbüchse, in der anderen einen großen Jagdspeer. Im Gürtel steckten zwei Tomahawks, zwei Messer, zwei Pistolen und zwei Revolver. Über den Rücken hing ein indianischer Schild. Gekleidet war er wie ein Indianer, in Mokassins, Leggins, ledernes Jagdhemd und Jagdrock. Unter diesem sonderbaren Bild war in großen goldenen Buchstaben zu lesen:

‚David Lindsay,
the forestrunner'

Das heißt zu deutsch: David Lindsay, der Waldläufer.

Wäre die Jacht erst jetzt eingelaufen, so hätten sicherlich sämtliche Bewohner des Orts am Ufer gestanden, um sie anzustaunen. Es befand sich aber kein Mensch in der Nähe, und so war anzunehmen, daß sie schon seit geraumer Zeit vor Anker lag.

„Seltsam!" brummte der Bootsmann. „Ein so nettes Schiff und ein so sonderbarer Name. Der Besitzer hat den Spleen nicht nur im Kopf, sondern auch in allen Gliedern."

Langsam schlenderte John Forner weiter am Fluß hin. Yuma war damals noch klein, gab aber, da es an der Einmündung des Gila in den Kolorado lag, die Gewähr für ein schnelles Wachstum.

Eine Stunde mochte seit dem Verschwinden des ‚Seelenverkäufers' vergangen sein, und noch hatte sich John Forner zu nichts entschließen können. Um endlich zu einer Entscheidung zu kommen, wollte er eine kleine Herzstärkung zu sich nehmen. Er trat also in eine Schenke, wo er zu verkehren pflegte, wenn er nach Yuma kam. Kaum aber hatte er die Tür geöffnet, so blieb er erstaunt stehen. Da saß am Tisch das Urbild des Gemäldes, das er am Bug des kleinen Dampfers gesehen hatte. Die lange Nase, der große Hut, alles war da außer der fürchterlichen Bewaffnung; denn der Mann trug jetzt nur ein Messer im Gürtel.

Die Dampfjacht war dieselbe, die Sir David Lindsay nach Konstantinopel und Tunis getragen hatte. Nur war an Stelle des früheren Bildes ein anderes getreten; eine neue Schrulle Sir Davids.

Der Engländer saß bei einem mit Zucker gesüßten und mit Wasser verdünnten Glas Brandy.

Der Bootsmann John Forner ging an einem anderen Tisch vor Anker und ließ sich ebenfalls einen Brandy geben. Der Wirt schenkte ein und setzte dann sein Gespräch mit dem seltsamen Gast fort.

„Natürlich kenne ich den Rio Gila. Ich sitze schon eine ganze Reihe von Jahren hier am Fluß. Welche Auskunft wünscht Ihr denn?"

„Seht Euch einmal dieses Buch an! Ist es Euch bekannt?"

Dabei zog er ein Buch aus der Tasche, dessen Überschrift, ins Deutsche übersetzt, lautete: ‚Der Waldläufer, von Gabriel Ferry.'

Der Wirt warf einen Blick auf den Titel und dann auf den Engländer.

„Freilich. Dieses Buch wird sehr viel gelesen. Die Geschichte spielt im Gebiet der Apatschen und am Rio Gila. Sie ist sehr spannend."

„Yes, ungemein spannend. Bin aus England herübergekommen, um ähnliche Abenteuer zu erleben."

Der Wirt musterte Lindsay abermals mit einem Blick, worin sich keine große Bewunderung aussprach.

„Seid Ihr denn Jäger?"

„Yes. Will den Gila hinaufdampfen. Wie weit ist er schiffbar?"

„Wendet Euch mit dieser Frage lieber an diesen Master hier! Er heißt Forner und ist ein vielbefahrener Bootsmann, der Euch bessere Auskunft erteilen kann als ich."

Sir David musterte Forner, wie man ein Bild oder ein Pferd betrachtet, das man kaufen will. Dabei pendelte seine Nasenspitze langsam von einer Seite auf die andere, als wollte sie sich an der Prüfung beteiligen. Die Untersuchung schien zur Zufriedenheit ausgefallen zu sein, denn die Nase kehrte schließlich in ihre ursprüngliche Lage zurück.

„Also Ihr seid ein Bootsmann auf dem Gila — very well. Habt Ihr jetzt Heuer oder Arbeit, Master?"

„Augenblicklich nicht."

„Habt Ihr nicht Lust, in meine Dienste zu treten? Bezahle gut, sehr gut."

„Bin nicht abgeneigt, falls Ihr nicht mehr verlangt, als ich zu leisten vermag."

„No. Verlange nur, daß Ihr unseren Führer macht, so weit es Eure Kenntnis des Flusses und der Umgegend erlaubt."

„Da schlage ich ein, Sir, und bin überzeugt, daß Ihr zufrieden sein werdet."

„Well! Einen Lohn mache ich nicht aus. Werde Euch nach Euern Leistungen bezahlen. Hier habt Ihr zehn Peso Draufgeld. Da, nehmt!"

Zehn Peso waren etwa zehn Dollar. Ein so reichliches Draufgeld hatte John Forner nicht erwartet. Er schmunzelte übers ganze Gesicht und ließ die Zunge vergnügt mit dem Kautabak spielen.

„Hallo, Sir!“ lachte er. „Dafür kriecht John Forner gern in die Back!“[1]

„Hoffe es. Aber wichtiger als das Dampfen ist mir das Anlegen und Auf-die-Jagd-gehen. Denkt Ihr, daß wir Wild finden werden?“

„Gewiß.“

„Und Indianer?“

„Wenn Ihr es wünscht.“

„Wünsche es. Sogar sehr! Yes.“

„Wann soll ich den Dienst antreten?“

„Heut. Jetzt. Sofort. Yes.“

„Gern. Aber vorher habe ich noch einen Weg zu machen. Will nur zum Alderman. Eine Anzeige erstatten.“

„Eine Anzeige?“

„Ja. Es handelt sich um eine Schufterei, eine Entführung!“

Lindsay war sofort Feuer und Flamme. Die Spitze seiner Nase richtete sich unternehmungslustig in die Höhe, und seine dünnen Lippen preßten sich erwartungsvoll zusammen, daß sie wie ein Gedankenstrich aussahen.

„By Jove! Schufterei! Entführung! Ein Mädchen etwa?“

„Jawohl. Ein Mädchen samt ihrem Vater.“

„Sehr gut! Ausgezeichnet! Werden ihnen beistehen. Befreien. Brauche Euern Alderman nicht. No.“

„Wie wollt Ihr das anfangen?“

„Sagt mir, wohin das Mädel gebracht werden soll!“

„In die Gegend von Aubrey. Die Schurken sind auf einem Segelboot vor etwa einer Stunde hier vorüber.“

„Schön. Sofort nachfahren! Verfolgen! Einholen! Feines Abenteuer! Bezahle gut, sehr gut! Yes.“

„Mit Eurer Jacht würden wir den Kahn bald erreichen und entern.“

[1] Der Mannschaftsraum auf den Segelschiffen

„Entern! Köstlich! Ihr seid mein Mann. — Wie heißen die beiden?“

„Wilkins.“

„Woher?“

„Soviel ich aus einer Unterhaltung an Bord gehört habe, müssen sie früher in der Gegend von Van Buren gewohnt haben.“

„Van Buren?“

Diese Nachricht überraschte den Engländer aufs höchste. David Lindsay kannte den früheren Aufenthaltsort des jungen Martin Adlerhorst und hatte ja Hermann dorthin geschickt, um nach dem Bruder zu forschen. Leider vergeblich: Martin sowohl als sein Pflegevater Wilkins waren spurlos verschwunden. Nun traf er hier in diesem Nest unerwartet auf eine Spur von Wilkins! Lindsay schloß etwas vorschnell, daß, wo dieser sei, Martin nicht fern sein könne.

Der Bootsmann erzählte nun, was er erfahren und erlauscht hatte. Der Wirt stand, die Hände in den Hüften gestützt, dahinter und lauschte dem abenteuerlichen Bericht mit offenem Mund.

„Da wird Euch eine Anzeige wenig oder nichts nützen, Master Forner“, sagte er jetzt. „Der Alderman wird sich hüten, sich mit dieser Angelegenheit zu befassen. Auch Euch, Sir, rate ich, Euch nicht in die Sache zu mischen. Ihr könnt diesem Wilkins und seiner Tochter nicht helfen.“

„Warum nicht?“

„Das Gesetz ist gegen Euch. Bedenkt, daß der Kolorado die Grenze zwischen Arizona und Kalifornien bildet. Die Tat ist in Arizona geschehen. Legt das Boot ans kalifornische Ufer, so hat kein Bewohner von Arizona das Recht, sich an seinen Insassen zu vergreifen.“

„Nonsense! Der Teufel hole Eure verrückten Grenzen! Schere mich weder um Kalifornien noch um Arizona. Tue, was mir gefällt. Bin David Lindsay. Yes.“

„Macht, was Ihr wollt! Aber wundert Euch nicht, wenn man Euch einige Kugeln auf den Pelz brennt!“

„Kugeln? Pelz? Excellent! Feines Abenteuer. Werde den Schurken auf die Pfoten . . .“

Er wurde unterbrochen. Die Tür öffnete sich, und ein Mann trat ein, bei dessen Anblick dem Engländer das Wort im Mund steckenblieb.

Er kannte diese seltsame Gestalt mit den sichelkrummen Beinchen und dem Urwald im Gesicht. So und nicht anders stellte er sich den Mann vor, von dem ihm nicht einmal, sondern dutzendmal sein deutscher Freund Kara Ben Nemsi erzählt hatte, wenn sie im fernen Orient am Lagerfeuer beisammensaßen. Diese Erzählungen vom Wilden Westen und seinen seltsamen Bewohnern waren es vor allem gewesen, die in ihm die Lust wachgerufen hatten, seinen geliebten graugewürfelten Anzug mit dem ledernen Jagdrock zu vertauschen und den Bug seiner Jacht in den Kolorado zu steuern. Er war es müde geworden, in den Häfen am Stillen Ozean untätig auf eine Nachricht seines Neffen zu warten, und hatte es vorgezogen, auf eigene Faust Abenteuer zu suchen.

„Good morning, Mesch'schurs!“ grüßte der neue Gast. „Wirt, einen Schnaps!“

„'morning!“

Nur Sir David grüßte nicht. Er hielt vor Erstaunen den Mund weit geöffnet und blickte den Ankömmling noch immer unverwandt an.

Der Fremde trat denn auch auf ihn zu und klopfte ihm auf die Schulter.

„Macht Euern Mund zu, Sir, sonst bekommt Ihr noch die Maulsperre, hihihihi!“

Das brachte den Engländer zu sich. Er klappte den Mund zu, erhob sich langsam zu seiner ehrfurchterweckenden Länge und zog den Hut zur Begrüßung.

„Welcome, Sam Hawkens!“

Jetzt stand der kleine Trapper vor Überraschung steif wie sein bockledener Rock.

„Egad! Ihr kennt mich!"

„Yes."

„Wo habt Ihr mich denn gesehen?"

„Habe Euch noch nie gesehen."

„Well! Ich Euch auch nicht, wenn ich mich nicht irre. Aber woher kennt Ihr mich dann?"

„Habe von Euch gehört."

„Wo?"

„Bei den Haddedihn, und auch sonst noch sehr oft."

„Haddedihn? — Kenne diesen Indianerstamm nicht."

„Die Indianer werden in der dortigen Gegend Araber genannt."

„Bounce! Was Ihr nicht sagt! Kann mich aber nicht erinnern, jemals meine Beine in jener gesegneten Gegend spazierengeführt zu haben."

„Schadet nichts. Traf dort einen Mann, der Euch sehr gut kannte."

„Wer war das?"

„Kara Ben Nemsi."

„Ihr wollt mich wohl zum Narren halten? Kara Ben — Ben — Ben — hört, lieber Sir, das muß ein verteufeltes Greenhorn gewesen sein, wenn ich mich nicht irre!"

„Habts ihm auch oft genug selber gesagt, daß er ein unverbesserliches Greenhorn ist!"

„Hört, Sir, wenn ihm Sam Hawkens das gesagt hat, dann stimmts auch! Hihihihi!"

„Mag sein. Mein Freund wird nämlich hier Old Shatterhand genannt."

„Old Shatterhand?" riefen John Forner und der Wirt gleichzeitig.

„Old Shatterhand? Ihr kennt Old Shatterhand?" jubelte Sam Hawkens.

„Yes."

„Wißt Ihr, auf welcher Spur er jetzt sitzt?"

„No."

„Ich auch nicht. — Er hat also von mir erzählt?"

„Yes."

„Oft?"

„Oft und viel."

„Ja, ich weiß, er wird seinen alten Lehrer Sam nicht vergessen." Bei diesen Worten ruckte und zuckte er mit den Armen und Beinen, als wollte er einer Bewegung Herr werden. „Wir haben aber auch Dinge miteinander erlebt, Dinge, sage ich euch, Mesch'schurs! Aber ich schätze, er hat nicht von mir allein erzählt."

„No."

„Wohl auch von Dick Stone und Will Parker, wenn ich mich nicht irre?"

„Yes."

„Von Winnetou und Old Firehand?"

„Yes."

„Sagt einmal", wandte sich nun der Wirt an Sam Hawkens, „in welcher Gegend jagen denn jetzt diese berühmten Männer?"

„Kennt Ihr sie denn?"

„Gehört habe ich schon viel von ihnen, und ich würde ein Dutzend Flaschen Brandy umsonst geben, wenn ich einen von ihnen einmal sehen könnte."

„So macht die Stöpsel schon locker! Sie alle kommen hierher."

„Treibt keinen Scherz!"

„Sie kommen, sage ich Euch; ich bin ihnen nur vorausgeritten, und wir treffen uns hier bei Euch — ausgerechnet hier an dieser Feuerwasserstelle, wenn ich mich nicht irre!"

„Master, wenn das wahr ist, so gehört dieser Tag zu den schönsten meines Lebens — und auf eine Flasche Brandy soll's mir wahrhaftig nicht ankommen!"

„Spracht Ihr nicht vorhin von einem Dutzend, verehrter Spritmeister? Na, laßt nur sein! Leute wie wir lassen sich keinen Schnaps schenken."

„Well", mischte sich jetzt wieder Lindsay in die Unterhaltung, „freue mich riesig. Indeed. Woher kommt Ihr denn?"

„Zunächst von Granite Station."

„Zu Wasser?"

„No. Zu Pferd, wenn ich mich nicht irre."

„Und wohin wollt Ihr?"

„In die Gegend von Aubrey."

„Well. Paßt ausgezeichnet! Könnt mit mir fahren."

„Danke. Wir müssen uns sputen."

„Ist schon Feuer unter den Kesseln. In einer Stunde gehts fort. Yes."

„Feuer? Kessel? Doch nicht etwa eine Lokomotive?"

„No. Meine Dampfjacht. Habt Ihr sie nicht am Ufer liegen sehen?"

„Nein; komme landeinwärts her. Aber Ihr hättet eine Dampfjacht und wolltet uns mitnehmen?"

„Yes."

„Das ist etwas anderes. Wir fahren mit, das heißt, wenn Ihr Euch nicht an dem Zweck unserer Reise stoßt."

„Stoße mich nicht."

„Es handelt sich um eine Jagd."

„Wonderful! Jage mit!"

„Hört erst, was für eine Jagd es ist: eine Menschenjagd."

„Auf Indianer?"

„No, auf Weiße!"

„Excellent!"

„Sie sitzen auf einem Segelboot, das vor kurzer Zeit hier vorbeigekommen sein muß, wenn ich mich nicht irre."

Der Lord blickte erst den Trapper und dann John Forner an.

„Ein Segelboot aus Granite Station etwa?"

„Ja."

„Es befindet sich ein gefangenes Mädchen drauf?“
Da fuhr Sam von seinem Sitz auf.
„Sir, was wißt Ihr von diesem Mädchen?“
„Daß es gefangen ist. Hab es von diesem Bootsmann erfahren. Well. War auf dem Segelboot, machte sich aber aus dem Staub, als er merkte, daß es sich um eine Schurkerei handelte.“
„Wie? Ihr wart Bootsmann auf dem Fahrzeug?“ wandte sich Sam an Forner. „Ist es so, dann kennt Ihr den gefangenen Sir und seine Tochter, wenn ich mich nicht irre?“
„Natürlich!“
„Heavens! Ihr müßt mir sofort berichten, was droben in Granite Station geschehen ist!“

*

Als Old Firehand und seine Begleiter Gila Bend erreichten, waren Walker und Genossen bereits mit der Post abgefahren. Eine sofortige Verfolgung war nicht möglich, der abgetriebenen Tiere wegen, die seit dem Blauen Wasser keine Ruhepause gehabt hatten. Deshalb ließ Firehand an Wilkins die Drahtmeldung abgehen, freilich ohne zu ahnen, daß sie am Ort ihrer Bestimmung unterschlagen würde.
Zum Glück sollte der Aufenthalt in Gila Bend wesentlich abgekürzt werden. Der Ort, der damals nur aus einem Store und wenigen Bretterhäusern bestand, lag in unmittelbarer Nähe eines kleinen Forts. Anderthalb Dutzend Soldaten unter Anführung eines Captains bildeten die ganze Besatzung. Als Old Firehand den Store, der zugleich als Post- und Telegrafenstelle diente, verließ, stieß er an der Tür mit einem Mann zusammen, bei dessen Anblick er überrascht stehenblieb.
„Bless my soul! Capt'n Wallace!“
„Gott segne meine Augen! Old Firehand!“
Die beiden, die sich vor Jahren im Osten kennengelernt hatten, schüttelten einander die Hände. Natürlich mußte das Wiedersehen mit einem drink gefeiert werden. Sie

kehrten also in den Store zurück und ließen sich einen Whisky geben.

Dann wurde erzählt. Der Captain berichtete, wie es gekommen war, daß er auf diesen einsamen Posten verschlagen wurde, und der Jäger gab einen kurzen Überblick über die Ereignisse, die ihn und seine Gefährten hierher an den Gila geführt hatten, und wie sie leider gezwungen wären, hier eine längere Rast zu machen.

Als er geendet hatte, saß der Captain eine Weile nachdenklich da. Dann hob er, wie unter einem plötzlichen Einfall, den Kopf.

„Es ist unbedingt notwendig, daß Ihr den Schuften möglichst schnell folgt?"

„Natürlich!"

„Hm. Vielleicht kann ich Euch helfen. Das Fort verfügt nämlich über ein Langboot, das groß genug ist, euch und eure Tiere und dazu noch sechs Ruderer aufzunehmen."

„Das trifft sich ja prächtig!"

„Der Gila hat von hier bis Granite Station ein beachtliches Gefälle. An Wasser fehlt es gegenwärtig ebenfalls nicht. Ich gebe Euch sechs meiner Leute mit. Wenn sie sich fest ins Zeug legen und wenn Ihr ihren Eifer mit ein paar Dollar unterstützt, könnt Ihr um Mitternacht in Granite Station sein."

Old Firehand war hoch erfreut über diesen Vorschlag. Die Tiere konnten auf diese Weise die nötige Ruhe finden, ohne daß die Verfolgung eine stundenlange Verzögerung erlitt. Der Jäger kehrte sofort zu seinen Gefährten zurück, die am Ufer des Gila lagerten, und der Captain begab sich ins Fort, um die nötigen Anordnungen für die Flußfahrt zu treffen.

Bereits eine Stunde später schoß das Langboot, von sechs kräftigen Soldaten gerudert, den Gila hinunter. Die Fahrt verlief ohne jeglichen Zwischenfall und so rasch, wie es die Fahrgäste nur wünschen konnten. Sobald die

Nacht einfiel, wurde am Vordersteven ein Scheinwerfer angebracht, und es war noch nicht ganz Mitternacht, als sich die Häuser von Granite Station aus dem nächtlichen Dunkel lösten. Sie erreichten den Ort viele Stunden früher, als Old Firehand in seiner Drahtnachricht angegeben hatte.

Während die Gefährten die Soldaten ablohnten und die Pferde ans Ufer brachten, schritt der Jäger das Ufer empor auf ein langgestrecktes Gebäude zu, über dessen Eingang eine einsame Laterne ein dürftiges Licht verbreitete. Es war die Post-Office, wie er schnell erkannte. Es dauerte eine geraume Weile, bis sich auf sein Klopfen im Haus etwas rührte. Dann wurde ein Fenster geöffnet, und der Kopf des Telegrafisten erschien.

„Master, entschuldigt, daß ich Euch im Schlaf störe! Es handelt sich um eine wichtige Erkundigung. Seid Ihr vielleicht der Postmeister?"

„Nein, der Telegrafist."

„Ah, da könnt Ihr mir sagen, ob heute eine Drahtung an einen Master Wilkins angekommen ist?"

„Zwei sogar."

„Zwei? Ihr irrt!"

„Ich weiß es genau. Ich habe beide empfangen und abgefertigt. Sie waren von einem und demselben Absender."

„Und doch müßt Ihr Euch irren. Ich habe nur eine einzige abgesandt."

„Ihr? Wie ist Euer Name?"

„Winter."

„Und von wo kam Eure Nachricht?"

„Von Gila Bend."

„Der Inhalt?"

„Eine Warnung vor einem gewissen Walker."

„Stimmt. Ich ersehe daraus, daß es nicht eine Verletzung des Amtsgeheimnisses ist, wenn ich auf Eure Erkundigung eingehe. Im Gegenteil, mir scheint da etwas nicht in Ordnung zu sein. Es kam schon vorher eine Nachricht mit der gleichen Unterschrift."

„So handelt es sich um einen Schwindel."

„Glaubt Ihr?"

„Ganz bestimmt. Ich sage Euch, daß wir eine Gesellschaft verfolgen, die eine ganze Reihe von Verbrechen begangen hat und die jetzt wieder im Begriff steht, eine Schändlichkeit auszuführen."

„Könnt Ihr mir die Personen beschreiben, und wieviel waren es?"

„Vier Männer, die sich Walker, Newton, Leflor und Roulin nennen, zwei davon kenne ich als Halunken. Mit ihnen reist eine gewisse Miranda, auch eine Gaunerin."

„Wer hätte das für möglich gehalten!" rief der Telegrafist erstaunt.

„Was?"

„Daß diese Miß eine Verbrecherin ist! Armer Hofter!"

„Wer ist Hofter?"

„Der Sohn des hiesigen Postmeisters. Er fand — doch ich weiß nicht, ob ich davon sprechen darf!"

„Sprecht immerhin!"

„Es geht nicht. Verzeiht! Aber als Beamter muß ich vorsichtig sein. Eine der beiden Drahtungen ist in böser Absicht aufgegeben. Wer ist aber nun deren Absender?"

„Derjenige, der sich auf unrechtmäßige Weise den Namen Winter angemaßt hat."

„Der könntet auch Ihr sein, Sir! Oder habt Ihr einen Ausweis?"

„Ja. Habt Ihr den Namen Old Firehand schon gehört?"

„Und ob! Ihr meint doch den berühmten Westläufer und jetzigen Minenbesitzer am Silbersee?"

„Den meine ich."

„Was ists mit ihm?"

„Der bin ich."

„Ihr — Ihr — Ihr seid Old Firehand?"

„Vielleicht habt Ihr auch zufällig einmal gehört, daß dieser Westmann mit seinem Familiennamen eigentlich Winter heißt.“

„Mir ist, als wäre davon schon die Rede gewesen.“

„Und wenn Ihr Winnetou, den Häuptling der Apatschen kennenlernen wollt, so braucht Ihr nur dort hinüber zu blicken.“

Er deutete auf die Gefährten, die eben, die Pferde am Zügel, auf den erleuchteten Platz vor dem Postgebäude traten.

„Winnetou!“ flüsterte Grey mit einer Stimme, die beinahe andächtig klang. „Ja, er ist es! Genauso hat man ihn mir beschrieben. Oh ...“

Old Firehand lachte. „Und unter den anderen Herren bemerkt Ihr auch noch drei, die keinen schlechten Namen haben: das Kleeblatt.“

„Egad! Dieser Kleine mit dem langen Jagdrock ist Sam Hawkens?“

„Richtig.“

„Also können die zwei Langen nur Dick Stone und Will Parker sein?“

„Ihr seid im Kalender des Wilden Westens ganz gut beschlagen. Habe ich mich jetzt genügend ausgewiesen?“

„Vollständig. Ich kann Euch gar nicht sagen, wie ...“

„So darf ich die beiden Nachrichten sehen?“

„Natürlich! Kommt ins Amtszimmer!“

Dort las der Beamte den Wortlaut der beiden Drahtmeldungen vor.

„Ah! Nach Dos Palmas hat er sie bestellt“, sagte Old Firehand. „Aber aus welchem Grund? — Diese Meldung ist eher eingetroffen als die meinige. Walker hat gewußt, daß ich hinter ihm her bin, und hat dafür gesorgt, daß Wilkins diesen Ort schnell verläßt, damit ich seine Spur verliere. Hat Wilkins meine eigene Mitteilung erhalten?“

„Ja — das heißt — selbstverständlich!“ sagte der Telegrafist unsicher.

„Ihr zweifelt daran?"

„Der Sohn des Postmeisters, der mein Freund ist, bat mich, die Nachricht befördern zu dürfen."

„Warum er?"

„Er wollte — er dachte — er meinte . . ."

„Wo wohnt Master Wilkins?"

„Im Gasthaus."

„Und die zuletzt Angekommenen?"

„Die sind fort."

„Wohin?"

„Ich weiß es nicht."

„Kann mich jemand zum Gasthof führen?"

„Ich bin bereit dazu."

„Allright! Meine Begleiter werden hier warten." —

Die beiden Männer begaben sich ins Gasthaus.

„Ist Master Wilkins zu sprechen?" erkundigte sich Old Firehand beim Wirt.

„Leider nein. Er ist abgereist."

„O weh! Wohin?"

„Ich weiß nur, daß Wilkins Vater und Tochter mit Master Hofters Segelboot gegen Abend abgefahren sind."

„Wie ist das so schnell gekommen?"

„Wohl infolge einer Drahtnachricht, worin der Master aufgefordert wurde, nach Dos Palmas zu reiten. Dann kam eine junge, stattliche Dame und nahm sich ein Zimmer neben Master Wilkins. Ich sah sie darauf mit ihm auf dem Altan sprechen. Sie ging und kam nicht wieder. Schließlich mußte der Knecht Master Wilkins und seine Tochter zum Segelboot bringen."

Das war alles, was Firehand erfuhr. Als er sich dann mit dem Telegrafisten wieder draußen befand, zeigte sein Gesicht einen sehr ernsten Ausdruck.

„Es handelt sich hier um ein Amtsvergehen, Sir", sagte er zu dem Beamten. „Ihr habt mir nicht alles gesagt, was Ihr wißt. Seid aufrichtig! Ihr könnt damit mehrere Menschenleben retten."

„Ich habe nichts verschwiegen. Aber ich kann noch hinzufügen, daß sich der Mann, den Ihr Walker nennt, bei meinem Freund Hofter aufgehalten hat."

„Mit seiner Begleitung?"

„Ja. Die Miß ging dann aus. Sie ist es wohl gewesen, die sich im Gasthaus das Zimmer nahm."

„Ah! Sie hat die Verführerin spielen müssen. Ist Hofter mit ihnen fortgegangen?"

„Ja, zu gleicher Zeit. Wohin, das weiß ich nicht."

„Was für ein Mensch ist Euer Freund?"

„Er ist offenherzig, ehrlich und lebenslustig. Zu einem Verbrechen wird er nie die Hand bieten."

„Kennt Ihr sein Segelboot?"

„Ja; ich bin schon oft mitgefahren."

„Welche Bemannung hat es?"

„Einen Steuermann und vier oder fünf Bootsleute."

„Stammt der Steuermann von hier?"

„Ja. Er ist verheiratet und wohnt in dem Häuschen dort, durch dessen offenes Fenster Ihr noch Licht schimmern seht."

„Gehen wir einmal hin!"

Sie fanden die Frau des Steuermanns noch wach, und nach einigem Hin- und Herreden erzählte sie, daß ihr Mann kurz vor der Abfahrt die Bemerkung gemacht hätte, die Reise würde diesmal bis in die Nähe von Aubrey gehen.

Mehr war nicht herauszukriegen. Aber Old Firehand hatte nun die Fährte und wußte, daß er keine Zeit verlieren durfte, denn das Segelboot hatte bereits über fünf Stunden Vorsprung.

„Wir sind zu spät gekommen und haben das Nachsehen", meinte Hermann mutlos. „Bis wir nach Yuma gelangen, sind die Schurken über alle Berge."

„Nur nicht gleich verzagen!" tröstete Old Firehand. „Wir werden ihnen schnell genug auf den Fersen sein. Wenn wir sofort aufbrechen — wir haben uns während der Fahrt genug ausgeruht — so sind wir morgen mittag schon in Yuma."

„So lange müssen wir reiten? Wie weit ist es denn von hier bis Yuma?"

„In der Luftlinie fünfundvierzig Kilometer."

„Nicht mehr? Und dazu brauchen wir so lange?"

„Bedenkt, daß wir die gerade Linie nicht einhalten können! Der Weg geht über die Sierra de la Gila, und wir werden zu vielen Umwegen genötigt sein."

„Dadurch wird sich der Vorsprung, den die anderen vor uns haben, aber kaum verringern."

„Und wenn auch! Zum mindesten sind wir um die Mittagszeit in Yuma, und ich schätze, daß sich dort eine Fahrgelegenheit den Kolorado hinauf bietet. Außerdem wird der Vorsprung der Verfolgten, bis sie Yuma erreichen, nicht mehr so groß sein, denn der Gila ist hinter Granite Station auf eine lange Strecke sehr flach und mit Inseln und Stromschnellen geradezu übersät, so daß sie in ihrer Fahrt sehr behindert sein werden."

„Aber ich fürchte, daß wir trotzdem zu spät eintreffen. Ich bin überzeugt, daß Walker den guten Wilkins und seine Tochter auf das Boot gelockt hat, nur um sie zu ermorden, sie vielleicht einfach ins Wasser zu werfen!"

„Sorgt Euch nicht! Es ist nie von Vorteil, sich das Herz unnötig zu beschweren. Ich habe die Ansicht, daß er ihr Leben schonen wird."

„Das ist doch nicht mehr als eine Hoffnung."

„Nicht doch! Sie werden das Mädchen nicht töten; sie verfolgen ganz andere Zwecke."

Hermann biß die Zähne zusammen. Er fand keine Antwort auf diese schlimme Vermutung.

„An Master Wilkins werden sie sich, wenigstens jetzt noch nicht vergreifen", fuhr der Jäger fort. „Ich denke vielmehr, daß sie ihn mit ins Tal des Todes schleppen werden, damit er sehen kann, wie sein Neffe und der Oberaufseher dort leiden."

„Was aber wollen sie in Dos Palmas?"

„Nichts. Ich bin überzeugt, daß dieser Ort in der Drahtung nur genannt wurde, weil überhaupt ein Ort angegeben werden mußte. Man wollte Wilkins von Granite Station fortbringen, damit wir ihn dort nicht finden sollten."

„Und warum gehen sie nach Aubrey?"

„Nicht nach Aubrey gehen sie, sondern nur bis in die Nähe der Stadt. Dort treiben sich die Mojave-Indianer umher, in deren Schutz sie sich begeben wollen. Sie bleiben so lange auf dem Wasser, bis sie von den Mojaves bemerkt werden; dann landen sie und reiten mit ihnen zum Todestal."

„Und dorthin haben sich ja verabredungsgemäß auch die Marikopas und Apatschen gewendet, weil der Eiserne Pfeil den Silbernen Mann haben will."

„Ich vermute, daß wir ihnen am Kolorado begegnen werden." —

Nach kurzer Beratung setzte sich der kleine Trupp in Bewegung. Straßen wie in Europa oder auch in Ostamerika gab es hier nicht, und die Nacht war so finster, daß es der geschärften Sinne dieser Männer bedurfte, die Richtung einzuhalten.

Binnen vier Stunden war der Kamm des Gebirgs erstiegen; Old Firehand und Winnetou, die voranritten, hielten an, um die Tiere verschnaufen zu lassen.

„Nun, Sam", wandte sich Old Firehand an den kleinen Trapper, „habe ich eine Aufgabe für Euch. Getraut Ihr Euch, den Weg nach Yuma allein zu finden?"

„Egad! Mutet Ihr mir so wenig Spürsinn zu? Was soll ich in Yuma tun?"

„Nichts als die Augen offenhalten und nach dem Segelboot ausschauen. Vielleicht könnt Ihr uns dann schon dienliche Mitteilungen machen."

„Und wo werden wir uns treffen?"

„In der Schenke, die dem Ufer am nächsten liegt."

„So weiß ich alles, wenn ich mich nicht irre. Go on, Mary!“

Im nächsten Augenblick war Sam im nächtlichen Dunkel verschwunden; die anderen folgten langsamer.

*

Schon vor Mittag sah Sam in der Ferne den Hügel am jenseitigen Ufer des Kolorado, wo das Fort Yuma liegt. Nach einer weiteren halben Stunde ritt er zwischen den Holzschuppen und Bretterbaracken, woraus damals der Ort Yuma bestand, zum Fluß. Dort entdeckte er die Schenke, band sein Maultier hinter dem Haus an und begab sich in die Stube, wo er auf so eigentümliche Weise mit David Lindsay zusammenkam und an den großen Westmann erinnert wurde, der einst sein Schüler gewesen war[1].

Sam, dem die Geschichte der Adlerhorst nicht mehr unbekannt war, wußte, daß dieser seltsame Engländer der Oheim Hermanns war, verschwieg ihm aber, daß sich sein Neffe in der Nähe befand.

„Ihr seid also wirklich entschlossen, dem Segelboot nachzujagen?“ fragte er Sir David, als der Bootsmann John Forner mit seinem Bericht zu Ende war.

„Bin David Lindsay. Was ich gesagt habe, gilt. Yes.“

„Sehr gut. Das Boot wird dann nicht weit kommen, wenn ich mich nicht irre.“

„No. Werden es bald eingeholt haben und — — heighday, was sind denn das für Kerle?“

Alle wandten den Kopf zur Tür.

Plötzlich ließ sich Pferdegetrappel hören, und jetzt traten Dick Stone und Will Parker ein.

„Das sind meine Kameraden“, stellte Sam die beiden vor, „nebenbei bemerkt die größten Greenhorns, die der Wilde Westen je gesehen hat, hihihihi!“

„Und der da? Das kann nur . . .“

Es war, als zöge den Engländer eine unsichtbare Ge-

[1] Vergleiche Karl May, „Winnetou I“

walt vom Stuhl hoch und zwänge ihn, dem Mann entgegenzugehen, den er kannte, obgleich er ihm noch nie begegnet war. Aber sein Bild lebte in ihm, und die Erzählungen seines Freundes Kara Ben Nemsi hatten in ihm die Sehnsucht wachsen lassen, diesem Mann einmal im Leben zu begegnen.

Und jetzt stand er vor ihm. Eine tiefe Erregung schien die gewohnte Gleichgültigkeit Sir Davids über den Haufen zu werfen. Die große Nase begann einen wahren Kriegstanz, und über das schmale Gesicht wetterleuchtete es, obgleich sich der breite Mund zu einem Strich verdünnte, als wollte er nicht über die Zunge lassen, was der jahrelangen graugewürfelten Sachlichkeit seines Lebens nicht entspräche.

Aber das Herz war stärker als seine kühle Vernunft. Vielleicht mochte es auch eine leise Regung von Eifersucht sein auf den Mann, der in seines Freundes Herzen noch mehr galt als David Lindsay mit seinen ungezählten Millionen.

Nun klafften die dünnen Lippen wieder auseinander, und die Nase beruhigte sich.

„Winnetou, der Häuptling der Apatschen", murmelte er mehr zu sich als zu den anderen. „Well! Excellent! Heigh-day! Yes."

Dann streckte er dem Apatschen beide Hände entgegen.

„Good day, Sir — how do you do?"

Mit unbewegtem Gesicht hatte Winnetou das Arbeiten in den Zügen des Engländers verfolgt. Handelte es sich auch nur um wenige Sekunden, in denen Sir David seine nüchterne Selbstbeherrschung vergaß, so hatte der Apatsche doch aus den Mienen dieses Mannes und aus der Narbe der Aleppobeule erkannt, was in dem seltsam gekleideten Engländer vor sich ging und wer er war.

„Thanks!" sagte er mit seiner klangvollen Stimme und drückte ihm die Hand. „Winnetou kennt seinen weißen Bruder und heißt ihn willkommen."

„Freue mich riesig, Sir. Indeed. Werdet hoffentlich auch mit mir einen Grisly jagen."

In den Mundwinkeln Winnetous zeigte sich ein feines Lächeln, das aber gleich wieder verschwand.

„Winnetou hat keine Zeit für den Grauen Bären des Felsengebirgs. Er reitet mit seinen Brüdern auf der Fährte des Raubtiers Mensch. Howgh!"

Damit war für den Wortkargen die Begrüßung erledigt. Er beteiligte sich nicht mehr an der allgemeinen Unterhaltung.

Hermann war zusammen mit Old Firehand hinter Winnetou eingetreten und schaute mit dem Ausdruck grenzenlosen Erstaunens auf seinen Oheim. War es schon auffallend, ihm so unvermutet hier zu begegnen, so wunderte er sich noch mehr darüber, daß der Sonderling seinen geliebten graugewürfelten Anzug aufgegeben hatte und in richtiger Trapperkleidung steckte.

„Heavens! Wie kommst du hierher?" fragte er endlich, nachdem er sich von seiner Verwunderung erholt hatte.

„Ganz einfach! War mir zu langweilig, immer zwischen San Franzisko und Los Angeles zu kreuzen und auf Nachricht von dir zu warten."

„Was suchst du aber hier am Kolorado?"

„Will Bären und Büffel jagen. Bin Waldläufer geworden. Yes."

„Wie bist du auf diesen Einfall gekommen?"

„Wie? Geht dich eigentlich nichts an. Bin jetzt hinter Spitzbuben her, die jemand entführt haben."

„Was, du auch?"

„Yes, David Lindsay ist ein tüchtiger Waldläufer wie der Waldläufer von Ferry. Werde es dir beweisen."

„Wer ist denn entführt worden?"

„Master Wilkins und Tochter."

„Wie? Du weißt davon?"

„Yes. Vom Bootsmann hier, der mit auf dem Segelboot war."

„Zounds! Das ist wirklich erstaunlich! So haben wir dasselbe Ziel."

„Kann mir's denken, weil du sonst nicht hier wärst. Kommt alle mit auf meinen Dampfer! Abfahren — nachdampfen — diesen Walker beim Schopf nehmen — Wilkins befreien! Yes!"

„Wann ist das Segelboot hier vorüber?"

„Vor drei Stunden", erwiderte John Forner.

„Und Ihr seid Bootsmann darauf gewesen?" erkundigte sich Old Firehand.

„Ja. Habe mich davongemacht, weil ich merkte, daß irgend etwas nicht stimmte."

John Forner mußte jetzt zum drittenmal erzählen.

„Könnt Ihr denn auch unsere Pferde unterbringen?", wandte sich dann Old Firehand an Lindsay.

„Yes. Werden alle Platz haben."

Der Wirt war stolz auf die berühmten Gäste, die heute sein Haus beherbergte, und er nahm die erste Gelegenheit wahr, seinem Nachbar davon zu erzählen. Der trug die Kunde weiter, und bald stand eine Menge Volks vor dem Haus und staunte die Jäger an.

Vom Steuermann Lindsays kam inzwischen die Botschaft, daß die Jacht fahrtbereit sei, und die Gesellschaft brach zum Fluß auf.

Nach dem Einschiffen der Pferde, das einige Beschwerde machte, stieß der Dampfer ab. Der Bootsmann John Forner nahm vorn am Bug Platz, da er die Fahrtrinne kannte und Ausguck halten mußte. Als der Einfluß des Gila in den Kolorado erreicht war, bog die Jacht in diesen ein und steuerte stromaufwärts nach Norden. Das Segelboot Hofters hatte drei Stunden Vorsprung, und so ließ sich berechnen, daß die Jacht etwa fünf brauchen würde, um es einzuholen.

11. EINE JAGD AUF DEM KOLORADO

Der ‚Seelenverkäufer' Hofters hatte während der Nacht und am Morgen schlechte Fahrt gehabt; nun er aber in den Kolorado lief und sich nach Norden wandte, vermochte er auch den Wind besser auszunützen, so daß die Fahrt flotter zu werden versprach.

Im Vorbeisegeln hatte man von Bord aus am Ufer die Jacht Lindsays bemerkt. Sie war von allen angestaunt worden. Ein solches Schiff hatte man hier noch nie gesehen.

Nur Bill Newton-Florin, dem einstigen Derwisch, kam sie nicht so fremdartig vor. Er beugte sich weit über die Reling, um das Bild am Bug besser betrachten zu können.

„Teufel!" entfuhr es ihm. „Was ist — sollte das möglich sein? Den Kerl kenne ich!"

„Werdet Euch irren", meinte Walker, der neben ihm stand.

„Nein, ich bin meiner Sache gewiß!"

„Und wer ists?"

„Ein Engländer."

„Nur so ein englischer Kerl kann allerdings auf den Gedanken kommen, mit einer Dampfjacht nach dem Kolorado zu gehen! Verrücktheit!"

„Aber eine Verrücktheit, die für uns höchst verhängnisvoll werden kann! Ich wette, daß dieses Schiff unsertwegen hier liegt."

„Wieso? Man kann doch da drüben an Bord noch keine Ahnung haben, was in Granite Station geschehen ist."

„Aber Old Firehand wird nach Yuma kommen und die Jacht zu unserer Verfolgung benutzen!"

„Wie sollte er erfahren, daß wir uns hier auf diesem Boot befinden?"

„Der? Da kennt Ihr ihn schlecht. Ich bin sicher, daß er schon fünf Minuten nach seiner Ankunft in Granite Station alles weiß!“

„Trotzdem! Er hat keine Fahrgelegenheit nach Yuma, und wir besitzen einen bedeutenden Vorsprung.“

„Ich rate trotzdem zu größter Vorsicht, denn diese Jacht macht mir Sorge.“

„Mir nicht. Dennoch aber werde ich Euern Rat befolgen.“

„Und ich werde mir das Fernrohr Master Hofters geben lassen, um die Gegend hinter uns nicht aus dem Auge zu lassen.“

Von jetzt an musterte Bill Newton die Strecke des Flusses, die hinter ihnen lag, mit größter Sorgfalt.

So vergingen Stunden. Das Boot segelte gut gegen den Strom, der hier breit war und offene Bahn bot. Es war am späten Nachmittag, als Bill Newton laut nach Walker rief.

„Was gibts denn?“

„Die Jacht ist hinter uns!“

„Zeigt her!“

Walker nahm das Rohr und suchte den Gesichtskreis ab.

„Man sieht sie noch nicht“, bemerkte Bill Newton, „aber ihren Rauch.“

„Ja, jetzt habe ich ihn. Was meint Ihr? Sollte der Engländer wirklich gefährlich sein?“

„Ohne Frage. Laßt Euch raten!“

„Verdammte Geschichte! Wenn man nur wüßte, wer sich an Bord befindet! Doch wohl nur dieser verrückte Kerl allein. Und den fürchte ich nicht.“

„Ich wette, daß Old Firehand an Bord ist. Dieser Jäger und der spleenige Engländer sind nun mal mit dem Teufel im Bund. Ich möchte darauf schwören, die Jacht hat auf ihn gewartet und würde ohne ihn Yuma City nicht verlassen haben.“

„Damned! Ich beginne, Euch recht zu geben. Aber wir können uns doch nicht unsichtbar machen!“

„Redet mit Hofter und dem Steuermann, aber schnell, bevor es zu spät ist!“

Walker begab sich zum Achterdeck, wo sich Hofter im Gespräch mit dem Steuermann befand.

„Master“, rief Walker, „Der Dampfer ist hinter uns her!“

„Was kümmert uns das?“

„Er hat es nicht nur auf mich und die Gefangenen, sondern wahrscheinlich auch auf Doña Miranda abgesehen.“

„Wieso?“

„Nun, sie hat es doch erst fertiggebracht, Wilkins auf Euer Boot zu locken.“

„Egad! Ihr meint, das hängt mit Wilkins zusammen? Ihr denkt an eine Verfolgung? Da müssen wir vorbeugen. Steuermann, was ratet Ihr?“

„Hm! Sieht man die Jacht schon durchs Fernrohr?“

„Nein, nur den Rauch. Und jetzt überhaupt nichts, da der Fluß eben eine Krümmung macht.“

„So hat er vielleicht auch unser Segel nicht bemerkt. Lassen wir ihn an uns vorüber!“

„Da sieht er uns doch.“

„Schwerlich. Wir spielen ein wenig Versteck. Ist er vorbei, so segeln wir hinter ihm her, während er glaubt, uns vor sich zu haben. Ich kenne am jenseitigen Ufer ein Bayou, das gleich hier vor uns mündet.“

„Was ist das, ein Bayou?“ fragte Walker.

„Unter einem Bayou versteht man eine Stelle, wo das Wasser lang und schmal ins Ufer einschneidet. Es sieht geradeso aus, als ergieße sich ein Flüßchen in den Strom, doch enthält ein Bayou nur Stauwasser. An die Leine, Jungens! Wir gehen ins Bayou!“

Sofort sprangen zwei Bootsleute zu den Rahen.

Der Steuermann beobachtete das Ufer mit scharfen Blicken; jetzt nahm er das Ruder plötzlich hart backbord.

„Laßt — gehn!“ schrie er dabei.

Die Leute ließen sogleich die Leine los, und das Segel fiel aus dem Wind schlaff von der Rahe hernieder.

„Nieder den Mast!“

Im Augenblick senkte sich der Mast mit der Rahe, und das Boot richtete den Schnabel gegen das Ufer. Man sah dort jedoch keinerlei Einbuchtung.

„Zum Teufel! Ihr stoßt doch gerade gegen das Ufer!“ rief Walker.

„Wollen sehen!“ brummte der Steuermann. „Legt euch nur nieder, damit ihr von den Zweigen nicht vom Deck geschnellt werdet!“

Das Ufer war von dichten, weißblumigen Dogwoodbäumen bestanden, die ihre Zweige tief herunterhängen ließen. In diese Zweige fuhr das Boot hinein. Der Steuermann behielt recht. Es gab hier in der Tat kein festes Ufer, sondern ein Bayou schnitt schmal und tief ins Land ein. Jetzt, wo das Boot nicht mehr vom Segel getrieben wurde, stand es unter den Zweigen, die sich hinter ihm wieder geschlossen hatten, still und wurde mit Hilfe der Staken weiter ins Bayou hineingeschoben und am Ufer befestigt.

„So“, sagte der Steuermann. „Ist das nicht ein sehr verstecktes Plätzchen, Mesch‘schurs?“

„Ist auch verdammt nötig!“ knurrte Walker. „Draußen vom Fluß aus kann man uns nicht bemerken. Ein besseres Versteck kann es nicht geben.“

„Nun lassen wir die Teufelsjacht vorüber und folgen erst, wenn sie verschwunden ist. Geht an Land, Mesch‘schurs, und verbergt euch unter den Bäumen; da könnt ihr die Jacht vorbeischwimmen sehen und euch gemächlich die sauberen Burschen betrachten, die sich darauf befinden.“

Walker, Roulin, Leflor und Bill Newton sprangen an Land, krochen unter den Zweigen bis zum Eingang des Bayous zurück und setzten sich dort an einer Stelle nieder, wo sie den Dampfer deutlich beobachten konnten, ohne selber von dort aus gesehen zu werden.

Newton hielt das Fernrohr stromabwärts gerichtet. Schon nach fünf Minuten hob er die Hand.

„Er kommt! Eben erscheint er um die Biegung."

„Ich sehe ihn mit bloßem Auge", meinte Walker.

„Verdammt, wie schnell das Fahrzeug läuft! Das Deck ist voll Menschen — sogar Gäule sind dabei! Auf dem Vorderdeck — alle tausend Teufel! Werden Tote wieder lebendig?"

„Was ist?"

„Ganz vorn am Bug steht — ja, er ists wahrhaftig! — der Bootsmann John Forner, der in der Nacht ertrunken ist!"

„Unsinn!"

„Seht selber durchs Rohr!"

Walker nahm das Glas.

„Ja, er ists. Die Hunde haben ihn aus dem Gila gefischt, und zum Dank dafür hat er uns verraten! Er mag sich hüten, in unsere Hände zu fallen!"

Die Jacht kam schnell näher. Jetzt erkannte man die Gesichter der an Bord Befindlichen schon ohne Glas.

„Bounce!" sagte Walker. „Eure Vermutung stimmt, Bill Newton. Dort steht er, am Kajüteneingang."

„Old Firehand?"

„Ja. Neben ihm der Apatsche und diese verfluchten Spürhunde, das Kleeblatt — der Satan möge sie holen!"

„Ja. Sie sind alle beisammen und haben sogar ihre Pferde mit, ganz zu unserer Verfolgung bereit. Eine scheußliche Geschichte! — Da, jetzt sind sie gerade vor uns! — Ich wollte, sie liefen an irgendeiner Untiefe auf und ersöffen alle miteinander!"

Dieser Wunsch ging freilich nicht in Erfüllung; die Jacht jagte weiter, wurde kleiner und kleiner und verschwand endlich vor den Augen derer, die sie zu verfolgen glaubte.

Die Lauscher kehrten nun an Bord des ‚Seelenverkäufers' zurück. Nur Walker blieb noch ein Weilchen, um sich zu vergewissern, daß die Jacht wirklich verschwunden war. Lediglich der Rauchstreifen war jetzt noch zu sehen, den sie zurückgelassen hatte und der sich langsam in der Luft zerteilte und auflöste.

Aber es gab noch etwas anderes, was seine Aufmerksamkeit auf sich zog: ein schwarzer Punkt, der sich langsam vom anderen Ufer her bewegte, ragte über dem Wasser auf und nieder, so wie sich der Kopf eines Schwimmers zu bewegen pflegt. Bald konnte Walker die Gesichtszüge eines Indianers erkennen, dessen Haarschopf nach Art der Apatschen geordnet war.

„Ein Apatsche!" raunte er zum Boot hin. „Rasch herbei — Wenn wir ihn nicht fangen, sind wir verraten."

Sofort kamen einige der Bootsleute und verbargen sich mit ihm hinter den Baumstämmen. Der Rote schwamm ausgezeichnet, und es stellte sich heraus, daß er das Bayou genau kannte; er hielt gerade darauf zu, schwamm unter den Ästen herein und trat an Land.

Seine wildlederne Kleidung war mit Bärenöl eingerieben, damit sie das Wasser nicht annahm. Bewaffnet war er nur mit einem Messer, ein Zeichen, daß er sich als Kundschafter unterwegs befand. Er schüttelte die Nässe ab und schritt am Rand des Bayous hin, indem er die Zweige auseinanderschob. Plötzlich blieb er starr stehen. Er hatte das Boot entdeckt.

„Uff!" entfuhr es leise seinen Lippen.

Eben wollte er sich zur Seite wenden, da wurde er von acht kräftigen Armen gepackt, so daß er sich nicht zu wehren vermochte. Trotz dieser Überraschung bewegte sich kein Zug seines jugendlichen Gesichts.

Er wurde gebunden und aufs Boot geschleppt. Immer wieder musterte er die Männer mit finsterem Blick. In seinem Gesicht prägte sich der Stolz eines tapferen Kriegers aus, der nur durch Übermacht und Überrumpelung besiegt worden ist und es nicht der Mühe für wert hält, ein Wort an seine Feinde zu verschwenden.

Man überschüttete ihn mit Fragen — er beantwortete keine einzige. Da fuhr ihn Roulin an.

„Ich bin Sonataka, der Silberne Mann! Gib mir Antwort! Was hast du hier zu suchen, Apatsche?"

„Apatsche?" fragte der Indianer. „Der Reißende Bär ist kein Apatsche."

Roulin machte eine Bewegung der Überraschung.

„Der rote Mann lügt. So wie er heißt der Häuptling der Mojaves."

„Der Reißende Bär ist der Häuptling der Mojaves."

„Aber du trägst doch den Schopf eines Apatschen!"

Der Rote machte eine Bewegung der Geringschätzung.

„Der Scharfsinn des weißen Mannes reicht nicht weiter als der Steinwurf eines Knaben. Sieht das Bleichgesicht denn nicht, daß der Reißende Bär auf Kundschaft ist, weil er keine Waffen trägt und nicht einmal seinen Medizinsack mit sich führt?"

„Ah! Darum gibst du dir das Aussehen eines Apatschen! Aber seit wann gehen die Häuptlinge selber auf Kundschaft?"

„Immer, wenn es sich um eine wichtige Sache handelt."

„Willst du das Kriegsbeil gegen die Apatschen ausgraben?"

„Der Reißende Bär wird diese Frage nicht beantworten."

„So wirst du mir später Antwort geben. Ich bin ein Freund der Mojaves."

„Beweise es!"

„Versprichst du mir, nicht zu entfliehen, falls ich deine Fesseln löse?"

„Der Reißende Bär wird nicht entfliehn, wenn du zeigst, daß du ein Freund der Mojaves bist."

„Dann soll dir der geforderte Beweis sogleich geliefert werden."

Roulin band den Indianer los, der langsam aufstand, seine Glieder streckte und sich ebenso langsam wieder niedersetzte.

„Wir sind gekommen, um die Pfeife des Friedens mit deinem Stamm zu rauchen."

„Die Pfeife des Friedens ist verscharrt. Die tapferen Krieger der Mojaves sind auf dem Kriegspfad."

„Auch gegen die Weißen?"

„Gegen alle ihre Feinde."

„So dürfen wir ruhig sein. Wir sind eure Freunde; wir kommen, um euch eure Feinde in die Hand zu geben."

Der Rote betrachtete Sonataka von Kopf bis Fuß.

„Kann das Pferd den Bären in die Hand des Büffels geben?"

„Du glaubst mir nicht?"

„Nein. Die Mojaves werden mit den Apatschen und den Marikopas kämpfen. Wie willst du beide in unsere Hände liefern?"

„Indem ich dir ihre Häuptlinge übergebe. Wenn du deine Krieger in der Nähe hättest, könntest du die Häuptlinge der Apatschen und der Marikopas bald in deiner Gewalt haben."

Der Rote bohrte seinen Blick in das Gesicht des Silbernen Mannes und musterte auch die Umstehenden. Er mochte ihnen ansehen, daß an Roulins Worten etwas Wahres war.

„Die Krieger der Mojaves befinden sich nicht weit von hier", sagte er nach kurzem Nachdenken.

„Zounds! Das könnte sich gar nicht besser treffen! Hast du den Dampfer beobachtet, der vorhin vorüberfuhr? Darauf befinden sich Freunde der Apatschen und Marikopas, Männer, durch deren Fang du großen Ruhm ernten würdest."

„Wer?"

„Zunächst Winnetou."

Der Rote vergaß seine Würde und schnellte überrascht empor.

„Winnetou?"

„Ja. Ferner Old Firehand und Sam Hawkens."

„Old Firehand und Tschi-kone? Sagst du die Wahrheit?"

„Ich lüge nicht. Außerdem fahren mit dem Schiff noch mehrere berühmte weiße Jäger."

„Was wollen sie hier auf dem Fluß?"

„Sie wollen mich fangen."

Der Mojave ließ den Blick umherschweifen und nickte.

„Du sagst die Wahrheit. Du hast dich hier verbergen müssen. Der Reißende Bär glaubt dir. Aber was hast du ihnen getan, daß sie dich verfolgen?"

„Ich habe das größte Kleinod der Apatschen geraubt, die Taube des Urwalds."

„Uff! Paloma Nakana?"

Diese Worte stieß der Indianer in einem Ton hervor, der sein größtes Erstaunen ausdrückte.

„Wo ist sie?" fragte er.

„Hier in unserem Boot."

„Uff!"

„Willst du sie sehen?"

„Ja."

„Nachher, wenn wir verhandelt haben."

Roulin erzählte nun, daß die Marikopas zum Blauen Wasser gezogen waren, um die Taube des Urwalds zu entführen, daß sie aber ihren Zweck verfehlten und daraufhin mit den Apatschen Frieden schlossen. Er ließ den Roten auch von den späteren Ereignissen so viel wissen, wie er für nötig hielt.

„Die Apatschen und Marikopas werden schon in der Nähe sein, um zum Tal des Todes zu gehen", schloß er seinen Bericht. „Heute kannst du Winnetou und die berühmten weißen Jäger ergreifen."

„Das tue ich nicht", sagte der Häuptling.

„Warum nicht?“

„Der Reißende Bär will nicht den Häuptling der Apatschen und die weißen Jäger allein haben, sondern alle Apatschen und alle Marikopas. Er läßt also die kleine Schar heute entkommen, um im Tal des Todes alle zusammen zu verderben.“

„Das ist sehr klug gedacht. Ich stimme dir zu.“

Der Häuptling überlegte.

„Und du kamst, um dir den Schutz der Mojaves zu erbitten?“

„Ja.“

„Wenn alles, was du gesagt hast, wahr ist, so sollst du ihn haben. Aber du wirst jetzt mit mir zu meinen Kriegern gehen.“

„Ich kann das Boot nicht verlassen. Wir werden verfolgt und sind vielleicht schon in einer Viertelstunde gezwungen, uns unserer Feinde zu erwehren.“

„Die Krieger der Mojaves warten in der Nähe. In einigen Minuten sind wir bei ihnen.“

„Darf ich dir glauben?“

„Es wird dir nichts geschehen. Wenn du nicht gelogen hast, so ist der Reißende Bär dein Freund.“

„Gut, ich gehe mit.“

Die Gefährten machten Einwände, aber Roulin war froh, schon jetzt auf die Mojaves gestoßen zu sein, und erklärte, daß er dem Häuptling volles Vertrauen schenke. Er verließ also das Boot und verschwand mit dem Roten hinter den Bäumen.

Wenn der Indianer wirklich der Häuptling der Mojaves war, so durften sich die Insassen des Bootes zu dieser unerwarteten Begegnung Glück wünschen. Sie hatten in diesem Fall den gesuchten Schutz schneller gefunden, als sie je erwarten durften, und brauchten nun auch die Dampfjacht nicht mehr zu fürchten.

Schon nach kurzer Zeit kehrte Roulin zurück; in seiner Begleitung befand sich der Häuptling mit vielleicht zwanzig seiner Krieger, alle sehr gut bewaffnet. Sie blieben am Ufer des Bayous zurück, während Roulin allein an Bord kam.

Sein Gesicht zeigte den Ausdruck größter Zufriedenheit.

„Es geht alles ausgezeichnet, viel besser, als ich es ahnen konnte. Drei Häuptlinge sind bei den Mojaves . . ."

„Drei?" unterbrach ihn Walker erstaunt. „So sind sie tatsächlich auf einem Kriegszug?"

„Ja. Der Reißende Bär ist selber jenseits des Wassers gewesen, um zu kundschaften, und hat nicht viel Gutes mitgebracht. Sein Zusammentreffen mit uns aber ist für die Mojaves ein Glück, wie sie sich's größer gar nicht denken können. Die Häuptlinge haben die Friedenspfeife mit mir geraucht und werden sie auch mit euch rauchen."

„Schön! Aber welche Bedingungen bist du eingegangen?"

„Sie beanspruchen alle Gefangenen für sich und wollen die Leute, deren Tod wir wünschen, vor unseren Augen töten."

„Fordern sie auch die Gefangenen, die sich schon jetzt in unseren Händen befinden?"

„Ja."

„Darauf gehe ich nicht ein!"

„Warum nicht?"

„Wilkins könnten sie sich immerhin nehmen; aber das Mädchen bleibt in meiner Gewalt!"

„Und ich", fuhr Leflor hoch, „habe schon von Anfang an gesagt, daß Almy Wilkins mir gehört!"

Hofter machte verwunderte Augen.

„Ich dachte", sagte er verdutzt, „mein Freund Roulin und Miß Almy seien längst einig, und nur dieser Schuft von Winter verfolgte sie, um sie . . ."

„Beruhige dich!" fiel Roulin schnell ein, um das Mißtrauen seines ehemaligen Freundes nicht aufkommen zu lassen. „Die Roten wollen das Mädel gar nicht. Sie verlangen es nur einstweilen sozusagen als Unterpfand, damit wir sie nicht betrügen."

„Das lasse ich gelten. Wie aber bringen wir die beiden herauf? Wilkins wird sich wehren; das wäre weiter nicht schlimm; man könnte ihn mit einer Kugel wegputzen. Aber wenn es dabei zu einem Auftritt kommt, läuft auch Miß Almy eine gewisse Gefahr. Sie wirft sich schützend vor den Alten, eine Kugel verirrt sich . . ."

„Keine Sorge! Der Reißende Bär ist auf einen schlauen Gedanken gekommen. Er wird uns scheinbar überfallen und dabei die Gefangenen befreien."

„Sehr schön — wenn er es nur nicht auch in Wirklichkeit tut!"

„Was fällt dir ein? Du vergißt, daß er mit mir die Pfeife des Friedens geraucht hat."

„Aber mit uns nicht."

„Das ist gleichgültig. Du stehst unter meinem Schutz."

„Wenn du so fest an ihn glaubst, so mag's hingehen. Übrigens wären wir ja nicht mehr in der Lage, etwas dagegen zu tun. Also soll er uns überfallen! Meine Waffen werde ich in Bereitschaft halten."

„Pah! Es wird ein wenig geschrien; dann stürzen die Roten die Treppe hinab und erklären den Gefangenen, daß sie frei sind. Sie folgen den Roten willig aufs Deck und werden, da sie ja keine Waffen haben, leicht überrumpelt."

„Und mein Boot?" fragte Hofter, dessen Vertrauen langsam ins Wanken geriet.

„Du hast nichts zu befürchten. Dir und deinem Eigentum geschieht gar nichts."

„Was wird mit Señorita Miranda?"

„Sie geht natürlich mit uns."

„Warum?"

„Sie gehört doch zu uns."

„Du hast mir versprochen, daß sie bei mir bleiben soll."

„So lang unsere Fahrt dauert, also bis Aubrey. Da wir aber nicht bis dorthin zu segeln brauchen, weil wir die Mojaves schon jetzt getroffen haben, so hat unser Vertrag bereits hier ein Ende."

„Aber du kannst doch nicht einfach über ihren Kopf hinweg verfügen!" rief Hofter. Er entdeckte Miranda an der Reling. „Was sagt Ihr denn dazu. Doña Miranda?"

Hofter hatte ihr gefallen. Sie glaubte, er wäre so sehr in sie verliebt, daß er sie zu seiner Frau machen würde; an Walker lag ihr wenig; sie hoffte, durch eine Heirat aus seinem Haus herauszukommen und sich in ein gefahrloseres Wohlleben zu retten. Das alles schoß ihr durch den Kopf; sie überlegte kühl und sachlich das Für und Wider, und deshalb hatte sie noch nicht in den Wortstreit eingegriffen.

„Ja, ich! Ich werde gar nicht gefragt", sagte sie auf Hofters Worte in gut gespielter Empörung, „bei wem ich zu bleiben wünsche?"

„Wozu die Frage?" antwortete Walker. „Du gehörst zu uns."

„Was soll ich im Todestal? Diesen Leuten, die ich aufs Boot locken mußte, mag ich nicht wieder unter die Augen treten. Macht mit ihnen, was ihr wollt; ich will nichts davon wissen; und auch für euch ist es besser, wenn ihr so wenig Zeugen wie möglich habt."

„Du mußt bedenken, daß wir nicht ewig dort bleiben, sondern bald wieder zurückkehren."

„Dann könntest du nach Granite Station kommen und mich abholen."

„Weißt du denn so genau, daß dich Master Hofter mit sich nehmen will?"

„Natürlich!" rief Hofter. „Wie könnt Ihr nur daran zweifeln? Ich möchte sie doch meinem Vater vorstellen!"

„Na, ich will euch nicht im Weg stehen, hoffe aber auf eure Verschwiegenheit. Kein Mensch darf erfahren, wer sich auf dem Boot befand und was an Bord geschah."

„Verschwiegenheit? Selbstverständlich! Oder meint Ihr, daß ich von Dingen reden werde, die mir schließlich Unannehmlichkeiten bereiten könnten?"

Walker blickte ihn prüfend an.

„Unannehmlichkeiten?" fragte er. „Es kann keine geben. Ihr habt uns Euer Boot vermietet. Was ich an Bord getan habe, das ist meine Sache. Euch trifft keine Verantwortung. Oder meint Ihr etwa, daß ich strafbare Handlungen begangen habe?"

Walkers Augen nahmen dabei einen tückisch forschenden Ausdruck an.

„Wer spricht von strafbaren Handlungen?" erwiderte Hofter aufhorchend. „Ihr habt ein unglückliches Liebespaar vereinigen helfen. Das ist doch nicht strafbar."

Walkers Gesicht verlor seinen drohenden Ausdruck.

„Das wollte ich nur von Euch hören. Gut, so mag Miranda bei Euch bleiben, bis ich nach Granite Station komme. Vielleicht braucht Ihr auch einen Trauzeugen, he? Na, nichts für ungut! Scherz muß sein. Die Miete für Euer Boot werde ich Euch dann bezahlen. Oder verlangt Ihr sie gleich?"

„Das hat ja Zeit. Wie könnte ich auch noch Bezahlung nehmen für eine Fahrt, die meine" — er wollte Braut sagen, aber vor dem spöttischen Blick Walkers verschluckte er das Wort — „die Miranda mitgemacht hat?"

Mit dem Lächeln eines Raubtiers, das einmal in guter Laune seine Beute fahren läßt, meinte Walker:

„Ich sehe, Ihr habt Verstand und seid ein gefälliger Mann. Das muß man anerkennen. Es soll also weder Euch noch Euern Leuten ein Übel geschehen. Jetzt wollen wir mit den Indianern reden!"

*

Die Lage von Wilkins und seiner Tochter hatte sich seit dem Augenblick, wo der Pflanzer sich mit übermenschlicher Kraft von seinen Ketten befreite, nicht geändert. Sie mußten ruhig abwarten, was geschehen und in welcher Weise man sie hinaufzubringen versuchen würde.

So war unter Harren und Fürchten die Zeit verstrichen. Obgleich sie nichts sehen konnten, bemerkten sie doch, daß draußen das Wasser nicht mehr vorbeirauschte, daß das Fahrzeug also wohl in einer Bucht stillag.

„Sie wollen uns hier an Land bringen", sagte Almy.

„So mögen sie es versuchen!"

„Du willst dich wehren? Das wird wenig Zweck haben. Sie haben auf alle Fälle ein gutes Mittel, uns zu bändigen. Sie werden uns einfach hier stecken lassen, bis uns Hunger und Durst zwingen, ihnen gute Worte zu geben."

„Eher verschmachte ich! Wenn sie darauf warten wollen, müssen sie so lange hier liegenbleiben."

„Dann werden sie auf eine andere Schlechtigkeit sinnen. Aber vielleicht kommt in der Zwischenzeit Hilfe, denn Old Firehand sucht sicherlich nach uns."

„Das tut er! Und ebenso sicher ist es, daß er in Granite Station alles erfährt. Er wird das Boot verfolgen."

„Womit? Es gibt ja dort kein zweites."

„Ein Mann wie er wird Mittel und Wege finden. Ich habe das feste Vertrauen zu ihm, daß er hierher kommt. Wenn sie hier liegenbleiben, findet er sie. Schon aus diesem Grund dürfen sie nicht daran denken, uns auszuhungern. Sie müssen vielmehr trachten, uns bald an Land zu bringen, und dann werden wir — horch!"

„Die Treppe knarrt."

„Es naht jemand."

„Was tun wir?"

„Wenn man hereinkommt, dann wehe dem Burschen! Ich erschlage den Hund mit der Kette!"

Walker war es, der herabkam, und zwar ging er absichtlich laut an der Tür vorüber nach der zweiten Abteilung des Raumes, wo er sich zu schaffen machte. Man hörte, daß er einen Gegenstand hin und her schob. Dann gellte eine Stimme die Luke herab; es war Roulin.

„Master Walker! Master Walker!"

„Was gibts?"
„Schnell herauf!"
„Warum?"
„Indianer nahen — Apatschen!"
„Unsinn!"
„Kein Unsinn! Leflor hat sie entdeckt — sie kommen herbeigeschlichen!"
„Damned! Stoßt rasch vom Land! Hinaus auf den Fluß!"
Walker eilte hinauf. Er konnte aber kaum aus der Luke getreten sein, so erschallte oben ein vielstimmiges Geheul, und dann erbebte das Deck unter den Füßen der Kämpfenden.
„Wir sind gerettet!" rief Wilkins freudig. „Sicherlich ist Old Firehand mit den Apatschen da!"
„Gott sei Dank!" stimmte Almy ein.
Wilkins stand inmitten des Raumes und lauschte auf den Kampf.
„Man schießt ja nicht!" sagte er verwundert.
Ihm, der die Gepflogenheiten der Roten doch immerhin kannte, mußte dieser Umstand auffallen. Der Scheinangriff auf das Boot geschah ohne Schuß, denn dadurch wären andere, vielleicht gar die Dampfjacht, herbeigerufen worden. Schon der übliche Kriegsschrei der Indianer, worauf zur Täuschung der Gefangenen nicht verzichtet werden konnte, war geeignet, zufällig in der Nähe Befindliche auf das Segelboot aufmerksam zu machen.
„Die Apatschen greifen eben nach ihrer Art an", meinte Almy.
„Gewiß; sie haben sich still angeschlichen und lassen nur das Messer und den Tomahawk arbeiten — in wenigen Augenblicken werden wir frei sein!"
Es schien, als ob er recht hätte. Das Toben hörte auf. Jemand polterte die Treppe herab und rief:
„Sind noch Bleichgesichter da?"
„Ja, hier!" antwortete Wilkins.

„Gehört ihr zur Besatzung?“

„Nein, wir sind Gefangene!“

„Uff! Uff!“

Die Tür wurde aufgerissen, und schwaches Licht, das durch die Luke fiel, beleuchtete die Gestalt eines bewaffneten Indianers.

„Mein weißer Bruder und meine Schwester mögen heraufkommen. Sie sind frei!“ sagte er freundlich.

Es war der Reißende Bär.

Wilkins zögerte. Er sagte sich, daß Old Firehand sofern er zu den Indianern gehörte, auch der erste sein würde, der ihren Kerker öffnete.

„Wo ist Old Firehand?“ fragte er.

„Am anderen Ufer. Er sucht dort, wir hier. Wir haben die guten Bleichgesichter zuerst gefunden.“

„So kommen wir!“

Wilkins war durch die plötzliche Rettung derart in freudige Erregung geraten, daß er vergaß, die oben wartenden Indianer genau anzusehen. Und das rächte sich sofort. Er hatte kaum das Deck betreten, da sauste die Schlinge eines Lassos durch die Luft und legte sich ihm um den Hals. Ein Ruck — und er war bezwungen. Zugleich wurde Almy von vielen braunen Händen ergriffen und festgehalten.

Jetzt lagen sie wieder gefesselt am Boden, und ein Knebel hinderte sie, einen Laut von sich zu geben.

Walker lachte höhnisch.

„Nun, Master, wie gefällt Euch das? Sind die Apatschen nicht tüchtige Kerle?“

Auch Roulin stellte sich breitspurig vor die Gefangenen.

„Master Wilkins, Ihr hattet am Blauen Wasser Sehnsucht nach mir und wolltet mich unbedingt haben. Hier bin ich! Und ich versichere Euch, daß Ihr mir sobald nicht wieder entrinnen werdet.“

„Ihr glaubtet uns wohl schon verloren, Nachbar Wilkins?“ grinste Leflor. „Aufgefressen von den Apatschen?

Na, so schnell gehts freilich nicht. Wir müssen noch ein bißchen leben bleiben, damit Ihr Zeuge sein könnt, wenn ich mit Miß Almy Verlobung und Hochzeit halte. — Schafft sie fort!"

Die Indianer hoben die Gefangenen auf und schleppten sie an Land. Die Weißen folgten.

Walker gab Hofter die Hand.

„Lebt wohl, Master! Aber merkt Euch, was ich Euch gesagt habe: von allem, was seit gestern geschehen ist, darf kein Mensch etwas erfahren. Fragt Señorita Miranda; sie wird Euch bestätigen, daß ich in solchen Angelegenheiten keinen Spaß verstehe! Also ich hole sie von Euch in Granite Station ab. Auf Wiedersehen!"

Damit sprang Walker ans Ufer und folgte den anderen.

Hofter starrte ihm verblüfft nach, denn Walker hatte die Maske der Höflichkeit, die er bisher trotz allem bewahrt hatte, in diesem Augenblick fallen lassen.

„Welch ein gehässiges Gesicht er machte!" sagte er zu Miranda. „Er sah ganz danach aus, als wollte er mir am liebsten zum Abschied noch einen tüchtigen Messerstich versetzen."

„Walker ist von jeher sehr jähzornig und launisch gewesen. Das liegt in seiner Natur, und du darfst es ihm nicht nachtragen."

Kopfschüttelnd wandte er sich ihr zu.

„Wenn ich auch schließlich alles verstehe, Miranda, das eine ist mir ein Rätsel."

„Was?"

„Daß du mit deiner Zartheit in dieser Gesellschaft bis heute zu leben vermochtest!"

Sie tat verschämt und senkte die Lider.

„Ach", sagte sie leise, „was weißt du, wozu sich ein schwaches Mädchen manchmal gezwungen sieht, wenn es arm ist!"

Er wollte sie in die Arme schließen, aber er besann sich.

„Ich traue diesen Burschen nicht!" rief er aus. „Und ich

will wissen, was sie mit dem Mann und seiner Tochter anfangen! Nach einer Liebesgeschichte sieht das wirklich nicht mehr aus!"

Er machte Miene, von Bord zu gehen. Miranda aber hielt ihn fest.

„Tue es nicht! Bleib hier! Wenn sie merken, daß du ihnen folgst, schießen sie auf dich!"

„Ich werde mich hüten, mich von ihnen sehen zu lassen!"

Der Steuermann kam herbei.

„Verzeiht, Master! Ihr wißt, daß ich Euch stets zu Willen bin — diesmal aber glaube ich, daß wir eine große Dummheit begangen haben. Diese Entführungsgeschichte war eine Erfindung."

„Glaubt Ihr?"

„Natürlich! Das muß doch jedes Kind sehen. Der alte Master Wilkins kam mir wie ein Ehrenmann vor, und die Miß machte durchaus nicht den Eindruck, als freute sie sich, den heimlich Geliebten in der Nähe zu haben. Was hatten überhaupt die Roten mit dieser Angelegenheit zu tun?"

„Ich weiß es nicht!"

„Ich auch nicht; aber das weiß ich, daß wir wegen dieser Fahrt unter Umständen in des Teufels Küche geraten können. Wißt Ihr, was ich für das allerbeste halte?"

„Nun?" fragte Hofter und sah den Steuermann beklommen an.

„Daß wir uns vor der Dampfjacht nicht blicken lassen. Wir müssen sie meiden."

„Ich gebe das zu."

„Wenn sie uns dennoch erwischt, was sagen wir?"

„Die Wahrheit."

„Das ist mir lieb. Lügen würden uns nur schaden. Es wäre dann von Vorteil für uns, wenn wir über den Verbleib der Gefangenen einige Auskunft erteilen könnten. Darum schlage ich vor, wir beide spazieren den Roten eine Strecke nach, um zu sehen, wie sich die Sache anläßt."

„Das ist auch mein Wunsch.“

„Tut das nicht!“ bat Miranda. „Es ist zu gefährlich!“

„Gefährlich? Ich bin Steuermann im Gebiet der Rothäute und weiß mein Messer zu führen, Miß. Wollte den Roten kennenlernen, der es unternimmt, mit mir anzubinden! Kommt in Gottes Namen mit, Master!“

Miranda gab ihren Widerstand auf; die zwei Männer folgten dem Bayou, soweit es sich ins Land hineinzog. Dann stieg das Ufer steil an. Es war wie der Eingang der Bucht mit dichtstehenden Dogwoodbäumen besetzt. Hofter und der Steuermann verstanden nicht, eine Fährte regelrecht aufzusuchen und zu verfolgen; hier aber brauchten sie diese Fertigkeit nicht. Die Mojaves hatten sich keine Mühe gegeben, ihre Spuren zu verbergen.

Diese führten vom Wasser aufwärts bis zur Höhe des Ufers und dann in gerader Richtung nach einer lichten Stelle, die von zahlreichen Pferdehufen zerstampft war. Von hier aus ging die Fährte in derselben Richtung weiter durch den Wald, in den sich aber schon nach kurzer Zeit eine Prärie tief hineinschob.

Draußen auf der Grasfläche bemerkten die beiden eine stattliche Reiterschar.

„Das sind sie“, sagte der Steuermann. „Könnt Ihr die Gefangenen erkennen?“

„Nein.“

„Die haben sie natürlich in der Mitte. Gott sei den Armen gnädig! Es mögen wohl an die dreihundert Rote sein. Was wollen diese Kerle nur hier?“

„Geht uns nichts an.“

„Oh, das geht uns gar wohl etwas an! Wenn sich die Mojaves hier am Kolorado zeigen, so haben sie stets etwas Schlimmes vor. Mir scheint, der Kundschafter hat nichts Passendes gefunden, und nun sind sie froh, mit dem Fang, den sie bei uns gemacht haben, in ihre Wigwams zurückkehren zu können. Ich wollte, ich könnte ihnen das Vergnügen verderben! Na, kommt, Master!

Wir können nichts ändern. Ein andermal aber sehe ich mir den Kerl, mit dem ich segeln soll, genauer an. Diese Fahrt wird mir noch lange im Magen liegen."

Señorita Miranda war froh, als die beiden Männer zurückkehrten, und bat um sofortigen Aufbruch.

„Auch mich zieht's von dieser verteufelten Stelle weg!" sagte Hofter. „Aber wir sind gezwungen, vorsichtig zu sein. Ich möchte nicht, daß unser Boot hier gesehen wird. Von der Mündung des Gila bis hierher hat uns niemand bemerkt. Bleiben wir auch heimwärts unbeachtet, so haben wir das Spiel gewonnen. Gehen wir also erst einmal vor an die Mündung des Bayou, um uns zu überzeugen, ob wir allein auf dem Fluß sind."

Der Steuermann kroch mit Hofter durch die Dogwoodbäume ans Ufer und hielt Ausschau nach rechts und links.

„Alle Teufel!" fluchte er. „Wie gut, daß wir das Boot noch im Bayou haben und uns erst umsahen! Schaut einmal dorthin!"

Dabei deutete er stromaufwärts.

„Seht Ihr nicht einen kleinen, schwarzen Punkt ganz oben, wo der Wasserspiegel mit dem Himmel eine Linie bildet?"

„Ja. Es sieht aus wie eine wilde Ente, die auf dem Wasser schwimmt."

„Ja, Ente! Hat sich was! Wenn diese Ente nicht die Dampfjacht ist, lasse ich mich kielholen!"

„Da müßte man doch den Rauch sehen!"

„Wie nun, wenn die Jacht gar nicht unter Dampf geht?"

„So hat sie Anker geworfen?"

„Entweder das, oder sie treibt ohne Dampf mit dem Strom abwärts. Und das ist sicherlich der Fall, denn der Punkt wird langsam größer."

„So müssen wir warten, bis sie vorüber ist."

„Natürlich. Vielleicht kehrt sie nach Yuma zurück. Dort

segeln wir heute abend im Dunkeln vorüber und werden gar nicht bemerkt."

„Warum aber kehrt die Jacht um?"

„Wer weiß?"

„Sicherlich verfolgt sie uns. Sie wird eingesehen haben, daß sie uns verfehlt hat."

„Möglich. Warten wir ab!"

Der Punkt wurde größer, bis man ihn endlich einwandfrei als die Jacht erkannte. Die Maschine arbeitete nicht, und so trieb der Dampfer langsam mit dem Strom abwärts nahe am jenseitigen Ufer.

„Möchte wissen, warum er sich nicht in der Mitte im sicheren Fahrwasser hält, sagte Hofter.

„Das weiß ich gar wohl."

„Nun, weshalb?"

„Wenn ein Schiffer so nah am gefährlichen Ufer entlang fährt, hat er einen wichtigen Grund dazu. Die Herrschaften, die sich auf der Jacht befinden, sind tatsächlich hinter unsere Schliche gekommen. Sie dampfen schneller, als wir segeln können, und haben uns trotzdem nicht eingeholt. Dafür gibt es in ihrer Berechnung nur eine Erklärung: wir haben uns hier irgendwo am Ufer versteckt."

„Also doch!"

„Natürlich. Sie suchen uns jetzt drüben. Darum halten sie sich so nah am Ufer und lassen sich vom Wasser treiben. Dabei haben sie Muße, das Land genau zu betrachten.

„Es ist ein Glück, daß sie drüben fahren und nicht auf unserer Seite."

„Nun, ein Unglück wäre es auch nicht, wenn sie sich hier hüben befänden. Ich möchte den Menschen kennen, der unser Bayou findet, wenn er nichts von ihm weiß. Der Eingang ist ja dermaßen vom Gesträuch verdeckt, daß keiner eine solche Einbuchtung hier ahnt. Schaut! Jetzt ist die Jacht uns beinahe gerade gegenüber. Seht

Ihr die Pferde auf dem Deck? Und die Kerle, wie sie alle starr und steif hinüber zum Ufer gucken? Prosit die Mahlzeit! Sie mögen suchen, aber finden werden sie nicht."

Der Steuermann war so nah an den Rand des Wassers getreten, daß sich sein Bild darin spiegelte. Jetzt nahm er den Hut ab und schwenkte ihn spöttisch grüßend hinüber. Er tat das, weil er genau wußte, daß er von der Jacht aus nicht bemerkt werden konnte.

„Sie mögen suchen, aber finden werden sie nichts!" wiederholte er lachend.

12. IM SCHUTZ DER SCHWIMMENDEN INSEL

Lindsays Jacht war mit voller Kraft stromaufwärts gefahren. Nach einer Fahrt von fünf Stunden, von Yuma aus gerechnet, konnte man erwarten, das Segelboot eingeholt zu haben, und dennoch war es nicht zu sehen. Es verging noch eine halbe, noch eine ganze Stunde — umsonst.

Die Fahrgäste standen alle an Deck. Old Firehand und Sir David blickten vergebens durch ihre Fernrohre. Old Firehand ließ noch eine halbe Stunde vergehen; als auch dann das Boot noch nicht zu sehen war, rief er die Gefährten zu sich heran.

„Ärgerliche Geschichte!" brummte der Engländer. „Müßten das Boot schon längst eingeholt haben!"

„Das haben wir auch", nickte Old Firehand.

Lindsay öffnete den Mund und blickte den Jäger verblüfft an.

„Habt Ihr es denn gesehen?"

„Nein."

„The devil! Wie könnt Ihr dann wissen, daß wir es eingeholt haben?"

„Sehr einfach. Wir laufen schneller als das Boot, müßten es also längst überholt haben."

„Aber wir sind doch nicht blind!"

„Setzen wir den Fall, es hätte uns kommen sehen. Man hat vom Boot aus unseren Rauch bemerkt und sich sofort versteckt."

„Ein solches Langboot kann sich doch nicht wie ein Fisch oder ein Krebs auf den Grund des Flusses niederlassen!"

„Das hat es auch gar nicht nötig. Habt Ihr schon einmal das Wort Bayou gehört?"

„Egad Bayou!" rief Sam Hawkens. „Jetzt begreife ich

alles. Es muß da hinter uns irgendwo ein Bayou geben, das so versteckt liegt, daß man es vom Wasser aus nicht entdecken kann, wenn ich mich nicht irre."

„Das ist eben meine Ansicht, Sam. Schaut Euch die Ufer an! Sie sind mit dichten Dogwoods besetzt, deren Äste bis ins Wasser niederhängen und den Blick aufs Land versperren. Die Zweige können also sehr leicht den Eingang eines Bayous verdecken. Wir sind vom Boot aus erspäht worden. Die Kerle kannten ein Bayou in der Nähe und haben sich dort versteckt, um uns in aller Gemütlichkeit vorüberzulassen!"

„Umkehren!" rief Lindsay kurz entschlossen, „Hallo, wenden!"

„Stopp!" fiel Old Firehand ein. „Nicht so schnell, Sir! Bevor wir wenden, haben wir uns zu überlegen, was geschehen soll."

„Was geschehen soll? Well, umkehren und Bayou suchen!"

„Ja, wenn das so einfach wäre! Wir haben das Bayou doch aufwärts auch nicht entdeckt. Es liegt eben so verborgen, daß es schwer zu finden ist. Sam, an welchem Ufer wird das Bayou zu suchen sein?"

Der Trapper betrachtete die Ufer.

„Drüben auf dem rechten, wenn ich mich nicht irre."

„Bin derselben Ansicht. Welche Gründe habt Ihr zu Eurer Annahme?"

„Mehrere. Erstens ist dieses Ufer viel dichter bebuscht als das linke, ein Versteck ist also da eher möglich. Zweitens liegt es am Außenbogen der Flußkrümmung, das Wasser strömt sonach mehr an und kann leichter ein Bayou bilden. Drittens ist es nicht so felsig wie das andere, folglich kann das Wasser eine kleine Bucht ausnagen. Und viertens haben sich unsere Flüchtlinge jedenfalls mehr an das rechte, also jenseitige Ufer gehalten, weil es die Grenze bildet, die sie überschreiten wollen. Stimmt Ihr mir zu, Master Firehand?"

„Ja. Ich wette, daß sich das Segelboot am rechten Ufer versteckt hat."

„Nun gut, so kehren wir um und fahren rechts stromabwärts!"

„Nein, Sam. Das wäre verkehrt. Wir müssen wieder am linken Ufer abwärts."

Der kleine Trapper stutzte einen Augenblick; dann lachte er verschmitzt:

„Habt recht, Master, hätte beinahe eine Dummheit empfohlen."

„Verstehe das nicht", schüttelte Will den Kopf. „Wie können wir dann das Bayou entdecken, worin sich die Flüchtlinge verborgen halten?"

„Sehr einfach!" nahm Old Firehand wieder das Wort. „Wenn wir wiederkommen, und sie sehen uns in der Nähe, was werden sie tun?"

„Nichts. Sie werden sich mäuschenstill verhalten."

„Richtig. Aber wenn wir auf der verkehrten Seite fahren?"

„Egad, wird sie das freuen! Werden die uns auslachen!" fiel Sam ein.

„Also nicht so mäuschenstill sein?" fuhr Old Firehand fort.

„Bestimmt nicht", meinte Will.

„Na also! Da habt Ihr meine Gründe."

Will sah sich verlegen in der Runde um.

„Habe schon manches gelernt von Euch, Master Firehand, weiß diesmal aber wirklich nicht, wo ihr hinauswollt."

„Und doch ist es so leicht."

„Ich bleibe dabei, daß wir das Versteck am rechten Ufer nicht finden, wenn wir uns am linken halten. Ihr müßt bedenken, daß der Strom beinahe eine halbe Stunde breit ist."

„Ihr werdet's gleich begreifen. Der Dampfer läßt sich

links stromabwärts treiben, wir beide aber — nämlich Sam und ich — schwimmen rechts."

Will machte ein Gesicht, als wenn er soeben die Lösung einer schwierigen mathematischen Aufgabe gefunden hätte.

„Zounds! Das ist freilich das beste und klügste, was Ihr tun könnt."

„Also wir beide rechts", nickte Sam Hawkens vergnügt.

Winnetou hatte stumm zugehört.

„Nicht zwei, sondern drei Männer", sagte er einfach. „Winnetou wird Steuerruder sein."

Sam wandte sich ihm zu.

„Steuerruder? Wieso?"

Der Apatsche zuckte nur die Achsel, als hätte ein Kind nicht verstanden, daß zweimal zwei vier ist.

„Habt Ihr etwa begriffen, was er meint?" fragte Sam Old Firehand.

„Sehr gut."

„Heavens. Von euch braucht der eine auf dem Mond nur zu niesen. so ruft der andere auf der Sonne auch schon ‚Helf Gott!' Hihihihi!"

„Er denkt an ein Floß."

„So? Wir haben doch das Beiboot."

„Auch das können wir nehmen, aber das Steuer können wir da nicht gebrauchen. An dessen Stelle will sich der Häuptling hinten anhängen. Die Leute, die sich vor uns versteckt halten, dürfen uns nicht kommen sehen. Darum werden wir das Floß oder Boot verkleiden."

„Behold! Jetzt geht mir ein Licht auf, Master Firehand! Ausgezeichnet! Wir nehmen das Beiboot und verkleiden es mit Schilf und Binsen. Es muß aussehen wie ein Haufen losgerissener Uferwuchs. Solche Haufen schwimmen ja oft vorüber. Darunter aber stecken wir beide, und hinten dran hängt der Apatsche!"

„So meine ich's. Nach dem Ufer zu müssen zwei kleine Öffnungen bleiben, durch die wir unsere Beobachtungen anstellen. Nach dem Wasser zu aber muß das Fahrzeug offen sein, damit wir der Jacht Zeichen geben können. Laßt uns jetzt anlegen und das Beiboot herrichten!"

Die Jacht steuerte quer über den Strom zum rechten Ufer. Die Männer sammelten Äste, Schilf, Binsen und Moos, und mit diesem Zeug wurde das Boot vollkommen verkleidet.

Währenddessen lag die Jacht im tiefen Schatten der Bäume, die ihre Äste weit über Deck hinstreckten, so daß sie vom entgegengesetzten Ufer nicht beobachtet werden konnte.

Alle waren bei dieser Arbeit; nur der Maschinist befand sich an Bord. Er war aus dem Maschinenraum herauf an Deck gestiegen, um sich einen Mund voll frische Luft zu holen. Eben schweifte sein Blick über das Wasser zum anderen Ufer hinüber, da fuhr er auf.

„Hallo!" rief er. „Was kommt von da drüben? Etwa eine Seeschlange?"

Aller Augen richteten sich auf das linke Ufer. Eine schmale, dunkle Schlange, aus einzelnen, deutlich sichtbaren Gliedern bestehend, bewegte sich in verschiedenen Windungen in den Fluß hinein, dem diesseitigen Ufer zu. Der Kopf des Tieres hatte schon den vierten Teil der Strombreite zurückgelegt.

„Sollten das Menschen sein? Reiter?" fragte Sam.

„Scheint so", antwortete Old Firehand. „Wollen sehen!"

David Lindsay hatte sein Fernrohr am Auge.

„Ich weiß nicht, was das ist", sagte er. „Diese Schlange besteht aus lauter einzelnen Gliedern, die dunkel sind und wie angemalte Kürbisse aussehen. Yes."

„Indianer!" rief Sam.

„Ja, Indianer", stimmte Old Firehand bei, als er sein Rohr vom Auge nahm.

Winnetou betrachtete die Schlange mit bloßen Augen.

„Uff! Die Apatschen und Marikopas!"

„Was die Apatschen schon?“ staunte Sam. „Egad! Die kommen uns recht!“

„Wir befinden uns beinahe in der Höhe von Olive City, das ich ihnen als Übergangspunkt angegeben habe“, entgegnete Old Firehand. „Sie müssen sehr fleißig geritten sein.“

In diesem Augenblick hörte man dreimal schnell hintereinander den Schrei der weißköpfigen Möwe. Sofort stockten die Bewegungen der Schlange. Noch dreimal dieser Schrei, und der Kopf der Schlange wendete sich zurück.

„Der Kundschafter“, sagte Old Firehand. „Er hat uns bemerkt, weiß nicht, daß wir Freunde sind, da er die Jacht nicht kennt, und gibt nun das Warnungszeichen. Winnetou mag die Leute beschwichtigen!“

Die Indianer schicken, bevor sie über einen Fluß setzen, stets erst einen oder mehrere Männer hinüber, um das Gelände zu erkunden. Die Apatschen und Marikopas hatten es ebenso gemacht. Der Kundschafter hatte die Gegend sicher befunden und das Zeichen zum Übergang gegeben. Nachträglich gewahrte der Mann nun die Jacht, die unter dem grünen Dach der herabhängenden Zweige fast unsichtbar war, und nun gab er durch den wiederholten Möwenschrei den Seinigen das Zeichen zur Umkehr, das sie auch sofort befolgten.

Winnetou hielt zwei Finger an den Mund und ahmte den Schrei des Adlers nach.

Der Kopf der Schlange stockte abermals. Noch ein solcher Schrei, und er wandte sich wieder zurück in die ursprüngliche Richtung. Zu gleicher Zeit aber ertönte ein lautes, schrilles ‚Hi-hi‘ aus dem Uferwald heraus.

„Hi-hi!“ antwortete Winnetou.

Wenige Augenblicke später trat ein Apatsche zwischen den Bäumen hervor. Es war der Flinke Hirsch, der Sohn der Starken Hand, der erst mit der Taube des Urwalds nach Granite Station gehen wollte, sich aber schließlich doch den Kriegern angeschlossen hatte. Beide, er und Winnetou, hatten sich an dem Kriegsruf erkannt.

Der junge Apatsche hatte noch kein „Feuerschiff" gesehen; aber er würdigte es scheinbar keines Blicks und kam näher, die Augen auf den Häuptling gerichtet, um ihn zu begrüßen. Dann reichte er auch den übrigen die Hand.

„Etwas vorgefallen?" fragte Old Firehand.

„Nichts."

„Hat man euch bemerkt?"

„Nein. Aber wir haben einen Kundschafter der Mojaves gesehen."

„Wo?"

„Jenseits des Wassers beim Anbruch des Tages. Er ritt an uns vorüber, ohne uns zu sehen."

„Was hat das zu bedeuten? Beabsichtigen die Mojaves einen Überfall? — Wie viele Apatschen kommen?"

„Zehn mal zehn mal zwei Krieger."

„Und Marikopas?"

„Ebenso viele."

„Also zusammen vierhundert Krieger. Das genügt auf alle Fälle. Sie gehen hier über den Fluß. Mithin hast du einen Platz entdeckt, wo sie sich versammeln können?"

„Er liegt in der Nähe. Soll ich dich führen?"

„Ja, führe uns!"

Der Flinke Hirsch geleitete die Männer. Man hatte von dem gewählten Platz aus freien Blick auf den Fluß. Der Engländer stand da, beobachtete die Indianer und schüttelte den Kopf.

„Starkes Stück. Well!" meinte er zu Old Firehand. „Der Strom ist eine englische Meile breit, und diese Kerle schwimmen hindurch! Ginge zu Pferd freilich nicht!"

„Zu Pferd? Ihr meint, sie sind zu Fuß gekommen?"

„Ja. Ich sehe doch keine Pferde."

„Sir, seid Ihr blind? Es hat doch ein jeder sein Tier bei sich."

„Oho! Macht keine Flunkerei! Ob ein Mann schwimmt, oder ob er zu Pferd durch den Fluß geht, das kenne ich."

„Ah, Ihr meint, der Mann sitzt dabei auf dem Gaul?"

„Yes."

„Dann würden die Tiere einen so breiten Strom freilich nicht bewältigen können. Nein, seht genau hin! Ein jeder hat den Schwanz seines Pferdes gepackt und schwimmt hinter ihm her."

Lindsay nahm wieder sein Fernglas zu Hilfe und überzeugte sich.

„Allright, Sir! Die Kerle halten sich am Schwanz des Pferdes fest. Aber was haben denn die Leute auf den Köpfen?"

„Ihre Waffen. Diese sind in Bündel geschnürt und auf dem Kopf befestigt, damit sie nicht naß werden."

Jetzt erreichte der erste Schwimmer das Ufer. Im nächsten Augenblick saß er auf dem Pferd und sauste im Galopp herbei. So kam einer nach dem anderen. Keinem einzigen war die Anstrengung des Schwimmens anzumerken, und auch die Pferde schienen durch das Wasser eher erfrischt zu sein.

Den Apatschen folgten die Marikopas, geführt vom Eisernen Pfeil, ihrem Häuptling.

Diese stattliche Schar von vierhundert Kriegern machte einen vorzüglichen Eindruck. Die Augen Sir Davids leuchteten, dennoch flüsterte er Sam etwas ins Ohr.

„Möchte ihnen nicht im Wald begegnen — allein!"

„Wäre doch weiter nichts!" lachte der Kleine und hob die Schultern.

„Wie? An ein Entkommen wäre doch nicht zu denken!"

„Soll man ja auch gar nicht! Sie schinden einen zu Tode und nehmen den Skalp, wenn ich mich nicht irre."

„Und das nennt Ihr weiter nichts?"

„So etwas kommt hier täglich vor."

„Danke sehr!"

„Ihr wollt Büffel und Bären jagen? So ein Tier ist aber doch gefährlicher als ein Indsman."

„Will mir nicht einleuchten. Aber sagt, was wollen diese Krieger hier?"

„Rachezug zum Todestal."

„Rachezug? Todestal? Klingt unheimlich, gehe aber trotzdem mit. Warum trägt das Tal diesen Namen?"

„Genau weiß ich es nicht, aber ich glaube, daß der Tod auf irgendeiner Geschäftsreise dort verunglückt ist und den Hals gebrochen hat. Man hat ihn gleich an der Unglücksstelle begraben und danach die Schlucht das Todestal getauft, hihihihi!"

Lindsay sah dem Trapper einen Augenblick lang verblüfft in die lustig blinzelnden Äuglein. Dann begann seine Nase zu zucken, als ärgere sie sich über etwas, und er wendete sich ab.

Old Firehand rief jetzt die ältesten der roten Krieger zu einer Beratung zusammen.

Die Leute erfuhren von ihm, daß Wilkins und die Taube des Urwalds in Gefangenschaft geraten seien und sich auf einem Segelboot befänden. Die Apatschen gerieten in unbeschreiblichen Zorn darüber, denn Paloma Nakana galt ihnen für heilig. Wäre jetzt das Boot auf dem Wasser zu sehen gewesen, sie alle hätten sich sofort in den Strom gestürzt, um die Schmach zu rächen.

Das Ergebnis der Beratung war, daß Old Firehand seinen schon begonnenen Plan ausführen sollte, das Boot aufzuspüren. Die Indianer wollten unterdessen so nahe, wie es der dichte Pflanzenwuchs erlaubte, am Wasser stromabwärts reiten und möglichst mit dem Dampfer Fühlung behalten, um zur Bestrafung der Schuldigen bei der Hand zu sein, sobald das Boot entdeckt war.

Sie ritten sofort ab.

Nach kurzer Zeit war der Kahn so weit verkleidet, daß er täuschend das Aussehen einer treibenden Pflanzeninsel hatte. Ein weißgegerbtes Stück Leder sollte dem

Dampfer als Zeichen dienen, für den Fall, daß man das Segelboot entdeckte.

„Es ist nur zu verwundern, daß der Segler so rasch ein Bayou gefunden hat", meinte Hermann Adlerhorst. „Man sollte glauben, daß Master Forner, der doch als Bootsmann zu dem Fahrzeug gehörte, das Bayou auch kennen müßte."

„Das ist nicht gesagt!" verteidigte sich John Forner. „Ihr müßt bedenken, daß in unseren Gegenden ein gutes Versteck jedem von großem Nutzen sein kann. Wer nun ein solches Bayou findet, der sagt keinem Menschen etwas davon. Ich kenne mehrere, wovon kein anderer eine Ahnung hat, und benutze sie unter Umständen; das wäre mir aber nicht möglich, wenn andere auch davon wüßten. Jedenfalls hat sich, als man uns bemerkte, ein Bayou gerade in der Nähe befunden, das der Steuermann oder einer der Bootsleute kannte. Ich muß bezweifeln, daß wir es finden werden."

„Wollen sehen", lachte Sam. „Bin nicht blind und gehe nicht an Leuten vorüber, mit denen ich reden möchte, wenn ich mich nicht irre. Vorwärts!"

Das Boot war, wie erwähnt, auf der Backbordseite offen gelassen worden. Dort krochen Old Firehand und Sam hinein, breiteten ihre Decken aus, um es bequemer zu haben, und streckten sich lang aus. Sie durften nicht sitzen, denn so hoch hatte man die Verkleidung des Bootes nicht machen können. Infolgedessen hatten sie nach vorn keine Ausschau, konnten also das Steuer nicht bedienen.

Winnetou stieg ins Wasser, kroch unter die Pflanzendecke und klammerte sich ans Heck des Bootes. So vermochte er, unter der Deckung schwimmend, dem Fahrzeug die gewünschte Richtung zu geben. Da, wo sich sein Kopf befand, wurde die künstliche Insel ein wenig erhöht und darin eine Öffnung angebracht, so daß er nach vorn Ausguck hatte. Daß er ermatten würde, war nicht zu befürchten; er besaß außerordentliche Körperkraft und Ausdauer, war ein ausgezeichneter Schwimmer und konnte sich übrigens von dem Boot treiben lassen.

Jetzt gingen die anderen an Bord des Dampfers.

„Vorsicht!“ rief ihnen Old Firehand aus seinem Versteck zu. „Ihr müßt auf Deck so stehen, als wäre eure ganze Aufmerksamkeit auf das andere Ufer gerichtet! Einer legt sich auf das Deck und folgt unserem Boot mit dem Fernrohr. Wenn wir mit dem weißen Leder das Zeichen geben, laßt ihr euch noch eine kurze Strecke treiben und kommt dann an die Stelle herüber, wo wir angelegt haben. — Nun vorwärts!“

Der Dampfer wendete nun und steuerte quer über den Fluß wieder zum linken Ufer hinüber. Dann setzte sich das Boot in Bewegung.

Es ist schwer, ein unbekanntes Bayou zu entdecken, dessen Eingang durch Pflanzen verhüllt ist. Man muß auf die geringste Kleinigkeit achtgeben, und dabei ermüdet leicht auch das schärfste Auge.

Old Firehand, Sam Hawkens und der Häuptling der Apatschen verwandten keinen Blick vom Ufer. So verging eine lange Zeit. Zweige und Blätter, die bis ans Wasser und hinein reichten, das war alles, was sie sahen. Wer besaß ein Auge von solcher Schärfe und Ausdauer, um aus diesem unendlichen Gewirr ein vielleicht verschwindend kleines Zeichen herauszufinden?

Sie schwammen weiter und weiter, und es war, als schliche die Zeit immer träger. Keiner sprach ein Wort. Da, ganz unerwartet, beugte sich Old Firehand übers Heck.

„Näher ans Ufer — und langsamer, viel langsamer!“

Der Apatsche folgte der Weisung. Er hatte ziemlich waagerecht im Wasser gelegen, ließ aber nun den Körper sinken, so daß er senkrecht stand und das Boot in der Bewegung hinderte; es kam jetzt nur ganz unmerklich vorwärts.

„Was gibts?“ flüsterte Sam.

„Abgebrochene Zweige.“

„Wo?“

„Zwei Fuß über dem Wasser ist ein ziemlich starker Ast abgeknickt.“

„Sehe es und — Zounds! Schaut den Stiefel am Rand des Wassers — wir haben sie, wenn ich mich nicht irre!“

Der Fuß mit dem Stiefel gehörte dem Steuermann des ‚Seelenverkäufers‘. Es war der Augenblick, wo er mit Hofter unter den Bäumen stand und sich über die Jacht lustig machte. Und so hörten die Lauscher ganz vernehmlich Hofters Worte:

„Es ist ein Glück, daß sie drüben fahren und nicht auf unserer Seite!“

Die Antwort des Steuermanns war unverständlich. Deutlich wurden erst seine letzten Worte:

„Prosit die Mahlzeit! Sie mögen suchen, aber finden werden sie nichts!“

Sam kicherte leise vor sich hin.

„O ihr Esel! Schreien da in die Luft hinaus, daß man es in New York hören kann. Uns halten sie für dumm und sind doch selber die allergrößten Dummköpfe, wenn ich mich nicht irre.“

„Sie beachten unseren schwimmenden Haufen gar nicht“, meinte Old Firehand befriedigt. „Sie sind uns so gut wie sicher. — Jetzt schneller!“

Der Apatsche begann zu schwimmen, und so bewegte sich das Boot rascher vorwärts.

„Diese Bleichgesichter haben keine Augen zum Sehen und kein Hirn zum Denken. Sie müßten sonst auf uns aufmerksam werden.“

„Ja“, nickte Sam. „So eine Insel schwimmt doch nicht immer gerade weiter, sondern dreht sich oft um die eigene Achse. Daß sie das nicht tut, müßte den Kerlen auffallen. Wollen das Zeichen geben!“

„Old Firehand hielt das weiße Leder an der linken Seite

des Bootes hinaus und schwenkte es. Vom rechten Ufer aus konnte es nicht gesehen werden; vom Dampfer aus aber hatte man es bemerkt, denn der hielt sofort etwas mehr zur Mitte, ließ sich aber immer noch treiben, um die Insassen des ‚Seelenverkäufers' nicht mißtrauisch zu machen. Erst nach einer Weile, als er aus dem Gesichtsfeld der Überlisteten war, steuerte er dem rechten Ufer zu.

Schon vorher hatte Winnetou das Boot ans Ufer getrieben und befestigt. Jetzt stieg er ans Land; Sam und Old Firehand folgten.

„Was nun?" fragte der Trapper.

„Kundschaften!" erwiderte der Apatsche.

„Richtig! Aber wer?"

„Wir suchen Bleichgesichter. Also mögen meine beiden weißen Brüder gehen! Winnetou wird bleiben und die Jacht empfangen."

Old Firehand und Sam schlichen unter den dichten, niedrigen Zweigen auf allen vieren vorwärts. Sie erreichten das Bayou und entdeckten das Segelboot.

„Guten Tag, meine Herren!" kicherte Sam in sich hinein. „Ihr bekommt ungeladene Gäste, hihihihi!"

Die wenigen Bootsleute lagen auf Deck. Sonst war nichts zu sehen. Vom Flußufer her hörte man die unterdrückten Stimmen Hofters und des Steuermanns.

Die Lauscher waren bald so nahe am Fahrzeug, daß sie es mit einem Sprung zu erreichen vermochten.

„Von Wilkins keine Spur", flüsterte Sam.

„Wird sich gefesselt im Raum befinden."

„Aber wo sind Walker und Genossen?"

„Schlafen vielleicht in der Kajüte."

„Schön! Sam Hawkens wird ihnen im Traum erscheinen und sie als Alp drücken, bis ihnen das Leben aus dem Leib fährt."

„Warten wir! Vielleicht hören wir einiges. Die beiden Kerle, die da vorn miteinander sprechen, müssen doch auch einmal wieder an Bord kommen."

Old Firehand hatte richtig vermutet. Sie erschienen schon nach kurzer Zeit.

„Wer ist der Bursche?“ flüsterte Sam.

„Weiß nicht. Zu Walkers Bande gehört er nicht.“

„Vielleicht der Besitzer des Segelbootes, dieser liebenswürdige Master — Hofter, glaube ich, hieß er, wenn ich mich nicht irre.“

„Kann sein. Der andere ist ein Bootsmann, das sieht man ihm an. Horcht!“

„Sie sind vorüber!“ rief der Steuermann seinen Leuten zu. „Sie waren klug genug einzusehen, daß sie uns überholt haben; uns aber zu finden, sind sie zu dumm. Sie suchen uns drüben auf der anderen Seite.“

„Verdammter Kerl!“ knurrte Sam. „Werde dich nachher ein wenig mit der Faust zwischen den Rippen oder unter der Nase kitzeln, bis du erkennst, wer eigentlich der Dumme ist.“

Hinter ihnen raschelte es kaum hörbar.

Sie drehten sich um und sahen die Gefährten von der Jacht, die mit dem Apatschenhäuptling herbeigeschlichen waren.

„Schön!“ sagte Old Firehand leise. „Wir überrumpeln sie so, daß sie nicht an Gegenwehr denken können. Aber kein Blutvergießen! Wir sind Männer genug, sie mit den Fäusten zu zwingen.“

Er hatte recht, denn auch ein Teil der Bemannung der Jacht war mitgekommen, darunter der Bootsmann John Forner, der neben Lindsay an der Erde lag und diesem zuflüsterte:

„Endlich gibt es wieder einmal Arbeit für diese da. Habe mich lange danach gesehnt.“

Dabei betrachtete er seine beiden Riesenfäuste.

„Yes, nur fest zugreifen!“

„Still!“ gebot Old Firehand, denn auf dem Boot wurde jetzt laut gesprochen. Hofter stand beim Steuermann. Er machte noch immer ein bedenkliches Gesicht.

„Es ist sehr leicht möglich, daß sie nachher wieder aufwärts kommen und auch dieses Ufer absuchen“, sagte er.

„Wird ihnen nichts nützen“, antwortete der Steuermann. „Kein Mensch findet das Versteck. Dieser Winter, oder wie er heißt, mag nur erscheinen!“

„Ist schon da!“ erschallte es.

Gleichzeitig schnellte sich Old Firehand vom Ufer aus gerade vor den Sprecher hin und schlug ihn mit der Faust nieder. Im nächsten Augenblick hatte er auch Hofter gepackt.

Die Bootsleute waren so erschrocken, daß sie, gerade wie Hofter und der Steuermann, gefesselt am Boden lagen, bevor sie nur an Gegenwehr gedacht hatten.

Old Firehand eilte zur Kajüte und riß die Tür auf. Dort lag Miranda leichenblaß in einem Stuhl. Sie hatte sich hierher zurückgezogen und durchs Kajütenfenster den Überfall mit angesehen.

„Ah, Doña Miranda, wenn ich mich nicht täusche! Erlaubt, daß ich Euch begrüße. Aber bitte, sagt mir vorher gütigst, wo sich Master Walker befindet!“

„Fort.“

„Und Master Wilkins?“

„Auch fort.“

„Das macht Ihr mir nicht weis! Wo sind Eure Spießgesellen, und wo befinden sich Eure Gefangenen?“

„Sie sind fort, alle fort!“

Miranda hatte sich gefaßt. Ihre Augen waren nicht mehr ängstlich, sondern eher schadenfroh auf Old Firehand gerichtet. Ihr Gesicht bekam wieder Farbe.

„Wirklich?“ fragte der Jäger. „Sagt Ihr die Wahrheit?“

„Ich schwöre es.“

Old Firehand blickte finster auf sie hinab.

„Seit wann?“

„Seit einer Stunde ungefähr.“

„Wohin?“

„Mit den Mojaves. Wir trafen zufällig auf sie."

„Hört, Señorita, ich wünsche Euch nichts Böses — aber wehe Euch, wenn ich Ursache finde, mit Euch eine ernste Rechnung zu begleichen!"

Er verließ die Kajüte und stieg in den Raum hinab. Es befand sich kein Mensch mehr darin.

„Sie sind fort!" beantwortete er, an Deck zurückgekehrt, die fragend auf ihn gerichteten Blicke seiner Gefährten.

„Fort?" rief Hermann.

„Ja. Die Mojaves sind hier gewesen."

„Herr mein Gott! Gefangen von den Indianern! Wir müssen nach, sofort! Vorher aber werden wir diese Schurken hier lynchen!"

Alle waren bitter enttäuscht und gerieten immer mehr in Grimm. Der eine rief, man sollte die Bootsleute aufhängen, ein anderer wollte, daß Miranda totgeprügelt würde. Ein dritter meinte gar, man sollte alle an Bord festbinden und das Segelboot anzünden.

Sam Hawkens stand abseits an der Reling und klammerte die Hände darum, als fürchte er, sie könnten sich an irgend jemand vergreifen, wenn er sie freiließe.

Old Firehand und Winnetou waren die einzigen, die ihre Ruhe vollkommen bewahrten.

„Gemach, gemach!" sagte Old Firehand. „Wir dürfen weder voreilig noch ungerecht handeln. Der Häuptling der Apatschen wird an Land gehen, um seine Krieger zu erwarten. Hierauf werden wir uns bei diesen Leuten hier nach dem Geschehenen erkundigen. Dann erst werden wir wissen, was zu tun ist."

Winnetou ging schweigend fort.

„Ja, ins Verhör mit ihnen!" rief John Forner. „Heraus mit dem Frauenzimmer!"

Miranda wurde aus der Kajüte geholt; Hermann warf auf sie einen verächtlichen Blick.

„Wenn Ihr Schuld tragt, daß Almy Wilkins wieder verschwunden ist, dann sei Euch Gott gnädig!“

Der Steuermann hatte sich von dem Schlag Old Firehands wieder erholt. Sam nickte ihm grinsend zu.

„Na, wie gefällt Euch das?“ fragte er. „Ihr lachtet über die Jacht, daß sie euch da drüben suchte. Dummkopf! Wir waren schon da. Master Winter sollte nur erscheinen, so meintet Ihr. Na, Ihr habt ja seine Faust gefühlt. Bedankt Euch bei ihm! Da steht er, wenn ich mich nicht irre.“

Sam deutete auf Old Firehand.

Aber der Jäger hatte keine Zeit für Sam Hawkens. Er stand vor Miranda und zeigte auf Hofter.

„Wer ist dieser Mann?“

„Der Besitzer des Bootes; die anderen sind der Steuermann und die Bootsleute. Weiter befindet sich niemand hier.“

„Und Ihr? Wer seid Ihr?“

Miranda blickte Old Firehand fragend an, denn sie verstand ihn nicht. Doch Hofter erfaßte die für die Spanierin gefährliche Lage.

„Sie ist meine Braut“, sagte er schnell, „und wird bald meine Frau sein.“

„So richtet Euch darauf ein, die Hochzeit im Zuchthaus zu feiern!“

„Oho! Master, ich bin ein ehrlicher Mann!“

„Das zu beweisen dürfte Euch wohl sehr schwer werden. Old Firehand ist nicht der Mann, der sich so leicht täuschen läßt.“

„Old Firehand? Ihr — Ihr seid Old Firehand?“

„Ja, und der Indianer, der eben an Land ging, ist Winnetou, der Häuptling der Apatschen.“

„Winnetou!“

Nicht nur Hofter rief dieses Wort, nein, auch die übrigen Leute auf dem Boot sprachen es mit einer Art ehrfürchtiger Scheu aus.

„So seid Ihr also gar nicht der Winter, der die Nachricht an Master Wilkins aufgegeben hat?“

„Die Ihr dann unterschlagen habt? Der bin ich freilich. Ihr müßt wissen, daß ich von Geburt ein Deutscher bin und Winter heiße. — Ich sage Euch, jene Unterschlagung wird Euch teuer zu stehen kommen.“

„Master, nachdem ich weiß, daß Ihr Old Firehand seid, habe ich keine Sorge mehr“, erklärte Hofter tapfer. „Wenn ich einen Fehler begangen habe, so ist es wahrhaftig nicht in böser Absicht geschehen. Und diese Leute sind in meinem Dienst; sie mußten mir gehorchen und sind also unschuldig, gerade wie der Bootsmann Forner, der hier neben Euch steht.“

„Wollen sehen! Wie kommt Ihr denn dazu, den Verbrechern Eure Hilfe zu leihen?“

„Verbrecher? Ich weiß nichts von einem Verbrechen. Ich weiß nur, daß Master Roulin und — und . . .“

„Nun, und?“

Es widerstrebte Hofter, den Namen Mirandas in dieser Angelegenheit zu nennen, von der er zu vermuten begann, daß sie einen ganz anderen und für sie selbst nichts weniger als ehrenvollen Anstrich hatte. Er liebte Miranda oder glaubte sie wenigstens zu lieben und wollte sie daher schonen. Aber Old Firehand war unerbittlich.

„Nun, und?“ wiederholte er seine vorige Frage. „Ich verlange volle Wahrheit! Nur sie kann Euch retten.“

So in die Enge getrieben, erzählte Hofter ausführlich, unter welchem Vorwand er veranlaßt worden war, sein Segelboot zur Verfügung zu stellen. Er erwähnte sogar die Rolle Mirandas dabei, suchte aber die Sache so hinzustellen, als hätte die Señorita in gutem Glauben gehandelt. Dann berichtete er von den Vorgängen auf dem Boot während der Fahrt und von dem Auftauchen der Mojave-Indianer.

Alle hörten gespannt zu. Als Hofter geendet hatte, blickte Old Firehand längere Zeit schweigend vor sich nieder.

„Was Ihr uns da erzählt, klingt glaubhaft", entschied er, „und ich möchte Euch und Euern Leuten das Vorgefallene verzeihen. Aber nur Euch und der Mannschaft. Denn was Ihr da von Señorita Miranda zusammenfabeltet, ist Unsinn. Wir kennen diese Miß besser als Ihr, und Ihr dürft von Glück reden, daß wir Euch von dieser Schlange befreien."

„Was hat sie denn verbrochen?" fragte Hofter mit einem unsicheren Blick zu Miranda hinüber.

„Sie ist die Vertraute und Mitwisserin der Taten des Mannes, der sich jetzt Zennort nennt, aber unter den Namen Walker und Hopkins eine Reihe von Schurkentaten auf sich geladen hat."

„Das ist nicht wahr!" rief Miranda. „Ich weiß von nichts!"

„Wie kommt es dann, daß Euch Walker auf seiner Reise, oder vielmehr auf seiner Flucht mit sich nahm? Offenbar, weil er fürchtete, Ihr könntet ihn verraten."

„Darauf brauche ich Euch keine Antwort zu geben. Ihr dürft mir nichts tun, und ich verlange, freigelassen zu werden!"

„Ihr habt hier nicht zu verlangen, sondern höchstens zu bitten. Es fällt uns nicht ein, auf den Vorteil, der uns durch Eure Gefangennahme in die Hände gegeben ist, zu verzichten. Ihr seid unsere Geisel, und wenn Miß Wilkins und ihrem Vater nur das geringste geschieht, so werdet Ihr es büßen."

„Ich bin eine Lady und fordere, daß Ihr mir die Rücksichten nicht verweigert, die einer Dame in diesem Land zukommen!"

„Ihr fordert schon wieder! Erinnert Euch, daß auch Miß Wilkins Rücksichten zu verlangen hatte. Sind sie ihr geworden?"

„Ich habe nichts mit Miß Wilkins zu schaffen."

„Nicht?" spottete der Jäger. „Wer hat denn die beiden in die Falle gelockt? Seid nicht Ihr es gewesen? Gebt Euch keine Mühe! Ihr habt es nicht mit leichtgläubigen Kindern zu tun, sondern mit Männern. Ich erkläre Euch hiermit als unsere Gefangene."

„Und ich erhebe Widerspruch!"

„Wie wollt Ihr Euern Widerspruch geltend machen?"

„Ich begebe mich unter den Schutz des ehrenwerten Master Hofter und seiner Leute, die es nicht dulden werden, daß mir ein Leid geschieht!"

„Master Hofter und seine Leute? Die bedürfen selber des Schutzes und werden froh sein, wenn wir sie ungeschoren lassen. Will Parker, habt Ihr einen Strick, für diese schöne Miß?"

„Well, wenn Ihr wollt, ein ganzes Dutzend!"

„Wie, Ihr wollt mich binden lassen?" schrie Miranda wütend. „Mich, eine Lady?"

„Ihr sollt es bei uns genauso gut haben, wie Miß Wilkins bei Euch. Könnt Ihr mehr verlangen? Es bleibt dabei, Ihr werdet gebunden!"

Und es blieb dabei. Miranda mußte sich ins Unvermeidliche ergeben. Zwar wollte sich Hofter ins Mittel legen, wurde aber von Old Firehand scharf zurechtgewiesen.

„Ihr solltet mir eigentlich Dank wissen, daß ich Euch von dieser Bestie befreie. Seid doch kein Schwachkopf, Mann, und laßt Euch nicht von der schönen Larve dieses Weibes betölpeln! Seid froh, daß wir rechtzeitig erschienen sind, um Euch vor einem Schritt zu bewahren, den Ihr doch nur schwer hättet büßen müssen. Für mich ist diese Angelegenheit erledigt. Ich hoffe, daß Ihr mir durch Euer Verhalten nicht Veranlassung gebt, strenger gegen Euch aufzutreten, als mir lieb wäre. Und damit Schluß!"

Hofter wagte es nicht mehr, eine Einwendung zu machen, und schwieg. Freilich war ihm deutlich anzusehen, daß er den Verlust Mirandas nur schwer verwinden konnte. Aber er fühlte sich Old Firehand nicht gewachsen, und so blieb ihm nichts anderes übrig, als sich in sein Schicksal zu fügen.

Die Gefährten waren mit der Art, wie Old Firehand die Sache geordnet hatte, durchaus einverstanden. Ein weiterer Entschluß konnte indes erst gefaßt werden, wenn Winnetou zurückkam.

Schon nach kurzer Zeit sprang der Häuptling an Bord.

„Die Krieger der Apatschen und Marikopas sind hier. Was rät mein weißer Bruder Old Firehand?"

„Nichts, was der große Häuptling der Apatschen nicht schon selber angeordnet hätte."

„Winnetou hat dreißig Krieger vorausgesandt, um die Mojaves und deren Gefangene zu verfolgen."

Er sagte das so ruhig, als ginge es dabei um eine Selbstverständlichkeit. Old Firehand aber lächelte.

„Warum?"

„Wir wissen, daß die Mojaves hier gewesen sind und die Gefangenen dieses Bootes und alle, die wir ergreifen wollten, mitgenommen haben. Winnetou hat ihre Spur gelesen. Es sind drei mal zehn mal zehn Mojaves. Sie werden sich ihrer Beute nicht lange erfreuen."

„Sie wissen, daß sie verfolgt werden, und wollen uns im Todestal empfangen. Den Spaß werden wir ihnen verderben! — Wie steht es, Master Hofter, wann fahrt Ihr ab?"

Hofter warf einen sehnsüchtigen Blick in die Richtung, wohin Miranda fortgeführt worden war. Dann aber gab er sich einen Ruck, daß sich sein Körper straffte.

„Sobald Ihr es erlaubt", sagte er mit fester Stimme.

„Recht so! So gefallt Ihr mir besser als vorher. Ihr seid frei und könnt gehen, wann Ihr wollt. Und es würde mich freuen, wenn ich Euch einmal unter günstigeren Umständen begegnete."

Damit löste er Hofter die Fesseln. Dann wandte er sich an seine Gefährten.

„Wir dürfen den Mojaves keinen großen Vorsprung lassen. Darum müssen wir augenblicklich aufbrechen, obgleich es bald Nacht sein wird. Ich selber werde trachten, mit Herrn von Adlerhorst womöglich noch vor Roulin und seinen Leuten das Todestal zu erreichen. Wie ist es denn, Sir David, fahrt Ihr mit der Jacht wieder flußabwärts?"

„No", erklärte Lindsay. „Reite natürlich auch mit zum Todestal."

„Habt Ihr denn ein Pferd?"

„Werde es haben. Die Apatschen haben Packpferde bei sich. Kaufe ihnen eins davon ab."

„Und Euer Schiff?"

„Braucht mich nicht. Der Steuermann mag es den Kolorado hinab in den Meerbusen und dann nach San Franzisko bringen."

„Dann habe ich eine Bitte. Kann die Jacht Euern Neffen und mich eine Strecke mitnehmen? Mir wäre das sehr von Nutzen."

„Fahrt, so weit Ihr wollt! — Gibt es auf dem Weg zum Todestal hin Bären?"

„Zuweilen."

„Und Büffel?"

„Vereinzelt."

„Excellent! Werde mitreiten. Natürlich nicht wegen Büffel allein, sondern auch wegen der Gefangenen. Werde mir, wenn wir die Mojaves erwischen, von Winnetou einen Skalp der Feinde erbitten. Yes."

„Werdet Euch täuschen, Sir."

„Täuschen? Wieso?"

„Weil der Häuptling der Apatschen menschlicher denkt als manches Bleichgesicht. Er nimmt keinem seiner Feinde den Skalp." —

Old Firehands Weisung war klar gewesen. Nach Verlauf einer halben Stunde dampfte er mit Hermann von Adlerhorst nach Süden, und zu gleicher Zeit ritten unter Winnetous Führung die Apatschen und Marikopas mit dem Kleeblatt und David Lindsay ab, in ihrer Mitte, aufs Pferd gefesselt und gut bewacht, Señorita Miranda.

13. VORBOTEN DES GRAUENS

Old Firehand nahm John Forner wieder mit auf die Jacht, weil der Bootsmann die Flußläufe genau kannte und somit von großem Nutzen sein konnte. Wie bereits erwähnt, hatte sich der Überfall in der Nähe von Olive City zugetragen. Der Plan des Jägers ging nun dahin, mit der Jacht den Kolorado hinunter bis zur Mündung des Dry Creek und dann diesen soweit wie möglich hinauf zu dampfen. Der ‚Trockene Bach' bildete, wie Forner versicherte, um diese Jahreszeit einen recht ansehnlichen Fluß, wenigstens in seinem Unterlauf, und konnte eine beträchtliche Strecke aufwärts befahren werden. Von da an, wo die Jacht nicht mehr weiterkonnte, wollte Firehand dann mit Hermann nach Dos Palmas reiten, das den südlichen Endpunkt der damals noch im Bau befindlichen Südpazifikbahn bildete. Von Dos Palmas aus war es dann nicht mehr weit zum Todestal, das in den Bergen der San Bernardino Range zu suchen war.

Alles ging nach Wunsch. Die Jacht fuhr die ganze Nacht hindurch, zuerst den Kolorado hinab und dann den Dry Creek hinauf. Als Old Firehand am frühen Morgen mit Hermann von Adlerhorst den Dampfer verließ, konnte er hoffen, den Verfolgten weit vorausgekommen zu sein.

Die Jacht kehrte, mit Forner an Bord, nach Yuma zurück, während der Jäger und Hermann den Weg unter die Hufe ihrer Pferde nahmen. Da diese ausgeruht waren, erreichten sie bereits am Nachmittag ihr Ziel.

Dos Palmas war ein kleines, ödes Nest und bestand nur aus wenigen niedrigen Häusern, deren weißer Kalkanstrich in der brennenden Sonne die Augen schmerzte. Nackte Kinder wälzten sich im Staub. Zerlumpte Gestalten lehnten an den Mauern. Kein Brunnen, kein grünender Baum war zu sehen. Leben brachten nur die wilden Hunde, die sich überall herumbissen, in das Bild.

Draußen, weit draußen am Rand des Gesichtskreises sah man auch einzelne Koyoten, Präriewölfe, über die graslose Ebene schleichen. Diese Koyoten treibt der nagende Hunger nicht selten ins Weichbild bewohnter Ortschaften. Manchmal auch wird solch ein Tier vor Hunger, Durst und Hitze toll und richtet dann schreckliches Unheil unter den Bewohnern an.

Die beiden Reisenden sahen sich zunächst nach einem Store um. Der Rolle gemäß, die er im Todestal spielen wollte, trachtete Old Firehand danach, seinen Trapperanzug mit einem anderen zu vertauschen. Glücklicherweise fand er in einem Laden ein reichgesticktes mexikanisches Gewand, gerade wie für seine mächtige Gestalt gemacht, und dazu einen zweiten Anzug, der für Hermann paßte.

Dann erkundigten sie sich nach einem Gasthaus, wo sie einen Imbiß einnehmen konnten. Sie wurden in ein Haus gewiesen, mit dem sie, den dortigen Verhältnissen angemessen, zufrieden waren.

Es besaß einen Korral für die Pferde, eine Stube für die Menschen und ein fensterloses Loch, das Küche genannt wurde. Daran stieß ein Garten mit dem größten Stolz des ganzen Ortes, einem fünf Fuß hohen Kirschbaum mit drei fingerdünnen Ästen, ganz ohne Blätter.

Einen Wirt gab es nicht, sondern nur eine Wirtin, die den beiden Gästen den verlangten Wein brachte.

Auf einem Holzstuhl in der Ecke hockte zusammengekauert ein junger Mensch, der still und bewegungslos vor sich hinstierte. Als die Wirtin die mitleidigen Blicke der beiden Gäste bemerkte, sagte sie stolz:

„Mein jüngerer Sohn, Señores. Er hat die Gabe der Weissagung."

„Was meint sie damit?" fragte Hermann leise Old Firehand.

„Er ist blöd oder irrsinnig."

„Aha, eine Übertragung indianischer Anschauung!"

„Ja. Der Wahnsinnige gilt in diesen Gegenden beinah als heilig. Er ist vom Geist erleuchtet, und allen seinen verworrenen Reden legt man einen tieferen Sinn unter. Seht Ihr, mit welcher Liebe der Blick dieser Mutter an dem armen Menschen hängt?"

Die Wirtin merkte, daß sie von dem Irren sprachen.

„Er ruht jetzt", sagte sie freundlich. „Später, wenn der Geist wieder über ihn kommt, könnt ihr ihm eure Fragen vorlegen, die er euch alle beantworten wird. — Santa Madonna! Was ist das?"

Im Ort erhob sich Lärm. Schritte eilender Menschen und angstvolle Rufe wurden hörbar.

„Was mag geschehen sein?" sagte die Frau. „Vielleicht wieder einmal ein Mord? Ein Menschenleben gilt jetzt gar nichts mehr!"

Jetzt wurden die Rufe deutlicher.

„Flieht, flieht!" schrie eine schrille Stimme. „Schließt die Türen!"

„Heilige Mutter Gottes! Vielleicht gar wieder ein toller Wolf! Das wäre seit kurzer Zeit der dritte!"

Die beiden Männer traten ans Fenster. Die Rufe kamen näher und näher.

„Ein Koyote, ein toller Koyote! Schützt euch! Schließt die Türen!"

„Wir können ruhig sein", meinte die Frau. „Meine Tür ist fest. Wehe dem Armen, den der Zahn des Wütenden trifft!"

Ein guter Präriejäger ist stets geistesgegenwärtig, auch zwischen den vier Wänden einer Stube. Kaum hatte Old Firehand von dem tollen Wolf gehört, so hielt er auch schon seine Büchse schußbereit.

Vom Fenster aus überblickte man einen kleinen Platz, auf den zwei Wege von verschiedenen Seiten einmündeten. Eben jetzt kam von rechts her ein Reiter angetrabt. Er schien das Schreien gehört, aber nicht verstanden zu haben; sorglos ließ er sein Pferd gehen und sah neugierig den Lärmenden entgegen.

Als die Wirtin ihn bemerkte, schrie sie auf.

„Hilf Himmel! Mein Sohn!"

Hastig öffnete sie das kleine Fenster:

„Juanito!" rief sie. „Der tolle Wolf! — Schnell, schnell!"

Der Reiter schien noch immer nicht genau verstanden zu haben, denn er hielt die Hand ans Ohr. Der Lärm von der Seite und das überlaute Schreien seiner Mutter machten, daß er beides nicht verstand. Plötzlich aber begriff er, auch ohne die Worte gehört zu haben.

Von der Seite her raste ein großer, grauer Koyote heran. Er schleifte den vor Schmutz starrenden, zottigen Schwanz an der Erde. Sein Fell war räudig, seine Augen lagen in tiefen Höhlen, seine Knochen und Rippen schienen das Fell durchbohren zu wollen, und die Zunge hing ihm lang aus der schäumenden Schnauze. Er rannte gerade auf den Reiter zu.

„Juanito, flieh, flieh! Um Gottes und aller Heiligen willen!" schrie die Frau.

Jetzt sah er den fürchterlichen Feind; er gab seinem Pferd die Sporen, daß es bäumte, und zog den Revolver aus der Tasche. Vielleicht wäre der Wolf an ihm vorübergesprungen, aber durch die wilde Bewegung von Reiter und Pferd wurde das wütende Tier auf die beiden aufmerksam. Es stutzte, richtete die tückisch glühenden Augen auf den jungen Mann und setzte zum Sprung an.

Sofort drückte der Bedrohte die Waffe ab, die Kugel ging jedoch fehl. Der Wolf schien vor dem Schuß zu erschrecken. Er sprang zur Seite, zog den Schwanz ein und stieß einen heiseren Ton aus. Diesen Augenblick benutzte der Reiter, noch zwei Schüsse abzugeben. Der erste war wieder ein Fehlschuß; der zweite streifte nur den Pelz des Tieres, das sich jetzt, gereizt, erneut zum verderblichen Sprung anschickte.

Aus der Gasse, woher der Wolf gekommen war, jagten zwei große Hunde heran. Ihr Fell war zersaust und zerbissen. Sie bluteten aus mehreren Wunden. Jedenfalls hatten sie schon mit dem Wolf gekämpft und den kürzeren gezogen. Sie kamen gerade im rechten Augenblick und stürzten sich auf ihn, als er sich eben auf den Reiter werfen wollte.

Juanito nahm diese Gelegenheit wahr und feuerte noch einen vierten Schuß, der aber auch nicht traf, auf den Wolf ab. Dann lenkte er sein Pferd im Galopp auf das Haus seiner Mutter zu.

„Schnell, schnell!“ rief die Frau voll Angst zum Fenster hinaus und eilte fort, um die Tür zu öffnen. Sie hatte recht geahnt: der Wolf kam hinter dem Reiter her. Er hatte dem einen Hund das Bein zerbissen und mit einem zweiten Biß auch den anderen kampfunfähig gemacht.

Vor dem Haus sprang Juanito aus dem Sattel, gab dem Pferd einen Schlag, daß es davonlief, und war mit einem Satz durch die Haustür. Er eilte in die Stube, die Wirtin ihm nach. Aber beide vergaßen in ihrer Angst, die Tür zu schließen.

„Gerettet! Gott sei Dank!“ rief Juanito.

„Ja, die heilige Jungfrau sei gebenedeit! Wenn du nicht — Herr, mein Gott! Da ist er!“

Die Augen der Frau waren auf den Eingang gerichtet, wo der Wolf erschien. Er sah den Reiter, der ihm entkommen war, und machte einen hohen, weiten Sprung auf ihn zu.

Juanito wich zur Seite und stürzte dabei zu Boden.

Da dröhnte ein Schuß durch das Haus. Pulverdampf erfüllte die Stube. Old Firehand hatte den Koyoten erlegt.

„O cielo!“ kreischte der Bursche in Todesangst. „Hilfe!“

„Hat er dich?“ rief seine Mutter. „Heilige Maria!“

Der Ruf erstarb in neuem Lärm. Von der Tür her kam ein lautes, zweistimmiges Heulen.

„Die Hunde!" schrie Hermann. „Sie sind gebissen worden. Nehmt euch vor ihnen in acht!"

Old Firehands Stimme klang ruhig durch den Lärm und Pulverdampf.

„Keine Angst!"

Gleich darauf krachten zwei Schüsse so schnell aufeinander, als hätte er sie zu gleicher Zeit abgefeuert. Dann vernahm man brüllendes Hundegeheul und noch lauteren Jammer von Mutter und Sohn, bis schließlich Old Firehand mit seiner mächtigen Stimme Ruhe gebot.

„Wurde jemand gebissen?" fragte er.

„Ich nicht", antwortete Juanito kleinlaut.

„Ich auch nicht", fügte seine Mutter zitternd hinzu.

„Dann schreit doch nicht so, als ob ihr skalpiert werden solltet!"

„Aber mein Söhnchen, mein Kleiner!" jammerte die Frau.

„Seht nach ihm!"

Die Mutter untersuchte den schwachsinnigen Knaben.

„Die Heiligen haben ihn beschützt! Ich werde noch heute dem Patron dieses Tages eine Kerze anzünden!"

„Ist der Wolf tot?" fragte Juanito noch immer angstvoll.

„Natürlich. Sonst hätte er euch zerfetzt. Seht her — da liegt er."

Der Pulverdampf verzog sich. Das Tier lag mitten durch den Kopf getroffen am Boden. Die Zunge hing ihm weit aus dem Rachen. Die Zähne schimmerten gelb aus dem blutigen Schaum, und ein widerlicher Geruch ging von dem Kadaver aus.

„Tot — Wahrhaftig tot!" bestätigte die Frau, während sie sich furchtsam zu dem Tier niederbeugte. „Ihr habt uns alle vor einem schrecklichen Tod bewahrt; ohne Euch wären wir jetzt verloren gewesen. Wir vermögen gar nicht, Euch den Dank abzutragen, den wir Euch schuldig sind, Señor. — Nicht wahr, Juanito?“

„Freilich“, gestand der junge Mann, während er Old Firehand die Hand entgegenstreckte. „Nehmt meinen Dank, Señor! Kann ich etwas für Euch tun, so bin ich gern bereit dazu. Ihr habt eine große Geistesgegenwart und eine außergewöhnliche Schußfertigkeit bewiesen! — Seht nur, welch eine Menschenmenge sich draußen gesammelt hat!“

Erst vorsichtig, dann aber unverzagter traten die Leute ins Haus und ins Zimmer, so daß schon bald niemand mehr Platz finden konnte. Es war ein wirres Durcheinander von Stimmen, und alle lobten Old Firehands schnelles Handeln.

Dann schaffte man die erlegten drei Tiere fort. Auch die Menge verzog sich nach und nach.

Endlich war die Wirtin mit ihren beiden Söhnen und den zwei Gästen wieder allein.

Juanito hatte sich eine Schnapsflasche geholt und sie vor sich auf den Tisch gesetzt. Erst jetzt konnte Old Firehand ihn genau betrachten. Er war noch nicht dreißig Jahre alt. Sein Gesicht hatte ein eigentümliches, graugelbes Aussehen, und er schielte. Dieser Umstand in Verbindung mit dem breiten, lippenlosen Mund und den hervorstehenden Backenknochen wirkte abstoßend. Es war ein Gesicht, zu dem man nicht leicht Vertrauen fassen konnte.

Der junge Mann hatte seinen Dank mit einem Händedruck abgetragen und verhielt sich im übrigen kalt. Daß sich seine Mutter und sein Bruder in Gefahr befunden hatten, erwähnte er gar nicht. Er schien nicht daran zu denken. Jedenfalls war er ein herzloser Mensch, wenn nicht etwas noch Schlimmeres.

Er goß einige Gläser schnell hintereinander durch die Kehle, während sich seine Mutter noch immer mit dem geistesschwachen Sohn zu schaffen machte.

„Wie kommt es, daß du heute herübergeritten bist, Juanito?“ fragte sie zwischendurch.

„Die Zeit wurde mir zu lang.“

„Ist dein Herr noch immer nicht da?“

„Nein.“

„Wann kehrt er zurück?“

„Weiß es nicht. Er hat mir alles überlassen. Die ganze Sorge und Last ruht auf mir, und ich bekomme nicht mehr als sonst dafür. Der Teufel hole das! Wenn das noch oft geschieht, werde ich ihm sagen, daß mir das nicht paßt. Lieber gehe ich.“

„Wie? Du willst doch nicht etwa deine Stellung aufgeben? Du wirst niemals wieder einen so hohen Lohn erhalten. Das mußt du berücksichtigen.“

„Ich werde mich aber auch nie wieder in solcher Gefahr befinden, mich zu vergiften.“

„Du hast ja im eigentlichen Werk nichts zu tun.“

„Oh, ich muß doch überall sein, auch bei den Schmelztiegeln! Sieh mich doch an! Meine Hautfarbe muß dir sagen, daß ich Quecksilber einatme. Ich hatte die Absicht, mir meinen Lohn zu sparen und dann ein eigenes Geschäft anzufangen. Aber über meine Kräfte mag ich nicht arbeiten, während der Herr faulenzt und wochenlange Spazierritte unternimmt.“

„Wohin ist er eigentlich?“

„Hinauf zum Blauen Wasser.“

Waren Old Firehand und Hermann schon stutzig geworden, als vom Quecksilber die Rede war, so steigerte sich diese Aufmerksamkeit bei Erwähnung des Blauen Wassers noch mehr.

„Um Gottes willen!“ sagte die Frau. „Was will er dort? Das ist doch im Gebiet der feindlichen Apatschen.“

„Vor denen fürchtet er sich nicht. Er hat die Marikopas mit. Er will da oben — na, das ist nichts für dich und nichts für andere.“

Juanito streifte dabei die beiden Fremden mit einem mißtrauischen Blick.

„Vielleicht will er das Silber holen, das da oben vergraben sein soll?“ meinte die Alte.

„Weiß es nicht.“

„Er muß dir doch gesagt haben, zu welchem Zweck er ein so gefährliches Unternehmen ausführt.“

„Natürlich hat er mir's gesagt. Ich bin sein Vertrauter. Ohne mich kann er überhaupt nichts machen.“

„So hast du also jetzt das ganze Werk allein zu führen?“

„Ganz allein. Darum sage ich ja, daß ich mich zuschanden arbeite!“

Abermals blickte er finster zu den beiden Gästen hinüber.

„Es ist ein Leben wie in der Hölle. Felsen, nichts als Felsen, Sonnenglut und Giftdunst. Der Teufel mag alles holen! — Aber sprechen wir von etwas anderem! Woher seid denn ihr, Señores?“

„Von jenseits der Grenze“, antwortete Old Firehand.

„Also Mexikaner?“

„Ja.“

„Was treibt euch hierher in dieses Nest?“

„Das Geschäft.“

„Das Geschäft? Ich verstehe Euch nicht. Hier in dieser armseligen Gegend sind doch keine Geschäfte zu machen!“

„Vielleicht doch. Ich bin Haziendero und habe auf meinem Grund und Boden eine sehr gute Bonanza[1] entdeckt.“

„Cielo!“ fuhr Juanito hoch. „Ist sie wirklich gut?“

„Sehr ausgiebig.“

„Gold oder Silber?“

„Beides.“

„Das ist selten, sehr selten. Ich wünsche Euch Glück,

[1] Fundort edler Metalle

Señor. Inwiefern steht nun diese Bonanza mit Eurer Reise im Zusammenhang?“

„Ich finde das Silber nämlich nicht in reinen Stufen, ich muß es aus dem Erz ziehen, und dazu ist, wie Ihr wohl wissen werdet . . .“

„. . . Quecksilber nötig“, fiel Juanito ein.

„Natürlich.“

„Ah, jetzt weiß ich, welches Geschäft Euch herführt! Ihr wollt bei Señor Roulin Quecksilber kaufen?“

„Ja. Warum kommt Ihr gerade auf Roulin?“

„Weil er hier der einzige ist, bei dem man es bekommen kann.“

„Kennt Ihr ihn vielleicht?“

„Natürlich; ich bin sein Angestellter. Ich bin der Bergmeister.“

„Spracht Ihr vorhin von Euerm Herrn?“

„Ja.“

„So ist er nicht daheim, wie ich hörte?“

„Nein. Er ist abwesend.“

„Und wann kehrt er zurück?“

„Das weiß ich nicht. Er ist auf unbestimmte Zeit verreist. Er kann schon heute wiederkommen, aber auch erst nach Wochen.“

„Das ist mir sehr unlieb; ich kann nicht so lange warten.“

„Das braucht Ihr nicht; ich bin ja da.“

„Habt Ihr denn Vollmacht, Geschäfte abzuschließen?“

„Jawohl.“

„Sehr gut. Nicht wahr, das Werk liegt in dem sogenannten Tal des Todes?“

„Ja.“

„Wann kehrt Ihr dorthin zurück?“

„Noch heute.“

„So werden wir mit Euch reiten.“

„Das geht nicht, Señor.“

„Warum nicht?“

„Roulin sieht es nicht gern, daß Fremde ins Tal kommen."

„Das begreife ich nicht. Wer von ihm kaufen will, der muß doch zu ihm gehen."

„Ist nicht nötig. Wir haben einen Vorrat hier bei meiner Mutter liegen. Hierher kommen die Leute, die Quecksilber wünschen."

„Hm! Wieviel habt Ihr hier vorrätig?"

„Einen vollen Zentner."

„Nur?"

„Braucht Ihr etwa mehr?"

„Das Vierfache."

„Caspita! Könnt Ihr denn so viel verwenden?"

„Ja, sonst würde ich es nicht kaufen."

„Und könnt Ihr zahlen?"

„Ich borge nie."

Die Augen Juanitos wurden größer. Er blickte Old Firehand und Hermann langsam vom Kopf bis zu den Füßen an, als wollte er ihre Körperkräfte messen.

„Ich denke nur, daß Ihr Euch wohl verrechnet habt", sagte er dann. „Habt Ihr schon einmal Quecksilber gekauft?"

„Ja."

„Und Ihr behauptet, so viel Geld bei Euch zu tragen, daß Ihr vier Zentner bezahlen könnt?"

„Ja. Wie stehts? Wollt Ihr das Geschäft mit mir machen oder nicht?"

„Natürlich."

„Aber die fehlenden drei Zentner?"

„Werde ich Euch hierher schicken."

Juanito blickte dabei Old Firehand lauernd von der Seite an.

Old Firehand bemerkte den Blick und wußte ihn auch zu deuten. Er hieß ungefähr: Wirst du mir noch in die Falle gehen? Vorhin habe ich dir verboten, das Tal des Todes zu besuchen; jetzt aber, da ich weiß, daß du so viel Geld bei dir hast, wünsche ich sehr, daß du mit mir kommst.

„Meint Ihr etwa“, sagte der Jäger deshalb, „ich soll die Katze im Sack kaufen? Das bin ich nicht gewillt.“

„Unser Quecksilber ist rein.“

„Mag sein; aber untersuchen will ich es dennoch. Ich reite mit Euch.“

„Und wenn ich nicht darauf eingehe?“

„So wird aus unserem Handel nichts.“

„Es scheint Euch sehr viel daran zu liegen, das Tal des Todes zu sehen.“

„Zunächst liegt mir daran, das Quecksilber zu untersuchen. Sodann aber will ich aufrichtig sein und Euch gestehen, daß ich allerdings einigermaßen neugierig bin. Der Ort hat einen so eigenartigen Namen, daß man wohl den Wunsch hegen kann, dieses Tal in Augenschein zu nehmen.“

„Hm!“ meinte Juanito nachdenklich. „Ich möchte Euch wohl den Wunsch erfüllen; aber, wenn Señor Roulin zurückkehrt, so . . .“

„. . . so ists auch weiter nichts. Ihr sagt, wir wären gleich nach dem Tal des Todes gekommen und hätten Euch dort aufgesucht.“

„Das wäre freilich eine Ausrede, gegen die er nichts einwenden könnte.“

„Zumal wir ihm einen so großen Posten Ware abkaufen, für die er eine solch bedeutende Summe erhält.“

„Nun gut, ich will's versuchen.“

„Also Ihr nehmt uns mit?“

„Ja.“

Die Wirtin hatte bisher schweigend zugehört. Jetzt aber trat sie näher.

„Señor, steht ab von Euerm Begehren“, sagte sie in fast flehendem Ton. „Ihr bringt meinen Sohn in Gefahr, seine Stelle zu verlieren.“

„O nein! Ihr habt ja gehört, welch gute Ausrede er hat."

„Señor Roulin wird es nicht glauben."

„Er muß. Er kann ja gar nicht daran zweifeln."

„Ihr kennt ihn nicht. Er ist äußerst mißtrauisch."

„Er hat aber keinen Grund, unsere Anwesenheit im Todestal so sehr zu scheuen."

„Und wenn er auch zunächst glaubt, daß Euch mein Sohn nicht mitgenommen hat, so wird er es doch erfahren."

„Wodurch? Werdet Ihr uns etwa verraten und es ihm sagen?"

„Nein, aber er wird die Geschichte von dem tollen Wolf erfahren, wird hören, daß Ihr Juanito gerettet habt und dann mit ihm nach dem Tal des Todes geritten seid."

„Bis dahin sind wir wieder fort."

„Aber Juanito ist noch da — ihm geht es schlecht, nicht Euch."

„Das ist meine Sache", meinte Juanito. „Schweig!"

„Nein, du sollst die Señores nicht mitnehmen!"

„Ich nehme sie mit!"

Das Gesicht der Frau drückte jetzt eine Angst aus, die noch einen anderen Grund haben mußte als nur die Sorge um ihren Sohn. Sie trat dicht an Old Firehand heran.

„Ihr würdet nicht gehen, wenn Ihr wüßtet . . ."

„Schweig, Alte!" schnitt Juanito ihr grob das Wort ab.

„Ich würde schweigen, wie stets, um dir und deiner Stellung nicht zu schaden; aber diese Señores haben uns gerettet; ich bin es ihnen schuldig, offen gegen sie zu sein."

„Es sind doch bloß Ammenmärchen!"

„Nein, es ist Wahrheit! Ihr müßt wissen, Señores, daß das Tal des Todes gefährlich ist."

„Wieso? Wegen der Hitze?"

„Nein, sondern wegen des bösen Geistes, der dort zwischen den Felsklüften wohnt. Wer zum Tal des Todes geht, der ist verloren."

„Das glaube ich nicht. Euer Sohn wohnt doch auch dort und kommt zu Euch auf Besuch."

„Ich habe ihm ein wundertätiges Amulett gegeben, das ihn schützt."

„Ach so! Und Señor Roulin, der Besitzer des Tals? Ihm tut der böse Geist auch nichts?"

„Vielleicht hat er auch ein Amulett."

„So macht Euch auch um uns keine Sorge! Mein Gefährte hier und ich sind ebenfalls mit solchen wundertätigen Amuletten versehen. Schaut her!"

Old Firehand deutete dabei auf sein und auf Hermanns Gewehr.

„Dios, Ihr treibt Scherz! Glaubt Ihr, gegen den Geist mit Pulver und Blei etwas machen zu können?"

„Sicherlich!"

„Nein, nein! Es sind schon andere dort gewesen, die das auch geglaubt haben — ein Señor Wilkins, ein Señor Adler, ein . . ."

„Diablo! Schweigst du nun?" brüllte Juanito sie wütend an.

„Nein, heute schweige ich nicht! Es sind noch mehrere zum Tal gegangen, Männer, Frauen und Mädchen. Man hat niemals wieder von ihnen gehört."

„Nun, so werden wohl wir etwas von ihnen erfahren. Habe längst gewünscht, einmal einen Geist zu sehen. Vielleicht geht mein Wunsch in Erfüllung."

„Ja, Ihr werdet ihn sehen; aber der Augenblick, wo es geschieht, wird auch Euer letzter sein."

„Mutter, du redest irre!"

„Ich habe euch gesagt, Señores, daß mein jüngster Sohn hier in die Zukunft zu schauen vermag. Ihn wollen wir fragen. Kommt einmal her zu ihm!"

Die Frau zog Old Firehand am Arm hin zu dem Stuhl, worauf der Irrsinnige hockte. Hermann folgte. Sie stellte beide vor den Kranken hin und fragte ihn, auf Old Firehand deutend:

„Enrique, siehst du diesen Señor?"

Der Kranke hob langsam den schweren Kopf und starrte Old Firehand an.

„Ihn sehen, ihn sehen, ja", murmelte er.

„Ist er ein guter Mann?"

„Gut, sehr gut. Enrique ihn lieb haben."

Er sagte das vielleicht, weil es ihm trotz seinem Irrsinn zum Bewußtsein gekommen war, daß Old Firehand die Familie gerettet hatte.

„Er will zum Tal des Todes gehen. Soll er?"

„Soll gehen! Ihm nichts geschehen."

„Alabado sea Dios — Gott sei Dank! Was er sagt, das trifft ein."

Juanito war aufgestanden und hatte mit grimmigen Blicken zugeschaut.

„Na, da hast du's!" spottete er. „Da sind einige Reisende von hier zum Todestal gegangen, haben es durchquert, und weil sie infolgedessen hier nicht wieder gesehen wurden, hat man den Unsinn geglaubt, sie wären verschwunden. Ein böser Geist im Tal! Das ist mehr als lächerlich! Ihr glaubt doch nicht etwa daran, Señores?"

„Fällt uns nicht ein!" lachte Old Firehand. „Das müßt Ihr doch schon aus meinen Worten gehört haben."

„Ja. Ganz ungefährlich ist der Weg allerdings nicht; aber nicht eines Geistes wegen, sondern weil sich dort zuweilen feindliche Indianer blicken lassen. Ihr seid doch gut bewaffnet?"

„Ja."

„Habt ihr nur eure Büchsen?"

Beide, sowohl Old Firehand als auch Hermann, trugen statt der Gürtel breite, mexikanische Schärpen um die Hüften, worin die Revolver so steckten, daß sie nicht bemerkt werden konnten. Der Blick, mit dem Juanito nach den Waffen forschte, war wenig vertrauenerweckend.

„Wir haben die Büchse und ein Messer“, sagte daher Old Firehand. „Das genügt doch wohl?“

„Vollständig, da ihr so ausgezeichnete Schützen seid, wie ich beobachtet habe. Wollen wir aufbrechen?“

„Wir sind bereit. Wie weit ist es?“

„Wir brauchen vier Stunden, bis wir unser Ziel erreichen. Habt ihr gute Pferde?“

„Sie sind besser als Euer Gaul.“

„So kommt!“

Die Männer zahlten und verabschiedeten sich von der Wirtin mit einem Händedruck.

*

Nördlich von Dos Palmas dehnt sich eine weite, steinige Ebene ohne Weg und Steg. Auch war hier keine Spur von irgendwelchem Pflanzenwuchs zu erkennen. Dagegen glühte die Sonne auf dem trocknen, unfruchtbaren Boden, daß die Augen schmerzten, obgleich es schon nicht mehr früh am Nachmittag war.

Die drei Männer ritten schweigend nebeneinander.

Juanito betrachtete seine beiden Begleiter heimlich; sie aber taten, als bemerkten sie es nicht.

„Wie findet Ihr das Quecksilber, Señor?“ fragte Old Firehand. „Gediegen?“

„Nein, als Schwefelquecksilber.“

„Also als Zinnober. Wohl tief?“

„Ziemlich.“

„Habt Ihr viele Arbeiter?“

„Nein. Der Zinnober liegt so reichlich, daß wir nur wenige Kräfte brauchen, die Menge zu fördern, die nötig ist, unsere Kunden zu bedienen.“

„So muß Señor Roulin ein reicher Mann sein.“

„Vielleicht.“

„Besitzt er das Werk schon lange?“

„Weiß es nicht.“

„Hat er keine Lust, es zu verkaufen?“

„Habe ihn noch nicht gefragt. Er scheint sich hier leidlich wohl zu fühlen! Ist unverheiratet. Eine alte Wirtschafterin versorgt ihm den Haushalt. Doch, schweigen wir davon! Die persönlichen Verhältnisse meines Brotherrn kümmern mich nicht."

„Egad! Tut Ihr geheimnisvoll! Da könnte es einem angst und bange werden."

„So kehrt um!"

„Auch noch grob seid Ihr! Na, das gefällt mir gerade. Ihr seid ein Sonderling. Solche Leute habe ich gern. Ich bin überzeugt, daß wir Gefallen aneinander finden werden, wenn wir uns nur erst ein wenig näher kennengelernt haben."

„Mag sein!"

Juanito gab seinem Pferd die Sporen, daß es in Galopp fiel. Old Firehand und Hermann mußten also dasselbe tun. Sie verrieten aber durch keinen Blick, welche Gedanken sie dabei hegten.

Von nun an wurde kein Wort mehr gesprochen. Juanito hielt sich immer ein wenig voran, um ihnen die Lust zu nehmen, ein Gespräch zu beginnen. Er wußte ja nicht, wie er ihre Fragen beantworten sollte. Außerdem kochte noch die Wut über die Reden der Mutter in ihm; sie hatte keine Ahnung, welche Stellung er eigentlich bei Roulin einnahm, und wer der böse Geist war, vor dem sie gewarnt hatte.

Nach drei Stunden hob sich die Ebene. Es zeigten sich Berge, kahl, mit scharfen Umrissen. Sie rückten näher aneinander; und eben als die Sonne den westlichen Gesichtskreis erreichte, gelangten die Reiter in eine enge Schlucht, die tief zwischen zwei hohen, steilen Felswänden einschnitt.

„Der Eingang", sagte Juanito wortkarg.

„Zum Todestal?"

„Natürlich!"

Jedes Wort, das er sprach, kam widerstrebend heraus.

Die Schlucht war lang. Später erweiterte sie sich, nachdem sie ziemlich steil abwärts geführt hatte, zu einem weiten Talkessel, bei dessen Anblick Old Firehand unwillkürlich sein Pferd anhielt.

„Ja, das ist das Todestal; man sieht es", sagte er.

Der Talkessel hatte einen Durchmesser von reichlich drei Kilometern. Er wurde von schwarzen Felswänden gebildet, die beinahe lotrecht abfielen und von schmalen, tiefen Klüften zerrissen waren. Diese Wände machten einen unheimlichen Eindruck. Es war, als hätte hier einmal ein großer Brand gewütet, der die Felsen schwarz färbte, oder, als wäre hier der Eingang in das glühende Innere der Erde, der sich mit Felstrümmern vor kurzem erst verschloß.

Die Sonne war nicht mehr zu sehen, aber die Glut, die sie hier in der Tiefe zurückgelassen hatte, fand keinen Ausweg und benahm Mensch und Tier fast den Atem. Die Pferde schnauften ängstlich.

Keine Spur eines Baumes, eines Grashalms. Tot, tot, tot war alles ringsumher. Nur eine einzige Spur von Leben zeigte sich.

Gerade in der Mitte des öden Kessels erhob sich ein Berg, dessen Felswände senkrecht in die Höhe stiegen. Oben, zwischen den Felszacken, kräuselte ein dünner, grauer Rauch langsam empor.

„Was raucht dort oben?" fragte Old Firehand.

„Ein Krater", antwortete Juanito.

„Ah! Ein feuerspeiender Berg hier! Das hätte ich freilich nicht vermutet. Ist er gefährlich?"

„Nein. Das einzige Zeichen, daß er noch tätig ist, besteht in dem Dunst, den er ausstößt. Rauch oder Dampf kann man es doch nicht nennen."

„Kann man den Krater sehen?"

„Nein. Der Felsen ist nicht zu besteigen. Er ist zu steil. Es führt kein Weg hinauf."

„Aber dennoch sind Menschen oben!"

„Nein.“
„Doch Señor.“
„Das müßte ich wissen!“
„Seht Ihr nicht den dunklen Punkt dort an der Ecke? Ich wette, das ist ein Mensch.“
Über Juanitos Gesicht blitzte es wütend.
„Ein Mensch? Nein. Ein Vogel wird es sein. Wollen gleich einmal sehen! Laßt Euer Fernglas getrost stecken!“
Er legte beide Hände an den Mund und stieß einen schrillen Schrei aus. Die Gestalt da oben zog sich sofort zurück.
„Da schaut, es war ein Vogel!“, sagte er.
„Ein Vogel wäre fortgeflogen. Diese Gestalt aber flog nicht, sondern schlich weg.“
„Señor, ich bin hier daheim. Wenn Ihr das, was ich sage, nicht glauben wollt, so sagt lieber gar nichts!“
„Na, so war es ja nicht gemeint. Aber wo ist denn Eure Wohnung?“
„Kommt! Ihr werdet sie bald sehen.“
Er sprengte voraus, so daß er nicht hören konnte, was sich die beiden zuraunten.
„Es war ein Mensch“, flüsterte Hermann.
„Natürlich.“
„Und wenn dieser Fels ein Vulkan ist, so lasse ich mich braten. Ich denke, sehr genau zu wissen, wer der böse Geist ist, von dem die Wirtin sprach.“
„Wir werden ihn bannen. Aber vorsichtig müssen wir dabei sein. Ich bin überzeugt, daß uns dieser Kerl nach dem Leben trachtet. Jetzt nicht weiter reden! Er darf nicht ahnen, daß wir ihn durchschauen.“
„Oh, er ahnt es vielleicht schon! Ihr habt ihm schon zu sehr widersprochen.“
„Es wurde mir zu schwer, bei den Frechheiten dieses Menschen zu schweigen.“
Sie ritten jetzt um den Fuß des angeblichen Vulkans. Nun konnten sie den rückwärtigen Teil des Todestals

überblicken. So weit das Auge reichte, war keine Spur einer menschlichen Wohnung zu erkennen. Und doch, da links befand sich ein Mauerwerk.

Es waren drei Steinmauern, die rechtwinklig aneinanderstießen, an der Felswand errichtet, so daß sie mit ihr ein ziemlich hohes Viereck bildeten.

„Was ist das?" fragte Old Firehand.

„Meine Wohnung", antwortete Juanito, der auf die beiden gewartet hatte.

„Ohne Fenster?"

„Was Ihr da seht, ist nur die Hofmauer. Die Fenster befinden sich im Innern in den Hauswänden."

„Ah, die Mauern umschließen also einen spanischen Patio. Aber eine Tür muß es doch irgendwo geben."

„Die ist da. Kommt nur!"

Juanito ritt um die erste und dann um die zweite Ecke; dort war die Tür, nicht hoch, so daß man vom Pferd steigen mußte, und so schmal, daß eben nur ein Pferd oder ein Mann hindurchgelangen konnte. Sie war von starkem Holz gefertigt und mit Eisenblech beschlagen. Kein Schloß, kein Schlüsselloch, kein Drücker.

Juanito stieg ab, und während auch die beiden anderen aus dem Sattel sprangen, zog er seine Pistole aus dem Gürtel und klopfte stark und lange an. Nach einiger Zeit wurde von innen ein wenig geöffnet. Man sah ein rotes, verschossenes Kopftuch, eine lange, hagere Nase und darunter einen welken, zahnlosen Mund.

„Wer da?" fragte eine krächzende Stimme.

„Ich. Siehst du mich denn nicht, alte Hexe?"

„Ach, Ihr! Und Gäste? Das ist doch verboten!"

„Geht dich nichts an!"

„Señor Roulin wird zanken!"

„Das ist meine Sache. Willst du endlich öffnen?"

„Na, wenn Ihr's auf Euch nehmt! Mir kann es gleichgültig sein."

Die Frau stieß die Tür vollends auf und trat heraus.

Sie hatte ganz das Aussehen jener alten Hexe im Kindermärchen, die im tiefen Wald wohnt und die Kinder frißt, die sich zu ihr verlaufen.

Sie ging barfuß und hatte nichts als einen alten, zerrissenen Rock und ein Hemd an, das wohl niemals gewaschen worden war. Ihre Füße sahen reichlich schmutzig aus, ebenso ihre nackten Arme und Hände. Diese Alte machte ganz den Eindruck, als käme sie soeben aus einer Räucherkammer, in der sie monatelang gehangen hätte und nun zur Mumie eingetrocknet wäre. Sie richtete ihre wimperlosen Augen auf die beiden Fremdlinge.

„So geht hinein und seid willkommen! Es wird euch bei uns gefallen!“

Sie lachte, und ihr Lachen klang wie das Gekreisch eines Raben, der triumphiert, weil er seine Beute schon in den Krallen hält.

Juanito trat ein und zog sein Pferd hinter sich her. Old Firehand und Hermann folgten.

Sie gelangten durch einen finsteren Hausgang in den Hof. Nun sahen sie auch die Fenster in der Hausmauer. Von Glas und Rahmen aber war keine Spur. Sie bestanden nur in schmalen, schießschartenähnlichen Maueröffnungen.

„Bringt eure Pferde in den Stall!“ meinte Juanito und schritt voran zu einem kahlen, türlosen Raum, der die Vermutung, daß er der Stall sei, nur durch einige eiserne Haken unterstützte, woran die Pferde angebunden wurden.

„Gibt es denn hier im Tal Futter für die Tiere?“ fragte Hermann.

„Keinen Halm. Wir füttern Mais, den wir natürlich sehr weit herholen müssen.“

„Und Wasser?“

„Auch sehr wenig. Es gibt im Tal keine trinkbare Quelle, nur einen Schwefelbach. Wir müssen den Regen dort in der Zisterne sammeln, um Wasser zu haben. Leider aber regnet es hier selten."

Old Firehand trat an die Zisterne. Es war ein tiefes, viereckiges Loch. Er konnte nicht auf den Grund blicken, aber es kam ihm ein Geruch von fauligem Wasser entgegen, der ihm alle Lust zum Trinken sofort verleidete. Er wandte sich ab und bemerkte, daß neben der Zisterne eine lange und sehr starke Leiter lag.

„Jetzt kommt, Señores", meinte Juanito. „Wir wollen zum Saal gehen."

Er schritt auf eine breite, steinerne Treppe zu und stieg hinauf. Die anderen folgten. Droben öffnete er eine Tür. Das war der Eingang in den Raum, den Juanito Saal genannt hatte. Aber es war nur eine Stube, in der ein alter Tisch mit einigen Stühlen stand. Zwei Mauerscharten bildeten die Fenster, boten jetzt aber kein Licht, da die Dämmerung hereingebrochen war. Darum brannte Juanito eine Kerze an. Den Leuchter bildete ein Kürbis, in den für das Licht ein Loch geschnitten war.

„So!" sagte Juanito. „Willkommen, Señores! Setzt euch und macht es euch bequem! Ich gehe für einen Augenblick fort, werde aber schnell wiederkommen."

Er entfernte sich. Die beiden Männer blickten sich fragend an und brachen in ein unterdrücktes Lachen aus.

„Das ist der Saal!" sagte Hermann. „Verteufelt vornehm. Eine solche Pracht habe ich hier gar nicht erwartet."

„Ich glaube, wir werden noch mehr überrascht werden. Eigentlich ist es nicht zum Lachen."

„Nein, gar nicht. Was sagt Ihr zu der Alten?"

„Des Teufels Ur-Ur-Urgroßmutter."

„Zum mindesten. Und dann der Eingang. Als ich das Pferd hinter mir herzog, kam ich mir vor wie der Gimpel, der in die Falle geht."

„Ich mir ebenso. Und in der Falle stecken wir, das unterliegt gar keinem Zweifel.“

„Ihr meint wirklich, daß er uns nach dem Leben trachtet?“

„Gewiß“, nickte Old Firehand nachdenklich.

„Wir sind doch seine Retter.“

„Das ist dem Kerl höchst gleichgültig. Er wollte uns zuerst nicht mitnehmen; aber als er von unserem Geld hörte, war er sofort bereit, da wurde er sogar zu seiner Mutter grob.“

„Wir müssen auf der Hut sein.“

„Zunächst gilt es, zu erfahren, wie viele Personen sich hier befinden. Ich bin überzeugt, daß wir den Aufenthalt — pst! Es kommt jemand!“

14. BESTIEN IN MENSCHENGESTALT

Nachdem Juanito den ‚Saal' verlassen hatte, schritt er durch den dunklen Gang, in den verschiedene eiserne Türen mündeten. Er trat in ein niedriges, erleuchtetes Gemach, wo die Alte auf einem Schemel saß und im Begriff war, sich einen alten, abgebissenen Pfeifenstummel zu stopfen.

„Ist während meiner Abwesenheit etwas vorgefallen?" fragte er.

„Nein."

„Auch mit Anita nicht?"

„Sie hat sich sehr ruhig verhalten. Ich dachte, Ihr wolltet heute fortbleiben!"

„Ich traf die beiden Kerle und mußte mit ihnen hierher zurück."

„Was wollen sie?"

„Quecksilber kaufen."

„Die Ware liegt ja bei Eurer Mutter!"

„Ganz richtig. Ich weigerte mich auch, die Leute mit ins Tal zu nehmen. Aber zuletzt dachte ich doch — ich muß dir etwas sagen."

„Heraus damit!"

Die Alte hielt den Stummel ans Licht, setzte den Tabak in Brand und begann zu qualmen.

„Weißt du noch, damals der Engländer . . ."

Sie grinste ihn verständnisinnig an.

„Er war ein fetter Braten! Es sollte wieder einmal so einen geben."

„Lieber zwei, anstatt nur einen."

„Wie meint Ihr das? Zielt das etwa auf die beiden ab, die jetzt gekommen sind?"

„Ja."

„Haben sie Geld?"

„Mehrere hundert Dollar."
„Dios! Wieviel kriege ich?"
„Volle hundert."
„Und die Kleider, die Kleider!"
„Meinetwegen."
„Da mache ich mit. Roulin darf natürlich nichts wissen."
„Gott bewahre! Also du bekommst hundert Dollar und die Anzüge und ich das übrige und die Pferde!"
„Einverstanden."
„Hast du noch Gift für das Fleisch?"
„Ja. Davon aß damals der Engländer auch. Hei, wie der sich krümmte und wand, als ihm das Gift die Gedärme zerriß!"

Die Alte kicherte vor sich hin. Ihr Gesicht war teuflisch verzerrt. Dieses Weib schien fast ein noch viel schlimmeres Geschöpf zu sein als Juanito.

„So richte es zu!" sagte Juanito. „Die Señores werden Hunger haben. Ich hole das Fleisch."

Als er hinaustrat, blieb er stehen. Es war ihm gewesen, als träfe ihn leiser Luftzug, gerade als wäre jemand an ihm vorübergehuscht. Er lauschte. Da er aber weder etwas sah noch hörte, ging er weiter, die Treppe hinab und in den Hof zur Vorratskammer.

Und doch hatte er sich nicht getäuscht. Ein Weib hatte an der Tür gestanden und gelauscht. Als er heraustrat, war sie schnell einige Schritte zurückgewichen und dann bewegungslos stehengeblieben, bis er beruhigt seinen Weg fortsetzte.

Nun schlich sie weiter. Sie hatte es eilig und durfte keine Minute Zeit verlieren. Darum wurden ihre Schritte lauter, als sie sich ihrem Ziel näherte. Das war es, was Old Firehand gehört hatte, als er zur Tür hinhorchte.

Sie trat ein, und der Schein des Lichts fiel voll auf sie.

Ihre Kleidung zeugte nicht von großer Sorgfalt, sie sah abgerissen und schmutzig aus; dennoch aber machte die Person keinen üblen Eindruck. Man sah ihr auf den ersten Blick die Spanierin an.

„Was wollt Ihr, Señorita?“ fragte Old Firehand, als sie einige Sekunden lang wortlos an der Tür stehenblieb.

Sie legte die Hand an den Mund und raunte ihm ängstlich zu:

„Leise, leise, Señor! Man darf nicht wissen, daß ich zu euch komme. Ich muß euch warnen vor Juanito und der Alten. Sie wollen euch beide vergiften.“

„Zounds!“

„Ja, mit Fleisch — er holt es eben.“

„Dachte mir so etwas. Wißt Ihr's genau?“

„Ja. Ich sah euch kommen und hoffte, ihr könntet mich retten. Darum schlich ich mich aus meiner Stube und horchte. Da hörte ich, daß sie schon einen Engländer vergiftet haben . . .“

„Das wird immer besser!“

„Und daß sie auch euch töten wollen, weil ihr einige hundert Dollar bei euch habt. Das alte Weib soll hundert Dollar und eure Anzüge bekommen.“

„Ihr sagt, daß Ihr Rettung von uns erwartet. Wer seid Ihr denn?“

„Ach Gott, ich bin ein armes, unglückliches Mädchen . . .“

Sie hielt inne und drückte die Hände vors Gesicht. Es sah aus, als wollte sie weinen.

„Ich wurde hier die Herrin“, berichtete sie stammelnd. „Aber das dauerte nicht lange, dann war Roulin meiner überdrüssig. Seitdem darf ich das Haus nicht wieder verlassen. O Gott, ich ahne, was man mit mir vorhat!“

„Was?“

„Es ist so schrecklich, daß ich es kaum glauben kann. Aber ich habe alles genau verstanden, was Roulin und Juanito miteinander sprachen.“

„Was war das?“

„Ich soll ins Bergwerk kommen.“

„Diablo!"

„Und dort muß man arbeiten, bis man eines elenden, jammervollen Todes stirbt."

„Das ist teuflisch!"

„Man bekommt das Tageslicht niemals wieder zu sehen."

„Wo ist das Bergwerk?"

„Ich weiß es nicht."

„Meint Ihr, daß das Quecksilber hier im Berg gegraben wird?"

„Ja. Man hört zuweilen des Nachts von oben herab Stimmen."

„Sollte der Eingang im Keller sein?"

„Einen Keller gibt es hier nicht."

„Ah, etwa in der Zisterne? Eine Leiter lag daneben."

„Die ist oftmals weg."

„Wer nimmt sie weg?"

„Das weiß ich nicht. Ich darf mich ja um nichts kümmern. Wenn man so etwas merkte, würde ich sogleich eingesteckt werden."

„Wie viele Personen sind hier im Haus?"

„Jetzt nur drei: Juanito, die Alte und ich."

„Sehr gut! Also Ihr wünscht Euch fort von hier?"

„Ja. Ich will lieber tot sein, als hier bleiben!"

„So verspreche ich Euch, daß ich Euch mit fortnehme."

„Wann, Señor?"

„Sobald ich selber gehe. Das kann schon in dieser Nacht sein. Wo ist Eure Kammer?"

„Ganz hinten, wo der linke Flügel an den Felsen stößt. Neben der Treppe, die hinauf zum platten Dach führt."

„Eure Tür ist offen?"

„Ja."

„Wie unvorsichtig von Juanito! Da könnt Ihr doch leicht entfliehen."

„O nein! Fenster nach außen gibt es ja nicht."

„Aber die Haupttür!“

„Ist stets verschlossen. Und den Schlüssel gibt die Alte nicht aus der Hand.“

„Wo hat sie ihn?“

„Auf der Brust, auf dem bloßen Leib unterm Hemd — — um Gottes willen! Er kommt!“

Sie huschte hinaus und versteckte sich in die nächste Ecke. Da es auf dem Gang dunkel war, konnte Juanito das Mädchen nicht sehen und trat ahnungslos in den ‚Saal‘.

„Señores“, sagte er, „ich habe befohlen, euch eine Abendmahlzeit zu bereiten.“

Nun, da Old Firehand wußte, daß nur drei Personen dieses Haus bewohnten, war er überzeugt, daß er seinen Plan mit Leichtigkeit ausführen konnte.

„Was soll es denn geben?“

„Braten.“

„Wer richtet ihn her?“

„Die Schließerin.“

„Brr! Danke sehr.“

„Wie meint Ihr das?“

„Daß wir nichts essen werden, was diese Person berührt hat. Sie starrt von Schmutz.“

„Ihr müßt bedenken, daß Ihr Euch nicht in New York oder San Franzisko befindet, Señor.“

„Meint Ihr, daß man nur an diesen beiden Orten reinlich sein kann?“

„Nun gut, ihr seid meine Gäste, und so muß ich euch jeden Gefallen tun. Ich werde euch eine andere Köchin besorgen.“

„Habt Ihr denn eine andere?“

„Oh, mehrere! Es wohnen noch einige junge Señores und Señoritas hier, Verwandte von Señor Roulin, die auf Besuch sind. Diese Damen werden mir gern den Gefallen tun.“

Das war eine dicke Lüge. Dennoch stellte sich Old Firehand, als glaubte er es.

„Aber macht es euch doch bequem und legt eure schweren Waffen fort!“ begann Juanito wieder.

„Werden wir auch während der Nacht in diesem Saal bleiben?“

„Nein.“

„Dann legen wir die Waffen hier nicht ab. Ein guter Jäger trennt sich nie von seinen Waffen.“

„So will ich euch jetzt eure Zimmer anweisen.“

„Unsere Zimmer? Wir brauchen nur eins. Wir sind gewohnt, beieinander zu schlafen.“

Juanito zog die Stirn kraus, beherrschte sich aber.

„Ich kann euch die Bequemlichkeiten nicht aufzwingen. Bleibt meinetwegen beisammen, wenn ihr es nicht anders wollt. Erlaubt mir also, euch nach euerm Zimmer zu bringen!“

Juanito ergriff das Licht und schritt seinen Gästen voran, zum rechten Flügel des Gebäudes. Dort schloß er eine eiserne Tür auf und ließ die beiden eintreten.

Die Stube war klein. Sie hatte nicht einmal eine Mauerscharte als Fenster. Wer hier eingeschlossen wurde, der war gefangen, ohne nur einen Mund voll frische Luft atmen zu können. Dieser Gedanke kam Old Firehand sofort. Darum warf er gleich einen Blick nach der Decke. Was er da sah, beruhigte ihn. Die Decke war nicht hoch und bestand nur aus einfachen Brettern, die man von Mauer zu Mauer gelegt hatte. Hier in diesem regenarmen Landstrich genügte das vollständig.

Um den Tisch in der Mitte standen zwei alte Stühle.

„So, setzt euch, Señores“, sagte Juanito, „ich werde euch Decken für das Lager besorgen. Ihr seid nun hier wie daheim und könnt eure Waffen ablegen; ich komme gleich wieder.“

Damit ging er.

„Dieser Kerl muß doch rechte Angst vor unseren Büchsen haben!“ meinte Hermann.

„Er legt es darauf an, daß wir sie aus der Hand geben. Der Esel macht es aber doch ein wenig zu auffällig.“

„Es behagt mir hier nicht so recht. Es gibt nicht einmal ein Fenster. Schließt man uns hier ein, so können wir uns kaum unserer Haut wehren.“

„O doch! Wir schlüpfen durchs Dach.“

„Ist das so dünn?“

„Ich hoffe; werde es gleich einmal untersuchen.“

Old Firehand stieg auf den Tisch. Er war so lang, daß er mit dem Kopf fast die Decke erreichte. Als er sie mit den Händen betastete, gab sie ein wenig nach.

„Seht Ihr? Da hinaus bleibt uns für alle Fälle ein Weg.“

Sie hatten nicht viel Zeit, sich zu besprechen, denn Juanito kehrte schnell zurück und breitete einige Decken in der Ecke aus, die ihnen als Lager dienen sollten.

„So, Señores. Nun macht es euch bequem! Legt ab!“

„Es scheint Euch sehr viel daran zu liegen, daß wir es uns bequem machen.“

„Mir? Nein. Ich sage das nur um euretwillen. Ich bin das eben so gewöhnt; ich lege die Waffen stets ab, sobald ich der Gast eines anderen bin. Wer das nicht tut, der beleidigt den Gastgeber, denn er deutet dadurch an, daß er ihm nicht traut.“

„Legt denn der Gastgeber auch seine Waffen ab?“

„Ja; ich habe nur den Revolver im Gürtel. Seht, da ist er!“

Juanito zog die Waffe aus dem Gürtel und legte sie auf den Tisch. Darum stellte Old Firehand nun auch seine Büchse in die Ecke. Hermann tat dasselbe mit seinem Gewehr. Jetzt schien Juanito befriedigt zu sein.

„So lasse ich mir's eher gefallen. Nun werde ich nachschauen, ob der Braten fertig ist; ihr erlaubt vielleicht, daß ich selber euch bediene, Señores?“

„Gern."

Juanito verschwand wieder. Schnell trat Old Firehand zum Tisch, worauf der Revolver lag.

„Man kann nicht wissen, was geschieht. Vielleicht kommt es zum Schießen. Da wollen wir dieses Ding doch lieber unschädlich machen."

Damit zog er die Partonen aus der Trommel und legte die Waffe wieder hin. Er hatte das kaum getan, so kehrte Juanito zurück, in den Händen eine Platte mit frischen Tortillas[1] und verlockend riechenden Bratenstücken.

„Hier, Señores, euer Essen!"

Old Firehand und Hermann nahmen Platz.

„Gibt es vielleicht noch einen dritten Stuhl?" fragte Old Firehand.

„Für wen? Etwa für mich?"

„Ja, natürlich. Ihr könnt doch nicht im Stehen essen."

„Danke, ich esse nicht. Das ist für euch, ich habe schon gegessen."

„Wenn Ihr uns nicht Gesellschaft leistet, so essen auch wir nicht. Wir sind Eure Gäste, und Ihr müßt mit an dem Mahl teilnehmen."

„Nun gut; ich will euch auch hierin euren Willen tun, Señores."

Juanito ging und kehrte bald mit einem Stuhl und einem Stück kaltem Fleisch zurück.

„So ists recht", lachte Old Firehand. „Ihr werdet sehen, daß es zu dreien besser schmeckt als zu zweien. Ich bitte, greift zu!"

Juanito nahm sich eine der Tortillas und biß hinein; sie waren also nicht giftig.

„Nun hier Fleisch! Bitte!"

Old Firehand zog sein Messer, schnitt ein Stück des Bratens ab und legte es Juanito hin.

1 Flache Maiskuchen

„Danke“, sagte der Gastgeber schnell. „Ich esse lieber kalt.“

„Wir beide eigentlich auch. Hier aber soll geteilt werden. Nehmt nur Braten!“

„Behaltet ihn für euch; ich bin kein großer Freund davon!“

Doch Old Firehand drang in ihn. Juanito kam in allergrößte Verlegenheit. Er versuchte alle möglichen Ausreden und Entschuldigungen.

„Ich möchte den Mann sehen, der nicht gebratenes Rind genießen kann!“ rief der Jäger endlich zornig. „Ihr seid selber schuld, wenn mir Euer Verhalten verdächtig vorkommt!“

„Verdächtig? Wieso verdächtig?“

„Weil Ihr Euch so hartnäckig weigert zuzugreifen! Es hat mit diesem Fleisch irgendeine Bewandtnis; ich esse nicht davon.“

„Ich auch nicht“, stimmte Hermann zu.

„Tempestad! Wollt ihr mich beleidigen, Señores?“

„Ihr eßt nicht mit uns, das ist ebenso eine Beleidigung! Wir wollen da gar nicht viel Worte machen. Ich bin Mexikaner, aber nicht Engländer. Ich will nicht wie ein Engländer sterben, sondern wie ein Mexikaner.“

Das Gesicht Juanitos wurde aschfarben.

„Señor, was meint Ihr damit?“ fragte er.

„Nun, ist hier nicht einmal ein Engländer gestorben?“

„Nein.“

„Nachdem er Fleisch von Euch gegessen hatte, das von der Alten vergiftet worden war?“

„Seid Ihr toll?“

Juanito war von seinem Stuhl aufgesprungen. Seine Augen blitzten.

„Toll?“ fragte Old Firehand gelassen, fügte aber noch einen stark betonten Nachsatz hinzu: „Ich bin im Gegenteil so sehr bei Sinnen, daß mein Ohr alles gehört hat, was Ihr mit Eurer alten Hexe ausgemacht habt.“

„Ausgemacht? Was denn?“

„Daß sie hundert Dollar und unsere Anzüge bekommen soll!“

„Tormenta!“

„Ihr wollt das andere nehmen und die Pferde.“

Dabei blieb Old Firehand ruhig sitzen und lächelte scheinbar gleichmütig.

„Señor!“ stieß Juanito mit aller Anstrengung hervor. „Ich begreife Euch nicht!“

„Desto besser begreife ich Euch, Mörder! Ihr, Ihr seid der böse Geist im Todestal, von dem Eure Mutter erzählt hat! Ihr wollt uns heute morden, um zu meinem Geld zu kommen; aber das soll Euch nicht glücken wie Eure früheren Schandtaten!“

„Nicht?“ knirschte Juanito. „Gerade soll es glücken, nun erst recht! Fahrt zur Hölle!“

Damit riß er den Revolver vom Tisch, zielte auf Old Firehand und drückte ab. Die Waffe versagte. Er drückte noch zweimal ab, aber wiederum vergebens.

„Gebt Euch keine Mühe!“ lachte Old Firehand. „Wir haben dafür gesorgt, daß die Wespe nicht mehr stechen kann. Nun aber wollen wir selber einmal unseren Stachel zeigen. Hier ist er. Wie wird Euch jetzt, Señor?“

Old Firehand zog mit diesen Worten seinen Revolver aus dem Gürtel; Hermann tat desgleichen.

Juanito war fast erstarrt. Jetzt, als er die beiden Waffen sah, kam wieder Leben in ihn. Bevor ihn einer der beiden hindern konnte, war er hinausgesprungen und hatte die Tür hinter sich zugeschlagen. Der Schlüssel schrillte im Schloß, und der Riegel klirrte.

„Gefangen!“ lachte er draußen höhnisch.

„Ja, gefangen“, sagte Hermann. „Und daran sind wir selber schuld!“

„Schadet nichts, Master. Der alberne Kerl bildet sich ein, uns überlistet zu haben. Auf ihn zu schießen, wäre eine Dummheit gewesen, weil er mir sehr viel sagen soll, was ich erfahren will. Hätte ich gewollt, so wäre er mir gewiß nicht entronnen. Ich brauchte mich ja nur zwischen ihn und die Tür zu stellen! Jetzt gehen wir durch die Decke. Vielleicht ist es uns möglich, ihn belauschen zu können, denn auf diese Weise erfahren wir mehr, als wenn wir ihn auszupressen versuchen. Löschen wir das Licht aus! Es könnte uns verraten. Und setzen wir den Tisch an die Außenwand! Kommt!"

Er blies das Licht aus und steckte es ein. Hierauf bestieg er den Tisch, der an die Umfassungsmauer gestellt worden war, und begann mit dem Kolben seiner schweren Büchse ein Brett von seiner Einschalung loszusprengen. Nach einiger Mühe gelang es ihm; das Brett löste sich mit lautem Krach.

Nun war es für ihn ein Leichtes, es so weit in die Höhe zu heben, daß er hinaus auf den Rand des Daches klettern konnte.

„Jetzt kommt mit Eurer Büchse nachgestiegen! Ich halte das Brett."

Einige Augenblicke später befand sich Hermann neben Old Firehand.

„Still!" warnte der Jäger. „Wir müssen damit rechnen, daß der Lärm gehört worden ist, den das Lossprengen des Bretts verursachte. In diesem Fall wird Juanito kommen und nachsehen."

Aber eine Minute verstrich, ohne daß sich etwas ereignete.

„Es geht alles ausgezeichnet", flüsterte Old Firehand. „Wir befinden uns auf dem rechten Flügel und müssen über den Mittelteil hinüber zum linken, wo die Treppe ist. So leise wie möglich. Es ist nicht ausgeschlossen, daß sich dieser Juanito mit der Alten in einer Stube unter uns befindet. Gehen wir also nicht auf den Brettern, sondern auf der Umfassungsmauer, um Geräusch zu vermeiden."

Die beiden bewegten sich, Old Firehand voran, vorsichtig weiter, und erreichten bald den linken Flügel. Sie entdeckten im Dach eine Falltür und sahen eine schmale Treppe, die sie hinabstiegen.

Noch aber hatten sie die unteren Stufen nicht erreicht, so blieb Old Firehand lauschend stehen.

„Ich höre Stimmen. Es scheint Juanito zu sein."

„Wo mag er sein?"

„In der Stube nebenan. Bei dem Mädchen, das uns warnte."

„Ja. Sie sagte doch, daß sie neben der Treppe wohnt."

„Die Tür scheint offen zu stehen. Steigen wir vollends hinab! Vielleicht hören wir etwas, was uns Nutzen bringt. Aber leise!"

Juanito befand sich in der Tat bei Anita. Die Lauscher vernahmen jedes Wort, das drinnen gesprochen wurde. Nach kurzer Zeit aber näherten sich Schritte einer dritten Person, die von rechts her kam. Auf dieser Seite stand Old Firehand. Er trat schnell auf die Treppenstufe zurück. Die Gestalt glitt an ihm vorüber, ohne ihn zu bemerken, und trat zu Juanito und Anita in die Stube. Es war das alte Weib.

*

Als Juanito aus dem Zimmer der beiden Gäste gesprungen war, hatte er es verschlossen, den Schlüssel abgezogen und den großen, eisernen Riegel vorgelegt, mit dem hier eine jede der schweren Türen versehen war. Dann eilte er zu der Alten.

„Haben sie davon gegessen?" fragte sie.

„Keinen Bissen!"

„Warum nicht?"

„Diese Halunken wollten, ich sollte mit ihnen essen. Das konnte ich natürlich nicht, und da schöpften sie Verdacht. Denk dir, sie wissen das von dem Engländer damals!"

„Unmöglich! Außer uns beiden hat doch kein Mensch etwas davon erfahren!"

„Das habe ich auch gedacht, bin aber nun eines anderen belehrt worden."

„Unbegreiflich! Sind sie allwissend?"

„Unsinn! Aber sie wissen auch, daß das Fleisch vergiftet ist!"

„Das ist nicht wahr!"

„Sie haben es mir ja selber gesagt! Ja, sie wissen sogar, daß du hundert Dollar bekommen sollst und die Kleidungsstücke."

„Wirklich?" fragte die Alte erschrocken.

„Ja."

„Dann haben sie unser Gespräch hier belauscht."

„Das ist sehr wahrscheinlich. Als ich von dir fortging, war es mir, als huschte jemand in den Gang hinein. Ich blieb auch stehen, hörte aber nichts weiter."

„So ist es gewiß, daß sie gehorcht haben."

„Das ist sicher, zumal, wenn ich an das Weitere denke. Ich hatte den Revolver bei ihnen liegen. Da haben sie mir die Patronen weggenommen. Ich wollte auf sie schießen, aber er ging nicht los."

„Tormenta!"

„Ich sprang aus der Stube, ehe sie mich daran hindern konnten, und habe sie nun eingeschlossen."

„Alle Wetter! Das war klug von Euch. Sie können doch nicht heraus?"

„Nein, kein Gedanke daran!"

„Was machen wir nun?"

„Am Morgen läßt du sie heraus und sagst, ich sei fortgeritten. In Wahrheit verstecke ich mich im Hof und knalle sie nieder, sobald sie aus dem Haus treten."

„Sehr gut. Die Leichen scharren wir ein wie damals die des Engländers."

„Aber wir müssen uns sputen, daß Roulin uns nicht etwa dabei überrascht. Er kann schon morgen kommen."

„Und Anita ist noch im Haus!"

„Ja. Sie muß noch diese Nacht fort. Roulin hat es

befohlen; er mag sie nicht wiedersehen, wenn er zurückkehrt."

„Dann weg mit ihr!"

„Ich gehe gleich zu ihr und bringe die Sache ins reine."

Juanito fand Anita bei einem brennenden Lichtstümpfchen in ihrer kleinen Stube sitzend. Als er eintrat, erhob sie sich und wich vor ihm scheu in die Ecke zurück.

„Bleib sitzen!" redete er sie an. „Warum fliehst du vor mir?"

„Was wollt Ihr hier?"

„Es wird Zeit, daß ich den Befehl Roulins ausführe; du mußt ins Bergwerk."

„Ich werde nicht hineingehen! Ich wehre mich, bis ich tot bin!"

„Laß dich nicht auslachen! Was willst du gegen mich machen? Und selbst, wenn du stärker wärst als ich, müßtest du dich fügen. Ich würde dich hier einschließen, bis Hunger und Durst dich so abgemattet hätten, daß du kein Glied mehr bewegen könntest."

„Per todos los Santos! Ich schwöre Euch, daß Ihr mich nicht in Euer entsetzliches Quecksilberbergwerk bringen werdet!"

In diesem Augenblick kam die Alte herbei. Sie hatte den Schwur noch gehört.

„Ist die Dirne toll?" schimpfte sie. „Meint sie denn, sich uns widersetzen zu können?"

„Eben das meint sie."

„Na, dann beweist ihr doch das Gegenteil! Greift doch zu! Ich helfe Euch!"

Das Weib streckte die Arme nach dem Mädchen aus, fuhr aber mit einem Schmerzenslaut zurück.

„Diablo! Sie schlägt!"

Anita hatte ihr einen Faustschlag ins Gesicht versetzt.

„Señor, seht Ihr denn nicht, daß sie mich schlägt?" zeterte die Hexe. „Was steht Ihr da? Helft mir doch!"

„Laß sie, Alte! Menge dich nicht in meine Angelegenheiten!"

„Sie hat mich geschlagen!"

„Sie soll ihre Strafe haben. Sie wird nicht wagen, auch mir die Fäuste zu zeigen!"

Dabei wandte sich Juanito wieder dem Mädchen zu.

„Nimm dich in acht!"

Anita zitterte vor Aufregung. Juanito lachte höhnisch auf.

„Dumme Katze! Ein Griff von mir genügt, und du bist erledigt!"

„Versucht's doch!"

„Pah! Ich habe keine Lust, mich mit dir herumzubalgen. Du kriechst ganz von selber zu Kreuz. Es muß dir irgend etwas den Kopf verdreht haben. Du trittst ja so zuversichtlich auf, als ob du noch Hilfe erwartetest."

„Erwarte ich auch."

„Von wem?"

„Von den beiden Señores, die mit Euch gekommen sind."

„Ist es das? Jetzt begreife ich! Aber du hast dich geirrt. Diese beiden Männer sind unsere besten Freunde."

„Ihr lügt! Vergiftet man etwa Freunde?"

Juanito fuhr überrascht zurück.

„Vergiften?" fragte er. „Mädchen, was meinst du?"

„Daß ihr beide einen Engländer vergiftet habt und nun auch diese fremden Señores vergiften wollt!"

„Tempestad! Jetzt geht mir ein Licht auf. Schlange, du hast uns belauscht!"

„Ja."

„Und die Señores gewarnt?"

„Ja. Sie werden meinen Hilferuf hören und herbeieilen!"

Juanito nickte langsam mit dem Kopf.

„Daher also dieser Widerstand. Nun ist mir alles klar. Aber du hast dich verrechnet. Diese braven und guten

Señores, von denen du Rettung erwartest, haben trotz deiner Warnung das Gift genossen. Ihre Leichen liegen eingeschlossen in dem Zimmer, wo sie ihre letzte Mahlzeit hielten."

Anita erbleichte.

„Ihr lügt!"

„Soll ich dir die Leichen zeigen?"

„Macht doch nicht so unnötige Rederei!" fiel da die Alte ein.

„Ja, du hast recht. Sie ist es nicht wert. Und damit sie erkennt, daß alle Hoffnung vergebens ist, will ich sie gleich jetzt unschädlich machen. Komm her! Ich will doch sehen, ob du dich auch gegen mich wehren wirst."

Juanito streckte die Arme aus.

„Zurück!" schrie Anita auf.

„Pah! Ich werde dich sogleich haben!" hohnlachte er und faßte sie mit beiden Fäusten.

Zu seiner großen Überraschung ließ Anita das ruhig geschehen, stand bewegungslos und starrte zur Tür.

Die Alte war aufmerksamer als Juanito. Sie drehte sich um und sah Old Firehand unterm Eingang stehen.

„Cielo!" kreischte sie.

Jetzt wandte sich auch Juanito um.

„Teufel! Was ist das?"

„Das ist Hilfe in der Not; aber nicht für dich, du Schurke und zehnfacher Bösewicht!"

„Oh, ihr seid nicht tot, nicht vergiftet?" rief Anita freudig.

„Nein, mein Kind . . ."

„Aber sterben sollt ihr doch!" brüllte Juanito, dann stürzte er sich auf Old Firehand, um ihn bei der Kehle zu fassen.

Er hatte sich aber in seinem Gegner verrechnet.

Der Jäger empfing ihn mit einem so gewaltigen Fauststoß vor die Brust, daß Juanito hintenüber zu Boden flog. Bevor er nur den Gedanken fassen konnte, sich aufzuraffen, kniete Old Firehand schon auf ihm und band ihm mit dem Lasso die Arme an den Leib.

Die Alte wollte sich diesen Augenblick zunutze machen und entfliehen; aber unter der Tür trat ihr Hermann entgegen, vor dem sie mit einem Schrei in die Stube zurückwich.

„Bleibt da, edle Señora!" lachte Hermann. „Ich hatte so große Sehnsucht nach Euch, daß ich nicht länger warten konnte. Ich komme geeilt, um Euch zu umarmen und an mein Herz zu drücken."

Auch er hatte seinen Lasso in Bereitschaft gehalten und schlang ihn der Alten, die keine Miene mehr machte, sich zu verteidigen, so um den Leib, daß sie kein Glied zu rühren vermochte. Dann lehnte er sie wie ein Bündel in die Ecke.

Durch den Hieb Old Firehands war Juanito der Atem ausgegangen. Er schnappte nach Luft. Jetzt hatte sich seine Lunge wieder vollgesogen.

„Was ist das?" rief er. „Ihr überfallt mich in meiner eigenen Wohnung? Wißt Ihr, was das bedeutet?"

„Ja, das bedeutet, daß es mit Euch zu Ende ist."

„Wagt es nicht, Hand an mich zu legen! Ich verlange, augenblicklich freigelassen zu werden!"

„Ihr könnt sehr gut pfeifen, wie ich höre. Hier ist meine Antwort."

Damit zog Old Firehand den Lasso so scharf an, daß der Gefangene vor Schmerzen laut aufschrie.

„So. Und wenn Ihr noch nicht zufrieden seid, kommt es noch besser!"

Anita kniete am Boden und hatte die Hände gefaltet.

„Gott, o Gott, ich danke dir!" betete sie. „Nie in meinem Leben werde ich diesen Tag und diese Stunde vergessen. Du sandtest mir Retter in der höchsten Angst und Not, mir und allen, die hier schmachten und durch sie befreit sein werden. Lob und Preis sei dir in Ewigkeit!"

Das sagte sie mit solcher Inbrunst, daß Old Firehand und Hermann tief gerührt waren.

„Jetzt singt die Bachstelze", giftete die Alte. „Aber der Stößer wird über sie kommen, ehe sie es für möglich hält!"

„Ja, bete nur, Dirne!" fauchte auch Juanito. „Du glaubst, gerettet zu sein, aber du irrst dich. Warte nur ab! Mit euch allen wird man wenig Federlesens machen."

Old Firehand versetzte dem herzlosen Menschen in höchster Entrüstung einen Fußtritt.

„Kerl!" rief er, „Ihr seid schlimmer als das ärgste Viehzeug! Uns, die wir Euch von dem tollen Wolf befreit haben, wolltet Ihr zum Dank dafür vergiften. Und hier habt Ihr — aber es ist schade um jedes Wort, das man eines solchen Schurken wegen verliert. Doña Anita, Ihr werdet die Güte haben, uns im Haus herumzuführen. Es ist notwendig, die Räumlichkeiten kennenzulernen, damit man weiß, was man gegebenenfalls zu tun hat. Vorher will ich mir den Schlüssel nehmen."

Old Firehand langte der Alten schnell nach dem Hals und zog die Schnur mit dem Schlüssel hervor.

„Gibt es einen Hauptschlüssel?"

„Zwei", antwortete Anita. „Den einen hat Señor Roulin selber, und den anderen trägt Juanito stets in der Hosentasche."

„Wollen sehen!"

Der Schlüssel war da, und nun begannen die drei ihren Rundgang.

Sie fanden alles verschlossen, auch den Eingang des Gebäudes. Old Firehand schob noch eigens den großen Riegel vor, damit er nicht durch Roulin überrascht werden konnte. Die Vorsicht gebot das, obgleich an dessen Ankunft noch nicht zu denken war.

In der Küche fanden sie neben anderen Vorräten einen Sack voll dumpfigen Maismehls, worin Mehlwürmer und Käfer ihr Wesen trieben.

„Dieses Zeug, mit kaltem, stinkendem Wasser angerührt, bekommen die Bergarbeiter als einzige Nahrung", erklärte Anita.

„Doch nicht mit den Maden?"

„Anders nicht. Die Alte nimmt sich nicht die Zeit, das Ungeziefer zu entfernen. Einmal sagte sie mir, die Mehlwürmer wären sehr gut für die Gefangenen; die Leute könnten nach diesem Genuß besser zu ihrer Arbeit singen und pfeifen."

„Ah, warte! Sie soll nachher selber pfeifen!"

In der Stube Juanitos fand man eine Peitsche aus zwölf geflochtenen Riemen. Jeder dieser Riemen hatte an seinem Ende einen Knoten. Das war ein Marterwerkzeug schlimmster Art.

Sodann entdeckte man verschiedene Fußeisen, Handschellen und Armketten. Sie waren so eingerichtet, daß sie die Glieder des Gefesselten eng beieinander hielten. An jeder Kette hing ein breitschneidiger Hammer und eine kleine, kurzstielige Schaufel. Mit beiden konnte der Gefangene arbeiten, ohne die Hände auseinanderzubringen.

Old Firehand betrachtete diese Werkzeuge aufmerksam.

„Es scheint, die Gefangenen sind an Händen und Füßen gefesselt. An einen Fluchtversuch oder Widerstand ist da freilich nicht zu denken. Hier liegt ein Schlüsselchen, das zu den Kettenschlössern paßt. Die Eingesperrten sollen noch im Lauf dieser Nacht frei sein!"

„Gott im Himmel, welch eine Freude für sie!" rief Anita.

„Nur ahnt mir, daß für manche von ihnen der Tod besser wäre als die Freiheit. Gehen wir zu unseren Gefangenen zurück!"

Old Firehand hatte die Peitsche in der Hand.

„Jetzt wollen wir uns mit diesen braven Leuten da ein wenig unterhalten", sagte er. „Dazu aber ist es hier zu eng; suchen wir also den famosen ‚Saal' auf, wo wir zuerst waren!"

Old Firehand ergriff Juanito und warf ihn sich wie einen Sack über die Schulter. Hermann nahm die Alte auf, und Anita griff nach dem Licht. So begaben sie sich zum ‚Saal', wo die Gefesselten auf den Boden gelegt wurden. Man band Juanito jetzt so, daß seine Rückseite vom Lasso nicht geschützt wurde.

„Was soll das heißen?" schimpfte er.

„Das werdet Ihr bald erfahren, mein Lieber."

„Ich verlange, befreit zu werden! Señor Roulin kommt noch heute — er wird mich rächen."

„Es wäre mir sehr lieb, wenn er käme! Leider aber ist er noch abgehalten."

„Was wißt Ihr von ihm?"

„Sehr viel. Er ist hinauf zum Blauen Wasser. Dort hat er seine Absicht aber nicht erreicht und hat fliehen müssen. Er wird verfolgt, und ich bin den Verfolgern vorausgeeilt, um Eure liebe Bekanntschaft so schnell wie möglich zu machen."

„So wolltet Ihr gar kein Quecksilber kaufen?"

„Was soll ich mit Quecksilber? Ihr habt Euch da einen ganz gehörigen Bären aufbinden lassen."

„Verdammt!"

„Ja. Eure Lage ist nicht die beste. Habe so eine Ahnung, daß man Euch bald ein neues Halstuch machen wird, und daß Ihr an irgendeinem Ort sterben werdet, der sich mehrere Fuß hoch über dem Erdboden befindet."

„Darüber lache ich. Ich kann sehr ruhig sein. Wer will mich irgendeines Vergehens beschuldigen?"

„Ihr selber. Ihr werdet mir alles sagen, was Ihr auf dem Gewissen habt. Übrigens kann auch ich als Euer Ankläger auftreten. Ihr habt uns vergiften wollen."

„Lüge!"

„Wir werden das Fleisch untersuchen lassen."

„Und vorher Gift daran tun, nicht wahr? Damit die Schuld auf uns kommt!"

„Mensch, Ihr seid wirklich ein ganz höllischer Bösewicht! Von Euch kann selbst der Teufel noch lernen. Doch halten wir uns damit nicht auf! Wir haben mehr zu tun. Antwortet mir also: Wie lange seid Ihr schon in Roulins Diensten?"

Juanito schwieg, selbst dann noch, als Old Firehand seine Frage wiederholte.

„Nun", sagte der Jäger, „so will ich es bei der Doña versuchen. Damen pflegen höflicher zu sein. Also, Señora, wie lange befindet sich dieser Mann im Geschäft Eures Herrn?"

Auch die Alte antwortete nicht.

„Ah, ihr wollt ein wenig Komödie spielen? Ich bin einverstanden. Eure Rolle wird aber kläglich genug ausfallen. Ich habe nämlich die Absicht, euch die Zungen zu lösen."

Er wandte sich an Anita.

„Verzeiht, Señorita, wenn ich Euch einen peinlichen Anblick nicht ersparen kann! Ich achte selbst in meinem Feind den Menschen. Diese beiden Geschöpfe hier aber sind aller Menschlichkeit bar und verdienen nicht, als Menschen behandelt zu werden. An dieser Peitsche klebt das Blut unschuldiger Gefangener. Ich handle nur gerecht, wenn ich sie als Mittel benutze, diesen Leuten den Mund zu öffnen."

Das gab Juanito sofort die Sprache wieder.

„Wollt Ihr etwa prügeln?" rief er. „Das sollt Ihr nur wagen!"

„Ich werde es wagen. Für jede Antwort, die Ihr mir schuldig bleibt, erhaltet Ihr einen Hieb. Gebt acht! Ihr sollt sofort sehen, daß es mir Ernst ist."

Old Firehand drehte Juanito um, setzte dem Widerstrebenden den linken Fuß auf die eine Schulter und nahm die Peitsche griffbereit.

„So! Und jetzt frage ich zum letztenmal: Wie lange befindet Ihr Euch in Eurer Stellung?"

Keine Antwort.

Da sauste die Peitsche nieder, und ein entsetzlicher Schrei gellte durch die Stube. Der Getroffene biß sich auf die Lippen, um nicht abermals zu schreien, aber er holte pfeifend Atem. Selbst die Alte hatte mit ihm aufgebrüllt.

„Nun, Antwort!“ drängte Old Firehand, indem er wieder drohend die Peitsche hob. „Sonst bekommt Ihr drei Hiebe, anstatt nur einen!“

„Es — es — sind — sind nun fünf Jahre“, erklang es mit einer Stimme, die vor Schmerz und Grimm bebte.

„Habt Ihr einen gewissen Wilkins gekannt?“

„Nein.“

Die Schläge hatten gewirkt. Juanito antwortete, wenn er auch nicht die Wahrheit sagte.

„Oder einen gewissen Adler?“

„Nein.“

„Ich rate Euch, seid offen!“

„Ich kann nur sagen, was ich weiß.“

„Dann sagt es! Wo ist die Quecksilbergrube?“

„Das weiß ich nicht.“

„Wo befinden sich die Arbeiter?“

„Habe keine Ahnung.“

„Ihr seid doch der Bergmeister!“

„Das, wonach Ihr mich fragt, sind die Geheimnisse Señor Roulins.“

„Ihr selber habt Euch seinen Vertrauten genannt.“

„Der bin ich auch, nur in dieser Beziehung nicht.“

„So ist Euch wohl auch unbekannt, wo sich der Eingang zum Quecksilberbergwerk befindet?“

„Ja.“

Juanito mochte geglaubt haben, mit dieser Lüge wegzukommen, aber er erhielt sofort wieder einen wuchtigen Hieb über den Rücken.

„Ich weiß es! Ich weiß es!“ brüllte er.

„Nun, wo?“

„In der Zisterne.“

„Sind Schlüssel notwendig?“

„Ja, mein Hauptschlüssel."

„Jeder Augenblick, den wir die unschuldigen Opfer noch länger schmachten lassen, ist ein Verbrechen. Doña Anita, fürchtet Ihr Euch vielleicht, wenn ich Euch mit dieser Alten eine Stunde lang allein lasse?"

„O nein, Señor! Ihr seid ja in der Nähe."

„Laßt sie ja gefesselt! Antwortet ihr am besten gar nicht! Behaltet für alle Fälle meinen Revolver hier! Unterdessen begeben wir uns ins Bergwerk, um die Armen zu befreien. Ihr, Juanito, werdet uns führen. Glaubt aber nicht, durch irgendwelche Hintergedanken Rettung zu finden! Ihr habt es mit Leuten zu tun, die Euch überlegen sind. Kommt, Master Adlerhorst!"

Nachdem Old Firehand Anita noch mehrere Verhaltungsmaßregeln gegeben hatte, trug er Juanito nach dessen Stube, legte ihm die dort vorgefundenen eisernen Hand- und Fußschellen an und befreite ihn erst dann vom Lasso.

Als man sich mit Laternen versehen und alle sonstigen Vorbereitungen getroffen hatte, begann man den schweren Erkundungsgang.

15. DAS IST DIE HÖLLE!

Old Firehand hatte die Absicht, sich sofort zur Zisterne zu begeben; aber als sie an der Tür vorüberkamen, hinter der nach Anitas Mitteilungen Roulins Zimmer lagen, kam ihm ein Gedanke. Er ließ Hermann mit Juanito warten und schloß mit dem Hauptschlüssel auf.

Eine der mitgebrachten Laternen gab ihm das nötige Licht. Er wollte sehen, ob er nicht ein Verzeichnis der Personen fand, die es jetzt zu befreien galt. Es war ja leicht möglich, daß Juanito ihn nicht überall hinführte; auch konnte es im Innern des Berges Schächte, Fahrten oder Gänge geben, die ohne Juanitos Ortskenntnis nicht aufzufinden waren. Ferner ließ sich mit Gewißheit vermuten, daß Roulin über seinen Betrieb Buch führte; und da mußten wohl die Namen aller Leute, die Old Firehand suchte, irgendwo verzeichnet sein.

Die Einrichtung der einen Stube verriet, daß sie als Wohn- und Schlafzimmer benutzt wurde. Schriftstücke waren aber nicht vorhanden. Hieran stieß ein zweiter Raum, auf dessen Tisch verschiedene Bücher, Hefte und Schreibereien lagen.

Eines der Hefte führte die Aufschrift ‚Arbeiter-Nachweis'. Es enthielt eine genaue Aufzeichnung, wieviel jede einzelne Person täglich geschafft hatte. Daneben standen Namen wie: Rosa, Mercedes, Christina, Paulina und Augusta; auf der nächsten Seite neben einigen anderen männlichen Namen: Adler, Wilkins und ‚der Indianer'.

Old Firehand nickte zufrieden vor sich hin. Endlich hatte er die beiden Männer entdeckt, nach denen so lange Zeit und vergeblich gesucht worden war: Adler und Wilkins.

Da bei jedem Namen die Beschäftigung des Betreffenden angeführt war, erhielt Old Firehand auch über diesen

Punkt die erforderliche Klarheit. Er kehrte also befriedigt zu Adlerhorst und Juanito zurück.

Jetzt begaben sich die drei in den Hof zur Zisterne.

„Wie kommt man da hinab?“ fragte Old Firehand.

„Mit der Leiter dort“, antwortete Juanito.

„Ich werde erst Umschau halten. Ihr seht, daß ich die Peitsche mitgenommen habe. Bei jedem Wort und bei jeder Bewegung, die mir nicht paßt, erhaltet Ihr Hiebe. Versucht es also nicht, mich über etwas zu täuschen oder gar in eine Falle zu locken! Master Hermann, wartet einstweilen mit ihm hier oben!“

Der Trapper ließ die Leiter hinab, die vom Rand der Zisterne bis auf deren Grund reichte, und stieg hinunter. Das Licht der Laterne genügte, ihn alles erkennen zu lassen.

Das Wasser glänzte ihm trüb und tückisch entgegen. Es hatte einen fauligen Geruch. Das also war das Getränk für die Gefangenen im Quecksilberbergwerk.

Die Zisterne war aus schweren Steinen aufgeführt und hatte einen bedeutenden Durchmesser. In halber Höhe bemerkte Old Firehand eine kleine, schmale, mit starkem Eisenblech beschlagene Tür. Sie war mit einem Hängeschloß versehen, in das der Hauptschlüssel paßte.

Old Firehand öffnete.

Der Eingang war so niedrig, daß ein Mann nur in gebückter Haltung hineingelangen konnte. Aus der Finsternis kam ihm ein starker Geruch von Moder und Fäulnis entgegen, der ihm fürs erste den Atem verschlug. Dennoch drang er in den Stollen ein, um sich von dessen Beschaffenheit zu überzeugen.

Nach einigen Schritten wurde der Gang höher, so daß man aufrecht gehen konnte. Old Firehand zählte über dreißig Schritte, dann gelangte er an eine zweite Tür, die genau wie die vorige beschaffen war. Nun erst kehrte er zur Zisterne zurück.

„Kommt herab!“ gebot er. „Juanito natürlich voran.

Wenn er sich weigern sollte, wird ihn die Peitsche willig machen."

Der Gefangene leistete indes keinen Widerstand mehr. Die Schmerzen, die er auf seinem Rücken empfand, sagten ihm, daß es für ihn geraten war, Gehorsam zu zeigen. Freilich konnte er nicht in gewöhnlicher Weise herabsteigen. Die eisernen Schellen an den Füßen erlaubten ihm nicht, von Sprosse zu Sprosse zu treten. Er mußte sich mit den gefesselten Händen anhalten, um beide Füße zu gleicher Zeit je auf die nächste Sprosse zu setzen. Hermann folgte und half ihm dann in den Gang hinein.

Juanito war leichenblaß. Aber seine Augen funkelten heimtückisch, und um seine zusammengekniffenen Lippen hatte sich ein Zug wilder Entschlossenheit gelegt. Old Firehand sah das und nahm sich vor, noch achtsamer zu sein.

Als sie an die zweite Tür gelangten, fragte er:

„Wohin kommen wir jetzt?"

„In die Vorratskammer."

„Gibt es hier vielleicht lebensgefährliche Stellen für den Uneingeweihten?"

„Nein."

„Ich hoffe, daß Ihr die Wahrheit sagt."

Dabei öffnete er die Tür. Dahinter erweiterte sich der Stollen zu einer kleinen, niedrigen Kammer.

„Was ist das hier?" fragte er.

„Eben die Vorratskammer, von der die Gänge abzweigen."

Die Öffnungen der Gänge waren so groß, daß ein Mann gerade hineinkriechen konnte. Neben einer jeden stand ein Faß. Diese Fässer enthielten Zinnober.

Old Firehand bückte sich nieder und blickte in eines dieser Löcher. Er sah weit, weit hinten einen blassen, verschwimmenden Lichtschimmer.

„Wer arbeitet da drin?" fragte er den Gefangenen.

„Mercedes."

„Also ein Mädchen. Wie alt ist sie?"
„Vierundzwanzig Jahre."
„Wie lange befindet sie sich schon hier?"
„Zwei Jahre."
„Ohne an die freie Luft gekommen zu sein?"
„Señor Roulin erlaubt es nicht!"
„Fürchterlich! Zwei Jahre lang in diesem Loch zu stekken, ohne Luft, ohne Sonne, ohne den Unterschied zwischen Tag und Nacht zu kennen! Das ist das Fegefeuer; das ist die Hölle!"

Der Trapper glaubte, das beklagenswerte Mädchen mit seiner kräftigen Stimme erreichen zu können. Darum rief er ihren Namen in die Öffnung hinein. Ein dumpfer Laut war die Antwort.

„Kommt heraus!" erwiderte er darauf und bemerkte, daß sich der Lichtschein langsam näherte.

Ja, die Unglückliche kam, aber auf allen vieren und verkehrt, mit den Beinen zuerst, da sie sich in dem engen Schacht nicht hatte umdrehen können. Als sie sich dann müde aufrichtete, bot sich den beiden Männern ein Anblick, der sie tief ergriff.

Das Mädchen war nur mit einem ledernen Schurz bekleidet. Ihre Glieder waren zum Entsetzen abgemagert. Das Gesicht machte den Eindruck eines Totenkopfes, aus dessen Höhlen die Augen glanzlos blickten.

Sie starrte die drei Männer an.

„Habt Erbarmen! Ich kann nicht dafür!" flüsterte sie.
„Wofür?" fragte Old Firehand mit stockender Stimme.
„Ich habe mein Maß nicht voll. Ich bin zu matt — kann vor Durst nicht mehr."
„Mein Gott, mein Gott! Zwei Jahre sind imstande, aus einem Menschen solch ein Jammerbild zu machen?"
„Zwei Jahre? Ich bin länger hier, viel länger."
„Nein. Ihr irrt Euch."
„Ich irre mich nicht. Ich war zweiundzwanzig Jahre alt, als man mich band und hier herunterschleppte. Ich

habe seitdem keine Sonne mehr gesehen; ich weiß nicht, wann und ob ein Tag vorüber ist — aber dreißig Jahre bin ich jetzt wenigstens alt. — Gott, mein Gott! Laßt mich frei! — Ich will euch ja nicht verraten! — Ich werde keinem Menschen ein Wort sagen!"

„Euer Wunsch wird erfüllt, Señorita. Ihr seid von diesem Augenblick an frei."

Die Unglückliche stierte Old Firehand an, als hätte sie etwas ganz und gar Unbegreifliches gehört.

„Frei?" sagte sie. „Señor, treibt keinen Scherz mit einer Elenden!"

„Es ist mein Ernst."

„Ich kann's nicht glauben. Hier herab kommen nur Teufel und Satane."

„Seht Euch diesen Mann an! Kennt Ihr ihn?"

„Unser Peiniger!" stöhnte sie mit einem müden Blick auf Juanito.

„Er wird euch nicht mehr peinigen. Seht, er ist gefesselt! Wir sind gekommen, euch alle zu befreien."

„Be — frei — frrr — —!"

Sie fuhr sich mit den zusammengeketteten Händen zum Herzen, holte tief Atem und glitt dann ohnmächtig auf den Boden nieder.

„Sie stirbt! Die Freude tötet sie!" rief Hermann.

„Nein. Es ist mehr Erschöpfung als Freude. Sie hat in ihrem Zustand den Gedanken, frei zu sein, gar nicht richtig erfassen können."

Old Firehand kniete bei der Ohnmächtigen nieder und zog eine Flasche aus der Tasche, die er in der Küche zu sich gesteckt hatte. Als die kühlenden Tropfen zwischen die Lippen drangen, öffnete sie die Augen und sog das erquickende Naß mit Begierde ein.

„Danke!" flüsterte sie.

„Trinkt! Ihr dürft nicht wieder bewußtlos werden. Ich brauche Euch."

„Wozu?" fragte sie matt.

„Ihr sollt die anderen aus den Schächten holen. Wir können nicht hinein.“

„Die anderen?“

Sie sah Old Firehand und Hermann verständnislos an. Doch plötzlich kam Leben in ihre Augen.

„Die anderen soll ich holen?“ stieß sie hervor.

„Ja. Könnt Ihr zu ihnen?“

„So ist es wahr, was Ihr sagtet? Ich soll frei sein?“

„Ja, Ihr und alle anderen.“

Da richtete sich das Mädchen in sitzende Stellung auf, legte die gefesselten Hände vors Gesicht und begann herzbrechend zu schluchzen.

Erst nach mehreren Minuten beruhigte sich Mercedes wieder und richtete die Augen mit unbeschreiblichem Ausdruck auf Old Firehand.

„Señor, Ihr kommt als Engel zu uns. Für diese Tat wird Euch Gott belohnen. Wie aber ist es möglich, daß Roulin einverstanden ist?“

„Er weiß nichts. Wir befreien Euch in seiner Abwesenheit.“

„Oh, dieser Roulin ist schlimm wie der Satan! Wie konnte ich nur seinen Worten glauben!“

„Er hat Euch betrogen?“

„Mich wie alle anderen. Er mietete mich in San Franzisko als Wirtschafterin. Dann, als ich ihm hierher gefolgt war, sprach er von Liebe; ich sollte seine Frau werden. Ich zweifelte nicht an der Wahrheit seiner Worte; was mir das einbrachte, seht ihr. Könnt ihr euch denken, was wir hier dulden? Könnt ihr euch ausmalen, was wir leiden? Reue, Haß, Verzweiflung fressen in unserem Hirn; das Quecksilber wütet in unseren Leibern; wir verfaulen lebendig. Der Hunger nagt an unserem Leben, und der Durst verzehrt unser Blut. Wenn wir zu schwach sind, unser Tagesmaß fertigzubringen, werden wir grausam geprügelt. Und warum? Was haben wir verschuldet? Ich habe zu Gott gebetet; es half nichts. Ich habe geflucht und gelästert; es half nichts. Dann bin ich still geworden, still; aber nicht etwa aus Ergebung, sondern weil ich nicht mehr die Kraft hatte, zu beten oder zu fluchen. Hätten diese Menschen uns getötet, schnell, mit einer Kugel, mit einem mitleidigen Messerstich, so wäre alles vorbei gewesen, und unsere Seelen hätten bei Gott für unsere Mörder um Gnade gefleht, denn wir hätten sie doch noch zu den menschlichen Wesen rechnen können. So aber werden wir langsam zu Tode gemartert. Seht hier diese Kästen! Neben jedem Loch steht einer. Sobald dieser Mensch hier, der sich Juanito nennt, der aber Beelzebub heißen sollte, zu uns in den Schacht kommt, muß eine jede ihren Kasten gefüllt haben, sonst erhält sie die Peitsche anstatt des Wassers, das unseren ausgetrockneten Mund erfrischen, unsere fiebernden Glieder kühlen sollte. Ich bin — oh — oh — mein Gott!"

Die Unglückliche wurde von einem heftigen und beängstigenden Hustenanfall unterbrochen.

Old Firehand hatte ihren Kopf, um den die langen Haare wirr hingen, in seinen Arm genommen. Jetzt blickte sie ihn lächelnd an.

„Mir ist jetzt leicht. O Gott, so wohl wie jetzt ist es mir lange, lange nicht gewesen. Aber, sagtet Ihr nicht, daß ich die anderen holen soll? Ich vergesse sie und denke nur an mich!"

„Wie viele befinden sich hier?"

„Wir sind hier fünf; aber hinter jener Tür sind noch andere, wie wir vermuten. Gesehen haben wir sie nicht."

„So holt die anderen vier! Vorher aber will ich Euch Eure Fesseln abnehmen!"

Old Firehand hatte den Schlüssel bei sich, den er in Juanitos Stube gefunden hatte. Er schloß auf und nahm dem armen Mädchen die Hand- und Fußschellen ab.

Sie verschwand nun im nächsten Gang und kroch dann auch noch in drei andere. Bald kamen ihre vier Leidensgefährtinnen zum Vorschein. Auch sie trugen nichts als nur den Lendenschurz. Die Kleidungsstücke, die sie besessen hatten, waren ihnen vom Leib gefault. Sie boten einen noch elenderen Anblick als Mercedes, denn sie befanden sich schon länger als jene an dem schauervollen Ort.

Es schien ihnen unfaßbar, daß ihnen doch noch einmal Rettung wurde aus dieser Qual, und ihr Schluchzen und Stammeln wollte kein Ende nehmen.

Doch Old Firehand durfte keine Zeit verlieren. Nachdem er sie von ihren Fesseln befreit hatte, wies er Hermann an, mit Juanito hier zu warten. Dann führte er die Frauen bis zur Zisterne und ließ eine nach der anderen die Leiter emporsteigen. Er folgte. Oben setzten sie sich dann ermattet auf die Erde. Ihre Lungen waren die frische Luft nicht mehr gewöhnt.

Er wartete geduldig und führte sie dann ins Haus, und zwar in das Zimmer, wo sich Anita mit der Alten befand.

Die Hexe stieß einen lauten Fluch aus, als sie die Geretteten sah; doch Old Firehand beachtete sie gar nicht. Er bat Anita, Kleidungsstücke für die anderen zu besorgen und in ihrer Aufmerksamkeit auf die Alte nicht nachzulassen. Dann kehrte er in den Schacht zurück.

Als er wieder bei Adlerhorst und Juanito eintraf, sah er es beiden an, daß es während seiner Abwesenheit einen Auftritt gegeben hatte. Hermann mochte wohl seinen Gefühlen Luft gemacht haben, und zwar vermutlich nicht nur in Worten.

Juanito erhielt nun den Schlüssel und mußte die nächste Tür öffnen. Sie traten in einen größeren Raum, von wo aus eine Fahrt senkrecht in die Höhe führte. Diese Fahrt war aber nicht etwa aus Holz, sondern aus Eisen gefertigt. An der Seite führte eine starke Eisenstange empor, woran ein Mensch gekettet war, der jetzt an der Erde lag. An der Fahrt brannte eine Lampe.

Bei ihrem Schein sahen Old Firehand und Hermann, daß der Mann langsam den Kopf hob.

„Wer ist dieser Mann?“ wendete sich Old Firehand an Juanito.

„Ein Indianer.“

„Von welchem Stamm?“

„Ich weiß es nicht.“

„Du weißt es. Antworte!“

Old Firehand holte mit der Peitsche aus, und nun wußte Juanito sofort Bescheid.

„Ein Apatsche.“

„Wie ist er in eure Gewalt gekommen?“

„Roulin brachte ihn mit.“

„Wann?“

„Vor längerer Zeit schon.“

„Warum redet er nicht?“

„Jedenfalls weil er nicht will. Er ist ein sehr störrischer Kerl.“

„Mensch!“ fuhr ihn Old Firehand in höchster Erregung an.

Dann redete er den Indianer in seiner Sprache an, erhielt aber keine Antwort.

„Kannst du nicht sprechen?“

„Der Rote schüttelte den Kopf.

„Warum nicht?“

Er deutete mit der Hand nach dem Mund und machte die Bewegung des Trinkens.

Old Firehand reichte ihm seine Wasserflasche; er konnte aber auch dann noch nicht sprechen, sondern nur stöhnen.

„Bestie!“ wandte sich der Jäger an Juanito. „Ihr wolltet diesen Mann wohl verdursten lassen?“

„Er ist selber schuld; er arbeitete nicht, er war faul.“

„Und da gabt Ihr ihm kein Wasser?“

„Roulin hat es befohlen. Prügel halfen nichts.“

„Seid Ihr toll? Seit wann hat er nicht getrunken?“

„Seit sechs Tagen.“

„Ich weiß Bescheid. Er ist erschöpft zusammengebrochen. Dafür muß er nun dürsten. — Es gibt keine Strafe auf Erden, die hart genug für Euch sein könnte! Welche Arbeit hat dieser Indsman zu machen?"

„Er ist der Fördermann. Er hat den Zinnober von hier hinauf- und das fertige Quecksilber herabzuschaffen."

„So befinden sich da oben die Brennanlagen?"

„Ja."

„Da, wo der Vogel sein sollte, der aber doch ein Mensch war?"

„Ja."

„Und wer arbeitet oben?"

„Einige Männer."

„Wer befindet sich noch hier unten?"

„Niemand."

„Wahrscheinlich belügt Ihr uns; aber die Strafe wird folgen."

„Ich sage die Wahrheit. Mir ist nun alles gleich. Wegen Roulin lasse ich mich nicht wieder schlagen."

„Das ist sehr klug von Euch. Roulins Herrschaft ist zu Ende. Also geprügelt habt Ihr den Indianer? Seht Euch vor! Wenn er wieder zu sich kommt, seid Ihr verloren."

„Ihr werdet mich schützen."

„Das ist ein sonderbares Verlangen. Ihr trachtetet uns wiederholt nach dem Leben und meint doch, daß wir Euch aus Dankbarkeit verteidigen sollen. Entweder seid Ihr maßlos unverschämt oder geradezu verrückt. Schaut her, wie grausam Ihr den Armen gefesselt habt!"

Der Apatsche war nicht imstande, ausgestreckt am Boden zu liegen, und das hatte folgenden Grund: Da er zum Schleppen schwerer Lasten verwendet wurde und doch Fesseln tragen mußte, aber auch der Möglichkeit beraubt sein sollte, sich von der Fahrtleiter zu entfernen, so hatte man neben der Fahrt die erwähnte Eisenstange angebracht. Daran steckten zwei Ringe, an denen wiederum die Hand- und Fußschellen des Apatschen befestigt waren. So konnte er mit einer Last auf- und absteigen und blieb doch gefesselt, denn die Ringe liefen ja neben der Leiter an der Eisenstange mit hinauf. Wollte er sich aber zur Ruhe legen, so waren die Ketten zu kurz, und er mußte sich krümmen wie ein Hund, so daß Hände und Füße einander an der Stange berührten.

„Das hat sich Roulin erdacht", sagte Juanito.

„Und Ihr seid sein Henkersknecht. Ihr habt den Apatschen geschlagen; diese Beleidigung kann nur Euer Tod sühnen. Er mag sich ein wenig erholen. Wir steigen indes hinauf."

Jetzt richtete sich der Indianer auf. Er warf einen unendlich dankbaren Blick auf Old Firehand.

„Nimm mein Leben! Du bist mein Retter!"

Die Stimme klang pfeifend und heiser. Old Firehand öffnete mit Hilfe des Schlüssels die beiden Schlösser seiner Fesseln.

Der Apatsche war frei. Er dehnte, reckte und streckte sich. Seine Augen begannen zu funkeln und richteten sich auf Juanito, und dann — wie war es nur möglich, daß es so schnell geschah? — riß er mit einer blitzschnellen Bewegung Adlerhorst das Messer aus dem Gürtel, warf sich auf Juanito, schleuderte ihn zur Erde, faßte mit der Linken dessen Haar und trat ihm mit einem Fuß auf die Brust. Drei kurze, rasche Schnitte, ein Ruck am Haar und ein entsetzlicher Schrei Juanitos — der Apatsche sprang auf, stieß einen lauten, triumphierenden Kriegsruf aus und schwang die abgerissene Kopfhaut in der Linken — Juanito war skalpiert, bei lebendigem Leibe skalpiert!

Old Firehand hatte an der Fahrt hochgeblickt und sich angeschickt, hinaufzusteigen. Darum war er auf den unerwarteten Vorgang erst aufmerksam geworden, als der Apatsche schon auf Juanito kniete und ihm mit dem Messer rund um das Haar die Schnitte zog. Das übrige geschah so schnell, daß Old Firehand, obwohl er sofort zusprang, den Apatschen doch erst packen konnte, als jener schon die Kopfhaut in der Hand hatte.

Juanito brüllte wie ein Rasender. Er lag am Boden und schlug mit Händen und Füßen um sich. Sein Geschrei hatte nichts Menschenähnliches mehr.

Stumm blickte Old Firehand auf den Apatschen.

„Rache!"

„Das war jetzt nicht an der Zeit."

„Rache!" wiederholte der Indsman heiser.

„Lieber solltest du ihn töten!"

„Töten? Mein weißer Bruder weiß nicht, was ich erduldet habe. Andere haben noch mehr erlitten. Ein schneller Tod ist keine Strafe dafür. Ich habe ihm den Skalp genommen. Er mag heulen, bis ihm eine andere Kopfhaut wächst. Ich werde hier bei ihm wachen, wenn mein Bruder hochsteigen will."

„Gut! Aber quäle ihn nicht! Verbinde ihn wenigstens!"

Der Apatsche wollte trotzig auffahren. Da begegnete sein Blick dem des Jägers. Es war wie ein stummes Ringen zwischen den beiden. Hier wilder, ungezügelter Haß, der sich satt trinken wollte, dort ernste, strenge Mahnung zur Selbstzucht und Menschlichkeit.

Und der weiße Mann blieb Sieger. Der Indianer, knüpfte schweigend die Schärpe los, die Juanito als Gürtel um die Hüften trug, goß das restliche Wasser aus Old Firehands Flasche darauf und wusch damit die blutende Kopfwunde.

Der Skalpierte schrie unter jeder Berührung laut auf. Der Rote kehrte sich nicht daran. Stumm verrichtete er sein Werk. Er wand das Tuch um Juanitos Schädel. Dann hockte er sich nieder und starrte vor sich hin.

„Mein roter Bruder hat jetzt seinen schönsten Sieg erfochten", sagte Old Firehand. „Er hat sich selbst überwunden."

Dann stieg er mit Hermann an der Fahrt empor.

Es ging hoch hinauf. Endlich, am Rande der Fahrt, befanden sie sich unter einem Dach, das nur an den vier Ecken von Holzsäulen getragen wurde und dadurch der Luft freien Zutritt gestattete. Die Sterne des Himmels leuchteten von den offenen Seiten herein. Und bei ihrem Schein erkannten sie einen Mann, der beim Ausgang der Fahrt hockte. Ohne aufzublicken, fragte er:

„Was geschieht da unten, Apatsche? Wer schreit so?"

Die Frage war in der Indianersprache gestellt worden.

„Juanito ist skalpiert worden", antwortete Old Firehand spanisch.

„Von wem?" stutzte der Mann und schaute auf.

„Von dem Apatschen."

„Tormenta!"

Der Gefesselte sprang auf und starrte nun auch auf Hermann Adlerhorst.

„Wer seid Ihr? Der Hund von Juanito ist skalpiert? Oh, dann dürfen vielleicht auch wir hoffen!"

„Ja. Ich komme, um Euch zu sagen, daß Ihr frei seid, Señor."

„Herrgott! So sei dem Himmel Dank! Ich lebte schon in fürchterlicher Angst, daß es mir so gehen würde wie den anderen hier oben!"

„Wie denn?"

„Oh, das läßt sich gar nicht beschreiben! Ich bin erst seit kurzer Zeit hier."

„Wie ist Euer Name?"

„Ich heiße Benfield."

„Wie viele Männer sind hier oben?"

„Sechs."

„Kennt Ihr sie?"

„Ja."

„Habt Ihr mit ihnen gesprochen?"

„Nein. Ich kann nur einen sehen. Es hat ein jeder sein Gerät zu versorgen und ist so daran gefesselt, daß er sich nicht davon fortbewegen kann. Aber die Namen kenne ich. Außer mir sind da ein gewisser Adler, ein Wilkins, ein Groota, ein Hampton und ein Baring."

„Gebt Eure Fesseln her! Ich will sie lösen."

„Wirklich? Frei, frei? Hier meine Hände und Füße, Señor — ah, wie heißt Ihr?"

„Man nennt mich Winter."

Nun wurden die anderen aufgesucht.

Sie befanden sich oben auf der Kuppe des Felsenbergs. In mehreren kleinen Gebäuden standen Öfen und Schmelztiegel, die von je einem Mann in Fesseln bedient wurden.

Man kann sich das Glück dieser Männer denken, als sie die Kunde von ihrer Befreiung vernahmen. Außer Benfield hatten alle ein höchst beklagenswertes Aussehen, da sie beim Reinigen des Quecksilbers der Einwirkung dieses Metalls sehr ausgesetzt waren. Glücklicherweise aber gab es hier oben einen fast immerwährenden über die Kuppe streichenden Luftzug, der die giftigen Dünste zum größten Teil mit sich fortnahm.

Gemeinsam stiegen sie nun die Leiter hinab.

Unten saß der Apatsche noch neben Juanito und hielt sein Messer in der Hand. Er hatte ihm gedroht, ihn zu erstechen, sobald er wieder zu schreien anfinge. Das hatte geholfen. Juanito biß die Zähne zusammen und gab sich Mühe, seine Schmerzen zu überwinden. Trotzdem aber besaß er nicht Selbstbeherrschung genug, ein pfeifendes Stöhnen zu unterdrücken, das der Indianer mit verächtlichem Grinsen beantwortete.

Dem Skalpierten wurden jetzt die Fußfesseln abgenommen. In seinem Zustand und bei der zahlreichen Begleitung war an einen Fluchtversuch nicht zu denken. Nachdem man sich durch aufmerksames Nachforschen überzeugt hatte, daß keine Gänge und also auch keine Gefangenen mehr vorhanden waren, trat man den Weg ins Gebäude an. Juanito mußte wegen seiner Verwundung getragen werden.

Old Firehand führte die Männer zunächst in Roulins Zimmer, wo sich dessen Kleider befanden. Der Vorrat reichte vollauf, sie mit Anzügen zu versorgen.

Inzwischen suchten die Retter nach Nahrungsmitteln. Und als dann die Männer aßen und tranken, ging Old Firehand zu den Frauen, die sich aus Anitas Habe notdürftig eingekleidet hatten.

Die Alte wurde mit Juanito in eine fensterlose Stube eingeschlossen. Die Bewachung der beiden erbat sich der Apatsche.

Dann wurden Männer und Frauen zusammengeführt. Es war erschütternd mit anzusehen, wie sich die Unglücklichen begrüßten, die jahrelang Leidensgefährten gewesen waren.

16. ZWEI BRÜDER

Old Firehand und Hermann Adlerhorst lehnten am Fenster und betrachteten die von ihnen Geretteten.

Hermann befand sich in gewaltiger Aufregung. Nach siebzehnjähriger Trennung hatte er heute zum erstenmal seinen Bruder wiedergesehen, als er ihm mit eigener Hand die Fesseln löste. Er mußte sich dabei gewaltig zusammennehmen, um seine Bewegung zu meistern und sich nicht zu erkennen zu geben. Die plötzliche Freude hätte dem Geretteten ernstlich schaden können.

Martin war nur mehr ein Schatten dessen, was er auf Wilkinsfield gewesen war: zum Skelett abgemagert, seine Augen lagen glanzlos in tiefen Höhlen. Jetzt kauerte er an der Bergwand bei einem Mann, der gleich ihm nur aus Haut und Knochen zu bestehen schien. Sein Bart war lang und verwildert, aber in seinen Zügen besaß er eine merkwürdige Ähnlichkeit mit Roulin, dem Herrn des Bergwerks. Es war Artur Wilkins, der verschwundene Neffe des Farmers Wilkins.

Die beiden hatten sich viel zu sagen. Martin war ja ausgezogen, den Verschollenen zu suchen; aber obgleich er sich seit Monaten im Bergwerk befand, hatte er ihn nie zu Gesicht bekommen. Heute sprach er zum erstenmal mit ihm.

Hermann hing mit glühenden Augen an den Zügen und an jeder Bewegung seines Bruders. Er sehnte sich nach dem Augenblick, da er sich ihm zu erkennen geben und ihn in die Arme schließen durfte. Old Firehand merkte wohl, was in dem jungen Mann vorging. Als daher eine Pause in der Unterhaltung der beiden an der Bergwand eintrat, wandte er sich an Martin.

„Master Adler, ich habe mit Euch zu sprechen und bitte Euch, auf eine Viertelstunde mit mir zu kommen.“

Martin folgte Old Firehand in den ‚Saal'. Dort erging er sich in stammelndem Dank. Old Firehand hörte ihm eine Weile lächelnd zu, dann aber fiel er ihm in die Rede.

„Laßt's gut sein, Master! Ihr habt es nicht mir allein zu verdanken, daß Ihr heute frei seid. Ich habe Euch gesucht."

„Ihr? Mich."

„Es gibt mehrere Personen, die gern Euern jetzigen Aufenthaltsort erfahren wollten."

„Wer?"

„Zuerst einmal ein gewisser Master Wilkins und seine Tochter Almy. Zwei Euch bekannte Namen. Nicht?"

„O Gott! Wo sind sie? Wie geht es ihnen? Wo habt Ihr sie getroffen?"

„Stop! Ihr stellt ja da einen ganzen Kürbis voll Fragen, die zu beantworten ich jetzt keine Zeit habe. Ich werde Euch einen anderen schicken, der Euch den gewünschten Aufschluß gern erteilen wird."

„Wer ist dieser andere?"

„Er ist mein Begleiter. Auch er hat Euch viele Monate gesucht."

„Ihr macht mich immer neugieriger. Was will er von mir? Ich kann mich nicht erinnern, ihn jemals gesehen zu haben."

„Nicht?" lächelte der Jäger. „Siebzehn Jahre sind freilich eine lange Zeit."

„Siebzehn Jahre? Ich verstehe Euch nicht. Damals war ich ja noch ein Knabe und — und . . ."

„Nun? Und?"

„Und damals befand ich mich gar nicht hier, sondern im Orient! Doch davon könnt Ihr ja nichts wissen."

„Ihr irrt. Ich kenne die ganze verhängnisvolle Geschichte Eurer Familie."

Martin blickte den Sprecher mit großen Augen an.

„Sagt Ihr die Wahrheit?"

„Ich habe keinen Grund zu scherzen."

„Wer soll Euch davon Mitteilung gemacht haben?“ Wohl nur mein Pflegevater Wilkins, der mein Schicksal kennt.“

„O nein!“

„Nicht? Dann könntet Ihr es nur noch von meinem Oheim erfahren haben. Aber das wäre ein Zufall, woran ich nicht glauben kann.“

„Meint Ihr vielleicht Sir David Lindsay?“

„Wahrhaftig, Ihr kennt ihn! Wo und wann habt Ihr ihn gesehen?“

„Erst vor wenigen Tagen auf dem Kolorado. Auch er ist hinter Euch her. Aber Ihr irrt, wenn Ihr meint, daß ich von ihm zum erstenmal von Euch gehört hätte.“

„Dann weiß ich allerdings nicht, wer Euch von mir erzählt haben sollte!“

„Wer anders als Euer Bruder?“

„Mein — — Bruder?“

Diese Nachricht kam für Martin so überraschend, daß er aufsprang.

„Ja. Euer Bruder.“

„Ihr irrt Euch! Ihr müßt Euch irren! Ich habe keinen Bruder — — das heißt — — ich hatte einmal einen Bruder — — ich hatte sogar zwei — — aber die könnt Ihr unmöglich meinen — — die sind ja verschollen — — oder gar tot.“

„Wie nun, wenn ich Euch die Versicherung gäbe, daß sie nicht tot sind?“

„Woher solltet Ihr das wissen?“

„Eben von Euerm Bruder!“

„Von — meinem — Bruder? Oh, treibt keinen Scherz mit mir, Sir!“

„Wie dürfte ich in solch ernsten Dingen scherzen? Es ist so, wie ich sage.“

„Gott — wenn es wahr wäre — welchen meint Ihr dann? Gottfried oder Hermann?“

„Hermann.“

„Und wo ist er?“

„In der Nähe. Es ist mein Begleiter, von dem ich vorher sprach.“

Martins Knie zitterten; sie versagten ihm den Dienst; er mußte sich wieder setzen.

„Der — der — wäre mein Bruder?“

„Wie ich Euch sage.“

„Aber wie — wie kommt er nach Amerika? Wie kommt er hierher?“

„Das wird er Euch am besten selber berichten. Er kann Euch dann auch erzählen von Eurer Schwester Lisa und von Euerm Bruder Gottfried.“

„Himmel — was — was — — wißt Ihr von denen?“

„Ich weiß nur, daß sich Lisa in sicherer Obhut in Deutschland befindet und Euer Bruder Gottfried in Rußland.“

„O du gnadenreicher Gott, ich danke dir! Verzeih mir, daß ich kleingläubig und beinahe verzweifelt war. Ach Sir, es war der Traum meines Lebens, noch einmal meine Angehörigen zu sehen. Und Ihr könnt Euch denken, was ich empfand, als ich meinen Traum aufgeben mußte, weil ich in diesen hoffnungslosen Höllenschlund gestürzt wurde! Nun ist mir das, was ich durch die Arbeit eines Lebens zu erringen hoffte, wie durch ein Wunder von selber in den Schoß gefallen. Möge Euch Gott dafür belohnen! — Und wie ist Euer Name, Sir?“

„Man nennt mich in diesen Gegenden Old Firehand.“

„Ihr — seid — Old Firehand?“

„Der bin ich. — Und ich glaube, ich kenne Euch schon von früher her.“

„Mich von früher her? Wieso?“

„Ich denke da an Deutschland, da drüben war ich einstmals Oberförster im Dienst eines Bruno von Adlerhorst, und ich meine, das muß Euer Vater gewesen sein.“

„Wäre das möglich?“

„Gewiß, Ihr selber wart damals freilich ein kleiner

Knirps von etwa zwei Jahren. Deshalb wißt Ihr nichts von dem Förster Eures Vaters, der Winter hieß."

„Und dieser Mann seid Ihr?"

„Ja. Ich bin jener Winter."

„Wunder über Wunder! Welch seltsame Wege! Welches Schicksal!"

„Ihr habt recht. Auch ich hätte mir nicht träumen lassen, hier im Wilden Westen den Söhnen meines ehemaligen Herrn zu begegnen."

„Wie hat Euch denn Hermann getroffen? Er hat Euch wohl aufgesucht?"

„Nein. Er wußte nichts von mir. Wir sind sozusagen übereinander hinweggestolpert. In Santa Fé war es, wo wir uns auf der Straße begegneten. Die Ähnlichkeit Eures Bruders mit seinem Vater fiel mir sofort auf. Ich sprach ihn an, und das Weitere entwickelte sich von selber."

„Ihr sagt das so leicht, und doch liegt für mich so viel darin! Oh, ich habe nicht nur einmal mit meinem Geschick und sogar mit Gott gehadert! Und der Zweifel bohrte sich tief in mein Gehirn und zehrte an dem Glauben, den ich mir aus meiner Kindheit gerettet hatte. Da kamt Ihr wie ein Bote des Himmels, mich zu retten. Und mir ist jetzt, als würde ein Schleier vor meinen Augen weggezogen und als lösten sich die Fäden, die mir noch bis vor einer Stunde als unentwirrbarer Knoten erschienen. Master Winter, Ihr habt mir nicht nur mein Leben, Ihr habt mir auch meinen Glauben wiedergegeben! Wie soll ich Euch . . ."

„Schon gut!" unterbrach ihn Old Firehand gerührt. „Dankt nicht mir, sondern Gott! Ich war nur sein Werkzeug, und nicht nur ich allein, sondern noch eine Reihe trefflicher Männer, die sich um Euer Wiederfinden bemüht haben. Sie verdienen ebenso Euern Dank."

„Wer sind die Männer?"

„Winnetou, der Häuptling der Apatschen."

„Winnetou!"

„Dann Sam Hawkens, Dick Stone und Will Parker, die redlich das ihrige zu Eurer Rettung getan haben. Aber ich habe jetzt wirklich keine Zeit mehr. Wartet eine Minute; ich schicke Euch einen anderen, der Euch alles sagen wird, was Ihr wissen wollt!"

Old Firehand suchte nun Hermann auf, der noch an derselben Stelle stand und dem Nahenden mit ungeduldig fragenden Blicken entgegensah.

„Geht zu Euerm Bruder! Ich habe ihn vorbereitet."

„Darf ich ihm alles sagen?"

„Ja. Ich glaube, er ist jetzt stark genug, um die ganze Wahrheit zu erfahren. Ihr werdet ihn im ‚Saal' finden."

Hermann eilte fort.

Es gibt Augenblicke, in denen sich für uns Sterbliche der Himmel zu öffnen und einen Teil seiner Seligkeit auf uns zu ergießen scheint. Solch einen Augenblick erlebten jetzt die beiden Brüder. Das Todestal hatte für sie seinen Schrecken verloren und sich in einen Ort der Freude verwandelt.

*

Old Firehand begab sich zu Artur Wilkins, dem Neffen des Pflanzers. Man kann sich vorstellen, mit welcher Spannung Artur die Eröffnungen des Jägers entgegennahm; denn was er hörte, bildete die Schilderung von dem Fortgang des Schurkenstreichs, dem er zum Opfer gefallen war. Von Martin hatte er nicht alles erfahren. Dieser hatte sich ja auf die Suche nach Artur begeben, bevor Wilkins und Almy von der Pflanzung vertrieben wurden, und wußte also nicht, was aus den beiden geworden war. Arturs Hände gerieten ins Zittern, als er erfuhr, mit welch schurkischer Niedertracht man gegen seine Verwandten vorgegangen war.

„Wehe diesem Roulin, wenn er mir in den Weg kommt! Ihr sagt, daß wir ihn in allernächster Zeit hier zu erwarten haben. Was habt Ihr mit ihm vor?"

„Wir werden ihn dem Richter übergeben."

„So sagt Ihr als Deutscher. Was für ein Urteil wird der Richter fällen?"

„Jedenfalls das Todesurteil."

„Ja. Man wird ihn hängen. Aber ist das eine genügende Strafe für seine Verbrechen? Bedenkt, was seine Opfer ausgestanden haben! Er sollte eines zehnfachen Todes sterben. Man müßte ihn lynchen!"

„Ich bin dagegen. Es muß vor Gericht nachgewiesen werden, daß Wilkinsfield von ihm unrechtmäßigerweise verkauft wurde. Leflor muß die Besitzung ohne alle Entschädigung herausgeben und auch sämtliche Erträgnisse zurückerstatten, die die Pflanzung während seiner Zeit abwarf. Könnt Ihr das aber erreichen, wenn Ihr Roulin lyncht?"

„Ihr habt recht. Die Klugheit gebietet, ihn dem Richter zu übergeben. Verdient hat er weit mehr."

„Wie seid Ihr eigentlich in Roulins Gewalt gekommen?"

„Das ist bald erzählt. Ich lernte in Santa Fé Walker kennen, der mich hierher lockte. Von Roulin, der mir auf sonderbare Weise ähnlich sah, wurde ich freundlich aufgenommen, erhielt aber einen Schlaftrunk. Als ich erwachte, befand ich mich als Gefangener hier im Quecksilberbergwerk. Ich mußte Tag und Nacht arbeiten, wenn ich mich nicht einer unmenschlichen Behandlung aussetzen wollte. Das einzige, was mich noch aufrecht hielt, war die Hoffnung."

„Ja, selbst in der schwersten Not muß man noch auf das höhere Walten über uns hoffen. Hoffnung läßt nie zuschanden werden und verleiht ungeahnte Kräfte."

„Jawohl, Sir. Und ich schäme mich jetzt auch der Stunden der Verzweiflung. Aber zwischendurch wuchs der Gedanke, vielleicht doch wieder zur Freiheit zu gelangen, und gab mir die Kraft, selbst ein solches Leben weiter zu ertragen."

„Und wie hat dann Master Adler Eure Spur gefunden?"

„Das war nicht schwer, wie er mir vorhin erklärte. Ich sollte mit Walker in Santa Fé den Kauf abgeschlossen haben. Das war für ihn ein Fingerzeig. Er ging deshalb dorthin."

„Ganz recht!"

„Dort trieb er sich längere Zeit vergebens umher. Bei der Behörde erfuhr er auf seine Erkundigungen, daß der Kauf wirklich und in gültiger Weise abgeschlossen worden war. Ich selber sei mit Walker vor der Behörde erschienen."

„Das war natürlich Roulin, der Euch die Papiere abgenommen hatte und sich nun für Euch ausgab."

„So ist es. Ungefähr einen Monat lang war Adler in Santa Fé und Umgebung und forschte fleißig nach Walker, aber vergebens. Da lernte er einen spanischen Kreolen kennen. Er hieß Alfarez und war Gastwirt in Dos Palmas."

„Dos Palmas? Ich war gestern dort und traf da Juanito, dessen Mutter Wirtin ist."

„Kennt Ihr Juanitos Familiennamen?"

„Nein."

„Er heißt Alfarez. Juanito ist der Sohn dessen, dem Master Adler in Santa Fé begegnete. Er war ein Helfershelfer Walkers, was Adler freilich nicht ahnte. Nachdem er mit Alfarez vertrauter geworden war, weil dieser in der Gegend sehr gute Beziehungen besaß, nannte er Walkers Namen und erfuhr zu seiner Freude, daß Alfarez ihn kannte."

„Zu seiner Freude, aber auch zu seinem Unglück."

„Alfarez sagte ihm, wenn er Walker treffen wolle, müsse er mit nach Dos Palmas gehen. Walker wohne in der Nähe und verkehre öfters in seinem Gasthaus. Das war die Leimrute, an der Adler hängen blieb. Von dort aus lockte ihn Alfarez ins Todestal. Er hätte bei dem Besitzer des Quecksilberbergwerks zu tun, sagte er ihm. Der Name ‚Todestal' reizte Adler; er wollte es kennenlernen.

Er kam hier an, wurde freundlich aufgenommen und erhielt einen Schlaftrunk, genauso wie ich. Als er erwachte, steckte er gefesselt im Bergwerk. Nun erfuhr er auch, welcher Art die Bekanntschaft dieses Alfarez mit Roulin war: Alfarez war der Bergmeister."

„Wie jetzt sein Sohn."

„Ja, dieser ist der — —"

In diesem Augenblick erschienen die beiden Brüder Adlerhorst Hand in Hand. Der junge Wilkins war nicht wenig erstaunt, als er von dem Verwandtschaftsverhältnis der beiden erfuhr.

„Wir haben nicht viel Zeit", mahnte Old Firehand. „Berichtet weiter, Master Wilkins! Wolltet Ihr nicht vorhin sagen, daß Juanito der Nachfolger seines Vaters im Bergwerk ist?"

„So ist es."

„Wo steckt dann jetzt der Vater?"

„Irgendwo unter der Erde. Er ist tot."

„Schade. Es hätte mich sehr gefreut, wenn wir ihm jetzt seinen Lohn geben könnten, wie ihn sein Sohn erhalten wird."

„Der Vater hat ihn schon. Er ist keines natürlichen Todes gestorben. Doch davon kann Euch am besten Master Adler erzählen."

„Wieso?"

„Er war dabei, als ihn der Teufel holte."

„So ist er wohl verunglückt?"

„Wie man's nimmt", fiel Martin Adler ein. „Ja, er ist verunglückt, nämlich zwischen meinen Fäusten."

„Ah!"

„Ich weigerte mich natürlich, hier zu arbeiten, und erhielt die Peitsche. Ihr wißt nicht, was das heißt. Gleich beim ersten Hieb, den er mir gab, unterschrieb ich im stillen sein Todesurteil. Aber ich war ja an eine Eisenstange gefesselt; er hütete sich, mir zu nahe zu kommen, und so konnte ich ihn nicht fassen. Er trat nur so weit zu mir heran, daß er mich mit der Peitsche erreichen konnte. Ich erhielt öfters Schläge. Das verzehnfachte meinen Grimm. Eines schönen Tages stellte ich mich ohnmächtig; ich fiel um. Er war so unvorsichtig, mich zu untersuchen — und da hatte ich ihn. Zwar steckten meine Hände in eisernen Schellen, und er wehrte sich wie ein wildes Tier, aber ich besaß noch alle meine Kräfte, die durch den Grimm noch verdoppelt wurden; ich war ihm überlegen, er starb unter meinen Fäusten."

„Ein billiger Tod für seine unerhörten Schandtaten."

„Juanito, sein Sohn, der ihm schon in den letzten Jahren zur Seite gestanden hatte, wurde sein Nachfolger."

„Das war schlimm für Euch."

„Versteht sich. Der Sohn gab sich alle Mühe, den Tod des Vaters an mir zu rächen. Was ich ausgestanden habe, spottet aller Beschreibung. Roulin hatte die Stirn, mir hohnlachend zu erzählen, daß auch Artur Wilkins bei ihm gefangen sei. Er machte kein Hehl daraus, daß er sich in Santa Fé für Wilkins ausgegeben und die Pflanzung an Walker weiter verkauft hatte. So, da habt Ihr alles, was ich weiß, Master Firehand."

„Danke. Ihr seid aus einer schrecklichen Lage befreit worden. Aber wißt Ihr auch, daß Ihr Euch noch nicht außer jeder Gefahr befindet?"

„Leider! Ihr meint doch unseren körperlichen Zustand? Wir sind vergiftet, und selbst wenn wir ärztliche Hilfe in Anspruch nehmen, ist es sehr fraglich, ob wir die volle Gesundheit wiedererlangen werden."

„Nun, gebt auch hier die Hoffnung nicht auf!"

„Das tue ich auch nicht. Glücklicherweise befanden sich die Öfen und Schmelztiegel oben auf dem Felsen, wo die Luft ungehinderten Zutritt hatte und die schädlichen Dünste fortführte."

„Das war allerdings ein günstiger Umstand. Aber als ich von der Gefahr sprach, in der Ihr Euch noch befindet, dachte ich nicht an Euern Gesundheitszustand, sondern an etwas anderes: Roulin kehrt von seinem Ausflug zurück und bringt einige hundert Mojave-Indianer mit."

„Mein Gott! So laßt uns fliehen, solang es noch Zeit ist!"

„Fliehen? Wo denkt Ihr hin! So schnell räumt ein Westmann das Feld nicht."

„Verzeiht! Es war nicht meine Absicht, Euch zu einer Feigheit zu bereden. Ich meine nur, daß wir wieder verloren sind, wenn wir uns hier von ihm und den Indianern treffen lassen. Wir gehen von hier fort und kommen mit polizeilicher Begleitung wieder, um uns seiner Person zu bemächtigen."

„Das wäre so ziemlich das Ungeschickteste, was wir tun könnten", lächelte Old Firehand überlegen.

„So findet mein Vorschlag Euern Beifall nicht?"

„Nein, gar nicht. Meint Ihr, daß wir Roulin später hier noch anträfen? Wenn er bei seiner Rückkehr die Gefangenen befreit findet, wird er sich ganz gewiß in aller Eile unsichtbar machen. Nein. Wir bleiben hier, um ihn zu erwarten."

„Das ist tollkühn! Bedenkt unseren Zustand! Ihr und Hermann seid die einzigen Gesunden. Wir anderen sind zu einer Gegenwehr unfähig."

„Wir haben Helfer. Hinter Roulin und seinen dreihundert Mojaves kommen einige Freunde mit vierhundert Apatschen und Marikopas. Sie folgen ihnen auf dem Fuß."

„Werden sich unsere Verbündeten während des Ritts von den Mojaves sehen lassen?" nahm jetzt Hermann das Wort.

„Gewiß. Ich habe ihnen das angeraten. Sie sollen die Mojaves treiben, ihnen keine Ruhe lassen, damit die Feinde keine Zeit finden, irgendwelche Anschläge auf Almy auszuführen."

„Mein Gott, Almy!" entfuhr es Martin Adler, dem bei diesem Namen der Bericht seines Bruders Hermann über die Entführung des geliebten Mädchens und ihres Vaters wieder lebendig vor der Seele stand. „Wir müssen ihr helfen!"

„Ich werde sogleich aufbrechen", entschied Old Firehand.

„Aufbrechen?" fragte Hermann verwundert. „Sagtet Ihr nicht, wir wollen Roulin hier erwarten?"

„Ja, Ihr sollt auch hierbleiben; ich aber muß fort."

„Wohin wollt Ihr reiten, so bei Nacht und Nebel?"

„Den Mojaves entgegen. Ich hole Unterstützung. Unsere Freunde folgen ja den Feinden auf dem Fuß. Ich will mir von Winnetou eine Schar Apatschen geben lassen und führe sie eilig hierher, ohne daß Roulin etwas davon merkt. So bringen wir ihn und seine Mojaves zwischen zwei Feuer."

„Der Gedanke ist ausgezeichnet. Aber wißt Ihr denn, wo Ihr die Apatschen treffen werdet?"

„Ich werde sie schon finden."

„Viel eher glaube ich, daß Ihr auf die Mojaves stoßen werdet, die vor ihnen herziehen."

„Natürlich werde ich sie zuerst sehen."

„Und in ihre Hände fallen!"

„Pshaw! Old Firehand weiß genau, was er wagen darf."

„So reite ich mit."

„Das geht nicht. Wollt Ihr diese schwachen und hilfsbedürftigen Leute hier allein lassen? Einer von uns beiden muß bei ihnen zurückbleiben."

„Was aber tue ich, wenn Roulin mit seinen Mojaves hier eintrifft, bevor Ihr zurückkehrt?"

„Sehr einfach; Ihr laßt ihn nicht herein. Das andere ist dann meine Sache."

„Ihr wagt viel!"

„Durchaus nicht. Mein Pferd ist kräftig. Es hat einen Gewaltritt zu machen, wird ihn aber aushalten. Das ist die Hauptsache."

„Kennt Ihr denn die Gegend?“

„Nein. Aber das darf Euch keine Sorge bereiten. Ich habe Augen zum Sehen, und einen Kopf zum Denken. Überdies besitzt ein jeder Westmann einen besonderen Sinn, auf den er sich selbst in den schwierigsten Lagen verlassen kann.“

Old Firehand gab Hermann noch Verhaltungsmaßregeln und schickte sich dann zum Aufbruch an. Im Hof stieß er auf den befreiten Apatschen, der seinen Wachtposten an Juanitos Gefängnis für einen Augenblick verlassen hatte, um frische Luft zu schöpfen. Aufmerksam betrachtete er des Trappers Pferd.

„Mein weißer Bruder hat ein gutes Tier.“

„Es ist vortrefflich.“

„Hast du es gekauft?“

„Nein. Ich erhielt es geschenkt.“

„So bist du ein sehr großer Krieger. Ich habe dieses Pferd als Füllen gesehen. Es gehörte der Starken Hand, dem Häuptling der Chiricahua-Apatschen.“

„Alle Achtung!“ staunte Old Firehand. „Von ihm habe ich es in der Tat.“

„Du mußt ihm große Dienste geleistet haben. Einem anderen würde der Häuptling sein Pferd nicht schenken. Wo hast du ihn zuletzt getroffen?“

„Am Wasser des Kolorado.“

„Wann?“

„Gestern.“

„Und wann wirst du ihn wiedersehen?“

„Vielleicht morgen. Er kommt mit vielen Kriegern der Apatschen hierher, um dich zu rächen.“

„Uff!“ sagte der Indianer erstaunt.

„Ich reite jetzt zu ihm.“

„Mein weißer Bruder hat noch ein Pferd. Ich reite mit.“

Das sagte er in einem so bestimmten Ton, als wäre ein Einspruch gar nicht möglich.

„Du scherzt", antwortete Old Firehand. „Wie kannst du mit mir reiten? Die Qualen, die du ausgestanden hast, haben deine Kräfte zerstört. Du mußt dich erst erholen."

„Seit ich dieses Pferd erblickte und an den Häuptling erinnert wurde, habe ich meine Kräfte wiedererlangt."

„Das ist eine Täuschung. Selbst wenn du gesund wärst, dürfte ich dich nicht mitnehmen. Ich reite jetzt als Kundschafter fort; da kann ich keinen zweiten brauchen."

„So will ich gehorchen und hier bleiben. Aber sage mir, von wo aus die Krieger der Apatschen ihren Ritt begonnen haben."

„Vom Tutlish-to aus."

„Und du warst auch dort?"

„Ja, ich war der Gast der Taube des Urwalds."

„So hat der Häuptling dich sehr lieb. Mit einem Fremden geht er nicht nach dem Blauen Wasser. Hast du dort einen jungen Krieger gesehen, der sich Flinker Hirsch nennt?"

„Ja, ich habe mit ihm gesprochen. Er ist noch sehr jung, aber er hat das Herz eines bewährten Mannes."

„Er ist mein Bruder."

„So bist du auch ein Sohn der Starken Hand?"

„Mein weißer Bruder sagt es."

„Dann freut es mich doppelt, dich gerettet zu haben. Wie aber bist du hier in Gefangenschaft geraten?"

„Ein Marikopa hatte mich beleidigt, und ich ritt aus, ihm den Skalp zu nehmen. Die Marikopas waren Freunde des Mannes, der sich Roulin nennt und Besitzer dieses Bergwerks ist. Der, den ich suchte, befand sich hier bei ihm im Todestal. Ich ging hierher und schlich mich um das Haus. Man hatte Senkgruben gegraben, um Präriewölfe zu fangen. Diese Gruben sind leicht zugedeckt, so daß man sie nicht zu erkennen vermag. Ich trat auf die dünne Decke und stürzte hinab. Unten waren spitze Pfähle eingeschlagen. Ich stach mir einen durch den

Schenkel. Da lag ich stundenlang, bis man mich entdeckte. Das Wundfieber war gekommen. Mein Geist war abwesend, darum konnte man mich ohne Gegenwehr gefangennehmen. Hätte ich nicht das Fieber gehabt, so hätte ich mich gewehrt und die Feinde getötet, bevor ich an meiner Wunde gestorben wäre. Man schaffte mich ins Bergwerk. Die große Wunde heilte, ich aber war gefangen."

„So wissen die Deinen gar nicht, wo du dich befindest?"

„Sie wissen nichts. Der rote Krieger zieht sehr oft auf Rache aus, ohne einem Menschen davon zu sagen. Hätten die Krieger der Apatschen gewußt, wohin ich ging, so wären sie gekommen, mich zu suchen und zu befreien. So aber glauben sie schon längst an meinen Tod."

„Um so mehr werden sie sich freuen, dich wiederzusehen."

„Du reitest jetzt zum Häuptling?"

„Ja."

„So sage der Starken Hand, daß der Schnelle Wind noch lebt und sich heute den Skalp seines Peinigers geholt hat!"

17. BILL NEWTON DER FUCHS

Die Mojave-Indianer hatten vom Kolorado aus die westliche Richtung eingeschlagen, die sie nach dem Todestal bringen mußte.

Der Ritt ging durch eine weite Grasprärie und dann durch eine wüste, steinige Ebene. Später, als das Gelände bergig wurde, gab es wieder Waldung. Die Roten kannten die Gegend so genau, daß sie die geradeste Linie einhalten konnten.

Während der Nacht wurde nicht gelagert, um nachfolgenden Indianern keine Gelegenheit zu geben, sich anzuschleichen. Nur eine Stunde rastete man, um die Pferde verschnaufen zu lassen, dann ging der Ritt unaufhaltsam weiter.

Die Gefangenen waren gefesselt, doch gewährte man Almy insofern eine Erleichterung, als man ihr die Hände freigab und sich damit begnügte, sie auf dem Pferd festzubinden. Wilkins aber blieb auch an den Händen gefesselt.

Bill Newton, der einstige Derwisch, ritt nachdenklich und schweigsam neben seinen Gefährten. Von Zeit zu Zeit flogen seine Blicke zu Almy zurück, die inmitten der Mojaves ritt. Ihre eigenartige südliche Schönheit hatte tiefen Eindruck auf ihn gemacht, und seit einigen Stunden beschäftigte ihn ein verwegener Gedanke. Er wußte, daß es Leflor und Walker auf das Mädchen abgesehen hatten, aber er gönnte es ihnen nicht. Wie, wenn es ihm gelang, Almy zu befreien und mit ihr zu fliehen? Er war klug genug zu merken, daß er in der Gesellschaft seiner Gefährten nur der Geduldete, das Werkzeug war, das man gebrauchte und dann achtlos beiseitewarf. Der Hochmut seiner Spießgesellen wurmte ihn, und es wäre ihm eine höllische Genugtuung gewesen, wenn er ihnen hätte ein Schnippchen schlagen und seine Überlegenheit zeigen können.

Dazu kam noch ein Gedanke, der ihn beunruhigte: die Begegnung mit Hermann von Adlerhorst und Old Firehand. Er war überzeugt, daß sich diese beiden wie Bluthunde an seine Fersen heften würden. Hermann fürchtete er weniger, um so mehr aber den Jäger, von dessen Taten er in der kurzen Zeit seiner Anwesenheit in den Staaten schon genug gehört hatte, und die vielleicht gerade deswegen auf ihn mehr Eindruck machten als auf seine Gefährten, weil sie für ihn etwas Neues waren und weil es ihm selber an persönlichem Mut vollständig gebrach. An Hinterlist nahm er es mit jedem auf; aber wenn es galt, Mann gegen Mann zu stehen, dann war er ein Feigling, dem nicht einmal die Begleitung der dreihundert Mojave-Indianer das Gefühl der Sicherheit geben konnte.

Daher trug er sich seit einigen Stunden mit dem Gedanken, zu fliehen und seine Spuren so vollkommen zu verwischen, daß ihn die Verfolger nicht mehr auffanden. Aber nicht allein — das Mädchen wollte er mitnehmen. Seinen Gefährten zum Trotz.

Er beschloß, mit Almy zu sprechen. Nur war es nicht leicht, das unbemerkt zu tun.

Aus diesem Grund hielt er sich in ihrer Nähe, und es gelang endlich seiner Schlauheit, die Führerschaft ihres Pferdes zu erhalten.

Er brachte sein Tier ganz nahe an das ihrige und fragte, ohne den Mund merklich zu bewegen, so leise, daß nur sie es hören konnte:

„Señorita, versteht Ihr Französisch?"

Sie blickte überrascht zu ihm herüber, gab indes keine Antwort, weil sie sich nicht denken konnte, was ihr dieser Mann zu sagen hatte, den sie als Verbrecher kannte.

„Ich habe gute Absichten mit Euch, aber niemand darf es ahnen. Blickt mich nicht an und sprecht nur so laut, daß es kein anderer hört als ich. Redet Ihr Französisch?"

Also ansehen sollte sie ihn nicht. Und doch war es ein langer, ungläubig forschender Blick, den sie auf ihn warf.

„Ja“, sagte sie leise.

Bill Newton hatte den Blick richtig gedeutet.

„Zweifelt Ihr?“

„Ja.“

„Warum?“

„Ich kenne Euch und wüßte nicht, was mir von Eurer Seite Gutes kommen sollte.“

„Ich verstehe Euch und habe diese Antwort erwartet. Aber der Mensch kann sich doch bessern.“

„Und was hätte diese Bekehrung bei Euch hervorgerufen?“

„Ich habe dieses Leben satt, bei dem man von allen ehrlichen Leuten verachtet wird. Glaubt mir, ich spreche die Wahrheit! Ihr könnt volles Vertrauen zu mir haben.“

„Ich möchte wohl, aber . . .“

„Aber?“

„. . . es ist zu gefährlich.“

„Gefährlich? Das begreife ich nicht. In eine größere Gefahr als die jetzige könnt Ihr ja gar nicht kommen.“

„Wollt Ihr mich retten?“

„Ja.“

„Mich allein?“

Diese Frage kam ihm sehr ungelegen. Wahrscheinlich wollte sie sich ihm nicht allein anvertrauen.

„Ich werde mich nach Euern Wünschen richten.“

„Ich mag nur mit meinem Vater frei sein.“

„Das wird sehr schwierig sein.“

„So bleibe auch ich gefangen.“

„Bedenkt, was Euer wartet!“

„Gott wird mich schützen.“

„Schon morgen abend kommen wir im Tal des Todes an. Bis dahin muß alles geschehen sein.“

„Ich wiederhole, daß ich nicht allein fliehe.“

Er schwieg eine Weile. Diese Weigerung hatte er nicht erwartet. Aber seine Verschlagenheit fand einen Ausweg.

„Gut. Ich werde alles wagen, auch Euern Vater zu befreien. Nur müßt Ihr mir versprechen, meinen Weisungen zu folgen."

„Dazu bin ich bereit."

„Die Flucht ist nur während der Nacht möglich."

„In welcher Weise?"

„Das kann ich noch nicht sagen. Ich muß die Wächter täuschen, muß sie von Euch entfernen. Wie das anzufangen ist, weiß ich noch nicht."

„Wohin werdet Ihr uns bringen?"

„Wohin Ihr wollt."

„Mein Vater wird nach dem Blauen Wasser zurück wollen. Aber wir haben nichts. Ihr wißt ja, daß man uns alles abgenommen hat."

„Ich bin auch arm; doch ich werde mir von Walker Geld verschaffen. Er hat eine beträchtliche Summe in seinem Gürtel."

„Wollt Ihr stehlen?"

„Nennt Ihr das stehlen, wenn ich ihm nehme, was er selber zusammengeraubt hat? Er hat Euch um Eure Freiheit gebracht. Wer kann uns verdammen, wenn wir ihm das nehmen, was wir notwendig brauchen, um wieder frei zu sein? Übrigens will ich Euch sagen, daß wir nicht ganz so verlassen sind, wie Ihr denkt. Die Apatschen sind hinter uns her."

„Ich habe davon gehört."

„Und bei ihnen befindet sich Old Firehand."

„Wißt Ihr das genau."

„Ganz gewiß."

„Weshalb aber überfällt er die Mojaves nicht? Das wäre doch der sicherste und kürzeste Weg zu unserer Befreiung!"

„Nein. Das wäre für euch der sicherste Weg in den Tod. Sobald die Mojaves überfallen werden, schlachten sie euch ab, damit ihr nicht wieder in die Hände eurer Freunde gelangt. Wir dürfen also nur List anwenden. Ich werde euch während des Lagerns die Fesseln lösen. Und dann wird es am allerbesten sein, daß ich euch zu Old Firehand bringe."

„Ja, ja, zu ihm! Bei ihm sind wir geborgen!"

Sie sagte das so laut, daß es den Indianern auffiel. Der Häuptling lenkte sein Pferd heran und blickte Bill Newton durchbohrend an.

„Warum läßt das Bleichgesicht seine Zunge nicht ruhen?"

„Warum setzt der rote Mann jetzt die seinige in Bewegung?"

„Weil der Reißende Bär wissen will, was du mit dem Mädchen sprichst."

„Bin ich dir etwa Antwort oder gar Rechenschaft schuldig?"

Der Rote blitzte ihn zornig an.

„Ja; ich bin der Häuptling!"

„Aber nicht mein Häuptling!"

„Du bist nichts, gar nichts. Du bist der Diener deines Herrn. Du hast zu gehorchen. Der Reißende Bär aber mag nun gar kein Wort von dir hören."

Er sprengte an die Spitze des Zugs, wo die Weißen ritten, und wendete sich an Walker.

„Besitzt das Bleichgesicht, das Bill Newton genannt wird, dein Vertrauen?"

„Bisher hat er mir keine Veranlassung gegeben, ihm zu mißtrauen."

„Er hat kein gutes Gesicht."

„Ja, er hat allerdings das Gesicht eines Fuchses."

„Warum reitet er neben der weißen Squaw?"

„Kann er das nicht so gut wie jeder andere?"

„Warum aber spricht er mit ihr? Was er ihr gesagt hat, versetzte die Squaw in große Erregung. Der Häuptling hat es gehört."

Walker blickte Roulin und Leflor erstaunt an. Dann schüttelte er bedenklich den Kopf.

„Das ist freilich verdächtig."

„Ich habe dem Kerl gleich von Anfang an nicht weiter getraut, als ich sehen konnte", sagte Roulin. „Habt Ihr nicht bemerkt, daß sein Blick stets an Miß Almy hängt?"

„Da wollen wir uns denn doch in acht nehmen. Hat mein roter Bruder ihm nicht verboten, mit dem Mädchen zu sprechen?"

„Das tat ich", nickte der Häuptling. „Er aber meinte, ich hätte ihm nichts zu befehlen."

„Ah! Uns soll er den Gehorsam nicht verweigern. Es ist am besten, wir nehmen die Gefangenen unter unsere eigene Obhut."

Das war aber nicht nach dem Sinn des Mojave.

„Wem gehören die Gefangenen?" fragte der Häuptling stolz.

„Meinen Kameraden und mir", brüstete sich Walker.

„Du irrst. Hast du uns nicht die Taube des Urwalds und ihren Vater versprochen?"

„Ja. Aber ich habe euch noch nicht gesagt, zu welcher Stunde ich sie euch abtrete. Jetzt sind sie noch mein Eigentum."

„Nein, sie gehören mir! Sie sind der Preis für den Schutz, den euch die Krieger der Mojaves gewähren."

Walker wollte aufbrausen; aber er besann sich. Er war mit seinen Gefährten zu schwach den Mojaves gegenüber, deren Schutz er jetzt noch nicht missen konnte.

„Wir wollen uns nicht streiten", erwiderte er daher ruhig. „Die Gefangenen gehören dir und uns. Wir werden uns verständigen, sobald wir im Tal des Todes angekommen sind."

„Ich weiß schon jetzt, wer ein Recht auf sie hat", entschied der Häuptling kurz.

Er riß sein Pferd herum und ritt wieder zu Bill Newton.

Ohne ein Wort zu sagen, zog er ihm den Zügel von Almys Gaul aus der Hand, drängte ihn fort und winkte seinen Leuten, die Gefangenen nun besser in ihre Mitte zu nehmen als vorher. Bill hielt es für das beste nachzugeben, da jeder Zank nur zu seinem Nachteil ausfallen mußte. Aber er behielt Almy scharf im Auge und benutzte jede Gelegenheit, ihr einen aufmunternden Wink zuzuwerfen.

Am Abend erreichte man in einer grasigen Ebene, aus der sich zahlreiche Bauminseln erhoben, eine Stelle, wo ein Haufen Felstrümmer von Gesträuch und Brombeerranken durchzogen wurde. Das war ein ausgezeichneter Platz zum Lagern. Das Gestein gewährte im Fall eines Angriffs Schutz, und da die Gegend eben war, so konnte man von den Apatschen und Marikopas nicht leicht beschlichen werden.

Daß diese folgten, wußten die Mojaves; aber wie viele Köpfe die Verfolger zählten, das war ihnen unbekannt. Sie glaubten, es nur mit einer kleinen Kundschafterzahl zu tun zu haben, und wären gern über sie hergefallen. Aber der Reißende Bär war dagegen. Er kannte das Todestal, das nur zwei Zugänge hatte. Gelang es ihm, die Verfolger dort hineinzulocken, so konnte er sie mit einem Schlag vernichten.

Man zündete keine Lagerfeuer an; die Apatschen sollten nicht auf den Platz aufmerksam gemacht werden. Es wurden mehrere Wachen ausgestellt, die unausgesetzt den Umkreis des Lagers abschritten.

Die Gefangenen wurden von Indianern bewacht. Abseits lagen die Weißen, die gewohnt waren, sich in stolzer Entfernung von den Roten zu halten.

Nur Bill Newton stand einige Male auf und machte sich bei den Roten zu schaffen. Er brannte vor Begier, mit Almy ein Wort zu wechseln, und da ihm dieser Wunsch nicht erfüllt wurde, so begann er, die nötige Vorsicht immer mehr außer acht zu lassen.

Mitternacht war bald heran, als er abermals in Almys Nähe zu kommen versuchte. Es mißlang, und wütend kehrte er zur Gruppe der Weißen zurück. Wenn sein Vorhaben in dieser Nacht nicht ausgeführt wurde, so war es überhaupt unmöglich. Er setzte sich so, daß er das Mädchen und seine roten Wächter mit dem Blick erreichen konnte.

Walker hatte zu diesem Gebaren bisher geschwiegen. Jetzt aber konnte er sich nicht länger halten.

„Tun Euch die Beine von dem immerwährenden Hin- und Herlaufen nicht weh? Bleibt doch liegen!“

„Seit wann kümmert Ihr Euch um meine Beine? Ist es verboten, sich Bewegung zu machen?“

„Ihr habt heute während des langen Ritts Bewegung genug gehabt. Hoffentlich fällt es Euch nicht ein, auf die Freite zu gehen!“

„Wie meint Ihr das?“

„Almy scheint es Euch mächtig angetan zu haben.“

„Pshaw! Was geht mich das Frauenzimmer an? Ich habe nichts mit ihr zu schaffen.“

„Und dennoch redet Ihr heimlich mit ihr. Wenn Ihr Euch etwa hinter meinem Rücken der Gefangenen annehmen wollt, so wahrt Eure Haut! Ich lasse nicht mit mir spaßen. Also ich warne Euch. Sehe ich noch einmal, daß Ihr den Versuch macht, Euch zu dem Mädchen zu schleichen, so ist es um Euch geschehen.“

„Das klingt ja ganz so, als wolltet Ihr mir den Garaus machen.“

„Allerdings, wenn ich Euch ertappe.“

„Zounds! Seid Ihr ein gefährlicher Kerl!“

Bill Newton sagte das spöttisch. Dabei stand er auf und entfernte sich, als wollte er nach den Wachen schauen. Doch ging er gar nicht weit. Bald duckte er sich nieder und kroch auf allen vieren zurück. Hinter einem Stein versteckt, befand er sich nur höchstens einen Meter von den Gefährten entfernt. Es kam ihm darauf an, sie zu belauschen. Sicherlich würden sie jetzt über ihn sprechen.

Seine Vermutung erwies sich als richtig.

„Was sagt ihr dazu?“ fragte Walker.

„Der Kerl ist bockbeinig“, antwortete Leflor.

„Er fühlte sich getroffen. Das merkte man ihm an.“

„Auch ich bin überzeugt, daß er etwas plant. Wir müssen den Häuptling warnen.“

„Das wird ihm sehr angenehm sein, denn dadurch bekommt er Gelegenheit, die Gefangenen ganz unter seine Obhut zu nehmen.“

„Das wäre mir nicht recht“, brummte Leflor. „Ich verlange Almy für mich. Das ist so ausgemacht worden, und dabei muß es bleiben!“

„Nicht so hitzig!“ mahnte Walker. „Wir brauchen die Mojaves noch. Darum wollen wir sie einstweilen dabei lassen, daß sie die Gefangenen bekommen.“

„Was wollen wir dann aber gegen ihre Ansprüche machen? Sie werden die lebendige Beute nicht wieder herausgeben.“

„Oho!“ lachte Roulin. „Haben wir sie nur erst im Todestal, in meinem Haus! Was ich da nicht herausgeben will, das soll mir keiner abnehmen. Ich bin überhaupt der Ansicht, daß ich von jetzt an einen Quecksilberarbeiter mehr haben werde.“

„Wen?“

„Wilkins.“

„Lieber ganz fort mit ihm — tot!“

„Pshaw! Wer in meinem Schacht ist, der ist mehr als tot.“

„Hört, da kommt mir ein prachtvoller Plan!“ fiel Walker ein. „In Beziehung auf diesen widerspenstigen Bill Newton.“

„Nun?“

„Er ist mir eigentlich schon längst unbequem. Jetzt bin ich sogar überzeugt, daß er uns verraten würde, wenn es zu seinem Vorteil wäre. Ich glaube, wir müssen ihn unschädlich machen."

„Das ist leicht getan. Geben wir ihm eine Kugel!"

„Nein, die ist er nicht wert. Er mag für Euch arbeiten, Señor Roulin."

„'s death! Ausgezeichneter Gedanke!"

„Einträglich für Euch und sehr belehrend für ihn. Wer weiß, was alles der Kerl auf seinem Gewissen hat? Wir müssen ihm Gelegenheit geben, schon auf Erden einiges abzubüßen, damit er nach dem Tod nicht gar zu lang im Fegefeuer stecken muß. So sorgen wir in christlicher Weise für seine Seele und zugleich auch für uns. Ihr bekommt einen Arbeiter, und ich bin einen unangenehmen Begleiter los!"

„Einverstanden. Also abgemacht?"

„Abgemacht, topp! Aber laßt Euch nichts gegen ihn merken. Wir müssen freundlich sein. Haben wir ihn erst im Todestal, so wird er schon merken, was die Uhr geschlagen hat."

Jetzt sprang die Unterhaltung auf einen anderen Gegenstand über. Bill kroch daher zurück.

„Schurken!" knirschte er und ballte die Fäuste. „Das soll euch nicht gelingen. Ich werde eher im Todestal sein als ihr, um eine Karte auszuspielen, gegen die ihr keinen Trumpf finden sollt!"

Nach einiger Zeit kam er langsam zurückgeschlendert und setzte sich unbefangen nieder.

„Weshalb fragt mich denn jetzt niemand, ob ich müde bin?" spöttelte er.

„Jetzt hatte Euer Spaziergang keinen für uns gefährlichen Zweck", antwortete Roulin.

„Na, ich sage Euch, daß die vorigen Gänge noch weit ungefährlicher waren. Aber gegen so scharfsinnige Leute ist nichts zu machen. Jetzt will ich meinen Ärger verschlafen. Wir haben noch einen weiten Ritt vor uns. Da braucht man Kraft."

„Später könnt Ihr Euch bei mir ausruhen."

„So? Nehmt Ihr mich auf, Master Roulin?"

„Mit Vergnügen."

„Wie gütig von Euch! Doch habe ich nicht die Absicht, Euch zur Last zu fallen."

Roulin verzog die Lippen, als wollte er sagen: Du Esel, du wirst mir gar nicht zur Last fallen, sondern brav für mich arbeiten.

Scheinbar war das gute Einvernehmen wieder hergestellt. Die Männer streckten sich lang aus, um auszuruhen. Sorge um ihre Sicherheit brauchten sie nicht zu haben, da die Mojaves wachten.

Es verging vielleicht eine halbe Stunde. Alle lagen schon in tiefem Schlaf. Da bewegte sich Bill Newton, der neben Walker lag. Er hob den Kopf und hielt das Ohr an Walkers Mund. Der Atem ging regelmäßig und hörbar.

Jetzt tastete Bill nach Walkers Gürtel, einem feinen, seidenen Schal, der um die Hüften geschlungen war. Darin steckten das Messer, der Revolver und die Brieftasche, in der sich, wie Bill wußte, das Papiergeld befand. Er fühlte die Brieftasche, zog sein haarscharfes Messer und schnitt die Stelle auf, worunter die Tasche steckte. Ein vorsichtiger Griff, und er hatte das Gewünschte. Er steckte die Tasche zu sich, sank für einige Augenblicke wieder in seine vorige Lage zurück und blickte zu den Gefangenen hinüber.

Dort hockte eine Anzahl Indianer in leiser Unterhaltung.

„Damned!" fluchte er im stillen. „Diese Schufte sehen sich vor. Die Wächter werden gar nicht schlafen, und es ist mir also unmöglich, das Mädchen loszubringen. Ich muß allein fort, werde sie aber im Todestal erwarten. Das will ich ihr noch sagen, bevor ich gehe."

Jetzt stand er auf und schritt langsam auf die Wächtergruppe zu. Sie wunderten sich darüber, daß er noch nicht schlief, gaben ihm aber auf seine unbefangenen Fragen ohne Mißtrauen Antwort.

Dabei bemerkte er, daß auch die Gefangenen munter waren. Kein Wunder, denn die Sorge ließ sie nicht schlafen. Almy sah ihn und bewegte sich, um ihm zu zeigen, daß sie ebenfalls noch wachte.

„Es geht nicht“, sagte er schnell auf französisch. „Aber ich reite jetzt geradenwegs zum Todestal, um dort vorzuarbeiten. Ihr sollt gerettet werden.“

Sofort sprang einer der Wächter auf, zog sein Messer, ergriff ihn am Arm und riß ihn fort.

„Sag noch ein Wort zu ihr, und ich stoße dir dieses Eisen ins Herz!“

„Was fällt dir ein!“ antwortete Bill ruhig. „Wenn ich nicht mit ihr sprechen soll, so kann ich ja gehen!“

Und er ging, aber nicht zu den Gefährten, sondern zum Pferdeplatz der Weißen.

Walker hatte ein sehr gutes indianisches Tier geborgt erhalten. Bill Newton band es los und stieg auf. Einer der Wachen reckte sich auf, um sein Gesicht zu erkennen.

„Wohin will der weiße Mann?“

„Auf Kundschaft.“

„Weiß es das Bleichgesicht, das ihr Walker nennt?“

„Ja. Er selber schickt mich fort. Sag ihm morgen früh, daß ich ihm für das Geld danke.“

Er ritt weg. Der Hufschlag wurde durch den Rasen gedämpft.

Der Posten lauschte ihm bedenklich nach. Ihm schien die Sache nicht ganz geheuer. Darum weckte er Walker nach einigem Überlegen.

„Hast du einen Kundschafter ausgesandt?“

„Nein.“

„Der Weiße ist fort, der so viel mit dem Mädchen sprach. Er läßt dir sagen, daß er sich für das Geld bedankt. Ich soll es dir aber erst am Morgen mitteilen.“

Sofort griff Walker nach dem Gürtel — er war zerschnitten und die Brieftasche fort.

Die Kunde von dem Diebstahl verbreitete sich rasch im ganzen Lager. Walker erfuhr nun auch, daß Bill Newton vor seiner Flucht mit Almy gesprochen hatte. Voller Wut zog er sein Messer, packte sie am Arm und riß sie hoch.

„Gesteht, was er mit Euch gesprochen hat! Sonst stoße ich Euch augenblicklich nieder!"

Sie zitterte am ganzen Leib.

„Schnell! Aber sagt die Wahrheit!"

„Er wollte mich retten!" stieß sie in ihrer Bestürzung hervor.

„Dachte es mir! Aber wie?"

„Heute nacht wollte er mich fortführen, doch es ging nicht."

„Weiter!"

„Jetzt ist er zum Todestal, um dort die Rettung vorzubereiten."

„Alle Teufel!" rief Roulin. „Juanito ist ganz allein im Werk. Den wird er betören. Wir müssen augenblicklich fort, um ihm zuvorzukommen!"

„Gut!" entschied Walker. „Wir eilen ihm nach. Der Häuptling mag mir dreißig Mann mit den schnellsten Pferden geben, damit wir eher hinkommen als er. Ich werde ihn empfangen, anstatt er mich."

Schon nach zehn Minuten standen die dreißig Mann bereit. Plötzlich drehte sich Walker betroffen um.

„Sonderbar! Lag hier nicht vorhin ein großer, dunkler Stein?"

„Mir ist es auch so", bestätigte Roulin.

„Er ist weg."

„Steine laufen aber doch nicht fort."

„Ich möchte wetten, daß ich mich nicht täusche. Er lag hier, wo ich jetzt den Fuß hinsetze."

„Wo sollte er denn hingeraten sein?“ spöttelte Leflor. „Ihm sind doch keine Flügel gewachsen.“

„Gewiß, ich werde mich schon irren. Aber in einem solchen Fall kommt einem alles verdächtig vor. Dieser verdammte Bill Newton ist schuld daran. Wehe ihm, wenn ich ihn erwische! Für jeden Dollar, den er mir gestohlen hat, schneide ich ihm eine Wunde!“

Jetzt stiegen sie auf, die drei Weißen mit den dreißig Indianern. Der Häuptling sollte sich mit den anderen und den Gefangenen noch einige Ruhe gönnen und dann nachkommen.

Walker geriet, obgleich ihm die Sache mit dem plötzlich verschwundenen Stein unerklärlich war, doch nicht auf den Gedanken, daß dieser Stein ein Mensch gewesen sein könnte. Eine solche Verwegenheit, sich mitten ins feindliche Lager zu schleichen und das lederne Jagdhemd so über sich hinweg zu legen, daß das Ganze einem Stein glich, gehörte für ihn ins Reich der Unmöglichkeit.

Und doch lief dieser Stein auf zwei dünnen, sichelkrummen Beinchen jetzt außerhalb des Postenkreises auf ein Gebüsch zu, hinter dem die lange, hagere Gestalt Dicks hervortrat.

„Endlich! Gott sei Dank!“ sagte Dick Stone. „Schon glaubte ich, sie hätten dich erwischt.“

„Mich?“ lachte Sam Hawkens. „Hihihihi! Mich erwischen! Einmal habe ich Haare gelassen — das war bei den Pawnees. Aber jetzt kriegt kein Roter mehr meinen Skalp, wenn ich mich nicht irre!“

„Hast du etwas erlauscht?“

„Viel, sehr viel!“

„Was?“

„Habe jetzt keine Zeit, wenn ich mich nicht irre. Müssen laufen. Soeben sind dreißig Mann aufgebrochen, um dem ausgerissenen Bill Newton zum Todestal zu folgen. Old Firehand ist mit Master Adlerhorst ganz allein dort. Müssen ihnen Hilfe bringen. Wir brechen sofort auf, alle zusammen, damit wir eher dort sind als die Mojaves."

„Aber die anderen zweihundertundsiebzig Feinde, die noch hier liegen?"

„Die folgen nach, und wenn sie dann im Tal eintreffen, heißen wir sie herzlich willkommen und begrüßen sie mit einem Freudenfeuer aus unseren Büchsen, hihihihi!"

„Aber wird Old Firehand mit dieser Anordnung einverstanden sein?"

„Welche Frage? Was Sam Hawkens tut, das billigt Old Firehand allemal. Komm! In fünf Minuten müssen wir im Sattel sitzen. Es wird ein Gewaltritt, aber so etwas tut einem gut. Das schüttelt Fleisch und Knochen durcheinander. Dir wird das ganz besonders wohl bekommen, lange Hopfenstange, wenn ich mich nicht irre!"

18. ALLÜBERALL ALLAH!

Old Firehand hatte, wie schon berichtet, das Todestal noch während der nächtlichen Dunkelheit verlassen. Er suchte, als es Tag geworden war, alle Stellen zu vermeiden, wo der Boden Hufspuren aufnehmen konnte. Immer in scharfem Trab strebte er den östlichen Bergen zu. Um die Mittagszeit lagen die Höhen vor ihm. Er hielt bei einem dichten Buschwerk, das ihm Schatten bot, und musterte die Gestalt und Lage der einzelnen sich ineinander schiebenden Bergzüge. Es galt jetzt, das Quertal zu erraten, wodurch Freund und Feind voraussichtlich kommen würden.

Da erblickte er einen schwarzen Punkt, der sich von einer sanften, unbewachsenen Lehne herabbewegte. Dieser Punkt wurde schnell größer. Nach fünf Minuten erkannte Old Firehand, daß es ein einzelner Reiter war, der in der Nähe vorüberkommen mußte.

Der Jäger zog sich noch mehr hinter den Busch zurück und erkannte zu seinem Erstaunen — Bill Newton, den einstigen Derwisch, der schwitzend vor Anstrengung herangejagt kam. Wohl ahnend, daß es eine kleine Hetze geben würde, wand sich Old Firehand den Lasso von den Hüften, legte ihn in regelmäßige Schlingen und hielt ihn zum Wurf bereit.

Jetzt war Bill Newton da. Er hatte einen scharfen Ritt hinter sich und fuhr vor Schreck zusammen, als Old Firehand plötzlich sein Pferd hinter dem Busch hervortrieb.

„Willkommen, Derwisch Osman!“ erklang es laut. „Woher und wohin so schnell?“

Newton hielt unwillkürlich sein Pferd an.

„Old Firehand!“ entfuhr es ihm.

„Ah, Ihr kennt mich sofort! Ja, wir sind gute Bekannte, die sich nicht so leicht vergessen. Seid doch so gut und steigt einmal ab! Ich habe so zwei oder drei Wörtchen mit Euch zu reden!"

Diese Aufforderung gab Bill Newton seine Geistesgegenwart wieder.

„Verdammt will ich sein, wenn ich's tu!" lachte er.

Dabei stieß er dem Pferd die Sporen in die Seiten und jagte davon.

Old Firehand war ihm schon bis auf wenige Schritte nahe gewesen. Er schnalzte nur mit der Zunge, und sein Rapphengst schoß auf dieses wohlvertraute Zeichen dem flüchtigen Reiter so schnell nach, daß für ihn keine Möglichkeit zum Entkommen war.

„Halt, Halunke!" rief Old Firehand.

„Stirb, Hund!"

Bill Newton riß dabei seine Pistole aus dem Gürtel und drehte sich im Sattel um. Er hatte aber die Hand mit der Waffe noch nicht erhoben, da sauste der Lasso des Jägers durch die Luft; die Schlinge legte sich um seinen Oberkörper und preßte ihm die Arme an den Leib. Die Pistole ging zwar los, doch traf die Kugel nicht, denn Old Firehand hatte nach echter Cowboy-Art sein Pferd herumgeworfen. Da der Lasso des Jägers am Sattelknopf befestigt war, wurde Bill Newton mit unwiderstehlicher Gewalt aus dem Sattel gerissen. Sein Pferd rannte noch eine kurze Strecke fort und blieb dann stehen.

Jetzt sprang Old Firehand aus den Bügeln und trat zu dem Gefangenen, der mit den Füßen strampelte und sich alle Mühe gab, mit den eingeengten Armen die Schlinge zu erweitern, um daraus entschlüpfen zu können.

„Gebt Euch keine unnütze Mühe!" rief Old Firehand. „Ihr zieht die Schlinge nur enger zusammen. Warum habt Ihr mir nicht gehorcht und seid stehen geblieben? Ich wollte mich in Ruhe mit Euch unterhalten; nun aber habt Ihr es nur Euch zuzuschreiben, wenn das Gespräch ein wenig ungemütlich für Euch wird. Vorher aber will ich dafür sorgen, daß Ihr niemand mehr gefährlich werdet."

Old Firehand nahm ihm die Waffen ab; dann wand er ihm den Lasso noch fester um Arme und Leib; die Beine aber ließ er ihm frei.

„So! Und nun sagt mir vor allen Dingen, woher Ihr kommt."

Newton warf ihm einen wütenden Blick zu, antwortete aber nicht.

„Und wohin Ihr geht!"

Auch jetzt erfolgte keine Antwort.

„Nun, wenn Ihr die Sprache verloren haben solltet, so werde ich dafür sorgen, daß sie Euch wiederkommt."

Er zog sein Bowiemesser, kniete Bill auf die Brust und erhob mit der Rechten das Messer.

Da gewann Bill Newton allerdings die Sprache zurück.

„'s death! Ihr wollt mich erstechen?"

„Gewiß werde ich das, wenn Ihr mir die Fragen, die ich Euch jetzt stelle, nicht beantwortet. Was nützt mir ein stummer Mann?"

Er ließ die blanke Messerklinge vor seinen Augen leuchten.

„Also woher?"

„Von Prescott."

„Das weiß ich. Ich meine heut!"

„Von den Mojaves."

„Schön! Wo lagern oder wo lagerten sie?"

„Ungefähr zehn Reitstunden von hier gegen Osten."

„Weshalb bliebt Ihr nicht bei ihnen?"

Bill wollte natürlich nicht sagen, daß er Walker bestohlen hatte.

„Ich sollte auf Kundschaft gehen."

„Wohin?"

„Zum Todestal."

„Was wollt Ihr dort?"

„Miß Almy befreien."

Er glaubte, durch diese Angabe sich selber retten zu können. Old Firehand aber zog die Stirn drohend in Falten.

„Lüge!“

„Ich sage die Wahrheit; das schwöre ich Euch bei Gott. Ihr könnt es von Miß Almy erfahren.“

„Wieso von ihr?“

„Ich habe mit ihr gesprochen, obgleich das verboten und gefährlich war. Ich habe ihr gesagt, daß ich ins Tal des Todes voranreiten würde, um ihre Rettung einzuleiten.“

„Was versteht Ihr unter dieser Einleitung?“

„Irgend etwas, was ich tun werde, aber jetzt noch nicht weiß. Ich habe Roulin belauscht und gehört, daß sich im Todestal gefangene Menschen befinden, die nur von einem einzigen Mann, namens Juanito, bewacht werden.“

„Das ist wahr.“

„Nun, so seht Ihr also, daß ich Euch nicht belüge. Ich wollte diese Gefangenen befreien und —“

„Wie wolltet Ihr das anfangen?“

„Vor dem einen Wächter Juanito brauchte ich mich nicht zu fürchten. Ich hätte mich ihm gegenüber für einen Boten Roulins ausgegeben und ihn dann unschädlich gemacht. Mit Hilfe der befreiten Gefangenen hoffte ich, das Mädchen retten zu können.“

„Hm!“ machte Old Firehand nachdenklich. „Warum wolltet Ihr sie denn eigentlich befreien? Ihr habt sie doch selber vorher mit gefangengenommen!“

„Aus reiner Menschlichkeit.“

„Welchen Lohn erwartet Ihr dafür?“

„Keinen.“

„Schaut, was für ein prächtiger Kerl Ihr seid!“

„Seid nicht höhnisch — ich habe mich geändert!“

„Aus einer Hyäne wird niemals ein Kanarienvogel!

Mich täuscht Ihr nicht. Wie seid Ihr denn von den verbündeten Weißen und Roten fortgekommen?"

„Ich legte es darauf an, als Kundschafter von ihnen fortgeschickt zu werden."

„Pshaw! Wenn sie eines Kundschafters bedurften, so hätten sie sich ganz gewiß nicht Eurer Person, sondern eines Roten bedient. Der einfachste Indianer ist dazu tauglicher als Ihr. Denkt Euch die scharfsinnigsten Ausreden aus, und ich werde dennoch bald hinter Eure Schliche kommen! Vor allen Dingen sagt mir, wie sich Wilkins befindet!"

„Den Umständen angemessen, gut."

„Und die Dame?"

„Ebenso."

„Will's hoffen. Doch genug der Fragen; Ihr werdet mir später, zu gelegener Stunde, Rede und Antwort stehen müssen. Euer Schicksal ist besiegelt. Und bis es Euch ereilt, weiche ich nicht von Eurer Seite. Ihr reitet also mit mir."

„Wie Ihr wollt. Ihr werdet es aber bereuen!"

Old Firehand ging, um Bills Pferd herbeizuholen. Als er, das Tier am Zügel führend, zurückkehrte, fiel sein Blick auf die Berglehne, von wo er vorhin Bill Newton hatte herabkommen sehen.

Sonderbar, auch jetzt wieder war dort ein solcher Punkt zu erblicken, der sich näherte. Schnell schaffte der Jäger den Gefesselten und die beiden Gäule in die Büsche, hinter denen er Newtons Annäherung abgewartet hatte, und spähte wieder nach der Anhöhe. Da entfuhr ihm ein Ausruf des Erstaunens, denn er hatte Sam Hawkens erkannt.

Je näher Sam kam, um so deutlicher konnte man beobachten, daß seine Augen während des schnellen Ritts am Boden hingen. Er verfolgte jedenfalls Newtons Fährte. Jetzt ritt er an dem Busch vorüber und kam an die Stelle, wo Bill überwältigt worden war. Da hielt er sein

Tier an, stieg ab, untersuchte den Boden und blickte nach dem Busch herüber, konnte aber weder die Pferde, noch die beiden Männer entdecken, weil sie auf der anderen Seite standen.

Old Firehand war niedergekniet und sah durch das Gezweig. Es machte ihm Spaß zu beobachten, wie Sam sich verhalten würde.

Der Kleine hatte die Spur bemerkt, die von jener Stelle aus zum Busch führte. Er mußte erkennen, daß sie ganz frisch war, daß sich der Urheber vielleicht noch hinter dem Strauchwerk befand.

Im Nu stand er hinter seinem Tier, lenkte es in weitere Entfernung und dann in einem weiten Bogen um den Busch herum. Auf diese Weise mußte eine auf ihn gerichtete Kugel wohl eher sein Maultier als ihn treffen.

Nun blieb er stehen. Er hatte Old Firehand erspäht, der an der Erde saß und so tat, als ob er ihn nicht bemerkte. Auch Newton sah nicht zu ihm hin.

„Alle Wetter!“ rief Sam Hawkens überrascht. „Was ist denn das?“

Jetzt drehte sich Old Firehand langsam um.

„Sam — Ihr?“

„Wer denn sonst? Was treibt Ihr denn hier?“

„Allerlei Kurzweil.“

„Wir vermuten Euch im Todestal!“

„Ihr seht, daß ich nicht dort bin.“

„Freilich. Ihr seid ausgerückt, wenn ich mich nicht irre. Und zwar nicht allein, sondern in Begleitung eines . . .“

Erstaunt verstummte er. Erst jetzt sah er, daß der andere gefesselt war.

„. . . eines Gefangenen!“

„Ja, wenn Ihr erlaubt, lieber Sam.“

„Wer ist es denn? Wollen uns einmal seine vordere Seite betrachten!“

Sam trat zu Bill, der ihm den Rücken zugekehrt hatte, und schaute ihm ins Gesicht.

„Heavens! Ist das denn nicht jener famose Schlingelschlangel, dem wir droben am Blauen Wasser so menschenfreundlich und gutmütig ein Obdach gegeben hatten? Und der nach unserem Fortgang höchst undankbar davongelaufen ist, wenn ich mich nicht irre?"

„Ja, er ists."

„Wie heißt er gleich?"

„Bill Newton."

„Und war früher ein Derwisch! Ja, besinne mich. Na, Bursche, freu dich, daß wir den Derwisch derwischt haben! Es soll dir bei uns so wohl gehen, daß du denkst, die lieben Engel im Himmel spielen auf der Ziehharmonika! — Wie ist er denn in Euern Lasso gelaufen, Master Firehand?"

„Er begegnete mir hier, als er von den Mojaves kam und nach dem Todestal wollte."

„Na, wo er herkommt, das weiß ich ja. Der Kerl hat Geld gemaust."

„Wieso?"

„Ich war doch dabei!"

„Als er es stahl?"

„Ja. Er schnitt Walker die Brieftasche aus dem Gürtel. Der Kerl ist ein blaues Spitzbubenwunder. Der hat es weg. Aber der Aufruhr nachher, als er fort war!"

„So nah wart Ihr, Sam?"

„Und wie! Ich saß so, daß mich Walker gleich mit der Hand erreichen konnte. Er tat's aber nicht. Sie hielten mich in der Dunkelheit anscheinend für einen Stein. Hihihihi! Sam Hawkens ein Stein! Ich hörte die ganze Unterhaltung. Dieser werte Bill Newton hatte es auf unsere liebe, kleine Miß Almy abgesehen . . ."

„Also doch!"

„Das aber merkten die anderen und gönnten sie ihm nicht, weil sie jeder für sich haben wollte, hihihihi! Lauter Eifersucht! Deshalb beschlossen sie, ihn als Gefangenen zum Todestal ins quecksilberne Bergwerk zu schaffen. Er aber belauschte sie, und ich wiederum belauschte alle miteinander. Er rückte heimlich aus und nahm sich das Reisegeld mit. Der Diebstahl wurde entdeckt, und Walker ist gleich mit dreißig Mojaves auf den besten Gäulen hinter ihm her. Da bekam ich Sorge um Euch, Master Firehand, und habe mich mit den Freunden aufgemacht, um den Mojaves zuvorzukommen."

„Mit allen?"

„Ja, mit allen vierhundert."

„Wie weit seid ihr ihnen voraus?"

„Bis jetzt nur einige hundert Pferdelängen, denke ich mir."

„So habt ihr einen Bogen um die Mojaves geritten?"

„Natürlich. Diese gehen etwas weiter südlich über die Berge und werden gar nicht auf unsere Fährte kommen. Winnetou kennt die Gegend. Er macht den Führer für unsere Leute. Nur als ich die Spur dieses famosen Derwischs bemerkte, bin ich vorausgeritten, um zu sehen, ob ich daraus klug werde. Ich dachte freilich nicht, daß ich dabei auf Euch treffen würde. Wie aber kommt Ihr hierher?"

„Das zu berichten, will ich aufheben bis nachher. Ich muß es doch den anderen auch erzählen, und da könnt Ihr's ja mit anhören."

„Dann sagt mir einstweilen nur, ob Ihr Erfolg gehabt habt."

„Bin sehr zufrieden."

„So bin ich es auch, wenn ich mich nicht irre. Seht, da nahen sie schon. Sie haben meine Mary halten sehen und also gemerkt, daß es hier etwas gibt."

Die bei den Apatschen befindlichen Weißen hatten sich von den Roten getrennt und waren im Galopp vorausgeritten, während die Häuptlinge bei den Ihrigen geblieben waren.

Sir David Lindsay war einer der vordersten.

„Ah, Master Firehand!“ rief er. „Ihr hier! Gutes Zeichen! Kamen, Euch zu retten. Yes.“

„Danke, Sir. War nicht so dringend.“

„Desto besser. Ihr seid nicht allein? Wer ist denn dieser Kerl?“

„Schaut ihn Euch einmal an!“

David Lindsay ritt an Bill Newton heran. Beide erkannten sich sofort. Der Engländer riß den Mund sperrangelweit auf und brachte kein Wort hervor.

„Nun, habt Ihr die Sprache verloren? Das sollte mir leid tun!“ lachte Old Firehand.

„By Jove! Ists möglich, Master Firehand? Oder täusche ich mich vielleicht?“

„Warum?“

„Ist das nicht der Derwisch?“

„Ja.“

„La ilâha, illa 'llâh! Allüberall Allah! O du Haupthalunke! Well, gut, daß wir dich haben! Indeed. Werden mit dir abrechnen. Yes.“

„Laßt ihn jetzt!“ meinte Old Firehand. „Da kommen die Indianer. Setzt ihn aufs Pferd und bindet ihn fest! Paßt aber gut auf ihn auf!“

„Das werden wir besorgen, Will und ich“, schmunzelte Dick Stone.

Die beiden nahmen den einstigen Derwisch auf die Arme, hoben ihn aufs Pferd und banden ihm unter dem Bauch des Tieres die Beine zusammen. Dann setzte sich der Zug in Bewegung. Dick rechts und Will links von dem Gefangenen, der die Augen nicht ein einziges Mal erhob, um einen der Männer anzublicken.

Er wußte jetzt, daß er an eine Rettung nicht mehr denken durfte. Die Apatschen und Marikopas waren den Mojaves weit überlegen und kannten auch deren Absichten. Und selbst wenn diese gesiegt hätten, wäre Bill in ihre Hände gefallen — und dann harrte seiner ein

Schicksal, das er sich gar nicht schlimm genug ausmalen konnte.

Der Ritt wurde in unverminderter Eile fortgesetzt. Jetzt übernahm Old Firehand die Führung und ritt mit Winnetou und denen, die auf seine jüngsten Erlebnisse neugierig waren, voran, um ihnen zu erzählen, was er im Tal des Todes getan und erfahren hatte.

*

Es verstrich ein großer Teil des Nachmittags, bevor man in die Nähe des Tals kam.

„Die Feinde werden doch nicht schon da sein?" meinte Old Firehand.

„Seid Ihr besorgt?" fragte Sam.

„Besorgt? Mit vierhundert tapferen Kriegern gegen dreißig Feinde?"

„Na also!"

„Soweit meine Person und ihr alle in Frage kommt, hege ich keine Bedenken. Aber Adlerhorst ist der einzige kampffähige Mann im Haus Roulins. Wenn die Mojaves schon hier wären, so könnte leicht etwas geschehen sein, was uns einen Strich durch die Rechnung macht."

„Glaube nicht, daß sie schneller geritten sind als wir. Freilich, nach Spuren brauchen wir uns gar nicht umzuschauen. Der Boden besteht aus nacktem, glattem Fels, wo es keine Fährte gibt, wenn ich mich nicht irre. Setzen wir die Sporen ein!"

Im Galopp ging es auf den östlichen Eingang zu und ins Tal hinein. Bald tauchte das Gebäude auf, und dann hielten Old Firehand und seine Begleiter vorm Tor.

Fast gleichzeitig mit dem Klopfen wurde geöffnet; Hermann von Adlerhorst erschien.

„Gott sei Dank!" rief er.

„Gott sei Dank!" atmete auch Old Firehand erleichtert auf.

Er hatte sich schwere Sorgen gemacht, ohne sie zu zeigen. Hermanns Blick schweifte über die stattliche Schar der Apatschen hinweg und blieb auf dem gefangenen Bill Newton haften. Der Trapper erklärte ihm in kurzen Worten, wie er sich dieses Mannes bemächtigt hatte.

„Wie steht es im Haus?" fragte er dann.

„Alles wohl. Nicht die mindeste Störung. Die armen Teufel essen und trinken unheimlich und haben sich schon sichtlich erholt."

„Niemand dagewesen?"

„Kein Mensch."

„Gehen wir hinein; das heißt die Bleichgesichter und die Häuptlinge. Wir müssen beraten. Die roten Krieger bleiben einstweilen hier. Einige von ihnen aber, die die schnellsten Pferde haben, mögen zurückkehren, eine gute Strecke vor das Tal hinaus, um uns die Ankunft der Feinde zu melden. Unsere Pferde lassen wir auch vorm Haus."

Sie stiegen ab und schritten durch den engen Eingang in den Hof. Dort stand der Schnelle Wind, der Sohn der Starken Hand, der im Quecksilberbergwerk gefangen gewesen war. Old Firehand hatte den Vater grüßen sollen, hatte es aber unterlassen. Er wollte einmal ein so unverhofftes Wiedersehen zwischen Roten beobachten, denn der Indianer läßt Fremde nie seine Gefühle ahnen. Die Starke Hand hatte den Schnellen Wind für tot gehalten; hier sollte er den Sohn lebend wiedersehen. Wie würde er sich dabei verhalten?

Er trat kurz hinter Old Firehand in den Hof. Der Jäger trat einen Schritt zur Seite und richtete den Blick auf den Häuptling. Lata nalgut sah seinen Sohn und erkannte ihn, erkannte ihn auf den ersten Blick, trotz seines elenden Aussehens. Kein Muskel seines Gesichts zuckte, nicht eine Wimper bewegte sich. Er schritt würdevoll auf den Sohn zu und reichte ihm ebenso würdevoll die Hand.

„Der Schnelle Wind ist nicht in die Ewigen Jagdgründe gegangen, wie die Krieger der Apatschen glaubten. Er sei gegrüßt und mag mit zu unseren Wigwams zurückkehren!"

Auch der Sohn behielt seine Würde.

„Hat dir das Bleichgesicht nicht gesagt, daß ich hier bin?"

„Nein. Er brauchte es nicht zu sagen; er wußte, daß ich hierher kam." —

Old Firehand wendete sich an Hermann.

„Sind die Gefangenen noch im gleichen Raum eingesperrt?"

„Ja. Sie haben sich ruhig verhalten."

„So wollen wir diesen hier noch zu ihnen schließen."

Er deutete auf Bill Newton, zog den Schlüssel für die Handschellen aus der Tasche und übergab ihn Hermann.

„Übernehmt Ihr das! Ich muß zu Adler. Rollt Newton meinen Lasso ab und legt ihm Arm- und Beinschellen an! Nachher habe ich eine andere Beschäftigung für Euch."

„Einen Auftrag?"

„Ja, und zwar einen angenehmen! Könnt dann einmal nach Euerm Oheim Umschau halten. Vermute, er wird nicht böse sein, wenn Ihr ihn so von ungefähr zu Euerm Bruder Martin führt."

„Verstehe, verstehe!" nickte Hermann eifrig. „Und — ich bin Euch dankbar. Die Mühen und Gefahren, die es kostete, wieder ein Glied der Familie Adlerhorst aufzufinden, habt Ihr auf Euch genommen, den Ruhm und das Vergnügen überlaßt Ihr anderen."

„Pshaw!" wehrte der Jäger lächelnd ab. „Geht immerhin und macht Euch den Spaß!"

Hermann schaffte also zunächst den gefangenen Bill Newton in das fensterlose Gemach, wo Juanito und die alte Hexe in Fesseln lagen.

Er schloß ihm Hand- und Fußschellen an und wickelte den Lasso ab. Keiner sprach ein Wort dabei. Die Tür war von Hermann offen gelassen worden, damit er in dem finsteren Raum etwas sehen konnte.

Plötzlich ließ sich aus einer Ecke ein fürchterliches Stöhnen hören. Juanito, der Skalpierte, war es.

„Sie kommen! — Wehe, wehe! — Hier liegts!“ schrie er wimmernd auf.

Er sprach irre im Wundfieber. Hermann legte den kleinen Schlüssel, mit dem er die Handschellen zugeschlossen hatte, auf den Tisch und näherte sich in unwillkürlichem Mitleid dem Skalpierten, um sich seinen Kopf zu besehen. Er bückte sich zu dem Verwundeten nieder, der sich von einer Seite auf die andere warf. Er befühlte ihm die Stirn, sie glühte. Durch den Verband sikkerte noch immer das Blut.

Bill Newton verfolgte jede kleine Bewegung seines Feindes; er brannte darauf, sich zu befreien und zu rächen. Er hatte unterwegs alles genau beobachtet und war gewillt, selbst jetzt in seiner trostlosen Lage die Augen offen zu halten, um auch die unscheinbarste Gelegenheit nicht ungenützt vorüber zu lassen.

So hatte er auch bemerkt, daß Adlerhorst den Schlüssel auf den Tisch legte.

„Donnerwetter! Wenn er ihn liegen ließe!“ dachte er.

Sein Blick hing gierig an dem kleinen Ding. Dabei stellte er fest, daß am Tischkasten ein Schlüssel von derselben Größe steckte. Ein Gedanke durchzuckte ihn. Vielleicht paßte der Tischkastenschlüssel für die Schellen? Besser aber noch, wenn der rechte Schlüssel liegen blieb. Newtons listiges Hirn arbeitete fieberhaft. Er hatte sich eigentlich schon verloren gegeben. Nun aber schien ihm das Glück doch noch einmal die Hand zu bieten.

Er mußte es wagen. Was konnte ihm Schlimmes geschehen, wenn es nicht glückte? Alle Umstände waren günstig für ihn: der dunkle Raum, das Mitleid, das Hermann Adlerhorst zwang, sich eifrig mit dem Skalpierten zu beschäftigen, und die Nähe des Tisches.

Vorsichtig schob er sich an der Tischkante hoch, zog den Kastenschlüssel heraus, legte ihn hin, tauschte dafür den rechten Schlüssel ein, steckte ihn in den Mund und kauerte sich dann wieder in die Ecke.

In diesem Augenblick richtete sich Hermann auf, nahm den Schlüssel vom Tisch und ging. Eilig begab er sich ins Haus, um zunächst Sir David aufzusuchen.

„Dear uncle", begann er, „ich habe eine Bitte."

„Bitte?" Lindsay äugte spitzbübisch. „Willst du mich anborgen?"

„Nein, ich will dir eine Freude bereiten!"

„Hm! Freude bereiten! Tun Neffen eigentlich selten."

„So bin ich eine Ausnahme. Komm und sieh selber zu!"

Er führte den Engländer in das Zimmer, wo sich Martin befand.

„Hier steht die Freude, von der ich sprach."

Sir David betrachtete Martin eine Weile. Seine Nase bewegte sich, als versuchte sie durch Schnuppern das Geheimnis der Persönlichkeit Martins zu ergründen.

„Scheint kein übler Kerl zu sein, muß aber vorher tüchtig herausgefüttert werden. Yes."

„Er hat unendlich viel gelitten, denn er ist einer der Gefangenen, die hier im Bergwerk arbeiten mußten. Sein Name ist Adlerhorst."

„Adler . . ."

Lindsay klappte den Mund auf, daß die Lippen ein dunkles Viereck bildeten, fuchtelte einigemal mit den langen Armen in der Luft herum und besann sich endlich, daß er nur den halben Namen ausgesprochen hatte.

„. . . horst!" vollendet er das angefangene Wort, indem sich sein Mund hörbar schloß.

„Ja. Du hast das Glück, heute deinen zweiten langgesuchten Neffen in die Arme schließen zu können."

„Neffe, Adlerhorst! Glück! In die Arme schließen! Well, soll geschehen. Indeed. Her mit ihm. Yes."

Damit öffnete er seine riesigen Arme, um seinen Worten die Tat folgen zu lassen. Martin, den Old Firehand schon vom Kommen seines Oheims unterrichtet hatte, ließ es lächelnd geschehen.

*

Als sich hinter Hermann die Tür schloß, war es Bill Newton zumute, als befände er sich schon mit einem Fuß in Freiheit.

Nun war es still in dem dunklen Raum. Nur zuweilen ließ sich das Wimmern und Aufbrüllen des Fiebernden hören. Die Alte hatte in jener Ecke gesessen, wohin von der Tür aus kein Licht zu dringen vermochte; darum war sie nicht zu sehen gewesen. Juanito aber war trotz der schlechten Beleuchtung von Bill Newton bemerkt worden.

„Wer ist hier?" fragte er laut.

„Wir sind zwei!" antwortete die schrille Stimme der alten Hexe.

„Ah, noch jemand? Wer seid ihr denn?"

„Sagt mir zuvor, wer Ihr seid! Seid Ihr auch ein Freund von Señor Roulin?"

„Ich bin sein bester Freund."

„So müßtet Ihr mich kennen. Ich bin Señorita Arabella und führe den Haushalt Señor Roulins."

„Ach so! — Wer ist denn der Mann, der dort so stöhnt?"

„Das ist Juanito."

„Ah, Juanito Alfarez. Was ist mit ihm? Ist er krank?"

„Der Indianer hat ihn skalpiert."

„Zounds! Wie konnte das geschehen?"

„Wir wurden von den beiden Schurken überfallen, die als Freunde kamen, uns aber als Feinde behandelten. Sie haben alle unsere Gefangenen befreit."

„Wie war das möglich?"

Sie erzählte ihm so viel, wie sie für angebracht hielt.

„Und wie seid denn Ihr in Old Firehands Hände geraten?" fragte sie am Schluß.

Roulin schickte mich hierher, um seine Ankunft zu melden", log er. „Auf dem Weg wurde ich überfallen."
„Dem Himmel sei Dank! Er wird uns befreien!"
„Bildet Euch nur das nicht ein! Draußen vorm Haus halten vierhundert Apatschen und Marikopas, die ihn empfangen werden."
„Dios! Dann sind wir verloren!"
„Das weiß ich."
„Schrecklich! Ich glaube, diese Menschen werden uns töten!"
„Auch ich bin überzeugt davon."
„Laßt uns zur Madonna beten, daß sie uns einen Erlöser sendet!"
„Lächerlich! Die Madonna wird sich gerade um uns bemühen. Wir können uns nur auf den Teufel und auf uns verlassen."
„Ihr redet ja selber wie der Leibhaftige!"
„Ihr seid im Haus bekannt, ich war noch niemals hier. Denkt einmal nach, auf welche Weise wir uns helfen können!"
„Wären wir nur erst die Fesseln los!"
„Und was dann? Wißt Ihr etwas?"
„Nein."
„So nützte es uns auch nichts, wenn wir ohne Fesseln wären. Ja, wenn es eine Möglichkeit gäbe, uns heimlich fortzuschleichen! Wie viele Ausgänge gibt es hier?"
„Nur einen."
„Damned! So ist es aus mit uns. Wir werden in kurzer Zeit mit der Hölle Bekanntschaft machen."
„Hu! Mich schüttelts bei Euern Reden. Schweigt lieber!"
Er schwieg. Der Gedanke, daß es ihm unmöglich sei, sich zu befreien, machte Bill Newton im Augenblick weniger zu schaffen als der andere, daß er noch heute mit Roulin und Walker zusammengesteckt werden könnte. Er war ein hartgesottener Bösewicht, aber es graute ihm doch vor diesem Wiedersehen. Er fragte sich, ob er den

Mitgefangenen verraten sollte, daß er den Schlüssel besaß — doch bereits nach kurzer Überlegung kam er zu dem Entschluß, sein Geheimnis wenigstens jetzt noch für sich zu behalten.

*

Unterdessen hatte Hermann den Schlüssel an Old Firehand zurückgegeben. Der Schnelle Wind wurde zur Bewachung an die Tür der Gefangenen befohlen. Dann beriet man über den Plan, den man gegen Walker und die Mojaves befolgen wollte.

„Sie müssen alle sterben", sagte die Starke Hand.

„Ein jeder soll sein Verbrechen büßen!" antwortete Winnetou. „Wer aber kein Bösewicht ist, soll geschont werden. Die Mojaves sind verführt worden und an den Schandtaten der weißen Teufel unschuldig."

„Auch ich bin kein Schlächter", warf Old Firehand ein. „Vielleicht gelingt es uns, diese dreißig Mojaves ohne Kampf zu überwältigen."

„Wie will mein weißer Bruder das beginnen?"

„Meine roten Brüder werden sich draußen verbergen. Die Feinde kommen ungehindert ans Haus und werden eingelassen. Hier aber stecken hundert Apatschen, die sie in Empfang nehmen."

„Das ist gut!"

„Ich werde sogleich den Befehl geben. Der Häuptling der Marikopas mag mich begleiten! Er ist ein kluger Krieger und wird einen Ort finden, wo er mit den anderen von den Feinden nicht entdeckt wird."

19. SAM HAWKENS FINDET ETWAS

Old Firehand ging mit dem Häuptling Eiserner Pfeil vor das Haus, wo die Roten warteten. In diesem Augenblick preschten die Späher heran und meldeten, daß die dreißig Mojaves in allerkürzester Zeit ankommen würden. Old Firehand ließ hundert Apatschen absitzen und ins Haus treten. Die anderen aber sprengten unter Führung des Eisernen Pfeils mit den ledigen Pferden davon.

Die hundert Apatschen verteilten sich truppweise in den Räumen, die dem Eingang am entferntesten lagen, so daß Roulin in den ersten Minuten seiner Ankunft nichts Auffälliges bemerken konnte. Selbst die Leiter wurde wieder aus der Zisterne gezogen.

Sam Hawkens kam schmunzelnd herbei und blinzelte Old Firehand aus seinen Äuglein vergnügt an.

„Jetzt sind wir wohl bereit?"

„Ja."

„Ihr habt nichts mehr anzuordnen, Master Firehand?"

„Nein."

„Ihr wollt doch die Kerle in den Hof locken?"

„Natürlich."

„Sie werden sich hüten, hereinzukommen. Wenn sie es täten, wären sie wert, verkehrt aufgehängt zu werden, hihihihi!"

„Warum?"

„Na, wer soll ihnen denn öffnen?"

„Ich."

„Zounds! Ich lasse mich mitsamt meiner guten, alten Mary fressen — obgleich sie einen edleren Tod verdient hätte — wenn Euer lieblicher Anblick auch nur einen Mojave hereinlockt. Hihihihi!"

„Im Hausgang befindet sich eine Nische, wohin ich

gleich nach dem Öffnen trete, um sie vorüber zu lassen. Dann bin ich hinter ihnen und decke den Ausgang, während ihr über sie herfallt."

„Das geht nicht, Master! Ich rate zu einem anderen Plan. Die Alte ist Pförtnerin; sie ist gefangen, aber kann denn an ihrer Stelle nicht das Mädchen öffnen, die Anita?"

„Schwerlich. Roulin erwartet doch, daß sie schon gefangen ist und im Bergwerk arbeitet."

„Sie mag eine Ausrede vorbringen."

„So ganz unrecht habt Ihr eigentlich nicht. Ich will mit Anita reden, ob sie sich als erste von Roulin sehen lassen will."

Anita begann zu zittern, als Old Firehand seinen Wunsch äußerte. Aber dann überwand sie ihre Schwäche und gab schließlich selber einen Ratschlag für die Ausrede, die sie beim Öffnen gebrauchen wollte.

Nun kamen einige Minuten erwartungsvoller Stille; dann hörte man draußen Pferdegetrappel. Es wurde ans Tor gepocht. Anita wurde wachsbleich; aber tapfer ging sie, um zu öffnen.

Roulin und Leflor, Walker und die dreißig Indianer standen draußen.

Roulin zog bei Anitas Anblick die Stirn in Falten.

„Du? Du bist hier? Warum öffnet denn Bella nicht?"

„Sie ist gefallen und kann nicht gehen."

„Wann war das?"

„Einige Tage nach Eurer Abreise."

Das war ganz geschickt ausgesonnen; es erklärte Anitas Hiersein am einfachsten. Wenn die Alte krank lag, so konnte Juanito das Mädchen nicht einsperren; sie mußte die Stelle der Kranken vertreten.

„Gut", meinte Roulin mürrisch. „Kannst gehen! Ich werde selber zuschließen. — Kommt herein! — Ah, warte erst noch, Anita! Ist jemand dagewesen?"

„Nein."

„Auch heute nicht? Ein gewisser Bill Newton?"

„Nein."

„So kommt er noch. Er soll sich wundern!"

Anita zog sich mit wankenden Knien zurück.

Die Mojaves stiegen ab und ließen ihre Pferde einstweilen unter Aufsicht eines Postens vor dem Tor zurück. Roulin blieb bis zuletzt, verschloß die Tür und steckte den Schlüssel ein. Er gebot den Roten, es sich einstweilen im Hof bequem zu machen; dann führte er Walker und Leflor in den sogenannten ‚Saal'.

„Einen Augenblick Geduld! Ich muß vorerst einige Worte mit Bella und Juanito sprechen. Komme gleich wieder."

Wie Old Firehand vorausgesehen hatte, begab sich Roulin zunächst in sein Zimmer. Dort stand Old Firehand mit Winnetou, der eine rechts, der andere links innen an der Tür.

Kaum hatte Roulin die Tür zugesperrt, so legten sich Old Firehands Hände so fest um seinen Hals, daß er keinen Laut auszustoßen vermochte und, nach Luft schnappend, den Mund aufsperrte. Sofort steckte ihm der Apatsche einen Knebel zwischen die Zähne und schlang ihm Stricke um Beine und Arme.

Das war in einem einzigen Augenblick erledigt, ohne das geringste Geräusch. Roulin war wie im Traum und starrte die beiden Männer blöd an.

„Willkommen, Sonataka, in Euerm eigenen Haus!" grüßte Old Firehand. „Wir sind da, wie Ihr seht. Ich hoffe, daß Ihr Euch gut mit uns vertragen werdet. Das Gegenteil würde Euch nur schaden. Zunächst wollen wir einmal nachsehen, was Ihr in Euerm Gürtel und in Euern Taschen habt."

Im Gürtel befanden sich nur die Waffen. In den Taschen hatte Roulin Geld und zwei Schlüssel — den Hauptschlüssel und den kleinen Schlüssel für die Hand- und

Fußschellen — die Juanito auch besessen hatte. Old Firehand steckte beide zu sich.

Während der Untersuchung seiner Taschen machte Roulin verzweifelte Anstrengungen, die Stricke zu zerreißen.

„Ruhe, nur Ruhe, Señor!“ beschwichtigte Old Firehand freundlich. „Schont Eure Kräfte! Ihr habt sie noch bitter nötig, denn wir sind neugierig und möchten noch mancherlei von Euch wissen.“

Unterdessen hatten Leflor und Walker ihre Büchsen in die Ecke neben der Tür des ‚Saals‘ gelehnt und es sich bequem gemacht.

Da klopfte es.

„Herein!“ rief Walker verwundert.

Sam Hawkens trat ein, gefolgt von Dick und Will, den beiden Langen. Beim Anblick dieser drei Männer sprangen Walker und Leflor betroffen von ihren Sitzen auf. Sam verbeugte sich höflich.

„Entschuldigung, Mesch'schurs, wenn wir stören! Behaltet bitte Platz! Wir hörten, daß neue Freunde von Señor Roulin angekommen seien, und da wir seine Gäste sind, so wollen wir euch begrüßen.“

„Ihr? Seine Gäste?“ stieß Walker hervor.

„Ja.“

„Unmöglich!“

„Das klingt ja gerade, als wäre Señor Roulin kein Freund der Gastlichkeit. Beleidigt ihn nicht!“

„Weiß er, daß ihr hier seid?“

„Noch nicht. Er wird es aber gleich erfahren. Es sind eben zwei sehr ehrenwerte Masters bei ihm, die ihn davon verständigen werden, wenn ich mich nicht irre. Hoffentlich kennt Ihr mich?“

„Habe nicht die Ehre!“ log Walker drauflos.

„Aber meine beiden Kameraden hier?“

„Auch nicht.“

Der stets schweigsame Dick Stone hatte schon mehrfach zum Sprechen angesetzt, sich aber immer wieder beherrscht. Doch jetzt ließ er sich nicht mehr halten.

„Erinnert Ihr Euch nicht des Tags“, platzte er heraus, „wo Ihr bei der Pflanzung von Master Leflor Fische fingt?“

„Nein. Habe niemals dort Fische gefangen.“

„Möglich; aber geangelt habt Ihr. Ihr hattet damals ein sehr schwarzes Gesicht und gabt Euch wohl ein wenig für eine Negerin aus.“

„Ist mir nicht eingefallen.“

„Ich ließ mich täuschen, und Ihr entkamt.“

„Bounce! Ihr müßt mich verkennen!“

„Nun, wer seid Ihr denn?“

„Ich heiße Palmora und bin ein spanischer Kreole aus Los Angeles.“

„Ah, entschuldigt! Da habe ich mich getäuscht. Und wer ist dieser Señor hier?“

„Mein Vetter. Er heißt ebenso.“

„Und ich hielt Euch für einen gewissen Walker, den Mörder der Tante Droll, der sich zuweilen auch Hopkins nennt.“

„Da irrt Ihr Euch gewaltig.“

„Und Euern Vetter hielt ich für einen gewissen Leflor aus der Gegend der Arkansasufer bei Van Buren.“

„Auch da täuscht Ihr Euch.“

„Sollte man meinen, daß es solch verblüffende Ähnlichkeit geben kann? Noch dazu gleich zwei Beispiele nebeneinander! Erlaubt ihr, daß wir uns mit zu euch setzen, Mesch'schurs?“

„Bitte! Wir werden euch aber leider nicht Gesellschaft leisten können. Señor Roulin erwartet uns.“

„Das tut uns leid; aber wir wollen euch auch nicht halten. Hoffentlich sehen wir uns wieder!“

Die beiden gingen, zunächst um ihre Gewehre auf gute Art an sich zu bringen. Fast hatten sie die Tür erreicht, da traten Old Firehand und der Apatsche ein.

Leflor und Walker fuhren zurück.

„Ah, ihr seid schon da, Señores?" lächelte Old Firehand.

„Nicht wahr, uns habt ihr hier so bald nicht vermutet? Ihr glaubtet uns hinter euch."

„Nein, wir sind hinter und vor ihnen, wenn ich mich nicht irre", lachte Sam. „Nämlich so!"

Dabei legte er dem vollkommen verdutzten Walker die Hände um den Hals und riß ihn nieder. Im gleichen Augenblick wurde auch Leflor von Dick und Will gepackt. Old Firehand und Winnetou sprangen zu, und binnen einer Minute waren die beiden Schurken geknebelt und so fest gebunden, daß sie kein Glied zu rühren vermochten. Dann schaffte man sie zu Roulin.

Old Firehand trat unter die Tür zum Hof und winkte einem Mojavekrieger, dessen Federschmuck ihn vor den anderen auszeichnete. Der Rote hatte den Jäger noch nie gesehen, hielt ihn für einen Freund Roulins, legte Speer, Schild und Büchse ab und kam herbei.

„Mein roter Bruder mag heraufkommen", sagte der Jäger.

Der Indianer, der glaubte, er sollte mit Roulin sprechen, folgte ihm ahnungslos. Oben ließ Old Firehand ihn zuerst eintreten und zog hinter sich die Tür zu.

„Uff!"

Nur diesen einen Laut stieß der Rote aus, dann war er still. Vor ihm standen zwanzig bewaffnete Apatschen und einige weiße Männer, hinter ihm Old Firehand, neben ihm Dick und Will. Sowohl Flucht als auch Widerstand waren unmöglich gegen eine solche Überzahl. So verhielt er sich denn vollständig abwartend, um den günstigsten Augenblick zum Handeln zu erspähen.

„Mein roter Bruder fürchte sich nicht", sagte Old Firehand. „Hier stehen Winnetou, der Häuptling der Apatschen, Lata nalgut, die Starke Hand, und ich bin

Old Firehand, den die roten Männer Inshava nonton, den Weißen Häuptling, nennen."

„Uff, uff", entfuhr es dem Mojave.

„Ich lebe mit euch in Frieden. Ihr habt mir kein Leid getan und ich euch nicht. Jetzt aber habt ihr euch mit weißen Männern verbunden, die Diebe und Räuber sind. Ich will dir mitteilen, was sie verbrochen haben."

Old Firehand gab dem Mojave ein Bild der grauenvollen Schandtaten.

„Es tut mir leid", fuhr er fort, „daß ihr die Freunde dieser Verbrecher geworden seid. Wir sind erschienen, sie zu bestrafen. Wollt ihr uns daran hindern?"

Der Indianer blickte erstaunt in das ernste, aber gütige Gesicht Old Firehands. So hatte er sich diesen berühmten Krieger nicht vorgestellt.

„Was Inshava nonton sagt, ist Wahrheit. Er spricht niemals eine Lüge. Die Männer, von denen du redest sind böse. Sie verdienen Strafe. Aber ich bin kein Häuptling; ich kann nicht anders, ich muß sie beschützen. Nur der Häuptling kann einen anderen Befehl erteilen."

„So warte, bis er kommt!"

„Ich darf nicht."

„Dann wirst du untergehen. Wir sind viermal zehn mal zehn, und ihr seid nur dreimal zehn."

„Kann mir Inshava nonton das beweisen?"

„Ja. Komm!"

Old Firehand führte den Indianer über die Treppe aufs platte Dach. Von dort aus konnte man die Apatschen und Marikopas sehen. Der Mojave stutzte.

„Hundert Apatschen sind außerdem hier im Haus versteckt", ergänzte der Jäger bedeutsam.

„Zeig sie uns!"

„Sie würden mit den Deinen kämpfen."

„Sag ihnen, daß einstweilen Friede zwischen uns sein soll, und ich sage es den Meinigen."

„Gut, so soll es sein."

Nach dieser kurzen Unterredung stiegen die beiden Männer wieder hinab. Bald standen sich die Apatschen und Mojaves im Hof gegenüber. Die Mojaves erstaunten nicht wenig, hier einen so übermächtigen Feind vorzufinden. Ihre Bestürzung aber wuchs noch mehr, als sie erfuhren, daß sie es dabei mit dem Weißen Häuptling und Winnetou zu tun hatten.

„Jetzt will ich dir meine Vorschläge machen", sagte Old Firehand zu dem Mojave. „Du sollst wählen zwischen Krieg und Frieden, zwischen Leben und Tod."

„Sag mir vorher, wo sich die drei Bleichgesichter befinden, mit denen wir gekommen sind!"

„Ich habe sie gefangengenommen."

„Was für ein Schicksal werden sie haben?"

„Sie werden sterben. Und ihr werdet das gleiche Los haben, wenn ihr euch nicht ergebt. Zähle, wieviel wir sind. Sobald einer deiner Krieger die Waffe erhebt, schießen wir unsere Büchsen ab, und ihr alle seid tot."

„Inshava nonton mag richtig gesprochen haben, aber er darf nicht vergessen, daß wir den Tod nicht fürchten."

„Das weiß ich, denn ihr seid tapfere Männer. Aber ist es nicht besser zu leben, als zu sterben, selbst wenn man den Tod nicht fürchtet? Habt ihr nicht Brüder und Schwestern, Frauen und Kinder in euern Wigwams? Sie warten auf euch. Sie wollen Fleisch essen, das ihr ihnen schießen sollt. Müßt ihr nicht für sie leben? Wenn ihr durch unsere Kugeln sterbt, so wird sich unter ihnen ein großes Wehklagen erheben, und sie werden sagen: ‚Unsere Krieger hatten uns vergessen. Sie hatten kein Herz für uns. Um als tapfere Männer zu gelten, die den Tod nicht fürchten, haben sie sich erschießen lassen — und wir sind Sklaven der Apatschen und Marikopas geworden!'"

Das Wort Sklave ist das schrecklichste, das der Indianer kennt. Ein Gemurmel ging durch die Reihen der Mojaves.

„Squaws reden wie Squaws. Wir sterben, um nicht die Sklaven der Sieger zu sein!"

„Inshava nonton sagt euch, daß seine roten Brüder nicht die Sklaven der Sieger sein werden. Denn wir sind nicht eure Feinde und wollen es auch nicht sein."

„Uff, uff!"

„Ich werde mit meinen Gefährten sprechen und auch mit euerm Häuptling verhandeln. Was dann bestimmt wird, soll geschehen. Für jetzt verlange ich nur, daß ihr eure Waffen niederlegt."

„Ihr werdet sie nehmen?"

„Ja."

„Was ist ein Krieger ohne Waffe? Selbst wenn ihr uns freigebt, sind wir ohne sie später ein Spott unserer Feinde und fallen mit allen Unsrigen dem Hungertod anheim."

„Inshava nonton wird eure Waffen nur aufbewahren, bis mit euerm Häuptling verhandelt worden ist. Du kennst meinen Namen. Sag, ob Old Firehand jemals gegen die roten Männer unbillig gewesen ist!"

„Noch nie."

„So werde ich auch heute in der Versammlung für euch sprechen, und man wird auf meine Worte hören."

„Wenn wir die Waffen abgeben, so wirst du uns binden und einschließen?"

„Nein. Ihr sollt hier in diesem Hof bleiben und Essen und Trinken erhalten, gerade wie wir. Nur ein Versprechen sollt ihr geben: nichts Feindseliges zu unternehmen, bevor Inshava nonton mit euerm Häuptling verhandelt hat."

Der Anführer wandte sich jetzt leise an seine Leute, und nach einer kurzen Verhandlung mit ihnen trat er vor.

„Die tapferen Krieger der Mojaves gehen auf deine Bedingungen ein, weil du der Weiße Häuptling bist, dem wir Vertrauen schenken."

Damit zog er den Tomahawk aus dem Gürtel, legte ihn hin und fügte auch seine anderen Waffen hinzu. Seine Leute taten dasselbe. Einer nach dem anderen legte die Waffen ab, die Old Firehand durch einige Apatschen ins

Gebäude bringen ließ. Dann kauerten sich die Mojaves längs der Mauer auf den Boden hin, um das Kommende abzuwarten.

„Nun sind uns die Pferde im Weg“, meinte Dick Stone. „In den Hof können wir sie nicht nehmen, draußen stehen lassen dürfen wir sie auch nicht; sie würden uns den heranziehenden Mojaves verraten.“

„Weshalb?“ wunderte sich Old Firehand. „Gerade wenn wir sie stehen lassen, werden sie beruhigt herbeikommen, weil sie denken, ihre Leute befinden sich ganz wohl im Innern des Hauses.“

„Aber man muß sie füttern und auch tränken!“

„Wasser gibt es in der Zisterne. Es ist schlecht, für die Pferde aber genügt es. Und Futter — ja, da werden sie freilich hungern müssen.“

„Wer soll hungern?“ fiel Sam Hawkens ein, der unbemerkt zu der Gruppe getreten war.

„Die Pferde, vielleicht auch wir“, bestätigte Old Firehand.

„Warum?“

„Weil nichts da ist.“

„Wer behauptet denn das?“

Sams kleine Augen blinzelten listig.

„Ich.“

„So sagt Ihr eine große Unwahrheit, wenn ich mich nicht irre, Master Firehand. Es sind ganz im Gegenteil genügend Vorräte vorhanden.“

„Woher wißt Ihr das?“

„Ja, woher ich es weiß! Sam Hawkens ist gar kein so übler Kerl. Wenn andere an nichts denken, muß er seinen falschen Skalp anstrengen. Seht Euch doch einmal dieses liebliche Todestal an! Kein Baum, kein Strauch, kein Halm. Dennoch leben Menschen und Tiere hier. Man muß also einen Vorrat von Lebensmitteln besitzen.“

„Gewiß, aber für so viele wird er nicht reichen.“

„Meint Ihr? Hm! Seht Euch dieses Häuschen an —

sieht es nicht wie eine kleine Festung aus? Kann es nicht ganz gut eine Belagerung aushalten? Und bei einer solchen Gelegenheit brauchen die Belagerten Vorräte, nicht für zwei, drei Mäuler und nur einen Tag, sondern für viele Esser und für viele Tage."

„Das ist eine kluge Beweisführung. Aber mit Beweisen kann man weder Menschen noch Gäule füttern. Ich habe das ganze Haus durchsucht."

„Das ist zwar sehr schön von Euch, Sir, aber gefunden habt Ihr nichts. Ich habe gar nicht gesucht, aber doch etwas gefunden."

„Wo?"

„Auf dem Rücken des Besitzers dieses freundlichen Hauses, hihihihi! Ihr sagtet, daß meine Beweisführung nicht übel sei. Nun, während Ihr hier mit den Mojaves unterhandeltet, bin ich mit dieser Beweisführung zu Master Roulin gegangen. Er aber litt an einer Gedächtnisstörung. Da habe ich ihm die Jacke geöffnet und ihm den nackten Rücken eingerieben, und schon nach der dritten Einreibung war seine Erinnerung in Ordnung. Hihihihi!"

„Er hat gestanden?"

„Ja."

„Und?"

„Es ist ein Keller hier."

„Wo?"

„Unter der Küche. Man hebt eine der Steinplatten auf, da ist der Eingang."

„Wart Ihr unten?"

„Nein. Ich habe nur versucht, die Platte zu heben. Es ging, und so lief ich gleich her zu Euch."

„Prächtig!"

„Roulin findet es nicht so prächtig, hihihihi! Sein Rükken hat das Aussehen einer Landkarte, auf der die Länder braun und die Meere blau gefärbt sind. Hätte er nicht gestanden, so wäre ganz sicher auch noch etwas Rotes dazugekommen. Ich will Euch den Keller zeigen."

Stolz wie ein Sieger schritt der Kleine voran. Old Firehand und Hermann folgten.

In der Küche war ein großer Stein aus dem Fußboden gehoben. Eine steinerne Treppe wurde sichtbar.

Lampen fand man in der Küche, und nun stiegen die drei hinab. Was sie dort sahen, erregte ihr Erstaunen. Der Keller enthielt Fässer mit Mehl, Eiern, in Kleie gelegten Schinken, lange Reihen gefüllter Flaschen. Kurz, es gab einen Vorrat an Lebensmitteln, der allerdings darauf schließen ließ, daß Roulin auch einmal mit einer Belagerung rechnete.

Old Firehand bewunderte im stillen die ruhige Bedachtsamkeit des kleinen Trappers. Er selber hatte im Drang der sich überstürzenden Ereignisse nicht die Erwägungen angestellt, die ihm sonst ganz von selber gekommen wären. Auf allen Seiten von verschieden gesinnten Indianern umgeben, lag es für Roulin immer im Bereich der Möglichkeit, daß er von einem dieser Stämme feindselig behandelt und in seinem Haus eingeschlossen wurde. Er mußte also auf solche Fälle vorbereitet sein.

„Nun, wie gefällt Euch das?“ lachte Sam.

„Ausgezeichnet!“ ging Old Firehand auf das Geplänkel des Kleinen ein.

„Und wer ist der Finder dieser Bonanza des Magens und der guten Genüsse?“

„Master Sam Hawkens!“

„Sagt, ist dieser Master nicht ein gescheiter Kerl?“

„Zuweilen.“

„Zuweilen? — Hm, da ist es also sehr gut, daß ich gerade heute eine meiner gescheiten Stunden gehabt habe, wenn ich mich nicht irre. Behold! Hier ist auch Tabak, und dort sind Zigarren — erlaubt, daß ich mir eine anbrenne!“

Es gab wirklich mehrere Fässer voll Tabak und auch reichlich Zigarren. Sie konnten hier untergebracht werden, weil der Keller in diesem heißen Tal völlig trocken war.

Während sich Sam eine Zigarre ansteckte, suchte Old Firehand weiter. Da der Boden nur aus festgestampfter Erde bestand, fiel ihm ein viereckiger Stein auf, der sich mit geringer Mühe entfernen ließ. Feuchter Duft drang ihm entgegen.

„Sam, bringt die Lampe her! Ich glaube, hier ist ein Brunnen."

„Das wäre ein Glück. Wasser ist für die Indianer besser als Bier."

„Wohl weil Ihr es für Euch behalten wollt, Master Tschi-kone?"

„Schimpft immerhin, Weißer Häuptling! Bier ist nun mal nichts für Indianerkehlen. Hihihihi!"

Dabei kam er mit seiner Lampe näher und leuchtete in die Öffnung. Richtig, ein kleiner, heller Wasserspiegel glänzte ihnen entgegen, und es zeigte sich, daß das Wasser von guter Beschaffenheit war.

„Das ist das Beste von allem, was wir hier gefunden haben", sagte Old Firehand. „Jetzt können nicht nur die Menschen, sondern auch die Pferde anständiges Wasser trinken. Das Schöpfen freilich wird viel Arbeit machen."

„O nein!" entgegnete Hermann. „Hier in der Ecke sehe ich eine eiserne Pumpe mit einigen Schläuchen. Wir brauchen also nicht zu schöpfen."

Als Old Firehand beides untersuchte, fiel ihm ein dünner Schein ins Auge. Er erkannte, daß aus diesem Keller ein kleines, vielleicht dreizölliges Loch durch die Mauer ins Freie führte. Das war äußerst günstig, denn man konnte einen Schlauch durch dieses Loch führen und auf diese Weise den Pferden ohne Umstände Wasser geben.

Die Apatschen trugen nun von den Vorräten so viel aus dem Keller, wie augenblicklich gebraucht wurde. Anita übernahm das Amt der Köchin. Dann wurden die im Hintergrund des Todestals versteckten Krieger herbeigeholt, bekamen ihre Anteile und konnten auch den Gäulen Wasser geben.

Darüber vergingen Stunden. Zwar wurde der Haupttrupp der anrückenden Mojaves noch nicht erwartet, dennoch sandte Old Firehand Späher aus, um Überraschungen vorzubeugen.

Auch die Mojaves im Hof verloren ihre gedrückte Stimmung, nachdem sie ebenso wie die anderen ihre vollen Anteile erhalten hatten.

Haus und Hof waren zu eng für so viele Gäste. Darum machte Sam den Vorschlag, Roulin und Genossen lieber in das Quecksilberbergwerk zu bringen und dort einzuschließen. Dadurch wurden zwei Räume gewonnen, worin sich die Gefangenen bisher befanden.

Old Firehand ging sogleich auf diesen Vorschlag ein. Die Leiter wurde denn nochmals in die Zisterne hinabgelassen.

Dann brachte man die Übeltäter herbei.

Juanito war jetzt wieder bei Besinnung. Er warf einen ängstlichen Blick auf Roulin, wurde aber von ihm scheinbar nicht beachtet.

Old Firehand stieg mit Sam Hawkens voran; die Gefangenen folgten, und hinter ihnen kamen Dick und Will.

Der Trapper öffnete die Türen und schritt im spärlichen Schein der Lampen durch die unterirdischen Räume. Erst beim letzten machten sie halt. Dort ketteten sie die Gefangenen an die in der Wand befestigten eisernen Ringe.

Unglücklicherweise hatte sich Old Firehand, als er die Gefesselten an die Mauer schloß, des Schlüssels bedient, der Roulin abgenommen worden war. Hätte er den anderen, von Bill Newton verwechselten, aus der Tasche gezogen, so wäre der Umtausch schon jetzt bemerkt worden.

So aber kehrte er, die Türen sorgfältig hinter sich verschließend, mit seinen Gefährten an die Oberwelt zurück.

Nur Sam Hawkens schüttelte seinen Skalp.

„Haben wir nicht doch einen Fehler gemacht, Master Firehand?“

„Inwiefern?“

„Wir hätten diese Kerle einzeln unterbringen sollen. Jetzt stecken sie beisammen und können miteinander reden. Da ist es leicht möglich, daß sie auf einen Plan geraten, der uns Verlegenheiten bringt.“

„Keine Sorge, Sam! Heraus können sie nicht. Übrigens habe ich eine bestimmte Absicht verfolgt, als ich sie in einen gemeinsamen Raum sperrte: Sie werden sich entsetzlich zanken. Das ist eine Strafverschärfung, die jedem von ihnen zu gönnen ist.“

„Da habt Ihr recht. Wie mögen sie diesen Juanito mit Worten bespeien, dem sie alle Schuld geben werden! Hätte er sich nicht von Euch, Master Firehand, übertölpeln lassen, so wäre es uns wohl schwer gefallen, unseren Zweck zu erreichen, wenn ich mich nicht irre.“

20. ICH — ICH — ICH!

Old Firehands Vermutung, daß die Gefangenen mit Vorwürfen übereinander herfallen würden, fand volle Bestätigung. Juanito, die Alte und Bill Newton, der frühere Derwisch, waren bisher von den anderen getrennt gewesen. Jetzt befanden sie sich alle in demselben Raum. In Roulin kochte die Wut, die beim geringsten Anlaß zum Ausbruch kommen mußte.

Zunächst aber verhielt er sich ruhig. Er schien von dem Geschehenen noch immer halb betäubt.

Auch die anderen schwiegen, denn jeder dachte an das dunkle Schicksal, das seiner in Kürze harrte. Nur das leise Stöhnen Juanitos ließ sich hören.

„Schmerzt es sehr?" fragte endlich Roulin mit gut geheuchelter Teilnahme.

Juanito wimmerte herzbrechend.

„Wie ist das denn zugegangen, mein lieber Juanito?"

„Verflucht sei dieser Old Firehand!"

„Da teile ich ganz deine Meinung. Noch mehr verflucht aber sei deine Albernheit!"

„Ich war nicht albern!"

„Ist es vielleicht eine Klugheit, sich die Haut vom Kopf ziehen zu lassen?"

„Kann ich dafür? Der Kerl gab sich für einen mexikanischen Minenbesitzer aus und wollte Quecksilber kaufen."

„Weshalb gabst du ihm nicht von dem Vorrat, der bei deiner Mutter liegt?"

„Der war unzureichend. Er brauchte mehr, wie er mir sagte."

„Wie er dir vorredete! Du konntest das Fehlende holen, ihn aber bei deiner Mutter warten lassen. Warum nahmst du ihn mit?"

„Der Kerl — — ah! Oh!"

Der Schmerz überwältigte ihn wieder. Es war ihm, als läge sein Kopf in flüssigem Metall.

„Nun, warum?" wiederholte Roulin nach einer Weile.

„Weil — weil . . ."

„Sinn dir keine Lüge aus! Sie könnte dich doch nicht retten."

„Ich will auch gar nicht lügen. Es ist ja nun alles gleich. Umgebracht werden wir ohnehin. Der Kerl hatte eine große Geldsumme bei sich; und da wollte, wollte . . ."

„Und diese Summe wolltest du haben, ohne ihm Quecksilber dafür geben zu müssen?"

„Ja."

„Das heißt, du wolltest ihn umbringen?"

„So ungefähr."

„Halunke!"

„Wir alle sind Halunken", wimmerte er, „und Ihr seid der allergrößte unter uns!"

„Es ist gut für dich, daß ich gefesselt bin, sonst würde ich dir für deine Höflichkeit auch noch die Haut abziehen, die du auf dem Leib hast! Dich hat doch nicht etwa Old Firehand skalpiert?"

„Nein, sondern der verdammte Apatsche, den wir hatten!"

„Eine ganz höllische Geschichte! Erzähl aber doch, wie es ihnen gelungen ist, dich zu übertölpeln und die Gefangenen zu befreien!"

„Ich —" er brach abermals ab, und wieder stieß er das schreckliche Wimmern aus.

„Nimm dich zusammen!" fuhr ihn Roulin roh an.

„Ich — kann nicht", jammerte er. „Meine Schmerzen sind — oh — zu gräßlich! Das lange Reden ist mir — unmöglich. Die Alte mag — sprechen. — Mein Kopf, mein Kopf!"

„Kerl, dieser Schmerz ist dir zu gönnen; ja, er ist als Strafe noch viel zu gering für dich! Dir müßte täglich die Haut wieder wachsen, damit du alle Tage skalpiert werden könntest! Ich würde dir noch Pfeffer in die Wunden reiben, wenn ich's vermöchte, du schieläugiger Kreole, du! — Alte, rede du!"

Bella hatte schon auf diese Aufforderung gewartet. Sie war voll maßloser Wut gegen alle, auch gegen Juanito, der die Schuld an dem ganzen Unglück trug, weil er Old Firehand mitgebracht hatte. Sie begann zu erzählen, und zwar so, daß sie selber kein Vorwurf traf.

„Du kannst nicht dafür, alte Hexe", knirschte Roulin. „Wäre ich frei, ach was würde ich tun!"

Da meldete sich Walker.

„Ist denn gar keine Möglichkeit zur Rettung?"

„Könnt Ihr eure Ketten sprengen?" hohnlachte Roulin.

„Nein."

„Habt Ihr einen Schlüssel?"

„Auch nicht. Welche Frage!"

„Nun, so können wir auch nicht auf Rettung hoffen. Wir sind verloren."

„Diese Schurken werden kein Federlesens mit uns machen."

„Meint Ihr?"

„Natürlich."

„Das wäre sehr gut. Ein schneller Tod ist unter Umständen das beste. Ich denke nur, daß wir dieser Gunst nicht teilhaftig werden. Dieser Old Firehand ist ein Hund, der nichts gegen das Gesetz tut. Ich bin überzeugt, er schafft uns alle im Siegeszug nach San Franzisko, um uns dort den Prozeß machen zu lassen."

„Damn! Lieber tot als das!"

„Er wird es gewiß tun!"

„Dann bringe ich mich vorher um!"

„Wie denn? Ihr seid doch gefesselt!"

„Es wird sich schon eine Gelegenheit finden. In San Franzisko lasse ich mich nicht von den Leuten begaffen."

„Ja, es würde freilich ein Prozeß werden, wie es noch keinen gegeben hat."

In dieser Weise glitt das Gespräch zwischen Walker und Roulin hin. Leflor beteiligte sich letzten Endes auch noch daran, und sie ergingen sich in Verwünschungen gegen Gott und die Menschen. Flüche wechselten mit plötzlichen Angstausbrüchen, rohe Beschuldigungen und Beschimpfungen mit jammernden Selbstvorwürfen. Dazwischen immer wieder das Schmerzgeheul des Skalpierten — es war sicherlich eine der sonderbarsten Unterhaltungen überhaupt. Dann bot man wieder allen Scharfsinn auf, um einen Weg zur Flucht zu entdecken — vergebens. Es gab keine Möglichkeit.

Die ungezügelten Schmähungen gegen Juanito begannen von neuem. Aber der Kreole antwortete nicht. So beschimpften sich die drei nun abermals gegenseitig auf die widerwärtigste Weise.

„Ich bin der Unschuldigste von euch allen!“ schrie Leflor erbost. „Haltet eure schmutzigen Mäuler! Ich habe euch die Pflanzung im guten Glauben abgekauft; das ist alles. An euern anderen Taten habe ich mich nicht beteiligt. Man kann mir nichts anhaben!“

„Oho!“ rief Walker. „Tut nur nicht so harmlos! Das mit der Pflanzung war schon ein ausgewachsenes Gaunerstückchen — und ich möchte den Sheriff sehen, der Euch daraus nicht einen hübschen Strick dreht! No, die Pflanzung seid Ihr los!“

„Meinetwegen! Das Leben aber muß man mir lassen!“

„Meint Ihr? Ihr habt einen Gefangenen befreit und Euch an der Festnahme von Wilkins und Almy beteiligt und die beiden den Rothäuten ausgeliefert. Außerdem kanntet Ihr den Zweck unserer Reise hierher. Das reicht, um Euch zweimal den Hals zu brechen!“

„Ich werde es darauf ankommen lassen! Daß ich oben am Blauen Wasser Bill Newton befreite, das ist —“

Walker fuhr giftig herum.

„Bill Newton — gut, daß Ihr den verfluchten Namen

nennt! Dieser räudige Hund! Mensch, Spitzbube, wo hast du mein Geld?"

Walker hatte erwartet, daß Bill Newton entweder leugnen oder gar nicht antworten würde. Doch der zeigte keine sonderliche Erregung.

„Euer Geld? Hm, das ist futsch. Old Firehand hats."

„' death! Er hat dir's wieder abgenommen?"

„Leider."

„Alles, alles gelingt diesem Kerl! Will es der Teufel, daß ich frei werde — oh, will ich mich an diesem Menschen rächen, wie sich noch niemals ein Mensch gerächt hat!"

„Glück auf dazu!" spottete Bill Newton.

„Kerl, lach nicht! Ich hasse diesen Menschen, dennoch aber freut es mich, daß er dir nicht nur das Geld abgenommen, sondern dich auch selber gefaßt hat! Wie kamst du Lump nur auf den Gedanken, mich zu bestehlen?"

„Weil Ihr auf den Gedanken kamt, mich hier einzusperren!"

„Unsinn!"

„Pshaw! Ich habe gestern eure Unterhaltung belauscht. Macht mir bloß keine Vorwürfe, daß ich Euch bestohlen habe!"

„Du wolltest Almy retten!"

„Ist mir nicht eingefallen!"

„Schurke!"

„Ihr seid ganz dieselben Schurken wie ich. Nur mit einem Unterschied: ich bin gescheiter als ihr. Während ihr euch zankt und ganz unnütz einer die Schuld auf den anderen wirft, habe ich über unsere Rettung nachgedacht!"

„Großmaul!"

„Wenn ich will, bin ich in zwei Minuten von meinen Fesseln frei."

„Stinkender Koyote! Von dir lasse ich mich noch lange nicht verhöhnen!"

„Was hätte ich davon? Leider würde es uns nur nichts nützen, die Fesseln abzustreifen. Wir können doch nicht hinaus. Ja, wenn mir diese verteufelten Irrgänge und Stollen bekannt wären!"

Bill Newton hatte so ruhig und leidenschaftslos gesprochen, daß die anderen aufhorchten.

„Bill, treibt keinen Scherz!" sagte Roulin. „Wenn es wahr ist, was Ihr sagt, so werden wir den Streich, den Ihr uns gespielt habt, gern vergessen."

„Schön! Und weiter?"

„Und Euch belohnen!"

„Das klingt sehr hübsch. Und wie?"

„Ich gebe Euch tausend Dollar!" rief Leflor.

„Habt Ihr sie etwa mit?"

„Nein. Man hat mir alles abgenommen. Aber du gehst mit mir nach Wilkinsfield. Dort zahle ich sie dir aus!"

„Ihr werdet Euch hüten! Wilkinsfield gehört Euch nicht mehr."

„Ich lege den heiligsten Schwur ab, daß ich Euch die Summe zahle!"

„Einen Schwur?" spottete Bill Newton. „Wohl auf den Beelzebub, was?"

„Auf was Ihr wollt, Newton!"

„Wollen sehen! Und was bieten die anderen?"

„Ich gebe auch tausend", sagte Walker grimmig.

„Wann?"

„Wenn ich wieder nach Prescott zurückkehre."

„Ihr werdet Euch dort in Euerm ganzen Leben nicht wieder blicken lassen dürfen! Und Ihr, Señor Roulin? Was wendet Ihr an Eure unsterbliche Seele?"

„Auch so viel."

„Wenig genug. Habt Ihr das Geld?"

„Ja."

„Etwa oben im Haus, wo jetzt Old Firehand der Herr ist?"

„Nein. Ich habe es hier in einem Versteck."

„Wo?"

„Das ist mein Geheimnis."

„So behaltet das Geheimnis in des Teufels Namen für Euch! Ich behalte das meinige!"

„Nur nicht so hitzig!"

„Schließlich brauche ich Euch gar nicht. Übrigens, wenn Ihr tausend Dollar habt, so habt Ihr auch noch mehr. Könntet Ihr mir vielleicht auch die zweitausend geben, die mir die beiden anderen versprochen haben?"

Roulin zögerte eine Weile.

„Ja, ich könnte es", knurrte er dann widerwillig.

„Gut. So sage ich euch: die Flucht ist möglich. Nur muß ich vorher wissen, ob ich das Geld sicher erhalte, und ob es uns gelingt, von hier fortzukommen, wenn ich mir und euch die Fesseln abgenommen habe."

„Über diesen Punkt will ich Euch beruhigen. Bin ich nicht mehr gefesselt, so kann ich in jedem Augenblick fort."

„Auf welche Weise? Gibt es einen verborgenen Stollen?"

„Nein. Habt Ihr Euch dieses Gewölbe angeschaut, als vorhin die Laternen brannten?"

„Ja. Es führt eine Leiter aufwärts."

„Die Leiter geht auf die Zinne des Felsens."

„Und wie von dort hinab?"

„Mit Hilfe eines Seils."

„Habt Ihr eins?"

„Ja; es befindet sich hier."

Juanito hatte bisher geschwiegen. Teils hinderten ihn die Schmerzen am Sprechen, und teils mochte er die Aufmerksamkeit und somit den Zorn der anderen nicht abermals auf sich lenken. Aber die Beschimpfungen durch Roulin wühlten in ihm, besonders, daß er ihn einen schieläugigen Kreolen genannt hatte. Der Haß fraß an ihm, und manchmal übertraf er sogar die Schmerzen.

Jetzt fuhr er auf.

„Er lügt, Señor!“ wandte er sich halb wimmernd an Bill Newton. „Glaubt ihm nicht! Er hat kein Seil!“

„Weißt du das genau?“ fragte Newton.

„Ja. Wenn eins hier wäre, müßte ich es ebensogut wissen wie er!“

Roulin schlug wild die Fesseln aneinander und fauchte wie ein Tier.

„Schweig, du elendes Vieh, du! — Ich sage: das Seil ist hier!“

„Ihr wollt Señor Newton nur betrügen! Er soll Euch zur Freiheit verhelfen; aber ein Seil, das von der Zinne bis hinab zum Fuß des Felsens langt, ist nicht vorhanden!“

„Gut!“ sagte Newton ruhig. „Ich sehe, daß man mich täuschen will, und werde mich also allein retten.“

„Laßt Euch nicht irremachen!“ schrie Roulin. „Obgleich es nicht nötig ist, daß ich auf das Bellen dieses skalpierten Hundes antworte, will ich Euch mein Geheimnis verraten, damit Ihr seht, daß ich nicht die Absicht habe, Euch zu betrügen!“

„Soll mir lieb sein!“

„Bei der Art und Weise, wie ich hier mein Geschäft betreiben und mir die Arbeiter zusammenrauben mußte, lag der Gedanke nahe, daß ich einmal ganz unvorhergesehen in Ungelegenheiten kommen könnte. Ich sah mich deshalb genötigt, mich für solche Fälle vorzubereiten. Auch für eine heimliche Flucht mußte ich meine Vorkehrungen treffen. Ich legte mir eine verborgene Kasse an und hielt auch ein Seil bereit, von dessen Dasein natürlich nur ich allein weiß.“

„Nun, so sagt doch endlich, wo es steckt!“ drängte Bill Newton ungeduldig.

„Neben der Leiter führt eine dicke eiserne Stange hinauf. Habt Ihr sie gesehen?“

„Ja.“

„Diese Stange ist hohl; sie bildet eine Röhre, von der man oben den Knopf abschrauben kann. In ihrem Innern steckt das Seil. Es ist geradeso lang wie die Röhre, die von hier bis hinaufgeht; also reicht es auch von der Zinne bis zum Fuß des Felsens hinab. Oben am letzten Schmelzofen befindet sich ein starker, eiserner Haken, woran das Seil befestigt wird."

„Aber draußen wachen die Apatschen. Sie werden es sofort bemerken, wenn sich jemand an der Felswand herabläßt."

„Sie sehen es nicht. Gerade an der betreffenden Stelle geht ein ziemlich tiefer Riß von oben bis unten durch das Gestein. Er ist wie ein Felskamin, und ein Mann hat gut Platz darin. Man läßt sich also in diesem Riß hinab, und kein Mensch kann es beobachten. Seid Ihr nun zufrieden, Bill?"

„Bezüglich des Seils ja, bezüglich des Geldes aber nicht."

„Du erhältst es gewiß!"

„Das Versprechen allein genügt mir nicht. Ich muß die vollständige Gewißheit haben, daß das Geld auch wirklich vorhanden ist."

„Sagt's doch!" keifte die Alte.

Roulin aber schwieg eine ganze Weile. Es wurde ihm nicht leicht, sein kostbares Geheimnis zu verraten.

„Gut! Behaltet es!" spottete Newton. „Und nehmt Euer Geld mit in die Hölle! Ich habe schon eine Hand frei!"

Triumphierend hob er den rechten Arm.

„Wie, hat man Euch so schlecht gefesselt?"

„Jetzt weiß ich, wo das Seil ist, und werde allein fliehen."

„Zounds!" rief Walker. „Ihr seid ein verfluchter Geizkragen, Roulin, und bringt uns damit noch alle an den Galgen! Beweist ihm doch, daß Ihr das Geld wirklich habt!"

„Nun denn, Gefahr hats ja nicht — er kann es doch nicht nehmen ohne unsere Hilfe. So will ich's Euch verraten: Oben, wo der Schacht zu Tag steigt, gerade hinter der fünftletzten Leitersprosse, ist ein lockerer Stein. Zieht man ihn heraus, so sieht man ein eisernes Türchen, hinter dem ein Kästchen steht — darin steckt das Geld!"

Bill Newtons Augen glühten heimtückisch auf.

„Na, warum sagt Ihr das erst jetzt?" meinte er kühl. „Wer sollte Euch denn das Geld stehlen?"

„Freilich! Das Schloß der Kassette ist nur mit dem gleichen Schlüssel zu öffnen wie die Handschellen. Ich habe diese Einrichtung getroffen, weil ich den Schlüssel für die Fesseln stets bei mir trug, wenn ich in die Schächte stieg."

„Jetzt aber hat man ihn Euch abgenommen. Wie wollt Ihr zu dem Geld gelangen?"

„Unseren vereinten Kräften wird es wohl gelingen, das Kästchen aufzuwuchten."

„Wohin wenden wir uns dann?"

„Zunächst zu Juanitos Mutter. Bei ihr müssen wir uns mit anderen Kleidern versorgen, denn man wird uns jedenfalls steckbrieflich verfolgen."

„Wo wohnt sie?"

„In Dos Palmas. Sie heißt Juana Alfarez und hat eine Venta."

„Nicht wahr, Dos Palmas liegt südöstlich von hier an der Eisenbahn?"

„Ja. Jetzt aber gebt Euch Mühe, auch die andere Hand loszubringen."

„Das wird gleich geschehen sein."

„Aber die Kette an der Mauer?"

„Die drehe ich ab. Ich bin stark genug."

Bill hatte den Schlüssel im Mund gehabt. Jetzt steckte er ihn auch in das Schloß an der linken Hand — es sprang auf.

Erleichtert warf er die Handschellen beiseite. Nun

brauchte er sich nur zu bücken, um auch das Schloß zu öffnen, das ihn am Mauerhaken hielt. Daß er diese Fessel zerdrehen mußte, hatte er vorgespiegelt, um nicht den Schlüssel zu verraten.

Jetzt endlich war er frei; die Kette klirrte nieder.

„Seid Ihr los?“ fragte Roulin.

„Ja.“

Die Männer schrien auf. Das war die Rettung vorm sicheren Tod.

„Gott sei Dank! Brennt ein Licht an!“ fieberte Roulin.

„Licht?“

„Habt Ihr nicht die Lampen am Boden stehen sehen? Es sind die, mit denen sich die Arbeiter leuchten. Zunder, Stein, Stahl und Schwefelfaden liegen im Mauerloch gegenüber von mir.“

Bald brannte das Flämmchen einer der kleinen Lampen.

„So ist es gut!“ sagte Roulin. „Jetzt geht dort in die Ecke. Hinter dem Fuß der Leiter liegen einige kurze Eisenstäbe, womit Ihr unsere Fesseln leicht zersprengen könnt.“

Bill Newton stieß ein häßliches Lachen aus.

„Ihr meint, daß ich nun auch euch befreie? Erst muß ich wissen, ob Ihr mir die Wahrheit gesagt habt.“

„Mit dem unnützen Nachschauen verlieren wir doch nur kostbare Zeit! Bei Gott, es ist wahr!“

„Bei Gott?“ höhnte er. „Na, Master Roulin, dort werdet Ihr verdammt wenig Kredit besitzen. Ihr seht wohl ein, daß ich mich lieber auf mich selber verlasse. Wartet also, bis ich wiederkomme!“

Alle stürmten nun mit Bitten und verbissenen Flüchen auf den vermeintlichen Retter ein; es half ihnen aber nichts: Bill kehrte sich nicht daran, sondern stieg mit dem Licht die Leiter hinauf und ließ die anderen im Finstern zurück.

Er mußte sehr hoch klettern, und es dauerte lange, bis

er an die fünftletzte Leitersprosse gelangte und den Stein dahinter fand. Richtig, er war locker, und Newton vermochte ihn herauszuziehen. Die eiserne Tür kam zum Vorschein und hinter ihr das Kästchen. Der Schlüssel paßte — es sprang auf. Sorgfältig prüfte er den Inhalt.

Dabei stieß er einen halbunterdrückten Ruf aus: das Kästchen enthielt mehr als fünftausend Dollar in guten Noten und verschiedene Ringe und Kostbarkeiten. Seine Augen funkelten, als er alles in die Taschen steckte.

Nun verbarg er das Kästchen wieder an seinem Platz, schob den Stein in die Öffnung, befestigte die Lampe, die ihn im Freien verraten konnte, an einer Sprosse und stieg vollends hinauf.

Die Eisenstange endete in einem Knauf. Bill versuchte, ihn zu drehen. Er war etwas eingerostet, aber nach einiger Anstrengung gelang es. Hastig schraubte er ihn los und fand tatsächlich das Ende des Seils. Er zog es aus der Röhre, indem er es aufrollte. Dann suchte er am Schmelzofen den Eisenhaken — es war alles in Ordnung.

Darauf stieg er wieder hinab in den Stollen. Alle hatten seine Rückkehr mit größter Ungeduld erwartet; nur Juanito Alfarez wimmerte wieder und lachte laut im Wundfieber.

„Endlich, endlich!" rief Roulin. „Ihr seid ja stundenlang draußen gewesen! Was habt Ihr nur gemacht?"

„Luft geschnappt", spottete Newton und setzte sich behaglich auf die unterste Leitersprosse.

„Habt Ihr das Seil gefunden?"

„Ja."

„Und die Kasse?"

„Auch, Master."

„So seht Ihr, daß ich die volle Wahrheit gesagt habe! Jetzt wollen wir ans Werk!"

„Bitte noch ein bißchen zu warten! Ich habe Zeit."

„Aber wir nicht!"

„Oh, Ihr werdet so viel Zeit haben, wie ich will! Wie wäre es denn, wenn ich allein abreiste, meine Herrn?"

Roulin kreischte auf.

„Das werdet Ihr nicht tun! Ihr würdet dreitausend Dollar verlieren!"

„Nein, sondern ich würde zweitausend Dollar verlieren, wenn ich euch befreite! Vielleicht erhielte ich gar nicht einmal einen einzigen Dollar."

„Ich verstehe Euch nicht!"

„Nun, Ihr habt doch fünftausend Dollar in der Kasse, nicht?"

„Fünftau . . ." Roulin versagte die Stimme.

„Gehe ich allein, gehören sie mir. Stimmt das nicht, verehrte Gents?" lächelte er. „Nehme ich aber euch mit, so muß ich entweder zweitausend herausgeben oder gar die ganze Summe. Euch traue ich nicht für einen Cent."

„Kerl!" schrie Roulin in höchster Wut. „Woher weißt du überhaupt, wieviel Geld in dem Kästchen ist?"

„Weil ich's geöffnet habe, Master. Und nicht nur Geld, auch Geschmeide ist drin!"

„Du hast das Kästchen geöffnet?"

„Natürlich. Mit dem Schlüssel."

„So hast du ihn?"

„Ja. Hier!"

Bill Newton hielt den Schlüssel ins Licht der Lampe. Die Gefesselten stießen einen lauten Freudenruf aus. Roulin aber spie ihm ins Gesicht.

„Du hast mich bestohlen!" fauchte er.

„Schließt auf! Schließt auf!" drängten die anderen.

Sie klirrten mit den Ketten und hielten ihm die gefalteten Hände entgegen. Es war ein erschütterndes Bild. Nur einen erschütterte es nicht: Bill Newton. Er blieb auf seiner Sprosse sitzen und machte nur eine spöttische Bewegung der Abwehr.

„Ruhe!" sagte er. „Ich kann nicht zu gleicher Zeit mit allen sprechen. Zunächst also zu Euch, Master Roulin:

Ihr seid ein Dieb, ein Gauner und Mörder. Auch seid Ihr ein hochmütiger Dummkopf. Wenn ich mir fünftausend Dollar von Euch ausleihe, bis ich sie Euch einmal in der Hölle wiedergebe — ich hoffe, wir begegnen uns dort noch, wenn ich auch einige Jährchen später dort eintreffe — nun, so ist das kein Verbrechen."

„Verräter!"

„Nennt mich, wie Ihr wollt! Ihr könnt mich nicht beleidigen. Und was euch andere betrifft, so gehört ihr unter das menschliche Ungeziefer, das ausgerottet werden muß. Es kann mir gar nicht einfallen, die schwere Schuld auf mich zu laden, euch dem Arm der Gerechtigkeit zu entziehen. — Ihr bleibt hier!"

„Hund, du willst allein verschwinden?" brüllte Walker.

„Ja, teurer Master."

„Ich zermalme dich!"

Walker riß wild an seinen Ketten.

„Gebt Euch keine Mühe, Master Walker! Zwar hasse auch ich diesen Old Firehand; aber das Vergnügen, Euch hängen zu lassen, will ich ihm doch nicht verderben. Ich glaube, für diese edle Regung wird mir dereinst viel vergeben werden. — Besudle mich nicht mit deinem Geifer, du erbärmliche Kröte! Es könnte mich sonst die Lust anwandeln, auch dir den Skalp abzuziehen, um ihn zum Andenken an diese Stunde mitzunehmen! Haha, wie sich die feige Bestie verkriecht! Sei ohne Sorge; ich werde meine Finger nicht an deinem unreinen Fell beschmutzen!"

Ein teuflisches Gelächter erscholl aus der Ecke, wo der Skalpierte im Fieberwahn lag. Die Mauern warfen es zurück; der ganze Schacht schien bis hoch oben zum Rand mit diesem irren Lachen erfüllt zu sein.

Roulin hatte sich auf die Knie geworfen. Seine verketteten Hände hielt er erhoben. Seine Augen stierten Newton an, als vermöchten sie ihn zu durchbohren. Seine Lippen stammelten Gebetsfetzen und Flüche durcheinander in dem vernichtenden Bewußtsein, daß kein Wort einer irdischen Sprache imstande sein würde, das Herz dieses Mannes zu rühren, der allein ihn noch vor dem Strafgericht bewahren konnte.

Bill Newton weidete sich an dem Entsetzen seiner Gefährten.

„Ihr wolltet mich hier einschließen, um mich arbeiten und nie wieder die Sonne sehen zu lassen", sagte er mit breitem Grinsen und hielt abermals den Schlüssel ins Lampenlicht. „Die Vergeltung ist da: jetzt habe ich euch in meiner Hand. Ich könnte euch befreien — aber ihr sollt dort bleiben, wo ich bleiben sollte!"

„Bill, mein Liebling, das werdet Ihr mir nicht antun!" krächzte die Alte weinerlich.

„Weshalb nicht? Etwa aus Liebe zu Euch? Ihr habt Eure Freude am Unglück der Gefangenen gehabt und wie eine Teufelin gehandelt. Der Teufel freut sich schon auf Euch!"

Jetzt versuchte Leflor das letzte Mittel.

„Bill, bedenkt, daß ich Euch oben am Blauen Wasser aus der Gefangenschaft gerettet habe!"

„Ihr beansprucht wohl gar noch Dankbarkeit, Master? Ich schätze, Dankbarkeit war immer ein seltenes Pflänzchen bei Euch. Aus Dankbarkeit wolltet Ihr mich sogar in diese unterirdische Hölle sperren. Nein, Freundchen, bemüht Euch nicht! — Ich gehe jetzt. Ich nehme Abschied von euch mit der Bitte, meiner in treuer Liebe zu gedenken, wenn man euch am Galgen den Strick um den Hals legt! Das muß ein so wonnevolles Gefühl sein, daß ich es euch von ganzem Herzen gönne. Lebt wohl!"

Bill Newton setzte den Fuß auf die Leiter.

„Satan!" brüllte Walker auf. „Mach uns los!"

„Bill, mein lieber Bill, mein guter Bill!" schluchzte Roulin.

„So ists recht, ihr elenden Hunde!" hohnlachte Bill Newton. „Klein und gemein wollte ich euch vor meinen Füßen sehen. Fahrt zur Hölle! Ich aber, ich bin gerettet!"

Damit stieg er hinauf.

„Bill, mein Liebling!“ kreischte die Alte von neuem.

„Bill, nimm nur mich mit!“ heulte Leflor. „Ich gebe dir zehntausend Dollar!“

„Nicht für das Zehnfache.“

„Ich will dein Knecht sein!“ schrie Walker plötzlich auf. „Mein Leben lang — nur laß mich nicht so erbärmlich . . .“

Die Ketten rasselten hinten in der Ecke, wo der Skalpierte lag. Und plötzlich schnitt das schrille Fieberlachen alles ab, das Winseln und das Fluchen.

Selbst Bill Newton erschauerte unter dem Gelächter. Er löschte das Licht und stieg schnell weiter. Und während er stieg, füllte das gellende Lachen Juanitos den Schacht.

„Das war Rache!“ murmelte er. „Ich habe das Spiel gewonnen — ich!“

Aber dann hastete er hinauf. Es war ihm, als sei ihm die entfesselte Hölle auf den Fersen . . .

*

Das Todestal lag in nächtlichem Dunkel unter ihm. Er konnte nichts erkennen. Im Sternenschein fand er aber doch die Felsspalte, von der Roulin gesprochen hatte.

Jetzt befestigte er das Seil an dem Eisenhaken und ließ es vorsichtig hinab.

„Nun los! Wenn auch das Fell von den Händen platzt!“

Immer mit einer Hand unter die andere greifend, ließ er sich hinab; es ging besser, als er gedacht hatte. Der Felskamin zeigte Unebenheiten und kleine Vorsprünge, auf die er hier und da den Fuß setzen konnte, um auszuruhen.

So kam es, daß er sich nicht ermüdet fühlte, als er endlich den Boden erreichte. Auch seine Hände hatten kaum gelitten.

Er blieb eine Weile in der Spalte und lauschte. Kein

Lüftchen regte sich, kein verdächtiges Geräusch war zu hören.

„Wohin?“ fragte er sich. „Ich muß mich südlich halten. Dort werden zwar die Späher der Apatschen stehen, aber ich werde es schon schaffen. Es ist leichter, sich jetzt durch die Wachen zu schleichen, als später durch die ganze Schar im Tal. Und dann nach Dos Palmas zu Juana Alfarez!“

Er legte sich auf den Boden und kroch vorwärts, immer am Felsen hin. Jetzt lag er eng an einige Steinbrocken geschmiegt.

Da hörte er einen halblauten Ruf.

„Uff!“

Von weiter links wurde derselbe Ruf als Antwort ausgestoßen; dann sprangen mehrere dunkle Gestalten an ihm vorüber, ohne ihn zu bemerken.

Aus der Ferne kam ein Geräusch, das nur von den Hufen vieler Pferde herrühren konnte.

„Die Wächter sind fort, und die Mojaves kommen“, sagte er sich. „Das ist eine günstige Gelegenheit. Schnell, weiter!“

Er sprang auf und rannte dem Geräusch entgegen. Jetzt hatte er den Eingang des Talkessels fast erreicht, da mußte er sich abermals niederwerfen und verstecken, denn die Mojaves kamen.

Nur eine Minute später, so wäre er ihnen in die Arme gelaufen.

Als der letzte Rote verschwunden war, erhob er sich, sprang in die Schlucht, die ins Freie führte, und hetzte atemlos hindurch.

Endlich stand er draußen.

„Sacré bleu — das wäre geschafft. Nun bin ich gerettet. Reisegeld habe ich. Zum Teufel mit euch, ihr Schufte! Auch mit dir, verfluchter Adlerhorst — denn du hast mir die Hunde auf den Hals gehetzt! Wir treffen uns wieder; und dann halte ich Abrechnung!“

21. HINTER WOLKEN DIE SONNE

Die Mojaves ritten um die Ecke des Felsenbergs und hielten vorm Haus. Da sahen sie die Gäule der Ihrigen — es war also alles in Ordnung.

Der Reißende Bär stieg vom Pferd und klopfte. Nach einiger Zeit wurde geöffnet, und Anita trat heraus.

„Warum öffnet eine Tochter der Bleichgesichter?“ fragte er mißtrauisch.

„Ich bin die Pförtnerin.“

„Wo ist der Herr des Hauses?“

„Er sitzt beim Essen.“

„Und wo sind die Krieger der Mojaves?“

„Sie sitzen bei ihm, um an seinem Mahl teilzunehmen.“

Das stimmte. Old Firehand hatte die Mojaves in der Tat zum Mahl geladen, um sie aus dem Hof zu entfernen.

„Führ mich zu ihm!“

Anita verschloß die Tür und schritt dem Häuptling voran, über den Hof die Treppe hinauf. Dort ließ sie ihn in ein Zimmer treten.

Der Reißende Bär blickte sich in dem schwachen Lampenlicht um und zog die Brauen finster zusammen.

„Was soll ich hier?“

„Hier pflegt der Herr seine Gäste zu empfangen und zu begrüßen.“

„Soll ich etwa hier warten, bis er kommt? Ich bin kein Bleichgesicht und mag von diesen Sitten nichts wissen. Ich gehe zu ihm!“

Damit wandte er sich, um die Stube zu verlassen, trat aber erstaunt zurück.

Unter der geöffneten Tür stand Winnetou.

Das Mädchen huschte hinaus.

„Wo sind meine Krieger?“

Das war die erste Frage, die der Häuptling hervorbrachte, als er einen ihm unbekannten Indianer im Halbdunkel vor sich sah.

„Sie sind meine Gäste."

„Ich will zum Herrn dieses Hauses. Wer aber bist du?"

„Ich bin jetzt der Herr. Man nennt mich Winnetou."

Obgleich es bei den Indianern für eine Ehrensache gilt, niemals merken zu lassen, von welchen Gefühlen man bewegt wird, war die Überraschung des Häuptlings bei Nennung dieses berühmten Namens so groß, daß er seine Zurückhaltung kaum bewahrte.

„Uff!" rief er, indem er einen Schritt zurücktrat. „Du willst der große Häuptling der Apatschen sein?"

„Mein roter Bruder hat es gehört."

„Was tust du im Tal des Todes, hier in diesem Haus?"

„Winnetou ist hier, um dich und deine Krieger zu empfangen."

„Wo ist der, den wir den Silbernen Mann nennen? Warum kommt er nicht, mich zu empfangen?"

„Er ist verhindert. Winnetou tut es an seiner Stelle."

Es lag etwas in Winnetous Wesen, was dem Roten zu denken gab. Sein Gesicht legte sich in Falten.

„Bist du hier als unser Freund oder als unser Feind?"

„Das kommt allein auf dich an."

„Uff! Der Häuptling der Apatschen ist bekannt als Freund aller roten Männer."

„Ja, ich liebe sie alle, die Apatschen und Komantschen, die Marikopas und die Mojaves."

„Die Apatschen, Komantschen und Marikopas sind die Feinde des Reißenden Bären. Wenn du sie liebst, so kannst du nicht mein Freund sein."

„Winnetou liebt, wen er will. Alle guten Männer sind Brüder, ob weiß oder rot. Warum aber bist du der Freund von Bleichgesichtern, die böse sind, und der Feind derer, die dir nichts getan haben?"

„Wer sagt dir das?"

„Winnetou weiß alles. Der Silberne Mann ist ein Schurke, ein Mörder, ein Räuber. Du bist sein Verbündeter. Das kann meinem roten Bruder Unglück bringen."

Der Häuptling griff zum Tomahawk.

„Jetzt hast du gestanden, daß du mein Feind bist!"

„Winnetou ist nur dem ein Feind, der ihm dazu Veranlassung gibt. Ich verlange die Freiheit deiner Gefangenen, weil sie dir nichts getan haben und die Freunde meiner Freunde sind."

„Sie werden meine Gefangenen bleiben, solange es mir gefällt."

„Solange es Winnetou gefällt. Du selbst bist mein Gefangener."

„Nein, du der meinige!"

Bei diesen Worten holte der Reißende Bär zu blitzschnellem Schlag aus. Winnetou war darauf vorbereitet. Er hatte den Gegner scharf im Auge behalten, fiel ihm in den Arm, entriß ihm den Tomahawk und schleuderte den Roten an die Wand.

„Wie? Du wagst es, die Waffe gegen den Häuptling der Apatschen zu erheben? Willst du sterben?"

Aber der Reißende Bär war ein gefürchteter Kämpfer. Er hatte sich schnell gefaßt und drang mit dem Messer abermals auf den Apatschen ein. Doch Winnetou versetzte ihm einen so gewaltigen Hieb unter die Achsel, daß das Messer der erhobenen Hand entfiel.

„Zweimal hat dich Winnetou entwaffnet und doch nur seiner Hand bedurft. Greifst du noch einmal an, bist du verloren!"

„Meine Krieger werden es blutig rächen, daß du dich an mir vergriffen hast!"

„Ich fürchte sie nicht!"

„Hast du gezählt, wieviel es sind?"

„Winnetou zählt nie die Menge seiner Feinde. Aber du weißt nicht, wie viele Krieger sich bei mir befinden. Die Leute, die du voransandtest, sind entwaffnet."

„Du lügst!"

„Winnetou lügt nie. An seiner Seite befinden sich die berühmtesten Jäger der Prärie. Du sollst sie sehen."

Winnetou öffnete die Tür. Old Firehand trat ein, gefolgt von Sam Hawkens, Dick und Will; draußen standen die Apatschen und Marikopas, so viele Platz gefunden hatten.

„Uff!" rief jetzt der Mojave erschrocken.

„Siehst du nun ein, daß du mein Gefangener bist?" fragte Winnetou.

Der Reißende Bär zögerte eine Weile.

„Wohin habt ihr meine Krieger gebracht", sagte er endlich, „die mir vorangeritten sind?"

„Sie sind hier im Gebäude."

„So hast du sie nicht getötet?"

„Keinen einzigen."

„Aber ihr habt gekämpft?"

„Nein. Sie haben sich freiwillig ergeben."

„Dann sind sie feige Hunde, die wir aus dem Stamm stoßen werden!"

„Sie waren nicht feig, sondern klug. Sie sahen ein, daß Widerstand vergeblich gewesen wäre; deshalb ergaben sie sich."

„Sie konnten sich zurückziehen, anstatt sich auszuliefern."

„Flucht war unmöglich."

„Für einen tapferen und klugen Krieger ist nichts unmöglich!"

„Glaubt der Reißende Bär, ein tapferer Mann zu sein?"

„Zweifelst du daran?"

„So versuche er, zu entkommen!"

„Du hast mich hereingelockt. Ich bin von Apatschen, Marikopas und Bleichgesichtern umgeben. Wie soll ich da entrinnen?"

„Ganz das gleiche sagten deine Leute. Sie kamen herein, und wir umzingelten sie mit einer großen Anzahl unserer Krieger. Sie waren so klug wie du, auf Kampf zu verzichten."

„Du redest ohne Überlegung. Weißt du nicht, daß du dich in meiner Gewalt befindest? Das Haus ist von Kriegern umstellt."

„Wir haben nicht sie zu fürchten, wohl aber sie uns. Sie umzingeln zwar das Haus, aber sie selber sind wieder von Apatschen und Marikopas umringt. Keiner von ihnen kann entrinnen."

„Das glaube ich nicht."

„Winnetou wird es beweisen."

Er gab Sam einen Wink. Nach wenigen Augenblicken kehrte der Trapper mit dem Anführer der gefangenen Mojaves zurück.

Der Häuptling empfing ihn mit finsterem, verächtlichem Blick.

„Du bist ein Feigling!"

Der Unterführer beherrschte sich.

„Gib mir ein Messer, nimm du das deinige, und laß uns miteinander kämpfen! Dann werde ich dir zeigen, daß ich kein Feigling bin!"

„Eine Schande ist es, sich Feinden auszuliefern, gegen die man nicht einmal gekämpft hat!"

„Deine Rede ist bitter. Hätte es sich nur um mich gehandelt, so hätte ich gekämpft bis zum Tod. Aber das Leben derer, die mir anvertraut waren, durfte ich nicht sinnlos aufs Spiel setzen. Jetzt befindest du dich selber hier. Wünschst du, daß wir sterben sollen, so werden wir sterben. Howgh!"

Der Krieger wandte sich ab und lehnte sich, die Arme über die Brust verschränkt, stolz an die Mauer.

Der Reißende Bär mochte einsehen, daß er zu weit gegangen war. Er schritt nach einer entfernten Ecke, rief den Mojave heran und sprach leise mit ihm.

Erst waren die Bewegungen des Häuptlings zornig, rasch. Nach und nach wurde er jedoch ruhiger und hörte den Bericht des anderen an, ohne ihn zu unterbrechen. Zuletzt stand er in tiefes Nachdenken versunken. Dann ging er zögernd auf Winnetou zu.

„Was gedenkt der Häuptling der Apatschen zu tun?"

„Das kommt auf deinen Entschluß an."

„Noch wartet eine große Anzahl meiner Krieger vorm Haus."

„Sie können dir keinen Nutzen bringen."

„Beweise es!"

„Folge mir!"

Winnetou schritt dem Häuptling voran und führte ihn aufs Dach.

„Schau, dort am Tor halten die Deinigen! Nun will Winnetou dir auch seine Leute zeigen."

Es war dunkel. Winnetou zog seinen Revolver und feuerte einen Schuß ab.

Sofort erscholl ein vielstimmiges Kriegsgeheul. Dann sah der Reißende Bär eine dunkle Linie von Reitern, die sich im Halbkreis um seine Leute zog und sie umschloß.

Die Mojaves waren vollkommen überrascht. Sie hatten bestimmt geglaubt, hier auf keinen Feind zu stoßen, und meinten zunächst, es mit der vorausgerittenen Abteilung ihrer eigenen Krieger zu tun zu haben; aber die Reiter hinter ihnen waren zu zahlreich, und das Kriegsgeschrei war ein sicheres Zeichen der Feindschaft. So stürzte einer der Mojaves, die ohne Anweisung ihres Häuptlings nichts unternehmen wollten, ans Tor und klopfte.

„Sie rufen dich", sagte Winnetou. „Was wirst du tun?"

„Wir werden lieber kämpfen, als uns ohne Gegenwehr gefangengeben."

„Wer hat dir gesagt, daß die Mojaves unsere Gefangenen sein sollen?"

„Bin ich es denn nicht schon?"

„Jetzt bist du's. Aber wenn du auf Winnnetous Rat hörst, wirst du frei sein."

„Und was soll mit meinen Leuten geschehen?"

„Auch sie werden frei sein.“

„Was forderst du?“

„Ich verlange, daß du mir die weißen Gefangenen gibst, die bei dir sind, und daß du mit den Apatschen und Marikopas das Kalumet des Friedens rauchst.“

„Was noch?“

„Nichts.“

Der Häuptling erkannte, daß er sich ganz in den Händen seines Gegners befand. Ein Sieg der draußen eingeschlossenen Krieger war unmöglich. Entkommen konnten sie nicht, denn die Eingänge zum Todestal waren von klugen Männern wie Winnetou und Old Firehand sicherlich längst besetzt. Vielleicht wurde eine Anzahl der Feinde niedergemacht, aber die Mojaves mußten dabei bestimmt bis auf den letzten Mann fallen.

Der Indianer ist gewöhnt, den Feind so hart wie möglich zu behandeln; die Bedingungen Winnetous klangen ihm daher angenehm im Ohr. Außerdem mußte den Mojaves ein Friedensschluß mit den Apatschen und Marikopas von Vorteil sein. Um aber ganz sicher zu gehen und nicht in eine Falle zu geraten, fragte er:

„Kannst du auf deine Worte die Pfeife des Schwurs rauchen?“

„Ja.“

„Werden auch die Anführer der mit dir verbundenen roten Krieger damit einverstanden sein?“

„Sie werden tun, was Winnetou will.“

„So bin ich bereit, mit dir und ihnen zu beraten.“

„Der Reißende Bär ist nicht nur tapfer, sondern auch weise. Sorge dafür, daß sich die Deinen ruhig verhalten! Winnetou will den Seinigen den gleichen Befehl geben!“

Beide erteilten darauf ihre Weisungen vom Dach herab. Dann begab man sich wieder hinunter in das Zimmer, wo die Weißen ihrer warteten.

Der Reißende Bär schritt auf den Mojave zu, den er vorher gescholten hatte.

„Mein Bruder hat klug gehandelt. Er mag die Worte nicht gehört haben, die ich vorhin zu ihm sprach."

„Ich habe sie gehört", antwortete der Mann düster, „und diese weißen Krieger haben sie auch vernommen. Du hast mich einen Feigling genannt; das kann nur durch Blut oder Abbitte ungeschehen gemacht werden. Wenn du mich nicht um Verzeihung bittest, werde ich mit dir kämpfen, bis einer von uns beiden in den Ewigen Jagdgründen ist."

Das war ein hartes Verlangen. Der Reißende Bär zog die Brauen zusammen; doch er überwand sich.

„Ich fürchte den Kampf nicht; aber weshalb soll ich dich auch noch töten, nachdem ich dich vorher beleidigte? Du wirst mir meine Worte verzeihen, denn ich weiß, daß deine Hand stark und tapfer ist und daß du keinen Feind fürchtest."

„Mein Ohr erinnert sich deiner Worte nicht mehr. Du hast nichts zu mir gesagt."

„So magst du jetzt an der Beratung teilnehmen! — Vorher aber muß ich meine Krieger sehen und mich überzeugen, daß sie gut behandelt wurden."

„Folge mir! Du sollst sie begrüßen", sagte Old Firehand.

Die Mojaves saßen beim Abendessen. Als sie ihren Häuptling eintreten sahen, erhoben sie sich und richteten besorgt die Augen auf ihn, in der sicheren Erwartung, zornige Worte von ihm zu hören.

„Meine Brüder haben klug gehandelt", sagte dagegen der Reißende Bär. „Wir werden mit den Apatschen und Marikopas Frieden schließen."

Unter den vorgeschriebenen Förmlichkeiten begann jetzt die Beratung.

Die Indianer in den Gängen hörten die lauten Stimmen der Redner, und als schließlich ein scharfer Tabakgeruch durch die Räume zog, war jedermann überzeugt, daß der Friede besiegelt wurde.

Das bestätigte sich auch sofort; Old Firehand trat mit den Häuptlingen und Weißen aus dem Beratungszimmer und gab den Befehl, daß die Mojaves die Waffen wiedererhalten sollten.

Damit war die Ehre derer, die sich ohne Gegenwehr gefangengegeben hatten, wiederhergestellt; es herrschte allgemeine Freude unter den Leuten. Allerdings zeigte sich diese frohe Stimmung nicht wie bei Weißen. Die Roten sprachen nur mit unterdrückter Stimme, alle ihre Bewegungen waren ruhig und gemessen, aber die Augen glänzten, und Marikopas, Mojaves und Apatschen erwiesen sich so gesellig untereinander, wie es Indianer unter solchen Verhältnissen nur sein können.

„Jetzt mag mein weißer Bruder mit mir kommen", wandte sich der Reißende Bär an Old Firehand. „Ich will ihm die Gefangenen ausliefern."

Beide gingen vor das Gebäude, wo die Mojaves lagerten. Das Erscheinen ihrers Anführers erfüllte sie mit Genugtuung.

„Meine Brüder mögen ohne Sorge sein", rief der Häuptling. „Sie befanden sich in großer Gefahr, denn sie waren, ohne daß sie es ahnten, von übermächtigen Feinden umringt. Dieser weiße Krieger aber hat uns den Frieden gegeben. Er ist der Weiße Häuptling und hat zwischen den Mojaves, Marikopas und Apatschen einen Waffenstillstand fertiggebracht."

„Uff! Uff!" rief es rundum. Die Leute drängten sich herbei, um in die Nähe des Mannes zu gelangen, dessen Name an allen Lagerfeuern nur mit Achtung und Ehrfurcht genannt wurde.

Old Firehand zwängte sich hindurch zu den Gefangenen, die die Worte des Häuptlings nicht verstanden hatten, da sie in der Mundart der Mojaves gesprochen worden waren. Als aber die hohe Gestalt Old Firehands, die auch im nächtlichen Dunkel nicht zu verkennen war, vor ihnen auftauchte, hob Wilkins mit einem Freudenruf den Kopf.

„Master Firehand! Ihr hier? Gott sei Dank! Das ist die Rettung!"

„Ja, Sir, Ihr seid frei."

„Endlich! Wie habt Ihr das nur fertiggebracht?"

„Durch ein wenig Klugheit, mein lieber Sir. Bitte, kommt mit herein!"

„Das geht nicht so schnell, wie Ihr denkt, denn ich bin gebunden."

Aber schon traten einige Indianer herbei, um auf Befehl ihres Anführers die Fesseln zu lösen, während sich Old Firehand um Almy, die Taube des Urwalds, bemühte.

„Gott, wie sollen wir Ihnen danken, Sir?" sagte sie ganz erschöpft. „Welche Angst und Sorge haben wir ausgestanden!"

Dabei stützte sie sich stark auf Old Firehands Arm.

„Vor allen Dingen, wie steht es hier im Tal des Todes?" fragte Wilkins.

„Leidlich, Sir. Es erwarten Euch hier einige Überraschungen. Bitte, folgt mir!"

Old Firehand hatte Sam schon einen Wink gegeben, der auch befolgt worden war. Er führte Wilkins und Almy zunächst in ein Zimmer, wo sich jetzt niemand als Artur, der Neffe des Pflanzers, befand, er schob beide hinein und zog die Tür hinter ihnen ins Schloß.

Die drei standen sich einige Sekunden wortlos gegenüber.

Artur hatte im letzten Jahr körperlich und seelisch viel gelitten. Es war selbst für seine Verwandten schwer, ihn zu erkennen. Aber auch der Pflanzer war sehr gealtert. Sein Haar war ergraut und sein Gesicht von einem schneeweißen Bart umgeben, der ihm einen ganz anderen Ausdruck gab. Und Almy hatte sich nicht minder verändert. Zu der Zeit, als Artur sich von ihr und dem Oheim verabschiedete, war sie noch ein Backfisch gewesen; jetzt aber hatten Freud und Leid die mädchenhaften Züge gereift und ihnen einen fraulichen Ausdruck verliehen.

So kam es, daß Artur Wilkins seine Angehörigen überhaupt nicht erkannte. Sam Hawkens hatte ihm ja nur gesagt, daß ihn jemand ungestört sprechen wolle.

„Sir? Miß? Ihr wünscht mich zu sprechen?" nahm er endlich das Wort.

Der Pflanzer wollte antworten, doch war ihm die Kehle wie zugeschnürt. War dieser Mann, dessen Aussehen auf furchtbare Leiden deutete, sein Neffe? Ein unbestimmbares Etwas zog ihn zu ihm hin. Fast war er seiner Sache schon gewiß. Er wollte sprechen, wollte die Arme heben — aber er war in diesem Augenblick weder eines Worts noch einer Bewegung fähig.

„Wir haben niemand zu uns gebeten, Sir", schüttelte Almy verwundert den Kopf.

Artur tat einen großen Schritt vorwärts.

„Welch eine Stimme!" rief er. „Diesen Klang kenne ich doch! Wer — wer — Miß, um Gottes willen — Almy?"

„Ja."

„Oheim!"

Laut aufschluchzend warf sich Artur an die Brust des alten Mannes.

„Artur, Artur!" murmelte der Alte. „Bist du es wirklich? Mein Gott, mein Gott!"

Almy brach in Tränen aus.

„So finden wir dich wieder! — Oh, großer Gott, was mußt du gelitten haben!"

Artur, durch die Leiden geschwächt, griff diese neuerliche Erregung mächtig an; er mußte sich setzen. Er sollte erzählen, vermochte es aber nicht. Zu den liebevollen Worten der beiden konnte er nur still nicken.

In diesem Augenblick trat Sam Hawkens ein.

„Nun, Lady und Gentlemen, ich sehe, daß der Stock

hier richtig schwimmt. Wünsche von ganzem Herzen Glück!"

„Sir", entgegnete Wilkins mit versagender Stimme, „welch eine Dankesschuld haben wir gegen Euch und Eure Freunde!"

„Ist nicht so schlimm", schmunzelte Sam. „Reden wir von etwas anderem! Gönnt Master Artur ein wenig Ruhe! Er bedarf der Schonung. Ihr, Master Wilkins könnt noch bei ihm bleiben; die Miß aber nehme ich mit; denn ich habe sie um einen Rat zu fragen, den mir sonst niemand geben kann."

Der Kleine führte Almy hinaus, zwischen den Indianern hindurch. Vor einer Tür blieb er stehen.

„Ihr werdet da drin einen alten Mojave-Indianer finden, der die Taube des Urwalds gern einmal unter vier Augen sprechen möchte."

„Ein Mojave? Was will er von mir?"

„Mag's Euch selber sagen! Vielleicht ein Antrag! Hihihihi!"

Damit öffnete Sam, schob Almy hinein und schloß dann hinter ihr die Tür.

Zu ihrem Befremden fand sie an Stelle eines Roten einen Weißen — aschfahl, mit schmalen Wangen und tiefliegenden Augen.

Stumm stand sie ihm gegenüber, den Blick fast entsetzt auf ihn gerichtet. Es war Martin Adler. Er erkannte Almy sofort. Aber es ging ihm geradeso wie ihrem Vater, als er seinen Neffen wiedersah: seine Gemütsbewegung ließ ihn verstummen. Seine Augen leuchteten, und seine Lippen bebten; aber er vermochte nur ein unverständliches Murmeln über die Lippen zu bringen.

Plötzlich zuckte es wie ein Blitz über Almys Gesicht.

„Martin!" schrie sie auf. „Martin!"

Aber im gleichen Augenblick fiel es ihr ein, daß sie ihn früher nie beim Vornamen genannt hatte. Ihr Gesicht übergoß sich purpurn.

„Master Adler! Sehe ich recht? Seid Ihr es wirklich?"

Wie ein Schwindel kam es über ihn. Die Wände schienen sich um ihn zu drehen. Er wankte. Das waren die Folgen der heftigen Gemütserregung.

Besorgt sprang Almy auf und ergriff seinen Arm.

„Gott, das war zu plötzlich! — Ich bin unvorsichtig gewesen. — Verzeiht!"

„Ihr — Ihr seid?" stammelte er. „Und es ist Euch nichts geschehen? Ich habe so um Euch gebangt, als ich erfuhr, daß Ihr gefangen wärt."

„Vater und ich sind wohlauf. Wir wußten es ja, daß uns unsere Freunde nicht im Stich lassen würden! Aber Ihr, Master Adler, seid sehr angegriffen."

„Es war eine Hölle!"

„Jetzt aber ists zu Ende! Ja, errettet, erlöst von aller Pein — und ich bin glücklich, bei dir — bei Euch zu sein."

„Wirklich?" flüsterte er.

„Ja", gestand sie und hielt seinem forschenden Blick mutig stand.

„Miß Wilkins! — Almy!"

„Martin!"

„Mein Gott — Almy — immer habe ich an dich gedacht — gerade in den düsteren Stunden hier unter der Erde . . . ists wahr? Das ist mehr als Glück; das ist Seligkeit!"

Er brach ab und bedeckte ihre Hände mit Küssen.

„O Martin, mein lieber Martin — ich habe ja so viel gutzumachen an dir!"

„Du? — An mir?"

„Du weißt es, aber dein Edelmut will es nicht eingestehen. Ich allein bin schuld an allem, was du erduldet hast!"

„Was redest du da!"

„Du gingst von Wilkinsfield fort, um nach Artur zu forschen. Hättest du das getan, wenn du mich nicht — geliebt hättest?"

Er schloß sie in seine Arme.

„Almy, meine Almy, wie habe ich dich lieb!"

„Und wie ich dich!"

„Mich, den kranken Mann?" sagte er plötzlich tiefernst.

„Gerade um so mehr!"

Sie zog ihn dicht an sich und küßte ihn.

„Wer — wie — was? — Almy?" Eine erstaunte Stimme scholl von der Tür her.

Es war Wilkins mit seinem Neffen. Der Pflanzer schien tief betroffen, seine Tochter in einer so zärtlichen Umarmung zu überraschen.

„Vater, Vater!" lachte Almy. „Sieh ihn dir an! Erkennst du ihn nicht wieder?"

Wilkins warf einen forschenden Blick auf Martin, der vom Stuhl aufgestanden war und sich ihm langsam näherte.

„Ob ich ihn erkenne? Mit den Augen nicht, aber mit der Ahnung. — Adler, Master Adler — seid Ihr es?"

„Ja, er ists, lieber Vater!" rief Almy.

„Dann kommt an mein Herz! Daß auch Ihr wiedergefunden und gerettet seid, das vollendet mein Glück. Jetzt endlich können die Vorwürfe schweigen, die mich so manche schlaflose Nacht hindurch gemartert haben."

„Siehst du", sagte Almy neckisch, „du umarmst ihn — mir aber ist es verboten!"

„Dir? Nein, Kind. Wie kann ich euch verbieten, glücklich zu sein? Höchstens könnte ein anderer Einspruch erheben und alte Rechte auf dich geltend machen, Almy."

Er schaute dabei zu Artur hin. Der aber wehrte ab.

„Nicht doch! Lassen wir die Vergangenheit ruhen! Almy hat gewählt und entschieden."

„Und gut gewählt", ergänzte Wilkins gerührt.

„Sir", fiel Adler da ein, „ich bin jetzt ein kranker und armer Mann!"

„Um so reicher bin ich!" lachte Wilkins glücklich. „Zwar

gehört mir die Pflanzung nicht mehr. Sie ist Arturs Eigentum, vorausgesetzt, daß das Gericht zu seinen Gunsten entscheiden wird, woran ich nicht zweifle. Aber ich habe oben am Blauen Wasser, wo mich die Apatschen in das Geheimnis eines reichen Silberlagers einweihten, so viel Metall gesammelt, daß ich zu den reichen Leuten gehören werde. Wie es scheint, habt ihr euch ein bißchen lieb, Kinder?"

„Unendlich!" rief Martin.

„Und schon lange!" fügte Almy hinzu und lehnte den Kopf an Martins Brust.

„So ist mein Glück um so größer. Eure Liebe wird euch entschädigen für das vergangene Leid. Gott segne euch, Kinder. Er lasse eure Zukunft so freudvoll sein, wie eure Vergangenheit leidvoll gewesen ist!"

*

Ein Apatsche trat auf Old Firehand zu.

„Erlaubt der große weiße Krieger, daß ihm der rote Mann etwas sagt?"

„Was hat mir mein roter Bruder mitzuteilen?"

„Ein Vogel hat in das Ohr des roten Mannes gesungen."

„Was für ein Vogel?"

„Die weiße Squaw, die ihm zur Bewachung anvertraut wurde."

„Was will sie?"

„Sie nennt in einem fort den Namen des Weißen Häuptlings. Vielleicht will sie mit ihm sprechen."

„So führ mich zu ihr!"

Der Apatsche machte kehrt und ging Old Firehand voraus zu dem Raum, in den Miranda gleich nach der Ankunft der Apatschen gesperrt worden war. Sie hatte den Ritt vom Kolorado bis hierher in äußerlicher Ruhe mitgemacht, wenn auch in Fesseln und sorgfältig bewacht von den Roten, mit denen sie sich nicht verständigen konnte. Das war hart, aber Old Firehand hatte diese Maßregel getroffen zur Strafe für den Verrat an Almy.

Miranda sollte es nicht besser haben, als Almy es voraussichtlich bei den Mojaves hatte. Im Todestal waren ihr zwar die Fesseln abgenommen worden, aber man hatte sie in ein Zimmer eingeschlossen, das nur durch eine schmale, schießschartenähnliche Öffnung Licht erhielt, so daß an eine Flucht nicht zu denken war. Obendrein stand ein Apatsche vor ihrer Tür.

Das alles paßte der verwöhnten Señorita durchaus nicht. Stunde um Stunde verstrich, aber kein Mensch kümmerte sich um sie. Aus der Unruhe draußen schloß sie, daß sich wichtige Dinge ereigneten, aber niemand erschien, um ihre Neugier zu befriedigen. Schließlich konnte sie ihre Ungeduld nicht mehr bemeistern und rief laut und wiederholt den Namen Old Firehands.

Der Apatsche öffnete die Tür und befahl ihr rauh, zu schweigen, aber sie verlachte ihn. Immer wieder tönte der Name Old Firehands laut und gellend aus der Kammer. Endlich wurde der Wächter nachdenklich. Wie, wenn die Squaw dem großen Krieger eine Mitteilung, vielleicht ein wichtiges Geständnis machen wollte? Er stellte einen seiner Genossen als Wache vor die Tür und ging, den Jäger aufzusuchen.

Als Old Firehand das Gefängnis Mirandas betrat, wurde er sofort mit Vorwürfen empfangen.

„Ist das eine Art, eine Dame zu behandeln?"

Old Firehand hob ernst die Schultern.

„Ihr habt es um nichts schlechter als Master Wilkins und seine Tochter, an die Ihr gar nicht oft genug denken könnt. Schweigt mit Euern Vorwürfen!"

„Ich schweige nicht und verlange meine Freiheit!"

„Ihr werdet Euer Verlangen dem Richter unterbreiten können."

„Ich habe mit dem Richter nichts zu schaffen."

„Haltet Ihr Old Firehand für einen Knaben, daß Ihr meint, ihm einen Bären aufbinden zu können?"

Nun versuchte es Miranda auf andere Weise. Sie legte

die Hände auf die Brust, warf ihm einen bettelnden Blick zu und sagte mit verhaltener Stimme:

„Señor Firehand, könnt Ihr wirklich so grausam sein gegen ein wehrloses Weib? Ich bitte Euch, nein, ich beschwöre Euch auf den Knien, habt Erbarmen mit mir! Ich will Euch ewig dankbar sein."

Dabei warf sie sich wirklich vor ihm nieder und suchte seine Knie zu umschlingen.

Old Firehand trat schnell einen Schritt zurück.

„Steht auf, Señorita! Eure Komödien verfangen bei Old Firehand nicht. Ihr seid an den Unrechten gekommen."

Miranda erhob sich langsam. Es wollte sie wie ein Gefühl der Scham überkommen. Aber nur für einen Augenblick. Dann stampfte sie wütend auf.

„Nun, dann nicht! Ich werde gewiß kein zweitesmal einen Fußfall vor Euch tun. Ihr seid es nicht wert, Ihr Dummkopf!"

„Recht so, Señorita! So gefallt Ihr mir besser, denn Ihr zeigt jetzt wenigstens Euer wahres Gesicht."

„Tut mir den Gefallen und befreit mich von Eurer Gegenwart!"

„Euer Wunsch ist mir Befehl. Übrigens hättet Ihr mich gar nicht zu rufen brauchen, wenn Euch so wenig an mir gelegen ist."

Damit kehrte ihr Old Firehand den Rücken. Miranda aber ergriff ihn am Arm.

„Halt, Señor, noch nicht! Zuerst müßt Ihr mir eine Bitte erfüllen. Ja, Ihr müßt, denn so grausam könnt Ihr nicht sein und mir diese Kleinigkeit abschlagen!"

„Bitte?"

„Señor, ich sterbe hier vor Langeweile. Der Posten, den Ihr mir vor die Tür gesetzt habt, spricht nichts anderes als sein indianisches Kauderwelsch, wovon ich kein Wort verstehe. Seid wenigstens so entgegenkommend und schickt mir einen Wächter, der Englisch oder Spanisch versteht."

„Damit Ihr vor ihm ein wenig Theater spielen könnt? Oh, ich durchschaue Euch! Was Euch bei Old Firehand nicht geglückt ist, das könnte Euch vielleicht, so meint Ihr, bei einem anderen gelingen. Nicht?"

Der Jäger sah an dem Zusammenzucken Mirandas, daß er das Richtige getroffen hatte.

„Ihr seid ein Barbar!" fuhr sie auf. „Man hat mir gesagt, daß Ihr aus Deutschland stammt. Das paßt zu Euerm Verhalten. Alle Deutschen sind Barbaren, die nicht wissen, wie sich ein Caballero gegen eine Dame zu verhalten hat."

Ruhig schaute ihr der Jäger in die zornsprühenden Augen. Dabei war sein Blick stahlhart, und vor diesem Blick verstummte zuletzt ihr Gezänk.

„Doña Miranda", sagte Old Firehand. „Ihr nennt mich einen Barbaren und beschimpft sogar mein Vaterland. Darauf erkläre ich Euch, daß gerade dem Deutschen die Frau heilig ist. Für die Ehre und Würde der Frauen setzt er sein Leben ein. Dazu gehört aber auch, daß die Frau selber ihr Weibtum hochhält. Den Dämon Weib, die Teufelin, die sich zum Werkzeug gemeiner Verbrecher hergibt, den Lockvogel spielt, kurz, die eigene Ehre beschmutzt, behandelt der deutsche Mann nach Gebühr. Habt Ihr mich verstanden?"

Ohne ein Wort der Erwiderung abzuwarten, verließ Old Firehand die Kammer.

*

Vor dem Haus brannten mehrere Feuer, um die sich die Roten lagerten. Marikopas, Mojaves und Apatschen ließen sich die Vorräte, besonders den Tabak, wohlschmecken und erörterten dabei die Ereignisse der letzten Tage.

Durch diese Erzählungen wand sich wie ein durchlaufender Faden die Ehrfurcht, mit der sie von Winnetou und dem Weißen Häuptling sprachen.

Der Apatsche hatte inzwischen das Gebäude verlassen

und schritt, die Silberbüchse über die Schulter gehängt, einsam durch die Steinöde des Todestals in die Nacht hinaus.

Auch bei den Weißen dachte niemand an Schlaf. Die Erretteten und die Retter saßen beisammen und wurden nicht müde, zu fragen und zu antworten, zu erzählen und zu erläutern.

So verging Stunde um Stunde.

Man kam überein, die gefangenen Verbrecher nach San Franzisko zu bringen, um sie dem Gericht zu übergeben. Das Kleeblatt war freilich dagegen und bestand darauf, gleich auf der Stelle dem ungeschriebenen Gesetz des Wilden Westen, der dark and bloody grounds, Geltung zu verschaffen, das da lautet: Auge um Auge, Zahn um Zahn, Blut um Blut.

Aber Old Firehand wendete sich scharf gegen die Ausführung dieses Vorschlags.

„Master", sagte Sam, „ich habe Euch nichts zu befehlen, wenn ich mich nicht irre. Macht also, was Ihr wollt! Aber ich gehe mit nach San Franzisko, nur um die Kerle unter meine ganz besondere Obhut zu nehmen. Hoffentlich mache ich den Weg nicht allein."

„Nein, Will und ich reiten natürlich mit", erklärte Dick Stone.

„Und ich auch", sagte Artur Wilkins. „Übrigens denke ich, daß ich Veranlassung haben werde, von San Franzisko aus noch einmal hierher nach dem Todestal zu gehen. Die Behörde wird sich natürlich diesen hübschen Ort genau ansehen wollen, und wir müssen als Zeugen jedenfalls dabei sein. Danach aber will ich nie wieder eine Gegend betreten, in der unschuldige Menschen so Furchtbares erduldet haben."

Old Firehand gab ihm recht. Dann ging er hinaus vor das Haus, um nach dem Tun und Treiben der Indianer zu sehen. Sie saßen noch immer wach beisammen, hatten aber die Feuer ausgelöscht, weil der Tag zu grauen begann.

Old Firehand schritt zwischen den einzelnen Gruppen hindurch und schlenderte langsam noch ein Stück weiter. Er bog um eine Felsecke und wollte soeben wieder umkehren, als sein Blick auf einen dunklen Strich fiel, der sich senkrecht von der Höhe des Felsens herab zur Talsohle zog. Neugierig ging er noch die wenigen Schritte weiter, um zu prüfen, was das wäre.

Es war eine Spalte, die von oben durch das Gestein lief. Und in dieser Spalte hing — ein Seil! — Das war verdächtig. Das Seil hing ganz gewiß nicht für immer hier. Es konnte nur zu einem gewissen Zweck herabgelassen worden sein. Welches aber war dieser Zweck.

Old Firehand bückte sich und untersuchte die Stelle, wo das Seil die Erde berührte. Dort lag dünner, von den Winden hineingewehter Sand, und in diesem Sand gab es deutliche Spuren eines Fußes. Als er sie schärfer in Augenschein nahm, erkannte er, daß sie nur wenige Stunden alt sein konnten. Hier war also jemand während der Nacht von oben herabgeklettert,

Schnell rannte er nun zurück und gab mehreren Indianern den Auftrag, sich sogleich an die Spalte zu begeben und darüber zu wachen, daß nicht etwa jemand von oben herabkam. Dann rief er das Kleeblatt und Artur Wilkins herbei und eilte mit ihnen durch die Zisterne in das Innere des Bergwerks.

Als sie den letzten Raum erreichten, hörten sie, noch bevor sie dort eintraten, daß sich die Gefangenen in lauten, zornigen Ausrufen ergingen; dann aber, als ihr Nahen bemerkt wurde, schrie Roulin mit vor Aufregung und Wut heiserer Stimme:

„Endlich, endlich! Habt ihr ihn erwischt?"

„Wen?"

„Tausend Teufel! Er ist also wirklich entkommen? Ihr wißt nichts davon?"

„Wer denn?“ fragte Will ungeduldig.

Er stand noch am Eingang und vermochte also nicht zu sehen, daß einer der Gefangenen fehlte. Old Firehand aber war bereits nähergetreten und bemerkte die freien Ketten.

„Schurken!“ rief er. „Bill Newton ist fort! Wie ist das möglich?“

Da lachte Walker höhnisch auf.

„Gebt uns einen Schlüssel, der hier in die Schlösser paßt, und wir gehen auch!“

„Einen Schlüssel hätte er gehabt? Das kann nicht sein!“

„Pshaw! Glaubt, was Ihr wollt!“

„Wie lange ists her, daß er fort ist?“ fragte Old Firehand.

„Viele Stunden!“ krächzte die Alte.

„Da hinauf und am Seil draußen hinab?“

„Ja.“

„Und ihr habt es gewußt?“

„Er sagte es uns ja!“ war die Antwort, und Walker fügte unter höhnischem Grinsen noch hinzu:

„Meint ihr etwa, daß es unsere Pflicht gewesen wäre, euch von seinem Vorhaben untertänigst zu benachrichtigen? Wir hätten es gern getan, bei allen Teufeln, sehr gern! Da ihr aber die verdammte Güte gehabt habt, uns hier in Eisen zu legen, konnten wir euch leider die Meldung nicht machen.“

„Kerl!“ fuhr ihn Sam in drohendem Ton an. „Befleißige dich einer höflicheren Sprache, sonst nehme ich meinen Lasso her und ziehe ihn dir über den Rücken, wenn ich mich nicht irre!“

Old Firehand hatte, so überrascht er für den Augenblick auch war, seine Kaltblütigkeit sofort wieder. Er wandte sich an Roulin.

„Wenn Newton den Schlüssel gehabt hat, warum hat er nicht auch euch befreit?“

„Aus Rache. Der Schurke wußte, daß wir ihm nicht

grün sind. Nun ist er fort, und noch dazu mit meinem Geld!"

Das war ihm in seiner Wut entfahren.

„Ah! Ihr hattet noch Geld?"

„Geht Euch nichts an!"

„Sehr viel! Wenn er euch hier so schmählich verlassen hat, obgleich er euch Rettung bieten konnte, so muß es euch doch freuen, wenn ich ihn ergreife und wiederbringe."

„Alle Teufel! Das ist richtig!"

„Es liegt also in euerm eigenen Vorteil, mir alles zu erzählen. Dann werde ich meine Maßnahmen danach treffen."

Dennoch antwortete Roulin nicht gleich, sondern fragte nach einer kurzen Pause des Nachdenkens:

„Was meint Ihr, Master Walker?"

„Ich rate dazu, alles zu sagen", antwortete der Gefragte. „Diese Señores hier verdienen es zwar nicht an uns, aber es soll mich freuen, wenn sie Newton fangen und wiederbringen."

„Das ist auch meine Meinung. Das Geld ist nun einmal weg; es liegt also gar nichts daran, die Sache zu verschweigen."

Roulin berichtete nun, auf welche Weise es Bill Newton gelungen war, zu entwischen und sich sogar in den Besitz einer bedeutenden Geldsumme zu setzen.

Old Firehand stieg darauf an der Leiter empor, um sich zu überzeugen, ob man ihm die Wahrheit gesagt hatte. Er fand Roulins Aussage bestätigt, wand das Seil auf, um es in Sicherheit zu bringen, und kehrte dann nach unten zurück.

„Habt ihr keine Ahnung, wohin Bill Newton wollte?" fragte er die Gefangenen.

„Ja", antwortete Leflor. „Er war so dumm, sich bei uns nach dem Weg zu erkundigen. Jedenfalls ist er nach Dos Palmas in die Venta der Juana Alfarez, der Mutter

Juanitos. Dorthin will er, um sich andere Kleider zu verschaffen."

„Es ist gut!" sagte der Jäger kurz. „Dick Stone mag bei den Leuten zurückbleiben, bis ich ihn ablösen lasse! Von jetzt an halten zwei Indianer hier Wache, damit wir dieser Señores sicher sind. Vorwärts!"

Alle eilten fort; Dick blieb als Wächter zurück. Im Hof erteilte Old Firehand sofort die nötigen Befehle. Bereits fünf Minuten später jagte er mit Winnetou im Galopp davon.

Die erwähnte Venta aufzufinden, wurde ihm nicht schwer, da er sie kannte. Die Wirtin dankte ihm doch die Rettung ihrer Söhne. Trotzdem erwartete er nicht, freundlich von ihr aufgenommen zu werden, denn er vermutete, daß Bill Newton der Frau schon erzählt hatte, daß ihr Sohn durch ihn in Gefangenschaft geraten war.

Unerwarteterweise aber zeigte es sich, daß Bill alles verschwiegen hatte. Die Frau empfing Old Firehand, den sie sofort wiedererkannte, aufs freundlichste. Er erfuhr von ihr, daß der Beschriebene tatsächlich bei ihr gewesen war und einen alten Anzug gekauft hatte. Zufällig hatte sie dann gehört, daß er mit dem Morgenzug in der Richtung nach San Franzisko fortgefahren war.

Sofort begab sich Old Firehand zum Bahnhof, um sich zu erkundigen. Er hatte sich den Anzug, den Bill erstanden, beschreiben lassen. Bald hatte er ausgekundschaftet, daß einer, der genauso gekleidet gewesen war, sich eine Karte bis San Franzisko genommen habe. Nun ließ er sofort den Telegrafen spielen.

Es war noch eine Stunde bis zum Abgang des nächsten Zuges in gleicher Richtung. Old Firehand war entschlossen, ihn zu benutzen, und besprach mit Winnetou die nötigen Verhaltungsmaßregeln. Alle, die sich jetzt im Todestal befanden, sollten dort bleiben. Morgen oder übermorgen würden Gerichtsbeamte im Tal erscheinen, um die Untersuchung einzuleiten; mit ihnen käme auch er zurück, falls er sich tun ließe. So ritt also Winnetou mit Old Firehands Pferd am Zügel fort. Der Jäger selbst saß eine Stunde später im Wagen, eifrig wünschend, daß seine gegenwärtige Jagd erfolgreich sein möchte.

Es befanden sich nur wenige Reisende im Abteil. Nach amerikanischer Sitte kümmerte sich keiner um den anderen. Stunde um Stunde verstrich. Der Zug hielt nur an den größeren Stationen. Über San Bernardino und Los Angeles erreichte man am späten Nachmittag Tulare. Auch hier hielt der Zug für kurze Zeit. Da ließ sich am Eingang eine laute Stimme vernehmen:

„Verzeihung, Señores! Befindet sich hier ein Señor Winter?“

„Hier!“ antwortete der Gefragte, indem er aufstand und sich dem Frager näherte.

Der Mann trug Zivilkleidung, stellte sich aber mit leiser Stimme als Polizeibeamter vor.

„Ihr sucht einen gewissen Bill Newton, wie aus Eurer Drahtnachricht zu ersehen ist“, sagte er. „Wir haben ihn schon.“

„Wo?“

„Hier im Gewahrsam. Ihr könnt ihn gleich in Empfang nehmen. Die Belohnung, die Ihr ausgesetzt habt, ist verdient.“

„Ich komme mit, Señor.“

Old Firehand folgte dem Polizisten. Er war gespannt, Bill Newton zu sehen, sollte aber leider in seiner Erwartung getäuscht werden. Er fand nämlich nur — den Anzug, den Bill in der Venta gekauft hatte. Der Mann aber, der ihn trug, war ein Fremder.

Er war mit Bill im Bahnwagen zusammengetroffen und hatte sich von dem schlauen Fuchs überreden lassen, gegen ein gutes Entgelt die Anzüge umzutauschen. Er selbst hatte Cowboytracht getragen, die Bill sehr gefallen hatte. Der Mensch, der ein wenig beschränkt zu sein schien, war von dem geriebenen Bill geschickt überredet worden.

In Tulare hatte man den Mann verhaftet.

Natürlich drahtete Old Firehand nun abermals nach beiden Richtungen und benutzte dann den nächsten Zug, um nach San Franzisko zu kommen. Aber auch hier erwartete ihn eine Enttäuschung: Bill Newton war nicht aufzufinden. Er war im Trubel der Hafenstadt spurlos verschwunden. Weder die Zuhilfenahme der Polizei noch auch die erprobte Findigkeit Old Firehands hatten einen Erfolg — der Verbrecher war abermals der strafenden Gerechtigkeit entgangen.

Band 51–55

Die Reihe dieser beliebten Bände umfaßt den ersten der fünf Lieferungsromane Karl Mays, die der Schriftsteller für den Verlag H. G. Münchmeyer in den Jahren 1882–1887 verfaßte. Der ursprüngliche Titel des Werkes lautete ‚Das Waldröschen'. Der Roman behandelt die Geschichte zweier spanischer Grafen Rodriganda, deren einer in Mexiko, der andere auf dem Stammsitz der Familie in Spanien lebt. Beide sind von Schurken umgeben, die den Besitz der Rodrigandas an sich reißen wollen und den Mitgliedern der Familie nach dem Leben trachten. Doch starke, ehrliche Gegenspieler wachen über dem Geschick der Bedrohten. Die bunte, spannende Handlung der fünf Bände beginnt unter Indianern, Trappern und Vaqueros in Mexiko, wechselt dann hinüber in die spanischen Pyrenäen, nach Frankreich und Deutschland und kehrt schließlich wieder zurück zum Ausgangspunkt des Geschehens in die wilde und gefährliche Wüste Mapimi im Norden des mexikanischen Landes. Den historischen Hintergrund der Ereignisse bildet der Befreiungskrieg der Mexikaner unter der Führung ihres späteren Präsidenten Benito Juarez. Der Kampf zwischen ihm und seinem Gegenspieler, Kaiser Maximilian, dem Günstling des ehrgeizigen Napoleon III., steigert sich zu einem Drama der Weltgeschichte, zum Untergang und zur Hinrichtung Maximilians von Mexiko am 19. Juli 1867 vor der Stadt Querétaro. In ergreifender Form wird dem Leser die tragische Entwicklung der Ereignisse vor Augen geführt, wie der siegreiche Indianer Benito Juarez sich vergeblich bemüht, das Leben seines geschlagenen Gegners zu retten; nicht ohne eigene Schuld sinkt Maximilian ins Grab. – Vor diesem geschichtlichen Hintergrund erfüllt sich das Geschick der Hauptpersonen; nach langen und schwierigen Auseinandersetzungen wendet sich alles zu einem guten Ende. – Unter den berühmt gewordenen Romanfiguren der fünf Bücher ist neben dem deutschen Arzt Dr. Sternau und den Indianern ‚Bärenherz' und ‚Büffelstirn' besonders ‚Trapper Geierschnabel' zu erwähnen, einer jener urwüchsigen Westmänner, die immer wieder dafür sorgen, daß die dramatische Handlung stets auch von herzerquickendem Humor aufgelockert wird.

Band 56–59

Der zweite Münchmeyer-Roman Karl Mays trug ursprünglich den Sammeltitel ‚Die Liebe des Ulanen' und wurde im Rahmen der Gesammelten Werke in vier Bände gegliedert. In diesem Roman geht es um das weit ausgesponnene Familienschicksal derer von Greifenklau, das vor dem historischen Hintergrund der deutsch-französischen Kriege gegen Napoleon I. und Napoleon III. seine Entwicklung findet. In den ersten der vier Bände spielt die Schlacht bei Waterloo hinein. In bunter Fülle fügen sich in dieses Bild die Gestalten des großen Napoleon und des derb-drolligen Marschalls Blücher. Im zweiten Teil verläßt May – wie er es in seinen geschichtlichen Erzählungen immer, und nie zum Schaden des Ganzen, tut – für einige Zeit den Boden der Geschichte und verliert sich ins Reich der Phantasie. Die Handlung spielt hinüber nach Algerien und knüpft an dunkle Vergangenheit an, deren Schatten treibend in die Gegenwart herüberfallen und dem Helden und denen, die ihm nahestehen, harte Hindernisse in den Weg legen. Doch bald treten geschichtliche Ereignisse wieder in den Vordergrund. Die Umwälzung der Befreiungskriege, die mit der Schlacht von Waterloo ihr Ende fanden, weicht der unheilschwangeren Stimmung, die den Ereignissen von 1870/71 vorausgeht. Wieder befindet sich einer aus der Familie Greifenklau als Kundschafter im Feindesland, wo neue Liebe ihm am Wege blüht und alter Haß ihm diesen Weg zu untergraben sucht. Und nun steigern sich die historischen wie auch die von May ersonnenen Schicksale der Gestalten des Romans zu gewaltigem Geschehen und drängen zur Entscheidung. In rascher Folge gleitet die Handlung nach Paris, nach Algier, nach Berlin und schließlich vor die Tore von Sedan, wo sich der Untergang des dritten Napoleons erfüllt. Und auch die Sache des Helden setzt sich zu ihrem Sieg durch. Kapitän Albin Richemonte, der verbrecherische Gegner der Greifenklaus, findet sein verdientes Ende am Ort seiner Schandtaten.

Das Lied ist aus, und Karl May hat sich mit diesem Werk ein weiteres Mal als ein Meister des Abenteuerromans auf geschichtlicher Grundlage erwiesen.

Band 61–63

Dieses einstige Sammelwerk ‚Deutsche Herzen, deutsche Helden' – der vierte Münchmeyer-Roman – gehört zu den spannendsten und buntesten Erzählungen Mays. Der dreiteilige Roman behandelt das abenteuerliche Schicksal einer deutschen Familie, deren Glieder durch feindliche Ränke in alle Welt verstreut worden sind. Das Ringen geht um die Wiedervereinigung der getrennten Geschwister, die da und dort schwer an unverschuldetem Unglück tragen.

Zu den Helden der drei Bücher gehören alte Bekannte: Sir David Lindsay, Krüger-Bei und das ‚Kleeblatt' Sam Hawkens, Dick Stone und Will Parker. Darum lebt der Roman nicht nur von atemloser Spannung, sondern auch von köstlichem Humor, besonders, wenn David Lindsay immer wieder in schwierigste Lagen kommt, weil er sich in den Kopf gesetzt hat, irgendeine Haremsschönheit zu befreien, wozu er als Anleitungsbuch den Text zu Mozarts ‚Entführung aus dem Serail' ständig bei sich trägt . . . Im Wilden Westen trifft das ‚Kleeblatt' mitten im amerikanischen Urwald alte Freunde und die Spur eines der Verschollenen und der Verbrecher. Die Verfolgung beginnt. Im Tal des Todes, einem Ort des Grauens, laufen schließlich die Schicksalsfäden zusammen. Die Not der Bedrängten wächst und damit die Spannung. Es wachsen die Listen und Anschläge der Schurken, und es wächst auch die Schar der Helden, die auf der Seite des Rechts kämpfen. Winnetou und Old Firehand stoßen zu ihnen, und so ist es klar, daß der Leser nach heißem Miterleben von Kampf und Gefahr zu einem glückhaften Ende des Ganzen geführt wird. Die Spur des letzten noch fehlenden Mitglieds der auseinandergerissenen Familie weist nach Rußland. Und so führt die Handlung des Schlußbands mitten unter Verbannte, Kosaken und Zobeljäger im Innern Sibiriens. Wunderbar weiß May auch diese Landschaft mit ihren Bewohnern zu schildern. Das Getriebe des Steppenbrunnens knarrt, Kosakenstiefel klappern beim Tanz, die Balalaika klingt... Einen köstlichen Gegensatz dazu bildet das ‚Kleeblatt', das nach Sibirien gereist ist, um den letzten Verschollenen zu suchen und ihn zu guter Letzt auch zu finden.

Band 64, 65, 74

Aus dem dritten Lieferungswerk, das Karl May unter dem Titel ‚Der verlorene Sohn' für den Verlag Münchmeyer schuf, wurden drei für sich bestehende Bände gewonnen.

Der erste davon enthält eine in sich abgeschlossene Schmugglergeschichte. Den Schauplatz bildet Karl Mays Heimat im romantischen sächsischen Erzgebirge. Mühselig ist das Tagewerk der ärmlichen Bergleute und Hausweber und doppelt gefährlich daher die geldverheißende Lockung der Schmuggler, die in den einsamen Waldtälern und verlassenen Bergwerksschächten entlang der sächsisch-böhmischen Grenze ihr Unwesen treiben. Der böse Geist aber, der die Ärmsten der Armen zu ihrem dunklen Geschäft verführt, ist das geheimnisvolle ‚Buschgespenst'.

Der nächste Band bildete ursprünglich den Rahmen des großangelegten Gesamtwerks. Groß angelegt! Das spürt man in der Gliederung des Werkes. Dieser ‚Fremde aus Indien' ist eine Gestalt, die in den Grundzügen bisweilen an den berühmten Grafen von Monte Christo, den Helden in Alexandre Dumas' gleichnamigen Roman, erinnert. In der Hand des ‚Fremden' vereinigen sich die Schicksalsfäden all der Menschen, die seinen Weg kreuzen, und werden von dieser Hand mit überlegener Sicherheit und kühner Meisterschaft gelenkt. Der Leser wird vom Spiel der Ereignisse so gepackt, daß er den ‚Fremden' verehrt, ohne ihn zu kennen. Dieser heldische Kampf aus dem Dunkel des Geheimnisses heraus gegen alles Böse reißt jeden mit fort, der das Buch zur Hand nimmt. Der Schauplatz auch dieses Romans ist Mays Heimatland Sachsen. Das bunte Geschehen behandelt eine Kriminalgeschichte, die mit der Entlarvung und Dingfestmachung des Anführers, des von allen gefürchteten ‚Hauptmanns', endet.

Im dritten Buch verstrickt sich ein leidenschaftlich dem Glücksspiel ergebener Leutnant, auf dessen Gewissen eine alte Schuld lastet, immer mehr in ein Netz von Verbrechen und gerät schließlich in die Fänge einer Falschmünzerbande. Detektiv Franz Arndt, aus dem ‚Buschgespenst' dem Leser gut bekannt, legt den Übeltätern das Handwerk und sorgt für die Rehabilitierung der Unschuldigen.

Band 66/67, 68, 73

Bei Karl Mays Lieferungsroman ‚Der Weg zum Glück' handelt es sich um den fünften und letzten der sogenannten Münchmeyer-Romane. Band 66/67 enthalten den zusammengehörigen Hauptteil. In den bayerischen Bergen spielt der gesamte Stoffkreis. Gefährliche Abenteuer wechseln mit heiteren Episoden, in denen das treuherzig-biedere Gebirglervolk treffend gekennzeichnet wird. Die Hauptperson, der Wurzelsepp, ist eine der besten und eindringlichsten Gestalten, die May geschaffen hat, ein alter Naturbursche voller kerniger Lebensechtheit. Aller Menschen Freund, ist er stets bereit, den Unglücklichen beizustehen und mit seinem listiglustigen Gemüt überall Frohsinn zu verbreiten. Daneben aber ist er von unbestechlichem Gerechtigkeitssinn, und so geschieht es, daß mit seiner Hilfe altes Unrecht und noch ungesühnte Schuld wieder aufstehen und ihre Urheber zur Verantwortung zwingen. Da ist vor allem der unheimliche Peitschenmüller, der die Bewohner des Dorfes unter Angst und Zittern hält. Da ist sein Kumpan und Genosse früherer Verbrechen, der reiche Silberbauer, von dem sich schließlich die eigene Tochter lossagt, als sein dunkles Treiben an den Tag kommt. Alle von diesen beiden Schurken Unterdrückten finden jedoch schließlich ihr Recht – immer unter dem Schutz des edlen und vielgeliebten Königs Ludwig II., dessen tragische Gestalt mit besonderer Eindringlichkeit gezeichnet ist und dessen Tod gleichzeitig mit dem rührenden Ende des Wurzelsepp wie ein düsterer Schatten über dem gelösten Ausklang des Werks liegt. – Band 68 umfaßt zwei besonders spannende, aber nicht zur Haupthandlung gehörende Teile: ‚Der Geldprotz' und ‚Der Samiel'. Die erste dieser Gechichten ist eine Schmugglererzählung; sie schildert die verzweifelte Auseinandersetzung eines mit dem Gesetz in Konflikt geratenen Bauern gegen die Erpressungsversuche gewissenloser Schurken. Im zweiten Teil hält ein geheimnisvoller Räuber das Grenzland in Furcht und Schrecken, bis er durch die tatkräftige Mithilfe des Wurzelsepp sein Ende findet. – Band 73 ‚Der Habicht' bietet eine gleichfalls in sich abgeschlossene Kriminalgeschichte aus den bayerischen Alpen mit dem Wurzelsepp als Detektiv.

KARL MAY

GESAMMELTE WERKE

1 Durch die Wüste
2 Durchs wilde Kurdistan
3 Von Bagdad nach Stambul
4 In den Schluchten des Balkan
5 Durch das Land der Skipetaren
6 Der Schut

7 Winnetou I
8 Winnetou II
9 Winnetou III

10 Sand des Verderbens

11 Am Stillen Ozean

12 Am Rio de la Plata
13 In den Kordilleren

14 Old Surehand I
15 Old Surehand II

16 Menschenjäger
17 Der Mahdi
18 Im Sudan

19 Kapitän Kaiman

20 Die Felsenburg
21 Krüger Bei
22 Satan und Ischariot

23 Auf fremden Pfaden

24 Weihnacht

25 Am Jenseits

26 Der Löwe der Blutrache

27 Bei den Trümmern von Babylon

28 Im Reiche des silbernen Löwen
29 Das versteinerte Gebet

30 Und Friede auf Erden

31 Ardistan
32 Der Mir von Dschinnistan

33 Winnetous Erben

34 „ICH“

35 Unter Geiern

36 Der Schatz im Silbersee

37 Der Ölprinz

38 Halbblut

39 Das Vermächtnis des Inka

40 Der blaurote Methusalem

41 Die Sklavenkarawane

42 Der alte Dessauer

43 Aus dunklem Tann

44 Der Waldschwarze

45 Zepter und Hammer
46 Die Juweleninsel

47 Professor Vitzliputzli

48 Das Zauberwasser

49 Lichte Höhen

50 In Mekka

51 Schloß Rodriganda
52 Die Pyramide des Sonnengottes
53 Benito Juarez
54 Trapper Geierschnabel
55 Der sterbende Kaiser

56 Der Weg nach Waterloo
57 Das Geheimnis des Marabut
58 Der Spion von Ortry
59 Die Herren von Greifenklau

60 Allah il Allah!

61 Der Derwisch
62 Im Tal des Todes
63 Zobeljäger und Kosak

64 Das Buschgespenst

65 Der Fremde aus Indien

66 Der Peitschenmüller
67 Der Silberbauer

68 Der Wurzelsepp

69 Ritter und Rebellen

70 Der Waldläufer

71 Old Firehand

72 Schacht und Hütte

73 Der Habicht

74 Der Verlorene Sohn

KARL-MAY-VERLAG BAMBERG

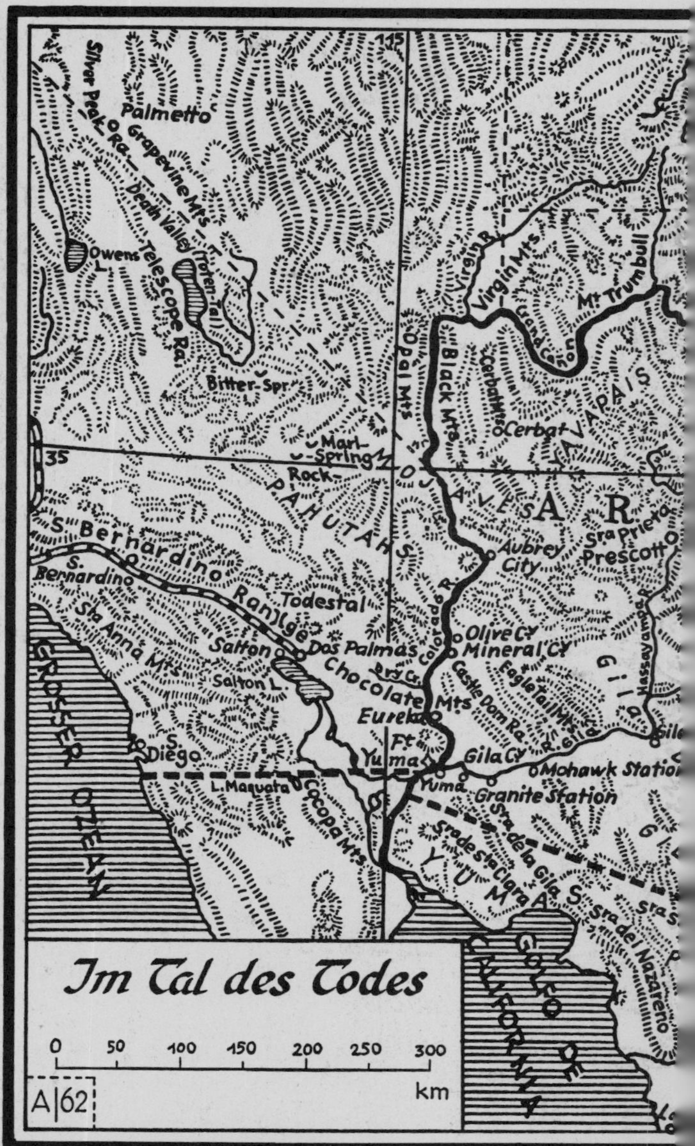
Im Tal des Todes
0 50 100 150 200 250 300
km
A|62
115
35
Silver Peak
Palmetto
Grapevine Mts
Ra.
Death Valley
(Toten-Tal)
Owens L.
Telescope Ra.
Bitter-Spr.
Marl-Spring
Rock
PAHUTAHS
MOJAVES
Opal Mts
Black Mts
Virgin R.
Virgin Mts
Grand Cañon
Mt Trumbull
Cerbat Mts
Cerbat
YAVAPAIS
S. A. R.
Sra Prieta
Prescott
Aubrey City
Hassayampa R.
S. Bernardino Range
S. Bernardino
Todestal
Sta Anna Mts
Salton
Salton L.
Dos Palmas
Dry Cr.
Chocolate Mts
Colorado R.
Olive Cy
Mineral Cy
Castle Dom Ra.
Eagle Tail Mts
Gila
R. Gila
Eureka
Ft. Yuma
Gila Cy
Mohawk Station
Yuma
Granite Station
S. Diego
L. Maquata
Cocopa Mts
GROSSER OZEAN
YUMAS
Sra de Sta Clara
Sra de la Gila
Sra del Nazareno
GOLFO DE CALIFORNIA

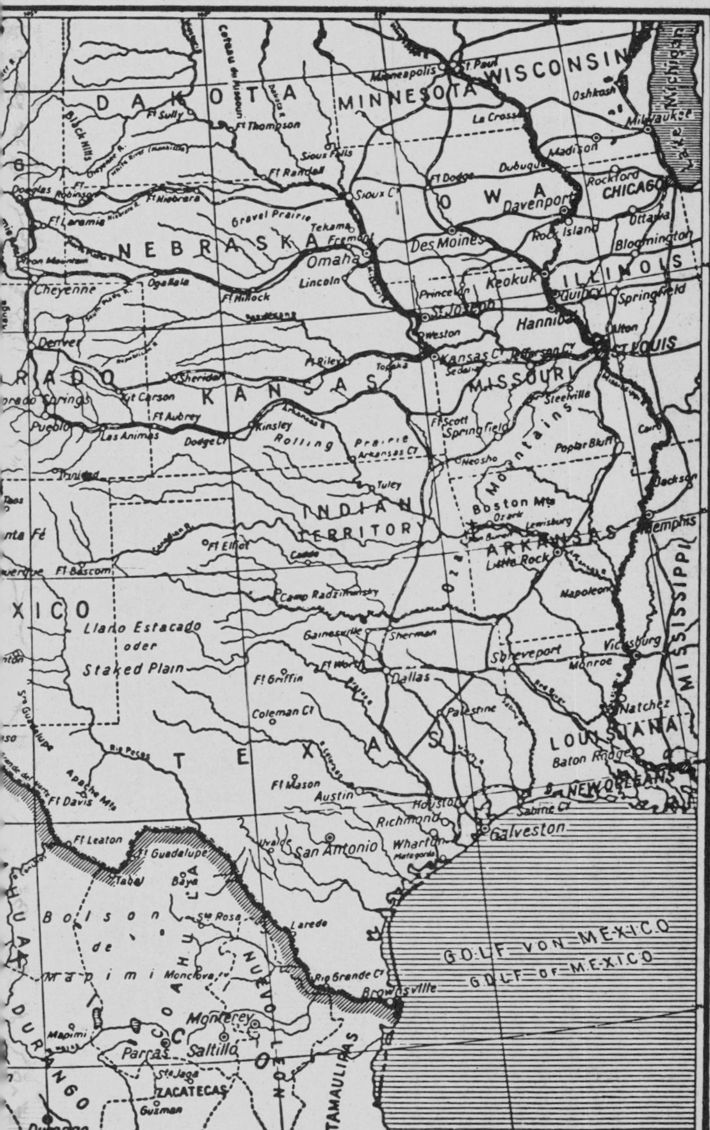
DAKOTA
MINNESOTA
WISCONSIN
Lake Michigan
Coteau du Missouri
Black Hills
Ft Sully
Ft Thompson
Sioux Falls
Ft Randall
Minneapolis
St Paul
La Crosse
Oshkosh
Milwaukee
Madison
Dubuque
Rockford
CHICAGO
Ft Dodge
Sioux Cy
IOWA
Davenport
Rock Island
Ottawa
Bloomington
Douglas
Ft Laramie
Ft Robinson
Ft Niobrara
Gravel Prairie
Tekama
Fremont
Omaha
NEBRASKA
Des Moines
Keokuk
ILLINOIS
Quincy
Springfield
Cheyenne
Ogallala
Ft Hillock
Lincoln
Princeton
St Joseph
Hannibal
Alton
ST LOUIS
Denver
Weston
Kansas Cy
Jefferson Cy
Sedalia
Topeka
Ft Riley
Sheridan
COLORADO
KANSAS
MISSOURI
Colorado Springs
Ft Carson
Ft Aubrey
Pueblo
Las Animas
Dodge Cy
Kinsley
Rolling Prairie
Arkansas Cy
Ft Scott
Springfield
Steelville
Mountains
Poplar Bluff
Cairo
Neosho
Trinidad
Tuley
INDIAN TERRITORY
Boston Mts
Ozark
Lewisburg
Jackson
Memphis
Taos
Santa Fé
Ft Elliot
Caddo
ARKANSAS
Little Rock
Napoleon
Ft Bascom
MEXICO
Camp Radziminsky
Llano Estacado oder Staked Plain
Gainesville
Sherman
Shreveport
Monroe
Vicksburg
MISSISSIPPI
Ft Worth
Dallas
Ft Griffin
Coleman Cy
Palestine
Natchez
LOUISIANA
Rio Pecos
TEXAS
Ft Davis
Apache Mts
Ft Mason
Austin
Houston
Baton Rouge
NEW ORLEANS
Richmond
Sabine Cy
Galveston
Ft Leaton
Ft Guadelupe
Uvalde
San Antonio
Wharton
Matagorda
Tabel
Baya
Bolson de Mapimi
Sta Rosa
Laredo
COAHUILA
NUEVO LEON
CHIHUAHUA
DURANGO
GOLF VON MEXICO
GOLF OF MEXICO
Monclova
Rio Grande Cy
Brownsville
Monterey
Mapimi
Parras
Saltillo
TAMAULIPAS
Sta Jaga
ZACATECAS
Guzman
Durango